張大可
韓兆琦 等 注譯

新譯資治通鑑

（二十八）

唐紀二十三—二十九

三民書局

國家圖書館出版品預行編目資料

新譯資治通鑑(二十八)／張大可,韓兆琦等注譯.——
初版三刷.——臺北市：三民，2024
冊；　公分.——(古籍今注新譯叢書)

ISBN 978-957-14-6239-4（全套:精裝）
1. 資治通鑑 2. 注釋

610.23　　105022920

古籍今注新譯叢書

新譯資治通鑑(二十八)

注譯者　張大可　韓兆琦等
創辦人　劉振強
發行人　劉仲傑
出版者　三民書局股份有限公司(成立於1953年)

三民網路書店
https://www.sanmin.com.tw

地址　臺北市復興北路386號　(復北門市)　(02)2500-6600
臺北市重慶南路一段61號(重南門市)　(02)2361-7511

出版日期　初版一刷2017年1月
初版三刷2024年5月

全套不分售
ISBN　978-957-14-6239-4

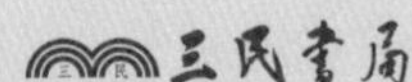

新譯資治通鑑 目次

第二十八冊

卷第二百七

唐紀二十三

起上章困敦（庚子　西元七〇〇年）七月，盡旃蒙大荒落（乙巳　西元七〇五年）正月，凡四年有奇。

【題解】本卷記事起西元七〇〇年七月，迄西元七〇五年正月，凡四年又七個月。當武則天久視元年到唐中宗神龍元年春正月。這一時期是武則天執政的晚年，酷吏政治已轉軌為寬平政治。武則天真正的作為在此時，而以悲劇結局栽倒在政治舞臺，亦在此時。這一時期有四大政治事件值得大書。第一件是武則天平反冤狀，厚撫被誣家屬，最終解禁，被錯判重罪的人可以重新入仕，緩解了社會矛盾。第二件，武則天一再啟用賢才，狄仁傑、姚元崇、宋璟、張柬之，是眾賢的首領，唐代著名的賢臣。此外，朱敬則、張嘉貞、唐休璟、封思業、蘇安恆、李迥秀、郭元振、崔玄暐、裴懷志，皆一時之選。眾賢理政，穩定了社會。第三件，朝官與武則天男寵張易之、張昌宗的三次鬥爭。第一回合，二張挑起矛盾，誣陷魏元忠謀反，朝官請誅二張，敗下陣來，結果魏元忠、張說遭貶。第二回合，朝官以懲治貪賄罪欲扳倒二張，仍未奏效。第三回合，朝官以謀反罪奏請誅除二張，仍未撼動二張受寵的地位，由此激化了朝官與武則天的直接對抗。第四件是以張柬之為首的五王政變，推倒了武周政權，誅除二張，結束了武則天的政治生命，還政李唐，中宗即位。

則天順聖皇后下

久視元年（庚子 西元七〇〇年）

秋，七月，獻俘於含樞殿❶。太后以楷固為左玉鈐衛大將軍、燕國公，賜姓武氏。召公卿合宴❷，舉觴❸屬❹仁傑曰：「公之功也。」將賞之，對曰：「此乃陛下威靈❺，將帥盡力，臣何功之有！」固辭不受。

閏月戊寅❻，車駕還宮❼。○己丑❽，以天官侍郎張錫為鳳閣侍郎、同平章事。鸞臺侍郎、同平章事李嶠罷為成均祭酒。錫，嶠之舅也，故罷嶠政事❾。

丁酉❿，吐蕃將麴莽布支⓫寇涼州，圍昌松⓬，隴右諸軍大使唐休璟與戰於洪源谷[1]。麴莽布支兵甲鮮華⓭，休璟謂諸將曰：「諸論⓮既死，麴莽布支新為將，不習軍事，諸貴臣子弟皆從之[2]。望之雖如精銳，實易與⓯耳，請為諸君破之。」乃被甲先陷陳，六戰皆捷，吐蕃大奔⓰，斬首二千五百級，獲二裨將⓱而還。

司府少卿⓲楊元亨⓳，尚食奉御楊元禧⓴，皆弘武之子也。元禧嘗忤張易之，易之言於太后：「元禧，楊素之族㉑，素父子，隋之逆臣㉒，子孫不應供奉㉓。」太后從之，壬寅㉔，制：「楊素及其兄弟子孫㉕皆不得任京官㉖。」左遷元亨睦州㉗刺史，元禧資州㉘[3]刺史。

庚戌㉙，以魏元忠為隴右諸軍大使，擊吐蕃。○庚申㉚，太后欲造大像，使天下僧尼日出一錢以助其功。狄仁傑上疏諫，其略曰：「今之伽藍㉛，制過宮闕㉜。功不使鬼㉝，止在役人，物不天來㉞，終須地出，不損百姓，將何以求！」又曰：「游僧皆託佛法，詿誤生人㉟，里陌㊱動有經坊㊲，闤闠㊳亦立精舍㊴。化誘所急，切於官徵；法事所須，嚴於制敕。」又曰：「梁武㊵、簡文㊶捨施無限，及三淮沸浪，五嶺騰煙，列剎㊷盈衢，無救危亡之禍，緇衣㊸蔽路，豈有勤王之師！」又曰：「雖斂僧錢，百未支一。尊容㊹既廣，不可露居，覆以百層，尚憂未遍，自餘廊宇，不得全無。如來㊺設教，以慈悲為主，豈欲勞人，以存虛飾！」又曰：「比來水旱不節㊻，當今邊境未寧，若費官財，又盡人力，一隅㊼有難，將何以救之！」太后曰：「公教朕為善，何得相違！」遂罷其役。

阿悉吉㊽薄露㊾叛，遣左金吾將軍田揚名㊿、殿中侍御史封思業(51)討之。軍至碎葉，薄露夜於城傍剽掠而去，思業將騎追之，反為所敗。揚名引西突厥斛瑟羅之眾攻其城，旬餘，不克。九月，薄露詐降，思業誘而斬之，遂俘其眾。

【章旨】以上為第一段，寫眾賢用事，狄仁傑討平契丹，唐休璟大破吐蕃，封思業斬西突厥阿悉吉薄露。

【注　釋】❶含樞殿　在石淙三陽宮（今河南登封境內）中。❷合宴　聚宴。❸觴　盛酒的器皿，猶今之酒杯。❹屬　交付。❺威靈　威武神靈。❻戊寅　閏七月初二日。❼還宮　返回洛陽宮。❽己丑　閏七月十三日。❾錫三句　唐代為官有近親迴避制度，凡同司聯事及勾檢之官，皆不得注大功以上親。李嶠與張錫為甥舅關係，親近程度在大功以上，故不能同時擔任宰相。以張錫為相，李嶠即須迴避。❿丁酉　閏七月二十一日。⓫麴莽布支　吐蕃將領，事見《舊唐書》卷一百九十六上〈吐蕃傳〉、《新唐書》卷一百十一〈唐休璟傳〉。⓬昌松　縣名，縣治在今甘肅武威東南。⓭鮮華　鮮豔華麗。⓮諸論　即論欽陵等。聖曆二年（西元六九九年）死。⓯易與　容易對付。⓰大奔　大敗；大潰逃。⓱裨將　偏將；副將。⓲司府少卿　即太府少卿，則天光宅元年（西元六八四年）至中宗神龍元年（西元七〇五年）改稱司府少卿，為太府次官，從四品。⓳楊元亨　高宗朝宰相楊弘武之子，官至齊州刺史。傳見《舊唐書》卷七十七。⓴楊元禧　元亨之弟，官至台州刺史。與元亨同傳。㉑元禧二句　楊元禧是楊素的族孫。㉒素父子二句　楊素在隋朝擔任宰相時，參與宮廷陰謀，廢太子，擁立煬帝，對隋朝的滅亡有一定影響。素子玄感，官至禮部尚書。隋末，背叛隋煬帝。詳見《周書》卷三十四〈楊素傳〉、《隋書》卷四十八〈楊素傳〉、〈楊玄感傳〉、《北史》卷四十一〈楊素傳〉。㉓供奉　供奉天子。㉔壬寅　閏七月二十六日。㉕楊素及其兄弟子孫　意為楊素及其兄弟的子孫。㉖京官　京師之官。與「外官」即地方官相對而言。針對武則天禁錮楊素及其族子孫不得為京官，胡三省批評說：「馬何羅為逆於漢武之時，而馬援貴顯於東都再造之日。沈充失身於王敦，而沈勁盡節於司馬。惡惡止其身，追罪異代之臣而併棄其子孫，此蓋出於一時之愛憎，姑以是說而藉口耳。」㉗睦州　治所雉山，在今浙江淳安西。㉘資州　治所盤石，在今四川資中縣北。㉙庚戌　閏七月丁丑朔，無庚戌。《新唐書》卷四及卷六十一作「八月庚戌」，即八月五日。當在庚戌上添「八月」二字。㉚庚申　八月十五日。㉛伽藍　梵語「僧伽藍摩」的略稱，意為僧眾居住的園林。後世遂以為佛寺的代稱。此處伽藍即指佛寺。㉜制過宮闕　規模制度超過宮殿。㉝功不使鬼　工程不能役使鬼建設。㉞物不天來　物資不會從天而降。㉟生人　即生民、百姓。㊱里陌　閭里街陌。㊲經坊　誦經之坊，即佛寺。㊳闤闠　闤，市區的牆垣。闠，進入市區的門。二詞連用，泛指市廛。㊴精舍　僧侶修行之室。㊵梁武　即南朝梁武帝蕭衍，是梁的建立者，西元五〇二—五四九年在位，曾三次捨身同泰寺。事見《梁書》卷一至卷三、《南史》卷六與卷七〈武帝本紀〉。㊶簡文　即梁簡文帝蕭綱，梁武帝之子，西元五四九—五五一年在位，亦以佞佛著稱。事見《梁書》卷四、《南史》卷八〈簡文帝本紀〉。㊷剎　寺。㊸緇衣　穿黑帛衣的人，即僧徒。㊹尊容　佛像。㊺如來　佛的別名。㊻水旱不節　水旱失節，即風雨不調。㊼一隅　一方。㊽阿悉吉　西突厥五弩失畢部落之一。即兩《唐書・突厥傳》所說的「阿悉結闕部」。㊾薄露　阿悉結闕部俟斤之名。㊿田揚名官至安西都護，有政績。事見《舊唐書》卷一百九十八〈龜茲傳〉、《新唐書》卷一百七〈陳子昂傳〉、卷二百二十一上〈龜茲傳〉等。51 封思業　官至戶部郎中、幽州都督。事見《新唐書》卷七十一下、《元和姓纂》卷一。

【校　記】[1]洪源谷　原作「港源谷」。據章鈺校，十二行本、乙十一行本、孔天胤本皆作「洪源谷」，今據改。按，兩《唐書·唐休璟傳》、《舊唐書·吐蕃傳》皆作「洪源谷」。[2]諸貴臣子弟皆從之　此八字原無。據章鈺校，十二行本、乙十一行本、孔天胤本皆有此八字，張敦仁《通鑑刊本識誤》、張瑛《通鑑校勘記》同，今據補。[3]資州　原作「貝州」。嚴衍《通鑑補》改作「資州」，今據以校正。按，《舊唐書·楊纂傳附武子元禧傳》、《新唐書·楊弘禮傳附元禧傳》皆作「資州」。其時，左遷之官多在南方，鮮有在河北者。

【語　譯】則天順聖皇后下

久視元年（庚子　西元七〇〇年）

秋，七月，李楷固在含樞殿獻契丹俘虜。太后任命李楷固為左玉鈐衛大將軍，授封燕國公，賜姓武氏。她召集公卿會聚宴飲，舉杯交給狄仁傑說：「這些都是您的功勞。」將要賞賜他，狄仁傑回答說：「這次平定契丹餘黨乃是陛下威武神靈及將帥竭盡力量所致，我又有什麼功勞呀！」堅決推辭不受賞。

閏七月初二日戊寅，太后從三陽宮返回洛陽宮。〇十三日己丑，太后任命天官侍郎張錫為鳳閣侍郎、同平章事。鸞臺侍郎、同平章事李嶠被罷免降職為成均祭酒。張錫是李嶠的舅父，因此免去了李嶠掌理的政事。

閏七月二十一日丁酉，吐蕃的將領麴莽布支侵犯涼州，包圍昌松縣，隴右諸軍大使唐休璟與麴莽布支在洪源谷交戰。麴莽布支的軍隊甲胄鮮明豔麗，唐休璟對各位將領說：「吐蕃那幾個論氏兄弟已經死了，麴莽布支剛剛擔任將軍，不熟悉軍旅之事，國內貴族、豪酋子弟都隨同前來。看上去吐蕃軍隊似乎精銳，實際上很容易對付，讓我替各位擊敗他們。」於是披上甲胄，率先攻入敵陣，六戰皆捷，吐蕃兵大敗逃走。唐休璟軍斬下敵人首級二千五百個，俘獲了吐蕃兩員裨將，然後還師。

司府少卿楊元亨與尚食奉御楊元禧，都是楊弘武的兒子。楊元禧曾經觸犯張易之，張易之對太后說：「楊元禧，是楊素的族人，楊素父子，是隋朝的叛臣，他們的子孫不應當在皇上左右供職。」太后聽從了張易之的建議，閏七月二十六日壬寅，頒布制令：「楊素和他兄弟的子孫都不能擔任京官。」把楊元亨降職為睦州刺史，楊元禧降職為資州刺史。

庚戌日，太后任命魏元忠為隴右諸軍大使，攻打吐蕃。〇八月十五日庚申，太后打算建造一尊巨大的佛像，讓天下的和尚、尼姑每天每人捐出一文錢來資助這項工程。狄仁傑上疏諫阻，奏疏的大意是：「今天的佛寺，在營建規制上已經超出了皇帝的宮室殿堂。營造工程不能役使鬼神，只能役使百姓。物資不會從天而降，終究還是來自土地，不損害百姓，將如何獲取這些東西呢！」他又說道：「遊方和尚都假託佛法，貽誤百姓，他們動不動就在里巷街陌營建佛寺，在市場裡也蓋起了佛堂。化緣所急需之物，超過官府的徵斂；僧尼法事活動所需，嚴於皇上的制令敕書。」他還說：「梁武帝、梁簡文帝父子對佛事施捨無數，等到三淮叛聲沸騰、五嶺兵火飛煙，滿大街的寺院廟宇，無法挽救身危國亡的災禍；僧尼布滿道路，哪裡有勤王救駕的軍隊！」他又說：「陛下即使徵收了僧侶所捐助的金錢，但是這筆費用還夠不上營造佛像所需的百分之一。佛像已是宏偉，又不能暴露於曠野，即使修建百層樓閣，還怕不能將它完全遮蓋，其他的廟宇廊廡，也不能完全沒有。如來佛創立佛教，以慈悲為主，哪裡想勞苦百姓，來保存虛而不實的佛事工程！」他又說：「近來水旱失調，眼下邊境不得安寧，如果為了修建大佛而耗費國庫資財，又竭盡民力，一方有難，陛下將拿什麼去救濟呢！」太后說：「您勸我做善事，我怎麼能夠違背您的意願呢！」於是停止營建大佛像。

阿悉吉薄露叛亂，太后派遣左金吾將軍田揚名和殿中侍御史封思業前往征討。唐軍來到碎葉城時，阿悉吉薄露已趁夜在城邊劫掠之後離去。封思業率領騎兵追擊，反而被阿悉吉薄露打敗。田揚名率領西突厥斛瑟羅部落的軍隊攻打阿悉吉薄露所據守的城池，歷時十多天，未能攻克。九月，阿悉吉薄露假裝投降，封思業誘殺了他，於是俘獲了他的部眾。

太后信重內史梁文惠公❶狄仁傑，羣臣莫及，常謂之「國老❷」而不名❸。仁

傑好面引廷爭❹，太后每屈意從之。嘗從太后遊幸，遇風吹仁傑巾❺墜，而馬驚不能止，太后命太子追執其鞚❻而繫之。仁傑屢以老疾乞骸骨，太后不許。入見，常止其拜，曰：「每見公拜，朕亦身痛。」仍免其宿直❼，戒其同僚曰：「自非軍國大事，勿以煩公。」辛丑❽，薨，太后泣曰：「朝堂空矣！」自是朝廷有大事，眾或不能決，太后輒歎曰：「天奪吾『國老』何太早邪！」

太后嘗問仁傑：「朕欲得一佳士❾用之，誰可者？」仁傑曰：「未審陛下欲何所用之？」太后曰：「欲用為將相。」仁傑對曰：「文學縕藉❿，則蘇味道、李嶠固⓫其選矣。必欲取卓犖⓬奇才，則有荊州長史張柬之，其人雖老，宰相才也。」太后擢柬之為洛州司馬⓭。數日，又問仁傑，對曰：「前薦柬之，尚未用也。」太后曰：「已遷矣。」對曰：「臣所薦者可為宰相，非司馬也。」乃遷秋官侍郎⓮。久之，卒⓯用為相。仁傑又嘗薦夏官侍郎姚元崇、監察御史曲阿桓彥範、太州刺史敬暉等數十人⓰，率⓱為名臣。或謂仁傑曰：「天下桃李⓲，悉在公門矣。」仁傑曰：「薦賢為國，非為私也。」初，仁傑為魏州刺史⓳，有惠政，百姓為之立生祠⓴。後其子景暉㉑為魏州司功參軍，貪暴為人患，人遂毀其像焉。

冬，十月辛亥㉒，以魏元忠為蕭關道大總管，以備突厥。○甲寅㉓，制復以正月為十一月，一月為正月㉔。赦天下。〇丁巳㉕，納言韋巨源罷，以文昌右丞韋安石㉖為鸞臺侍郎、同平章事。安石，津之孫也。

時武三思、張易之兄弟用事，安石數面折之㉗。嘗侍宴禁中，易之引蜀商宋霸子㉘等數人在座同博㉙。安石跪奏曰：「商賈賤類，不應得預此會。」顧左右逐出之㉚，座中皆失色，太后以其言直，勞勉之，同列皆歎服。〇丁卯㉛，太后幸新安㉜。壬申㉝，還宮。

十二月甲寅㉞，突厥掠隴右諸監㉟馬萬餘匹而去。

時屠禁尚未解㊱，鳳閣舍人全節崔融㊲上言，以為「割烹犧牲，弋獵禽獸，聖人著之典禮，不可廢闕。又，江南㊳食魚，河西㊴食肉，一日不可無。富者未革㊵，貧者難堪。況貧賤之人，仰屠為生，日戮一人，終不能絕，但資恐喝㊶，徒長姦欺。為政者苟順月令㊷，合禮經㊸，自然物遂其生，人得其性矣。」戊午㊹，復開屠禁，祠祭用牲牢㊺如故。

【章旨】以上為第二段，寫武則天尊禮狄仁傑，任用韋安石、崔融等賢才。狄仁傑薦賢數十人，臨終前還薦張柬之為相。

【注釋】❶梁文惠公　狄仁傑封號與謚號的合稱。狄仁傑死後謚曰文惠。因後來被唐睿宗追封為梁國公，人們又稱他為「狄梁公」。❷國老　本指退休還鄉的卿大夫。此處係對德高望重的老臣的敬稱。❸不名　不直呼其名。❹面引廷爭　與「面折廷爭」意義相近。指能當面指人之過，犯顏直諫。❺巾　巾幘。❻鞚　有嚼口的馬轡頭，俗稱「馬勒」。❼宿直　夜間值班。天冊萬歲元年（西元六九五年）三月，始令宰相每日一人輪流宿值，後遂成制度。見《唐會要》卷八十二〈當直〉。❽辛丑　九月二十六日。❾佳士　品行或才學優秀的士人。❿緼藉　亦作「蘊藉」。含蓄寬容。⓫固　的確。⓬卓犖　特異。⓭擢柬之為洛州司馬　柬之由荊州長史升為洛州司馬。司馬品位一般低於長史，但京畿司馬品秩卻高於諸州長史。洛州係神都之所在，司馬從四品下，荊州長史從五品上。張柬之自荊州長史進為洛州司馬，即由從五品上升至從四品下。擢，遷升。⓮秋官侍郎　官名，即刑部侍郎。刑部侍郎正四品下，協助刑部尚書掌天下刑法及徒隸、勾覆、關禁之政令。⓯卒　終於。⓰仁傑又嘗薦夏官侍郎姚元崇句　桓彥範，字士則，潤州曲阿（今江蘇丹陽）人，後官至宰相，曾參與張柬之政變。敬暉，絳州太平（今山西侯馬西北）人，曾任衛州刺史、洛州長史等職，以精明強幹著聞。誅二張有功，官至宰相。桓彥範與敬暉同傳，見《舊唐書》卷九十一、《新唐書》卷一百二十。《狄梁公傳》稱張柬之、桓彥範、敬暉、崔玄暐、袁恕己皆狄仁傑所薦，並詳細記敘了狄仁傑臨終時託付他們誅二張、恢復唐室的經過。司馬光認為不可信，他在《考異》中說：「此蓋作傳者因五人建興復之功，附會其事，云皆仁傑所舉，受教於仁傑耳。其言譎怪無稽，今所不取。《舊傳》惟著舉柬之、彥範、暉三人姓名，今從之。」⓱率　大都；一般。⓲桃李　指門生、士子或所薦之士。⓳仁傑為魏州刺史　時在萬歲通天元年（西元六九六年）。⓴生祠　為活著的人所建立的祠廟。㉑景暉　應作「光暉」。狄光暉事見《新唐書》卷一百十五〈狄仁傑傳〉。按，《新唐書》卷七十四下〈宰相世系表〉載仁傑三子：光嗣、光遠、光昭，皆無「景暉」。待考。㉒辛亥　十月初七日。㉓甲寅　十月初十日。㉔制復以正月為十一月二句　以十一月為正月在天授元年。永昌元年（西元六八九年）十一月改寅正為子正，至此，復為寅正。㉕丁巳　十月十三日。㉖韋安石　（西元六五一—七一四年）京兆萬年（在今陝西西安）人，隋民部侍郎韋津之孫。曾任永昌縣令、并州司馬、德州刺史等職，政尚清嚴，深受武則天獎拔。傳見《舊唐書》卷九十二、《新唐書》卷一百二十二。㉗數面折之　多次當面折辱他們。㉘宋霸子　四川富商，與張易之友善。見《舊唐書》卷九十二、《新唐書》卷一百二十二〈韋安石傳〉。㉙博　博弈。㉚顧左右逐出之　以目示意，命令侍衛將宋霸子驅逐出去。㉛丁卯　十月二十三日。㉜新安　縣名，縣治在今河南新安。㉝壬申　十月二十八日。㉞甲寅　十二月十日。㉟隴右諸監　即隴右諸牧監。㊱時屠禁尚未解　長壽元年（西元六九二年）下令禁止屠殺動物。㊲崔融　（西元六五三—七〇六年）字安成，齊州全節（今山東濟南東北）人，中科舉高第，官至司禮少卿。善於為文，所作〈洛出寶圖頌〉及〈則天皇帝哀冊文〉最為典雅華麗。有文集六十卷。傳見《舊唐書》卷九十四、《新唐書》卷一百十四。詩文主要保存在《全唐文》卷二百十七、《全唐詩》卷六十八中。㊳江南　長江以南。㊴河西　今河西走廊及湟水一帶。㊵未革　沒有改變。此指未改食肉習慣。㊶恐喝　恐嚇。㊷月令　時令。㊸禮經　禮之常道。㊹戊午　十二月十四日。㊺牲牢　供祭祀的牲畜。

【語　譯】太后信任器重內史梁文惠公狄仁傑，群臣沒有人能比得上，太后常常稱狄仁傑為「國老」，而不稱呼他的名字。狄仁傑喜好當面指出人的過錯，在朝廷之上直言諫爭，太后常常曲意相從。狄仁傑曾經陪同太后遊幸，遇到風，吹落狄仁傑的頭巾，而坐騎受驚，不能停下來，太后讓太子李顯追上驚馬，抓住籠頭把馬拴好。狄仁傑多次以年老多病為由而乞求退休，太后都沒有應允。在狄仁傑上朝晉見時，太后常常阻止他行跪拜禮，說：「每次看到您行跪拜禮，我也感到身痛。」太后還免除了狄仁傑夜間值班的事務，告誡他的同僚說：「如果不是軍國大事，不要去煩擾狄公。」九月二十六日辛丑，狄仁傑去世，太后哭泣著說：「朝廷上空無一人了！」此後每當朝廷有大事，眾臣有時不能決斷時，太后就會歎息道：「老天奪走我的『國老』為何那麼早呀！」

太后曾經詢問狄仁傑：「我希望能夠尋找到一位傑出的士人加以任用，誰能稱職呢？」狄仁傑說：「不知道陛下打算讓他擔任什麼樣的職務？」太后說：「我想讓他擔任將相。」狄仁傑回答說：「如果您所要的是善文辭，含蓄寬容的人，那麼蘇味道、李嶠本來就是合適的人選了。如果您一定要找卓越出眾的奇才，那麼就有荊州長史張柬之，這個人雖然年紀老了，但他具備了宰相之才。」太后就提拔張柬之擔任了洛州司馬。過了幾天，太后又詢問狄仁傑，狄仁傑回答說：「我前幾天推舉的張柬之，陛下還沒有任用呢。」太后說：「我已提拔了他。」狄仁傑回答說：「臣下所推薦的人可做宰相，不是做司馬。」太后這才遷升張柬之擔任秋官侍郎。過了很久，終於任命他為宰相。狄仁傑還曾經向太后推薦夏官侍郎姚元崇、監察御史曲阿人桓彥範、太州刺史敬暉等幾十個人，後來這些人大都成為了有名的大臣。有人對狄仁傑說：「天下的桃李，都在狄公您的門下了。」狄仁傑回答說：「我舉薦賢才是為了國家，不是為了一己之私。」當初，狄仁傑擔任魏州刺史，施政仁德寬厚，百姓為他建造了生祠。後來他的兒子狄景暉擔任魏州司功參軍，貪婪殘暴，成為百姓的禍害，於是百姓搗毀了狄仁傑的塑像。

冬，十月初七日辛亥，太后任命魏元忠為蕭關道大總管，來防備突厥的侵擾。〇初十日甲寅，太后頒布制書，又重新將正月作為十一月，將一月作為正月。大赦天下。〇十三日丁巳，太后免去了納言韋巨源的職務，任命文昌右丞韋安石為鸞臺侍郎、同平章事。韋安石，是韋津的孫子。

當時武三思和張易之兄弟專擅朝政，韋安石多次當面駁斥他們。韋安石曾經在宮禁中陪太后宴飲，張易之帶來蜀地富商宋霸子等幾個人在座席上賭博。他向太后跪拜上奏說：「商人是低賤之徒，不應參與這樣的宴會。」示意侍臣將這幾個人驅逐出去，在座的人都嚇得變了臉色，太后因為韋安石說得直率，對他慰勞勉勵，他的同僚都感歎佩服不已。〇十月二十三日丁卯，太后駕臨新安。二十八日壬申，返回宮中。

十二月初十日甲寅，突厥士兵掠走了隴右諸牧監畜養的一萬多匹馬後離去。

這時屠宰動物的禁令還沒有解除，鳳閣舍人全節縣人崔融進言，認為「宰割烹調牲畜和獵取禽獸，聖人寫進了禮儀中，不可廢缺。再說，江南人吃魚，河西人吃肉，不能一天沒有。富人的這種生活習慣沒有改變，窮人也難以忍受。況且貧窮低賤的人家，依靠屠宰作為生計。每天處死一個違禁的人，最終也不可能杜絕，只不過藉此威脅恐嚇，助長奸邪欺詐。施政的人如果順應時令，符合禮儀之道，自然會使萬物的生長順應其本身的規律，老百姓也能夠體現自己的本性。」十二月十四日戊午，重新解除了有關屠宰捕魚的禁令，祭祀時仍用牛羊豬等牲畜作祭品。

長安元年❶（辛丑　西元七〇一年）

春，正月丁丑❷，以成州❸言佛迹見，改元大足❹。

二月己酉❺，以鸞臺侍郎柏人李懷遠❻同平章事。

三月，鳳閣侍郎、同平章事張錫坐知選漏泄禁中語、贓滿數萬，當斬，臨刑釋之，流循州❼。時蘇味道亦坐事與錫俱下司刑獄，錫乘馬，意氣自若，舍于三品院❽，帷屏食飲，無異平居。味道步至繫所，席地而臥，蔬食❾而已。太后聞之，赦味道，復其位。

是月，大雪，蘇味道以為瑞❿，帥百官入賀。殿中侍御史王求禮止之曰：「三月雪為瑞雪，臘月雷為瑞雷乎？」味道不從。既入，求禮獨不賀，進言曰：「今陽和布氣，草木發榮，而寒雪為災，豈得誣以為瑞！賀者皆諂諛之士也。」太后為之罷朝⓫。

時又有獻三足牛者，宰相復賀。求禮颺言⓬曰：「凡物反常皆為妖⓭。此鼎足⓮非其人，政教不行之象也。」太后為之愀然⓯。

夏，五月乙亥⓰，太后幸三陽宮。○以魏元忠為靈武道行軍大總管⓱，以備突厥。○天官侍郎鹽官顧琮同平章事⓲。

六月庚申⓳，以夏官尚書李迥秀同平章事。迥秀性至孝，其母本微賤，妻崔氏常叱媵婢⓴，母聞之不悅，迥秀即時出㉑之。或曰：「賢室雖不避嫌疑，然過非七出㉒，何遽如是？」迥秀曰：「娶妻本以養親，今乃違忤顏色，安敢留也！」

竟出之。

秋，七月甲戌㉓，太后還宮。○甲申㉔，李懷遠罷為秋官尚書。

八月，突厥默啜寇邊，命安北大都護相王為天兵道元帥，統諸軍擊之，未行而虜退。

丙寅㉕，武邑人蘇安恆㉖上疏曰：「陛下欽先聖㉗之顧託，受嗣子㉘之推讓，敬天順人㉙，二十年矣。豈不聞帝舜褰裳㉚，周公復辟㉛！舜之於禹，事祇族親㉜；旦與成王，不離叔父㉝。族親何如子之愛，叔父何如母之恩？今太子孝敬是崇㉞，春秋既壯，若使統臨宸極㉟，何異陛下之身㊱！陛下年德既尊㊲，寶位將倦㊳，機務煩重，浩蕩心神，何不禪位東宮，自怡聖體！自昔㊴理㊵天下者，不見二姓而俱王也。當今梁、定、河內、建昌諸王㊶，承陛下之蔭覆㊷，並得封王。臣謂千秋萬歲之後，於事非便，臣請黜㊸為公侯，任以閒簡㊹。臣又聞陛下有二十餘孫，今無尺寸之封㊺，此非長久之計也。臣請分土而王之，擇立師傅，教其孝敬之道，以夾輔周室，屏藩皇家，斯為美矣。」疏奏，太后召見，賜食，慰諭而遣之。

太后春秋高，政事多委張易之兄弟。邵王重潤㊻與其妹永泰郡主㊼、主壻魏王武延基㊽竊議其事。易之訴於太后，九月壬申㊾，太后皆逼令自殺㊿。延基，承嗣之子也。○丙申[51]，以相王知左、右羽林衛大將軍事。

冬，十月壬寅[52]，太后西入關[53]。辛酉[54]，至京師，赦天下，改元[55]。

十一月戊寅[56]，改含元宮為大明宮[57]。

天官侍郎安平崔玄暐[58]，性介直，未嘗請謁。執政惡之，改文昌左丞。月餘，太后謂玄暐曰：「自卿改官以來，聞令史[59]設齋自慶。此欲盛為姦貪耳，今還卿舊任。」乃復拜天官侍郎，仍賜綵七十段[60]。

以主客郎中[61]郭元振為涼州都督、隴右諸軍大使。先是，涼州南北境不過四百餘里，突厥、吐蕃頻歲[62]奄至城下，百姓苦之。元振始於南境硤口置和戎城[63]，北境磧[64]中置白亭軍[65]，控其衝要，拓州境千五百里，自是寇不復至城下。元振又令甘州刺史李漢通[66]開置屯田，盡水陸之利。舊涼州粟麥斛至數千[67]，及漢通收率[68]之後，一縑糴[69]數十斛，積軍糧支[70]數十年。元振善於撫御，在涼州五年，夷、夏畏慕，令行禁止，牛羊被野，路不拾遺。

【章旨】以上為第三段，寫武則天晚年政治趨於寬平，懲貪未動刑誅；又善用人才，李迥秀、蘇安恆、崔玄暐、郭元振皆一時之選。

【注釋】❶長安元年　武則天於久視二年正月改元大足，於十月壬寅改元長安。即長安元年包有大足元年。❷丁丑　正月初三日。❸成州　州名，治所在今甘肅禮縣西南。❹改元大足　《朝野僉載》說改元大足的原因是司刑寺的三百名囚徒秋分後在監獄外牆角偽造了一個五尺長的腳跡。司馬光在《考異》中說：改元在春，不在秋，今不取。按，「大足」本指大足印，用作年號，取大豐大足之意。❺己酉　二月初六日。❻李懷遠　（？—西元七〇六年）邢州柏人（即古柏，今河北隆堯西南）人，曾任司禮少卿、同州刺史等職。在職清正，官至宰相，貴而不奢。傳見《舊唐書》卷九十、《新唐書》卷一百十六。❼循州　州名，治所歸善，在今廣東惠州東北。❽三品院　關押三品以上囚犯的高級監獄。❾蔬食　蔬菜粗食。❿以為瑞　認為是祥瑞。⓫罷朝　停止朝謁。此事各書記載不一。據《考異》所載，《統紀》繫此事於延載元年（西元六九四年），《朝野僉載》則繫於久視二年（西元七〇一年）。司馬光紀年取《朝野僉載》，本段文字所記事則參考眾書。⓬颺言　大聲疾言。⓭妖　妖孽。⓮鼎足　指三公之位。三公鼎足承君，故以鼎足為三公之代稱。太師、太傅、太保，為唐之三公。⓯愀然　臉色變動的樣子。⓰乙亥　五月初三日。⓱以魏元忠為靈武道行軍大總管　據《新唐書・則天紀》，時在五月丁丑，即五月初五日。⓲天官侍郎鹽官顧琮同平章事　時在五月丙申，即五月二十四日。顧琮（？—西元七〇二年），杭州鹽官（今浙江海寧西南）人，兩《唐書》本傳云蘇州吳縣（今江蘇蘇州）人。傳見《舊唐書》卷七十三、《新唐書》卷一百二。⓳庚申　六月十九日。⓴媵婢　隨嫁的奴婢。㉑出　休棄。㉒七出　亦作「七去」、「七棄」。舊時丈夫遺棄妻子的七種理由：一、無子，二、淫泆，三、不事舅姑，四、口舌，五、盜竊，六、妒忌，七、惡疾。㉓甲戌　七月初三日。㉔甲申　七月十三日。㉕丙寅　八月二十六日。㉖蘇安恆　（？—西元七〇七年）冀州武邑（今河北武邑）人，曾多次上書言事。官至習藝館內教。傳見《舊唐書》卷一百八十七上、《新唐書》卷一百十二。㉗先聖　指高宗。㉘嗣子　指相王李旦。㉙敬天順人　意即敬奉天意，恭順人情，蒞臨帝位。㉚帝舜褰裳　相傳舜見禹，提衣離位，以讓於禹。褰裳，提裳。㉛周公復辟　成王即位時，年紀尚幼，由周公旦攝政。成王長大後，周公即歸政於成王。復辟，復其舊位。㉜族親　相傳舜為黃帝第八代孫，禹為黃帝玄孫，故稱「族親」。㉝旦與成王二句　周公旦係武王之弟，成王之叔。㉞孝敬是崇　即崇尚孝敬。崇，崇尚。㉟宸極　本指北極星，此處借指帝位。㊱何異陛下之身　意即何異於陛下親臨帝位。㊲尊　高。㊳倦　厭倦。㊴昔　古。㊵理　治。避高宗名諱，改治為理。㊶梁定河內建昌諸王　武三思封梁王，武攸暨封定王，武懿宗封河內王，武攸寧封建昌王。㊷蔭覆　恩蔭庇覆。㊸黜　貶降。㊹任以閒簡　即任以閒散清簡之職。㊺無尺寸之封　沒有一點封地。㊻邵王重潤　（西元六八二—七〇一年）中宗長子。後追諡為懿德太子，陪葬乾陵。傳見《舊唐書》卷八十六、《新唐書》卷八十一。㊼永泰郡主　（西元六八四—七〇一年）名仙蕙，中宗第七女。後追封為公主。傳見《新唐書》卷八十三。㊽武延基　（？—西元七〇一年）魏王武承嗣長子。傳見《舊唐書》卷一百八十三、《新唐書》卷二百六。㊾壬申　九月初三日。㊿太后皆逼令自殺　關於邵王重潤等三人之死，史書上有幾種說法。《舊唐書》卷六〈則天紀〉：「邵王重潤為易之讒構，令自死。」卷七十八〈張易之傳〉：「易之訴於則天，付太子自鞫問處置，太子並自縊殺之。」卷八十八〈李重潤傳〉：「則天令杖殺。」《新唐書》卷四〈則天紀〉：「殺邵王重潤及永泰郡主、主壻武延基。」卷八十一〈李重潤傳〉：「杖殺之。」卷一百四〈張易之傳〉：「得罪縊死。」卷二百六〈武延基傳〉：「后怒，令自殺。」從當時的情況分析，《舊唐書・張易之傳》的記載比較符合情理。至於〈大唐故永泰公主墓誌銘〉說永泰公主係難產而死，完全是掩飾之詞，不足以作為證據。51丙申　九月二十七日。52壬寅　十月初三日。53西入關　西入潼關。54辛酉　十月二十二日。55改元　改元長安。56戊寅　十一月初十日。57改含元宮為大明宮　長安東內本名大明宮。唐高宗龍朔三年（西元六六三年）改為蓬萊宮，咸亨元年（西元六七〇年）又改為含元宮。現恢復其舊名。58崔玄暐（西元六三八—七〇六年）博陵安平（今河北安平）人，為政清簡，官至宰相。參與張柬之兵變，封博陵郡公。著有《行己要範》十卷、《友義傳》十卷、《義士傳》十五卷。傳見《舊唐書》卷九十一、《新唐書》卷一百二十。59令史　官名，唐制，吏部四司有令史八十二人，無品秩，為低級事務人員。60賜綵七十段　胡三省注：「唐制，凡賜十段，其率絹三匹，布三端，綿四屯；若雜綵十段，則絲布二匹，紬二匹，綾二匹，縵四匹。」61主客郎中　官名，為屬禮部主客司長官，從五品上，掌二王之後（酅公、介公）及諸蕃朝聘之事。62頻歲　連年。63和戎城　即今甘肅古浪。64磧　沙漠。65白亭軍　軍鎮名，在今甘肅民勤北境。66李漢通　事見《舊唐書》卷九十七、《新唐書》卷一百二十二。67斛至數千　每斛的價格高至數千錢。68收率　集合農民，率其耕作。69糴　買進糧食。70支　可供支給。

【語　譯】長安元年（辛丑　西元七〇一年）

春，正月初三日丁丑，因為成州說出現佛的足跡，所以改年號為大足。

二月初六日己酉，任命鸞臺侍郎柏人縣人李懷遠為同平章事。

三月，鳳閣侍郎、同平章事張錫犯了主持銓選而洩漏宮中談話內容以及獲取贓款達到數萬的罪行，應當斬首，臨行刑時免除死罪，流放循州。當時蘇味道也因為犯罪而與張錫一起送往司刑寺獄，路上張錫乘坐在馬上，神態自若，住在三品院，帷帳屏風和飲食，與平時沒有差別。蘇味道步行到羈押處所，席地而臥，蔬菜粗食而已。太后聽到了這件事情，赦免了蘇味道，恢復了他的官職。

這個月，下大雪，蘇味道認為是吉祥之兆，帶領文武官員入朝祝賀。殿中侍御史王求禮阻止他說：「倘若陽春三月降下的雪是瑞雪的話，那麼在寒冬臘月打雷便是瑞雷嗎？」蘇味道沒有聽從勸阻。入朝後，惟獨王求禮不祝賀，向太后進言說：「眼下正當春和氣暖，草木發芽，而天寒大雪是災害，怎能歪曲說是吉祥之兆！朝賀的人都是奉承獻媚之人。」太后因而停止朝謁。

當時又有人獻上一頭三條腿的牛，宰相們又入朝祝賀。王求禮大聲疾言：「凡是反常的東西都是妖孽。出現三足牛，這是三公並非合適的人選，以及國家的政令教化沒有得到施行的象徵。」太后因此面容失色。

夏，五月初三日乙亥，太后來到三陽宮。○太后任命魏元忠為靈武道行軍大總管，以防備突厥侵擾。○任命天官侍郎鹽官縣人顧琮為同平章事。

六月十九日庚申，太后任命夏官尚書李迥秀為同平章事。李迥秀性情極其孝順，他的母親原本卑微低賤，他的妻子崔氏經常呵斥陪嫁奴婢，他母親聽了很不快，李迥秀便立刻將崔氏休棄了。有人對他說：「你的妻子雖有不避嫌疑的地方，但是她的過失並不屬於休棄妻子的七條理由，為什麼這樣匆忙？」李迥秀回答說：「娶妻本是為了奉養雙親，現在她竟然忤逆母親，我怎麼還敢將她留在家中呢！」結果還是休棄了崔氏。

秋，七月初三日甲戌，太后返回宮中。○十三日甲申，李懷遠被罷免，改任秋官尚書。

八月，突厥阿史那默啜侵擾邊塞，太后委派安北大都護相王李旦擔任天兵道元帥，統率各路軍隊攻打默啜，部隊還沒有出發，突厥便撤退了。

八月二十六日丙寅，武邑人蘇安恆上奏說：「陛下恭敬地遵奉先帝遺命的囑託，接受太子的辭讓，敬奉天意，恭順民心，已有二十年了。難道沒有聽說過帝舜提衣離位而讓於大禹，以及周公歸政於成王的事情嗎！帝舜和大禹之間，只是同宗親屬的關係；周公旦和周成王之間，也僅僅是叔姪關係。同宗親屬之間哪裡可以與親生兒子對母親的敬愛相比？叔父對於姪子又怎樣比得上母親對兒子的恩情？當今太子崇尚孝親敬上之道，年紀已到壯年，倘若讓他登臨帝位，執掌政事，與陛下親臨帝位又會有什麼區別呢！陛下的年事與德望都已經非常之高了，將會厭倦帝位，而機要政務煩重，會嚴重耗費陛下的心神，陛下為什麼不將帝位讓給太子，而自我求得身心的安逸愉悅呢！自古以來治理天下，還不曾看到過有兩個姓氏同時受封王爵的事，而現在梁王武三思、定王武攸暨、河內王武懿宗、建昌王武攸寧等人，仰承陛下的蔭庇，都被加封為王爵。臣認為在陛下百年之後，事情會非常難辦的。我請求陛下把他們貶降為公侯，任命他們擔任清閒的職務。我還聽說陛下有二十多個孫子，至今沒有尺寸封地，這不是長久之計。臣請求陛下分土裂地，把他們封為王，為他們挑選師傅，用孝親敬上之道教育他們，來輔佐大周皇室，藩衛國家，這才是完美的。」奏疏呈上，太后召見了他，賞賜膳食，安慰嘉勉之後送他出宮。

太后年事已高，政事大多委託給張易之兄弟。邵王李重潤和他的妹妹永泰郡主、妹夫魏王武延基私下議論此事。張易之把這一情況告訴了太后，九月初三日壬申，太后逼迫邵王李重潤、永泰郡主及魏王武延基等全都自殺了。武延基，是武承嗣的兒子。〇二十七日丙申，太后命令相王李旦執掌左、右羽林衛大將軍的職務。

冬，十月初三日壬寅，太后西行進入潼關。二十二日辛酉，抵達京城長安，大赦天下，更改年號。

十一月初十日戊寅，太后將含元宮改稱為大明宮。

天官侍郎安平縣人崔玄暐秉性耿直，未曾請託權要。執政者厭惡他，把他改任為文昌左丞。過了一個多月，太后對崔玄暐說：「自從你改任文昌左丞以來，我聽說你原來屬下令史設齋聚餐以示慶賀，這是他們想大肆作奸貪贓罷了，現在我讓你官復原職。」於是重新任命崔玄暐擔任天官侍郎，還賞賜給他綵帛七十段。

太后命令主客郎中郭元振擔任涼州都督、隴右諸軍大使。在此以前，涼州地域南北不超過四百多里，突厥和吐蕃連年突然襲至城下，百姓飽受困苦。郭元振首次在涼州南部邊境的硤口修築和戎城，在北部邊境的沙漠裡設置了白亭軍，控制著涼州的交通要道，把涼州的地域拓展了一千五百里。從此，突厥、吐蕃沒有再來到州城。郭元振又命令甘州刺史李漢通進行屯田，充分利用水利和土地的條件。過去，涼州粟麥一斛價值數千錢，到李漢通集合農民，率眾耕作後，一匹細絹可以買到幾十斛，儲備的軍糧可供幾十年。郭元振善於安撫治理百姓，在官涼州五年，夷人、漢人都敬畏他，有令則行，有禁便止，牛羊牲畜遍山野，路不拾遺。

二年（壬寅　西元七〇二年）

春，正月乙酉❶，初設武舉❷。○突厥寇鹽、夏二州❸。三月庚寅❹，突厥破石嶺❺，寇并州❻。以雍州長史薛季昶攝右臺大夫，充山東防禦軍大使，滄、瀛、幽、易、恆、定❼等州諸軍皆受季昶節度。夏，四月，以幽州刺史張仁愿專知幽、平、嬀、檀❽防禦，仍與季昶相知❾，以拒突厥。

五月壬申❿，蘇安恆復上疏曰：「臣聞天下者，神堯、文武⓫之天下也，陛下雖居正統⓬，實因唐氏舊基。當今太子追迴⓭，年德俱盛，陛下貪其寶位而忘母子深恩，將何聖顏以見唐家宗廟？將何誥命⓮以謁大帝⓯墳陵？陛下何故日夜積憂，不知鍾鳴漏盡⓰！臣愚以為天意人事，還歸李家。陛下雖安天位，殊不知物極則反，器滿則傾。臣何惜一朝⓱之命而不安萬乘之國哉！」太后亦不之罪。

○乙未⓲，以相王為并州牧，充安北道行軍元帥，以魏元忠為之副。

六月壬戌⓳，召神都留守韋巨源詣京師，以副留守李嶠代之。

秋，七月甲午⓴，突厥寇代州。

司僕卿㉑張昌宗兄弟貴盛，勢傾朝野。八月戊午㉒，太子、相王、太平公主上表請封昌宗為王，制不許。壬戌㉓，又請，乃賜爵鄴國公。○赦：「自今有告言揚州及豫、博餘黨[24]，一無所問，內外官司無得為理[25]。」

九月乙丑朔[26]，日有食之，不盡如鉤，神都見其既[27]。○壬申[28]，突厥寇忻州。○己卯[29]，吐蕃遣其臣論彌薩來求和。

庚辰[30]，以太子賓客武三思為大谷道大總管，洛州長史敬暉為副。辛巳[31]，又以相王旦為并州道元帥，三思與武攸宜、魏元忠為之副；姚元崇為長史，司禮少卿鄭杲[32]為司馬，然竟不行。

癸未[33]，宴論彌薩於麟德殿[34]。時涼州都督唐休璟入朝，亦預宴。彌薩屢窺之。太后問其故，對曰：「洪源之戰[35]，此將軍猛厲[36]無敵，故欲識之。」太后擢休璟為右武威、金吾二衛大將軍。休璟練習[37]邊事，自碣石[38]以西踰四鎮[39]，緜亙萬里，山川要害，皆能記之。

冬，十月甲辰[40]，天官侍郎、同平章事顧琮薨。○戊申[41]，吐蕃贊普將萬餘人寇[42]，茂州[43]都督陳大慈[44]與之四戰，皆破之，斬首千餘級。

十一月辛未[45]，監察御史魏靖[46]上疏，以為「陛下既知來俊臣之姦，處以極法[47]，乞詳覆[48]俊臣等所推大獄，伸其枉濫[49]。」太后乃命監察御史蘇頲[50]按覆俊臣等舊獄，由是雪免者甚眾[51]。頲，夔之曾孫也。○戊子[52]，太后祀南郊，赦天下。

十二月甲午(53)，以魏元忠為安東道安撫大使，羽林衛大將軍李多祚檢校幽州都督，右羽林衛將軍薛訥、左武衛將軍駱務整為之副。○戊申(54)，置北庭都護府於庭州(55)。

侍御史張循憲(56)為河東采訪使，有疑事不能決(57)，病之(58)，問侍吏曰：「此有佳客，可與議事者乎？」吏言前平鄉(59)尉猗氏張嘉貞(60)有異才，循憲召見，詢以事。嘉貞為條析理分(61)，莫不洗然(62)，循憲因請為奏，皆意所未及。循憲還，見太后，太后善其奏，循憲具言嘉貞所為，且請以己之官授之。太后曰：「朕寧(63)無一官自進賢邪！」因召嘉貞，入見內殿，與語，大悅，即拜監察御史。擢循憲司勳郎中(64)，賞其得人也。

【章　旨】以上為第四段，寫武則天平反冤獄，寬容直諫，蘇安恆上奏還政於李氏的諫言，亦不加罪，超拔人才，任用張嘉貞。

【注　釋】❶乙酉　正月十七日。❷武舉　通過比武選拔人才的科目。此為武則天創制。據《唐六典》卷五，武舉內容共有七項：即射長垛、騎射、馬槍、武射、材貌、言語、舉重。《新唐書》卷四十四〈選舉志〉上載：「其制，有長垛、馬射、步射、平射、筒射，又有馬槍、翹關、負重、身材之選」，與《唐六典》所說有所不同。❸鹽夏二州　鹽州治所在今陝西定邊，夏州治所在今陝西靖邊東北白城子。❹庚寅　三月二十三日。❺石嶺　關名，《新唐書‧地理志三》：忻州定襄縣有石嶺關。

據此，該關當在今山西定襄境。❻并州　州名，治所在今山西太原西南。❼滄瀛幽易恆定　皆州名。滄州治所在今河北滄州東南，瀛州治所在今河北河間，幽州治所在今北京市城區西南，易州治所在今河北易縣，恆州治所在今河北正定，定州治所在今河北定州。❽平嬀檀　皆州名。平州治所在今河北盧龍，嬀州治所在今河北懷來，檀州治所在今北京市密雲。❾相知　相互支援；相互照應。❿壬申　五月初六日。⓫神堯文武　即高祖、太宗。高宗上元元年（西元六七四年）八月，改高祖尊號為神堯皇帝，太宗尊號為文武聖皇帝。⓬正統　意即正統帝位。⓭太子追迴　廬陵王被召回京師，復立為太子。⓮誥命　此處指謁陵時所讀的文書。⓯大帝　即唐高宗。高宗諡號為天皇大帝。⓰鍾鳴漏盡　晨鐘已鳴，夜漏將盡。比喻年屆遲暮。⓱一朝　一旦。⓲乙未　五月二十九日。⓳壬戌　六月二十六日。⓴甲午　七月二十九日。㉑司僕卿　官名，即太僕寺卿。㉒戊午　八月二十三日。㉓壬戌　八月二十七日。㉔揚州及豫博餘黨　即徐敬業、越王貞及琅邪王沖餘黨。徐敬業光宅元年（西元六八四年）在揚州發動叛亂，越王貞父子垂拱四年（西元六八八年）分別起兵於豫州、博州。㉕無得為理　不得受理。㉖乙丑朔　九月初一日。㉗既　蝕盡；全蝕。㉘壬申　九月初八日。㉙己卯　九月十五日。㉚庚辰　九月十六日。㉛辛巳　九月十七日。㉜鄭杲　事散見《舊唐書》卷六十二、卷八十五及《新唐書》卷一百、卷一百十三。㉝癸未　九月十九日。㉞麟德殿　在大明宮太液池西側，由前殿、中殿、後殿組成。唐代帝王常宴蕃臣、外賓於此。㉟洪源之戰　時在久視元年（西元七〇〇年）閏七月。㊱猛厲　勇猛銳厲。㊲練習　諳練；熟悉。㊳碣石　古山名，在今河北昌黎西北。㊴四鎮　即安西四鎮，包括龜茲、于闐、焉耆、疏勒。㊵甲辰　十月初十日。㊶戊申　十月十四日。㊷吐蕃贊普將萬餘人寇　下當有脫文。《舊唐書・吐蕃傳》及《新唐書・則天紀》皆云：「戊申，吐蕃寇悉州，茂州都督陳大慈敗之。」據此，此句下脫「悉州」二字。悉州治所在今四川阿壩羌族自治州西北。㊸茂州　州名，治所在今四川阿壩羌族自治州。㊹陳大慈　事見《舊唐書》卷一百九十六上〈吐蕃傳〉，《新唐書》卷四〈則天紀〉、卷二百十六上〈吐蕃傳〉。㊺辛未　十一月初八日。㊻魏靖　事見《舊唐書》卷五十〈刑法志〉。㊼極法　極刑；死刑。㊽詳覆　詳細覆勘。㊾枉濫　冤枉失實。㊿蘇頲　（西元六七〇—七二七年）京兆武功（今陝西武功西北）人，博聞強記，善於為文。政尚清廉，唐玄宗時官至宰相，封許國公。自景龍時起，與張說俱以文章知名，時號「燕許大手筆」。有文集三十卷。傳見《舊唐書》卷八十八、《新唐書》卷一百二十五。(51)雪免者甚眾　昭雪免罪的人很多。武則天晚年親手平反冤獄，是一善政。(52)戊子　十一月二十五日。(53)甲午　十二月二日。(54)戊申　十二月十六日。(55)庭州　州名，治所在今新疆吉木薩爾北破城子。(56)張循憲　事見《舊唐書》卷九十九和《新唐書》卷一百二十七〈張嘉貞傳〉、《唐郎官石柱題名考》卷七。(57)決　決斷。(58)病之　患之。(59)平鄉　縣名，縣治在今河北平鄉西南。(60)張嘉貞　（西元六六六—七二九年）蒲州猗氏（今山西臨猗）人，為政清廉，善於敷奏，唐玄宗時官至中書令。傳見《舊唐書》卷九十九、《新唐書》卷一百二十七、《嘉定赤城志》卷八。(61)條析理分　比喻有條有理，深入細緻地進行剖析。(62)洗然　明暢、清晰的樣子。(63)寧　豈；難道。(64)司勳郎中　官名，屬吏部，從五品上，掌管官吏勳級的授予。張循憲原官侍御史，是從六品下的監察官，現轉吏部職事官，從五品上，升了三個品級。武則天重獎薦賢者。

【語　譯】二年（壬寅　西元七〇二年）

春，正月十七日乙酉，開始在科舉考試中設置武舉科。〇突厥部眾進犯鹽、夏二州。三月二十三日庚寅，突厥攻破石嶺關，侵擾并州。太后任命雍州長史薛季昶代理右臺大夫的職事，充任山東防禦軍大使，滄州、瀛州、幽州、易州、恆州、定州等各處部隊都受他節制調度。夏，四月，太后任命幽州刺史張仁愿專門執掌部署幽州、平州、媯州、檀州的軍事防禦，還讓他與薛季昶互相照應，抵禦突厥。

五月初六日壬申，蘇安恆又上疏說：「臣聽說這天下，是高祖神堯皇帝和太宗文武皇帝的天下，陛下雖然處於正統地位，但是實際上因襲的是大唐舊有的基業。現在太子召回復位，年齡道德都已臻於鼎盛，陛下貪戀帝位，忘掉了母子之間深厚的恩情，將以何面目面對唐室宗廟？又將以何種文書去拜謁大帝高宗的陵寢？陛下為什麼要日夜給自己增添憂愁，不知道自己已經到了晨鐘已鳴、夜漏將盡的暮年！愚臣認為天意人情，都仍然歸心於唐室李氏。陛下雖然安居皇位，竟沒有弄清楚物極必反、器滿則傾的道理。臣哪裡憐惜自己短暫的性命而不為保全大唐安寧著想呢！」太后也沒有加罪於他。〇二十九日乙未，太后任命相王李旦為并州牧，充任安北道行軍元帥，任命魏元忠擔任他的副手。

六月二十六日壬戌，太后將神都留守韋巨源召往京師長安，委派副留守李嶠代替了他的職務。

秋，七月二十九日甲午，突厥進犯代州。

司僕卿張昌宗兄弟位高權大，勢傾朝野。八月二十三日戊午，太子李顯、相王李旦、太平公主呈上奏表，請求授封張昌宗為王，太后下詔書沒有同意。二十七日壬戌，又向太后請求，太后才賜予張昌宗鄴國公的爵位。〇太后頒布敕書：「從現在起有揭發揚州徐敬業謀反案以及豫州李貞、博州李沖父子謀反案殘餘黨羽的事情，全都不再加以過問，朝廷內外各官府不得受理。」

九月初一日乙丑，發生日蝕，沒有蝕盡，餘日如鉤，在神都看到了全蝕。○初八日壬申，突厥侵擾忻州。○十五日己卯，吐蕃派遣大臣論彌薩前來求和。

九月十六日庚辰，太后任命太子賓客武三思為大谷道總管，洛州長史敬暉為武三思的副手。十七日辛巳，太后又命令相王李旦為并州道元帥，武三思和武攸宜、魏元忠三人為李旦的副手；命令姚元崇為長史，司禮少卿鄭杲為司馬，但最終沒有成行。

九月十九日癸未，太后在麟德殿宴請吐蕃大臣論彌薩。當時涼州都督唐休璟入京朝見，也參加了宴會。論彌薩數次偷偷地瞧著唐休璟。太后詢問論彌薩其中緣故，論彌薩回答說：「在洪源谷戰役中，這位將軍勇猛無敵，因此我想認識他。」太后便提拔唐休璟擔任了右武威、金吾二衛大將軍。唐休璟十分熟悉邊境事務，從碣石往西一直到四鎮之外，綿延萬里，山川要害，他全能記住。

冬，十月初十日甲辰，天官侍郎、同平章事顧琮去世。○十四日戊申，吐蕃贊普統率部眾一萬多人入侵，茂州都督陳大慈與吐蕃交戰四次，每一次都打敗了敵人，斬首一千餘級。

十一月初八日辛未，監察御史魏靖呈上疏，認為「陛下既然已經知道來俊臣的奸邪，處以死刑，臣請求陛下詳細覆核來俊臣等人所審理的重大獄案，平反冤枉失實的案件。」太后於是命令監察御史蘇頲覆審來俊臣等人所辦的舊案，許多人因此而得以昭雪免罪。蘇頲，是蘇夔的曾孫。○二十五日戊子，太后在南郊祭祀上天，大赦天下。

十二月初二日甲午，任命魏元忠為安東道安撫大使，羽林衛大將軍李多祚檢校幽州都督，右羽林衛將軍薛訥、左武衛將軍駱務整擔任他的副手。○十六日戊申，在西域的庭州設置北庭都護府。

侍御史張循憲擔任河東采訪使時，有件疑難的事情不能決斷，感到擔憂，他詢問侍立的官吏：「這個地方有沒有好的賓客，可以與其商議事情的？」屬下官吏說前任平鄉尉猗氏縣人張嘉貞有特別的才智。張循憲召見張嘉貞，向他諮詢這件疑難之事。張嘉貞替他逐條解析，依理分辨，無不透徹明晰，張循憲於是請他草擬奏章，所奏皆為自己不曾考慮到的。張循憲回到朝廷，見到太后，太后稱讚他的奏章寫得好，張循憲就將奏章為張嘉貞所擬的事情全部稟告了太后，並且請求把他自己擔任的河東采訪使職務授予張嘉貞。太后說：「我難道還沒有一個官職來自己引進賢能之士嗎！」於是召來張嘉貞，進入內殿接見，和他交談，太后大為高興，當即任命他為監察御史。提升張循憲為吏部司勳郎中，獎勵他發現人才的功勞。

三年（癸卯　西元七〇三年）

春，三月壬戌朔❶，日有食之。

夏，四月，吐蕃遣使獻馬千匹、金二千兩以求昏。

閏月丁丑❷，命韋安石留守神都。◯己卯❸，改文昌臺為中臺❹。以中臺左丞❺李嶠知納言事。◯新羅王金理洪卒，遣使立其弟崇基❻為王。

六月辛酉❼，突厥默啜遣其臣莫賀干❽來，請以女妻皇太子之子。◯寧州❾大水，溺殺❿二千餘人。

秋，七月癸卯⓫，以正諫大夫朱敬則同平章事。◯戊申⓬，以并州牧[1]相王旦為雍州牧⓭。

庚戌⓮，以夏官尚書、檢校涼州都督唐休璟同鳳閣鸞臺三品。時突騎施酋長烏質勒與西突厥諸部相攻，安西道絕。太后命休璟與諸宰相議其事，頃之，奏上，太后即依其議施行。後十餘日，安西諸州請兵應接，程期⑮一如休璟所畫⑯，太后謂休璟曰：「恨⑰用卿晚。」謂諸宰相曰：「休璟練習邊事，卿曹⑱十不當一。」

時西突厥可汗斛瑟羅用刑殘酷⑲，諸部不服。烏質勒本隸斛瑟羅，號莫賀達干，能撫其眾，諸部歸之，斛瑟羅不能制。烏質勒置都督二十員，各將兵七千人，屯碎葉西北，後攻陷碎葉，徙其牙帳居之。斛瑟羅部眾離散，因入朝，不敢復還，烏質勒悉併其地。

九月庚寅朔⑳，日有食之，既。

【章旨】以上為第五段，寫西突厥發生內亂。

【注釋】❶壬戌朔　三月初一日。❷丁丑　閏四月十七日。❸己卯　閏四月十九日。❹改文昌臺為中臺　即改尚書省為中臺。光宅元年（西元六八四年），改尚書省為文昌臺。❺中臺左丞　官名，即尚書左丞。李嶠長安二年（西元七〇二年）六月以成均祭酒兼檢校文昌左丞，三年閏四月十日同鳳閣鸞臺平章事。至此，又知納言事。❻崇基　兩《唐書・新羅傳》皆作「興光」。學者或以為《通鑑》有誤。按，《唐會要》卷九十五，理洪卒，冊其弟崇基為王。先天元年（西元七一二年），改名興光。據此，則崇基、興光實為一人。❼辛酉　六月初一日。❽莫賀干　《舊唐書》卷一百九十四上、《新唐書》卷二百十五上皆作「莫賀達干」。❾寧州　州名，治所在今甘肅寧縣。❿溺殺　淹死。⓫癸卯　七月十四日。關於朱敬則入相的時間，《新唐書・則天紀》及〈宰相表〉作七月壬寅，即七月十三日。《唐曆》作「十四日癸卯」。《通鑑》據後者。⓬戊申　七月十九日。⓭牧　官名，唐制，親王充任京師或陪都地方最高長官者稱牧。⓮庚戌　七月二十一日。⓯程期　里程和日期。⓰畫　籌劃；預料。⓱恨　悔恨；遺憾。⓲卿曹　卿輩。⓳時西突厥可汗斛瑟羅用刑殘酷　這段話係追述往事，容易使人產生誤解。斛瑟羅天授元年入朝後，其地已漸為烏質勒所併。聖曆二年，以斛瑟羅為左衛大將軍兼平西軍大總管，令撫鎮故土。時烏質勒強盛，斛瑟羅不敢歸，復返長安。見《新唐書》卷二百十五下〈突厥傳〉。⑳庚寅朔　此月己丑朔。庚寅為九月初二日。

【校記】①并州牧　原無此三字。據章鈺校，十二行本、乙十一行本、孔天胤本皆有此三字，今據補。

【語譯】三年（癸卯　西元七〇三年）

春，三月初一日壬戌，發生日蝕。

夏，四月，吐蕃派遣使者前來進獻馬一千匹、黃金二千兩，以此向朝廷求婚。

閏四月十七日丁丑，太后任命韋安石留守神都洛陽。〇十九日己卯，把文昌臺改稱中臺，任命中臺左丞李嶠執掌納言職事。〇新羅王金理洪逝世，太后派遣使者前往冊立他的弟弟金崇基為國王。

六月初一日辛酉，突厥阿史那默啜派遣大臣莫賀干前來，請求將他的女兒嫁給皇太子的兒子。〇寧州發生大水災，淹死了兩千多人。

秋，七月十四日癸卯，太后任命正諫大夫朱敬則為同平章事。〇十九日戊申，任命并州牧相王李旦為雍州牧。

七月二十一日庚戌，太后任命夏官尚書、檢校涼州都督唐休璟為同鳳閣鸞臺三品。當時突騎施酋長烏質勒與西突厥各部落互相攻伐，安西道阻斷。太后命令唐休璟與諸位宰相商議此事，不一會兒，奏章就呈報上來，太后隨即依照他們議定的辦法施行。十多天以後，安西所管轄的各州請求派兵接應，路程和時間與唐休璟事先所預料的完全一樣。太后對唐休璟說：「遺憾，任用你太晚了。」又對各位宰相說：「唐休璟熟悉邊境事務，你們十個也抵不上他一個。」

當時西突厥可汗斛瑟羅用刑殘酷，各個部落不服。烏質勒原本隸屬於斛瑟羅，號莫賀達干，能夠安撫他的部眾，各個部落歸附他，斛瑟羅無法加以控制。烏質勒設置了二十名都督，他們每個人統領士兵七千人，駐紮在碎葉城西北，後來攻陷了碎葉，把他的牙帳遷居碎葉。斛瑟羅的部眾離散，於是入朝臣服，不敢再返回去，烏質勒便把斛瑟羅原有的地盤全部加以吞併。

九月庚寅朔，發生日蝕，是日全蝕。

初，左臺大夫、同鳳閣鸞臺三品魏元忠為洛州長史，洛陽令張昌儀❶恃諸兄之勢，每牙❷，直上長史聽事，元忠到官，叱下之。張易之奴暴亂都市，元忠杖殺之。及為相，太后召易之弟岐州刺史昌期，欲以為雍州長史，對仗❸，問宰相曰：「誰堪雍州者？」元忠對曰：「今之朝臣無以易薛季昶❹。」太后曰：「季昶久任京府❺，朕欲別除一官，昌期何如？」諸相皆曰：「陛下得人矣。」元忠獨曰：「昌期不堪！」太后問其故，元忠曰：「昌期少年，不閑❻吏事，曏在岐州，戶口逃亡且盡。雍州帝京，事任[1]繁劇，不若季昶彊幹習事。」太后默然而止。元忠又嘗面奏：「臣自先帝以來，蒙被恩渥，今承乏宰相❼，不能盡忠死節，使小人在側❽，臣之罪也！」太后不悅。由是諸張深怨之。

司禮丞❾高戩❿，太平公主之所愛也。會太后不豫，張昌宗恐太后一日晏駕⓫，為元忠所誅，乃譖元忠與戩私議云：「太后老矣，不若挾⓬太子為久長。」太后怒，下元忠、戩獄，將使與昌宗廷辨⓭之。昌宗密引鳳閣舍人張說，賂以美官，使證元忠，說許之。明日，太后召太子、相王及諸宰相，使元忠與昌宗參對⓮，往復不決。昌宗曰：「張說聞元忠言，請召問之。」太后召說。說將入，鳳閣舍人南和宋璟⑮謂說曰：「名義至重，鬼神難欺，不可黨邪陷正以求苟免！若獲罪流竄，其榮多矣。若事有不測，璟當叩閤⑯力爭，與子⑰同死。努力為之，萬代瞻仰，在此舉也！」殿中侍御史濟源張廷珪⑱曰：「朝聞道，夕死可矣⑲。」左史劉知幾⑳曰：「無污青史，為子孫累！」

及入，太后問之，說未對。元忠懼，謂說曰：「張說欲與昌宗共羅織魏元忠邪！」說叱之曰：「元忠為宰相，何乃效委巷㉑小人之言！」昌宗從旁迫趣㉒說，使速言。說曰：「陛下視之，在陛下前，猶逼臣如是，況在外乎！臣今對廣朝㉓，不敢不以實對。臣實不聞元忠有是言，但昌宗逼臣使誣證之耳！」易之、昌宗遽㉔呼曰：「張說與魏元忠同反！」太后問其狀。對曰：「說嘗謂元忠為伊、周㉕。伊尹放太甲㉖，周公攝王位㉗，非欲反而何？」說曰：「易之兄弟小人，徒㉘聞伊、周之語，安知伊、周之道！日者㉙，元忠初衣紫㉚，臣以郎官往賀，元忠語客曰：『無功受寵，不勝慚懼。』臣實言曰：『明公居伊、周之任，何愧三品！』彼伊尹、周公皆為臣至忠，古今慕仰。陛下用宰相，不使學伊、周，當使學誰邪？且臣豈不知今日附昌宗立取台衡㉛，附元忠立致族滅！但臣畏元忠冤魂，不敢誣之耳。」太后曰：「張說反覆小人，宜并繫治之。」它日，更引問[32]，說對如前。太后怒，命宰相與河內王武懿宗共鞫之，說所執如初。

朱敬則抗疏[33]理之曰：「元忠素稱忠正，張說所坐無名[34]，若令抵罪，失天下望。」蘇安恆亦上疏，以為「陛下革命之初，人以為納諫之主，暮年以來，人以為受佞之主。自元忠下獄，里巷恟恟[35]。皆以為陛下委信姦宄[36]，斥逐[37]賢良，忠臣烈士，皆撫髀[38]於私室而箝口[39]於公朝，畏迕易之等意，徒取死而無益。方今賦役煩重，百姓凋弊，重以[40]讒慝專恣，刑賞失中，竊恐人心不安，別生它變，爭鋒[41]於朱雀門[42]內，問鼎於大明殿[43]前，陛下將何以謝之，何以禦之？」易之等見其疏，大怒，欲殺之，賴朱敬則及鳳閣舍人桓彥範、著作郎陸澤魏知古[44]保救得免。

丁酉[45]，貶魏元忠為高要[46]尉，戩、說皆流嶺表。元忠辭日，言於太后曰：「臣老矣，今向嶺南，十死一生。陛下它日必有思臣之時。」太后問其故，時易之、昌宗皆侍側，元忠指之曰：「此二小兒，終為亂階[47]。」易之等下殿，叩膺[48]自擲[49]稱冤。太后曰：「元忠去矣！」

殿中侍御史景城王晙[50]復奏申理元忠，宋璟謂之曰：「魏公幸已得全，今子復冒威怒，得無[51]狼狽[52]乎！」晙曰：「魏公以忠獲罪，晙為義所激，顛沛無恨。」璟歎曰：「璟不能申魏公之枉，深負朝廷矣。」

太子僕[53]崔貞慎[54]等八人餞元忠於郊外，易之詐為告密人柴明狀，稱貞慎等與元忠謀反。太后使監察御史丹徒馬懷素[55]鞫之，謂懷素曰：「茲事皆實，略問，速以聞。」頃之[56]，中使督趣[57]者數四，曰：「反狀昭然，何稽留[58]如此？」懷素請柴明對質[59]，太后曰：「我自不知柴明處，但據狀鞫之，安用告者？」懷素據實以聞，太后怒曰：「卿欲縱[60]反者邪？」對曰：「臣不敢縱反者！元忠以宰相謫官，貞慎等以親故[61]追送[62]，若誣以為反，臣實不敢。昔欒布奏事彭越頭下[63]，漢祖[64]不以為罪，況元忠之刑未如彭越，而陛下欲誅其送者乎！且陛下操生殺之柄，欲加之罪，取決聖衷可矣。若命臣推鞫，臣不[2]敢不以實聞。」太后曰：「汝欲全不罪邪？」對曰：「臣智識愚淺，實不見其罪。」太后意解。貞慎等由是獲免。

太后嘗命朝貴宴集，易之兄弟皆位在宋璟上[65]。易之素憚璟，欲悅其意，虛位[66]揖之曰：「公方今第一人，何乃下坐[67]？」璟曰：「才劣位卑，張卿以為第一，何也？」天官侍郎鄭杲[68]謂璟曰：「中丞奈何卿五郎[69]？」璟曰：「以官言之，正當為卿。足下非張卿家奴，何郎之有⑩！」舉坐悚惕⑪。時自武三思以下，皆謹事易之兄弟，璟獨不為之禮。諸張積怒，常欲中傷之。太后知之，故得免。

丁未⑫，以左武衛大將軍武攸宜充西京留守。

冬，十月丙寅⑬，車駕發西京。乙酉⑭，至神都。

【章旨】以上為第六段，寫武則天男寵張易之兄弟與朝官的尖銳矛盾，朝官中堅大臣一致奏請誅殺張氏兄弟卻敗下陣來，魏元忠、張說遭貶，從而激起了朝官與太后武則天的直接對抗。

【注釋】❶張昌儀　張易之之弟。《新唐書‧宰相世系表》云易之之兄。待考。❷牙　同「衙」。此處作動詞使用。指赴官衙。❸對仗　此處意即朝參之時。唐制，皇帝御正殿，設儀仗，百官奏事，御史彈劾，皆面對儀仗，稱作「對仗」。❹薛季昶　絳州龍門（今山西河津）人，武則天時上書，自平民擢為監察御史。歷任御史中丞、定州刺史、雍州長史等職，所在以嚴肅為政，威名甚著。唐中宗時因參與張柬之政變，加銀青光祿大夫，拜戶部侍郎。傳見《舊唐書》卷一百八十五上、《新唐書》卷一百二十。❺久任京府　長期在京師做官。京府，京畿。此處指神都洛陽。❻閑　通「嫻」。熟悉。❼承乏宰相　謙詞。補缺宰相。❽小人在側　小人在君之側。小人，指張易之兄弟。❾司禮丞　官名，即太常寺丞。為太常卿之副，掌判太常事務。❿高戩　事見《舊唐書》卷七十八〈張昌宗傳〉、卷九十二〈魏元忠傳〉，《新唐書》卷一百四〈張昌宗傳〉、卷一百二十二〈魏元忠傳〉。⓫晏駕　本指鑾駕晚出，轉為帝王死亡的諱詞。⓬挾　挾制。⓭廷辨　在殿廷上申辯。⓮參對　相互對質。⓯宋璟　（西元六六三—七三七年）邢州南和（今河北南和）人，調露年間進士。唐睿宗時入相，力圖革除弊政，因觸怒太平公主而被貶。唐玄宗開元四年（西元七一六年）冬，繼姚元崇為相，主張寬賦傜，省刑法，選用賢才，被稱為「賢相」。傳見《舊唐書》卷九十六、《新唐書》卷一百二十四。⓰叩閤　叩，敲。閤，指皇帝的內殿或便殿。⓱子　對男子的尊稱，相當現代漢語中的「您」。⓲張廷珪　（？—西元七三四年）河南濟源（今河南濟源）人，少時以文學知名。進士及第，歷任監察御史、中書舍人、洪州都督、黃門侍郎等職。不畏強權，敢於進諫。又善於書法，為時人所重。傳見《舊唐書》卷一百一、

《新唐書》卷一百十八、《書小史》卷十。⑲朝聞道二句　語出《論語・里仁》。早上領悟了真理，傍晚去死都可以。⑳劉知幾　（西元六六一—七二一年）字子玄，彭城（今江蘇徐州）人，進士出身，精通歷史。歷任獲嘉主簿、鳳閣舍人等職，預修國史。參與《則天皇后實錄》、《太上皇實錄》的編寫。著有《劉氏家史》十五卷、《劉子玄集》三十卷。所撰《史通》二十卷，流傳至今，是我國第一部史學評論專著。傳見《舊唐書》卷一百二、《新唐書》卷一百三十二。㉑委巷　僻陋的小巷。㉒趣催促。㉓廣朝　廣庭。猶大庭廣眾。㉔遽　急；驟然。㉕伊周　伊尹、周公。㉖伊尹放太甲　伊尹為商初大臣，曾輔佐卜丙、仲壬二王。仲壬死後，太甲繼位。相傳太甲破壞商湯法制，被伊尹放逐。㉗周公攝王位　周公姓姬名旦，係周武王之弟，在滅商建周的過程中立有大功。武王死後，成王年幼，由他攝理朝政。後還政於成王。㉘徒　只；但。㉙日者　往日；從前。㉚初衣紫　初為三品官。唐制，三品以上服紫。此處指初入相。㉛台衡　猶「臺輔」。台，三台。衡，玉衡。皆星名。因為這些星位於紫微宮帝座之前，故常被用來喻指宰相。㉜更引問　重新推引審問。㉝抗疏　向皇帝上疏極諫。㉞所坐無名　所坐之罪沒有事實。㉟恟恟　亦作「洶洶」、「匈匈」，形容喧鬧、騷擾的樣子。㊱姦宄　亦作「姦軌」，指犯法作亂的人。㊲斥逐貶斥放逐。㊳撫髀　同「拊髀」。以手拍股，表示激憤。㊴箝口　猶緘口。閉口無語。㊵重以　加以。㊶爭鋒　猶爭勝。㊷朱雀門　長安皇城南面正門。胡三省注云「宮城南門」，誤。㊸大明殿　即大明宮含元殿。㊹魏知古　（西元六四七—七一五年）深州陸澤（今河北深州西南）人，進士及第。官至宰相，敢於進諫。傳見《舊唐書》卷九十八、《新唐書》卷一百二十六。㊺丁酉　九月初九日。㊻高要　縣名，縣治在今廣東高要。㊼亂階　禍亂的階梯。猶「禍根」。㊽叩膺　以拳擊胸。㊾自擲　自投於地。㊿王晙　（？—西元七三二年）滄州景城（今河北滄州西）人，體貌雄壯，有古人之風。為官興利除弊，為百姓所愛。曾一度代張說為相。傳見《舊唐書》卷九十三、《新唐書》卷一百十一。(51)得無　又作「得毋」。(52)狼狽　困頓不堪。謂將遭遇危難。(53)太子僕　官名，從四品，掌太子車輿、騎乘、儀仗之政令。(54)崔貞慎　高宗朝宰相崔敦禮之孫。事見《舊唐書》卷八十一〈崔敦禮傳〉、《新唐書》卷七十二下〈宰相世系表二下〉。(55)馬懷素　潤州丹徒（今江蘇鎮江市）人，勤奮好學，進士及第。官至祕書監，兼昭文館學士。傳見《舊唐書》卷一百二、《新唐書》卷一百九十九。(56)頃之　一會兒。(57)督趣　督促。(58)稽留　稽延遲留。(59)對質　當面詰問對證。(60)縱　放。(61)親故　親戚故舊。(62)追送　趕去送別。(63)欒布奏事彭越頭下　彭越為漢初諸侯王，被告謀反，為漢高祖劉邦所殺。欒布為彭越部屬，哭祭彭越，為吏所捕。劉邦問其故，欒布據實以奏，被劉邦赦免。(64)漢祖　即漢高祖劉邦。(65)易之兄弟皆位在宋璟上　當時張易之、張昌宗秩三品，宋璟本階六品。(66)虛位　空下自己的座位，以示謙卑。(67)下坐　坐於下方。(68)鄭杲　事散見《舊唐書》卷六十二、卷八十五、《新唐書》卷一百。兩《唐書・宋璟傳》作「鄭善果」，誤。㊴柰何卿五郎　為什麼把五郎稱為卿。㊵足下非張卿家奴二句　胡三省注釋說：「門生、家奴呼其主為郎。」但當時「郎」稱用法頗多，不限於此。女子稱丈夫或情人為郎，郎亦被經常用作對一般男子的尊稱和對青少年男子的美稱。㊶悚惕　震悚惕懼，形容恐懼的樣子。㊷丁未　九月十九日。㊸丙寅　十月初八日。㊹乙酉　十月二十七日。

【校　記】①任　據章鈺校，十二行本、乙十一行本皆作「務」。②不　據章鈺校，十二行本、乙十一行本皆無此字。

【語　譯】當初，任命左臺大夫、同鳳閣鸞臺三品魏元忠為洛州長史，洛陽令張昌儀倚仗著幾個兄長的權勢，過去每次赴府衙，都逕直走上長史廳，魏元忠到任後，叱令他退下去。張易之的家奴在城中街市上行暴作亂，魏元忠把他們用棍杖處死。等魏元忠入朝擔任宰相後，太后召見張易之的弟弟岐州刺史張昌期，打算任命他擔任雍州長史。在百官朝參時，太后詢問諸位宰相說：「誰可以勝任雍州的職事？」魏元忠回答說：「當今朝臣之中，沒有哪一位能夠取代薛季昶的。」太后說：「季昶久任京職，我打算另外任命他一個官職，你們認為張昌期這個人怎麼樣？」各位宰相都說：「陛下得到合適的人選了。」惟獨魏元忠說：「張昌期不能勝任這個職務！」太后詢問原因，魏元忠說：「張昌期年少，不熟悉為官之事。先前他在岐州任職時，岐州戶口逃亡殆盡。雍州是京城所在地，職責繁重，張昌期比不上薛季昶果毅幹練，熟悉事體。」太后默不作聲，此事作罷。魏元忠還曾經當面向太后啟奏：「臣下從先帝時到現在，蒙受厚恩，現在補缺備位宰相，不能盡忠死節，使小人在您身邊，這是臣下的罪過呀！」太后聽了不高興。由此張易之兄弟深恨魏元忠。

司禮丞高戩乃是太平公主所寵愛的人。適逢太后患病，張昌宗害怕太后一旦去世了，自己將會被魏元忠殺掉，於是誣陷魏元忠曾和高戩私下商議說：「太后年紀老了，我們不如挾持太子，作為長久之計。」太后很生氣，把魏元忠和高戩捕入獄中，打算讓他們與張昌宗在朝廷之上辯明實情。張昌宗私下把鳳閣舍人張說找來，用美差肥缺賄賂他，讓他作偽證，張說答應了。第二天，太后召見太子李顯、相王李旦以及諸位宰相，讓魏元忠與張昌宗互相對質，雙方你爭我辯，事情無法做出決斷。張昌宗說：「張說聽到過魏元忠所說的那些話，請陛下把張說召來問話。」太后宣召張說。張說即將入朝，鳳閣舍人南和縣人宋璟對張說說：「名聲和道義是極其重要的，鬼神難以欺瞞，不可黨護邪惡，陷害忠正，以求苟且偷生！倘若您因此身負罪名遭受流放，那麼這樣的榮耀就太大了。如果事情發生意外，我將上殿奮力爭辯，與您同死。努力去幹吧，萬世受人景仰，就在此一舉了！」殿中侍御史濟源人張廷珪對他說：「早晨聞知真理，當晚死去都行。」左史劉知幾也說：「不要玷辱了青史，使得子孫後代都受到連累！」

等到張說進入朝堂，太后問他，他沒有回答。魏元忠很害怕，對張說講：「你想要與張昌宗一同羅織罪名來陷害我魏元忠嗎！」張說大聲呵斥他說：「你魏元忠作為宰相，怎麼效仿陋巷小人之言！」張昌宗在他旁邊急忙催促張說，讓他趕快說話。張說講：「陛下看到了，在陛下面前，張昌宗還像這樣威逼臣下，何況在朝廷之外呢！臣現在面對大庭廣眾，不敢不據實回答，臣確實沒有聽見魏元忠有這類的言詞，只是張昌宗逼迫臣，要臣為他作誣罔不實的證詞而已！」張易之和張昌宗急忙大聲喊道：「張說與魏元忠共同謀反！」太后詢問其中詳情，張易之和張昌宗回答說：「張說曾經說魏元忠是伊尹和周公。伊尹流放了商王太甲，周公攝理了周朝的王位，這不是想造反又是什麼？」張說說：「張易之兄弟是小人，僅僅聽說過有關伊尹、周公的言辭，又怎麼知道伊尹和周公的原則！以前，魏元忠剛穿上紫色朝服，當了宰相，我以郎官的身分前去祝賀，魏元忠對客人說：『無功受寵，不勝慚愧和惶恐。』我確實向他說起過：『您處在伊尹、周公的職位上，享有三品的俸祿，有什麼可以慚愧的呢！』那伊尹、周公都是最忠誠的臣子，古今仰慕。陛下任用宰相，不讓他們去效法伊尹和周公，要讓他們去效法誰呢？何況臣怎麼會不知道今日附和張昌宗可立刻獲得相位，附和魏元忠會立刻招致滅族！只是我懼怕魏元忠的冤魂，不敢誣陷他罷了。」太后說：「張說是反覆無常的小人，應一併關押加以懲治。」有一天，再次召來張說問話，張說的回答與上一次一樣。太后很生氣，命令宰相與河內王武懿宗共同審問，張說仍然堅持最初的說法。

朱敬則上疏極諫，申理此事，說：「魏元忠素來以忠誠正直稱譽於世，張說受連累獲罪沒有正當罪名，倘若把他們治罪，就會喪失天下人望。」蘇安恆也上疏認為「陛下改朝之初，人們都認為您是採納諫言的國君，進入老年以來，人們都認為您是聽信讒佞的國君。自從魏元忠下獄，街坊閭巷擾攘，都認為陛下信用奸邪，貶斥賢德，那些忠臣志士，都在自己家中拍腿歎息，然而在朝廷之上卻閉口不言，懼怕觸犯了張易之等人的意旨，而白白取死，於事無補。現在賦稅徭役繁重，百姓生計殘破，再加上讒佞邪惡之徒專橫放縱，刑罰賞賜有失公允，我私下擔心民心不安，另生其他變故，若在朱雀門內發生兵戈之事，在大明殿前出現帝位之爭，陛下將用什麼樣的說法來表示謝罪，又將依靠什麼來進行抵禦？」張易之等看見他的奏疏，大怒，想把他殺死。靠著朱敬則和鳳閣舍人桓彥範、著作郎陸澤縣人魏知古的保護救助才得以幸免。

九月初九日丁酉，太后把魏元忠貶官為高要縣尉，把高戩和張說都流放到嶺南。魏元忠辭行的那一天，對太后說：「臣老了，這次前往嶺南，十死一生。陛下有一天必定會有想念臣的時候。」太后問他原因，當時張易之、張昌宗都侍奉在太后身邊，魏元忠指著他們說：「這兩個小子，終究會成為導致禍亂的根基。」張易之等走下殿堂，捶胸投地聲稱冤枉。太后說：「魏元忠快走吧！」

殿中侍御史景城縣人王晙又上奏疏為魏元忠申述辯白，宋璟對他說：「魏公已經僥倖保全了性命，現在您又冒犯天子威怒，怎麼不會困窘不堪嗎！」王晙說：「魏公以忠正獲罪，我為大義所激勵，即使顛沛倒地，也無恨憾。」宋璟歎息說：「宋璟未能申明魏公的冤枉，實在太辜負朝廷了。」

太子僕崔貞慎等八人在郊外替魏元忠餞行，張易之偽造告密人柴明的檢舉狀紙，告發崔貞慎等人與魏元忠謀反。太后派遣監察御史丹徒人馬懷素審訊這個案件，對他說：「這件事全部屬實，你大致審問一下，趕快奏報上來。」時間不長，中使催促了好幾回，對他說：「謀反的情節非常清楚明白，為什麼要這樣拖延？」馬懷素請求讓柴明與崔貞慎等人對質，太后說：「我本不知道柴明在什麼地方，你只需依據狀子審訊此案，哪裡用得著告狀的人？」馬懷素根據實際案情上報，太后生氣地說：「你打算放掉造反的人嗎？」馬懷素回答說：「臣不敢放縱造反的人！魏元忠以宰相之職被貶官，崔貞慎等人由於是親朋故舊的關係趕去送別，如果將他們誣告為謀反，臣實在是不敢。過去欒布冒死在彭越的首級下陳奏彭越的功勞，漢高祖並沒有認為欒布有罪，何況魏元忠所受的懲罰比不上彭越，而陛下打算殺掉為他送行的人嗎！況且陛下掌握著生殺權柄，打算要加罪於這些人，由您心意決斷也就行了。倘若命令臣審理此案，臣不敢不據實上報。」太后說：「你是想全不治罪嗎？」馬懷素回答說：「臣才智見識愚鈍低下，實在沒有發現他們的罪過。」太后怒氣緩解，崔貞慎等人因此獲免。

太后曾命令朝中權貴聚宴，張易之兄弟的席位全在宋璟之上。張易之一向忌憚宋璟，想要取悅宋璟，便空出自己的席位向宋璟作揖說：「您是當今的第一人物，為什麼竟在下坐？」宋璟說：「本人才智低劣，職位卑微，張卿認為我是當今第一人物，這是為什麼？」天官侍郎鄭杲對宋璟說道：「中丞為什麼把五郎稱為張卿呢？」宋璟說：「就他的官職而言，稱他為卿正適合。您本人不是張卿家的奴僕，怎麼可以把他稱為郎呢！」所有在座的人都為此恐懼。當時從武三思以下的官員，都謹慎地侍奉張易之兄弟，只有宋璟對他們不以禮相待。張易之兄弟積怒在心，常常想中傷他。太后清楚這一點，宋璟因此得以免罪。

九月十九日丁未，太后任命左武衛大將軍武攸宜充任西京留守。

冬，十月初八日丙寅，太后從西京出發。二十七日乙酉，到達神都。

十一月己丑❶[1]，突厥遣使謝許昏。丙申❷[2]，宴於宿羽臺❸，太子預焉。宮尹崔神慶上疏，以為「今五品以上所以佩龜❹者，為別敕徵召，恐有詐妄❺，內出龜合，然後應命。況太子國本❻，古來徵召皆用玉契❼。此誠重慎之極也。昨緣突厥使見，太子應預朝參，直有❽文符下宮❾，曾不降敕處分，臣愚謂太子非朔望朝參、應別召者，望降墨敕及玉契。」太后甚然之。

始安❿獠⓫歐陽倩擁眾數萬，攻陷州縣，朝廷思得良吏以鎮之。朱敬則稱司封郎中⓬裴懷古有文武才，制以懷古為桂州都督，仍充招慰討擊使。懷古纔及嶺上，飛書⑬示以禍福，倩等迎降，且言「為吏所侵逼，故舉兵自救耳。」懷古輕騎赴之。左右曰：「夷獠無信，不可忽⑭也。」懷古曰：「吾仗忠信，可通神明，而況人乎！」遂詣其營，賊眾大喜，悉[3]歸所掠貨財。諸洞酋長素持兩端⑮者，皆來款附⑯，嶺外悉定。

是歲，分命使者以六條察州縣⑰。○吐蕃南境諸部皆叛，贊普器弩悉弄自將擊之，卒於軍中。諸子爭立，久之，國人立其子棄隸蹜贊⑱為贊普，生七年矣。

【章　旨】以上為第七段，寫太子入宮制度，以及武則天選良吏裴懷古平息嶺南之亂。

【注　釋】❶己丑　十一月初二日。❷丙申　十一月初九日。❸宿羽臺　高宗調露元年（西元六七九年）造，在東都宿羽宮中。❹佩龜　佩帶龜符。百官隨身佩帶魚符，以明貴賤，應徵召，入宮時要驗符。唐姓李，所以用鯉魚為符。武則天姓武，玄武為龜，故改魚符為龜符。❺詐妄　欺詐偽妄。❻國本　國家的根本。❼玉契　玉製的符契。❽直有　只有。❾下宮　下發東宮。❿始安　古郡名，治所在今廣西桂林。⓫獠　南方少數民族。⓬司封郎中　官名，則天垂拱元年（西元六八五年）改主爵郎中置，為吏部司封司長官，從五品上，掌封爵、命婦、朝會及賜予等事。⓭飛書　飛遞書信；遞快信。⓮忽　輕率。⓯素持兩端　一貫叛降不定。⓰款附　誠心歸附。⓱以六條察州縣　用六條標準考察州縣官吏。六條內容不詳。⓲棄隸蹜贊　事詳《舊唐書》卷一百九十六上、《新唐書》卷二百十六上〈吐蕃傳〉。

【校　記】[1]己丑　原無此二字。據章鈺校，十二行本、乙十一行本、孔天胤本皆有此二字，張敦仁《通鑑刊本識誤》、張瑛《通鑑校勘記》同，今據補。[2]丙申　原作「丙寅」。據章鈺校，十二行本、乙十一行本、孔天胤本皆作「丙申」，張敦仁《通鑑刊本識誤》同，今據改。按，是年十一月戊子朔，無丙寅。[3]悉　據章鈺校，十二行本、乙十一行本、孔天胤本皆無此字。

【語　譯】十一月初二日己丑，突厥派遣使者前來感謝朝廷同意通婚。初九日丙申，太后在宿羽臺宴請突厥使者，太子李顯也出席了宴會。宮尹崔神慶上疏，認為「現在五品以上官員之所以佩戴龜符，是因為另外下敕書徵召入朝，擔心有欺詐虛妄，所以大內中拿出另一半龜符來勘驗符合，然後才能應召命。況且太子是國家的根本，自古以來徵召太子入朝都要使用玉契，這確實是鄭重謹慎到了極點。昨日因突厥使者來朝晉見，太子應當偕同入朝參拜陛下，只有文符下發東宮，也沒有降下敕書進行安排。依照臣之愚見，太子若不是在初一、十五入朝參拜和接受別敕的徵召，他要入宮時，請陛下向太子頒發墨書敕令和玉契。」太后很贊同他的建議。

始安的獠人歐陽倩擁兵數萬，攻陷了州縣，朝廷希望得到賢良的官吏前去鎮守。朱敬則說司封郎中裴懷古具有文武才略，太后下詔任命裴懷古為桂州都督，並充任招慰討擊使。裴懷古才到五嶺境內，就飛速傳遞書信給歐陽倩，曉示利害禍福，歐陽倩等人出迎投降，並且說「被官吏侵陵威逼，因此起兵自救罷了。」裴懷古輕裝騎馬前往，身邊屬吏說：「夷獠部族不守信用，不可疏忽。」裴懷古說：「我仰仗忠信，可與神明相通，更何況是人呢！」於是前往歐陽倩的軍營，歐陽倩的部眾很高興，全部歸還了所搶劫的財物。各洞酋長平時首鼠兩端的，全都前來歸誠，嶺外之地完全平定。

這一年，太后分別命令使者根據六條標準考察地方州縣政績。○吐蕃南部邊境各個部落都反叛了，贊普器弩悉弄親自統領軍隊前去攻打，死於軍中。他的兒子們爭奪王位，經過了很長時間，國人擁立他的兒子棄隸蹜贊為贊普，此時他出生七年了。

四年（甲辰　西元七〇四年）

春，正月丙申❶，冊拜右武衛將軍阿史那懷道❷為西突厥十姓可汗。懷道，斛瑟羅之子也。

丁未❸，毀三陽宮，以其材作興泰宮於萬安山❹。二宮皆武三思建議為之，請太后每歲臨幸，功費甚廣，百姓苦之。左拾遺盧藏用❺上疏，以為「左右近臣多以順意❻為忠，朝廷具僚❼皆以犯忤❽為戒，致陛下不知百姓失業，傷陛下之仁。陛下誠能以勞人為辭，發制罷之，則天下皆知陛下苦己而愛人也。」不從。藏用，承慶之弟孫也。○壬子❾，以天官侍郎韋嗣立❿為鳳閣侍郎、同平章事。

夏官侍郎、同鳳閣鸞臺三品李迥秀頗受賄賂，監察御史馬懷素劾奏之。二月癸亥⓫，迥秀貶廬州⓬刺史。○壬申⓭，正諫大夫、同平章事朱敬則以老疾致仕。敬則為相，以用人為先，自餘細務⓮不之視。

太后嘗與宰相議及刺史、縣令。三月己丑⓯，李嶠、唐休璟等奏：「竊見朝廷物議⓰，遠近人情，莫不重內官，輕外職⓱，每除授牧伯⓲，皆再三披訴⓳。比來所遣外任，多是貶累⓴之人，風俗不澄㉑，寔由於此。望於臺、閣、寺、監㉒妙簡㉓賢良，分典㉔大州，共康庶績㉕。臣等請輟近侍㉖，率先具僚㉗。」太后命書名探之㉘，得韋嗣立及御史大夫楊再思等二十人。癸巳㉙，制各以本官檢校㉚刺史，嗣立為汴州㉛刺史。其後政績可稱者，唯常州刺史薛謙光、徐州刺史司馬鍠㉜而已。

丁亥㉝[1]，徙平恩王重福㉞為譙王。◯以夏官侍郎宗楚客同平章事㉟。鳳閣侍郎、同鳳閣鸞臺三品蘇味道謁㊱歸葬其父，制州縣供葬事㊲。味道因之侵毀鄉人墓田，役使過度，監察御史蕭至忠㊳劾奏之，左遷坊州㊴刺史。至忠，引㊵之玄孫也。

夏，四月壬戌㊶，同鳳閣鸞臺三品韋安石知納言，李嶠知內史事。◯太后幸興泰宮㊷。

太后復稅天下僧尼，作大像於白司馬阪㊸，令春官尚書武攸寧檢校㊹，糜費㊺巨億㊻。李嶠上疏，以為「天下編戶，貧弱者眾。造像錢見有一十七萬餘緡，若將散施，人與一千，濟得一十七萬餘戶[2]。拯飢寒之弊，省勞役之勤，順諸佛慈悲之心，霑聖君亭育㊼之意，人神胥悅㊽，功德無窮。方作過後因緣㊾，豈如見㊿在果報(51)！」監察御史張廷珪上疏諫曰：「臣以時政論之，則宜先邊境，蓄(52)府庫，養人力。以釋教(53)論之，則宜救苦厄(54)，滅諸相，崇無為。伏願陛下察臣之愚，行佛之意，務以理為上，不以人廢言。」太后為之罷役，仍召見廷珪，深賞慰之。

鳳閣侍郎、同鳳閣鸞臺三品姚元崇以母老固請歸侍，六月辛酉(55)，以元崇行(56)相王府長史，秩、位並同三品。○乙丑(57)，以天官侍郎崔玄暐(58)同平章事。○召鳳閣侍郎、同平章事、檢校汴州刺史韋嗣立赴興泰宮。○丁丑(59)，以李嶠同鳳閣鸞臺三品。嶠自請解內史(60)。○壬午(61)，以相王府長史姚元崇兼知夏官尚書、同鳳閣鸞臺三品。

【章　旨】以上為第八段，寫武則天懲治貪官，納諫慎選地方大吏，停建大佛像以紓民困。

【注　釋】❶丙申　正月初十日。❷阿史那懷道　事見《舊唐書》卷一百九十四下、《新唐書》卷二百十五下〈突厥傳〉。❸丁未　正月二十一日。❹萬安山　在今河南宜陽南。❺盧藏用　字子潛，幽州范陽（今北京市）人，幼以辭學著稱，中舉不調，隱居終南山，號「隨駕隱士」。工篆隸，善琴棋，後入仕，官至黃門侍郎，兼昭文館學士。傳見《舊唐書》卷九十四、《新唐書》卷一百二十三。❻順意　阿順旨意。❼具僚　備位的官僚。❽犯忤　冒犯違忤。❾壬子　正月二十六日。❿韋嗣立　（西元六五四—七一九年）字延構，則天朝宰相韋思謙之子。少以孝友著聞。舉進士，補雙流縣令，政績為蜀中之最。後歷任鳳閣舍人、秋官侍郎等職。至此晉升宰相。傳見《舊唐書》卷八十八、《新唐書》卷一百十六。⓫癸亥　二月初八日。⓬廬州　州名，治所在今安徽合肥。⓭壬申　二月十七日。⓮細務　瑣碎小事。⓯己丑　三月初四日。⓰物議　眾人的議論。⓱外職　與「內官」相對，指地方官職。⓲牧伯　州刺史。⓳披訴　傾訴。此處指陳述自己的困難，不願赴任。⓴貶累　被貶黜和因事被牽累獲罪者。(21)不澄　不清。(22)臺閣寺監　皆官署名稱。(23)妙簡　精選。(24)分典　分別知掌。(25)庶績　各種事功。(26)輟近侍　罷去近侍之職。近侍，親近侍奉。(27)率先具僚　為群臣之先導，出任地方官。(28)書名探之　分寫近臣姓名，置於匣中，用手探拈。(29)癸巳　三月初八日。(30)檢校　攝理。(31)汴州　州名，治所開封，在今河南開封。(32)司馬鍠　洛州溫縣（今河南溫縣）人，官至黃門侍郎。傳見《舊唐書》卷一百九十中、《新唐書》卷二百二。(33)丁亥　三月初二日。(34)平恩王重福　太子李顯次子。傳見《舊唐書》卷八十六、《新唐書》卷八十一。(35)宗楚客同平章事　據《新唐書》卷四、卷六十一，時在三月己亥，即三月十四日。㊱謁　請。㊲州縣供葬事　州縣供給葬禮所需財物。㊳蕭至忠　（？—西元七一三年）沂州丞縣（今山東棗莊東南）人，為政清謹，敢糾不法。官至中書令。傳見《舊唐書》卷九十二、《新唐書》卷一百二十三。㊴坊州　州名，治所在今陝西黃陵西南。㊵引　蕭引，陳朝大臣。傳見《陳書》卷二十一、《南史》卷十八。㊶壬戌　四月初七日。㊷太后幸興泰宮　據《新唐書·則天紀》，時在四月丙子，即四月二十一日。㊸白司馬阪　在洛陽徽安門外北邙山中。㊹檢校　此處指兼知塑造大像之事。㊺糜費　耗費。㊻巨億　萬萬。形容數目極大。㊼亭育　撫養培育。㊽胥悅　皆悅。㊾因緣　佛教用語。指形成事物，引起認識和造就業報等現象所依賴的原因和條件。「因」與「緣」略有差別。在生「果」中起直接作用的主要條件叫「因」，起間接輔助作用的條件叫「緣」。《俱舍論》說：因緣合，諸法即生。㊿見　通「現」。(51)果報　佛教語。即因果報應。(52)蓄　充實；蓄積。(53)釋教　即佛教。(54)苦厄　苦難厄災。(55)辛酉　六月初七日。(56)行　唐制，階高擬卑稱為「行」。即讓品級高的官員兼低級職務。(57)乙丑　六月十一日。(58)崔玄暐　（西元六三八—七〇六年）博陵安平（今河北安平）人，少以學行著稱，為政清廉公正。傳見《舊唐書》卷九十一、《新唐書》卷一百二十。(59)丁丑　六月二十三日。(60)解內史　解除內史職務。(61)壬午　六月二十八日。

【校記】[1]丁亥　原作「丁丑」。據章鈺校，十二行本、乙十一行本皆作「丁亥」，今據改。按，是年三月丙戌朔，無丁丑，《新唐書·則天皇后紀》亦作「丁亥」。[2]戶　據張敦仁《通鑑刊本識誤》作「口」。

【語譯】四年（甲辰　西元七〇四年）

春，正月初十日丙申，冊封右武衛將軍阿史那懷道為西突厥十姓可汗。阿史那懷道，是斛瑟羅的兒子。

正月二十一日丁未，拆毀三陽宮，用它的材料在萬安山營建興泰宮。三陽宮和興泰宮都是由武三思建議修建的，請太后每年親臨遊幸，工程費用極為浩大，老百姓為此受苦。左拾遺盧藏用上疏認為「陛下左右的近臣大多認為順承您的心願就是忠誠，朝廷上備位的臣僚都把違犯您的旨意作為禁忌，致使陛下不知百姓已失去生業，損害了陛下的仁德。陛下如果能以勞苦百姓為理由，頒布詔書停止營建興泰宮，那麼天下全都知道陛下自己吃苦而仁愛民眾。」太后沒有聽從。盧藏用，是盧承慶之弟的孫子。〇二十六日壬子，太后命令天官侍郎韋嗣立擔任鳳閣侍郎、同平章事。

夏官侍郎、同鳳閣鸞臺三品李迥秀有些收受賄賂的行為，監察御史馬懷素上奏章彈劾他。二月初八日癸亥，李迥秀被貶為廬州刺史。○十七日壬申，正諫大夫、同平章事朱敬則因為年老多病而退休。朱敬則擔任宰相時，把用人放在優先的地位，除此之外的瑣碎事務則不去管它。

太后曾經與宰相們討論過刺史、縣令的有關事宜。三月初四日己丑，李嶠、唐休璟等人上奏：「臣等聽到朝廷中眾人的議論，任職或遠或近，在人們的心理上，沒有哪一個不是看重朝內官，輕視地方官的，每當任命各州長官，人們都要再三陳訴推辭。近來所任命的地方官，大多是被貶黜和牽累入罪之人，風氣不得清正，實際上就是由此原因。希望從臺、閣、寺、監的官員中精選有德才的人，分別掌管各大州，共同成就各項功業。臣等請求中止選用近侍官員，率先出任地方官。」太后下令寫上近臣姓名，讓人探取，得到韋嗣立及御史大夫楊再思等二十人。初八日癸巳，詔令韋嗣立等各以本職檢校刺史，韋嗣立任汴州刺史。後來政績可以稱道的，只有常州刺史薛謙光和徐州刺史司馬鍠而已。

三月初二日丁亥，改封平恩王李重福為譙王。○任命夏官侍郎宗楚客擔任同平章事。

鳳閣侍郎、同鳳閣鸞臺三品蘇味道請求回趙州欒城縣安葬亡故的父親，太后頒下詔書命令當地州縣提供喪葬的費用。蘇味道乘機侵吞毀壞家鄉百姓的墓地和田園，役使過度，監察御史蕭至忠上奏彈劾他，蘇味道被降職為坊州刺史。蕭至忠，是蕭引的玄孫。

夏，四月初七日壬戌，太后任命同鳳閣鸞臺三品韋安石執掌納言職事，李嶠執掌內史職事。○太后駕臨興泰宮。

太后再次向天下的和尚、尼姑徵稅，在白司馬阪建造大型佛像，命令春官尚書武攸寧兼管這項工程，耗費巨大。李嶠上疏，認為「全國百姓，貧困羸弱的非常多。營建大佛像的錢現有十七萬餘緡，如果拿來分散施捨，每人給與一千錢，可救濟十七萬多戶。拯救百姓飢寒之困，減少勞役之苦，順應諸佛慈悲之心，使百姓沾潤聖君養育之意，人神皆大歡喜，功德無窮。陛下將以建造佛像來續後世的因緣，這又怎麼比得上現世的報應呢！」監察御史張廷珪上疏勸諫說：「臣拿當前的政治狀況來論說，就應該優先考慮邊境事務，充實國庫，讓百姓休養生息。拿佛教教義來論說，就應該拯救困苦的眾生，破滅事物的各種外現形象，崇尚無為。恭敬地請求陛下能夠體察臣的愚見，踐行佛祖的心意，致力於把治理國家置於首要地位，而不要因人廢言。」太后為此而停止了建造大佛像的工程，還召見了張廷珪，對他大加讚賞和撫慰。

鳳閣侍郎、同鳳閣鸞臺三品姚元崇因為母親老邁，堅持請求回鄉侍奉母親。六月初七日辛酉，太后任命姚元崇代理相王府長史，俸祿、職位均與三品官相同。〇十一日乙丑，太后任命天官侍郎崔玄暐擔任同平章事。〇太后徵召鳳閣侍郎、同平章事、檢校汴州刺史韋嗣立前來興泰宮。〇二十三日丁丑，太后任命李嶠擔任同鳳閣鸞臺三品。李嶠自己請求解除內史職務。〇二十八日壬午，太后任命相王府長史姚元崇兼任夏官尚書、同鳳閣鸞臺三品。

秋，七月丙戌❶，以神都副留守楊再思為內史。再思為相，專以諂媚取容❷。司禮少卿張同休，易之之兄也，嘗召公卿宴集，酒酣，戲再思曰：「楊內史面似高麗❸。」再思欣然，即翦紙帖巾，反披紫袍，為高麗舞，舉坐❹大笑。時人或譽張昌宗之美曰：「六郎面似蓮花。」再思獨曰：「不然。」昌宗問其故，再思曰：「乃蓮花似六郎耳。」〇甲午❺，太后還宮。

乙未❻，司禮少卿張同休、汴州刺史張昌期、尚方少監張昌儀❼皆坐贓下獄，命左右臺❽共鞫之；丙申❾，敕，張易之、張昌宗作威作福，亦命同鞫❿。辛丑⓫，司刑正⓬賈敬言奏：「張昌宗強市人田⓭，應徵銅二十斤。」制「可」。乙巳⓮，御史大夫李承嘉⑮、中丞桓彥範奏：「張同休兄弟贓共四千餘緡，張昌宗法應免官⑯。」昌宗奏：「臣有功於國，所犯不至免官。」太后問諸宰相：「昌宗有功乎？」楊再思曰：「昌宗合神丹⑰，聖躬服之有驗，此莫大之功。」太后悅，赦昌宗罪，復其官。左補闕戴令言⑱作兩腳狐賦以譏再思，再思出令言為長社⑲令。

丙午⑳，夏官侍郎、同平章事宗楚客有罪，左遷㉑原州㉒都督，充靈武道行軍大總管。○癸丑㉓，張同休貶岐山㉔丞，張昌儀貶博望㉕丞。

鸞臺侍郎、知納言事、同鳳閣鸞臺三品韋安石舉奏張易之等罪，敕付安石及右庶子、同鳳閣鸞臺三品唐休璟鞫之，未竟而事變。八月甲寅㉖，以安石兼檢校揚州長史[1]。庚申㉗，以休璟兼幽營都督、安東都護。休璟將行，密言於太子曰：「二張恃寵不臣，必將為亂。殿下宜備之。」相王府長史兼知夏官尚書事、同鳳閣鸞臺三品姚元崇上言：「臣事相王，不宜典兵馬㉘。臣不敢愛㉙死，恐不益於王。」辛酉㉚，改春官尚書㉛，餘如故。元崇字元之，時突厥叱列元崇㉜反，太后命元崇以字行㉝。○突厥默啜既和親，戊寅㉞，始遣淮陽王武延秀還㉟。

九月壬子㊱，以姚元之充靈武道行軍大總管。辛酉㊲，以元之為靈武道安撫大使。

元之將行，太后令舉外司㊳堪為宰相者。對曰：「張柬之㊴沈厚有謀，能斷大事，且其人已老，惟陛下急用之。」冬，十月甲戌㊵，以秋官侍郎張柬之同平章事，時年且八十㊶矣。

乙亥㊷，以韋嗣立檢校魏州刺史，餘如故。○壬午㊸，以懷州長史河南房融㊹同平章事。

太后命宰相各舉堪為員外郎㊺者，韋嗣立薦廣武令[2]岑羲㊻，曰：「但恨其伯父長倩㊼為累。」太后曰：「苟或有才，此何所累！」遂拜天官員外郎㊽。由是諸緣坐者㊾始得進用。

【章旨】以上為第九段，寫朝官與武則天男寵張易之兄弟矛盾再起。朝官藉貪賄除掉張氏兄弟，但無法撼動二張受寵的地位。武則天再次任用賢才，張柬之入相。

【注釋】❶丙戌　七月初三日。❷取容　取悅於權貴。❸面似高麗　面容像高麗人。❹舉坐　全座；滿座。❺甲午　七月十一日。❻乙未　七月十二日。❼司禮少卿張同休汴州刺史張昌期尚方少監張昌儀　皆寵臣張易之的兄弟。❽左右臺　即左右肅政臺。則天時改御史臺為肅政臺，又分置左右。左臺專管在京百司，右臺按察京外官員。❾丙申　七月十三日。❿同鞫　一同審訊。鞫，審訊。⓫辛丑　七月十八日。⓬司刑正　官名，屬司刑寺（即大理寺），從五品下，掌參議刑獄，評正科條之事。⓭強市人田　強買別人田地。⓮乙巳　七月二十二日。⓯李承嘉　事見《新唐書》卷七十二上、《元和姓纂》卷七、《唐郎官石柱題名考》卷八。⓰法應免官　依法應當免去官職。⓱合神丹　合煉長生之藥。神丹，又稱仙丹。相傳為神仙服用的靈丹，可以延年益壽。⓲戴令言　事見《舊唐書》卷九十、《新唐書》卷一百九。⓳長社　縣名，縣治在今河南許昌。⓴丙

午　七月二十三日。㉑左遷　降職。㉒原州　州名，治所在今寧夏固原。㉓癸丑　七月三十日。㉔岐山　縣名，縣治在今陝西岐山縣。㉕博望　縣名，治所在今河南方城西南。㉖甲寅　八月初一日。㉗庚申　八月初七日。㉘典兵馬　掌握軍隊。時姚元崇兼夏官尚書（即兵部尚書），故有此言。㉙愛　惜。㉚辛酉　八月初八日。㉛春官尚書　即禮部尚書。光宅元年改禮部為春官。㉜叱列元崇　《舊唐書・姚崇傳》作「叱利元崇」，《新唐書》則作「叱剌元崇」，人名音譯，各不相同。㉝命元崇以字行　據《金石萃編》卷六十五〈姚元之造像記〉，姚元崇在長安三年（西元七〇三年）九月已用其字。㉞戊寅　八月二十五日。㉟遣淮陽王武延秀還　武延秀於聖曆元年（西元六九八年）七月奉命前往突厥，納默啜女為妃，八月被默啜拘禁，至是始還。㊱壬子　九月二十九日。㊲辛酉　九月甲申朔，無辛酉。《新唐書・則天紀》作十月辛酉，即十月九日。㊳外司　外朝諸司官員。㊴張柬之　時任秋官侍郎（即刑部侍郎）。傳見《舊唐書》卷九十一、《新唐書》卷一百二十。㊵甲戌　十月二十二日。㊶年且八十　年齡將近八十。岑仲勉對此曾提出疑問，見《唐史餘瀋》卷一〈張柬之疑年〉。㊷乙亥　十月二十三日。㊸壬午　十月三十日。㊹房融　（？—西元七〇五年）事見《新唐書》卷一百三十九〈房琯傳〉。㊺員外郎　官名，本指正員之外的郎官。晉以後指員外散騎侍郎。唐制，尚書省諸司各置員外郎，地位在郎中之下。㊻岑羲　（？—西元七一二年）字伯華，進士及第，累遷太常博士，坐岑長倩事被貶。後官至侍中。傳見《舊唐書》卷七十、《新唐書》卷一百二。㊼長倩　即高宗朝宰相岑長倩。因反對在天下建大雲寺而為來俊臣所誣，被斬於市。㊽天官員外郎　即吏部員外郎。㊾緣坐者　即連坐者。指因受牽連而被處罪或貶降的人。

【校　記】①長史　原作「刺史」。據章鈺校，十二行本、乙十一行本皆作「長史」，張敦仁《通鑑刊本識誤》同，今據改。按，兩《唐書・韋安石傳》皆作「長史」。②廣武令　原誤作「廣武公」。據章鈺校，十二行本、乙十一行本、孔天胤本皆作「廣武令」，熊羅宿《胡刻資治通鑑校字記》同，今據改。按，《舊唐書・岑羲傳》亦作「廣武令」，《新唐書・岑文本傳》言岑羲為「汜水令」，據《新唐書・地理志》，汜水縣於垂拱四年改為廣武縣，岑羲實為廣武縣令。

【語　譯】秋，七月初三日丙戌，太后任命神都副留守楊再思為內史。楊再思擔任宰相，專門用諂諛獻媚來取悅於人。司禮少卿張同休，是張易之的兄長，他曾召集公卿大員宴飲，酒興酣暢時，張同休戲弄楊再思說：「楊內史面目像高麗人。」楊再思顯出高興的樣子，當即剪紙作帽，將紫色朝服反披著，跳起高麗舞來，滿座公卿大笑。當時有人稱讚張昌宗的貌美，說：「六郎的面容好像蓮花一樣。」惟獨楊再思說：「不是這樣的。」張昌宗問他這麼說的緣故，他說：「實在是蓮花長得好像六郎啊。」○十一日甲午，太后返回宮中。

七月十二日乙未，司禮少卿張同休、汴州刺史張昌期、尚方少監張昌儀全都因犯下貪贓罪行而入獄，太后命令左右臺一同審理；十三日丙申，太后頒布敕書，說張易之、張昌宗作威作福，也命令與張同休等人的案件一同審理。十八日辛丑，司刑正賈敬言奏言：「張昌宗強買民田，應當要他繳納黃銅二十斤。」太后頒布詔書說「照辦。」二十二日乙巳，御史大夫李承嘉、御史中丞桓彥範上奏說：「張同休兄弟貪贓一共四千餘緡。依照法律，應將張昌宗免除官職。」張昌宗奏言：「臣對國家有功勞，所犯的罪行不至於被免除官職。」太后詢問各位宰相：「張昌宗有功勞嗎？」楊再思說：「張昌宗配製了神丹，陛下服用後有效驗，這是莫大的功勞。」太后很高興，赦免了張昌宗的罪過，恢復了他的官職。左補闕戴令言撰寫〈兩腳狐賦〉來諷刺楊再思，楊再思就將戴令言調出改任長社縣令。

七月二十三日丙午，夏官侍郎、同平章事宗楚客犯了罪，被降職為原州都督，充任靈武道行軍大總管。○三十日癸丑，張同休被降職為岐山縣丞，張昌儀被降職為博望縣丞。

鸞臺侍郎、知納言事、同鳳閣鸞臺三品韋安石呈上奏疏舉報張易之等人的罪行，太后敕令把張易之等人交付韋安石及右庶子、同鳳閣鸞臺三品唐休璟審訊，審訊沒有結案便發生了變化。八月初一日甲寅，太后任命韋安石兼任檢校揚州長史。初七日庚申，任命唐休璟兼任幽州營州都督、安東都護。唐休璟即將赴任，暗中對太子說：「張易之和張昌宗倚仗太后的恩寵，不遵守為臣之道，必將作亂。殿下應當防範他們。」相王府長史兼知夏官尚書事、同鳳閣鸞臺三品姚元崇上奏太后說：「臣侍奉著相王，就不應該再掌管軍隊。我不敢貪生怕死，只是擔心這樣會不利於相王。」初八日辛酉，將姚元崇改任春官尚書，其餘的官職仍舊不變。姚元崇字元之，當時由於突厥首領叱列元崇反叛，太后命令姚元崇以字行世。○突厥阿史那默啜已經與唐朝和親，二十五日戊寅，遣送淮陽王武延秀回朝。

九月二十九日壬子，太后任命姚元之充任靈武道行軍大總管。辛酉日，任命姚元之擔任靈武道安撫大使。姚元之即將出發時，太后讓他推薦外朝各司官員中可以勝任宰相的人。姚元之回答說：「張柬之穩重樸實，胸有謀略，能夠決斷大事，況且他已經老了，希望陛下趕緊任用他。」冬，十月二十二日甲戌，太后命令秋官侍郎張柬之擔任同平章事，這時他的年齡已近八十了。

十月二十三日乙亥，太后任命韋嗣立擔任檢校魏州刺史，其他官職仍舊不變。〇三十日壬午，太后任命懷州長史河南人房融擔任同平章事。

太后命令諸位宰相各自推薦能夠勝任員外郎職務的人，韋嗣立推薦廣武縣令岑羲，說：「只是遺憾他受其伯父岑長倩的連累。」太后說：「倘若他有才幹，這事對他又有什麼連累呢！」於是任命岑羲擔任天官員外郎。從此諸多由於親友犯罪而受牽連的人才開始受到提拔任用。

十一月丁亥❶，以天官侍郎韋承慶❷為鳳閣侍郎、同平章事。〇癸卯❸，成均祭酒、同鳳閣鸞臺三品李嶠罷為地官尚書。

十二月甲寅❹，敕大足❺已來新置官並停。〇丙辰❻，鳳閣侍郎、同平章事韋嗣立罷為成均祭酒，檢校魏州刺史如故，以兄承慶入相故也。

太后寢疾❼，居長生院❽，宰相不得見者累月❾，惟張易之、昌宗侍側。疾少間❿，崔玄暐奏言：「皇太子、相王，仁明孝友，足侍湯藥⓫。宮禁事重，伏願不令異姓⓬出入。」太后曰：「德卿厚意。」易之、昌宗見太后疾篤⓭，恐禍及己，引用黨援，陰為之備。屢有人為飛書⓮及牓⓯其事[1]於通衢⓰，云「易之兄弟謀反」，太后皆不問。

辛未⑰，許州人楊元嗣⑱，告「昌宗嘗召術士李弘泰占相⑲，弘泰言昌宗有天子相，勸於定州⑳造佛寺，則天下歸心。」太后命韋承慶及司刑卿崔神慶㉑、御史中丞宋璟鞫之。神慶，神基之弟也。承慶、神慶奏言：「昌宗款稱『弘泰之語，尋已奏聞』，準法首原㉒。弘泰妖言，請收行法㉓。」璟與大理丞封全禎㉔奏：「昌宗寵榮如是，復召術士占相，志欲何求！弘泰稱筮得純乾㉕，天子之卦。昌宗儻㉖以弘泰為妖妄，何不[2]執送有司！雖云奏聞，終是包藏禍心，法當處斬破家。請收付獄，窮理其罪！」太后久之不應，璟又曰：「儻不即收繫，恐其搖動眾心。」太后曰：「卿且停推，俟更檢詳文狀。」璟退，左拾遺江都李邕㉗進曰：「向觀宋璟所奏，志安社稷，非為身謀，願陛下可其奏㉘！」太后不聽。尋敕璟揚州推按，又敕璟按幽州都督屈突仲翔㉙贓污，又敕璟副李嶠安撫隴、蜀，璟皆不肯行，奏曰：「故事，州縣官有罪，品高則侍御史、卑則監察御史按之，中丞非軍國大事，不當出使。今隴、蜀無變，不識㉚陛下遣臣出外何也㉛？臣皆不敢奉制。」

司刑少卿桓彥範上疏，以為「昌宗無功荷㉜寵，而包藏禍心，自招其咎㉝，此乃皇天降怒。陛下不忍加誅，則違天不祥。且昌宗既云奏訖，則不當更與弘泰往還，使之求福禳災㉞，是則初無悔心。所以奏者，擬㉟事發則云先已奏陳，不發則俟時為逆。此乃奸臣詭計，若云可捨㊱，誰為可刑！況事已再發，陛下皆釋不問，使昌宗益自負得計，天下亦以為天命不死，此乃陛下養成其亂也。苟逆臣不誅，社稷亡矣。請付鸞臺鳳閣㊲三司㊳，考竟其罪！」疏奏，不報。

崔玄暐亦屢以為言，太后令法司議其罪。玄暐弟司刑少卿昇，處以大辟㊴。宋璟復奏收昌宗下獄。太后曰：「昌宗已自奏聞。」對曰：「昌宗為飛書所逼，窮而自陳，勢非得已㊵。且謀反大逆，無容首免㊶。若昌宗不伏大刑㊷，安用國法！」太后溫言解之。璟聲色逾厲曰：「昌宗分外承恩，臣知言出禍從，然義激於心，雖死不恨！」太后不悅[3]。楊再思恐其忤旨，遽㊸宣敕令出，璟曰：「聖主在此，不煩宰相擅宣敕命！」太后乃可其奏，遣昌宗詣臺㊹。璟庭立而按之，事未畢，太后遣中使召昌宗特敕赦之。璟歎曰：「不先擊小子腦裂㊺，負此恨矣。」太后乃使昌宗詣璟謝，璟拒不見。

左臺中丞桓彥範、右臺中丞東光袁恕己共薦詹事司直㊻陽嶠㊼為御史。楊再思曰：「嶠不樂摶擊之任㊽如何？」彥範曰：「為官擇人，豈必待其所欲！所不欲者，尤須與之，所以長難進㊾之風，抑躁求㊿之路。」乃擢為右臺侍御史。嶠，休之(51)之玄孫也。

先是李嶠、崔玄暐奏：「往屬革命之時，人多逆節(52)，遂致刻薄之吏，恣行酷法，其周興等所劾破家者，並請雪免(53)。」司刑少卿桓彥範又奏陳之，表疏前後十上，太后乃從之。

【章　旨】以上為第十段，寫武則天病重，張易之兄弟密謀政變，朝官以謀反罪請誅二張，仍不能撼動其受寵地位，於是朝官與太后的矛盾白熱化。

【注　釋】❶丁亥　十一月初五日。❷韋承慶　字延休，宰相韋思謙之子，韋嗣立之兄。進士出身，屬文迅捷，下筆成章。曾任太子司議郎、烏程縣令、鳳閣舍人、豫州刺史等職，皆有政績。至此入相，兼修國史，參與《則天皇后實錄》的編寫，有文集六十卷。傳見《舊唐書》卷八十八、《新唐書》卷一百十六、《嘉泰吳興志》卷十五。❸癸卯　十一月二十一日。❹甲寅　十二月初三日。❺大足　武則天年號（西元七〇一年）。❻丙辰　十二月初五日。❼寢疾　臥病。❽長生院　即長生殿。唐代帝王寢殿皆稱長生殿，此處指洛陽寢殿。❾累月　數月。❿少間　稍有好轉。⓫湯藥　中藥加水後煎成的湯劑。泛指湯劑。⓬異姓　與帝王不同姓的人。⓭疾篤　病危。⓮飛書　匿名信。⓯牓　同「榜」。貼榜。⓰通衢　四通八達的交通要道。⓱辛未　十二月二十日。⓲楊元嗣　東平王外孫。事見《新唐書》卷二百十九〈契丹傳〉。⓳占相　看相；算命。⓴定州　州名，治所在今河北定州。㉑崔神慶　貝州武城（今山東武城）人，則天朝宰相崔神基之弟。曾任萊州刺史、并州長史等職，有美政。傳見《舊唐書》卷七十七、《新唐書》卷一百九。㉒首原　自首原罪。㉓請收行法　請收捕法辦。㉔封全禎　事見《元和姓纂》卷一。㉕純乾　清一色〈乾卦〉。㉖儻　假若。㉗李邕　（西元六七八－七四七年）字泰和，江都（今江蘇揚州）人，官至北海守，人稱李北海。工書法，善寫碑文。後成為書法家、文學家。有文集七十卷。傳見《舊唐書》卷一百九十中、《新唐書》卷二百二、《書小史》卷九。㉘可其奏　同意他的奏請。㉙屈突仲翔　唐初名將屈突通之孫。見《舊唐書》卷五十九與《新唐書》卷八十九〈屈突通傳〉、《元和姓纂》卷十。㉚不識　不知。㉛遣臣出外何也　為什麼派臣出外。《御史臺記》說派宋璟外出是二張之計，欲等宋璟外出時列罪誅之。司馬光認為此說不確，故未採用。詳見《考異》。㉜荷　受。㉝咎　罪。㉞禳災　除災。㉟擬　打算。㊱若云可捨　如果說可以置之不問。㊲鸞臺鳳閣　即門下、中書。㊳三司　指尚書省刑部、大理寺和御史臺。唐代又以御史大夫、中書、門下為大三司。見《新唐書》卷四十八。大案由三司會審，特大案件由大三司會審。㊴大辟　死刑。㊵勢非得已　勢不得已。意即非情所願。㊶無容首免　不許以自首免罪。㊷大刑　此處指死刑。㊸遽急。㊹詣臺　前往御史臺。㊺不先擊小子腦裂　沒有先把這小子的腦袋打裂。㊻詹事司直　官名，屬太子詹事府，正七品上，掌彈劾東宮官僚，糾舉職事。㊼陽嶠　河南洛陽（今洛陽）人，歷任尚書右丞、魏州刺史等職，以清白著稱。官至國子祭酒。傳見《舊唐書》卷一百八十五下、《新唐書》卷一百三十。㊽搏擊之任　陽嶠被擢為右臺侍御史，掌糾舉按察之任，如鷹隼搏擊。㊾難進　慎於進取。㊿躁求　輕躁營求；急於求取功名。(51)休之　陽休之仕北齊為尚書右僕射。傳見《北齊書》卷四十二、《北史》卷四十七。(52)逆節　變節。指有叛逆的行為。(53)雪免　昭雪赦免。

【校　記】①事　原作「書」。據章鈺校，十二行本、乙十一行本皆作「事」，今據改。②不　據章鈺校，十二行本、乙十一行本，「不」下皆有「即」字。③太后不悅　原無此四字。據章鈺校，十二行本、乙十一行本、孔天胤本皆有此四字，張敦仁《通鑑刊本識誤》同，今據補。

【語　譯】十一月初五日丁亥，太后任命天官侍郎韋承慶擔任鳳閣侍郎、同平章事。〇二十一日癸卯，成均祭酒、同鳳閣鸞臺三品李嶠被免職，改任地官尚書。

十二月初三日甲寅，太后頒布敕書，大足年間以來新設置的官職全部廢止。〇初五日丙辰，鳳閣侍郎、同平章事韋嗣立被罷官，改任成均祭酒，檢校魏州刺史的官職仍舊不變，這是由於他的兄長韋承慶入朝任宰相的緣故。

太后臥病不起，居住在長生院，連續幾個月宰相們見不到她，只有張易之和張昌宗侍奉身旁。在她的病情稍有好轉時，崔玄暐上奏說：「皇太子和相王，仁厚明德，孝順友愛，完全可以在陛下身旁侍奉湯藥。皇宮禁地之事關係重大，希望陛下不要讓皇室以外的異姓人隨意出入。」太后說：「非常感謝您的厚意。」張易之、張昌宗見太后病情沉重，擔心自己遭到災禍，便舉用同黨為援，暗地裡進行準備。一再有人書寫匿名信，以及在交通要道貼榜說「張易之兄弟陰謀反叛」，太后對這些全都不予查問。

十二月二十日辛未，許州人楊元嗣舉報「張昌宗曾經召術士李弘泰給他看相占卜，李弘泰說張昌宗具有天子的容貌，勸他在定州營建佛寺，就會使天下人歸心於他。」太后命令韋承慶和司刑卿崔神慶、御史中丞宋璟審理此案。崔神慶是崔神基的弟弟。韋承慶和崔神慶上奏說：「張昌宗招供說『李弘泰的那些話，我很快就向天子奏明了』，依照法律，犯人自首應該免予處罰。李弘泰製造妖言，請將他逮捕法辦。」宋璟與大理丞封全禎上奏說：「張昌宗如此寵幸榮耀，還要召請術士占卜看相，他心裡希望達到什麼目的！李弘泰說他占筮得到純〈乾卦〉，此乃天子之卦。倘若張昌宗認為李弘泰妖妄，為什麼不把李弘泰逮送官府！雖然他說已將此事呈奏天子，終究還是包藏禍心，根據法律應當對他判處斬刑，沒收家產。請求將張昌宗逮捕下獄，嚴加追究他的罪行！」太后久久不做聲，宋璟又說：「倘若不把他立即拘捕，恐怕他動搖人心。」太后說：「你暫且中止審訊，等我詳細查看案卷。」宋璟退下，左拾遺江都縣人李邕走進言說：「方才聽了宋璟的奏言，他的想法在於安定國家，不是為自己謀劃，希望陛下同意他的奏請！」太后沒有同意。過了不久敕令宋璟前往揚州審理案件，又敕令宋璟審訊幽州都督屈突仲翔貪汙之案，又敕令宋璟擔任李嶠的副手安撫隴、蜀，宋璟全都不願成行，上奏說：「根據慣例，州、縣官吏有罪，官品高的要由侍御史來審理，官品低的要由監察御史來審理，不是軍國大事，御史中丞不應出使。目前隴、蜀二地沒有事變，我不知道陛下派遣我外出是為什麼？臣全都不敢接受您的制令。」

司刑少卿桓彥範上疏，認為「張昌宗無功受寵，卻包藏禍心，咎由自取，這是上天降下的忿怒。陛下不忍心加以誅殺，則是違背天意，並非吉祥。況且張昌宗既然說他已經奏聞過了，就不應該再與李弘泰交往，讓他為自己求福消災，這是他原本就沒有悔改的意願。張昌宗之所以把這件事奏聞，是打算事情敗露了就說事先已經奏報，事情沒有暴露則等待時機作亂。這是奸臣的詭計，如果說他可以置之不問，那麼什麼人才能施以刑罰！何況已經是第二次發生這種事情，陛下皆放縱而不加追究，使得張昌宗越發自以為得計，天下之人也會認為是上天不讓他死，這是陛下釀成禍亂啊。假如對逆亂之臣也不加誅戮，江山社稷就會覆亡了。請把張昌宗交給鸞臺鳳閣及刑部、大理寺、御史臺三法司處置，徹底審理他的罪行！」奏疏呈報上去，太后沒有答覆。

崔玄暐也屢次奏上這件事，太后便下令三法司討論張昌宗的罪行。崔玄暐的弟弟司刑少卿崔昪認為應當判處張昌宗死刑。宋璟又奏請將張昌宗逮捕入獄。太后說：「張昌宗自己已經把這件事情奏報過我。」宋璟回答說：「張昌宗是被匿名信所逼迫，窮途末路了才作交代，是勢不得已。況且謀反大逆，不容自首免罪。假如張昌宗不被處死，還用國法幹什麼！」太后語氣溫和地為張昌宗解釋。宋璟聲色更加嚴厲地說：「張昌宗享受著他名分之外的恩澤，臣明白此話一出口禍事就會隨之而來，但是正義激盪在我的心中，即使死了也沒有遺憾！」太后十分不高興。楊再思擔心宋璟違忤太后旨意，急忙地宣布敕命讓他退下。宋璟說：「聖明天子就在這裡，用不著麻煩宰相擅自宣諭敕命！」太后這才同意他的奏言，遣送張昌宗前往御史臺。宋璟站在大堂中審訊他，審訊尚未完畢，太后就派中使召回張昌宗，特為下詔赦免他。宋璟歎息說：「沒有先將這小子的腦袋打破，讓我抱此遺憾。」太后指令張昌宗前往宋璟那裡謝罪，宋璟拒不接見。

左臺中丞桓彥範、右臺中丞東光縣人袁恕己共同推薦詹事司直陽嶠為御史。楊再思說：「陽嶠不樂意擔任監察彈劾的職務怎麼辦？」桓彥範說：「為國家職事物色人選，怎麼一定要等待他人樂意！對不想接受任命的人，越發要給予這個官職，這樣就能助長慎於進取的風尚，遏止急圖功名的門路。」於是提拔陽嶠為右臺侍御史。陽嶠，是陽休之的玄孫。

在此以前，李嶠、崔玄暐曾經上奏道：「以前陛下以周代唐的時候，人們多違背操守，因而導致刻薄的官吏肆無忌憚地施行嚴法酷刑。那些被周興等酷吏所劾奏而家道破敗的，請求全部給予昭雪赦免。」司刑少卿桓彥範又呈上奏疏加以陳述，奏疏前後呈上十次，太后才表示應允。

中宗大和大聖大昭孝皇帝❶上

神龍元年❷（乙巳　西元七〇五年）

春，正月壬午朔❸，赦天下，改元❹。自文明❺以來得罪者，非揚、豫、博三州❻及諸反逆魁首❼，咸赦除之。

太后疾甚，麟臺監張易之、春官侍郎張昌宗居中用事，張柬之、崔玄暐與中臺右丞❽敬暉、司刑少卿桓彥範、相王府司馬袁恕己❾謀誅之。柬之謂右羽林衛大將軍李多祚曰：「將軍今日富貴，誰所致也？」多祚泣曰：「大帝❿也。」柬之曰：「今大帝之子為二豎⓫所危，將軍不思報大帝之德乎！」多祚曰：「苟利國家，惟相公⓬處分，不敢顧身及妻子。」因指天地以自誓。遂與定謀。

初，柬之與荊府⓭長史閿鄉楊元琰⓮相代，同泛江⓯，至中流，語及太后革命事，元琰慨然有匡復之志。及柬之為相，引元琰為右羽林將軍，謂曰：「君頗記江中之言乎？今日非輕授也。」柬之又用彥範、暉及右散騎常侍⓰[1]李湛皆為左、右羽林將軍，委以禁兵。易之等疑懼，乃更以其黨武攸宜為右羽林大將軍，易之等乃安。

俄而姚元之自靈武⓱至[2]，柬之、彥範相謂曰：「事濟矣⓲！」遂以其謀告之。彥範以事白其母，母曰：「忠孝不兩全，先國後家可也。」時太子於北門起居⓳，彥範、暉謁見，密陳其策，太子許之。

癸卯⑳，東之、玄暐、彥範與左威衛將軍薛思行㉑等帥左右羽林兵五百餘人至玄武門㉒，遣多祚、湛及內直郎㉓、駙馬都尉安陽王同皎㉔詣東宮迎太子。太子疑，不出，同皎曰：「先帝以神器㉕付殿下㉖，橫遭幽廢，人神同憤，二十三年㉗矣。今天誘其衷㉘，北門、南牙㉙，同心協力，以今日[3]誅凶豎，復李氏社稷，願殿下暫㉚至玄武門以副㉛眾望。」太子曰：「凶豎誠當夷滅，然上體不安，得無驚怛！諸公更為後圖。」李湛曰：「諸將相不顧家族以徇社稷，殿下柰何欲納之鼎鑊㉜乎！請殿下自出止之。」太子乃出。

同皎扶抱太子上馬，從至玄武門，斬關㉝而入。太后在迎仙宮㉞，東之等斬易之、昌宗於廡㉟下，進至太后所寢長生殿，環繞侍衛。太后驚起，問曰：「亂者誰邪？」對曰：「張易之、昌宗謀反，臣等奉太子令誅之，恐有漏洩㊱，故不敢以聞。稱兵㊲宮禁，罪當萬死！」太后見太子曰：「乃汝邪？小子㊳既㊴誅，可還東宮㊵。」彥範進曰：「太子安得更歸！昔天皇以愛子託陛下，今年齒㊶已長，久居東宮，天意人心，久思李氏。羣臣不忘太宗、天皇之德，故奉太子誅賊臣。願陛下傳位太子，以順天人之望！」李湛，義府之子也㊷。太后見之，謂曰：「汝亦為誅易之將軍邪？我於汝父子不薄，乃有今日！」湛慚不能對。又謂崔玄暐曰：「它人皆因人以進(43)，惟卿朕所自擢(44)，亦在此邪？」對曰：「此乃所以報陛下之大德。」

於是收張昌期、同休、昌儀等[4]，皆斬之，與易之、昌宗梟首天津南(45)。是日，袁恕己從相王統南牙兵以備非常，收韋承慶、房融及司禮卿崔神慶繫獄，皆易之之黨也。初，昌儀新作第(46)，甚美，逾於王主(47)，或夜書其門曰：「一日絲能作幾日絡(48)？」滅去，復書之，如是六七(49)，昌儀取筆註其下曰：「一日亦足。」乃止。

甲辰(50)，制太子監國，赦天下。以袁恕己為鳳閣侍郎、同平章事，分遣十使(51)齎璽書宣慰諸州。乙巳(52)[5]，太后傳位於太子。

丙午(53)，中宗即位。赦天下，惟張易之黨不原(54)。其為周興等所枉者，咸令清雪，子女配沒者皆免之。相王加號安國相王，拜太尉、同鳳閣鸞臺三品，太平公主加號鎮國太平公主。皇族先配沒者，子孫皆復屬籍(55)，仍量敘官爵(56)。

丁未(57)，太后徙居上陽宮(58)，李湛留宿衛。戊申(59)，帝帥百官詣上陽宮，上太后尊號曰則天大聖皇帝。

庚戌(60)，以張柬之為夏官尚書、同鳳閣鸞臺三品，崔玄暐為內史，袁恕己同鳳閣鸞臺三品，敬暉、桓彥範皆為納言，並賜爵郡公。李多祚賜爵遼陽郡王，王同皎為右千牛將軍、琅邪郡公，李湛為右羽林大將軍、趙國公。自餘官賞有差(61)。

張柬之等之討張易之也，殿中監田歸道(62)將千騎(63)宿玄武門，敬暉遣使就索千騎，歸道先不預謀，拒而不與。事寧(64)，暉欲誅之，歸道以理自陳，乃免歸私第。帝嘉其忠壯，召拜太僕少卿(65)。

【章　旨】以上為第十一段，寫張柬之為首的五王政變，推倒武周政權，誅除二張，唐中宗即位。

【注　釋】❶中宗大和大聖大昭孝皇帝　即唐中宗李顯（西元六五六—七一〇年）。高宗第七子，為武則天所生。顯慶二年（西元六五七年）封周王。儀鳳二年（西元六七七年）改封英王，更名為哲。永隆元年（西元六八〇年）冊為皇太子。宏道元年（西元六八三年）十二月即位。次年二月被廢為廬陵王。聖曆元年（西元六九八年）九月復冊為太子，依舊名顯，賜姓武氏。神龍元年（西元七〇五年）正月即位。景龍四年（西元七一〇年）六月死。葬於定陵。諡孝和皇帝。天寶十三載（西元七五四年）加尊號為中宗大和大聖大昭孝皇帝。事詳《舊唐書》卷七、《新唐書》卷四。❷神龍元年　唐中宗第一個年號（西元七〇五—七〇七年）。正月初一改元，二月初四日恢復國號為唐。❸壬午朔　正月初一日。❹改元　《新唐書・中宗紀》載正月二十三日甲辰，皇太子監國，大赦，改元。此據《舊唐書・則天皇后紀》為正月初一日，壬午改元。《則天實錄》、《唐曆》、《統紀》、《會要》皆同。❺文明　睿宗第一次即位的年號（西元六八四年）。❻揚豫博三州　此三州是反叛武則天的地區。徐敬業在揚州，越王李貞在豫州，琅邪王李沖在博州。❼魁首　首領。這裡指參與徐敬業、越王李貞及琅邪王李沖叛亂的主犯。❽中臺右丞　官名，即尚書右丞。光宅元年改尚書省為文昌臺，次年改稱都臺，長安三年又改為中臺。❾袁恕己　滄州東光（今河北東光）人，曾任司刑少卿、相王府司馬。參與張柬之政變，官至中書令，封南陽郡王。傳見《舊唐書》卷九十一、《新唐書》卷一百二十。❿大帝　即高宗。為「高宗天皇大帝」之簡稱。⓫二豎　指張易之、張昌宗。豎，即豎子、小子，罵人之語。⓬相公　對宰相的稱呼。顧炎武《日知錄》卷二十四說：「前代拜相者必封公，故稱之曰相公。」⓭荊府　荊州都督府之略稱。⓮楊元琰　（西元六四〇—七一八年）字溫，虢州閿鄉（今河南靈寶西）人，曾任平棘縣令、安南副都護等職。官至刑部尚書。傳見《舊唐書》卷一百八十五下、《新唐書》卷一百二十。⓯同泛江　共同泛舟江中。⓰右散騎常侍　魏、晉置散騎常侍、侍郎，與侍中、黃門共平尚書奏事。隋初省侍郎，置常侍，掌陪從朝直。武德初，以為加官。貞觀初，置常侍二人，屬門下省，為職事官。顯慶二年（西元六五七年），又置二員，屬中書省，始有左、右之號。⓱靈武　縣名，縣治在今寧夏靈武西北。時姚元之任靈武道安撫大使。⓲事濟矣　事成了。濟有成功之意。⓳於北門起居　從北門出入問候起居。北門，即洛陽宮北門，又稱玄武門。太子不從端門入而從北門入問太后起居，取近便也。⓴癸卯　正月二十二日。㉑薛思行　事見《新唐書》卷七十三下〈宰相世系表三下〉、卷一百二十〈桓彥範傳〉、卷一百九十一〈忠義傳上〉。㉒玄武門　指洛陽宮北門。㉓內直郎　東宮內直局官員，二人，從六品下，掌符璽。㉔王同皎　（？—西元七〇六年）相州安陽（今河南安陽）人，尚皇太子女定安郡主。官至光祿卿。謀殺武三思，被斬於都亭。傳見《舊唐書》卷一百八十七上、《新唐書》卷一百九十一。㉕神器　帝位；皇權。㉖殿下　對皇太子的稱呼。㉗二十三年　唐中宗光宅元年（西元六八四年）被廢，至此時實為二十二年。㉘天誘其衷　語出《左傳》。意為上天開導他們的心靈。㉙北門南牙　此處指北門禁軍和南牙百官（主要是宰相）。㉚蹔　暫時。㉛副　滿足。㉜鼎鑊　古代烹飪器。此指用鼎鑊烹人的酷刑。㉝斬關　破關；斬斷關門之鎖。㉞迎仙宮　又名集仙殿。在洛陽宮城宣政殿西北。㉟廡　廊廡。㊱恐有漏洩　害怕走漏風聲。㊲稱兵　舉兵。㊳小子　指張易之、張昌宗。㊴既　已。㊵東宮　太子所居宮殿。洛陽東宮在重光門內，為宮城的一個組成部分。㊶年齒　年齡。㊷李湛二句　李義府支持武則天為皇后，甚得寵信，位至宰相。李湛卻參與政變，故武則天責之。李義府，傳見《舊唐書》卷八十二、《新唐書》卷二百二十三上。㊸因人以進　因別人推薦或提拔而晉升。㊹自擢　親自選拔。㊺天津南　即天津橋南。天津橋在皇城之南，橫跨洛水，為洛陽著名橋樑之一。隋煬帝大業元年（西元六〇五年）始造，貞觀十四年（西元六四〇年）加固，行人極多。㊻第　宅第。㊼逾於王主　超過了諸王及公主的住宅。㊽一日絲能作幾日絡　「絲」、「絡」為「死」、「樂」諧音。意思是死在眼前，還能作樂幾日。㊾如是六七　像這樣反覆了六七次。㊿甲辰　正月二十三日。(51)分遣十使　當時分天下為十道，每道派遣一名使者。(52)乙巳　正月二十四日。(53)丙午　正月二十五日。(54)原　原宥。(55)復屬籍　恢復皇族宗籍。原來宗室成員配沒時被削去屬籍，故唐中宗有復屬籍之舉。(56)量敘官爵　酌量封授官爵。敘，銓敘。(57)丁未　正月二十六日。(58)上陽宮　在洛陽禁苑之東，東接皇城西南隅。四面環水，為洛陽重要離宮之一。(59)戊申　正月二十七日。(60)庚戌　正月二十九日。(61)自餘官賞有差　其有功人員也賞官不同的等級。(62)田歸道　傳見《舊唐書》卷一百八十五上、《新唐書》卷一百九十七。(63)千騎禁軍的一種。貞觀年間，唐太宗擇善射者百人，分為兩番，輪流守衛宮城北門，稱作「百騎」。武則天改之為萬騎。64事寧事情平息。65太僕少卿　官名，屬太僕寺，從四品上，地位僅次於太僕卿，協助太僕卿掌全國廄牧車輿之政令。

【校　記】1常侍　原作「侍郎」。胡三省注云：「據《舊書》，湛時為右散騎常侍，當從之。」嚴衍《通鑑補》改作「常侍」，今據以校正。按，兩《唐書・李湛傳》皆作「右散騎常侍」，且唐自貞觀以後未曾再置散騎侍郎。2至　據章鈺校，十二行本、乙十一行本，「至」下皆有「都」字。3今日　原無此二字。據章鈺校，十二行本、乙十一行本、孔天胤本皆有此二字，張敦仁《通鑑刊本識誤》同，今據補。4等　原無此字。據章鈺校，十二行本、乙十一行本皆有此字，今據補。按，《新唐書・則天皇后紀》載，當時伏誅者尚有張景雄。5乙巳　原作「己巳」。據章鈺校，十二行本、乙十一行本皆作「乙巳」，熊羅宿《胡刻資治通鑑校字記》同，今據改。按，是年正月壬午朔，無己巳，《舊唐書・中宗紀》亦作乙巳。

【語　譯】中宗大和大聖大昭孝皇帝上

神龍元年（乙巳　西元七〇五年）

春，正月初一日壬午，太后大赦天下，更改年號。自文明年間以來獲罪的人，只要不是揚州、豫州、博州三州起兵案或者其他謀反叛逆案件的魁首，全部赦免。

太后病情極為嚴重，麟臺監張易之和春官侍郎張昌宗在宮中把持朝政。張柬之、崔玄暐與中臺右丞敬暉、司刑少卿桓彥範、相王府司馬袁恕己謀劃誅殺張易之和張昌宗。張柬之對右羽林衛大將軍李多祚說：「將軍今日享受的富貴，是誰帶給你的？」李多祚流著眼淚說：「是高宗大帝。」張柬之說：「現在大帝的兒子遭到張易之和張昌宗這兩個小人的危害，將軍不想報答大帝的恩德嗎！」李多祚說：「只要是對國家有利，我只聽您的安排，不敢顧及自己及妻子的身家性命。」於是自己指著天地發誓。便一同制定了計畫。

當初，張柬之與荊州都督府長史閿鄉人楊元琰互相調職，二人共同泛舟長江，駛至江心，他們談到了太后以周代唐之事，楊元琰慷慨激昂，有匡復李唐天下的志向。等到張柬之做了宰相，引薦楊元琰擔任右羽林將軍，對他說：「您多少還記得在江心泛舟時所講的話吧？今天的這項任命可不是隨便授予的呀。」張柬之又任用了桓彥範、敬暉以及右散騎常侍李湛，均擔任左、右羽林將軍，把禁兵交給他們指揮。張易之等人又懷疑又恐懼，張柬之便又任用了張易之的黨羽武攸宜為右羽林大將軍，張易之等人這才放下心來。

沒有多久，姚元之從靈武回來，張柬之和桓彥範相互說：「大事成功了！」於是把他們的計畫告訴了姚元之。桓彥範把這件事稟報了他的母親，他母親說：「忠孝不能兩全，先考慮國家後考慮小家就行了。」當時太子李顯從北門出入問候起居，桓彥範和敬暉前往拜見，祕密地將自己的計謀告訴了太子，太子同意了。

正月二十二日癸卯，張柬之、崔玄暐、桓彥範與左威衛將軍薛思行等人率領左右羽林兵五百餘人抵達玄武門，派遣李多祚、李湛及內直郎、駙馬都尉安陽人王同皎前往東宮迎接太子李顯。太子有所懷疑，沒有出宮，王同皎說：「先帝將皇位交付給殿下，殿下橫遭幽禁廢黜，人神同憤，已經二十三年了。而今上天誘導人們的心靈，北門的羽林將士與南牙的大臣同心協力，今日來誅滅兇惡的小人，光復李氏的江山社稷，希望陛下暫時到玄武門去以滿足大家的期盼。」太子說：「兇惡的小人確實應當翦除，但是聖上身體欠安，這樣做能不讓她受驚嗎！請諸位以後再圖謀此事。」李湛說：「諸位將相不顧家族安危而為國盡忠，殿下為什麼要將他們置於鼎鑊之災呢！請求殿下親自前去勸阻他們。」太子李顯這才出了東宮。

王同皎將太子扶抱上馬，並隨同太子來到玄武門，破門進入禁城。太后住在迎仙宮，張柬之等人在廡廊裡把張易之和張昌宗斬殺了，進到太后起居的長生殿，在她身旁環繞侍衛。太后受驚而起，問道：「作亂的是哪一個？」張柬之等回答說：「張易之、張昌宗圖謀反叛，臣等已奉太子的命令把他們誅殺了，害怕走漏風聲，所以不敢向您稟告。臣等舉兵宮禁，罪該萬死！」太后看見太子李顯，便說：「這件事可是你讓幹的？這兩個小子已被誅殺，你可以返回東宮了。」桓彥範上前說：「太子怎能再次回到東宮去呢！過去天皇將愛子託付給陛下，現在他年紀已大，久居東宮，天意民心，思念李唐天下很久了。群臣沒有忘懷太宗、天皇的恩德，因此迎奉太子誅滅逆臣。希望陛下把皇位傳給太子，以此來順天意、從人心！」李湛是李義府的兒子，太后見到他，對他說：「你也充當了殺死張易之的將軍嗎？我對待你們父子不薄，想不到竟然會有今天！」李湛羞慚得無言以對。太后又對崔玄暐說：「其他人都是通過他人推薦之後才進用的，惟獨你是我親自提拔的，你為什麼也在這兒呢？」崔玄暐回答說：「這麼做正是用來報答陛下的大恩大德。」

於是逮捕了張昌期、張同休、張昌儀等人，把他們全都斬殺，在神都天津橋的南面將他們與張易之、張昌宗二人一道梟首示眾。這一天，袁恕己隨從相王李旦統領南牙兵馬，以防突發事變。他們逮捕了韋承慶、房融及司禮卿崔神慶關進監獄，他們都是張易之的黨羽。當初，張昌儀新建起一幢宅第，非常豪華，超過了諸王及諸位公主的宮室規格。晚間有人在他的門上寫道：「一日的絲能織造幾日的絡？」剛把字跡除去，又被人寫上，這樣六七次，張昌儀拿筆在下面批註：「快樂一天也足夠了。」此後這種事才停止。

正月二十三日甲辰，太后頒布詔書，由太子李顯監理國政，赦免天下，任命袁恕己為鳳閣侍郎、同平章事，分別派遣十位使者攜帶加蓋天子璽印的文書宣諭安撫各州。二十四日乙巳，太后把皇位傳給太子李顯。

正月二十五日丙午，中宗李顯即皇帝位。赦免天下，只有張易之的黨羽不加赦免。那些被周興等人冤枉的人，都命令給予昭雪，子女被發配流放或者被沒入官府為奴的全部赦免。相王李旦加號為安國相王，授予他太尉、同鳳閣鸞臺三品的職銜；太平公主加封為鎮國太平公主。皇族早先被發配或沒入官府為奴的，他們的子孫全都恢復家族的名籍，並且酌量封授官爵。

正月二十六日丁未，太后遷居上陽宮，李湛留守宿衛。二十七日戊申，中宗率領文武百官前往上陽宮，上太后尊號為則天大聖皇帝。

正月二十九日庚戌，中宗任命張柬之為夏官尚書、同鳳閣鸞臺三品，崔玄暐為內史，袁恕己為同鳳閣鸞臺三品，敬暉和桓彥範皆為納言，全部賜予郡公的爵位。賜予李多祚的爵位為遼陽郡王，任命王同皎為右千牛將軍，賜予琅邪郡公的爵位，任命李湛為右羽林大將軍，賜予趙國公的爵位。其他有功人員也受到了不同等級的賞賜。

當張柬之等人討伐張易之時，殿中監田歸道統領千騎禁軍宿衛玄武門，敬暉派使者到他那裡調動千騎，由於田歸道事先沒有參與這次起兵的計畫，便拒絕把千騎交給敬暉。等到事情平息後，敬暉想殺死田歸道，田歸道據理陳訴，於是免去了田歸道的殿中監職務，讓他回家。中宗讚賞田歸道的忠勇，把他召回，任命他為太僕少卿。

【研　析】本卷記載武則天晚年執政，有四大政治事件。其一，平反冤獄；其二，眾賢理政；其三，朝官與「二張」的三次鬥爭；其四，五王政變，武則天下臺。平反冤獄，標誌武則天結束酷吏政治，轉軌到寬平政治的完成，這是善政。完成政治轉軌，是和武則天啟用大批賢才分不開的。平反冤獄，緩解了社會矛盾，任用眾賢理政，穩定了社會，但武則天卻不能避免倒臺。表面看，是朝官倒「二張」，三次鬥爭，皆是朝官敗北，武則天固執地維護「二張」，激發了五王政變。但是，武則天不維護「二張」，任朝官誅除，其結果是一樣的，武則天仍然要下臺。朝官倒「二張」目的是翦除武則天維繫權力的紐帶，如同項莊舞劍，意在沛公，武則天心如明鏡，所以她要拼死保護。明智的做法，武則天和平讓出權力，但是她做不到，最終釀出五王政變之禍，是歷史的必然選擇。古往今來，向獨裁者要權，只有強力鬥爭，不是你死，就是我亡，沒有和平手段。五王政變與如何評價武則天，是本卷著重研析的兩個問題。

五王政變的核心人物是秋官侍郎同平章事張柬之、天官侍郎崔玄暐、司刑少卿桓彥範、中臺右丞敬暉、相王府司馬袁恕己五人組成的核心集團。中宗即位後封五人為王：張柬之封漢陽王，崔玄暐封博陵王，桓彥範封扶陽王，敬暉封平陽王，袁恕己封南陽王，所以史稱「五王政變」。張柬之是政變的領袖，他長期只是做一個地方小官，由於宰相狄仁傑、姚元崇多次力薦，張柬之才從荊州長史入京，而後入相。年齡已近八十。久視元年（西元七〇〇年），武則天讓狄仁傑薦賢，狄仁傑薦張柬之有宰相才，但武則天只用為洛州司馬，狄仁傑再薦，才升為秋官侍郎。長安四年（西元七〇四年），宰相姚元崇出為靈武道安撫大使，姚元崇極力向武則天推薦張柬之代己，說：「張柬之沈厚有謀，能斷大事，且其人已老，惟陛下急用之。」武則天聽後，立即召見，不久即用為相。十月二十二日甲戌，張柬之以秋官侍郎同平章事，三個月後，中宗神龍元年正月二十二日癸卯即發動五王政變，張柬之果然能辦大事。狄仁傑、姚元崇都乃心王室，但他們均為武則天所信用，不忍，也不能發動政變來結束武周政權。姚元崇、桓彥範、敬暉等皆狄仁傑所薦。狄仁傑的復唐路線是維護皇嗣，只要武則天傳子，武周政權自然結束。但是「二張」在側，諸武子姪賊心不死，中宗、睿宗兩皇儲都昏懦無能，能否去周復唐，充滿變數。狄仁傑薦賢，未必是預謀政變，但只要賢才在位，維護皇嗣就有保證。

張柬之入相，不僅自己年老，由於朝官與「二張」的鬥爭公開化、白熱化，形勢急轉，不倒武就不能存唐，不能再走只維護皇嗣就可以復唐的計畫。張柬之入相從第一天起，就把政變提上了日程。這時，武則天已經病重，住在迎仙宮養病，身邊只有二張侍奉，連宰相也數月見不到她。二張深知諸朝臣對自己深惡痛絕，所以暗地裡也在進行應變的準備。雙方都在和時間賽跑。控制軍隊，是政變的第一要著。張柬之首先找到了右羽林衛大將靺鞨族將領李多祚。李多祚掌管禁軍二十多年，又把守著玄武門，是一個關鍵人物。張柬之用高宗舊恩感化他，勸他擁立高宗之子為帝，李多祚指天為誓，願效死力。然後，張柬之薦同黨楊元琰、桓彥範、敬暉為左右羽林將，又聯絡了左羽林將軍李湛、左威衛將軍薛思行，基本上掌握了禁軍的指揮權。同時，為了掩人耳目，打消對方的疑慮，又特意薦黨附二張的武攸宜為右羽林大將軍。

軍權在握以後，張柬之等五人把政變的實施提上日程。桓彥範與敬暉密見太子李顯，李顯贊同，太子弟相王李旦與太平公主也表示支持，政變的時機完全成熟。神龍元年（西元七〇五年）正月二十二日，張柬之兵分兩路，殺進洛陽皇宮，斬張昌宗、張易之於集賢殿外廊。當政變一行人進入武則天養病的迎仙宮時，武則天才得知亂起，吃驚地從病榻上坐起來問道：「你們為什麼要作亂呢？」回答是要誅二張。武則天又說：「現在二張已死，你們該回東宮了吧！」桓彥範說：「太子安得更歸！昔天皇以愛子託陛下，今年齒已長，久居東宮，天意人心，久思李氏。羣臣不忘太宗、天皇之德，故奉太子誅賊臣。願陛下傳位太子，以順天人之望！」武則天直到這時才明白，群臣是要自己下臺。她狠狠地盯著參加政變的李湛說：「汝亦為誅易之將軍邪？我於汝父子不薄，乃有今日！」李湛是李義府的兒子，乃父是擁立武則天的得力幹將，於武則天有知遇之恩，而其子卻是推翻武則天政變的主要參與者，這真是歷史的嘲弄。武則天又對崔玄暐說：「它人皆因人以進，惟卿朕所自擢，亦在此邪？」崔玄暐理直氣壯地回答說：「此乃所以報陛下之大德。」因為武則天搶了兒子的政權，現在既然傳子，就要還政於兒子，正如桓彥範所說：「太子怎能回東宮呢？」五王政變只是一場兵諫，是維護皇室、忠於皇室的正義事業，武則天無言以對。

政變當天，即將張昌期、張同休、張昌儀斬首，在天津橋南示眾，同時，又將二張一黨的韋承慶、房融、崔神慶下獄。政變第二天，宣布大赦天下，由太子李顯監國。第三天，武則天被迫傳位於李顯。第四天，李顯正式即位，這就是唐中宗。二月初二，唐中宗復國號為唐，改神都為東都、北都為并州，並按照永淳元年（西元六八二年，唐高宗的年號）以前的制度重新將宗廟、旗幟、官職名稱及服色等改回。

神龍革命成功了，短命的大周王朝殞落了，親手創建它的武則天又親眼看到了它的覆滅，其心情是可想而知的。這位從皇帝寶座上跌落下來的婦女再也難於忍受淒涼與冷落，她的路走完了。大唐神龍元年十一月二十六日，這位中國歷史上唯一的女皇帝病死於洛陽上陽宮仙居殿，時年八十二歲。武則天臨死遺制：祔廟、歸陵、去帝號，稱則天大聖皇后。神龍二年五月，唐中宗力排眾議，將武則天與高宗合葬於乾陵，但她的身分已不是武周天子而是李氏之婦了。

武則天走了，一代女皇在歷史上謝幕，如何評價，歷來是批評的多，讚譽的少，但在階級鬥爭為綱的時代，武則天時來運轉，武則天成了真正的聖神皇帝，武周政權成了盛世。首先，女人干政，還要做皇帝，在封建時代的理念是不合法的，所以在中國古代史上，從來就沒有太后干政而有盛世的時代。「牝雞司晨，惟家之索。」母雞司鳴，這個家庭就要離散；女人干政，這個國家就要完蛋。當然女人並不是禍水，但女人干政要把非法變為合法，必然要用強力壓制人心，顛倒黑白來混淆是非。所以武則天要實行告密制度，要任用酷吏來壓制民眾。凡酷吏政治，並不是只是鎮壓反對派，更大的程度是鎮壓民眾。武周政權，是專制政體下出現的一個怪胎，它怎麼可能是盛世呢！但武則天時代，總的說來，唐政權與武周政權沒有出現大的動亂。武則天當政的前三十年，畢竟唐高宗還在，貞觀遺風還在繼續。武則天稱帝只有十餘年，最後又被「五王政變」趕下了臺，說明擁唐的人心還在，國家機器還有貞觀政治的遺存，武則天又知人善任，並勇於改過，表現了她的政治智慧和大政治家的胸懷，所以保持了國家的穩定。武周時代，上不及貞觀，下不及開元，基本上保持了一個治世，武則天也功過參半，這是總體的評價。

武則天的個人才能是超群的，她能做女皇，掌控國家政權，從皇后參政算起近半個世紀，可以說是一個偉大的政治家。她是一個鐵腕女人和成功者。她為了掌握政權，培植親信，重用酷吏，大設冗官，興大獄，造冤案，灑向人間都是怒，做盡了惡。但武則天為了保存政權，又重視賢才，她任用了一大批優秀的文臣武將，內修政理，外制四夷，保持了唐朝的強大。內政，武則天主張「勸農桑，薄賦徭」（《新唐書・則天武皇后傳》），注意興修水利，糧食生產受到重視，含嘉倉等儲積豐實，人口增長速度較快。據《唐會要》卷八十四〈戶口數〉載，唐高宗永徽三年（西元六五二年）原有三百八十萬戶，到唐中宗神龍元年（西元七〇五年），則增加到六百一十五萬戶，平均每年增長百分之〇・九一，這在封建社會裡，是比較突出的。外患，在武則天時期，西部和西北部的吐蕃和突厥的入侵和騷擾，使唐朝的邊疆很不安寧。西元六五〇年，松贊干布病死，吐蕃從此便不斷挑起戰爭。西元六六三年，吐蕃強行吞併與唐朝友好的吐谷渾，並侵佔唐西域十八州，唐朝被迫從安西四鎮撤兵。西元六七九年，多年依附於唐的東突厥也聚眾叛唐，他們併吞了西突厥餘部，對唐朝的邊疆構成了很大的威脅。武則天堅決打擊，毫不妥協。她先後派黑齒常之、程務挺、唐休璟、王孝傑等大將領兵，多次擊退了吐蕃、突厥的入侵，收復了安西四鎮，並分別設置安西、北庭等都護府，加強了防禦力量。正因為有效地擊退了外族的侵犯，才保持了一個比較和平的國內環境。武則天還用軍隊在邊疆屯田，既鞏固了邊防，又減輕了國家的負擔。

作為一個政治家，武則天能夠納諫知過，勇於改正，並有大度的氣量。武則天納諫，結束酷吏政治，平反冤獄，整頓吏治，誅殺冗官，表現了她的明智，宰相蘇良嗣痛打男寵薛懷義，她沒有處罰蘇良嗣，而是告誡薛懷義，要迴避宰相出入的南衙，進宮只走北門。再有，武則天因愛才而重用上官婉兒，而上官婉兒的祖父上官儀和父親上官庭芝都是被武則天所殺的。武則天長期任用反對派的後裔而不疑，表現了她寬廣的政治胸懷。這些也是武則天能夠掌握數十年統治權的原因之一。

武則天晚年，政治轉軌為寬平，又確立了傳位兒子，似乎不應該有「五王政變」，人們可以靜靜地等待她的死亡。問題是武則天太迷戀權勢，她不肯和平交班，她固執地維護「二張」，又不肯削弱武氏子姪的權勢，造成雙方勢不兩立，激發了「五王政變」。中宗、睿宗，兩個兒子被長期幽囚，懦弱無能，武氏子弟也是一群窩囊廢，武則天到頭來找不到一個得力的接班人，所以她以悲劇告終，一個成功者，最後又成了一個失敗者。

悲劇的根本原因是武則天自己創造的。因為她殺子奪權，自我陵駕一切，對任何人都不信任，也不允許任何人比她能幹，到頭來，她的晚年沒有了保證，這是武則天始料未及的。

卷第二百八

唐紀二十四

起旃蒙大荒落（乙巳　西元七〇五年）二月，盡強圉協洽（丁未　西元七〇七年），凡二年有奇。

【題解】本卷記事起西元七〇五年二月，迄西元七〇七年，凡兩年又十一個月。當唐中宗神龍元年二月到景龍元年。唐中宗李顯，唐高宗第七子，武則天所生第三子。李顯在武周變革之際，歷經磨難，兩度為皇太子，兩度即帝位，在被廢為廬陵王貶居房陵時期，時時有殺身之禍，按說應當長智慧，長見識。可是李顯卻突出地接受了唐高宗昏聵糊塗的基因，他做皇帝比唐高宗還要昏庸。中宗在位六年，本卷記事為初即帝位的頭三年。短短三年，發生了許多出人意料的政治大事件，把國家搞得一團漆黑。首先是韋皇后效法武則天干政，中宗即位伊始即成傀儡。其次是，中宗猜忌心太甚，不信任政變五王，而引納武氏外戚控制五王，導致武三思東山再起，五王遭殘害。其三，濫封官職，韋氏外戚勢力迅速膨脹，並與武氏外戚合流，迫害忠良。中宗竟然容忍韋皇后淫亂，反而殺害直言之士，導致五狗亂政。其四，皇太子李重俊發動兵變誅殺武三思，重演西漢的戾太子事件，非始料所及地為睿宗的上臺鋪平了道路。本卷還記載中宗佞佛建寺，買魚放生，浪費了大量國家資財。無恥小人宋之遜投靠武三思賣友求榮，從另一個側面反映了中宗時代政治的昏暗。

中宗大和大聖大昭孝皇帝中

神龍元年（乙巳　西元七〇五年）

二月辛亥❶，帝帥百官詣上陽宮問太后起居❷。自是每十日一往。○甲寅❸，復國號曰唐❹。郊廟❺、社稷❻、陵寢❼、百官、旗幟、服色、文字皆如永淳❽以前故事。復以神都為東都❾，北都為并州❿，老君為玄元皇帝⓫。○乙卯⓬，鳳閣侍郎、同平章事韋承慶貶高要⓭尉；正諫大夫、同平章事房融除名，流高州⓮；司禮卿崔神慶流欽州⓯。楊再思為戶部尚書、同中書門下三品、西京留守。

太后之遷上陽宮也⓰，太僕卿、同中書門下三品姚元之獨嗚咽⓱流涕。桓彥範、張柬之謂曰：「今日豈公涕泣時邪！恐公禍由此始。」元之曰：「元之事則天皇帝久，乍此辭違⓲，悲不能忍。且元之前日從公誅姦逆，人臣之義也。今日別舊君，亦人臣之義也，雖獲罪，實所甘心。」是日，出為亳州⓳刺史。

甲子⓴，立妃韋氏㉑為皇后，赦天下。追贈后父玄貞㉒為上洛王、母崔氏為妃。左拾遺賈虛己㉓上疏，以為「異姓不王，古今通制。今中興之始，萬姓喁喁㉔以觀陛下之政。而先王后族，非所以廣德美於天下也。且先朝贈后父太原王㉕，殷鑒不遠，須防其漸。若以恩制已行，宜令皇后固讓，則益增謙沖之德矣。」不聽。

初，韋后生邵王重潤，長寧、安樂㉖二公主，上之遷房陵也㉗，安樂公主生於道中，上特愛之。上在房陵與后同幽閉㉘，備嘗艱危，情愛甚篤。上每聞敕使㉙至，輒惶恐欲自殺，后止之曰：「禍福無常，寧失一死㉚，何遽如是！」上嘗與后私誓曰：「異時㉛幸復見天日，當惟卿所欲，不相禁制[1]。」及再為皇后，遂干預朝政，如武后在高宗之世。桓彥範上表，以為「易稱『無攸遂，在中饋，貞吉㉜。』書稱『牝雞之晨，惟家之索㉝。』伏見陛下每臨朝，皇后必施帷幔坐殿上，預聞政事。臣竊觀自古帝王，未有與婦人共政而不破國亡身者也。且以陰乘陽，違天也；以婦陵夫，違人也。伏願陛下覽古今之戒，以社稷蒼生為念，令皇后專居中宮，治陰教㉞，勿出外朝干國政。」

先是，胡僧慧範㉟以妖妄遊權貴之門，與張易之兄弟善，韋后亦重之。及易之誅，復稱慧範預其謀，以功加銀青光祿大夫，賜爵上庸縣公，出入宮掖㊱，上數微行㊲幸其舍。彥範復表言慧範執左道㊳以亂政，請誅之。上皆不聽。

初，武后誅唐宗室，有才德者先死，惟吳王恪之子鬱林侯千里㊴，褊躁㊵無才，又數獻符瑞，故獨得免。上即位，立為成王，拜左金吾大將軍。武后所誅唐諸王、妃、主㊶、駙馬等皆無人葬埋，子孫或流竄嶺表，或拘囚歷年㊷，或逃匿民間，為人傭保㊸。至是，制州縣求訪其柩㊹，以禮改葬，追復官爵，召其子孫，使之承襲，無子孫者為擇後置之。既而宗室子孫相繼而至，皆召見，涕泣舞蹈，各以親疏襲爵拜官有差。

【章　旨】以上為第一段，寫中宗初即位，就步唐高宗後塵，寵信韋皇后，使其干預朝政，埋下禍根。平反唐宗室。

【注　釋】❶辛亥　二月初一日。❷問太后起居　向太后請安。❸甲寅　二月初四日。❹復國號曰唐　天授元年（西元六九〇年）九月九日改唐為周，至此恢復原來國號。❺郊廟　郊社宗廟。❻社稷　土神和穀神。❼陵寢　陵墓寢廟。❽永淳　唐高宗年號（西元六八二—六八三年）。❾復以神都為東都　光宅元年（西元六八四年）九月六日改東都為神都。現恢復舊名。❿北都為并州　并州治所太原，天授元年改為北都，現復降為并州。⓫老君為玄元皇帝　老君即老子李耳。乾封元年（西元六六六年）唐高宗封老子為玄元皇帝。武則天改朝換代之後，改玄元皇帝為老君。⓬乙卯　二月初五日。⓭高要　縣名，治所在今廣東高要。⓮高州　州名，治所在今廣東高州東北。⓯欽州　州名，治所在今廣西欽州東北。⓰太后之遷上陽宮也　太后被遷往上陽宮的時候。時值此年正月二十六日。⓱嗚咽　低聲悲泣。⓲乍此辭違　突然這樣辭別違離。⓳亳州　州名，治所譙縣，在今安徽亳州。⓴甲子　二月十四日。㉑韋氏　京兆萬年（在今陝西西安）人，中宗當太子時選為妃子，嗣聖元年（西元六八四年）正月初一立為皇后。不久，與中宗一起被廢，安置房州。至此再為皇后，參與朝政。傳見《舊唐書》卷五十一、《新唐書》卷七十六。㉒玄貞　韋氏之父。曾任豫州刺史，嗣聖元年被流於欽州而死。傳見《舊唐書》卷一百八十三。㉓賈虛己　事見《舊唐書》卷一百八十三〈韋溫傳〉、《新唐書》卷七十六〈中宗庶人韋氏傳〉。㉔喁喁　形容眾人嚮慕的樣子，就像魚兒張口向上一般。㉕先朝贈后父太原王　高宗贈武后之父士彠為太原郡王。先朝，指高宗。㉖安樂　（西元六八四—七一〇年）唐中宗第七女，韋后所生，小名裹兒。先嫁武崇訓，後嫁武延秀。曾自請為皇太女，賣官鬻爵，干預朝政。事詳《新唐書》卷八十三本傳、《唐會要》卷六〈公主〉。㉗上之遷房陵也　時在光宅元年（西元六八四年）四月。㉘幽閉　軟禁。㉙敕使　猶「制使」，皇帝的使臣。㉚寧失一死　寧可失誤於一死。《新唐書》卷七十六〈中宗庶人韋氏傳〉作「早晚等死耳」。

㉛異時　他日；將來。㉜無攸遂三句　語出《周易・家人卦・六二・爻辭》。意思是說婦人居內處中，以陰應陽，盡其職責，不預外事，就會大吉。中饋，本指婦女在家主持飲食之事。後引申為妻子。貞吉，正吉。㉝牝雞之辰二句　《尚書・牧誓》之辭。喻女人掌權及其危害。意思是說雌代雄鳴則家盡，婦奪夫政則國亡。辰作「晨」。牝雞之晨，指母雞報曉。索，盡。㉞陰教　女子的教化。㉟慧範　事見《新唐書》卷八十三〈太平公主傳〉、卷一百二十二〈薛登傳〉等。㊱宮掖　宮闈。㊲微行　私服出行。㊳左道　邪道。㊴鬱林侯千里　唐太宗之孫，吳王李恪長子。本名李仁，永昌元年（西元六八九年）改名千里。歷任唐、廬、許等州刺史。事見《舊唐書》卷七十六〈吳王恪傳〉、《朝野僉載》卷二。㊵褊躁　氣量狹隘，性情急躁。㊶王妃主　親王、妃嬪、公主。㊷歷年　經年。㊸傭保　亦作「庸保」，意為雇工。㊹柩　裝屍體的棺材。

【校　記】①制　據章鈺校，十二行本、乙十一行本、孔天胤本皆作「禦」。

【語　譯】中宗大和大聖大昭孝皇帝中

神龍元年（乙巳　西元七〇五年）

二月初一日辛亥，中宗率領百官前往上陽宮向太后問安。從此中宗每十天去問候一次。〇初四日甲寅，恢復國號為唐。郊廟、社稷、陵寢、百官、旗幟、服色、文字等禮儀典章制度也都恢復永淳年間以前的舊例。又把神都改為東都，北都改為并州，老君改為玄元皇帝。〇初五日乙卯，鳳閣侍郎、同平章事韋承慶被貶為高要縣尉；正諫大夫、同平章事房融削除做官的身分，流放到高州；司禮卿崔神慶流放到欽州。楊再思擔任戶部尚書、同中書門下三品、西京留守。

在太后遷到上陽宮時，太僕卿、同中書門下三品姚元之獨自傷心落淚。桓彥範、張柬之對他說：「今天哪裡是您哭泣的時候啊？恐怕您的災禍由此開始。」姚元之說：「元之侍奉則天皇帝日久，突然辭別分離，悲痛難忍。況且元之前些日子追隨諸公誅除奸臣逆黨，乃是作為臣子的本分。今天辭別舊君，也是作為臣子的本分，即便獲罪，也確實是心甘情願。」當天，姚元之被外調為亳州刺史。

二月十四日甲子，中宗冊封妃子韋氏為皇后，大赦天下。追贈韋后之父韋玄貞為上洛王、韋后之母崔氏為上洛王妃。左拾遺賈虛己上奏認為「異姓之人不得封王，是從古至今一貫的制度。現在中興剛剛開始，天下百姓喁喁嚮慕，注視著陛下的政績。陛下卻首先追封皇后的家族為王，這不是在全國光大賢德仁政的措施。況且高宗時期贈太后的父親武士彠為太原郡王，此事的教訓距離現在不算遙遠，應防微杜漸。如果認為降恩的詔書已經頒行，應當命令皇后堅決推辭，這就更能增加皇后謙和淡泊的美德。」中宗沒有接受他的意見。

當初，韋后生育了邵王李重潤以及長寧、安樂兩公主，在中宗被廢遷居房陵時，安樂公主在路途中誕生，中宗特別寵愛她。中宗和韋后在房陵一同被幽禁，經歷了各種艱辛和危難，兩人之間的情愛非常深厚。中宗每逢聽到奉有敕令的使者到來，往往惶恐，想要自殺，韋后阻止他說：「禍福並非固定不變，寧可失誤於一死，何必這麼著急呢！」中宗曾經向韋后私下發誓說：「將來我有幸重見天日，一定會讓你隨心所欲，不加任何限制。」到韋氏再次成為皇后以後，便干預朝政，像武后在高宗時期一樣。桓彥範上表，認為「《周易》說『婦女沒有什麼過失，在家中管好家務，就會吉利。』《尚書》說『只要母雞司晨報曉，這個家族就要破敗了。』我見到皇上每次臨朝，皇后必定張起帷帳坐在大殿上，參與對軍國大事的決策。臣私下發現古往今來的帝王，沒有與婦人共同執政而不國破身亡的。況且讓陰陵駕於陽之上，是違背天道的；以婦人凌駕於丈夫之上，是違背人理的。我希望陛下明察古今的教訓，將社稷與百姓放在心上，讓皇后專守中宮，致力於女子的教化，不要到外朝來干預國家政事。」

在此之前，胡僧慧範憑藉妖邪法術在權貴間交遊，與張易之兄弟關係友好，韋后也很重視他。等到張易之被誅殺，韋后聲稱慧範也參與了誅除張易之等人的謀劃，慧範因功被加封為銀青光祿大夫，賞賜爵位為上庸縣公，出入宮闈，中宗多次穿便衣私下到他的住處。桓彥範又上表說慧範使用旁門左道來淆亂朝政，請求把他處死。中宗對這些意見都沒有接受。

當初，武后誅殺唐宗室時，最先死掉的是具有德望和才能的人，只有吳王李恪的兒子鬱林侯李千里，心胸狹窄、性情浮躁，沒有才能，再加上多次進獻符瑞，所以惟獨他得以免除死難。中宗即皇帝位，冊封李千里為成王，封他為左金吾大將軍。武后所誅殺的李唐諸王、王妃、公主、駙馬等全都沒有人安葬，他們的子孫有的被流放到嶺南，有的多年囚禁在牢房裡，有的逃亡隱藏在民間，成為別人的雇工。到這時，中宗下詔州縣，尋訪宗室亡人的靈柩，按照禮儀改葬，恢復死者官爵，召回他們的子孫，讓子孫們承襲爵位，沒有子孫的人就替他們選擇後嗣加以安置。不久，宗室的子孫們相繼到達東都，中宗全都召見了，大家流著淚行了舞拜禮，各自依據親疏遠近而承襲了級別不等的官職和爵位。

二張之誅也，洛州長史薛季昶謂張柬之、敬暉曰：「二凶雖除，產、祿❶猶在，去草不去根，終當復生。」二人曰：「大事已定，彼猶机❷上肉耳，夫何能為！所誅已多，不可復益也。」季昶歎曰：「吾不知死所矣。」朝邑尉武強劉幽求❸亦謂桓彥範、敬暉曰：「武三思尚存，公輩終無葬地❹。若不早圖❺，噬臍無及❻。」不從。

上女安樂公主適❼三思子崇訓❽。上官婉兒❾者[1]，儀之女孫也。儀死❿，沒入掖庭，辯慧善屬文，明習吏事。則天愛之，自聖曆⓫以後，百司表奏多令參決⓬。及上即位，又使專掌制命⓭，益委任之，拜為婕妤⓮，用事於中。三思通焉，故黨於武氏，又薦三思於韋后，引入禁中，上遂與三思圖議⓯政事，張柬之等皆受制於三思矣。上使韋后與三思雙陸⓰，而自居旁為之點籌⓱，三思遂與后通⓲，由是武氏之勢復振。

張柬之等數勸上誅諸武，上不聽。柬之等曰：「革命之際⓳，宗室諸李，誅夷[20]略盡[21]；今賴天地之靈[22]，陛下返正[23]，而武氏濫官僭爵，按堵[24]如故，豈遠近所望邪！願頗抑損其祿位以慰天下[25]！」又不聽。柬之等或撫[26]牀歎憤，或彈指出血，曰：「主上昔為英王，時稱勇烈，吾所以不誅諸武者，欲使上自誅之以張天子之威耳。今反如此，事勢已去，知復柰何！」上數微服幸武三思第，監察御史清河崔皎[27]密疏諫曰：「國命初復，則天皇帝在西宮[28]，人心猶有附會。周之舊臣，列居朝廷，陛下柰何輕有外遊，不察豫且之禍[29]！」上洩之，三思之黨切齒[30]。

丙寅[31]，以太子賓客武三思為司空、同中書門下三品。○左散騎常侍譙王重福[32]，上之庶子也，其妃，張易之之甥。韋后惡之，譖於上曰：「重潤之死[33]，重福為之也。」由是貶濮州[34]員外刺史[35]，又改均州[36]刺史，常令州司防守之。

丁卯[37]，以右散騎常侍安定王武攸暨為司徒、定王。○辛未[38]，相王固讓太尉及知政事，許之。又立為皇太弟，相王固辭而止。○甲戌[39]，以國子祭酒始平祝欽明[40]同中書門下三品，黃門侍郎、知侍中事韋安石為刑部尚書，罷知政事。○丁丑[41]，武三思、武攸暨固辭新官爵及政事，許之，並加開府儀同三司[42]。○立皇子義興王重俊為衛王，北海王重茂為溫王，仍以重俊為洛州牧。

三月甲申㊸，制：「文明已來破家子孫皆復舊資廕㊹，唯徐敬業、裴炎不在免限。」○丁亥㊺，制：「酷吏周興、來俊臣等，已死者追奪官爵，存者㊻皆流嶺南惡地。」○己丑㊼，以袁恕己為中書令。○以安車㊽徵安平王武攸緒於嵩山㊾，既至，除太子賓客；固請還山，許之。○制：「梟氏、蟒氏皆復舊姓㊿。」

【章　旨】以上為第二段，寫五王政變不誅武氏諸王，留下隱患，果然武三思迅速東山再起，捲土重來。

【注　釋】❶產祿　呂產、呂祿。產為呂后長兄呂澤之子，祿為呂后次兄呂釋之之子。二人掌兵權，呂后卒，為亂。此處指武三思等人。❷机　同「几」。❸劉幽求　（西元六五五—七一五年）冀州武強（今河北武強西南）人，科舉入仕，官至宰相。劉幽求是唐玄宗誅韋皇后的骨幹人物。傳見《舊唐書》卷九十七、《新唐書》卷一百二十一、《咸淳臨安志》卷四十五。❹葬地　葬身之地。❺圖　謀劃。❻噬臍無及　以口咬肚臍夠不著。比喻醒悟後來不及了，即後悔已遲。❼適　出嫁。❽崇訓　武三思次子。傳見《舊唐書》卷一百八十三。❾上官婉兒　（西元六六四—七一〇年）陝州陝縣（今屬河南）人，性聰敏，善文章，有才氣。幼隨母沒入內庭為奴，十四歲時被武則天發現，幫助武則天掌管詔命，深得武則天寵信。唐中宗時，進拜昭容。曾建議擴大書館，增設學士。後為唐玄宗所殺。有文集二十卷，已佚。傳見《舊唐書》卷五十一、《新唐書》卷七十六。部分詩作保存在《全唐詩》卷五中。❿儀死　上官儀麟德元年（西元六六四年）十二月十三日被殺。見本書卷二百一。⓫聖曆　武則天年號（西元六九八—七〇〇年）。⓬參決　參與決斷。⓭制命　擬定命令。⓮婕妤　一作「倢伃」。妃嬪稱號。唐制，婕妤亦為內官，正三品。⓯圖議　圖謀計議。⓰雙陸　棋類遊戲，相傳為曹子建所發明。胡三省說：「雙陸者，投瓊以行十二棋，各行六棋，故謂之雙陸。」雙陸之法，中國久已失傳。日本稱之為飛雙陸，下法略如葉子戲。⓱點籌　計點籌碼；出謀劃策。⓲通　私通。⓳革命之際　武則天改唐為周的時候。⓴誅夷　誅殺；殺戮。㉑略盡　幾盡。㉒靈　神靈。㉓返正　返歸正位。㉔按堵　安居。㉕以慰天下　以安慰天下人心。㉖撫　通「拊」。敲。㉗崔皎　貝州清河（今河北清河縣西北）人。事見《唐御史臺精舍題名考》卷一。㉘西宮　即上陽宮。上陽宮在洛陽宮城之西，故稱之為西宮。㉙豫且之禍　豫且係神話中的漁夫。相傳白龍下清冷之淵化為魚，被豫且射中一目。㉚切齒　痛恨的樣子。㉛丙寅　二月十六日。㉜譙王重福　中宗第二子，後宮所生。傳見《舊唐書》卷八十六、《新唐書》卷八十一。㉝重潤之死　李重潤死於長安元年（西元七〇一年）九月初三日。㉞濮州　州名，治所在今山東鄄城北舊城集。㉟員外刺史　正員以外的刺史，有名而無實。㊱均州　州名，治所在今湖北丹江口市西北。㊲丁卯　二月十七日。㊳辛未　二月二十一日。㊴甲戌　二月二十四日。㊵祝欽明　字文思，雍州始平（今陝西興平東南）人，少通《五經》，兼涉眾史百家之說。曾任太子率更令、太子少保等職，官至宰相。傳見《舊唐書》卷一百八十九下、《新唐書》卷一百九。㊶丁丑　二月二十七日。㊷開府儀同三司　散官名，從一品。在文散官中為第一等。㊸甲申　三月初五日。㊹資廕　資歷官蔭。㊺丁亥　三月初八日。㊻存者　此指在世的酷吏。據《舊唐書・酷吏傳》，武周酷吏至此死亡略盡。存者四人：唐奉一、李秦授、曹仁哲、劉景陽。前三人流嶺南惡地，劉景陽被貶為棣州樂單縣員外尉。㊼己丑　三月初十日。㊽安車　用一匹馬拉的小車。因係坐乘，故稱「安車」。㊾徵安平王武攸緒於嵩山　武攸緒萬歲通天元年（西元六九六年）隱於嵩山，至此，以安車徵召。㊿梟氏蟒氏皆復舊姓　永徽六年（西元六五五年）改蕭淑妃為梟氏，王皇后為蟒氏。

【校　記】①者　原無此字。據章鈺校，十二行本、乙十一行本、孔天胤本皆有此字，今據補。

【語　譯】張易之、張昌宗被誅殺後，洛州長史薛季昶對張柬之、敬暉說道：「張易之、張昌宗這兩名元兇雖已被除，但呂產、呂祿這類的人仍在，鋤草若不剷除草根，最終草還是會重新長出來的。」張柬之、敬暉回答道：「大局已定，他們猶如几案上的肉而已，能夠有什麼作為！誅殺的人已經夠多了，不可以再多殺了。」薛季昶歎息說：「我不知葬身何地了。」朝邑縣尉武強人劉幽求也對桓彥範和敬暉說：「武三思還活著，你們這些人最終將死無葬身之地。如果不及早謀劃，就像嘴咬肚臍夠不著一樣，後悔也來不及了。」桓彥範和敬暉沒有聽從。

中宗的女兒安樂公主嫁給了武三思的兒子武崇訓。上官婉兒，是上官儀的孫女。上官儀死後，她被沒入內宮。上官婉兒聰明善辯，擅長寫文章，熟悉官府事務。武則天非常喜歡她，自從聖曆年間以後，各衙署所上的表章奏疏大多讓她裁斷。等到中宗即位，又讓她專門負責起草皇帝的詔書，更加任用她，封為婕妤，讓她執掌宮中事物。武三思私通上官婉兒，因此黨護武氏，她又向韋后舉薦武三思，把武三思招至宮中，中宗於是與武三思謀劃商討政事，張柬之等人都受制於武三思。中宗讓韋后與武三思一起玩一種稱為雙陸的博弈遊戲，自己則坐在旁邊為他們計算籌碼，武三思於是與韋后私通，從此武氏的勢力又振興起來。

張柬之等屢次勸諫中宗誅滅武氏兄弟，中宗不予採納。張柬之等人說：「武后改唐為周的時候，李唐宗室，幾乎被誅殺光了；現在仰賴天地之神靈，陛下重登帝位，但武氏濫受官職、僭越爵位，安居如故，這種情形難道是遠近人們所希望看到的嗎！請稍加壓低他們的俸祿和職位來慰撫天下！」中宗還是沒有聽從。張柬之等人有的拍著坐榻歎息感憤，有的彈擊手指以致流血，說道：「皇上過去做英王的時候，人們稱頌他英勇剛烈，我們之所以沒有誅殺武氏家族，是想讓皇上自己去誅除他們以便伸張天子的聲威。現在反而成了這樣，大勢已去，知道了又能怎麼樣呢！」中宗多次身著便服到武三思的府第，監察御史清河人崔皎祕密上疏勸諫說：「國家命運剛剛恢復，則天皇帝還居住在西邊的上陽宮，人心仍有依附於她的。武周時期的舊臣們，位列朝廷，陛下怎麼能輕易地外出巡遊，卻不知神龍化魚而被漁夫豫且射中一目的災禍嗎！」中宗把此疏洩露了出去，武三思的黨羽對崔皎咬牙切齒。

二月十六日丙寅，中宗任命太子賓客武三思為司空、同中書門下三品。〇左散騎常侍譙王李重福，是中宗的庶子，他的妃子，是張易之的外甥女。韋后討厭李重福，便向中宗誣陷他說：「重潤之死，是重福所為。」中宗因此把李重福貶為濮州員外刺史，又把他改任為均州刺史，經常命令州官對他加以防範。

二月十七日丁卯，中宗任命右散騎常侍安定王武攸暨為司徒，封為定王。〇二十一日辛未，相王李旦堅決推辭太尉及宰相職務，中宗同意了。中宗又立相王李旦為皇太弟，因相王堅決推辭而作罷。〇二十四日甲戌，中宗任命國子祭酒始平人祝欽明為同中書門下三品，任命黃門侍郎、知侍中事韋安石為刑部尚書，免去他執掌政事的職務。〇二十七日丁丑，武三思、武攸暨堅決推辭新近任命的官爵和政務，中宗答應了他們的請求，並且加封他們為開府儀同三司。〇中宗冊立皇子義興王李重俊為衛王，北海王李重茂為溫王，仍以李重俊擔任洛州牧。

三月初五日甲申，中宗頒布詔書：「文明年間以來被抄的家族的子孫都恢復原有的資歷與蔭封，惟有徐敬業、裴炎兩家不在赦免的範圍內。」○初八日丁亥，中宗頒布詔書：「酷吏周興、來俊臣等人，已經死去的要追奪官職爵位，仍然在世的都流放到嶺南險惡之地。」○初十日己丑，中宗任命袁恕己為中書令。○用安車到嵩山徵召安平王武攸緒，武攸緒到達京師後，任命為太子賓客，他堅決要求返回嵩山，中宗同意了他的要求。○中宗頒布詔書：「梟氏、蟒氏都恢復原來的姓氏。」

術士❶鄭普思❷、尚衣奉御葉靜能❸皆以妖妄為上所信重，夏，四月，墨敕❹以普思為祕書監❺，靜能為國子祭酒❻。桓彥範、崔玄暐固執不可，上曰：「已用之，無容遽改❼。」彥範曰：「陛下初即位，下制云：『政令皆依貞觀故事。』貞觀中，魏徵、虞世南❽、顏師古❾為祕書監，孔穎達❿為國子祭酒，豈普思、靜能之比乎！」庚戌⓫，左拾遺李邕⓬上疏，以為「詩三百，一言以蔽之，曰『思無邪』⓭。若有神仙能令人不死，則秦始皇、漢武帝得之矣。佛能為人福利，則梁武帝得之矣。堯、舜所以為帝王首⓮者，亦修⓯人事而已。尊寵此屬⓰，何補於國！」上皆不聽。

上即位之日，驛召魏元忠於高要⓱。丁卯⓲，至都，拜衛尉卿、同平章事。

○甲戌⓳，以魏元忠為兵部尚書，韋安石為吏部尚書，李懷遠為右散騎常侍，唐休璟為輔國大將軍，崔玄暐檢校益府長史，楊再思檢校楊府長史，祝欽明為刑部尚書，並同中書門下三品。元忠等皆以東宮舊僚褒之也⑳。○乙亥㉑，以張柬之為中書令。○戊寅㉒，追贈故邵王重潤為懿德太子。

五月壬午㉓，遷周廟七主於西京崇尊廟㉔。制：「武氏三代諱㉕，奏事者皆不得犯。」○乙酉㉖，立太廟、社稷於東都。○以張柬之等及武攸暨、武三思、鄭普思等十六人皆為立功之人，賜以鐵券㉗，自非反逆，各恕十死㉘。

癸巳㉙，敬暉等帥百官上表，以為「五運㉚迭興，事不兩大㉛。天授革命之際㉜，宗室誅竄殆盡，豈得與諸武並封！今天命惟新，而諸武封建㉝如舊，並居京師，開闢㉞以來未有斯理㉟。願陛下為社稷計，順遐邇心，降其王爵以安內外。」上不許。

敬暉等畏武三思之讒，以考功員外郎㊱崔湜㊲為耳目，伺其動靜。湜見上親三思而忌暉等，乃悉以暉等謀告三思，反為三思用，三思引為中書舍人。湜，仁師㊳之孫也。

先是，殿中侍御史南皮鄭愔㊴諂事二張。二張敗，貶宣州㊵司士參軍，坐贓，亡入東都，私謁武三思。初見三思，哭甚哀，既而㊶大笑。三思素貴重，甚怪之，愔曰：「始見大王而哭，哀大王將戮死而滅族也。後乃大笑，喜大王之得愔也。大王雖得天子之意㊷，彼五人㊸皆據將相之權，膽略過人，廢太后如反掌。大王自視勢位與太后孰㊹重？彼五人日夜切齒，欲噬大王之肉，非盡大王之族不足以快其志。大王不去此五人，危如朝露㊺，而晏然㊻尚自以為泰山之安，此愔所以為大王寒心也。」三思大悅，與之登樓，問自安之策，引為中書舍人，與崔湜皆為三思謀主。

三思與韋后日夜譖暉等，云「恃功專權，將不利於社稷。」上信之。三思等因為上畫策，「不若封暉等為王，罷其政事，外不失尊寵功臣，內實奪之權。」上以為然㊼，甲午㊽，以侍中齊公敬暉為平陽王㊾，譙公[1]桓彥範為扶陽王，中書令漢陽公張柬之為漢陽王㊿，南陽公袁恕己為南陽王，特進、同中書門下三品博陵公崔玄暐為博陵王，罷知政事，賜金帛鞍馬，令朝朔望(51)。仍賜彥範姓韋氏，與皇后同籍。尋又以玄暐檢校益州(52)長史、知都督事，又改梁州(53)刺史。三思令百官復修則天之政，不附武氏者斥之，為五王(54)所逐者復之(55)，大權盡歸三思矣。

【章　旨】以上為第三段，寫張柬之等與武氏諸王明爭暗鬥日益激化。中宗聽信武三思，封政變中堅張柬之等五人為王爵，實奪其權。

【注釋】❶術士　方術之士。指從事占卜星相等相關活動的人。❷鄭普思　事散見《舊唐書》卷八十八、《新唐書》卷一百二十等。❸葉靜能　著有《太上北帝靈文》三卷。❹墨敕　不經過中書門下，由皇帝親筆書寫的敕令。❺祕書監　祕書省最高長官，從三品，掌管國家經籍圖書之事。❻國子祭酒　國子監最高長官，從三品，掌國家儒學訓導之政令。❼遽改　立即改授。❽虞世南　（西元五五八—六三八年）字伯施，越州餘姚（今浙江餘姚）人，博學，善文，尤工書法，深受唐太宗稱讚。傳見《舊唐書》卷七十二、《新唐書》卷一百二。❾顏師古　（西元五八一—六四五年）字籀，京兆萬年人，唐初著名訓詁學家。著述甚豐，所撰《匡謬正俗》及《漢書注》對後世影響很大。傳見《舊唐書》卷七十三、《新唐書》卷一百九十八。❿孔穎達　（西元五七四—六四八年）字沖遠，冀州衡水（今河北衡水市）人，幼時聰敏，日記千言。唐初成為著名經學大師，曾奉命主編《五經正義》作為學校教材。與顏師古同傳。⓫庚戌　四月一日。⓬李邕　（西元六七八—七四七年）字泰和，江都（今江蘇揚州）人，唐代著名書法家、文學家。傳見《舊唐書》卷一百九十中、《新唐書》卷二百二、《書小史》卷九。⓭詩三百三句　孔子名言，見《論語．為政》。詩，《詩經》。收詩三百首，故稱《詩》三百。蔽，概括；總括。邪，不正派。⓮首　首領；榜樣。⓯修　治。⓰此屬　這些人。指鄭普思等妖妄之士。⓱召魏元忠於高要　魏元忠長安三年（西元七〇三年）九月九日被貶為高要縣尉。⓲丁卯　四月十八日。⓳甲戌　四月二十五日。⓴元忠等皆以東宮舊僚褒之也　魏元忠曾兼太子左庶子，韋安石檢校左庶子，李懷遠兼太子左庶子，唐休璟行右庶子，崔玄暐兼太子左庶子，楊再思兼太子右庶子，祝欽明兼太子侍讀。㉑乙亥　四月二十六日。㉒戊寅　四月二十九日。㉓壬午　五月初四日。㉔遷周廟七主於西京崇尊廟　即把東都武周太廟中的七個牌位移到長安崇尊廟中。垂拱末年，武則天令修崇尊廟於京師長安，以享武氏祖考。天授元年（西元六九〇年）改唐為周，又令立武氏七廟於神都，作為武周的太廟。遷周廟七主，就意味著廢武周太廟。㉕武氏三代諱　即武則天曾祖武儉、祖父武華及父親武士彠的名字。㉖乙酉　五月初七日。㉗鐵券　用鐵鑄成的證件。古代帝王為了籠絡功臣，常賜以鐵券，授予包括免死在內的特權。參淩揚藻《蠡勺編》卷四十〈鐵券〉。㉘自非反逆二句　意即除反逆之外，各寬宥其十次死罪。㉙癸巳　五月十五日。㉚五運　五德。金、木、水、火、土五行更迭而興。㉛事不兩大　事勢不能兩者並大。指皇室與外戚不能同時強大。㉜革命之際　改唐為周的時候。革命本指實施變革以應天命。古人認為帝王受命於天，故稱改朝換代為「革命」，即變革天命。㉝封建　本指封侯建國，此處指封爵。㉞開闢　開天闢地。㉟斯理　這個道理。㊱考功員外郎　官名，為尚書省吏部考功司副長官，從六品上，主管外官考課之事。㊲崔湜　（西元六七一—七一三年）字澄瀾，定州安喜（今河北定州東南）人，少以文辭知名，舉進士，曾任左補闕等職。唐中宗時官至宰相。傳見《舊唐書》卷七十四、《新唐書》卷九十九。㊳仁師　崔湜之祖崔仁師，太宗時官至給事中。與崔湜同傳。㊴鄭愔　（？—西元七一〇年）滄州南皮（今河北南皮）人，曾任許州司功參軍。中宗時官至吏部侍郎、同中書門下平章事。後貶為汴州刺史，以謀反罪被殺。事散見於《新唐書》卷四、卷五、卷六十一、卷九十九、卷一百三十等。㊵宣州　州名，治所在今安徽宣州。㊶既而　不久；一會兒。㊷得天子之意　得到天子的厚意。㊸彼五人　指張柬之、敬暉、桓彥範、崔玄暐、袁恕己。㊹孰　誰；哪個。㊺危如朝露　清晨的露水不能長久，轉瞬即逝。形容危險之甚。㊻晏然　安然平靜的樣子。㊼上以為然　唐中宗以為應當這樣。關於中宗疏忌張柬之等人的原因，《考異》引《統紀》載有一段重要文字：「太后善自粉飾，雖子孫在側，不覺其衰老。及在上陽宮，不復櫛頮，形容羸悴。上入見，大驚。太后泣曰：『我自房陵迎汝來，固以天下授汝矣，而五賊貪功，驚我至此。』上悲泣不自勝，伏地拜謝死罪。由是三思等得入其謀。」司馬光認為中宗頑鄙不仁，太后雖毀容涕泣，未必能感動其意。其所以疏忌五王，是採用了韋后及武三思的主張。㊽甲午　五月十六日。㊾平陽王　即平陽郡王。下同。㊿張柬之為漢陽王　據《考異》卷十二、《實錄》所載張柬之等人地位高低先後不定：誅張易之以張柬之為首，賜鐵券以崔玄暐為首，封王及貶謫以敬暉為首，開元復官詔以桓彥範為首。對於這種現象，司馬光在《考異》中曾進行過解釋。岑仲勉亦曾進行過辨析。詳見《通鑑隋唐紀比事質疑》。(51)朔望　即初一、十五。(52)益州　治所成都，在今四川成都。(53)梁州　治所南鄭，在今陝西漢中東。(54)五王　即張柬之、敬暉、桓彥範、袁恕己、崔玄暐等五人。因同時封王而並稱五王。(55)復之　恢復其原有職務。

【校　記】[1]譙公　原無此二字。據章鈺校，十二行本、乙十一行本、孔天胤本皆有此二字，張敦仁《通鑑刊本識誤》同，今據補。按，餘四人皆有官爵冠於前，桓彥範亦當有之。

【語　譯】術士鄭普思和尚衣奉御葉靜能都利用邪術被中宗所信任和重用。夏，四月，頒下中宗墨敕，任命鄭普思擔任祕書監，葉靜能擔任國子祭酒。桓彥範和崔玄暐堅持認為不能這樣做，中宗說：「我已任用了他們，不容許立刻改授。」桓彥範說：「陛下剛即位之時，曾頒布詔書說：『各項政令都依照貞觀時期的舊制。』貞觀時期，魏徵、虞世南、顏師古擔任祕書監，孔穎達擔任國子祭酒，哪裡是鄭普思和葉靜能之類啊！」初一日庚戌，左拾遺李邕上奏，認為「《詩經》三百篇，以一句話來概括，叫做『思想純正』。如果有神仙能使人不死，那麼秦始皇、漢武帝早已得到保佑了。如果佛祖能替人造福謀利，那麼梁武帝也早就得到滿足了。

唐堯、虞舜之所以能夠成為歷代帝王的典範，也不過是治理人世間的事情而已。尊寵鄭普思和葉靜能這種人，對國家有什麼補益！」中宗都沒有聽從。

中宗即位那一天，用驛車從高要縣召回魏元忠。四月十八日丁卯，魏元忠抵達東都，中宗任命他為衛尉卿、同平章事。〇二十五日甲戌，中宗任命魏元忠為兵部尚書，韋安石為吏部尚書，李懷遠為右散騎常侍，唐休璟為輔國大將軍，崔玄暐為檢校益府長史，楊再思為檢校楊府長史，祝欽明為刑部尚書，均加授同中書門下三品銜。魏元忠等人都因為是東宮舊僚而得到褒獎。〇二十六日乙亥，中宗任命張柬之為中書令。〇二十九日戊寅，追贈已經死去的邵王李重潤為懿德太子。

五月初四日壬午，把武周宗廟七個神主遷到西京崇尊廟。頒布詔書：「對於武氏祖孫三代人的名諱，上奏言事的人們都不能觸犯。」〇初七日乙酉，在東都設立太廟和社稷神主。〇中宗認為張柬之等人以及武攸暨、武三思、鄭普思等十六人都是立有功勞的人，向他們頒賜鐵券，如果這些人不是犯有謀反大逆之罪，各人可以寬免十次死罪。

五月十五日癸巳，敬暉等人帶領百官上奏，認為「五德之運輪流興起，事勢不能兩方同時強大。天授年間武周代唐的時候，唐宗室被誅殺流徙殆盡，哪裡能夠與武氏同列受封！現在上天之命已改易更新，而武氏爵封依舊，與唐宗室一起居住在京師，自開天闢地以來沒有這種道理。希望陛下替大唐社稷著想，順從朝野上下的意願，貶抑他們的王位和爵位以安定內外。」中宗沒有同意。

敬暉等人懼怕武三思的讒言，利用考功員外郎崔湜作為自己的耳目，窺探武三思的動靜。崔湜見中宗親近武三思而疑忌敬暉等人，竟把敬暉等人的計謀告訴了武三思，反而被武三思所利用，武三思薦舉崔湜擔任了中書舍人。崔湜，是崔仁師的孫子。

在此以前，殿中侍御史南皮縣人鄭愔阿附張易之和張昌宗。二張敗死後，他被貶謫為宣州司士參軍，因犯貪贓罪，逃入東都，私下拜見武三思。鄭愔剛見到武三思，哭得極為哀傷，一會兒又大笑。武三思向來位尊權重，對鄭愔十分奇怪，鄭愔說：「我剛見到大王時之所以啼哭，是哀傷大王將被殺戮而滅族。後來又大笑，是高興大王得到了我鄭愔。大王您雖然獲得天子的厚意，而那五個人都執掌著將相的權柄，膽略過人，廢除太后易如反掌。大王您自己看一下與太后相比哪一個權位更重一些？那五個人日夜咬牙切齒，想吃大王您的肉，若沒有將大王滅族，是不足以讓他們稱心如意的。大王如果不除掉這五個人，便危如朝露，然而您卻安然自得還以為像泰山一樣安穩，這就是我鄭愔替大王您所感到寒心的緣故。」武三思極為高興，與鄭愔上樓，徵詢自保平安的策略，把鄭愔舉薦為中書舍人，他與崔湜都成了武三思的謀主。

武三思與韋后日夜向中宗誣陷敬暉等人，說他們「倚仗功勞專擅權柄，將會危害江山社稷。」中宗聽信了他們兩人的讒言。武三思等趁機替中宗出謀劃策，認為「不如封敬暉等人為王，免除他們所執掌的政務，表面上不失為尊寵功臣，內裡確是剝奪他們的權力。」中宗認為可以這樣。五月十六日甲午，中宗封侍中齊公敬暉為平陽王，譙公桓彥範為扶陽王，中書令漢陽公張柬之為漢陽王，南陽公袁恕己為南陽王，特進、同中書門下三品博陵公崔玄暐為博陵王，罷免執掌政務的權力，賞賜五人金帛鞍馬，命令他們每月於初一、十五日朝見。還賜桓彥範姓韋氏，讓他與韋后同宗籍。不久中宗又任命崔玄暐檢校益州長史、知都督事，又將他改任為梁州刺史。武三思命令百官重新推行武則天時的朝政，對不趨附武氏的人都加以排斥，那些被張柬之等五王斥逐的人又得到重新起用，大權全都歸屬武三思了。

五王之請削武氏諸王也，求人為表❶，眾莫肯為。中書舍人岑羲為之❷，語甚激切❸；中書舍人偃師畢構❹次當讀表，辭色明厲。三思既得志，羲改祕書少監❺，出構為潤州❻刺史。

易州刺史趙履溫❼，桓彥範之妻兄也。彥範之誅二張，稱履溫預其謀，召為司農少卿❽，履溫以二婢遺彥範。及彥範罷政事，履溫復奪其婢。

上嘉宋璟忠直，纍[1]遷黃門侍郎❾。武三思嘗以事屬❿璟，璟正色拒之曰：「今太后既復子明辟⓫，王當以侯就第，何得尚干朝政！獨不見產、祿之事乎！」

以韋安石兼檢校中書令⓬，魏元忠兼檢校侍中，又以李湛為右散騎常侍，趙承恩為光祿卿，楊元琰為衛尉卿。

先是，元琰知三思浸用事⓭，請棄官為僧，上不許。敬暉聞之，笑曰：「使我早知，勸上許之，髡⓮去胡頭，豈不妙哉！」元琰多鬚類胡⓯，故暉戲之。元琰曰：「功成名遂⓰，不退將危。此乃由衷⓱之請，非徒然也。」暉知其意，瞿然⓲不悅。及暉等得罪，元琰獨免。

【章旨】以上為第四段，寫楊元琰見微知著，見中宗昏庸而功成身退，得免武三思之禍。

【注釋】❶為表　撰寫表章。❷岑羲為之　岑羲寫了〈削武氏諸王表〉。全文見《舊唐書》卷一百八十三。❸激切　激烈深切。❹畢構　（?—西元七一六年）字隆擇，河南偃師（今河南偃師東南）人，六歲即能作文，進士及第，歷任金水縣尉、左拾遺、中書舍人、潤州刺史、廣州都督等職，官至戶部尚書。所在興利除弊，甚有善政。傳見《舊唐書》卷一百、《新唐書》卷一百二十八。❺祕書少監　祕書省副職，從四品上，協助祕書監掌管經籍圖書之事。❻潤州　州名，治所丹徒，在今江蘇鎮江市。❼趙履溫　事見《元和姓纂》卷七、《唐郎官石柱題名考》卷十一、《太平廣記》卷二百四十。❽司農少卿　司農司副職，從四品上，地位僅次於司農卿，協助司農卿掌管全國倉庫、儲積之事。❾黃門侍郎　即門下侍郎，正四品上，協助侍中主管審議及封駁。❿屬　託付。⓫復子明辟　恢復兒子明位。意即武則天已傳位給中宗。⓬以韋安石兼檢校中書令　時在五月十六日，與敬暉等封王為同一天。⑬浸用事　逐漸掌權。⑭髡　古代一種剃去頭髮的刑罰。⑮類胡　類似胡人。⑯遂就。⑰由衷　發自內心。⑱瞿然　驚動的樣子。

【校　記】①纍　原作「屢」。據章鈺校，十二行本、乙十一行本、孔天胤本皆作「纍」，今據改。

【語　譯】張柬之等五王請求削除武氏各王的王爵，找人為他們草擬表章，大家不願幹此事。中書舍人岑羲起草了表章，辭語非常激烈深切；中書舍人偃師人畢構按次序正輪到宣讀表章，語氣和神態顯得明朗嚴肅。武三思得志以後，岑羲改任祕書少監，畢構調走外任潤州刺史。

易州刺史趙履溫是桓彥範的妻兄。桓彥範誅殺張易之、張昌宗，聲稱趙履溫參與了謀劃，中宗召他入京任命為司農少卿，趙履溫將兩個婢女送給桓彥範。等到桓彥範被罷免了宰相職務，趙履溫又強行討回了那兩個婢女。

中宗讚賞宋璟的忠誠正直，依功勞將其升至黃門侍郎。武三思曾經拿事託付宋璟，宋璟神色嚴肅地拒絕他說：「現在太后已經恢復了兒子的帝位，大王你應當以侯爵的身分返回自己府第，怎麼能夠還去干預朝政！難道你沒有看到呂產、呂祿的故事嗎！」

中宗任令韋安石兼任檢校中書令，魏元忠兼任檢校侍中，又任令李湛擔任右散騎常侍，趙承恩擔任光祿卿，楊元琰擔任衛尉卿。

在此之前，楊元琰知悉武三思逐漸主政，便請求棄官為僧，中宗沒有同意。敬暉聽說這件事後，笑著說：「假使我早一點得知這件事，勸皇上同意你的請求，剃光你這胡頭，豈不是太妙了嗎！」楊元琰臉上多鬚，樣子像胡人，所以敬暉開他的玩笑。楊元琰說：「功成名就，不求身退，將會遇到危險。棄官為僧是發自內心的願望，不僅僅是作個樣子。」敬暉知道了他的本意，驚奇地看著他，很不高興。到敬暉等人獲罪，惟有楊元琰一人幸免。

上官婕妤勸韋后襲則天故事，上表請天下士庶為出母❶服喪三年，又請百姓年二十三為丁，五十九免役❷，改易制度以收時望❸。制皆許之。癸卯❹，制降諸武，梁王三思為德靜王❺，定王攸暨為樂壽王，河內王懿宗等十二人皆降為公，以厭❻人心。○甲辰❼，以唐休璟為左僕射，同中書門下三品如故，豆盧欽望為右僕射❽。

六月壬子❾，以左驍衛大將軍裴思說❿充靈武軍大總管，以備突厥。○癸亥⓫，命右僕射豆盧欽望，有軍國重事，中書門下可共平章。

先是，僕射為正宰相，其後多兼中書門下之職，午前決朝政，午後決省事。至是，欽望專為僕射，不敢預政事，故有是命。是後專拜僕射者，不復為宰相矣。○又以韋安石為中書令，魏元忠為侍中，楊再思檢校[1]中書令⓬。

丁卯⓭，祔孝敬皇帝⓮於太廟，號義宗。○戊辰⓯，洛水溢，流⓰二千餘家。秋，七月辛巳⓱，以太子賓客韋巨源同中書門下三品，西京留守如故。○特進漢陽王張柬之表請歸襄州⓲養疾。乙未⓳，以柬之為襄州刺史，不知州事，給全俸⓴。

河南、北十七州㉑大水，八月戊申㉒，以水災求直言。右衛騎曹參軍西河宋務光㉓上疏，以為「水陰類㉔，臣妾之象，恐後庭有干外朝之政者，宜杜絕其萌㉕。今霖雨不止，乃閉坊門以禳之㉖，至使里巷謂坊門為宰相，言朝廷使之燮理㉗陰陽也。又，太子國本，宜早擇賢能而立之。又，外戚太盛，如武三思等，宜解其機要，厚以祿賜。又，鄭普思、葉靜能以小技竊大位，亦朝政之蠹也。」疏奏，不省㉘。○壬戌㉙，追立妃趙氏㉚為恭皇后，孝敬皇帝妃裴氏㉛為哀皇后。

九月壬午㉜，上祀昊天上帝、皇地祇于明堂，以高宗配。

初，上在房陵，州司制約㉝甚急㉞，刺史河東張知謇㉟、靈昌崔敬嗣㊱獨待遇以禮，供給豐贍。上德之㊲，擢知謇自貝州刺史為左衛將軍，賜爵范陽公。敬嗣已卒，求得其子汪，嗜酒，不堪釐職㊳，除五品散官㊴。

改葬上洛王韋玄貞，其儀皆如太原王㊵故事。○癸巳㊶，太子賓客、同中書門下三品韋巨源罷為禮部尚書，以其從父安石為中書令故也。○以左衛將軍上邽紀處訥㊷兼檢校太府卿㊸，處訥娶武三思之妻姊故也。

冬，十月，命唐休璟留守京師。○癸亥㊹，上幸龍門㊺。乙丑㊻，獵於新安㊼而還。○辛未㊽，以魏元忠為中書令，楊再思為侍中。

十一月戊寅㊾，羣臣上皇帝尊號曰應天皇帝，皇后曰順天皇后。壬午㊿，上與后謁謝太廟，赦天下。相王、太平公主加實封，皆滿萬戶(51)。○己丑(52)，上御洛城南樓(53)，觀潑寒胡戲(54)。清源尉呂元泰(55)上疏，以為「謀時寒若(56)，何必裸身揮水(57)，鼓舞衢路以索之(58)！」疏奏，不納。

【章旨】以上為第五段，寫中宗昏庸，濫用國家官職酬謝親故，韋皇后及韋氏外戚勢力日益興起。

【注釋】❶出母　生母。為出母服喪三年，旨在感動中宗之心，使其思念武則天。❷請百姓年二十三為丁二句　唐制，二十一為丁，六十為老。此改制，縮短成丁的年歲，用以籠絡人心。❸收時望　指收買人心，滿足當時人的願望。❹癸卯　五月二十五日。❺德靜王　降格為德靜縣王。❻厭　滿足。❼甲辰　五月二十六日。❽豆盧欽望為右僕射　武德、貞觀年間，尚書省左右僕射均為宰相。唐高宗時，左右僕射亦為宰相，但皆加「同中書門下三品」之號。神龍以後，左右僕射不加「同三品」或「同平章事」名號者，不再行宰相之權。❾壬子　六月初四日。❿裴思說　《新唐書》卷四、卷七十一上、卷一百九十一，《全唐文》卷二百四十二、《冊府元龜》卷九百九十二皆作「裴思諒」。裴思諒為裴德超之子，官至靈武大總管，封河東郡公。⓫癸亥　六月十五日。⓬楊再思檢校中書令　唐制，中書令二人。故韋安石、楊再思同時擔任此職。⓭丁卯　六月十九日。⓮孝敬皇帝　即唐中宗之兄太子李弘。太子弘死於上元二年（西元六七五年）四月二十五日，五月五日贈謚孝敬皇帝。⓯戊辰　六月二十日。⓰流　漂流。⓱辛巳　七月初四日。⓲襄州　州名，治所在今湖北襄樊。⓳乙未　七月十八日。⓴給全俸　供給全部俸料。唐制，郡王從一品，月俸八千，食料一千八百，雜用一千二百；上州刺史從三品，月俸五千一百，雜用九百。㉑河南北十七州　《新唐書》卷三十六〈五行志三〉作「河北州十七」。㉒戊申　八月初一日。㉓宋務光　字子昂，汾州西河（今山西汾陽）人，進士。官至殿中侍御史，曾多次上書直諫。傳見《新唐書》卷一百十八。㉔水陰類　水屬於陰類。㉕萌　萌芽。㉖閉坊門以禳之　唐制，久雨成災，閉坊市北門以祈晴。㉗燮理　調和。㉘不省　不察。㉙壬戌　八月十五日。㉚趙氏　京兆長安（今陝西西安）人，中宗為英王時聘為妃。上元二年幽閉而死。傳見《舊唐書》卷五十一、《新唐書》卷七十六。㉛裴氏　右衛將軍裴居道之女。有婦德，咸亨四年（西元六七三年）二月被太子弘納為妃。事詳《舊唐書》卷八十六、《新唐書》卷八十一〈孝敬皇帝弘傳〉。㉜壬午　九月初五日。㉝制約　管制約束。㉞急　嚴急。㉟張知謇　蒲州河東（今山西永濟西）人，先後任房、和、舒等十一州刺史，有才幹，為武則天所重。傳見《舊唐書》卷一百八十五下、《新唐書》卷一百。㊱崔敬嗣　滑州靈昌（今河南滑縣西南）人，嗜酒，長於博戲。事見《舊唐書》卷一百十一、《新唐書》卷一百四十一〈崔光遠傳〉。㊲德之　感其恩德。㊳釐職　治理政務。釐，治理。㊴五品散官　唐制，中散大夫、朝議大夫、朝請大夫、朝散大夫皆為五品文散官。㊵太原王　即則天父武士彠。㊶癸巳　九月十六日。㊷紀處訥　（？—西元七一〇年）秦州上邽（今甘肅天水市）人，後官至侍中。傳見《舊唐書》卷九十二、《新唐書》卷一百九。㊸太府卿　即太府寺卿，從三品，主管國家財貨之政令。㊹癸亥　十月十七日。㊺龍門　此處龍門指伊闕，在今河南洛陽南。㊻乙丑　十月十九日。㊼新安　縣名，治所在今河南新安。㊽辛未　十月二十五日。㊾戊寅　十一月初二日。㊿壬午　十一月初六日。(51)相王太平公主加實封二句　唐制，親王食封八百戶，公主三百戶。高宗時，以相王、太平公主武后所生，食封逾於常制。聖曆初，皆加至三千戶。至此，又加至萬戶。(52)己丑　十一月十三日。(53)洛城南樓　即東都皇宮西南洛城南門門樓。(54)潑寒胡戲　由西域康國傳入的一種樂舞。又名乞寒胡戲，簡稱乞寒、潑寒等。鼓舞乞寒，以水交潑為樂。原在十一月進行。長安末年，改為冬季進行。參《新唐書》卷二百二十一〈西域傳下〉、《唐音癸籤》卷十四〈散樂〉。(55)呂元泰　事見《新唐書》卷一百十八〈宋務光傳〉、《唐御史臺精舍題名考》卷二。(56)謀時寒若　語出《尚書・洪範》。意思是說人君能謀，時寒就會順應季節而至。(57)揮水　潑水。(58)索之　索寒；乞寒。

【校　記】[1]檢校　原作「為檢校」。據章鈺校，十二行本、乙十一行本、孔天胤本皆無「為」字，今據刪。

【語　譯】上官婕妤勸韋后沿襲則天舊制，向中宗上表請求全國士人百姓為親生母親服喪三年，又請求規定百姓二十三歲為成丁，五十九歲免除勞役，通過改易制度來籠絡人們的心願。中宗下詔對所有建議都加以同意。

五月二十五日癸卯，中宗頒布詔書降低武氏的封爵等級，把梁王武三思降為德靜縣王，把定王武攸暨降為樂壽縣王，把河內王武懿宗等十二人都降為公爵，以此來滿足人們的心願。〇二十六日甲辰，中宗任命唐休璟為尚書左僕射，仍舊為同中書門下三品，任命豆盧欽望為尚書右僕射。

六月初四日壬子，中宗任命左驍衛大將軍裴思說充任靈武軍大總管，藉此防備突厥。〇十五日癸亥，中宗命令尚書右僕射豆盧欽望，遇有軍國大事，可以在中書省、門下省中與宰相共同商議決策。

在此之前，僕射是正宰相，後來宰相大多兼任中書、門下之職，在中午之前處理朝政，午後處理尚書省的事務。到此時，豆盧欽望專門擔任右僕射一職，不能預議政事，因此中宗才有這一命令。從此專任尚書僕射的人，就不再擔任宰相職務了。○中宗又任命韋安石為中書令，魏元忠為侍中，楊再思為檢校中書令。

六月十九日丁卯，中宗把孝敬皇帝李弘的神主祔祭於太廟，廟號義宗。○二十日戊辰，洛水漫出河岸，洪流沖走二千多戶人家。

秋，七月初四日辛巳，中宗命令太子賓客韋巨源擔任同中書門下三品，西京留守職務依舊。○特進漢陽王張柬之上表請求返回襄州養病。十八日乙未，中宗任命張柬之為襄州刺史，不主持該州事務，發給全額俸祿。

黃河南北十七個州發大水，八月初一日戊申，中宗因為發生水災的緣故，要求臣下直言進諫。右衛騎曹參軍西河人宋務光上疏，認為「水是陰類，象徵臣妾，恐怕後宮有干預外朝政事的人，應當斷絕在萌芽狀態。眼下久雨不停，竟然關閉坊市北門來祈求天晴，以至於讓里巷百姓認為坊門就是宰相，說它是由朝廷指派來調節陰陽的。還有，太子是國家的根基，應該盡早選擇賢良而有才能的皇子冊立為太子。此外，外戚權勢太大，像武三思等人，應該罷免他們的重要職務，多給俸祿和賞賜；再者，鄭普思、葉靜能利用方術小技竊取高位，他們也是侵蝕朝政的蛀蟲。」奏疏呈上，中宗不加理會。○十五日壬戌，把妃子趙氏追立為恭皇后，又把孝敬皇帝李弘的妃子裴氏追立為哀皇后。

九月初五日壬午，中宗在明堂祭祀昊天上帝、皇地祇，以唐高宗李治配享。

當初，中宗在房陵時，州衙官署對中宗的管制和約束十分嚴厲，惟獨刺史河東人張知謇和靈昌人崔敬嗣對中宗以禮相待，供應豐富。皇帝感激他們的恩德，把張知謇由貝州刺史提拔為左衛將軍，賜爵范陽公。崔敬嗣已經去世，找到了他的兒子崔汪，崔汪貪杯嗜酒，不能承擔治理政事的職務，便任他為五品散官。

改葬上洛王韋玄貞，禮儀規格都依照太原王武士彠的舊例。○九月十六日癸巳，罷免太子賓客、同中書門下三品韋巨源，改任禮部尚書，這是由於他的叔父韋安石擔任了中書令的緣故。○中宗任命左衛將軍上邽人紀處訥兼任檢校太府卿，這是因為紀處訥娶了武三思之妻姐的緣故。

冬，十月，中宗命令唐休璟留守京師。〇十七日癸亥，中宗駕臨龍門。十九日乙丑，在新安狩獵之後返還京師。〇二十五日辛未，中宗任命魏元忠為中書令，楊再思為侍中。

十一月初二日戊寅，群臣給中宗上尊號為應天皇帝，給韋后上尊號為順天皇后。初六日壬午，中宗與韋后拜謁告謝太廟，大赦天下。增加相王李旦和太平公主的實封之數，全都滿一萬戶。〇十三日己丑，中宗登上洛陽城南樓，觀賞潑寒胡戲。清源縣尉呂元泰上疏，認為「君主擅長謀劃，時寒自然順暢而至，何必赤裸身體，互相潑水，在大街上擊鼓起舞，祈求寒氣！」奏疏呈上，中宗沒有採納。

壬寅❶，則天崩於上陽宮，年八十二❷。遺制：「去帝號，稱則天大聖皇后。王、蕭二族及褚遂良、韓瑗、柳奭親屬皆赦之❸。」

上居諒陰❹，以魏元忠攝冢宰❺三日。元忠素負忠直之望，中外賴之。武三思憚之，矯太后遺制，慰諭元忠，賜實封百戶。元忠捧制，感咽涕泗，見者曰：「事去矣！」

十二月丁卯❻，上始御同明殿❼見群臣。

太后將合葬乾陵，給事中嚴善思❽上疏，以為「乾陵玄宮❾以石為門，鐵錮其縫❿，今啟其門，必須鐫鑿。神明⓫之道，體尚幽玄⓬，動眾加功，恐多驚黷⓭。況合葬非古，漢時諸陵，皇后多不合葬，魏、晉已降，始有合者。望於乾陵之傍更擇吉地為陵，若神道有知，幽塗⑭自當通會，若其無知，合之何益！」不從。

是歲，戶部奏天下戶六百一十五萬，口三千七百一十四萬有畸⑮。

【章　旨】以上為第六段，寫武則天之死，以及武周一朝全國最後的戶口數。

【注　釋】❶壬寅　十一月二十六日。❷年八十二　《舊唐書》卷六〈則天紀〉作「八十三」，《新唐書》卷七十六〈則天順聖皇后武氏傳〉及《唐會要》卷三作「八十一」。誤。❸王蕭二族句　武則天立為皇后以後，王皇后、蕭淑妃被殺，其母兄、親族悉流於嶺南。褚遂良、韓瑗、柳奭亦因保護王皇后而被貶被殺，其親屬皆被流放惡地。❹諒陰　亦作「涼闇」、「亮陰」，指居喪之所，即凶廬。❺冢宰　周代官名，為六卿之首，「掌邦治，統百官，均四海」。此處借指首輔。❻丁卯　十二月二十一日。❼同明殿　在東都皇宮含元殿西北。西為億歲殿，北為九洲池。❽嚴善思　名譔，以字行，同州朝邑（今陝西大荔東南朝邑鎮）人，通儒術，曉圖讖，歷官監察御史、太史令、給事中、禮部侍郎。傳見《舊唐書》卷一百九十一、《新唐書》卷二百四。❾玄宮　又稱「神宮」、「地宮」，即墓室。❿鐵錮其縫　用鐵水澆錮石縫。這一點已為考古工作者所證實。⓫神明　神祇。⓬幽玄　幽靜玄默。⓭驚黷　驚動黷犯。⓮幽塗　陰間的道路。⓯有畸　有餘。畸，通「奇」。

【語　譯】十一月二十六日壬寅，武則天在上陽宮崩逝，終年八十二歲。武則天留下遺詔說：「去掉我皇帝尊號，稱為則天大聖皇后。高宗的后妃王氏和蕭氏家族以及褚遂良、韓瑗、柳奭的親屬全都予以赦免。」

中宗居喪期間，以魏元忠代理三天冢宰職務。魏元忠一向負有忠誠正直的聲望，朝廷內外信賴他。武三思對他很忌憚，便偽造武則天的遺詔，曉諭撫慰魏元忠，賜給魏元忠實封百戶。魏元忠捧著太后遺命，感動得嗚咽流淚，見到這一情景的人說：「事勢已無法挽回了！」

十二月二十一日丁卯，中宗開始親臨同明殿會見群臣。

即將把武則天與高宗合葬於乾陵，給事中嚴善思上疏，認為「乾陵墓室是石頭做的門，門縫是用鐵水封錮，現在要打開石門，就必須鑿開。神祇之道，本質是崇尚幽玄的；動用眾多人力施工，恐怕多有驚擾冒犯。

況且夫妻合葬並不是古制，漢代皇帝的各個陵墓，皇后多數沒有合葬。從魏晉以來，才有合葬的。希望在乾陵旁邊另選風水好的地域營建陵墓，假如神靈有知，在陰間的道路上自然會連通相會；如果神靈無知，合葬有什麼好處呢！」中宗沒有聽從他的建議。

這一年，戶部奏報，全國戶數為六百一十五萬，人口為三千七百一十四萬有餘。

二年（丙午　西元七〇六年）

春，正月戊戌❶，以吏部尚書李嶠同中書門下三品，中書侍郎于惟謙❷同平章事。

閏月丙午❸，制：「太平、長寧、安樂、宜城、新都、定安、金城公主❹並開府，置官屬。」○武三思以敬暉、桓彥範、袁恕己尚在京師，忌之。乙卯❺，出為滑、洺、豫三州❻刺史。○賜閿鄉僧萬回❼號法雲公。○甲戌❽，以突騎施酋長烏質勒為懷德郡王。

二月乙未❾，以刑部尚書韋巨源同中書門下三品，仍與皇后敘宗族。○丙申❿，僧慧範⓫等九人並加五品階，賜爵郡、縣公⓬；道士史崇恩⓭等三人[1]加五品階，除國子祭酒，同正⓮；葉靜能加金紫光祿大夫⓯。

選左、右臺⓰及內外五品以上官二十人為十道巡察使，委之察吏撫人，薦賢直獄⑰，二年一代，考其功罪而進退之。易州刺史魏人姜師度⑱、禮部員外郎馬懷素⑲、殿中侍御史臨漳源乾曜⑳、監察御史靈昌盧懷慎㉑、衛尉少卿滏陽李傑㉒皆預焉。

三月甲辰㉓，中書令韋安石罷為戶部尚書，戶部尚書蘇瓌㉔為侍中、西京留守。瓌，頲之父也。唐休璟致仕。

初，少府監丞弘農宋之問㉕及弟兗州司倉之遜皆坐附會張易之貶嶺南，逃歸東都，匿於友人光祿卿、駙馬都尉王同皎家。同皎疾武三思及韋后所為，每與所親言之，輒切齒。之遜於簾下聞之，密遣其子曇及甥校書郎李悛告三思，欲以自贖。三思使曇、悛及撫州司倉冉祖雍上書告同皎與洛陽人張仲之、祖延慶、武當丞壽春周憬㉖等潛結壯士，謀殺三思，因勒兵詣闕，廢皇后。上命御史大夫李承嘉㉗、監察御史姚紹之㉘按其事，又命楊再思、李嶠、韋巨源參驗㉙。仲之言三思罪狀，事連宮壼㉚。再思、巨源陽寐㉛不聽，嶠與紹之命反接㉜送獄。仲之還顧，言不已，紹之命撾之，折其臂。仲之大呼曰：「吾已負㉝汝，死當訟汝於天！」庚戌㉞，同皎等皆坐斬㉟，籍沒其家。周憬亡㊱入比干廟中，大言曰：「比干㊲古之忠臣，知吾此心。三思與皇后淫亂，傾危國家，行當㊳梟首都市㊴，恨不及見耳！」遂自剄㊵。之問、之遜、曇、悛、祖雍並除京官㊶，加朝散大夫㊷。

【章旨】以上為第七段，寫宋之遜輩小人投靠武三思，賣友求榮。

【注釋】❶戊戌　正月二十三日。❷于惟謙　封東海郡公，先為中書侍郎，同中書門下平章事，次年罷知政事，為國子祭酒。事散見《舊唐書》卷七、《新唐書》卷四、卷六十一，《元和姓纂》卷二，《唐郎官石柱題名考》卷十。❸丙午　閏正月初一日。❹太平長寧安樂宜城新都定安金城公主　太平公主為唐中宗之妹。自長寧以下，皆中宗之女。❺乙卯　閏正月十日。❻滑洛豫三州　滑州治所白馬，在今河南滑縣東。洛州治所永年，在今河北永年。豫州治所汝陽，在今河南汝南。❼萬回　一作「萬迴」。俗姓張，弘農閿鄉（今河南靈寶西北文鄉）人，生來遲愚，據說八、九歲始能說話。因前往安西探望其兄，一日而返，行程萬里，被稱為萬回。後出家為僧，武則天曾贈以錦袍金帶。事見《舊唐書》卷九十五〈惠莊太子撝傳〉、《宋高僧傳》卷十八、《太平廣記》卷九十二。❽甲戌　閏正月二十九日。❾乙未　二月二十一日。❿丙申　二月二十二日。⓫慧範　封上庸郡公。事見《舊唐書》卷七十七〈柳澤傳〉、卷九十一〈桓彥範傳〉及《朝野僉載》卷五。⓬賜爵郡縣公　據《唐六典》卷二，郡公正二品，食邑二千戶；縣公從二品，食邑一千五百戶。⓭史崇恩　《舊唐書．中宗紀》作「史崇玄」。曾參與《道藏音義目錄》一書的編寫。事見《新唐書》卷五十九〈藝文志〉三、卷八十三〈金仙公主傳〉及《朝野僉載》卷五。⓮同正　同正員。⓯金紫光祿大夫　文散官等四等，正三品。⓰左右臺　即左、右肅政臺。則天時改御史臺為肅政臺，分置左右。左臺掌在京百司，右臺按察京外百官。⓱直獄　理直獄訟；中雪冤獄。⓲姜師度　（？—西元七二三年）魏州魏縣（今河北魏縣東南）人，勤於為政，尤注重水利建設，官至將作大匠。傳見《舊唐書》卷一百八十五下、《新唐書》卷一百。⓳馬懷素　潤州丹徒（今江蘇鎮江市）人，謙恭謹慎，手不釋卷。官至祕書監，兼昭文館學士。傳見《舊唐書》卷一百二、《新唐書》卷一百九十九。⓴源乾曜　（？—西元七三一年）相州臨漳（今河北臨漳西南）人，為政寬簡，不嚴而治。玄宗時官至侍中。傳見《舊唐書》卷九十八、《新唐書》卷一百二十七。㉑盧懷慎　（？—西元七一六年）滑州靈昌人，進士出身，官至宰相。為官勤謹清儉，家無餘蓄。傳見《舊唐書》卷九十八、《新唐書》卷一百二十六。㉒李傑　（？—西元七一八年）相州滏陽（今河北磁縣）人，為官詳敏，頗有政績，官至御史大夫。傳見《舊唐書》卷一百、《新唐書》卷一百二十八。㉓甲辰　三月初一日。㉔蘇瓌　（西元六三九—七一〇年）字昌容，雍州武功（今陝西武功西北）人，曾任豫王府錄事參軍、尚書右丞等職，後官至侍中。明習法律，在職常有善政。傳見《舊唐書》卷八十八、《新唐書》卷一百二十五。㉕宋之問　（約西元六五六—七一二年）字延清，虢州弘農（今河南靈寶）人，上元進士，詩人，與沈佺期齊名。傳見《舊唐書》卷一百九十中、《新唐書》卷二百二、《國秀集》卷上。㉖周憬　（？—西元七〇六年）壽州壽春（今安徽壽縣）人。事見《舊唐書》卷一百八十七上、《新唐書》卷一百九十一〈王同皎傳〉。㉗李承嘉　事見《舊唐書》卷九十一〈桓彥範傳〉、卷一百〈尹思貞傳〉、卷一百八十六〈姚紹之傳〉。㉘姚紹之　湖州武康（今浙江德清西千秋鎮）人，為政酷烈。傳見《舊唐書》卷一百八十六下、《新唐書》卷二百九。㉙參驗　參證驗問；參考驗證。㉚宮壼　本指皇后所居之地。此處借指皇后韋氏。㉛陽寐　假裝睡覺。㉜反接　反綁。㉝負　虧負，指被你背棄虧負。㉞庚戌　三月初七日。㉟同皎等皆坐斬　關於王同皎謀殺武三思的前後因果，《御史臺記》、《朝野僉載》、《實錄》、《唐曆》、《統紀》及《舊唐書》本傳皆有記載，但內容不盡相同。《御史臺記》說：「張仲之、宋之遜、祖延慶謀於衣袖中發銅弩射三思，伺其便未果。」《實錄》則說：「同皎與周憬等潛謀誅三思，乃招集將士，期以則天靈駕發引因劫殺三思。」司馬光認為這些記載不大可靠，採用了《朝野僉載》的說法。詳見《考異》。㊱亡　逃亡。㊲比干　商朝貴族。相傳因諫紂王，被剖心而死。㊳行當　行將。㊴梟首都市　斬首懸於都市以示眾。㊵自剄　自刎。㊶並除京官　皆升為京官。京官，在京職官。據《新唐書》卷二百二及《朝野僉載》補輯等，宋之問擢鴻臚主簿，之遜為光祿丞，曇為尚衣奉御，悛為太僕丞，祖雍為侍御史。㊷朝散大夫　文散官名，從五品下。

【校記】①三人　原無此二字。據章鈺校，十二行本、乙十一行本、孔天胤本皆有此二字，今據補。按，上句提及僧人九人加爵，下句葉靜能僅是一人受賞，當中史崇恩等亦賞，有具體人數。

【語譯】二年（丙午　西元七〇六年）

春，正月二十三日戊戌，中宗任命吏部尚書李嶠為同中書門下三品，中書侍郎于惟謙為同平章事。

閏正月初一日丙午，頒布詔書：「太平公主、長寧公主、安樂公主、宜城公主、新都公主、定安公主和金城公主全都開立府署，設置僚屬。」○武三思因為敬暉、桓彥範和袁恕己三人仍在京師，很嫉恨他們。初十日乙卯，將三人外放為滑、洺、豫三州刺史。○中宗賜予閿鄉和尚萬回法雲公的名號。○二十九日甲戌，中宗冊封突騎施酋長烏質勒為懷德郡王。

二月二十一日乙未，中宗任命刑部尚書韋巨源為同中書門下三品，還讓他列入韋皇后的宗族之中。〇二十二日丙申，中宗將僧侶慧範等九人一起加授五品官階，賜予郡公或縣公的爵位；道士史崇恩等三人加授五品官階，任命為國子祭酒、同正員；葉靜能加授金紫光祿大夫銜。

朝廷選拔左、右臺及內外五品以上官員共二十人為十道巡察使，委派他們考察官吏、安撫百姓，舉薦賢能、申雪冤獄，兩年替換一次，考核他們的功績與過失以決定官職升降。易州刺史魏縣人姜師度、禮部員外郎馬懷素、殿中侍御史臨漳縣人源乾曜、監察御史靈昌縣人盧懷慎和衛尉少卿滏陽縣人李傑均被選上，參與其事。

三月初一日甲辰，中書令韋安石罷職改任戶部尚書，戶部尚書蘇瓌擔任侍中、西京留守。蘇瓌，是蘇頲的父親。唐休璟退休。

當初，少府監丞弘農縣人宋之問和他的弟弟兗州司倉宋之遜，都因依附張易之獲罪而謫貶嶺南，逃歸東都，隱藏在友人光祿卿、駙馬都尉王同皎家中。王同皎痛恨武三思及韋后的所作所為，每當他同親近的人談到這些事時，往往咬牙切齒。宋之遜在門簾後聽到王同皎的話，便暗地裡派他的兒子宋曇和外甥校書郎李悛告訴武三思，想以此來贖自己的罪。武三思派宋曇、李悛及撫州司倉冉祖雍上書告發王同皎與洛陽人張仲之、祖延慶、武當丞壽春人周憬等暗地集結壯士，謀殺武三思，趁機帶兵進入皇宮，廢黜韋皇后。中宗命令御史大夫李承嘉和監察御史姚紹之審訊這樁案件，又命令楊再思、李嶠和韋巨源參證勘驗。張仲之說武三思的罪狀，事情牽連到韋后，楊再思和韋巨源假裝睡覺，不予理睬，李嶠和姚紹之命令把張仲之反綁起來，送到監牢中關押。張仲之回過頭來，還是說個不停，姚紹之下令拷打他，折斷了他的手臂。張仲之大聲呼叫著說：「我已被你背棄，死後定要向上天控告你！」三月初七日庚戌，王同皎等人都被處死，抄沒了他們的家。周憬逃進比干的廟裡，大聲說：「比干是上古的忠臣，知道我的這顆心。武三思與韋皇后淫亂，傾害國家，行將在都市中梟首示眾，遺憾的是我看不到這一天了！」說完便自殺了。宋之問、宋之遜、宋曇、李悛、冉祖雍等人都被任命為京官，加封朝散大夫。

武三思與韋后日夜譖敬暉等不已，復左遷暉為朗州❶刺史，崔玄暐為均州❷刺史，桓彥範為亳州❸刺史，袁恕己為郢州❹刺史，與暉等同立功者薛思行等[1]，皆以為黨與坐貶。○大置員外官，自京司及諸州凡二千餘人，宦官超遷七品以上員外官者又將千人。

魏元忠自端州還❺，為相，不復彊諫，惟與時俯仰❻，中外失望。酸棗❼尉袁楚客❽致書元忠❾，以為「主上新服厥命❿，惟新厥德，當進君子，退小人，以興大化⓫，豈可安其榮寵，循默⓬而已！今不早建太子，擇師傅而輔之，一失也。公主開府置僚屬，二失也。崇長緇衣⓭，使遊走權門，借勢納賂，三失也。俳優⓮小人，盜竊品秩，四失也。有司選進賢才，皆以貨取勢求，五失也。寵進宦者，殆滿千人，為長亂之階，六失也。王公貴戚，賞賜無度，競為侈靡，七失也。廣置員外官，傷財害民，八失也。先朝宮女，得自便居外，出入無禁，交通請謁，九失也。左道⓯之人，熒惑⓰主聽，盜竊祿位，十失也。凡此十失，君侯⓱不正，誰與[2]正之哉！」元忠得書，愧謝而已。

夏，四月，改贈后父韋玄貞為酆王，后四弟⓲皆贈郡王。○己丑⓳，左散騎常侍、同中書門下三品李懷遠致仕。

處士[20]京兆[3]韋月將[21]上書告武三思潛通宮掖，必為逆亂。上大怒，命斬之。黃門侍郎宋璟奏請推按[22]，上益怒，不及整巾，屣履[23]出側門[24]，謂璟曰：「朕謂已斬，乃猶未邪[25]！」命趣斬之。璟曰：「人言宮中私於三思，陛下不問而誅之，臣恐天下必有竊議。」固請按之，上不許，璟曰：「必欲斬月將，請先斬臣！不然，臣終不敢奉詔。」上怒少解。左御史大夫蘇珦、給事中徐堅、大理卿長安尹思貞[26]皆以為方夏行戮，有違時令[27]。上乃命與杖[28]，流嶺南。過秋分[29]一日，平曉[30]，廣州都督周仁軌[31]斬之。

御史大夫李承嘉附武三思，詆[32]尹思貞於朝，思貞曰：「公附會姦臣，將圖不軌，先除忠臣邪！」承嘉怒，劾奏思貞，出為青州[33]刺史。或謂思貞曰：「公平日訥於言[34]，及廷折承嘉，何其敏邪？」思貞曰：「物不能鳴者，激之則鳴。承嘉恃威權相陵[35]，僕[36]義不受屈，亦不知言之從何而至也。」○武三思惡宋璟，出之檢校貝州[37]刺史。

五月庚申[38]，葬則天大聖皇后於乾陵[39]。

武三思使鄭愔告朗州刺史敬暉、亳州刺史韋彥範[40]、襄州刺史張柬之、郢州刺史袁恕己、均州刺史崔玄暐與王同皎通謀。六月戊寅[41]，貶暉崖州[42]司馬，彥範瀧州㊸司馬，柬之新州㊹司馬，恕己竇州㊺司馬，玄暐白州㊻司馬，並員外置，仍長任㊼，削其勳封㊽；復彥範姓桓氏㊾。

初，韋玄貞流欽州而卒㊿，蠻酋甯承基(51)兄弟逼取其女，妻崔氏不與，承基等殺之，及其四男洵、浩、洞、泚，上命廣州都督周仁軌使將兵二萬討之。承基等亡入海(52)，仁軌追斬之，以其首祭崔氏墓，殺掠其部眾殆盡。上喜，加仁軌鎮國大將軍(53)，充五府(54)大使，賜爵汝南郡公。韋后隔簾拜仁軌，以父事之。及韋后敗，仁軌以黨與誅。

秋，七月戊申(55)，立衛王重俊(56)為皇[4]太子。太子性明果，而官屬率貴遊子弟，所為多不法。左庶子姚珽(57)屢諫，不聽。珽，璹之弟也。○丙寅(58)，以李嶠為中書令。○上將還西京，辛未(59)，左散騎常侍李懷遠同中書門下三品，充東都留守。

【章旨】以上為第八段，寫中宗昏庸，容忍韋皇后淫行，殺忠貞直諫之臣，不斷貶逐五王，以致魏元忠閉口不言。

【注釋】❶朗州　州名，治所在今湖南常德。❷均州　州名，治所在今湖北丹江口市西北。❸亳州　州名，治所在今安徽亳州。❹郢州　州名，治所在今湖北鍾祥。❺魏元忠自端州還　時在神龍元年（西元七〇五年）四月十八日。見《新唐書》卷四。端州，治所在今廣東高要。❻與時俯仰　猶與時沉浮。逢迎時意，沒有主見。❼酸棗　縣名，縣治在今河南延津西南。❽袁楚客　事見《唐御史臺精舍題名考》卷三、《唐登科記考》卷五。❾致書元忠　寫信給魏元忠。全文見《新唐書》卷一百二十二〈魏元忠傳〉及《全唐文》卷一百七十六。❿主上新服厥命　皇上新繼大位。服，服膺。厥，其。⓫大化　弘大的教化。⓬循默　因循常規，默然無語。⓭緇衣　穿黑綢衣的人。即僧徒。⓮俳優　以樂舞諧戲為職業的藝人。⓯左道　邪道。⓰熒惑　炫惑；惑亂。⓱君侯　對宰相等達官的尊稱。⓲后四弟　據《舊唐書．外戚傳》，韋后四弟即韋洵、韋浩、韋洞、韋泚，為欽州蠻酋甯承基兄弟所殺。⓳己丑　四月十六日。⓴處士　有德有才而隱居不仕的人。㉑韋月將　事見《舊唐書》卷七十七〈柳澤傳〉、卷九十〈朱敬則傳〉、卷九十六〈宋璟傳〉、卷一百〈尹思貞傳〉，《新唐書》卷七十四〈宰相世系表四上〉及《元和姓纂》卷二等。㉒推按　推究按驗。㉓屣履　拖著鞋。㉔側門　偏門。㉕朕謂已斬二句　朕以為已經殺了，怎麼還沒有斬呢。㉖尹思貞　（西元六四〇—七一六年）京兆長安人，歷任十三州刺史，官至工部尚書，皆有善政。傳見《舊唐書》卷一百、《新唐書》卷一百二十八。㉗有違時令　時令指四時節令的生長規律，春生、夏長、秋收、冬藏。夏天是生物生長的季節，不應行刑，所以說「有違時令」。㉘與杖　給與木杖，即執行杖刑。㉙秋分　二十四節氣之一。即每年夏至後太陽行至秋分點之日，陽曆為九月二十三或二十四日。㉚平曉　天剛亮。㉛周仁軌　京兆萬年人，曾任并州長史。傳見《新唐書》卷二百六。㉜詆　詆毀。㉝青州　州名，治所在今山東青州。㉞訥於言　出言遲鈍；說話木訥。㉟陵　欺陵。㊱僕　自謂謙詞。㊲貝州　州名，治所在今河北清河縣西。㊳庚申　五月十八日。㊴葬則天大聖皇后於乾陵　神龍二年正月二十一日，「則天靈駕還京」。至此，與唐高宗合葬。㊵韋彥範　此時桓彥範賜姓韋，故稱韋彥範。㊶戊寅　六月六日。㊷崖州　州名，治所在今海南海口瓊山區。㊸瀧州　州名，治所在今廣東羅定南。㊹新州　州名，治所在今廣東新興。㊺竇州　州名，治所在今廣東信宜南。㊻白州　州名，治所在今廣西博白。㊼長任　長期擔任。㊽勳封　勳爵封邑。㊾復彥範姓桓氏　神龍元年五月，賜彥範姓韋，與皇后同籍。㊿韋玄貞流欽州而卒　時在光宅元年（西元六八四年）。欽州治所在今廣西欽州東北。(51)甯承基　《舊唐書》卷一百八十三、《新唐書》卷二百六並作「甯承」。待考。(52)亡入海　逃入海中。(53)鎮國大將軍　唐代無此官號。《新唐書》卷二百六作「左羽林大將軍」。(54)五府　指廣、桂、邕、容、瓊五個都督府。(55)戊申　七月初七日。(56)衛王重俊　（？—西元七〇七年）唐中宗第三子。事見《舊唐書》卷八十六、《新唐書》卷八十一。(57)姚珽　（西元六四一—七一四年）武則天朝宰相姚璹之弟。勤苦自立，歷任定、汴等六州刺史，以善政聞。官至戶部尚書。傳見《舊唐書》卷八十九、《新唐書》卷一百二。(58)丙寅　七月二十五日。(59)辛未　七月三十日。

【校　記】〔1〕薛思行等　原無此四字。據章鈺校，十二行本、乙十一行本、孔天胤本皆有此四字，張敦仁《通鑑刊本識誤》、張瑛《通鑑校勘記》同，今據補。按，前誅張易之兄弟，薛思行、李多祚、楊元琰等皆豫其事。②與　據章鈺校，十二行本、乙十一行本皆無此字。③京兆　原無此二字。據章鈺校，十二行本、乙十一行本、孔天胤本皆有此二字，今據補。④皇　原無此字。據章鈺校，十二行本、乙十一行本、孔天胤本皆有此字，張敦仁《通鑑刊本識誤》同，今據補。按，兩《唐書・中宗紀》亦作「皇太子」。

【語　譯】武三思和韋后日夜不停地誣陷敬暉等人，於是中宗又把敬暉貶為朗州刺史，崔玄暐貶為均州刺史，桓彥範貶為亳州刺史，袁恕己貶為郢州刺史。當時與敬暉等一同立下功勞的薛思行等人，都被視為敬暉等人的同黨而受到貶謫。〇中宗大量設置員外官，從京師官署到地方各州共有二千餘人，宦官被破格提升為七品以上員外官的又有近千名。

魏元忠從端州返京，擔任了宰相後，不再強力諍諫了，只是與時俯仰，朝廷內外感到失望。酸棗縣尉袁楚客給魏元忠寫信，認為「皇上新繼大位，要使德政日新，應當進用君子，斥退小人，來振興弘大的教化，怎麼能夠安於榮寵，因循常規，緘默無言而已！現在不早立太子，選擇師傅加以輔導，這是第一個過失。公主開設府署，設置僚屬，這是第二個過失。尊崇僧侶，讓他們遊走於權貴之家，仗勢納財，這是第三個過失。表演樂舞諧戲的小人，竊取官位俸祿，這是第四個過失。官府選拔進用賢才，都是以賄賂取人，以勢力取人，這是第五個過失。受皇帝寵愛而提拔的宦官，幾乎達到千人，成為滋長變亂的禍根，這是第六個過失。王公貴戚，賞賜無度，這些人競相侈靡，這是第七個過失。大量設置員外官，耗費錢財，損害百姓，這是第八個過失。先朝的宮女，可以隨便住在宮外，出入宮門不受限制，與外人勾結交往，請託拜謁，這是第九個過失。旁門左道之徒，惑亂皇帝的視聽，竊取俸祿職位，這是第十個過失。總計這類的十個過失，您不去加以匡正，誰來匡正它呢！」魏元忠得到來信，只是羞慚致歉而已。

夏，四月，中宗改贈韋后之父上洛王韋玄貞為酆王，韋后的四個弟弟都被贈為郡王。〇十六日己丑，左散騎常侍、同中書門下三品李懷遠退休。

處士京兆人韋月將上書告發武三思暗地裡與韋后通姦，必定叛逆作亂。中宗大怒，命令把韋月將斬首。

黃門侍郎宋璟上奏請求交付法司推究審判，中宗更加憤怒，顧不上整好頭巾，拖著鞋從大明宮的側門出來，對宋璟說：「朕以為已經殺了韋月將，怎麼還沒有殺呢！」下令趕快把韋月將斬首。宋璟說：「有人告發皇后與武三思有姦情，陛下不追究，卻要殺掉上書的人，我擔心天下之人一定會私下議論。」宋璟堅持請交付法司審理。中宗不同意，宋璟說：「如果一定要斬殺韋月將，請先把我斬首，不然，臣不敢遵奉詔命。」中宗的怒氣這才稍有平息。左御史大夫蘇珦、給事中徐堅、大理卿長安人尹思貞都認為時值夏季行誅戮之刑，與時令相違背。中宗便下令處韋月將杖刑，將他流放到嶺南。過了秋分一天，天剛拂曉，廣州都督周仁軌便把韋月將斬首了。

御史大夫李承嘉依附武三思，在朝廷之上毀謗尹思貞，尹思貞說：「您投靠奸臣，將圖謀不軌，所以要先行除掉忠臣嗎！」李承嘉動怒，上奏彈劾尹思貞，把他調出外任青州刺史。有人對尹思貞說：「您平時言語遲鈍，等到朝廷上指斥李承嘉時，為什麼言談那麼敏捷？」尹思貞說：「不能發出聲響的東西，衝擊它就會發聲。李承嘉依仗權勢欺陵我，我稟承大義，不受屈辱，也不知道那些話是從哪裡來的。」〇武三思憎恨宋璟，把他調出外任檢校貝州刺史。

五月十八日庚申，中宗把則天大聖皇后安葬在乾陵。

武三思指使鄭愔告發朗州刺史敬暉、亳州刺史韋彥範、襄州刺史張柬之、郢州刺史袁恕己、均州刺史崔玄暐與王同皎串通合謀。六月初六日戊寅，中宗把敬暉貶職為崖州司馬，把韋彥範貶職為瀧州司馬，把張柬之貶職為新州司馬，把袁恕己貶職為竇州司馬，把崔玄暐貶職為白州司馬，一律置於正員官之外，還要長期留在任上，削奪他們的勳爵封邑。恢復韋彥範原來的姓桓氏。

當初，韋玄貞被流放到欽州後去世，蠻人部落酋長甯承基兄弟逼娶韋玄貞的女兒，韋玄貞的妻子崔氏沒有把女兒交給甯承基，甯承基等人便殺了她和韋玄貞的四個兒子韋洵、韋浩、韋洞、韋泚，中宗命令廣州都督周仁軌率領兩萬軍隊討伐甯承基兄弟。甯承基等人逃亡海上，周仁軌率部追擊，把他們斬殺了，用他們的頭顱祭奠崔氏的墳墓，把甯承基兄弟的部眾殺戮和搶掠得幾乎一點不剩。中宗很高興，加封周仁軌鎮國大將軍，充任廣、桂、邕、容、瓊五府大使，賜予他汝南郡公的爵位。後來韋后隔著簾帳對他行禮，像對待父親那樣對待他。等到韋后失敗，周仁軌因是韋后的黨羽而被殺死。

秋，七月初七日戊申，中宗冊立衛王李重俊為皇太子。太子性情聰明果斷，但是太子官屬大多是權貴之家的遊閒子弟，所作所為大都違法犯禁。左庶子姚頲多次進諫，太子不聽從。姚頲，是姚璹的弟弟。〇二十五日丙寅，中宗任命李嶠為中書令。〇中宗即將返回西京長安，三十日辛未，任命左散騎常侍李懷遠為中書門下三品，充任東都留守。

武三思陰❶令人疏皇后穢行❷，牓於天津橋，請加廢黜。上大怒，命御史大夫李承嘉窮覈其事。承嘉奏言：「敬暉、桓彥範、張柬之、袁恕己、崔玄暐使人為之，雖云廢后，實謀大逆，請族誅之。」三思又使安樂公主譖之❸於內，侍御史鄭愔言之於外，上命法司結竟❹。大理丞三原李朝隱❺奏稱：「暉等未經推鞫，不可遽就誅夷。」大理丞裴談❻奏稱：「暉等宜據制書處斬籍沒，不應更加推鞫。」上以暉等嘗賜鐵券❼，許以不死，乃長流暉於瓊州❽，彥範於瀼州❾，柬之於瀧州，恕己於環州❿，玄暐於古州⓫，子弟年十六以上皆流嶺外。擢承嘉為金紫光祿大夫，進爵襄武郡公，談為刑部尚書，出李朝隱為聞喜⓬令。三思又諷⓭太子上表，請夷暉等三族。上不許。

中書舍人崔湜說三思曰：「暉等異日⑭北歸，終為後患，不如遣使矯制殺之。」三思問誰可使者，湜薦大理正周利貞[1]。利貞先為五王所惡，貶嘉州⑮司馬，乃以利貞攝右臺侍御史，奉使嶺外。比至⑯，柬之、玄暐已死，遇彥範於貴州⑰，令左右縛之，曳於竹槎⑱之上，肉盡至骨，然後杖殺。得暉，咼⑲而殺之。恕己素服黃金，利貞逼之使飲野葛⑳汁，盡數升不死，不勝毒憤，掊地㉑，爪甲㉒殆盡，仍捶殺之。利貞還，擢拜御史中丞。薛季昶累貶儋州㉓司馬，飲藥死。

三思既殺五王，權傾人主，常言：「我不知代間㉔何者謂之善人，何者謂之惡人。但於我善者則為善人，於我惡者則為惡人耳。」時兵部尚書宗楚客、將作大匠宗晉卿、太府卿紀處訥㉕、鴻臚卿甘元柬㉖皆為三思羽翼。御史中丞周利貞、侍御史冉祖雍、太僕丞李俊㉗、光祿丞宋之遜、監察御史姚紹之皆為三思耳目㉘，時人謂之五狗。

【章旨】以上為第九段，寫武三思為首的五狗亂政，五王被害。

【注釋】❶陰　暗中。❷穢行　淫穢之行。❸三思又使安樂公主譖之　安樂公主下嫁三思子武崇訓，故三思用以讒毀五王。❹結竟　結其罪，竟其獄；結案。❺李朝隱　（西元六六五—七三四年）字國光，京兆三原（今陝西三原東北）人，歷任臨汾尉、大理丞、侍御史、長安令、吏部侍郎等職，公正清廉，頗有政績。傳見《舊唐書》卷一百、《新唐書》卷一百二十九。❻大理丞裴談　《舊唐書》卷九十一〈桓彥範傳〉作「大理卿裴談」。此人後官至宰相，留守東都。事見《新唐書》卷六十一

〈宰相表〉、卷七十一上〈宰相世系表一上〉，《舊唐書》卷八十五〈張文瓘傳〉、卷八十六〈庶人重福傳〉等。❼暉等嘗賜鐵券　時在神龍元年（西元七〇五年）五月。❽瓊州　《實錄》先作「嘉州」，後作「崔州」。《新唐書・中宗紀》作「嘉州」，《舊唐書・敬暉傳》作「崔州」。《通鑑》據《統紀》、《新唐書》本傳立說。瓊州治所在今海南海口瓊山區東南。❾瀼州　州名，治所在今廣西上思西南。❿環州　州名，治所在今廣西環江縣西北大環江西岸。⓫古州　州名，故治在今越南諒山東北。⓬聞喜　縣名，縣治在今山西聞喜東北。⓭諷　用委婉的語言暗示或勸告。⓮異日　他日。⓯嘉州　州名，治所在今四川樂山市。⓰比至　及至；等到到達時。⓱貴州　州名，治所在今廣西貴港市。⓲竹槎　用竹子編成的筏。⓳咼　剔人肉，置其骨。⓴野葛　亦作「治葛」。俗稱斷腸草、胡曼草。是一種毒性很強的草本植物。㉑掊地　用手扒土。㉒爪甲　指甲。㉓儋州　州名，治所在今海南儋州西北。㉔代間　即世間。避太宗名諱。㉕紀處訥　（？—西元七一〇年）秦州上邽（今甘肅天水市）人。傳見《舊唐書》卷九十二、《新唐書》卷一百九。㉖甘元柬　事見《舊唐書》卷一百八十三、《新唐書》卷二百六〈武三思傳〉。㉗李俊　《舊唐書・武承嗣傳附武三思傳》作「李悛」。㉘為三思耳目　代三思伺察動靜，打探消息。

【校　記】①周利貞　原作「周利用」。嚴衍《通鑑補》改為「周利貞」，今從改。按，《舊唐書・崔仁師附孫湜傳》、〈桓彥範傳〉、〈酷吏・周利貞傳〉，《新唐書・崔仁師附孫湜傳》、〈桓彥範傳〉、〈外戚・武三思傳〉、〈酷吏・周利貞傳〉皆作「周利貞」。

【語　譯】武三思暗地裡派人羅列韋后的淫穢行為，張貼在天津橋上，請求廢黜韋后。中宗大怒，命令御史大夫李承嘉竭盡全力地追究此事。李承嘉上奏說：「是敬暉、桓彥範、張柬之、袁恕己和崔玄暐指使人做的這件事，雖然說是請求廢黜皇后，實際上是圖謀叛逆，請把這五個人滅族。」武三思又指使安樂公主在宮中對五人進行誣陷，指使侍御史鄭愔在外朝對五人散布流言，中宗便命令司法官署結案。大理丞三原人李朝隱上奏說：「敬暉等人沒有經過推問審訊，不能驟然將他們誅殺。」大理丞裴談上奏說：「對敬暉等人最好是按照皇帝的詔書處以斬刑，抄沒全家，不應再加審訊。」中宗因曾賜給敬暉等人鐵券，答應不對他們處以死刑，於是把敬暉遠流到瓊州，把桓彥範遠流到瀼州，把張柬之遠流到瀧州，把袁恕己遠流到環州，把崔玄暐遠流到古州。五人的子弟中年齡在十六歲以上的都流放到五嶺以外。提升李承嘉為金紫光祿大夫，把他的爵位晉升為襄武郡公，裴談也被提拔為刑部尚書，李朝隱被貶謫為聞喜縣令。武三思又暗示太子李重俊上表，請求把敬暉等人夷滅三族。中宗沒有同意。

中書舍人崔湜勸武三思說：「他日敬暉等北返回到朝中，終究要成為後患，不如派遣使者偽造皇帝的詔書殺掉他們。」武三思問他誰可以作為使者前去，崔湜推薦了大理正周利貞。周利貞先前曾被敬暉等五王所憎惡，貶官為嘉州司馬，武三思便任命周利貞代理右臺侍御史，奉命出使嶺南。等到周利貞到達時，張柬之和崔玄暐已經死了，他在貴州遇到了桓彥範，就命令手下人把桓彥範捆綁起來，在竹筏之上拖拉，桓彥範肉盡至骨，然後用棍杖打死。抓到敬暉之後，用刀淩剮處死。袁恕己平時服食金石丹藥，周利貞逼迫他飲用野葛汁，袁恕己喝了幾升之後沒有被毒死，由於忍受不住毒性和憤恨，便用手抓地，指甲幾乎被磨完了，才把他杖擊致死。周利貞返回朝廷，升任御史中丞。薛季昶多次被貶後擔任儋州司馬，也服毒藥死去。

武三思殺五王之後，權傾人主，常常說：「我不知道世上有什麼樣的人可稱為善人，什麼樣的人可稱為惡人。只要對我好的人便為善人，對我不好的人便為惡人而已。」當時，兵部尚書宗楚客、將作大匠宗晉卿、太府卿紀處訥、鴻臚卿甘元柬都成為武三思的羽翼。御史中丞周利貞、侍御史冉祖雍、太僕丞李俊、光祿丞宋之遜、監察御史姚紹之都是武三思的耳目，當時人們把這夥人稱為五狗。

九月戊午❶，左散騎常侍、同中書門下三品李懷遠薨。

初，李嶠為吏部侍郎，欲樹私恩，再求入相，奏大置員外官，廣引貴勢親識。既而為相，銓衡失序❷，府庫減耗，乃更表言濫官之弊，且請遜位❸。上慰諭不許。

冬，十月己卯❹，車駕發東都，以前檢校并州長史張仁愿檢校左屯衛大將軍兼洛州長史。戊戌❺，車駕至西京。十一月乙巳❻，赦天下。

丙辰❼，以蒲州刺史竇從一❽為雍州刺史。從一，德玄❾之子也，初名懷貞，避皇后父諱❿，更名從一，多諂附權貴。太平公主與僧寺爭碾磑⓫，雍州司戶⓬李元紘⓭判歸僧寺，從一大懼，亟命元紘改判。元紘大署判後曰：「南山可移，此判無動⓮！」從一不能奪。元紘，道廣⓯之子也。

初，祕書監鄭普思納其女於後宮，監察御史靈昌崔日用⓰劾奏之，上不聽。普思聚黨於雍、岐二州，謀作亂。事覺，西京留守蘇瓌收繫，窮治之。普思妻第五⓱氏以鬼道⓲得幸於皇后，上敕瓌勿治。及車駕還西京，瓌廷爭之，上抑瓌而佑⓳普思；侍御史范獻忠⓴進曰：「請斬蘇瓌！」上曰：「何故？」對曰：「瓌為留守大臣，不能先斬普思，然後奏聞，使之熒惑聖聽，其罪大矣。且普思反狀明白，而陛下曲為申理。臣聞王者不死，殆謂是乎！臣願先賜死，不能北面事普思。」魏元忠曰：「蘇瓌長者㉑，用刑不枉㉒。普思法當死。」上不得已，戊午㉓，流普思於儋州，餘黨皆伏誅。

十二月己卯㉔，突厥默啜寇鳴沙㉕，靈武軍大總管沙吒忠義與戰，軍敗，死者六千餘人。辛巳㉖[1]，突厥進寇原、會等州㉗，掠隴右牧馬萬餘匹而去。免忠義官。

安西大都護郭元振詣突騎施烏質勒牙帳議軍事，天大風雪，元振立於帳前，與烏質勒語。久之，雪深，元振不移足；烏質勒老，不勝寒，會罷而卒。其子娑葛勒兵將攻元振，副使御史中丞解琬㉘知之，勸元振夜逃去，元振曰：「吾以誠心待人，何所疑懼！且深在寇庭㉙，逃將安適㉚！」安臥不動。明旦㉛，入哭，甚哀，娑葛感其義，待元振如初。戊戌㉜，以娑葛襲嗢鹿州都督㉝、懷德王。

安樂公主恃寵驕恣，賣官鬻獄㉞，勢傾朝野。或自為制敕，掩其文，令上署㉟之，上笑而從之，竟不視也。自請為皇太女㊱，上雖不從，亦不譴責。

【章旨】以上為第十段，寫中宗優柔寡斷，受制於後宮，是非不明，原則不守，無力懲治叛賊。

【注釋】❶戊午 九月十七日。❷銓衡失序 銓選失去次序。❸遜位 讓位。❹己卯 十月初九日。❺戊戌 十月二十八日。❻乙巳 十一月初五日。❼丙辰 十一月十六日。❽竇從一 （？—西元七一三年）岐州平陸（今陝西岐山縣）人，歷任清河縣令、越州都督、揚州長史，官至侍中，善結交權貴。傳見《舊唐書》卷一百八十三、《新唐書》卷一百九。❾德玄 竇從一之父竇德玄，高宗時任左相。傳見《舊唐書》卷一百八十三、《新唐書》卷九十五。❿避皇后父諱 皇后父名玄貞。⓫碾磑 加工糧食的工具，把穀或麥加工成米或麵粉，利用水力使其自然轉動，俗稱水磨。⓬司戶 官名，全稱戶曹司戶參軍事，從七品下，掌管戶籍計帳、道路逆旅及婚姻田訟之事。⓭李元紘 （？—西元七三三年）字大綱，京兆萬年人，以清謹自立，不畏豪強權貴。官至宰相，深受宋璟稱讚。傳見《舊唐書》卷九十八、《新唐書》卷一百二十六。⓮此判無動 這一判決不可動搖。⑮道廣　李元紘之父李道廣，則天朝官至宰相。見《新唐書》卷六十一〈宰相表〉。⑯崔日用　（約西元六七三—七二二年）滑州靈昌人，舉進士，歷任芮城尉、監察御史、兵部侍郎等職，官至宰相。才辯過人，善於隨機應變。傳見《舊唐書》卷九十九、《新唐書》卷一百二十一。⑰第五　複姓。戰國齊諸田之後遷居園陵者以次第為姓，其中第五氏影響最大。⑱鬼道　鬼神邪說。⑲佑　保護。⑳范獻忠　事見《新唐書》卷一百二十五〈蘇瓌傳〉。㉑長者　年長有德之人。㉒枉　枉濫。㉓戊午　十一月十八日。㉔己卯　十二月初九日。㉕鳴沙　縣名，縣治在今寧夏青銅峽市西南。㉖辛巳　十二月十一日。㉗原會等州　地當今甘肅靖遠至寧夏固原一帶。原州治所初在今寧夏固原，後徙甘肅平涼，再徙甘肅鎮原。會州治所在今甘肅靖遠。㉘解琬　（？—西元七一八年）魏州元城（今河北大名東北）人，官至右武衛大將軍。在邊二十年，務農習戰，有治績。傳見《舊唐書》卷一百、《新唐書》卷一百三十。㉙寇庭　敵人牙帳。㉚適　往。㉛明旦　第二天清早。㉜戊戌　十二月二十八日。㉝嗢鹿州都督　高宗顯慶元年（西元六五六年），以突騎施索莫遏賀部置嗢鹿州都督府。治所在今新疆伊寧西伊犁河附近。㉞鬻獄　賣獄，因訟得賄。㉟署　簽字。㊱皇太女　古來無此名號。安樂公主自請為皇太女，旨在獲得像皇太子一樣的權力，使自己成為皇帝繼承人。

【校　記】①辛巳　原作「丁巳」。嚴衍《通鑑補》改作「辛巳」，今從改。按，是年十二月辛未朔，無丁巳。

【語　譯】九月十七日戊午，左散騎常侍、同中書門下三品李懷遠去世。

當初，李嶠任戶部侍郎，想樹立自己的恩德，再求入朝為相，他奏請大量設置員外官，廣泛舉薦達官權貴和親朋相識。不久以後擔任了宰相，銓選官吏失次，國庫減損，便重新上表陳述設官太濫的弊端，並且請求讓出宰相的職位。中宗對他安慰勸諭，沒有同意他的請求。

冬，十月初九日己卯，中宗從東都出發，任命前檢校并州長史張仁愿為檢校左屯衛大將軍兼洛州長史。二十八日戊戌，中宗抵達西京長安。十一月初五日乙巳，大赦天下。

十一月十六日丙辰，中宗任命蒲州刺史竇從一為雍州刺史。竇從一，是竇德玄的兒子，原名竇懷貞，為了避韋皇后之父的名諱，改名為竇從一。他時常諂諛阿附權貴。太平公主與佛寺爭奪碾磑，雍州司戶李元紘判決歸屬佛寺，竇從一非常害怕，急忙命令李元紘改判。李元紘在判決書後用大字簽署：「南山可移，此判無動！」竇從一無法改變原判。李元紘，是李道廣的兒子。

當初，祕書監鄭普思將自己的女兒送入後宮，監察御史靈昌縣人崔日用上奏彈劾他，中宗沒有聽從崔日用的意見。後來鄭普思在雍、岐二州聚集黨徒，陰謀作亂。事情暴露，西京留守蘇瓌拘捕了鄭普思，窮究其罪。鄭普思的妻子第五氏利用鬼神邪說受到韋后的寵愛，中宗便下敕書令蘇瓌不要治鄭普思的罪。等到中宗返回西京長安，蘇瓌在朝廷之上爭辯此事，中宗壓制蘇瓌而袒護鄭普思，侍御史范獻忠進奏說：「請斬殺蘇瓌！」中宗問道：「什麼原因？」范獻忠回答說：「蘇瓌身為留守大臣，不能先把鄭普思斬首，然後再向陛下奏報，以至於讓鄭普思惑亂陛下的視聽，他的罪過太大了！何況鄭普思謀反的情節清楚，而陛下曲為申理。我聽說帝王不肯處死臣下，大概說的就是這種情況吧！臣願意陛下先把我賜死，臣不能夠面朝北方侍奉鄭普思。」魏元忠說：「蘇瓌是長者，他執法未曾有誣枉之處。鄭普思依法應當處以死刑。」中宗不得已，十一月十八日戊午，把鄭普思流放到儋州，他的餘黨都被處死。

十二月初九日己卯，突厥阿史那默啜侵犯鳴沙，唐靈武軍大總管沙吒忠義與突厥部眾交戰，唐軍失敗，死亡六千餘人。十一日辛巳，突厥部眾進犯原、會等州，掠取隴右一萬多匹馬後離去。朝廷罷免了沙吒忠義的官職。

安西大都護郭元振前往突騎施烏質勒的統軍營帳中商討軍事，天降大風暴雪，郭元振站在帳前，與烏質勒交談。談話時間長，積雪很深，郭元振雙腳不動，烏質勒年事已高，受不了嚴寒，在這次會面結束後便死去了。烏質勒的兒子娑葛統帥部眾，將要攻打郭元振，副使御史中丞解琬獲悉這一消息，勸郭元振趁夜色逃離。郭元振說：「我拿誠心對待他人，又有什麼事可疑慮害怕的！況且我們深處敵寇的巢穴之內，就是想逃走，又能逃往什麼地方！」他安靜地躺著，沒有起身。次日早晨，郭元振前去哭靈弔祭，極為哀傷，娑葛被郭元振的大義所感動，便又像當初那樣對待他。十二月二十八日戊戌，冊命娑葛承襲嗢鹿州都督、懷德王的官爵。

安樂公主仗恃中宗的寵愛驕橫放縱，賣官鬻獄，勢傾朝野。有時自己起草詔敕，把文字覆蓋著，讓中宗簽署，中宗笑著聽從她，竟然不看詔敕文字。安樂公主請求把自己立為皇太女，中宗雖然沒有聽從，但也沒有責怪她。

景龍❶元年（丁未 西元七〇七年）

春，正月庚戌❷，制以突厥默啜寇邊，命內外官各進平突厥之策。右補闕盧俌❸上疏，以為「郤縠❹悅禮樂，敦詩、書❺，為晉元帥❻；杜預❼射不穿札，建平吳之勳❽。是知中權❾制謀，不取一夫之勇。如沙吒忠義，驍將之材，本不足以當大任。又，鳴沙之役，主將先逃，宜正邦憲❿；賞罰既明，敵無不服。又，邊州刺史，宜精擇其人，使之蒐卒乘⓫，積資糧，來則禦之，去則備之。去歲四方旱災，未易興師。當理內以及外，綏⓬近以來遠，俟倉廩實，士卒練，然後大舉以討之。」上善之。

二月丙戌⓭，上遣武攸暨、武三思詣乾陵祈雨⓮。既而雨降，上喜，制復武氏崇恩廟及昊陵、順陵⓯，因名酆王廟⓰曰褒德，陵曰榮先；又詔[1]崇恩廟齋郎⓱取五品子⓲充。太常博士楊孚⓳曰：「太廟皆取七品已下子為齋郎，今崇恩廟取五品子，未知太廟當如何？」上命太廟亦準崇恩廟。孚曰：「以臣準君，猶為僭逆，況以君準臣乎！」上乃止。

庚寅⑳，敕改諸州中興寺、觀為龍興㉑，自今奏事不得言中興㉒。右補闕權若訥㉓上疏，以為「天、地、日、月等字㉔皆則天能事㉕，賊臣敬暉等輕紊㉖前規。今削之無益於淳化㉗，存之有光於孝理㉘。又，神龍元年制書，一事以上，並依貞觀故事，豈可近捨母儀，遠尊祖德！」疏奏，手制褒美㉙。

三月庚子㉚，吐蕃遣其大臣悉薰熱㉛入貢。夏，四月辛巳㉜，以上所養雍王守禮女金城公主㉝妻吐蕃贊普。

五月戊戌㉞，以左[2]屯衛大將軍張仁愿㉟為朔方道大總管，以備突厥。

上以歲旱穀貴，召太府卿紀處訥謀之。明日，武三思使知太史事迦葉志忠㊱奏：「是夜，攝提㊲入太微宮㊳，至帝座㊴，主大臣宴見納忠於天子。」上以為然。敕稱處訥忠誠，徹於玄象㊵，賜衣一襲㊶，帛六十段。

六月丁卯朔㊷，日有食之。○姚巂道討擊使、監察御史晉昌唐九徵㊸擊姚州叛蠻，破之，斬獲三千餘人。

【章旨】以上為第十一段，寫中宗命內外官進平突厥之策，佞佛求福，以及武三思藉旱求雨擴張勢力。

【注釋】❶景龍　唐中宗的第二個年號（西元七〇七－七一〇年）。於神龍四年九月初五日庚子改元。❷庚戌　正月十一日。❸盧俌　臨漳（今河北臨漳西南）人，官至祕書少監。傳見《新唐書》卷二百。❹郤縠　晉卿大夫。事見《左傳》僖公二十七年。❺敦詩書　喜愛《詩經》和《尚書》等儒家經典。❻為晉元帥　被晉文公任命為中軍元帥。晉大夫郤縠尊崇詩書禮樂，被晉文公任用，事見《春秋左傳》僖公二十七年。❼杜預　（西元二二二－二八四年）字元凱，京兆杜陵（今陝西長安東）人，多謀略，人稱「杜武庫」。曾任鎮南大將軍，率兵滅吳。著有《春秋左氏經傳集解》等書。傳見《三國志》卷十六、《晉書》卷三十四。❽建平吳之勳　事見本書卷八十一晉武帝太康元年。❾中權　中軍。❿邦憲　國法。⓫蒐卒乘　搜集兵卒車乘，進行軍事訓練。⓬綏　安。⓭丙戌　二月十七日。⓮祈雨　祈求下雨。⓯復武氏崇恩廟及昊陵順陵　崇恩廟在京師長安，神龍元年十一月武則天死後被廢。見《新唐書》卷四〈中宗紀〉。昊陵，為則天父武士彠之墓，在今山西文水縣。永昌元年（西元六八九年）稱章德陵。天授元年（西元六九〇年）改為昊陵。聖曆二年（西元六九九年）改為攀龍臺。順陵，係則天母楊氏之墓，位於陝西咸陽。永昌元年被尊為明義陵。天授元年改為順陵。聖曆二年改為望鳳臺。武則天失位後，昊陵、順陵被廢。見《新唐書》卷七十六〈則天皇后傳〉，《唐會要》卷二十一〈諸僭號陵〉，《全唐文》卷二百三十九、卷二百四十九等。⓰酆王廟　即韋玄貞廟。去年四月追贈皇后父韋玄貞為酆王。⓱齋郎　辦理祭祀事務的小吏。⓲五品子　五品官之子。⓳楊孚　曾官華州司馬、大理正。事見《舊唐書》卷二十五〈禮儀志五〉、卷九十八〈杜暹傳〉，《新唐書》卷七十一下〈宰相世系表一下〉、卷七十六〈則天皇后傳〉。⓴庚寅　二月二十一日。㉑改諸州中興寺觀為龍興　神龍元年，唐中宗復位，敕天下諸州各置大唐中興寺、觀，表示中興唐業，對武周政權明顯持否定態度。現改為龍興，表明中宗對武周政權的態度已發生了很大變化。㉒奏事不得言中興　表示繼承武則天的事業，不改其政。㉓權若訥　開元間官梓州刺史，有文集十卷。事見《新唐書》卷七十五下〈宰相世系表五下〉、《唐登科記考》卷二十七、《新安志》卷九。㉔天地日月等字　載初元年（西元六九〇年），武則天曾自製天、地等十二字頒行全國。見《全唐文》卷九十五〈改元載初赦文〉。㉕能事　盛事。㉖紊　紊亂。㉗淳化　淳美的教化。㉘孝理　孝道。㉙手制褒美　親手作制敕，予以褒獎讚美。此言中宗昏庸，是非不明，既然恢復大唐國號，又不與武周決裂。㉚庚子　三月初二日。㉛悉薰熱　人名，《舊唐書》卷七〈中宗紀〉及《新唐書》卷二百十六上〈吐蕃傳〉作「悉董熱」。「薰」與「董」形近易誤。是非待考。㉜辛巳　四月十四日。㉝金城公主　事見《舊唐書》卷九十二〈趙彥昭傳〉、卷二百十二〈李暠傳〉、卷二百九十六上〈吐蕃傳上〉，《新唐書》卷二百十六上〈吐蕃傳上〉等。㉞戊戌　五月初一日。㉟張仁愿　兩《唐書・中宗紀》作「張仁亶」。按，仁愿本名仁亶，因「亶」與「旦」讀音相同，避睿宗名諱，改為「愿」。

二者實為一人。見兩《唐書》本傳。㊱迦葉志忠　迦葉，複姓。迦葉志忠，天竺人，官至鎮軍大將軍、右驍衛將軍、兼知太史事。事見《舊唐書》卷七〈中宗紀〉、卷五十一〈中宗韋庶人傳〉、卷九十二〈韋巨源傳〉，《新唐書》卷一百九〈紀處訥傳〉。㊲攝提　星官名，屬亢宿，共六星，分布於大角星兩側。左邊三星稱為左攝提，右邊三星稱為右攝提。㊳太微宮　即太微垣。星官名，在北斗之南，軫、翼二宿之北。有星十顆，以五帝座為中樞，成藩排列。東藩四星，自南而北依次為東上相、東次相、東次將、東上將。西藩四星，依次為西上將、西次將、西次相、西上相。南藩二星，東為左執法，西為右執法。㊴帝座星名，在天市垣內。此處當指五帝座。五帝座在太微宮中。詳見《史記・天官書》。㊵玄象　天象。㊶一襲　一套。㊷丁卯朔　六月初一日。㊸唐九徵　據《新唐書》卷二百十六上〈吐蕃傳〉，唐九徵討姚州蠻時，官靈武監軍、右臺御史。事見《舊唐書》卷七〈中宗紀〉等。

【校　記】①詔　據章鈺校，十二行本、乙十一行本皆作「制」。②左　據章鈺校，十二行本、乙十一行本皆作「右」。按，《舊唐書・中宗紀》作「左」，《新唐書・中宗紀》作「右」，兩《唐書・張仁愿傳》皆言其官至「左屯衛大將軍」，未知孰是。

【語　譯】景龍元年（丁未　西元七〇七年）

春，正月十一日庚戌，頒布詔書，因為突厥阿史那默啜侵擾邊境，命令朝廷內外官員進呈平定突厥的謀略。右補闕盧俌上奏，認為「晉大夫郤縠喜歡禮樂，崇尚《詩》、《書》，受命為晉中軍元帥；西晉大臣杜預連冑甲的葉片都射不穿，而建樹了平定東吳的功勳。由此可知中軍統帥的職責在於制定謀略，不在於他個人的一夫之勇。比如沙吒忠義，是驍勇的將材，本來就不足以承擔大任。還有，在鳴沙戰役中，沙吒忠義身為主將卻率先逃跑，應當按國法處置，賞罰分明後，沒有不可降服的敵人。另外，邊塞各州刺史，應當精心挑選稱職的人，讓這些刺史搜求士卒、車乘，積貯軍資糧食，敵人來了就抵禦，敵人離去就加以防備。去年各地發生旱災，不要輕易興師動眾。應當整飭內部進而治理外患，安撫近邊百姓，招徠遠方番夷，等到糧倉充實，兵士精練，然後大舉發兵討伐突厥。」中宗認為他的建議非常好。

二月十七日丙戌，中宗派遣武攸暨、武三思前往乾陵求雨。時間沒過多久雨就降下來了，中宗很高興，頒布詔書恢復武氏的崇恩廟和昊陵、順陵，因而把供奉韋后亡父的酆王廟改稱褒德，陵墓稱為榮先。又頒布詔令，崇恩廟的齋郎用五品官員的兒子充任。太常博士楊孚說：「太廟的齋郎都是用七品以下官員的兒子充任，現在崇恩廟取五品官的兒子作齋郎，不知道太廟應該如何辦呢？」中宗命令太廟也按崇恩廟一樣的規格施行。楊孚說：「將臣子的禮儀規格比照君王，猶為僭越逆亂，何況是讓君主比照臣子的規格呢！」於是中宗才取消了這一項命令。

二月二十一日庚寅，中宗頒布敕書，把各州的中興寺和中興觀改稱為龍興寺和龍興觀，下令從此以後上奏言事不得說「中興」這兩個字。右補闕權若訥上疏認為「改寫天、地、日、月等字，都是武則天的盛事，賊臣敬暉等輕易地紊亂前朝規定。現在若削除這些字無助於淳厚的教化，保存這些字有助於孝道的發揚光大。另外，陛下在神龍元年的詔書中說，處理任何事情一概遵奉貞觀時期的慣例，怎麼可以近捨母親的儀範，遠尊祖宗的功德呢！」這篇奏疏呈上後，中宗親筆書寫詔書予以褒獎稱讚。

三月初二日庚子，吐蕃派遣大臣悉薰熱入朝納貢。夏，四月十四日辛巳，把中宗收養的雍王李守禮的女兒金城公主許配給吐蕃贊普作妻子。

五月初一日戊戌，中宗任命左屯衛大將軍張仁愿為朔方道大總管，藉以防備突厥。

中宗因為當年旱災，糧價很貴，召見太府卿紀處訥商討此事。第二天，武三思讓執掌太史職事的迦葉志忠上奏說：「這天夜晚，攝提星進入太微宮，抵達太帝星座，所主之事乃是大臣在皇帝平常召見時進獻忠言。」中宗認為他說得對，頒下敕書稱讚紀處訥忠誠，上達天象，賞賜他一套衣服，六十段帛。

六月初一日丁卯，發生日蝕。○姚巂道討擊使、監察御史晉昌縣人唐九徵攻打姚州叛蠻，打敗了他們，斬殺和俘獲三千多人。

皇后以太子重俊非其所生❶，惡之，特進德靜王武三思尤忌太子。上官婕妤以三思故，每下制敕，推尊武氏。安樂公主與駙馬左衛將軍武崇訓常陵侮太子，或呼為奴。崇訓又教公主言於上，請廢太子，立己為皇太女。太子積不能平。

秋，七月辛丑❷，太子與左羽林大將軍李多祚、將軍李思沖❸、李承況❹、獨孤禕之[1]、沙吒忠義等，矯制發羽林千騎兵三百餘人，殺三思、崇訓于其第，并親黨十餘人。又使左金吾大將軍成王千里及其子天水王禧分兵守宮城諸門，太子與多祚引兵自肅章門❺斬關❻而入，叩閤❼索上官婕妤。婕妤大言❽曰：「觀其意欲先索婉兒❾，次索皇后，次及大家❿。」上乃與韋后、安樂公主、上官婕妤登玄武門樓以避兵鋒，使右[2]羽林大將軍劉景仁⓫帥飛騎百餘人屯於樓下以自衛。楊再思、蘇瓌、李嶠與兵部尚書宗楚客、左衛將軍紀處訥擁兵二千餘人屯太極殿前，閉門自守。多祚先至玄武樓⓬下，欲升樓，宿衛拒之。多祚與太子狐疑⓭，按兵不戰，冀上問之。宮闈令⓮石城楊思勗⓯在上側，請擊之。多祚壻羽林中郎將野呼利⓰為前鋒總管，思勗挺刃⓱斬之，多祚軍奪氣。上據檻俯謂多祚所將千騎曰：「汝輩皆朕宿衛之士，何為從多祚反！苟能斬反者，勿患不富貴。」於是千騎斬多祚、承況、禕之、忠義，餘眾皆潰。成王千里、天水王禧攻右延明門⓲，將殺宗楚客、紀處訥，不克而死。太子以百騎走終南山，至鄠⓳西，能屬⓴者纔數人，憩於林下，為左右所殺。上以其首獻太廟及祭三思、崇訓之柩，然後梟之朝堂。更成王千里姓曰蝮氏，同黨皆伏誅。

東宮僚屬無敢近太子尸者，唯永和縣㉑丞甯嘉勗㉒解衣裹太子首號哭，貶興平㉓丞。○太子兵所經諸門守者皆坐流。韋氏之黨奏請悉誅之，上更命法司推斷。大理卿宋城鄭惟忠㉔曰：「大獄始決，人心未安，若復有改推，則反仄㉕者眾矣。」上乃止。○以楊思勗為銀青光祿大夫，行內常侍㉖。

癸卯㉗，赦天下。贈武三思太尉、梁宣王，武崇訓開府儀同三司、魯忠王。安樂公主請用永泰公主故事，以崇訓墓為陵㉘，給事中盧粲㉙駁之，以為「永泰事出特恩㉚，今魯王主壻，不可為比。」上手敕曰：「安樂與永泰無異，同穴㉛之義，今古不殊。」粲又奏[3]：「陛下以膝下㉜之愛施及其夫，豈可使上下無辨㉝，君臣一貫㉞哉！」上乃從之。公主怒，出粲為陳州㉟刺史。

【章　旨】以上為第十二段，寫皇太子李重俊發動兵變誅滅武三思。

【注　釋】❶皇后以太子重俊非其所生　太子重俊為後宮所生，史佚其母姓氏。❷辛丑　七月初六日。❸李思沖　（？—西元七〇七年）亳州譙（今安徽亳州）人，唐高宗朝宰相李敬玄之子。官至工部侍郎、左羽林軍將軍。傳見《舊唐書》卷八十一、《新唐書》卷一百六。❹李承況　（？—西元七〇七年）神龍間為右羽林將軍。傳見《新唐書》卷六十四、《舊唐書》卷七十九。❺肅章門　在長安宮城太極殿西北。❻斬關　斬斷門鎖。❼叩閤　叩擊閤門。❽大言　大聲說。❾婉兒　上官婕妤之名。❿大家　親近侍從對皇帝的稱呼。⓫劉景仁　事見《新唐書》卷二百二十五下〈黃巢傳〉。按，劉景仁唐末人，官至左武衛大將軍。據兩《唐書‧節愍太子重俊傳》，此處當作劉仁景。⓬玄武樓　即玄武門樓。⓭狐疑　猶豫。⓮宮闈令　宮闈局令，從七品下，屬內侍省，掌侍奉宮闈，出入鑰匙。⓯楊思勗　（？—西元七四〇年）宦官，羅州石城（今廣東廉江市東北）人，本姓蘇，為楊氏所養。累遷至驃騎大將軍，封虢國公。傳見《舊唐書》卷一百八十四、《新唐書》卷二百七。⓰野呼利　人名。見《舊唐書》卷一百九、《新唐書》卷一百十〈李多祚傳〉。⓱挺刃　拔刀。⓲右延明門　太極殿右門。⓳鄠　縣名，縣治在今陝西戶縣。⓴屬　連屬。指能跟上的人。㉑永和縣　縣治在今山西永和。㉒甯嘉勗　人名。事見《舊唐書》卷八十六、《新唐書》卷八十一〈節愍太子重俊傳〉。㉓興平　兩《唐書‧節愍太子重俊傳》均作「平興」。平興屬端州，縣治在今廣東肇慶東南。當時尚無「興平」縣名，故當據兩《唐書》改正。㉔鄭惟忠　（？—西元七二二年）宋州宋城（今河南商丘南）人，進士出身，曾任井陘尉、水部員外郎、觀閣舍人等職。用法寬平。傳見《舊唐書》卷一百、《新唐書》卷一百二十八。㉕反仄　同「反側」。輾轉不安。㉖內常侍　內侍省官名，正五品下，協助內侍，掌在內侍奉，出入宮掖，宣傳詔令之事。㉗癸卯　七月初八日。㉘請用永泰公主故事二句　永泰公主死於大足元年（西元七〇一年）九月，神龍二年（西元七〇六年）以主禮改葬，特恩號墓為陵。㉙盧粲　幽州范陽（今北京市）人。傳見《舊唐書》卷一百八十九下、《新唐書》卷一百九十九。㉚特恩　特殊恩賜。㉛同穴　本指夫婦死後同葬一個墓穴。此處指夫妻。㉜膝下　指兒女。㉝無辨　無別。㉞一貫　一樣；相同。㉟陳州　州名，治所在今河南淮陽。

【校　記】①之　原無此字。據章鈺校，十二行本、乙十一行本、孔天胤本皆有此字，今據補。按，《舊唐書‧節愍太子重俊傳》亦作「獨孤禕之」，且《通鑑》下文亦作「禕之」。②右　據章鈺校，十二行本、乙十一行本皆作「左」。按，《舊唐書‧中宗紀》作「左」，《新唐書‧中宗紀》作「右」，未知孰是。③奏　據章鈺校，十二行本、乙十一行本「奏」下皆有「以為」二字。

【語　譯】韋皇后因為太子李重俊不是她自己親生的，所以討厭他，特進德靜王武三思尤其忌恨太子李重俊。上官婕妤由於武三思的緣故，每次頒下詔書敕令，都尊奉武氏。安樂公主和駙馬左衛將軍武崇訓經常陵辱太子，有時稱他為奴才。武崇訓還教唆安樂公主向中宗建議，廢除太子，立她自己為皇太女。太子心中鬱積，無法平息。

秋，七月初六日辛丑，太子李重俊與左羽林大將軍李多祚、將軍李思沖、李承況、獨孤禕之、沙吒忠義等人，假借中宗的詔令調動羽林千騎兵三百餘人，在武三思家中把武三思、武崇訓父子及其親族黨徒十餘人殺死；又指派左金吾大將軍成王李千里和他的兒子天水王李禧分別率兵把守宮城各門，太子和李多祚帶兵從肅章門斬斷門鎖衝入宮中，敲擊閤門索要上官婕妤。上官婕妤大聲說：「看起來他們的意思是想先索要我上官婉兒，其次索要皇后，再次索要皇帝。」中宗便與韋后、安樂公主、上官婕妤登上玄武門門樓躲避兵勢，派遣右羽林大將軍劉景仁帶領飛騎一百多人駐紮在門樓下自衛。楊再思、蘇瓌、李嶠與兵部尚書宗楚客、左衛將軍紀處訥控制二千多名士兵駐紮太極殿前，閉門自守。李多祚先到玄武樓下，想要登樓，遭到宿衛親兵的抵抗。李多祚和太子猶豫不決，勒兵不戰，希望中宗能詢問他們。宮闈令石城縣人楊思勗站在中宗身旁，請求中宗發起攻擊。李多祚的女婿羽林中郎將野呼利當時擔任前鋒總管，楊思勗拔刀殺了他，李多祚的士兵喪失了鬥志。中宗倚著玄武樓的欄杆，俯身對城樓下面李多祚所率領的千騎兵說：「你們這些人都是我的宿衛士兵，為什麼要跟隨李多祚造反呢！假如你們能殺掉謀反的人，不必擔心得不到富貴。」於是千騎兵斬殺李多祚、李承況、獨孤禕之、沙吒忠義，其他的人都潰逃了。成王李千里、天水王李禧攻打右延明門，打算殺死宗楚客和紀處訥，但不勝而死。太子李重俊帶領一百多名騎兵逃往終南山，抵達鄠西時，能跟上來的僅有幾個人，他在樹蔭下歇息時，被身邊的人殺死了。中宗拿太子李重俊的首級進獻於太廟，並用它祭奠武三思和武崇訓的靈柩，然後懸掛在朝堂上示眾。把成王李千里的姓改為蝮氏，太子的同黨都被誅殺。

東宮僚屬中沒有人敢靠近太子屍體的，只有永和縣丞甯嘉勗脫下衣服裹住太子的頭顱放聲痛哭，他被貶為興平縣丞。〇太子的士兵所經過的各個宮門的守衛將士都獲罪判處流刑。韋后的黨羽奏請把這些人全部處死，中宗改命由法司審訊推問此案。大理卿宋城縣人鄭惟忠說：「這件大案剛剛判決，人心尚未安定，如果再有重審改判，那麼輾轉不安的人就會非常多了。」中宗這才罷休。〇中宗任命楊思勗為銀青光祿大夫，兼掌內常侍職務。

七月初八日癸卯，大赦天下。中宗追贈武三思為太尉、梁宣王，追贈武崇訓為開府儀同三司、魯忠王。安樂公主請求援用永泰公主的舊例，把武崇訓的墳墓稱為陵，給事中盧粲辯駁此事，認為「永泰公主的事情屬於特殊的恩典。現在魯王武崇訓是皇上的女婿，不能同永泰公主相提並論。」中宗親筆書寫敕書說：「安樂公主與永泰公主沒有區別，夫妻之義，古今無異。」盧粲又上奏說：「陛下把自己對女兒的寵愛推及女婿，怎麼可以使上下無別、君臣相同呢！」中宗這才聽從了他的意見。安樂公主很生氣，把盧粲調出外任陳州刺史。

襄邑❶尉襄陽席豫❷聞安樂公主求為太女❸，歎曰：「梅福譏切王氏❹，獨何人哉❺！」乃上書請立太子，言甚深切。太平公主欲表為諫官❻，豫恥之，逃去。

八月戊寅❼，皇后及王公已下表上尊號曰應天神龍皇帝，改玄武門為神武門，樓為制勝樓。宗楚客又帥百官表請加皇后尊號曰順天翊聖皇后。上並許之。

初，右臺大夫蘇珦❽治太子重俊之黨，囚有引相王者，珦密為之申理，上乃不問。自是安樂公主及兵部尚書宗楚客日夜謀譖相王，使侍御史冉祖雍誣奏相王及太平公主，云「與重俊通謀，請收付制獄。」上召吏部侍郎兼御史中丞蕭至忠，使鞫之，至忠泣曰：「陛下富有四海，不能容一弟一妹❾，而使人羅織害之乎！相王昔為皇嗣，固請於則天，以天下讓陛下❿，累日⓫不食，此海內所知。奈何以祖雍一言而疑之！」上素友愛，遂寢其事。

右補闕浚儀吳兢⓬聞祖雍之謀，上疏，以為「自文明⓭以來，國之祚胤⓮，不絕如綫，陛下龍興，恩及九族，求之瘴海⑮，升之闕庭。況相王同氣⑯至親，六合無貳⑰，而賊臣日夜連謀，乃欲陷之極法。禍亂之根，將由此始。夫任以權則雖疏必重，奪其勢則雖親必輕。自古委信異姓，猜忌骨肉，以覆國亡家者，幾何人矣⑱。況國家枝葉⑲無幾，陛下登極未久，而一子以弄兵受誅⑳，一子以愆違遠竄㉑，惟餘一弟朝夕左右，尺布斗粟之譏㉒，不可不慎，青蠅之詩㉓，良可畏也。」相王寬厚恭謹，安恬好讓，故經武、韋之世，竟免於難。

【章旨】以上為第十三段，寫韋皇后黨羽藉太子兵變事件謀害相王李旦，幾至於不保。

【注釋】❶襄邑　縣名，縣治在今河南睢縣。❷席豫　（西元六八〇—七四八年）襄州襄陽（今湖北襄樊）人，進士及第，以詞藻見稱。官至禮部尚書。傳見《舊唐書》卷一百九十中、《新唐書》卷一百二十八。❸太女　皇太女。安樂公主求為皇太女，謀取太子之位，以便繼承皇位。❹梅福譏切王氏　梅福，西漢成帝時人，曾上書指斥外戚王鳳專權。事見《漢書》卷六十七。❺獨何人哉　他是多麼了不起的人啊。意思是自己應效法梅福進諫。獨，《新唐書·席豫傳》作「彼」。❻諫官　負責諫諍的官員。唐代散騎常侍、諫議大夫、左右拾遺、補闕等皆屬諫官。❼戊寅　八月十三日。❽蘇珦　（西元六三五—七一五年）雍州藍田（今陝西藍田）人，曾任右臺監察御史、給事中等職。後官至戶部尚書，賜爵河內郡公。傳見《舊唐書》卷一百、《新唐書》卷一百二十八。❾一弟一妹　相王李旦係中宗李顯之弟，太平公主為中宗之妹。三人皆為武則天所生。❿以天下讓陛下　相王李旦，武則天時為皇嗣，即皇帝繼承人，中宗自房陵回到洛陽後，固請讓位於中宗。⓫累日　連日。⓬吳兢　（西元六七〇—七四九年）汴州浚儀（今河南開封）人，官至太子左庶子。長期擔任史職，著述甚豐。所撰《貞觀政要》流傳至今。傳見《舊唐書》卷一百二、《新唐書》卷一百三十二。⓭文明　唐睿宗第一次即位的年號（西元六八四年）。⓮祚胤　祚位後胤。⓯瘴海　瘴氣彌漫的地方。指嶺南地區。⓰同氣　原指有血統關係的親屬，後多指同胞兄弟而言。此處即指兄弟。⑰六合無貳　天地之間沒有第二個。六合，東西南北四方及上下，代指宇宙、天下。⑱幾何人矣　多少人啊。意謂其人甚多。⑲枝葉　親屬。此處比喻宗支。⑳一子以弄兵受誅　節愍太子重俊神龍三年（西元七〇七年）七月起兵殺武三思，兵敗被殺。㉑一子以愆違遠竄　譙王重福神龍元年二月遭韋皇后之譖被貶為濮州刺史。愆違，過錯。㉒尺布斗粟之譏　漢文帝弟劉長因謀反被徙蜀郡，在路上絕食而死。民間作歌譏諷此事，說：「一尺布，尚可縫；一斗粟，尚可舂。兄弟二人不相容。」見《史記》卷一百十八。㉓青蠅之詩　見《詩經・小雅》。詩云：「營營青蠅，止于樊。豈弟君子，無信讒言。」周人以此刺周幽王信讒。

【語譯】襄邑縣尉襄陽人席豫聽說安樂公主請求立為皇太女，歎息說：「梅福指斥王氏家族，他是一個多麼了不起的人啊！」便上書請求冊立太子，言辭十分深沉懇切。太平公主想上表請求命令席豫擔任諫官，席豫以此為恥，逃離而去。

八月十三日戊寅，韋皇后及王公以下上表請求中宗加上應天神龍皇帝的尊號，把玄武門改名為神武門，把玄武樓改名為制勝樓。宗楚客又帶領文武百官上表請求加封韋皇后的尊號為順天翊聖皇后。中宗全都同意了。

當初，右臺大夫蘇珦審訊太子李重俊的黨羽，囚犯中有人牽扯到相王李旦的，蘇珦祕密地為相王申辯，中宗這才沒有加以追究。從此安樂公主和兵部尚書宗楚客便日夜圖謀誣陷相王李旦，指使侍御史冉祖雍上奏誣告相王李旦及太平公主，說他們「與李重俊同謀，請求逮捕交付詔獄。」中宗叫來吏部侍郎兼御史中丞蕭至忠，讓他審理此案，蕭至忠流著眼淚說：「陛下富有五湖四海，卻不能容下一弟一妹，而派人羅織罪名陷害他們嗎！相王過去為皇嗣，堅決請求武則天，把天下讓給陛下，一連數日沒有進食，這是天下人所共知的，怎麼可以根據冉祖雍的一句話就猜疑相王呢！」中宗與相王一向友愛，便把這件事擱置下來。

右補闕浚儀人吳兢獲悉了冉祖雍的圖謀以後，上疏認為「自從文明年間以來，大唐國家的後嗣，不絕如線。陛下重登皇位，恩澤遍及宗室九族，訪求流散於煙瘴之地的皇族子孫，讓他們重回朝廷。況且相王與陛下是同胞至親，普天之下不會有第二個。然而奸臣日夜勾結策劃，竟想把相王置於極刑。國家禍亂的根源，將會從這裡開始。如果授以權柄，那麼非親非故的人也必然會舉足輕重；剝奪了權勢，那麼骨肉至親也一定會無關緊要。從古至今，君王因委任信賴異姓之人，猜忌骨肉同胞，以致國亡家敗的，有多少人啊！況且大唐宗室子弟所剩無幾，陛下登位時間不長，竟有一個兒子因舉兵起事而被殺，一個兒子因過錯而流放遠方，只剩下相王這麼一個弟弟朝夕在身邊，民間對漢文帝容不下淮南王而發出的『尺布斗粟』之譏，陛下不能不慎重考慮，呼籲『無信讒言』的〈青蠅〉之詩，實在是令人敬畏。」相王李旦寬和仁厚，謙恭謹慎，安於淡泊，喜歡禮讓，所以歷經武則天、韋后之世，竟能幸免於難。

初，右僕射、中書令魏元忠以武三思擅權，意常憤鬱。及太子重俊起兵，遇元忠子太僕少卿升於永安門❶，脅以自隨。太子死，升[1]為亂兵所殺。元忠揚言曰：「元惡❷已死，雖鼎鑊何傷❸！但惜太子隕沒❹耳。」上以其有功，且為高宗、武后所重，故釋不問。兵部尚書宗楚客、太府卿紀處訥等共證元忠，云「與太子通謀，請夷其三族。」制不許。元忠懼，表請解官爵，以散秩❺還第❻。丙戌❼，上手敕聽解僕射，以特進、齊公致仕，仍朝朔望。

九月丁卯❽，以吏部侍郎蕭至忠為黃門侍郎，兵部尚書宗楚客為左衛將軍，兼太府卿紀處訥為太府卿，並同中書門下三品。中書侍郎、同中書門下三品于惟謙罷為國子祭酒。○庚子❾，赦天下，改元。

宗楚客等引右衛郎將姚廷筠⑩為御史中丞，使劾奏魏元忠，以為「侯君集社稷元勳⑪，及其謀反，太宗就羣臣乞其命而不得，竟流涕斬之⑫。其後房遺愛、薛萬徹、齊王祐等為逆⑬，雖復懿親⑭，皆從國法。元忠功不逮⑮君集，身又非國戚，與李多祚等謀反，男入逆徒，是宜赤族汙宮。但有朋黨飾辭營救，以惑聖聽，陛下仁恩，欲掩其過。臣所以犯龍鱗，忤聖意者，正以事關宗社⑯耳。」上頗然之。元忠坐繫大理，貶渠州⑰司馬。宗楚客令給事中冉祖雍奏言：「元忠既犯大逆，不應出佐渠州。」楊再思、李嶠亦贊之。上謂再思等曰：「元忠驅使日久，朕特矜容，制命已行，豈容數改！輕重之權，應自朕出。卿等頻奏，殊非朕意！」再思等惶懼拜謝。

監察御史袁守一⑱復表彈元忠曰：「重俊乃陛下之子，猶加昭憲⑲。元忠非勳非戚，焉得獨漏嚴刑！」甲辰⑳，又貶元忠務川㉑尉。頃之，楚客又令袁守一奏言：「則天昔在三陽宮㉒不豫㉓，狄仁傑奏請陛下監國，元忠密奏以為不可，此則元忠懷逆日久，請加嚴誅！」上謂楊再思等曰：「以朕思之，人臣事主，必在一心。豈有主上小疾，遽㉔請太子知事！此乃仁傑欲樹私恩，未見元忠有失。守一欲借前事以陷元忠，其可乎！」楚客乃止。元忠行至涪陵㉕而卒。

【章　旨】以上為第十四段，寫韋皇后黨羽藉太子兵變事件謀害魏元忠。

【注　釋】❶永安門　長安太極宮南面三門之一。在承天門之西。❷元惡　指武三思。❸雖鼎鑊何傷　即使被置於鼎鑊之中，又有什麼關係呢。❹惜太子隕沒　可惜太子重俊死了。❺散秩　閒散而無一定職守的官職。❻還第　回歸宅第。❼丙戌　八月二十一日。❽丁卯　九月丙申朔，無丁卯。《舊唐書》卷七〈中宗紀〉、《新唐書》卷四〈中宗紀〉及卷六十一〈宰相表〉均作「丁酉」。丁酉即九月初二日。❾庚子　九月初五日。❿姚廷筠　事見《舊唐書》卷九十二、《新唐書》卷一百二十二〈魏元忠傳〉。廷，或作「庭」。⓫社稷元勳　國家元勳；對國家有較大功勞的人。⓬流涕斬之　時在太宗貞觀十七年（西元六四三年）。⓭房遺愛薛萬徹齊王祐等為逆　其事分別見本書卷一百九十六、一百九十九。⓮懿親　至親。⓯不逮　不及。⓰宗社　宗廟社稷。⓱渠州　州名，治所流江，在今四川渠縣。⓲袁守一　事見《舊唐書》卷九十二與《新唐書》卷一百二十二〈魏元忠傳〉、《元和姓纂》卷四、《唐御史臺精舍題名考》卷二。⓳昭憲　明法。⓴甲辰　九月九日。㉑務川　縣名，屬思州，縣治在今貴州沿河縣北。㉒三陽宮　位於嵩陽（今河南登封）縣境。聖曆三年（西元七〇〇年）十一月造，長安四年（西元七〇四年）正月毀。㉓不豫　患病。㉔遽　急；馬上。㉕涪陵　縣名，屬涪州，縣治在今重慶市涪陵。

【校　記】[1]升　原作「并」。據章鈺校，十二行本、乙十一行本、孔天胤本皆作「升」，張瑛《通鑑校勘記》、熊羅宿《胡刻資治通鑑校字記》同，今據改。

【語　譯】當初，右僕射、中書令魏元忠由於武三思專擅大權，心中常常憤懣抑鬱。等到太子李重俊起兵時，在永安門遇到魏元忠的兒子太僕少卿魏升，便裹脅他跟隨自己。太子敗死，魏升也被亂兵所殺。魏元忠揚言說：「首惡武三思已經死了，即使我遭受鼎鑊之刑，又有什麼關係呢！只可惜太子喪命了。」中宗因為魏元忠有功，並且被高宗和武后所重用，所以開釋了他，沒有追究。兵部尚書宗楚客、太府卿紀處訥等人一起證明魏元忠有罪，說他「與太子同謀，請誅滅魏元忠三族。」中宗下詔不同意。魏元忠很害怕，上表請求解除官職和爵位，讓他以閒散官員的身分回家。八月二十一日丙戌，中宗親筆書寫敕命，同意魏元忠解除僕射之職，以特進、齊公的身分退休，仍然可以在每月初一、十五兩天入朝拜見中宗。

九月丁卯日，中宗任命吏部侍郎蕭至忠為黃門侍郎，兵部尚書宗楚客為左衛將軍，兼太府卿紀處訥為太府卿，三人都授予同中書門下三品。中書侍郎、同中書門下三品于惟謙被免去相職，改任國子祭酒。〇初五日庚子，大赦天下，更改年號。

宗楚客等人引薦右衛郎將姚廷筠為御史中丞，讓他上奏彈劾魏元忠，他認為「侯君集是國家元勳，當他謀反時，太宗向諸位大臣請求寬宥他的死罪，沒有成功，最終揮淚斬殺了他。以後的房遺愛、薛萬徹、齊王李祐等人作亂，即使都還是皇室至親，也均被按國法處死。魏元忠功勞不及侯君集，自身又不是皇室親戚，他與李多祚等人陰謀造反，兒子加入逆黨，這就應當被抄斬滅門，血汙宗廟。但是他的同黨為他掩飾辯解，進行營救，惑亂陛下的視聽。陛下講仁愛恩德，想掩蓋他的罪過。臣下之所以觸犯陛下，違背聖意，正是因為這件事關係到大唐的宗廟社稷呀。」中宗認為他講得相當正確。魏元忠獲罪拘押在大理寺，被貶謫為渠州司馬。宗楚客指派給事中冉祖雍上奏說：「魏元忠既然犯下大逆之罪，就不應當調出佐治渠州。」楊再思、李嶠也表示贊成。中宗對楊再思等人說：「魏元忠供職日久，我因而對他特加矜憐包容，詔命已經頒行，哪裡容許多次更改！對魏元忠處理的輕重權衡，應當由我自己來決定，你們頻繁上奏，實在是不符合我的旨意！」楊再思等人恐懼，向中宗跪拜謝罪。

監察御史袁守一又上奏彈劾魏元忠說：「李重俊是陛下的兒子，猶施明刑。魏元忠既不是勳臣，又不是國戚，怎能夠唯獨他躲過嚴刑！」九月初九日甲辰，中宗再次把魏元忠貶謫為務川縣尉。過了一段時間，宗楚客又指使袁守一上奏說：「先前則天太后在三陽宮患病，狄仁傑奏請陛下以太子身分監理國政，魏元忠密奏認為不可行。這就說明他對陛下懷有叛逆之心已經有很長時間了，請對他嚴加誅殺！」中宗對楊再思等人說：「憑我自己考慮此事，作為臣子侍奉君主，一定要一心一意。哪能君主微疾，就立刻請太子主持國政！這是狄仁傑想建立他對我的私恩，看不出魏元忠有什麼過失。袁守一想借助以往的事情來陷害魏元忠，這怎麼可以呢！」宗楚客這才罷休。魏元忠被貶赴任，到了涪陵就死了。

銀青光祿大夫、上庸公、聖善・中天・西明三寺❶主慧範於東都作聖善寺，長樂坡❷作大像，府庫為之虛耗。上及韋后皆重之，勢傾內外，無敢指目者。戊申❸，侍御史魏傳弓❹發其姦贓四十餘萬，請寘❺極法❻。上欲宥之，傳弓曰：「刑賞國之大事，陛下賞已妄加，豈宜刑所不及！」上乃削黜慧範，放于家。

宦官左監門大將軍薛思簡❼等有寵於安樂公主，縱暴不法，傳弓奏請誅之，御史大夫竇從一懼，固止之。時宦官用事，從一為雍州刺史及御史大夫，誤見訟者無須❽，必曲加承接❾。

以楊再思為中書令，韋巨源、紀處訥並為侍中❿。〇壬戌⓫，改左、右羽林千騎為萬騎。

冬，十月丁丑⓬，命左屯衛將軍⓭張仁愿充朔方道大總管，以擊突厥。比至，虜已退，追擊，大破之。

習藝館內教⓮蘇安恆，矜高好奇，太子重俊之誅武三思也，安恆自言「此我之謀。」太子敗，或告之。戊寅⓯，伏誅。

十二月乙丑朔⓰，日有食之。

是歲，上遣使者分道詣江、淮⓱贖生⓲。中書舍人房子李乂⓳上疏諫曰：「江南水鄉[1]，采捕為業，魚鼈之利，黎元所資。雖雲雨之私，有霑於末類[2]；而生成之惠未洽⑳於平人㉑。何則？江湖之饒，生育無限，府庫之用，支供易殫。費之若少，則所濟何成！用之儻㉒多，則常支有闕。在與[3]拯物，豈若憂人！且鬻生之徒，惟利斯[4]視，錢刀㉓日至，網罟㉔年滋，施之一朝，營之百倍。未若迴救贖之錢物，減貧無之傜賦，活國愛人，其福勝彼㉕。」

【章旨】以上為第十五段，寫中宗佞佛，建佛寺，買魚放生，縻費大量國家資財。唐軍大敗突厥。

【注釋】❶聖善中天西明三寺　據《唐會要》卷四十八，聖善寺在長安城中章善坊，西明寺在延康坊，原為隋越國公楊素宅第。中宗作聖善寺，目的在為武則天追福。❷長樂坡　又名「滻坡」，在長安城東，即今陝西西安東郊長樂坡。❸戊申　九月十三日。❹魏傳弓　鉅鹿（今河北巨鹿）人，忠謇之士，終司農丞。事見《新唐書》卷一百九〈竇懷貞傳〉、《唐御史臺精舍題名考》卷二。❺寘　通「置」。❻極法　死刑。❼薛思簡　見《新唐書》卷八十一〈譙王重福傳〉。❽無須　沒有鬍鬚。❾曲加承接　曲法加以承接。意思是說竇從一偏袒宦官。訟者無鬚，以為是宦官，故曲加承接。❿以楊再思為中書令二句　據《新唐書》卷四〈中宗紀〉、卷六十一〈宰相表〉，時在九月辛亥，即九月十六日。⓫壬戌　九月二十七日。⓬丁丑　十月十三日。⓭左屯衛將軍　「左屯衛」下逸「大」字。見《舊唐書》卷九十三、《新唐書》卷一百十一〈張仁愿傳〉。⓮習藝館內教　官名，掌教習宮人書算眾藝。原名內文學館，置於禁內，設學士一人以教習宮人。⓯戊寅　十月十四日。⓰乙丑朔　十二月初一日。⓱江淮　長江、淮河。⓲贖生　用錢財購買動物進行放生。中宗認為江淮百姓捕魚傷生，故遣人以錢物贖之。⓳李乂　字尚真，趙州房子（今河北臨城）人，曾任監察御史，劾奏無避。官至刑部尚書，時謂「有宰相器」。傳見《舊唐書》卷一百一、《新唐書》卷一百十九。⑳未洽　未周。㉑平人　一般百姓。㉒儻　倘若。㉓錢刀　即錢幣。古代有的貨幣形狀像刀，故遂以錢刀作為錢幣的代稱。㉔網罟　本指捕魚鱉鳥獸的工具，後常用來比喻法律。㉕勝彼　勝於贖生。

【校記】[1]水鄉　原作「鄉人」。嚴衍《通鑑補》改作「水鄉」，今從改。按，《舊唐書・李乂傳》作「水鄉」。[2]類　原作

「利」。據章鈺校，十二行本、乙十一行本、孔天胤本皆作「類」，今據改。按，《舊唐書・李乂傳》作「類」。③與　原作「其」。嚴衍《通鑑補》改作「與」，今從改。按，《舊唐書・李乂傳》作「與」。④斯　原作「是」。據章鈺校，十二行本、乙十一行本皆作「斯」，今據改。按，《舊唐書・李乂傳》作「斯」。

【語譯】 銀青光祿大夫、上庸公及聖善・中天・西明三寺住持慧範在東都營建聖善寺，在長樂坡修建大佛像，國庫儲備因此耗費空虛。中宗和韋皇后都很器重慧範，他的權勢壓倒朝廷內外官員，沒有人敢對他手指目視。九月十三日戊申，侍御史魏傳弓告發慧範貪贓四十餘萬，請求把他處以極刑。中宗打算赦免慧範，魏傳弓說：「刑罰與賞賜是國家大事，陛下賞賜慧範已屬妄施，怎麼可以對他不施加任何刑罰呢！」中宗這才削奪他的爵位，把他斥逐回家。

宦官左監門大將軍薛思簡等人受到安樂公主的寵愛，放縱暴虐，不遵法度，魏傳弓上奏請求處死他們，御史大夫竇從一很害怕，堅決阻止魏傳弓這樣做。當時宦官掌權，竇從一擔任雍州刺史及御史大夫，見到訴訟人沒長鬍鬚，誤以為宦官，一定曲法逢迎。

中宗任命楊再思為中書令，任命韋巨源、紀處訥為侍中。○九月二十七日壬戌，中宗把左、右羽林千騎改名為萬騎。

冬，十月十三日丁丑，中宗命令左屯衛大將軍張仁愿充任朔方道大總管，以進攻突厥。等到張仁愿率部趕到時，突厥已經撤退，張仁愿率軍追擊，把突厥人打得大敗。

習藝館內教蘇安恆，高傲好奇。太子李重俊誅殺武三思時，蘇安恆自稱「這件事是我出的主意。」太子失敗後，有人舉報了蘇安恆。十月十四日戊寅，蘇安恆被處以死刑。

十二月初一日乙丑，發生日蝕。

這一年，中宗派遣使者分道前往江、淮贖買魚鱉放生。中書舍人房子縣人李乂上奏勸諫說：「江南地區到處都有水，以捕撈為業，魚鱉之利，是黎民百姓的生活來源。雖然陛下雲雨般的私惠，對於微不足道的魚鱉有所沾潤，但養育萬物的恩澤畢竟還沒有使得平民百姓受其浸潤。為什麼這樣說呢？江湖豐饒，養育萬物，國庫的財用，支出供給容易竭盡。假如支付贖生的費用太少，那對救助魚鱉之事又有什麼成效！若是支付得太多，那麼經常性的支出便有欠缺。與其花費錢財來放生拯救魚鱉，哪裡比得上用它來愛恤百姓！況且那些靠出賣放生魚鱉的人，唯利是圖，天天來錢，魚網年年增多。陛下放生之令施行一天，百姓捕撈營生就會發展百倍。陛下不如抽回用於救物贖生的錢財，減少對貧窮無業的平民百姓所徵發的賦稅和徭役，充實國家的活力，愛護百姓，帶來的福分超過贖買魚鱉放生。」

【研　析】本卷研析五事：其一，韋皇后干政；其二，五王遭殘害；其三，中宗濫封職官；其四，中宗放生；其五，太子李重俊誅滅武三思。這一系列事件的發生，主要責任是唐中宗的昏庸導致，這些事件的影響把李隆基唐玄宗推上了政治舞臺，為唐代的開元之治開闢了道路。

韋皇后干政。中宗皇后韋氏，京兆萬年縣人韋玄貞之女。中宗為太子時，韋氏為妃。嗣聖元年（西元六八四年），中宗即位，立為皇后，不久中宗被廢，流放房州，韋氏隨從。當時中宗驚魂不安，每當制使到來，惶恐想自殺，被韋氏勸阻，夫妻共患難，情義深厚。兩人發誓，白頭偕老。中宗說：「如果有重見天日的一天，夫人想幹什麼就幹什麼，絕不禁止。」韋氏為中宗生一男，即懿德太子李重潤，四女，為永泰公主、永壽公主、長寧公主、安樂公主。安樂公主最幼，又生於流放房州途中，中宗親自脫衣裹嬰兒，取小名為裹兒，特別鍾愛。中宗從流放地被召回，重新立為太子，恢復帝位後，便放縱韋氏與安樂公主為所欲為。中宗又納上官婉兒為婕妤，上官婉兒與武三思私通，又將武三思引入內宮薦與韋氏皇后，兩人又私通。上官婉兒、韋皇后與武三思三人以姦情相結合為一特殊的穢行政治集團。上官婉兒與武三思攀附韋皇后圖謀執掌朝政，兩人教唆韋皇后效法武則天垂簾與中宗共掌朝政。韋皇后聽了上官婉兒的邪說，上表請天下士庶為生母服喪三年，又請百姓壯年男子二十三為丁，五十九免役。唐制，二十即為丁，六十老免。韋皇后以此收買人心。安樂公主出嫁為武三思兒媳，駙馬為武崇訓。韋皇后所生懿德太子因私議武則天行為不檢，被武則天殺害。中宗復位後所立太子李重俊不是韋皇后所生，韋皇后像家奴一樣對待他。中宗任命武崇訓為太子賓客之一，武崇訓卻導引太子踢球戲耍，不幹正經事。武崇訓還在背後教唆安樂公主陵辱李重俊。韋皇后要做武則天第二，安樂公主要當皇太女，武三思要東山再起，上官婉兒要分一杯羹。這樣以韋皇后為核心，糾集武三思、安樂公主、上官婉兒成為倒太子的政治集團。唐中宗根本就不是當皇帝的一塊料，他繼承了唐高宗的懦弱和武則天的猜忌，昏庸糊塗到了極點。韋皇后給中宗戴了綠帽子，中宗也居然心安理得，中宗完全被韋皇后控制在手心裡，終於不得善終。將在下一卷韋皇后發動宮廷政變時再研析。

五王遭殘害。張柬之等五王誅殺「二張」，洛州長史薛季昶對張柬之、敬暉說：「二凶雖除，產、祿猶在，去草不去根，終當復生。」張柬之、敬暉回答說：「大事已定，諸武有什麼能耐，好比是菜板上的肉，今殺人已多，不能再增加了。」薛季昶歎息說：「我不知道死在哪裡啊！」朝邑尉劉幽求也對桓彥範、敬暉說：「武三思還活著，公等將死無葬身之地。」事定之後，張柬之等勸中宗親手下令誅殺諸武，中宗不從。張柬之等又勸中宗貶逐諸武，中宗又不從，反而微服私訪武三思。張柬之等感歎地說：「我之所以不殺諸武，留給皇上親自誅殺立威，如今是這個樣子，沒有什麼辦法了。」

張柬之等五王錯過了誅殺武三思的機會，又不聽薛季昶、劉幽求之言，確實是犯了一個大錯誤。張柬之說是留給中宗親手誅除，以立天子之威，王夫之給予了高度評價，說：「以斯言體斯心，念深禮謹，薄一己之功名，正一王之綱紀，端人正士所由異於功名之士遠矣。」（《讀通鑑論》卷二十一）張柬之的說法與王夫之的評論，只是一個方面，更主要的原因，張柬之等人顧慮投鼠忌器。因為擁護中宗，子奪母權，已犯大忌，武三思與中宗是兒女親家，既然武三思與中宗爭過皇位，按常理，中宗會誅殺武三思，沒想到中宗的懦弱與猜忌，事與願違。中宗不誅武三思，至少有三個原因。一是性情懦弱，母后之姪，又是親家翁，下不了手。二是，中宗受到三個女人的包圍：韋皇后、安樂公主、上官婉兒。武三思與三個女人結成團夥與共犯（史稱四凶），這是新形勢的發展。第三，也是更重要的原因，中宗猜忌五王，明知五王無罪，卻一頭栽到武三思一邊，利用武三思來誅除五王。五王之被武三思殘害，中宗的忌疑是主要原因。

中宗濫封職官。中宗用職官來酬勞親故，尤其是縱容安樂公主賣官，以手敕斜封官助長其勢，不僅把國家政治搞得一團漆黑，也使韋氏勢力迅速膨脹，並與武氏外戚合流，迫害忠良，導致國家元氣大喪。宋之遜賣友求榮，投靠武氏，五王以崔湜為耳目，崔湜倒戈。殿中侍御史鄭愔諂事「二張」，「二張」敗亡，也投靠武三思合謀害忠良，皆因中宗濫封官職，假權與外戚，為小人的復聚創造了條件。

中宗放生。中宗佞佛，不僅大辦佛事，耗費國家資財。更為荒唐的事件，中宗不准江淮之民捕撈魚蝦，並花巨資來買魚放生，使成千上萬靠江河水產為生的漁民失業，足見中宗只為個人祈福，不顧民生，簡直是一個殘賊之主，又豈止昏庸而已。

太子李重俊誅滅武三思。武三思誅滅五王之後，權傾人主，得意揚揚地說：「我不知道人間什麼樣的人是善人，什麼樣的人是惡人。我只有一個標準，對我好的人就是善人，對我不好的人就是惡人。」兵部尚書宗楚客、將作大匠宗晉卿、太府卿紀處訥、鴻臚卿甘元東等都是武三思的羽翼。如今武三思已經是東山再起，安樂公主要做皇太女，韋皇后要做第二個武則天，太子李重俊成了他們的眼中釘，還加上一個武三思的情人上官婉兒，她們輪番在中宗面前打小報告，編排太子的不是，等待廢太子。景龍元年（西元七〇七年）秋，七月初六日辛丑，太子起兵殺死武三思及其子武崇訓，還突進宮中要殺上官婉兒。中宗組織禁軍反擊，太子兵敗被殺，在唐代上演了一場漢武帝時的巫蠱之禍，太子李重俊成了第二個戾太子。漢朝的江充、唐朝的武三思，均是禍國賊子，但禍亂的產生，卻自上起，昏庸的皇帝承擔主要責任。漢武帝晚年因患病而昏，唐中宗無疾而昏。漢唐兩事相對照，兩太子之死，具有共通性。這是集權制度下的產物，不是很能發人深省嗎？

卷第二百九

唐紀二十五

起著雍涒灘（戊申　西元七〇八年），盡上章閹茂（庚戌　西元七一〇年）七月，凡二年有奇。

【題解】本卷記事起西元七〇八年，迄西元七一〇年七月，凡兩年又七個月。當唐中宗景龍二年到唐睿宗景雲元年七月。中宗是一個兒女情長的昏君，他治國無方，治家無策，忠奸不辨，是非不明。郭元振安邊良策中宗聽不進；宗楚客貪贓誤國，招致唐軍大敗，事後不懲奸。中宗濫施封賞，冗官充斥，封邑逾制，選舉敗壞，賄賂公行，佞佛建寺，窮奢極侈，耗費了無數的國家資財，加重人民負擔。災害發生，不見中宗有賑濟措施。中宗還有一特長，喜歡在公眾場合逗樂，娛樂、宴會、踢毬，縱情言笑，語言粗俗，大失天子體統。中宗在除夕之夜，主婚嫁韋皇后奶母，博取群臣笑樂，天子尊嚴掃地。中宗縱容長寧、安樂兩公主家奴為惡，公開賣官，斜封官員有數千之多。韋皇后助祭南郊，違背禮制，以致朝綱墮壞。尤其是中宗容忍韋皇后淫行，最終導致自己遭毒殺，史稱韋后之亂。臨淄王李隆基發動兵變，誅除韋后，滅其黨羽，睿宗即位。旬日之間兩場政變。韋皇后處心積慮要做武則天第二，毒殺親夫，結果十天之中就敗亡了。

中宗大和大聖大昭孝皇帝下

景龍二年（戊申　西元七〇八年）

春，二月庚辰❶ [1]，宮中言皇后衣笥❷裙上有五色雲❸起，上令圖❹以示百官。韋巨源請布之天下❺，從之，仍赦天下。

迦葉志忠奏：「昔神堯皇帝❻未受命❼，天下歌桃李子❽；文武皇帝❾未受命，天下歌秦王破陣樂❿；天皇大帝⓫未受命，天下歌堂堂⓬；則天皇后未受命，天下歌媚娘⓭；應天皇帝⓮未受命，天下歌英王石州⓯；順天皇后⓰未受命，天下歌桑條韋⓱，蓋天意以為順天皇后宜為國母，主蠶桑之事，謹上桑韋歌十二篇，請編之樂府⓲，皇后祀先蠶則奏之。」太常卿鄭愔又引而申之⓳。上悅，皆受厚賞。

右補闕⓴趙延禧㉑上言：「周、唐一統，符命同歸，故高宗封陛下為周王㉒。則天時，唐同泰獻洛水圖㉓。孔子曰：『其或繼周者，雖百代可知也。』陛下繼則天，子孫當百代王天下。」上悅，擢延禧為諫議大夫。

丁亥㉔，蕭至忠㉕上疏，以為「恩倖㉖者止可富之金帛㉗，食以粱肉㉘，不可以公器㉙為私用。今列位㉚已廣，冗員㉛倍之，干求㉜未厭，日月增數㉝，陛下降不貲㉞之澤，近戚有無涯之請，賣官利己，鬻法徇私。臺寺㉟之內，朱紫㊱盈滿，忽事㊲則不存職務，恃勢則公違憲章㊳，徒忝㊴官曹，無益時政。」上雖嘉其意，竟（ㄐㄧㄥˋ）不（ㄅㄨˋ）能（ㄋㄥˊ）用（ㄩㄥˋ）。

【章　旨】以上為第一段，寫唐中宗鼓勵獻媚者稱揚韋皇后，製造祥瑞輿論。

【注　釋】❶庚辰　二月十七日。❷衣笥　衣箱。❸五色雲　五種顏色的彩雲。古人稱之為「祥雲」。❹圖　繪圖。❺布之天下　布告天下。❻神堯皇帝　唐高祖李淵。❼未受命　未得天命，即未登基之時。❽桃李子　歌謠名，其詞為：「桃李子，莫浪語，黃鵠繞山飛，宛轉花園裡。」見溫大雅《大唐創業起居注》卷一。❾文武皇帝　唐太宗李世民。❿秦王破陣樂　樂曲名，太宗為秦王時，破劉武周，軍中相與作〈秦王破陣樂〉，後常在宴會上演奏。⓫天皇大帝　唐高宗李治。⓬堂堂　樂府曲。相傳為陳後主所作，唐高宗時常歌唱。高宗時，京城民謠有「側堂堂，橈堂堂」之言。太常丞李嗣真說：「側者不正，橈者不安」，非吉祥之言。⓭娬媚娘　唐樂曲名，原名〈舞媚娘〉，南朝陳時即有。高宗永徽年間（西元六五〇－六五五年），許多人為取悅武則天，以「舞」諧「武」，且武氏為唐太宗才人時曾賜號「武媚」，遂改〈舞媚娘〉為〈武媚娘〉，又稱〈娬媚娘〉。⓮應天皇帝　即唐中宗李顯。⓯英王石州　歌名，唐中宗曾封英王，迦葉志忠於是附會以此曲為受命之符。⓰順天皇后　即唐中宗皇后韋氏。⓱桑條韋　歌名，《新唐書》卷三十五：永徽末，民歌有「桑條韋也」、「女時韋也」樂。迦葉志忠於是附為后妃之德，奏上〈桑韋歌〉十二篇，稱揚韋皇后。⓲樂府　國立的音樂機構。民歌採錄歸樂府。⓳引而申之　由本意推及他意，借題發揮。⓴右補闕　則天垂拱元年（西元六八五年）置補闕，左、右各二人，掌供奉諷諫，分隸門下、中書兩省。㉑趙延禧　事見《舊唐書》卷五十一〈中宗韋庶人傳〉、卷九十二〈韋巨源傳〉，《新唐書》卷七十六〈中宗庶人韋氏傳〉、卷一百九〈宗楚客傳〉。㉒封陛下為周王　顯慶二年（西元六五七年）二月十二日，封皇子顯（即後來的中宗）為周王。㉓唐同泰獻洛水圖　時在垂拱三年（西元六八七年）。㉔丁亥　二月二十四日。㉕蕭至忠　（？－西元七一三年）沂州丞縣（今山東棗莊東南）人，敢於糾擿不法，官至中書令。傳見《舊唐書》卷九十二、《新唐書》卷一百二十三。㉖恩倖　寵幸。㉗金帛　金錢布帛。㉘粱肉　精美的膳食。㉙公器　官位。㉚列位　在職官吏。㉛冗員　沒有專職的散官。㉜干求　求取；索求。㉝增數　增加、頻繁。數，多。㉞不貲　無量。㉟臺寺　猶言官署。㊱朱紫　穿朱衣、紫衣的官員。指五品以上的大官。㊲忽事　玩忽職事。㊳憲章　法律。㊴忝　辱。

【校　記】①庚辰　原作「庚寅」。嚴衍《通鑑補》改作「庚辰」，今從改。按，是年二月甲子朔，庚寅為二十七日；據《舊唐書・中宗紀》：「乙酉，帝以后服有慶雲之瑞，大赦天下。」則宮中奏事當在乙酉日之前，即二十二日之前。景龍二年二月庚辰為二月十七日。

【語　譯】中宗大和大聖大昭孝皇帝下

景龍二年（戊申　西元七〇八年）

春，二月十七日庚辰，宮中的人們說韋皇后衣箱中的裙子上有五色祥雲升起，中宗命人描畫下來給文武百官看。韋巨源請求向全國公布，中宗同意了，還因此大赦天下。

迦葉志忠上奏：「昔日我大唐高祖神堯皇帝還沒有受命於天時，天下歌唱〈桃李子〉；太宗文武皇帝沒有登基時，天下歌唱〈秦王破陣樂〉；高宗天皇大帝沒有即位時，天下歌唱〈堂堂〉；則天大聖皇后沒有即位時，天下歌唱〈娬媚娘〉；應天皇帝沒有受命時，天下歌唱〈英王石州〉；順天皇后韋氏還未受命，天下歌唱〈桑條韋〉，也許上天的旨意認為順天皇后應當作為國母，主持養蠶植桑的事務。因此臣恭敬地獻上〈桑韋歌〉十二篇，請把這一組歌編入樂府曲目之內，在皇后祭祀先蠶之神的時候便加以演奏。」太常卿鄭愔又把這個話題加以引申。中宗聽罷很高興，迦葉志忠和鄭愔都受到了豐厚的賞賜。

右補闕趙延禧進言：「周、唐國運相同，祥瑞徵兆共相歸一，因此高宗皇帝把陛下冊封為周王。則天太后當政時，唐同泰獻上了〈洛水圖〉。孔子講過：『倘若有繼承周朝大統的，即使是往後一百代，也是可以事先知道的。』陛下承襲則天太后，子孫應當世世代代統治天下。」中宗很高興，把趙延禧提拔為諫議大夫。

二月二十四日丁亥，蕭至忠上疏，認為「受寵幸的人只能使他們擁有金錢絲帛之富，食用美食佳餚，不能把朝廷的名位和爵秩交給他們作為謀取私利的工具。當今在職官員已經很多，職無專司的散官是在職官員的一倍，索取沒有滿足的時候，存在著日益增長的趨勢。陛下頒賜的恩賞無法計算，近臣貴戚懷有無邊際的貪求，賣官利己，鬻獄徇私。各官署之內，擠滿了身著朱紫朝服的高官，他們玩忽職守而不理公務，憑藉權勢而公然違抗法令，白白地辱居官署諸曹，對於當世的政務沒有任何裨益。」中宗雖對奏疏的內容十分讚賞，但最後沒有採納。

三月丙辰❶，朔方道大總管張仁愿築三受降城❷於河上。

初，朔方軍與突厥以河❸為境，河北有拂雲祠❹，突厥將入寇，必先詣祠祈禱，牧馬料兵而後度河。時默啜悉眾西擊突騎施，仁愿請乘虛奪取漠南地，於河北築三受降城，首尾相應，以絕其南寇之路。太子少師唐休璟以為「兩漢以來皆北阻大河❺，今築城寇境，恐勞人費功，終為虜有。」仁愿固請不已，上竟從之。

仁愿表留歲滿鎮兵❻以助其功❼，咸陽兵❽二百餘人逃歸，仁愿悉擒之，斬於城下，軍中股慄❾，六旬❿而成。以拂雲祠為中城，距東西兩城各四百餘里⓫，皆據津要⓬，拓⓭地三百餘里。於牛頭朝那山⓮北，置烽候⓯千八百所，以左玉鈐衛將軍論弓仁⓰為朔方軍前鋒遊弈使⓱，戍諾真水⓲為邏衛⓳。自是突厥不敢度山畋牧⓴，朔方無復寇掠，減鎮兵數萬人。

仁愿建三城，不置壅門㉑及備守之具。或問之，仁愿曰：「兵貴進取，不利退守。寇至[1]，當併力出戰，回首望城者，猶應斬之，安用守備，生其退恧㉒之心也！」其後常元楷為朔方軍總管，始築壅門。人是以重仁愿而輕元楷。

【章　旨】以上為第二段，寫朔方道大總管張仁愿築邊塞防禦突厥。

【注　釋】❶丙辰　三月二十三日。❷三受降城　即中受降城、東受降城和西受降城。中城在今內蒙古包頭西南。東城在今托克托南、黃河北大黑河東岸。西城在今杭錦後旗北烏加河北岸、狼山口南。❸河　黃河。❹拂雲祠　位於拂雲堆上，地勢較高。位於中受降城內。❺北阻大河　北境以黃河為險阻。❻歲滿鎮兵　戍邊期限已滿的士兵。❼以助其功　幫助修建三受降城。❽咸陽兵　從咸陽去的鎮兵。❾股慄　兩腿發抖。形容十分恐懼。❿六旬　兩個月。旬，十天為一旬。⓫距東西兩城各四百餘里　一說距東城三百里，距西城三百八十里。⓬津要　水陸交通要衝。⓭拓　開拓。⓮牛頭朝那山　在今內蒙古烏拉特中後聯合旗與達爾罕茂明安聯合旗境內。⓯烽候　即烽火臺。⓰論弓仁　吐蕃人，論欽陵之子。聖曆二年（西元六九九年）歸唐，授左玉鈐衛將軍，封酒泉郡公。長期鎮守邊疆，屢立戰功。官至左驍衛大將軍、朔方副大使。傳見《新唐書》卷一百十。⓱遊弈使　猶巡邏使。巡候於亭障之外，刺探敵情。⓲諸真水　在今達爾罕茂明安聯合旗北。⓳邏衛　巡邏守衛。⓴畋牧　畋獵放牧。㉑壅門　遮掩城門的短牆。㉒退恧　退縮慚愧。恧，慚愧。

【校　記】[1]至　據章鈺校，十二行本、乙十一行本、孔天胤本「至」下皆有「此」字。

【語　譯】三月二十三日丙辰，朔方道大總管張仁愿在黃河岸邊修築中、東、西三個受降城。

當初，唐朔方軍與突厥以黃河為邊界，在黃河北有拂雲祠，突厥部落將要進犯朔方軍的時候，必定先前往拂雲祠祈禱，牧馬閱兵之後才渡過黃河。當時突厥阿史那默啜調集了全部軍隊西擊突騎施，張仁愿請求趁默啜部後方空虛奪取沙漠以南的地域，在黃河北岸修築三座受降城，首尾呼應，以便斷絕突厥默啜南下侵擾的通路。太子少師唐休璟認為「從兩漢以來，都倚仗黃河作為北方的防線，現在在敵寇境內修築城池，恐怕勞苦民眾，耗費事功，最終會被突厥所佔有。」張仁愿堅持請求築城之事，中宗終於批准了。

張仁愿上表請求把戍邊期滿的鎮兵留下協助完成這一工程，但是咸陽籍的鎮兵二百餘人逃回家鄉，張仁愿全部逮捕了這些人，在城下斬首，軍中將士戰戰兢兢，用了六十天把受降城修築成功了。把拂雲祠作為中城，距離東、西兩座受降城各有四百餘里，三城都扼守在地理位置重要的地方，開拓疆域三百多里。在牛頭朝那山以北，設置烽火臺一千八百多處，任命左玉鈐衛將軍論弓仁為朔方軍前鋒遊弈使，駐紮在諸真水執行巡邏守衛任務。從此突厥部眾再不敢翻越朔那山打獵放牧，朔方軍不再有突厥的侵掠，因而減少鎮兵數萬人。

張仁愿修建三座受降城時，沒有設置甕城以及用作防備守衛的武器，有人問他原因，張仁愿說：「用兵貴在進取，後退和防守是不利的。當敵軍來臨之時，將士應當傾盡全力出戰，回過頭來張望城池的士兵，尚且應當處斬，哪裡用得著守備器械，滋生士兵的退卻之心！」後來常元楷擔任了朔方軍總管，才開始修築三城甕城。人們因此推重張仁愿而看不起常元楷。

夏，四月癸未❶，置修文館❷大學士四員，直學士八員，學士十二員，選公卿以下善為文者李嶠等為之。每遊幸禁苑，或宗戚宴集，學士無不畢從❸，賦詩屬和❹，使上官婕妤[1]第其甲乙❺，優者賜金帛。同預宴者，惟中書、門下及長參❻王公、親貴數人而已，至大宴，方召八座❼、九列❽、諸司五品以上預焉。於是天下靡然爭以文華❾相尚，儒學忠讜❿之士莫得進矣。

秋，七月癸巳⓫，以左屯衛大將軍、朔方道大總管張仁愿同中書門下三品。

甲午⓬，清源尉呂元泰⓭上疏，以為「邊境未寧，鎮戍不息，士卒困苦，轉輸疲弊，而營建佛寺，日廣月滋，勞人費財，無有窮極⓮。昔黃帝、堯、舜、禹、湯、文、武惟以儉約仁義立德垂名，晉、宋以降，塔廟⓯競起，而喪亂相繼，由其好尚失所，奢靡相高⓰，人不堪命⓱故也。伏願回營造之資，充疆場⓲之費，使烽燧永息，羣生富庶，則如來⑲慈悲之施，平等之心，孰過於此！」疏奏，不省。

【章　旨】以上為第三段，寫中宗崇尚浮華和佞佛。

【注　釋】❶癸未　四月二十一日。❷修文館　置於武德四年（西元六二一年），在門下省。武德九年改為弘文館。神龍元年（西元七〇五年）改為昭文館。次年復稱修文館。官員五品以上稱學士，六品以上稱直學士。上官昭容勸唐中宗置大學士四員，以象四時；直學士八人，以象八節；學士十二人，以象十二時。❸畢從　全從。❹屬和　連屬應和。❺第其甲乙　次序詩作甲乙等第。❻長參　長久參謁。❼八座　唐人以尚書左右僕射及吏、戶、禮、兵、刑、工六部尚書為八座。❽九列　即太常、光祿、衛尉、宗正、太僕、大理、鴻臚、司農、太府九寺。❾文華　辭藻。❿忠讜　忠貞直言。⓫癸巳　七月初三日。⓬甲午　七月初四日。⓭呂元泰　曾上疏言時政，反對營建寺塔，反對胡服娛樂，反對索寒之俗。事見《新唐書》卷一百十八本傳及《唐御史臺精舍題名考》卷二。⓮窮極　窮盡。⓯塔廟　佛寺。⓰奢靡相高　意即崇尚奢靡。⓱堪命　猶聊生。⓲疆埸　本指國界，此處指邊防。⓳如來　佛的十號之一，為梵文 **tathagata** 的意譯。《大智度論》卷二十四：「如實道來，故名如來。」

【校　記】①婕妤　原作「昭容」。胡三省注云：「是年冬方以上官婕妤為昭容。」嚴衍《通鑑補》改作「婕妤」，今從改。

【語　譯】夏，四月二十一日癸未，設置修文館大學士四員、直學士八員、學士十二員，選拔公卿以下擅長寫文章的李嶠等人擔任這些職務。每當中宗巡遊禁苑，或者是皇族親戚相聚宴飲，這些大學士、直學士和學士們全部隨從，賦詩應和，讓上官婕妤排列詩作的高下等第，優等的賞賜金帛。同時參加宴會的，只有中書、門下二省長官以及長期朝參的王公和皇帝寵幸的顯貴數人而已。到大規模宴飲聚會時，才召集八座、九卿、各司五品以上官員參加。於是天下靡然成風，爭著以文辭華麗互相推崇，儒學忠直之士得不到進用。

秋，七月初三日癸巳，中宗任命左屯衛大將軍、朔方道大總管張仁愿為同中書門下三品。

七月初四日甲午，清源縣尉呂元泰上疏，認為「邊境地區尚未安寧，戍守之役沒有停止，士卒困苦，補給轉運導致民疲力盡、國家凋敝，而營建佛寺，天天擴大，月月增多，役使人力、耗費錢財，沒有窮盡。過去黃帝、唐堯、虞舜、夏禹、商湯、周文王和周武王等只是憑著他們的勤儉節約和道德仁義來建立功德、垂名後世，兩晉和劉宋以來，競相建築佛塔寺廟，而喪亂不斷，這是由於各朝君主的追求推崇失當，競相攀比奢侈豪華，百姓無力承擔所造成的。敬請陛下能收回用於營造佛寺的錢財，充當邊境地區的軍事費用，使報警的烽火永息，百姓豐足富裕，那麼如來佛祖大慈大悲的布施，主張平等的心意，怎麼能超過這一功德呢！」奏疏呈上以後，中宗不加理會。

安樂、長寧公主❶及皇后妹郕國夫人、上官婕妤、婕妤母沛國夫人鄭氏、尚宮❷柴氏、賀婁氏、女巫第五英兒、隴西夫人趙氏❸，皆依勢用事，請謁受賕❹，雖屠沽❺臧獲❻，用錢三十萬，則別降墨敕除官，斜封付中書，時人謂之「斜封官❼」，錢三萬則度❽為僧尼。其員外、同正、試、攝、檢校、判、知官凡數千人❾。西京、東都各置兩吏部侍郎，為四銓❿，選者歲數萬人。

上官婕妤及後宮多立外第⓫，出入無節⓬，朝士往往從之遊處，以求進達⓭。安樂公主尤驕橫，宰相以下多出其門。與長寧公主競起第舍⓮，以侈麗相高，擬於宮掖，而精巧過之。安樂公主請昆明池⓯，上以百姓蒲魚⓰所資，不許。公主不悅，乃更奪民田作定昆池⓱，延袤數里，累石象華山⓲，引水象天津⓳，欲以勝昆明，故名定昆。安樂⓴有織成裙㉑，直錢一億，花卉鳥獸，皆如粟粒㉒，正視旁視，日中影中，各為一色。

上好擊毬，由是風俗相尚，駙馬武崇訓、楊慎交㉓灑油以築毬場。慎交，恭仁㉔曾孫也。

上及皇后、公主多營佛寺。左拾遺京兆辛替否㉕上疏諫，略曰：「臣聞古之建官，員不必備㉖，士有完行㉗，家有廉節㉘，朝廷有餘俸，百姓有餘食。伏惟陛下百倍行賞，十倍增官，金銀不供其印㉙，束帛不充於錫㉚，遂使富商豪賈，盡居纓冕㉛之流；鬻伎行巫，或涉膏腴㉜之地。」又曰：「公主，陛下之愛女，然而用不合於古義，行不根於人心，將恐變愛成憎，翻福為禍。何者？竭人之力，費人之財，奪人之家，愛數子而取三怨，使邊疆之士不盡力，朝廷之士不盡忠，人之散矣，獨持所愛，何所恃乎！君以人為本，本固則邦寧㉝，邦寧則陛下之夫婦母子長相保也。」又曰：「若以造寺必為理體㉞，養人㉟不足經邦㊱，則殷、周已往㊲皆暗亂㊳，漢、魏已降㊴皆聖明㊵，殷、周已往為不長㊶，漢、魏已降為不短㊷矣。陛下緩其所急，急其所緩，親未來而疏見在，失真實而冀虛無，重俗人之為，輕天子之業，雖以陰陽為炭，萬物為銅，役不食之人，使不衣之士，猶尚不給，況資㊸於天生地養，風動雨潤，而後得之乎！一日風塵㊹再擾，霜雹荐臻㊺，沙彌㊻不可操干戈㊼，寺塔不足攘㊽饑饉㊾，臣竊惜之。」疏奏，不省。

時斜封官皆不由兩省㊿而授，兩省莫敢執奏(51)，即宣示所司。吏部員外郎李朝隱前後執破(52)一千四百餘人，怨謗紛然，朝隱一無所顧。

冬，十月己酉(53)，修文館直學士、起居舍人武平一(54)上表請抑損外戚權寵；不敢斥言韋氏，但請抑損己家。上優制不許。平一名甄，以字行，載德(55)之子也。

【章旨】以上為第四段，寫中宗放縱安樂、長寧兩公主以及韋皇后和其親族生活淫侈，公然賣官鬻爵，佞佛建寺，揮霍無度，朝官勸諫，中宗不聽。

【注釋】❶長寧公主　唐中宗之女，韋后所生。下嫁楊慎交。傳見《新唐書》卷八十三。❷尚宮　內官名，正五品，掌導引中宮，總司記、司言、司簿、司闈四司之官屬。❸趙氏　挾鬼道出入禁宮，深得唐中宗寵信，被封為隴西郡夫人。事見《舊唐書》卷五十一〈中宗韋庶人傳〉，《新唐書》卷一百十二〈柳澤傳〉、卷一百二十三〈趙彥昭傳〉。❹賕　賄賂。❺屠沽　又作「屠酤」。原指屠戶和賣酒的人，後轉指職業卑賤或出身寒微的人。❻臧獲　對奴婢的賤稱。❼斜封官　唐中宗寵信安樂、長寧等七位公主，令其開府置官屬，中宗別降墨敕斜封授之，稱斜封官。斜封官非正常途徑取得，無定員，多至數千人。屠夫小販均可納錢買官。詳見《隋唐嘉話》卷下、《新唐書》卷四十五〈選舉志〉下及卷八十三〈諸帝公主傳〉。❽度　剃度。❾員外同正句　這些是斜封的各種官職，可見當時官制的混亂。員外，指正員以外的官員。同正，指員外同正。試、攝，皆非真除。檢校，與攝相似。判，指判某官事。知，指知某官事。❿為四銓　比原來增加一銓。唐制，吏部三銓、三注、三唱。⓫外第　外宅。⓬無節　沒有節制。⓭進達　飛黃騰達。⓮第舍　宅第。⓯昆明池　位於今陝西西安西南斗門鎮一帶。漢武帝元狩三年（西元前一二〇年）準備與昆明作戰，為訓練水軍而鑿。周圍四十里，廣三百三十二頃。十六國時池水涸竭，北魏太武帝時曾進行修浚。⓰蒲魚　蒲葦魚鱉。⓱定昆池　位於陝西長安西南。方四十九里，直抵南山。⓲華山　五嶽之一，在今陝西華陰南。有蓮花、落雁、朝陽、玉女、五雲等峰，以險峻著稱。⓳天津　指銀河。⓴安樂　安樂公主。㉑織成裙用名貴的絲織物（或鳥羽）做成的裙子。據《舊唐書·五行志》，安樂公主的裙子是用百鳥羽毛織成，「正看旁看，日中影中，各為一色，百鳥之狀，並見裙中」。㉒粟粒　像粟粒一般大小。㉓楊慎交　弘農華陰（今陝西華陰）人，尚長寧公主，官至祕書監，貶絳州司馬。事見《舊唐書》卷六十二、《新唐書》卷一百。㉔恭仁　即楊恭仁，楊慎交之曾祖，隋末任吏部侍郎，唐初官至中書令，有廉正之名。傳見《舊唐書》卷六十二、《新唐書》卷一百。㉕辛替否　（約西元六六三—七四二年）字協時，京兆萬年（今陝西西安）人，敢於直諫，官至潁王府長史。傳見《舊唐書》卷一百一、《新唐書》卷一百十八。㉖員不必備　人數不必滿員。㉗士有完行　士有完美的德行。㉘廉節　清廉的節操。㉙供其印　供其鑄造官印。印，官印。㉚錫　通「賜」。㉛纓冕　喻仕宦。㉜膏腴　本指土地肥沃。此處與纓冕相對，亦指顯赫的官位。㉝本固則邦寧　語出《尚書·五子之歌》。原文為「民為邦本，本固邦寧」，意思是說百姓穩定了國家才能安寧。㉞理體　即治體。唐人避高宗諱，改「治」為「理」。㉟養人　養育人民。㊱經邦　治理國家。㊲已往　以前。㊳暗亂　黑暗混亂。㊴已降　以下；以後。㊵聖明　聖哲清明。㊶不長　國祚不長。㊷不短　亦就享國時間而言。㊸資　憑藉；依賴。㊹風塵　戰亂。㊺荐臻　交至。㊻沙彌　本指七歲以上二十歲以下受過十戒的出家男子。這裡泛指僧徒。㊼干戈　兵器。㊽攘　除；去。㊾饑饉　災荒。㊿兩省　中書、門下兩省。正式途徑的職官，由科舉、門蔭、流外出身等取得參選資格，再經吏部（文官）、兵部（武職）考選，合格者上報，由中書、門下兩省任命。51執奏　堅持上奏。斜封官是皇帝私授，中書、門下兩省有權審議，上奏抗爭，但當時的宰相無人敢執奏。52執破　阻棄；壓下。指吏部員外郎李朝隱扣下一千四百多個斜封官的墨敕，即委任被擱置，遭到破壞。53己酉　十月二十一日。54武平一　名甄，以字行，博學多識。武后時，畏禍隱居修佛，中宗復位始出，官至考功員外郎。傳見《新唐書》卷一百十九、《嘉定鎮江志》卷十七。55載德　武士逸之孫，封潁川郡王。

【語　譯】安樂公主、長寧公主、韋皇后的妹妹郕國夫人、上官婕妤、上官婕妤的母親沛國夫人鄭氏、尚宮柴氏、賀婁氏、女巫第五英兒、隴西夫人趙氏，全都仗勢專擅權柄，受請託收賄賂，即使是屠戶酒家、奴僕婢女，拿出三十萬錢，就能另外頒降墨敕拜官，墨敕斜著緘封交付中書省，當時的人們稱之為「斜封官」，拿出三萬錢，就能夠被剃度為僧尼。由賄賂得到任命的那些員外官、員外同正官、試官、攝官、檢校官、判官、知官共有數千人。西京和東都分別設置兩員吏部侍郎，進行四次選授官職，每年選任官員數萬人。

上官婕妤及宮中的妃嬪們大多在宮外營造了私宅，她們出入宮禁不受約束，朝中的士人常常與她們交遊，以求飛黃騰達。安樂公主尤為驕縱專橫，自宰相以下的官員大多數通過她的門路得到委任。她與長寧公主競相營建宅第，以奢侈華麗相攀比，仿擬後宮，而在精巧程度上超過了後宮。安樂公主請求把昆明池賞賜給她，中宗以昆明池乃是百姓賴以種蒲養魚的地方，沒有同意。安樂公主很不高興，竟另外奪取百姓田地修建定昆池，南北延伸數里，按照華山的樣子堆石營造假山，又模仿銀河的樣子導引水流，想要超過昆明池，所以湖名稱為定昆池。安樂公主有編織而成的裙子，價值一億錢，裙子上綴有花卉和鳥獸的圖案，全如穀粒大小，從正面看或者從側面看，在日光下看或者在暗影中看，圖案的色彩各有不同。

中宗喜歡玩擊毬的遊戲，由此風俗相尚，駙馬武崇訓、楊慎交灑油建造毬場。楊慎交，是楊恭仁的曾孫。

中宗和韋皇后、各位公主大多修建了佛寺。左拾遺京兆人辛替否上疏勸諫，疏文的大意說：「臣聽說古代設置官職，員額不一定要求齊備，士人要有完美的品行，家庭要有清廉的操守，朝廷要支俸有餘，百姓要有餘糧。想到當今陛下上百倍的賞賜，上十倍的增加官員，金銀不足以供給鑄造官印的需求，絹帛不夠陛下的賞賜，於是使得富商大賈，全都居於仕宦之流；賣藝行巫之人，或涉肥美之職。」奏疏還說：「公主，是陛下寵愛的女兒，然而她們的享用不符合古代的規矩，所作所為不是植根於民心，恐怕這將會使喜愛變成憎惡，把福澤變為禍患。為什麼呢？耗盡民力，靡費民財，奪人家業，陛下為寵愛幾個子女而招致三種怨恨，使得邊疆的將士不為朝廷盡力，在朝為官的人不為陛下盡忠，人心渙散了，只操持幾個自己所寵愛的女兒的事，陛下依靠什麼來治理國家呢！君王以人為本，根基牢固了國家便能安寧，國家安寧了陛下夫婦、母子才能長久得以保全。」又說：「如果認為營造佛寺必定是治理國家的根本，休養黎民不足以經略邦國，那麼殷、周以前的政治都該是昏暗混亂的，漢、魏以來的政治全該是神聖清明的；殷、周以前的國運不長久，漢、魏以後的國運不短促。陛下把治理國家的當務之急當做可以緩辦的事，把不急的事當做治理國家的當務之急，偏重來世而忽視當世，放棄真實的事物而把希望寄託於虛無，重視俗人的行事，輕視帝王的功業，即使陛下能夠以陰陽二氣作為炭火，世間萬物為銅，役使不食之人，使用不衣之士，依然無法滿足供給；何況陛下只能依靠那些由天地養育、風吹雨潤後才能獲得的東西呢！一旦戰亂風塵再起，霜雹交至，和尚不能手持干戈，佛塔寺院無法排除饑荒，臣對於廣建佛寺的做法私下感到痛惜。」這篇奏疏呈進之後，中宗沒有理會。

當時斜封官都沒有經過中書、門下兩省任命，兩省沒有人敢對任命堅持上奏表示異議，都是立即向有關官署宣布。吏部員外郎李朝隱前後壓下一千四百多名斜封官的任命，從而招致對他的怨恨和誹謗紛至沓來，李朝隱一無所顧。

冬，十月二十一日己酉，修文館直學士、起居舍人武平一上表請求貶抑外戚的權力和榮寵；他不敢直接指斥韋后的家族，只是請求對自己的家族加以裁抑貶損。中宗頒下寬容的詔書，不批准他的請求。武平一名甄，以表字行世，他是武載德的兒子。

十一月庚申❶，突騎施酋長娑葛❷自立為可汗，殺唐使者御史中丞馮嘉賓，遣其弟遮努等帥眾犯塞❸。

初，娑葛既代烏質勒統眾，父時故將闕啜忠節❹不服，數相攻擊。忠節眾弱不能支，金山道行軍總管郭元振奏追忠節入朝宿衛。忠節行至播仙城，經略使❺、右威衛將軍周以悌❻說之曰：「國家不愛高官顯爵以待君者，以君有部落之眾故也。今脫身入朝❼，一老胡耳，豈惟❽不保寵祿，死生亦制於人手。方今宰相宗楚客、紀處訥用事，不若厚賂二公，請留不行，發安西兵及引吐蕃以擊娑葛，求阿史那獻❾為可汗以招十姓，使郭虔瓘❿發拔汗那⓫兵以自助。既不失部落，又得報仇，比於入朝，豈可同日語哉！」郭虔瓘者，歷城⓬人，時為西邊將。忠節然其言⑬，遣間使⑭賂楚客、處訥，請如以悌之策。

元振聞其謀，上疏，以為「往歲吐蕃所以犯邊，正為求十姓、四鎮之地不獲⑮故耳。比者⑯息兵請和，非能慕悅⑰中國之禮義也，直以⑱國多內難⑲，人畜疫癘，恐中國乘其弊，故且屈志求自昵。使其國小安，豈能忘取十姓、四鎮之地哉！今忠節不論國家大計，直欲為吐蕃鄉導，恐四鎮危機，將從此始。頃緣⑳默啜憑陵㉑，所應者多，兼四鎮兵疲弊，勢未能為忠節經略，非憐突騎施也。忠節不體國家中外之意而更求吐蕃，吐蕃得志，則忠節在其掌握㉒，豈得復事唐也！往年吐蕃無恩於中國，猶欲求十姓、四鎮之地。今若破娑葛有功，請分于闐、疏勒，不知以何理抑㉓之！又，其所部諸蠻及婆羅門㉔等方不服，若借唐兵助討之，亦不知以何詞㉕拒之！是以古之智者皆不願受夷狄之惠，蓋豫憂㉖其求請無厭㉗，終為後患故也。

「又，彼請阿史那獻者，豈非以獻為可汗子孫，欲依之以招懷十姓乎！按獻父元慶，叔父僕羅，兄俀子及斛瑟羅、懷道等，皆可汗子孫也。往者唐及吐蕃徧曾立之以為可汗㉘，欲以招撫十姓，皆不能致㉙，尋自破滅。何則？此屬非有過人之才，恩威不足以動眾，雖復可汗舊種㉚，眾心終不親附，況獻又疏遠於其父兄乎？若使忠節兵力自能誘脅十姓，則不必求立可汗子孫也。

「又，欲令郭虔瓘入拔汗那，發其兵。虔瓘前此㉛已嘗與忠節擅入拔汗那發兵，不能得其片甲匹馬㉜，而拔汗那不勝侵擾㉝，南引吐蕃，奉俀子，還侵四鎮。時拔汗那四旁無彊寇為援，虔瓘等恣為侵掠，如獨行無人之境，猶引俀子為患㉞。今北有娑葛，急則與之并力，內則諸胡堅壁拒守，外則突厥伺隙邀遮㉟。臣料虔瓘等此行，必不能如往年之得志，內外受敵，自陷危亡，徒與虜結隙，令四鎮不安。以臣愚揣之，實為非計。」

楚客等不從，建議「遣馮嘉賓持節安撫忠節，侍御史呂守素㊱處置四鎮，以將軍牛師獎㊲為安西副都護，發甘、涼㊳以西兵，兼徵吐蕃，以討娑葛。」娑葛遣使娑臘獻馬在京師，聞其謀，馳還報娑葛。於是娑葛發五千騎出安西，五千騎出撥換，五千騎出焉耆，五千騎出疏勒，入寇。元振在疏勒，柵㊴於河口，不敢出。忠節逆㊵嘉賓於計舒河口，娑葛遣兵襲之，生擒忠節，殺嘉賓，擒呂守素於僻城，縛於驛柱，冎而殺之。

【章　旨】以上為第五段，寫宗楚客等奸臣誤國，招致唐軍大敗於突騎施。

【注 釋】❶庚申 十一月初二日。❷娑葛 烏質勒長子。事見《舊唐書》卷一百九十四下、《新唐書》卷二百十五下〈突厥傳下〉。❸塞 邊塞。❹闕啜忠節 又稱阿史那闕啜忠節、阿史那忠節。阿史那，姓。闕，部落名。啜，官名。忠節，人名。❺經略使 官名，為邊州軍事長官。此指四鎮經略使，在安西府。❻周以悌 事見《舊唐書》卷九十七〈郭元振傳〉、《新唐書》卷一百六〈孫佺傳〉、卷一百二十二〈郭元振傳〉、卷二百十九〈奚傳〉等。❼脫身入朝 脫離部落，獨身入朝。❽豈惟 恐怕不僅。❾阿史那獻 彌射之孫，元慶之子。事見《舊唐書》卷九十七〈郭元振傳〉、卷一百九十四下〈突厥傳下〉，《新唐書》卷一百二十二〈郭元振傳〉、卷二百十五下〈突厥傳下〉等。❿郭虔瓘 曾任右驍衛將軍、北庭都護、安西副大都護等職。官至右威衛大將軍。傳見《舊唐書》卷一百三、《新唐書》卷一百三十三。⓫拔汗那 又稱破洛那、鈸汗、跋賀那。西域古國，在塔吉克斯坦費爾干納盆地。⓬歷城 縣名，在今山東濟南。⓭然其言 認為他說得對。⓮間使 負有伺機行事使命的使者。⓯求十姓四鎮之地不獲 吐蕃向唐索求十姓、四鎮之地遭到拒絕，事在本書卷二百五武后萬歲通天元年。⓰比者 最近。⓱慕悅 嚮往喜愛。⓲直以 只因。⓳國多內難 指吐蕃贊普南征而死，國中大亂，嫡庶爭立，將相爭權，自相屠滅。⓴緣 因。㉑憑陵 侵陵。㉒在其掌握 在其掌握之中。㉓抑 抑制。㉔婆羅門 指古印度。㉕以何詞 用什麼言詞。㉖豫憂 預先憂慮。㉗厭 足。㉘徧曾立之以為可汗 唐立元慶、斛瑟羅、懷道為可汗；僕羅、俀子係吐蕃所立。詳見兩《唐書．突厥傳》。㉙皆不能致 都不能把十姓招來。㉚舊種 舊族。㉛前此 在此之前。㉜片甲匹馬 猶一兵一卒。㉝侵擾 侵奪騷擾。㉞猶引俀子為患 指拔汗那而言。㉟邀遮 阻截。㊱呂守素 事見《元和姓纂》卷六、《舊唐書》卷九十七和《新唐書》卷一百二十二〈郭元振傳〉。㊲牛師獎 事見《舊唐書》卷七〈中宗紀〉、卷九十七〈郭元振傳〉，《新唐書》卷一百二十二〈郭元振傳〉、卷二百十五下〈突厥傳下〉。㊳甘涼 甘州、涼州。甘州治所在今甘肅張掖，涼州治所在今甘肅武威。㊴柵 建柵。㊵逆迎。

【語 譯】十一月初二日庚申，突騎施酋長娑葛自立為可汗，殺掉了唐朝使者御史中丞馮嘉賓，派遣他的弟弟遮努等人帶領部眾進犯唐朝邊塞。

當初，娑葛取代其父烏質勒統領部眾後，他父親的舊將闕啜忠節不服從他，多次相互攻擊。闕啜忠節的部眾力量弱小，不能招架，唐金山道行軍總管郭元振奏請皇帝催促闕啜忠節入朝宿衛。闕啜忠節走到播仙城，經略使、右威衛將軍周以悌勸他說：「朝廷之所以不吝嗇高官顯爵來授封給您，是因為您擁有自己部落的民眾。現在您脫離部落獨身入朝，只是一年老的胡人而已，恐怕不僅不能保住朝廷給您的榮寵和爵祿，連性命也受制於人手。當今宰相宗楚客、紀處訥執掌權柄，您不如重重地賄賂這兩位大人，請求留在西域，不再前往朝廷，徵調安西都護府的軍隊，以及招引吐蕃兵馬去攻擊娑葛，找到突厥首領阿史那獻，把他立為可汗，以此招引突厥十姓部眾，派遣郭虔瓘去調動拔汗那部落的兵馬相助。這樣做既沒有失去自己部落，又能夠報仇，與單身入朝相比，怎能同日而語呢！」郭虔瓘是歷城縣人，當時擔任西部邊塞的將領。闕啜忠節認為周以悌說得很對，便派遣密使賄賂宗楚客和紀處訥，請求按照周以悌的計謀來實施。

郭元振得知這一計謀後，上疏認為「往年吐蕃之所以侵犯邊塞，正是因為求取突厥十姓和安西四鎮而未能得到的緣故，近年吐蕃息兵請和，不是能夠愛慕中國的禮義，只是因為國家內難多，人畜染上瘟疫，害怕中原會利用他們的弊端，所以暫且屈撓心志，以求親近唐朝。如果他們國內稍稍安定，吐蕃怎麼會忘掉奪取突厥十姓和安西四鎮之地呢！現在闕啜忠節不考慮國家大計，只是想為吐蕃軍隊作嚮導，恐怕安西四鎮的危機，將會從這件事情開始。前不久由於突厥阿史那默啜的侵陵，嚮應他的部落眾多，再加上安西四鎮士兵疲困，擁有的力量無法為闕啜忠節進行經營籌劃，並不是對突騎施部落有所愛護。闕啜忠節不體察朝廷經營內外的意圖，卻掉轉頭去向吐蕃求助，吐蕃得志，闕啜忠節就會被它控制，他怎麼能夠再來侍奉唐朝呢！往年吐蕃對中國並無恩德，尚且想要索取突厥十姓、安西四鎮之地。倘若現在攻破娑葛部有功，吐蕃請求朝廷把于闐、疏勒二鎮割讓給它，不知朝廷用什麼理由來抑制它！還有，吐蕃統轄的各個蠻族部落以及婆羅門等已開始不服從它的號令，如果吐蕃借用唐兵幫助征討，也不知道朝廷用什麼話拒絕它！因此古代聰明的人都不願意接受夷狄部落的恩惠，大概是由於預感到他們日後的求取請託沒有厭足，最終會釀成後患的緣故。

「再說，闕啜忠節請立阿史那獻，難道不就是因為阿史那獻係可汗的子孫，打算依靠他來招撫十姓部落嗎！查得阿史那獻的父親阿史那元慶、叔父阿史那僕羅、哥哥阿史那俀子及阿史那斛瑟羅、阿史那懷道等人，都是可汗的子孫。以往大唐朝廷以及吐蕃曾經把他們一個個地冊立為可汗，想要用此舉來招撫十姓，都沒有把他們招來，不久這些人便各自破敗滅亡了。為什麼呢？由於這些人都不具備超人的才幹，恩德與威望還不足以影響部眾，雖然這些人仍然是可汗的舊族，部眾之心終究不親近歸附他們，況且阿史那獻與可汗的血緣關係比他的父兄還要疏遠一些呢？假使闕啜忠節自己的兵力就能招誘脅迫西突厥十姓部落歸附的話，那麼他就沒有必要請求冊立可汗的子孫阿史那獻為可汗了。

「此外，闕啜忠節打算派遣郭虔瓘前往拔汗那部落，徵調他的兵馬。然而郭虔瓘在此之前就曾經與闕啜忠節一道擅自進入拔汗那徵調兵馬，卻未能得到他的一兵一馬，而拔汗那部落承受不了侵擾，從南方引來吐蕃軍隊，擁戴吐蕃所冊立的可汗阿史那俀子，回軍侵犯安西四鎮。當時拔汗那周圍沒有強大的部落作為援助，郭虔瓘等人肆意侵擾搶掠，如同獨行無人之境，拔汗那尚且能招引阿史那俀子製造邊患。現在拔汗那北部有娑葛部落，一旦形勢緊急就會與娑葛合勢連兵，在內則有各部胡人堅壁防守，在外則有突厥伺機攔截阻擊。臣料定郭虔瓘等這次前往拔汗那調兵，必然不能像往年那樣稱心如意，將會腹背受敵，自陷危亡境地，徒然與各個部落結下怨仇，讓安西四鎮不得安寧。以臣的愚見來猜測，這實在不是好辦法。」

宗楚客等人不贊成郭元振的主張，建議「派遣馮嘉賓持節安撫闕啜忠節，派遣侍御史呂守素處理安西四鎮的軍政事務，任命將軍牛師獎為安西都護府副都護，調動甘、涼二州以西的軍隊，同時徵發吐蕃軍隊，用來討伐娑葛。」當時娑葛派往朝廷貢獻馬匹的使者娑臘還待在京師，聽說這一計畫後，驅馬返回向娑葛稟報。娑葛於是派遣五千騎兵出兵安西，五千騎兵出兵撥換，五千騎兵出兵焉耆，五千騎兵出兵疏勒，入侵唐地。當時郭元振駐節疏勒，在河口築起柵欄，不敢出戰。闕啜忠節在計舒河河口迎接馮嘉賓，娑葛調兵襲擊他們，生擒闕啜忠節，殺掉了馮嘉賓，在僻城抓獲了呂守素，將他綁在驛站的廊柱上，一刀一刀地將他剮死了。

上以安樂公主將適左衛中郎將武延秀❶，遣使召太子賓客武攸緒於嵩山。攸緒將至，上敕禮官於兩儀殿❷設別位，欲行問道❸之禮，聽以山服❹葛巾❺入見，不名不拜❻。仗入❼，通事舍人❽引攸緒就位❾，攸緒趨立辭見班❿中，再拜如常儀。上愕然，竟不成所擬之禮。上屢延之內殿，頻煩寵錫，皆謝不受。親貴謁候，寒溫之外，不交一言⓫。

初，武崇訓之尚公主也⓬，延秀數得侍宴。延秀美姿儀，善歌舞，公主悅之。及崇訓死，遂以延秀尚焉。

己卯⓭，成禮，假皇后仗⓮，分禁兵以盛其儀衛，命安國相王障車⓯。庚辰⓰，赦天下。以延秀為太常卿，兼右衛將軍。辛巳⓱，宴⓲羣臣于兩儀殿，命公主出拜公卿，公卿皆伏地稽首⓳。

【章　旨】以上為第六段，寫安樂公主再嫁。

【注　釋】❶安樂公主將適左衛中郎將武延秀　安樂公主原嫁武崇訓。景龍元年（西元七〇七年）七月初六日，武崇訓為皇太子所殺，故安樂公主再嫁武延秀。❷兩儀殿　在京師宮城之內。為皇帝常日聽朝視事之所，相當於古代的內朝。❸問道　請教大道。❹山服　穿山人的服裝。❺葛巾　戴用葛布製成的頭巾。❻不名不拜　不稱名，不行拜禮。❼仗入　儀仗進入指定位置。胡三省注：「自太極殿前喚仗從東、西上閤門入，立於兩儀殿前。」❽通事舍人　官名，從六品上，掌朝見司儀、承旨傳宣等事。❾就位　引就問道之位。❿辭見班　胡三省注：「凡百官自中朝出為外官赴朝辭，自外官入朝覲者引入見，其辭見者不與百官序班，自為班立，謂之辭見班。」⓫寒溫之外二句　除寒暄外，什麼話也不說。⓬武崇訓之尚公主也　此指武崇訓尚安樂公主的時候。中宗從房陵還京後，始以公主適崇訓。⓭己卯　十一月二十一日。⓮假皇后仗　使用皇后儀仗。⓯障車　唐人婚俗，新娘將至，眾人擁門塞巷，使車不得前行，稱為障車。讀障車文後始得通過。見封演《封氏聞見記》卷五。⑯庚辰　十一月二十二日。⑰辛巳　十一月二十三日。⑱宴　設宴招待。⑲稽首　跪拜；磕頭到地。

【語譯】中宗因安樂公主將要嫁給左衛中郎將武延秀，派遣使者到嵩山召回太子賓客武攸緒。武攸緒即將到達，中宗頒敕令命令禮官在兩儀殿另外設置一個坐席，打算舉行帝王問道的禮儀，聽任武攸緒穿著山人服裝、戴著葛布頭巾入朝相見，不稱名，不行拜禮。儀仗進入兩儀殿內，通事舍人引導武攸緒就座，武攸緒小步疾行，站立在辭見班的行列中，依照通常的禮儀兩次下拜行禮。中宗對此十分驚異，竟然沒有完成所擬行的帝王問道之禮。中宗多次邀請武攸緒到內殿，頻頻頒賜恩寵之賞，武攸緒均表示謝意，不肯接受。親族和顯貴們前來拜訪問候，武攸緒除了寒暄冷暖之外，與他們沒有片言隻字的交談。

當初，武崇訓娶安樂公主為妻，武延秀多次得以陪侍公主飲宴。武延秀儀表風度英俊，能歌善舞，安樂公主十分喜歡他。等到武崇訓死後，中宗便讓武延秀娶安樂公主為妻。

十一月二十一日己卯，安樂公主與武延秀舉行成婚典禮，安樂公主使用了皇后的儀仗，中宗還派出禁兵參加以壯大儀仗和護衛隊伍，指派安國相王李旦負責障車儀式。二十二日庚辰，赦免天下，任命武延秀擔任太常卿兼右衛將軍。二十三日辛巳，中宗在兩儀殿設宴招待群臣，讓安樂公主出來拜見公卿大臣，公卿大臣全都伏地叩首。

癸未❶，牛師獎與突騎施娑葛戰于火燒城，師獎兵敗沒。娑葛遂陷安西❷，斷四鎮路，遣使上表，求宗楚客頭。楚客又奏以周以悌代郭元振統眾，徵元振入朝，以阿史那獻為十姓可汗，置軍焉耆以討娑葛。娑葛遺元振書❸，稱：「我與唐初無惡，但讎闕啜。宗尚書❹受闕啜金，欲枉破奴❺部落，馮中丞❻、牛都護❼相繼而來，奴豈得坐而待死！又聞史獻❽欲來，徒擾軍州❾，恐未有寧日。乞大使商量處置。」元振奏娑葛書。楚客怒，奏言元振有異圖，召，將罪之。元振使其子鴻間道具奏其狀，乞留定西土，不敢歸。周以悌竟坐流白州❿，復以元振代以悌，赦娑葛罪，冊為十四姓可汗⓫。○以婕妤上官氏為昭容⓬。

十二月，御史中丞姚廷筠⓭奏稱：「比見諸司不遵律令格式⓮，事無大小皆悉聞奏。臣聞為君者任臣⓯，為臣者奉法⓰。萬機叢委⓱，不可偏覽，豈有修一水竇，伐一枯木，皆取斷宸衷⓲！自今若軍國大事及條式⓳無文者，聽奏取進止，自餘各準法處分⓴。其有故生疑滯，致有稽失㉑，望令御史糾彈。」從之。

丁巳晦㉒，敕中書、門下與學士、諸王、駙馬入閤守歲㉓，設庭燎㉔，置酒，奏樂。酒酣，上謂御史大夫竇從一曰：「聞卿久無伉儷㉕，朕甚憂之。今夕歲除，為卿成禮㉖。」從一但唯唯拜謝。俄而內侍㉗引燭籠、步障、金縷羅扇自西廊而上，扇後有人衣禮衣㉘，花釵，令與從一對坐，上命從一誦卻扇詩㉙數首。扇卻，去花易服而出，徐視㉚之，乃皇后老乳母王氏，本蠻婢也。上與侍臣大笑。詔封莒國夫人，嫁為從一妻。俗謂乳母之壻曰「阿奢㉛」，從一每謁見及進表狀，自稱「翊聖皇后㉜阿䜭」，時人謂之「國䜭」，從一欣然有自負之色。

【章旨】以上為第七段，寫郭元振安撫突騎施，唐中宗主婚嫁韋皇后老奶媽。

【注釋】❶癸未 十一月二十五日。❷安西 安西都護府，治所即今新疆庫車。❸遺元振書 寫信給郭元振。❹宗尚書 宗楚客。❺奴 自卑之詞。猶清代大臣對皇帝自稱奴才。❻馮中丞 馮嘉賓。❼牛都護 牛師獎。❽史獻 阿史那獻。❾軍州 設有軍府的州縣。❿白州 州名，治所在今廣西博白。⓫十四姓可汗 胡三省說，西突厥原有十姓，現合咽麪、葛邏祿、莫賀達干、都摩支為十四姓。岑仲勉認為「四」字誤衍，當作十姓可汗。詳見《通鑑隋唐紀比事質疑》。⓬昭容 女官名，九嬪之一，正二品。⓭姚廷筠 一作姚庭筠。事見《舊唐書》卷九十二、《新唐書》卷一百二十二〈魏元忠傳〉。⓮律令格式 屬唐代的四種法律形式。律即法律條文。令是政府的有關制度。格是皇帝的敕令。式是各種程式。⓯任臣 任用臣下。⓰奉法 奉行法令。⓱叢委 堆積；叢雜委積。⓲宸衷 皇帝之意。⓳條式 條例格式。⓴處分 處置。㉑稽失 稽延愆失。㉒丁巳晦 十二月己丑朔，則丁巳為二十九日，戊午為晦日即三十日。《通鑑》作「丁巳晦」，疑誤。㉓守歲 陰曆除夕終夜不眠以待天明，稱作「守歲」。入閣守歲之俗，興於隋煬帝時。胡三省說：「帝之為此，亡隋之續耳。」㉔庭燎 庭中照明的火炬。㉕伉儷 夫妻。㉖成禮 完成婚禮。㉗內侍 內侍省最高長官，四員，由宦官充任，從四品上，掌在內侍奉及出入宮掖宣傳之事。㉘禮衣 禮服。胡三省注：「禮衣者，內命婦常參、外命婦朝參、辭見禮會之服也。制同翟衣，加雙佩、小綬，去舄加履。」㉙卻扇詩 古代婚禮，新娘行禮時以扇遮面，交拜後去扇，稱為「卻扇」。唐人習俗，卻扇前新郎誦〈卻扇詩〉。㉚徐視 細看。㉛阿䜭 對乳母的丈夫或父親的稱呼。㉜翊聖皇后 即中宗皇后韋氏。景龍元年八月二十一日，尊韋氏為順天翊聖皇后。

【語譯】十一月二十五日癸未，牛師獎率部與突騎施娑葛在火燒城交戰，牛師獎的部隊戰敗覆沒。於是娑葛攻陷安西都護府，斷絕了四鎮的通路，派遣使者上表朝廷，索求宗楚客的頭顱。宗楚客又上奏請求命令周以悌取代郭元振統領安西部眾，徵召郭元振入朝，冊立阿史那獻為十姓可汗，把軍隊布置在焉耆以討伐娑葛。娑葛給郭元振寫信，聲稱：「我與唐朝廷最初不曾交惡，僅僅仇恨闕啜忠節。宗尚書收受了闕啜忠節的禮金，就想平白無故地殘破我的部落，馮中丞和牛都護相繼領兵前來，我怎麼能夠坐以待斃！我又聽說阿史那獻也想前來，這只會白白地騷擾軍府州縣，恐怕再沒有安寧的日子。請求大使商量解決。」郭元振把娑葛的信奏上。宗楚客很生氣，上奏說郭元振有叛逆的意圖，召他入朝，將加罪於他。郭元振派遣他的兒子郭鴻從小路返回，把實際情況向中宗一一奏報，請求留在西域穩定局勢，不敢回到朝中。周以悌最終獲罪被流放到白州，又任命郭元振取代了他的職務。朝廷赦免了娑葛的罪行，把娑葛冊立為十四姓可汗。〇中宗把婕妤上官氏封為昭容。

十二月，御史中丞姚廷筠上奏說：「近來發現各官署衙門不能遵照規章條例的程式處理公務，事無大小都一概奏報皇帝。臣聽說做君王的任用臣下，做臣子的遵奉法規。紛繁的政事叢雜堆積，皇帝不可能全部省覽，哪裡有挖一條水洞，砍伐一株枯樹，都要取決於皇帝之意！從今以後，如果屬於軍國大事或者是條例程式上沒有明文規定的事，才可以呈奏聽取皇帝裁決，其餘的各自依法處理。如果有故意遲疑阻滯，導致遷延失誤的，希望命令御史進行糾舉彈劾。」中宗同意了他的建議。

十二月最後一天丁巳日，頒敕召中書、門下與學士、諸王、駙馬進內殿守歲，擺好了在殿堂裡作照明用的火炬，設置酒宴，演奏樂曲。在酒興正酣暢時，中宗對御史大夫竇從一說：「聽說你長期沒有配偶，我很是為你憂慮。今天夜晚是除夕，我打算替你完成婚禮。」竇從一只是連聲應諾拜謝。過了不一會兒，內侍領著手持燈籠、步障和金縷羅扇的隊列從西廊進殿，羅扇後面有一人身著禮服，頭戴花釵，中宗命令這人與竇從一相對而坐，中宗令竇從一吟誦了幾首〈卻扇詩〉。羅扇撤下後，這人摘掉花釵換下禮服走出來，人們慢慢端詳，原來是韋皇后的老奶媽王氏，本係蠻族婢女。中宗與侍臣們哄堂大笑。下詔冊封王氏為莒國夫人，嫁給竇從一做妻子。當時俗稱奶媽的丈夫為「阿䥴」，竇從一每次謁見皇帝或者進呈表狀的時候，都自稱「翊聖皇后阿䥴」，因此人們也就把竇從一叫「國䥴」，竇從一反倒欣欣然，顯露出自負的神色。

三年（己酉 西元七〇九年）

春，正月丁卯❶，制廣東都聖善寺❷，居民失業者數十家。◯長寧、安樂諸公主多縱僮奴掠百姓子女為奴婢，侍御史袁從一[1]收繫獄，治之。公主訴於上，上手制釋之。從之奏稱：「陛下縱奴掠良人，何以理天下！」上竟釋之。

二月己丑❸，上幸玄武門，與近臣觀宮女拔河❹。又命宮女為市肆❺，公卿為商旅，與之交易，因為忿爭❻，言辭褻慢，上與后臨觀為樂。

丙申❼，監察御史崔琬❽對仗彈宗楚客、紀處訥潛通戎狄❾，受其貨賂，致生邊患❿。故事，大臣被彈，俯僂⓫趨出，立於朝堂待罪⓬。至是，楚客更憤怒作色⓭，自陳忠鯁⓮，為琬所誣。上竟不窮問，命琬與楚客結為兄弟以和解之，時人謂之「和事天子」。◯壬寅⓯，韋巨源為左僕射，楊再思為右僕射，並同中書門下三品。

上數與近臣學士宴集，令各效⓰伎藝以為樂。工部尚書張錫舞談容娘⓱，將作大匠宗晉卿舞渾脫⓲，左衛將軍張洽⓳舞黃麞⓴，左金吾將軍杜元談㉑誦婆羅門呪㉒，中書舍人盧藏用效道士上章㉓。國子司業河東郭山惲㉔獨曰：「臣無所解㉕，請歌古詩。」上許之。山惲乃歌鹿鳴㉖、蟋蟀㉗。明日，上賜山惲敕，嘉美其意，賜時服一襲。

上又嘗宴侍臣，使各為迴波辭㉘，眾皆為諂語㉙。或自求榮祿㉚，諫議大夫李景伯㉛曰：「迴波爾時酒卮㉜，微臣職在箴規㉝。侍宴既過三爵㉞，諠譁竊恐非儀㉟！」上不悅。蕭至忠曰：「此真諫官也。」

【章　旨】以上為第八段，寫中宗縱奴為惡，娛樂、宴會縱情違禮，大失天子體統。

【注　釋】❶丁卯　正月初九日。❷廣東都聖善寺　擴建東都聖善寺。聖善寺兩京皆有，係中宗為武則天追福所建。❸己丑　二月初二日。❹拔河　雙方多人各執巨繩一端所進行的角力運動。這項運動起源較早，在唐代頗為流行。參《荊楚歲時記》、《封氏聞見記》等。❺市肆　市中店鋪。❻因為忿爭　故意以交易不合而發生忿爭。❼丙申　二月初九日。❽崔琬　事見《新唐書》卷一百九與《舊唐書》卷九十二〈宗楚客傳〉，以及《唐御史臺精舍題名考》卷一、卷二。❾潛通戎狄　指暗中與闕啜忠節勾結。❿致生邊患　導致娑葛內侵。關於宗楚客受賄一事，《景龍文館記》曾予以否認。見《通鑑考異》卷十二。⓫俯僂　低頭彎腰。⓬待罪　等待被治罪。⓭作色　變色。⓮忠鯁　忠正鯁直。⓯壬寅　二月十五日。⓰效　獻。⓱談容娘　舞曲名，又作〈踏謠娘〉。相傳北齊時有位姓蘇的人，嗜酒成命，醉後總要毆打他的妻子，其妻銜悲訴於鄉里。時人便以此為題，創作此曲。先由一男子穿婦女服裝，徐步入場，且歌且舞，然後由其父登場，二人作毆鬥之狀，以為笑樂。見唐崔令欽《教坊記》。⓲渾脫　舞曲名。唐高宗時，趙公長孫無忌以黑羊毛做渾脫氈帽，人多效仿，並演變成舞。見張鷟《朝野僉載》。⓳張洽　張大安之子。事見《舊唐書》卷一百八十九下〈郭山惲傳〉，《新唐書》卷七十二下〈宰相世系表二下〉、卷一百九〈郭山惲傳〉。⓴黃麞　舞曲名。武則天如意年間，里巷歌云：「黃麞黃麞草裡藏，彎弓射爾傷。」由此演變為舞曲。㉑杜元談　據《舊唐書》卷一百八十九下〈郭山惲傳〉、《新唐書》卷七十二上〈宰相世系表〉二上及《元和姓纂》卷六，「談」當為「琰」之誤。㉒婆羅門呪　古代印度的宗教咒語。㉓上章　道士替人上表給天神，祈求消災除難。㉔郭山惲　蒲州河東（今山西永濟西）人，精通三《禮》。傳見《舊唐書》卷一百八十九下、《新唐書》卷一百九。㉕解　習。㉖鹿鳴　《詩經・小雅》篇名。為宴賓樂歌。㉗蟋蟀　《詩經・唐風》篇名。取好樂無荒之意。㉘迴波辭　樂府商調曲，又名〈迴波樂〉。每句六言，首句先用「迴波爾時」四字。詳見《樂府詩集》卷八十〈迴波樂〉解題。㉙諂語　諂媚之詞。㉚榮祿　高官厚祿。㉛李景伯　則天朝宰相李懷遠之子，官至右散騎常侍。傳見《舊唐書》卷九十、《新唐書》卷一百十六。㉜酒巵　酒器。能容四升。㉝箴規　箴諫規勸。㉞三爵　猶三巡。㉟非儀　非禮。古人認為，臣侍君，宴不過三爵；過三爵，即不合禮儀。

【校記】①袁從一　原作「袁從之」。嚴衍《通鑑補》改作「袁從一」，當是，今據以校正。

【語譯】三年（己酉　西元七〇九年）

春，正月初九日丁卯，中宗頒布詔書，擴建東都聖善寺，居民喪失生計的有幾十家。〇長寧、安樂等公主屢次縱容奴僕劫掠百姓子女為奴婢，侍御史袁從一把這些人抓捕關進監獄，治他們罪。公主們上訴於中宗，中宗親自起草詔書把他們釋放出獄。袁從之上奏說：「陛下縱容奴僕搶掠良民，拿什麼來治理天下！」中宗最後還是把他們釋放了。

二月初二日己丑，中宗親臨玄武門，與親近的大臣觀賞宮女拔河。還命令宮女們擺設店鋪，公卿大臣們扮作商人，與她們做買賣，故意動氣爭執，彼此言辭粗俗無禮，中宗和韋皇后在一旁觀看，以此取樂。

二月初九日丙申，監察御史崔琬當廷彈劾宗楚客、紀處訥二人私通戎狄，收受他們的賄賂，導致邊塞地區發生禍患。根據慣例，大臣被彈劾時，須彎腰低頭快步走出，站在朝堂上聽候治罪。這次，宗楚客反而憤怒變色，自己述說忠誠耿直，被崔琬所誣陷。中宗竟然沒有嚴加追究，命令崔琬與宗楚客結為兄弟，以此和解兩人的關係，當時人們都稱中宗為「和事天子」。〇十五日壬寅，中宗任命韋巨源為尚書左僕射，任命楊再思為尚書右僕射，均為同中書門下三品。

中宗多次與近臣學士聚會宴飲，讓大家各獻伎藝取樂。工部尚書張錫表演〈談容娘〉舞，將作大匠宗晉卿表演〈渾脫〉舞，左衛將軍張洽表演〈黃麞〉舞，左金吾將軍杜元談吟誦〈婆羅門呪〉，中書舍人盧藏用扮作道士給天神上表祈福消災。惟有國子司業河東人郭山惲說：「臣不曾通曉任何演藝，願歌詠古詩。」中宗同意了。郭山惲便吟唱了〈鹿鳴〉和〈蟋蟀〉。第二天，中宗賜予郭山惲敕書，嘉獎他的好意，賞給他一套時興的服裝。

中宗又曾宴飲侍臣，讓大家各自創作〈迴波辭〉，大家都撰寫諂媚之詞。有的人還向中宗求取高官厚祿，諫議大夫李景伯所作是：「酒波在杯中迴盪的時候，微臣的職責在於勸誡君主。臣僚陪侍陛下飲宴已經超過了三巡，我擔心再喧譁下去將會違背禮儀！」中宗不高興。蕭至忠說：「這是真正的諫官。」

三月戊午❶，以宗楚客為中書令，蕭至忠為侍中，太府卿韋嗣立為中書侍郎、同中書門下三品。中書侍郎崔湜、趙彥昭❷並同平章事。崔湜通於上官昭容，故昭容引以為相。彥昭，張掖人也。

時政出多門，濫官❸充溢，人以為三無坐處❹，謂宰相、御史及員外官也。

韋嗣立上疏，以為「比者造寺極多，務取崇麗，大則用錢百數十萬，小則三五萬，無慮❺所費千萬以上，人力勞弊，怨嗟❻盈路。佛之為教，要在降伏身心❼，豈彫畫土木，相誇壯麗！萬一水旱為災，戎狄構患，雖龍象❽如雲，將何救哉！又，食封之家❾，其數甚眾，昨問戶部，云用六十餘萬丁，一丁絹兩匹，凡百二十餘萬匹。臣頃在太府❿，每歲庸⓫調[1]絹，多不過百萬，少則六七十萬匹，比之封家，所入殊少。夫有佐命之勳⓬，始可分茅胙土⓭。國初，功臣食封者不過三二十家，今以恩澤食封者乃踰⓮百數。國家租賦，太半私門⓯，私門有餘，徒益⓰奢侈，公家不足，坐致憂危⑰，制國之方，豈謂為得！封戶之物，諸家自徵，僮僕依勢，陵轢州縣⑱，多索裹頭⑲，轉行貿易，煩擾驅迫，不勝其苦。不若悉計丁輸之太府，使封家於左藏⑳受之，於事為愈。又，員外置官，數倍正闕㉑，曹署典吏，困於祗承，府庫倉儲，竭於資奉。又，刺史、縣令，近年以來，不存簡擇㉒，京官有犯及聲望下者方遣刺州㉓，吏部選人，衰耄無手筆㉔者方補縣令，以此理人，何望率化㉕！望自今應除三省㉖、兩臺㉗及五品以上清望官㉘，皆先於刺史、縣令中選用，則天下理矣。」上弗聽㉙。

戊寅㉚，以禮部尚書韋溫㉛為太子少保、同中書門下三品，太常卿鄭愔為吏部尚書㉜、同平章事。溫，皇后之兄也。

太常博士唐紹㉝以武氏昊陵、順陵㉞置守戶五百，與昭陵數同，梁宣王、魯忠王㉟墓守戶多於親王五倍，韋氏褒德廟衛兵多於太廟，上疏請量裁減，不聽。紹，臨㊱之孫也。

中書侍郎兼知吏部侍郎、同平章事崔湜、吏部侍郎同平章事鄭愔俱掌銓衡㊲，傾附㊳勢要㊴，贓賄狼籍，數外留人㊵，授擬㊶不足，逆用三年闕㊷，選法大壞。湜父挹為司業㊸，受選人錢，湜不之知，長名放之㊹。其人訴曰：「公所親受某㊺

賂，柰何不與官？」湜怒曰：「所親為誰，當擒取杖殺之！」其人曰：「公勿枉殺，將使公遭憂㊻。」湜大慚。侍御史靳恆㊼與監察御史李尚隱對仗彈之，上下湜等獄，命監察御史裴漼㊽按之。安樂公主諷漼寬其獄，漼復對仗彈之。夏，五月丙寅㊾，愔免死，流吉州㊿，湜貶江州(51)司馬。上官昭容密與安樂公主、武延秀曲為申理；明日，以湜為襄州刺史，愔為江州司馬。

【章　旨】以上為第九段，寫中宗濫施封賞，冗官充斥，封邑逾制，選舉敗壞，賄賂公行，佞佛造寺，窮奢極侈，給民眾帶來沉重負擔。

【注　釋】❶戊午　三月初一日。❷趙彥昭　字奐然，甘州張掖（今甘肅張掖）人，進士出身。曾任南部尉、新豐丞、左臺監察御史，以權幸官至宰相。傳見《舊唐書》卷九十二、《新唐書》卷一百二十三。❸濫官　虛在其位，名不符實的官吏。❹三無坐處　意思是說，宰相、御史和員外官極多，衙門已無空席可坐。❺無慮　大略。❻怨嗟　怨恨嗟歎。❼降伏身心　修心定慧，去除嗜欲。❽龍象　佛家用語，本指修行勇猛、力氣最大的羅漢，此處轉指高僧。❾食封之家　即食實封的人家。所謂食實封即指受封爵並領有封地，食其封戶租賦。❿太府　太府寺。太府寺卿掌國家財貨，凡四方貢賦、百官俸秩皆屬其管理。⓫庸　賦稅的一種。唐制，丁男每年服傜役二十天，如不服役，每天輸絹三尺或布三尺七寸五分，稱作「庸」。⓬佐命之勳　輔佐帝王創業的功勳。⓭分茅胙土　分封為諸侯。古代分封諸侯時，用白茅裹著泥土授予被封者，象徵授予土地和權力。胙，賜予。⓮踰　超過。⓯太半私門　大半進入私家。⓰徒益　只會增加。⓱憂危　憂患危機。⓲陵轢州縣　欺陵州縣。轢，欺陵；陵踐。⓳多索裹頭　以酬答為名，索取財物。胡三省注：「裹頭，謂行橐齎裹以自資者，今謂答頭。」⓴左藏　即左藏庫。唐京師及東都皆有左藏庫。京師左藏在長安宮城南部，有東西之分。東左藏庫在長樂門內，西左藏庫在廣運門內。唐初舊制，天下財賦，皆納於左藏庫，太府四時上奏收支數目，尚書比部覆其出入，上下相轄。見《舊唐書・楊炎傳》。㉑數倍正闕　比正員多幾倍。㉒簡擇　選擇。㉓刺州　州刺史。㉔無手筆　不善於寫作，沒有文采。㉕率化　遵從教化。㉖三省尚書、中書、門下。㉗兩臺　左右御史臺。㉘清望官　猶清要官。唐代五品以上清望官除內外三品以上官外，還包括中書黃門侍郎、尚書左右丞、諸司侍郎、太常少卿、祕書少監、太子少詹事、左右庶子、左右率、國子司業、太子左右諭德、左右千牛衛中郎將、左右副率、率府中郎將、御史中丞、諫議大夫、給事中、中書舍人、贊善大夫、太子洗馬、國子博士、諸司郎中、祕書丞、著作郎、太常丞、左右衛郎將、左右率府郎將。見《唐六典》卷二。㉙弗聽　不採納。㉚戊寅　三月二十一日。㉛韋湑　（？—西元七一〇年）韋后堂兄。曾任宗正卿、禮部尚書。以韋后關係，官至宰相。傳見《舊唐書》卷一百八十三、《新唐書》卷二百六。㉜吏部尚書　《新唐書》卷四〈中宗紀〉及卷六十一〈宰相表〉作「吏部侍郎」。「尚書」當為「侍郎」之誤。詳見嚴耕望《唐僕尚丞郎表》卷十。㉝唐紹　（？—西元七一三年）官至給事中兼太常少卿。傳見《舊唐書》卷八十五、《新唐書》卷一百十三。㉞昊陵順陵　武則天父母陵墓。㉟梁宣王魯忠王　武三思封梁宣王，武崇訓封魯忠王。㊱臨唐臨歷任唐高祖、唐太宗、唐高宗三朝，官至吏部尚書。㊲銓衡　銓選。㊳傾附　傾身阿附。㊴勢要　權勢顯要的人。㊵數外留人　額外保留選人。㊶授擬　除授注擬。㊷逆用三年闕　預先支用三年的名額，使後三年名額成為空闕。㊸司業　官名，國子司業的簡稱，為國子監次官。㊹長名放之　唐自高宗總章二年（西元六六九年）起，以長名榜定留放。留者入選，放者不得入選。㊺某　在生疏人面前的自稱，猶「我」。㊻公勿杖殺二句　意即公勿杖殺，若杖殺，將使公居憂。㊼靳恒　事見《元和姓纂》卷九、《唐御史臺精舍題名考》卷一。㊽裴漼　（？—西元七三六年）絳州聞喜（今山西聞喜東北）人，長於敷奏，與張說友善，官至吏部尚書。傳見《舊唐書》卷一百、《新唐書》卷一百三十。㊾丙寅　五月十一日。㊿吉州　州名，治所在今江西吉安。(51)江州　州名，治所潯陽，在今江西九江市。

【校　記】[1]調　原無此字。據章鈺校，十二行本、乙十一行本、孔天胤本皆有此字，張瑛《通鑑校勘記》同，今據補。按，兩《唐書・韋思謙傳附子嗣立傳》皆有「調」字，且庸為代役之絹，時輸庸代役有多種條件限制，只論庸絹，難以達每歲百萬匹。

【語　譯】三月初一日戊午，中宗任命宗楚客為中書令，蕭至忠為侍中，太府卿韋嗣立為中書侍郎、同中書門下三品。中書侍郎崔湜、趙彥昭一起擔任同平章事。崔湜與上官昭容私通，所以上官昭容引薦他擔任宰相。趙彥昭，是張掖人。

當時政令出自多門，浮濫的官員充斥朝廷，人們認為有三處官署無法安排座位，說的是宰相、御史及員外官。韋嗣立上疏認為「近來建造寺院太多，追求高大華麗，大的工程用錢幾十萬到百萬，小的則用錢三、五萬，大約所靡費的錢財千萬以上，民力困乏，怨聲盈路。佛所制定的教義，要點在於讓人們降伏自己的身心，哪裡是雕劃土木，競相誇耀寺院的壯觀華麗！萬一發生水旱災害，夷狄部落製造禍患，即使高僧多如雲集，對於陛下的賑災解難有什麼救助呢！還有，食實封之家，數量極多，臣昨日詢問戶部，說是佔用了六十多萬丁男，一個丁男一年納絹兩匹，一年共計一百二十多萬匹。不久前臣在太府任職，每年入庫的庸絹、調絹，多的時候不超過一百萬匹，少的時候就只有六、七十萬匹，與食實封之家相比，所入實在太少了。大凡只有輔佐帝王創下基業的元勳，才可以分封土地。國家初期，功臣食封戶的不過二、三十家，現今憑藉陛下恩澤食實封的竟超過了一百家。國家的賦稅收入，一大半流進私門，私門的財貨有餘，只會更加奢侈，國家的用度不足，導致憂患危亡，這樣的治國方略，怎能說是得當的呢！所封食戶應當交納的租賦，由各家自己徵收。他們的家奴倚仗主人的權勢，欺陵州縣；額外勒索盤纏川資，轉運貨物，買賣交易，煩勞騷擾，驅使逼迫，百姓不勝其苦。不如全部計算丁男的賦稅輸入太府，讓食實封之家在左藏庫領取，此事這樣做要好一些。另有，員額外設置的官員，數倍於正員，曹署小吏，困於恭奉，國庫蓄積，竭於供養。又有，近年以來，刺史、縣令，沒有進行選拔，京官犯有過失以及聲望低下的才派到各州去做刺史，吏部選任地方官時，衰老不善為文的才補授縣令。用這樣的官員去治理百姓，天下遵從教化還會有什麼指望呢！希望今後對待授任三省、左右御史臺以及五品以上清望官時，都要先在各州縣刺史、縣令中選拔，那麼國家就能得到治理了。」中宗沒有接受他的建議。

三月二十一日戊寅，中宗任命禮部尚書韋溫為太子少保、同中書門下三品，太常卿鄭愔為吏部尚書、同平章事。韋溫，是韋皇后的兄長。

太常博士唐紹因為武氏的昊陵、順陵設有五百戶守陵的人家，與太宗皇帝昭陵守戶的數目相同，梁宣王武三思和魯忠王武崇訓墓地的守戶多出親王陵墓的守戶五倍，韋皇后亡父的褒德廟的衛兵數目超過了太廟的衛兵數目，所以上疏請求酌量裁減，中宗沒有採納。唐紹，是唐臨的孫子。

中書侍郎兼知吏部侍郎、同平章事崔湜與吏部侍郎同平章事鄭愔一同執掌官吏的選任，他們傾身阿附權勢顯要，貪贓受賄，聲名狼籍，在名額以外取人，吏部所擬的授任名額不夠，便預先支用以後三年的名額。朝廷選任官員的法規受到極大破壞。崔湜的父親崔挹擔任司業，接受了候選官員的錢財，崔湜不知道這件事，把那個人的名字也寫上了公布選官結果的長名榜的落選之列。那人向崔湜申訴說：「您的親屬已經收下了我的賄賂，為什麼不給我官職呢？」崔湜大怒，說道：「這個親屬是誰，我要將他抓起來用棍杖打死！」那個人說：「您可不能把他用棍杖打死，那樣會使您丁憂服喪的。」崔湜大為羞愧。侍御史靳恆與監察御史李尚隱當廷彈劾了崔湜，中宗把崔湜等人下獄，命令監察御史裴漼審訊這樁案件。安樂公主暗示裴漼放寬對崔湜等人案件的審理，裴漼又當廷彈劾了她。夏，五月十一日丙寅，中宗將鄭愔免予死刑，流放到吉州，將崔湜貶謫為江州司馬。上官昭容私下與安樂公主、武延秀一道為他們兩人曲為申辯；第二天，中宗任命崔湜為襄州刺史，鄭愔為江州司馬。

六月❶，右僕射、同中書門下三品楊再思薨。

秋，七月，突騎施娑葛遣使請降。庚辰❷，拜歸化可汗[1]，賜名守忠。

八月乙酉❸[2]，以李嶠同中書門下三品，韋安石為侍中，蕭至忠為中書令。

至忠女適皇后舅子崔無詖❹，成昏❺日，上主蕭氏❻，后主崔氏，時人謂之「天子嫁女，皇后娶婦。」

上將祀南郊，丁酉❼，國子祭酒祝欽明、國子司業郭山惲建言：「古者大祭祀，后祼獻以瑤爵，皇后當助祭天地。」太常博士唐紹、蔣欽緒❽駮之，以為「鄭玄注周禮內司服，惟有助祭先王先公，無助祭天地之文。皇后不當助祭南郊⑨。」國子司業臨官褚無量⑩議，以為「祭天惟以始祖為主，不配以祖妣，故皇后不應預祭。」韋巨源定儀注⑪，請依欽明議。上從之，以皇后為亞獻，仍以宰相女為齋娘⑫，助執豆籩⑬。欽明又欲以安樂公主為終獻，紹、欽緒固爭，乃止；以巨源攝太尉為終獻。欽緒，膠水人也。

乙巳⑭[3]，上幸定昆池，命從官賦詩。黃門侍郎李日知詩曰：「所願暫思居者逸，勿使時稱作者勞⑮。」及睿宗即位，謂日知曰：「當是時⑯，朕亦不敢言之。」

九月戊辰⑰，以蘇瓌為右僕射、同中書門下三品。

太平、安樂公主各樹朋黨，更相譖[4]毀⑱，上患之。冬，十一月癸亥⑲，上謂修文館直學士⑳武平一曰：「比聞內外親貴多不輯睦㉑，以何法和㉒之？」平一以為「此由讒諂之人陰為離間，宜深加誨諭㉓，斥逐姦險㉔。若猶未已，伏願捨近圖遠，抑慈存嚴，示以知禁，無令積惡。」上賜平一帛而不能用其言。

上召前修文館學士崔湜、鄭愔入陪大禮。乙丑㉕，上祀南郊，赦天下，并十惡㉖咸赦除之；流人並放還；齋娘有壻者，皆改官㉗。

甲戌㉘，開府儀同三司、平章軍國重事豆盧欽望薨。○乙亥㉙，吐蕃贊普遣其大臣尚贊咄㉚等千餘人逆㉛金城公主。

河南道巡察使、監察御史宋務光，以「於時食實封者㉜凡一百四十餘家，應出封戶者凡五十四州，皆割上腴之田㉝，或一封分食數州。而太平、安樂公主又取高貲多丁者㉞，刻剝過苦，應充封戶者甚於征役。滑州㉟地出綾㊱縑㊲，人多趨射㊳，尤受其弊，人多流亡，請稍分封戶散配餘州。又，徵封使者煩擾公私，請附租庸㊴，每年送納。」上弗聽。

時流人皆放還，均州刺史譙王重福㊵獨不得歸，乃上表自陳曰：「陛下焚柴展禮㊶，郊祀上玄㊷，蒼生並得赦除，赤子㊸偏加擯棄㊹，皇天平分之道，固若此乎！天下之人聞者為臣流涕。況陛下慈念，豈不愍臣棲遑㊺！」表奏，不報。

前右僕射致仕唐休璟，年八十餘㊻，進取彌銳，娶賀婁尚宮養女為其子婦。十二月壬辰㊼，以休璟為太子少師、同中書門下三品。

甲午㊽，上幸驪山溫湯㊾。庚子㊿，幸韋嗣立莊舍。以嗣立與周高士韋夐(51)同族，賜爵逍遙公。嗣立，皇后之疏屬(52)也，由是顧賞尤重。乙巳(53)，還宮。

是歲，關中饑，米斗百錢。運山東、江、淮穀輸京師，牛死什八九。羣臣多請車駕復幸東都，韋后家本杜陵(54)，不樂東遷，乃使巫覡(55)彭君卿(56)等說上云：「今歲不利東行。」後復有言者，上怒曰：「豈有逐糧天子(57)邪！」乃止。

【章旨】以上為第十段，寫中宗治國無方，治家無策。韋皇后助祭南郊，違禮聽之；太平、安樂公主各樹朋黨，束手無策。

【注釋】❶六月 兩《唐書・中宗紀》皆作六月癸卯，即六月十八日。❷庚辰 七月二十六日。❸乙酉 八月初一日。❹崔無詖 京兆長安（今陝西西安）人，官至滎陽太守。傳見《舊唐書》卷一百八十七下、《新唐書》卷一百九十一。❺昏 通「婚」。❻上主蕭氏 皇帝為蕭氏主婚人。❼丁酉 八月十三日。❽蔣欽緒 萊州膠水（今山東平度）人，進士及第，頗工文辭。官至魏州刺史。傳見《新唐書》卷一百十二。❾祭南郊 即在圜丘祭天。圜丘地處都城之南，故祭圜丘的活動又被稱為祭南郊或南郊大祀。❿褚無量 （西元六四六—七二〇年）字弘度，杭州鹽官（今浙江海寧西南）人，自幼孤貧好學。舉明經，曾任國子博士。後官至左散騎常侍兼國子祭酒。主持整理內庫圖書，對保護古代文化典籍有一定貢獻。傳見《舊唐書》卷一百二、《新唐書》卷二百。⓫儀注 禮節制度。⓬齋娘 為皇后辦理祭祀事務的女子。⓭豆籩 又作籩豆。古代供祭祀或宴會之用的禮器。籩用竹製，盛果脯等；豆用木製，盛齏醬等。⓮乙巳 八月二十一日。⓯所願蹔思居者逸二句 意思是說希望暫且考慮一下居民的安逸，不要讓人們時時感到勞作的辛苦。作者，指被役使勞作的人。勞，辛苦。⓰當是時 在那個時候。⓱戊辰 九月十五日。⓲更相譖毀 互相進讒言詆毀對方。⓳癸亥 十一月十一日。⓴直學士 六品以下的學士，掌詳正圖籍等。㉑輯睦 安輯和睦。㉒和 敦和。㉓誨諭 訓誨告諭。㉔姦險 奸詐險惡的人。㉕乙丑 十一月十三日。㉖十惡 一謀反，二謀大逆，三謀叛，四謀惡逆，五不道，六大不敬，七不孝，八不睦，九不義，十內亂。唐制，凡犯十惡者，不得依議請之例，亦為常赦所不原。見《唐律疏議》及《舊唐書・刑法志》。㉗改官 改變現有官爵，予以晉升。㉘甲戌 十一月二十二日。㉙乙亥 十一月二十三日。㉚尚贊咄 《舊唐書》卷七、卷一百九十六上俱作「尚贊吐」。司馬光在《考異》云：「《文館記》云：『吐蕃使其大首領瑟瑟告身贊咄、金告身尚欽藏以下來迎金城公主。』譯者云：『贊咄，猶此左僕射；欽藏，猶此侍中。』蓋贊咄即贊吐也。」㉛逆 迎。㉜食實封者 即有封邑的人。唐初食實封者得真戶，每戶在三丁以上。㉝上腴之

田　最肥沃的土地。㉞高貲多丁者　資產多、丁男多的人家。㉟滑州　州名，治所在今河南滑縣東。㊱綾　有花紋圖案的高級絲織物。㊲縑　雙絲細絹。㊳趨射　趨財射利；追逐財利。㊴請附租庸　請隨租庸交納的時間。㊵譙王重福　中宗次子。神龍元年（西元七〇五年）貶為濮州員外刺史，後徙合、均二州。㊶展禮　布陳禮儀。㊷上玄　上天。㊸赤子　猶孺子。重福自稱。㊹擯棄　擯斥拋棄。㊺棲遑　忙碌不安，到處奔波。亦有窘迫之意。㊻年八十餘　據兩《唐書》唐休璟本傳，時年八十三歲。㊼壬辰　十二月十日。㊽甲午　十二月十二日。㊾驪山溫湯　即今陝西臨潼華清池。㊿庚子　十二月十八日。(51)韋敻　北周人。淡於榮利，宅第枕帶林泉，習玩琴書，蕭然自樂，時人稱為居士，北周明帝時號之曰「逍遙公」。傳見《周書》卷三十一、《北史》卷六十四。(52)疏屬　遠親。(53)乙巳　十二月二十三日。(54)杜陵　地名，本稱杜原。因漢宣帝在此築陵，改為杜陵，位於陝西長安杜陵鎮。(55)巫覡　古代稱女巫為巫，男巫為覡。巫覡為巫者的合稱。(56)彭君卿　《舊唐書》卷七十七、《新唐書》卷一百十二作「彭君慶」。(57)逐糧天子　隨處求食的天子。

【校　記】[1]歸化可汗　原作「欽化可汗」。嚴衍《通鑑補》改作「歸化可汗」，今據以校正。按，《舊唐書·中宗紀》作「歸化可汗」。[2]乙酉　原作「己酉」。嚴衍《通鑑補》改作「乙酉」，今從改。按，兩《唐書·中宗紀》皆作「乙酉」。[3]乙巳　原作「己巳」。張敦仁《通鑑刊本識誤》、嚴衍《通鑑補》皆作「乙巳」，今從改。按，是年八月乙酉朔，無己巳，《舊唐書·中宗紀》亦作「乙巳」。[4]譖　原作「黨」。據章鈺校，十二行本、乙十一行本皆作「譖」，張敦仁《通鑑刊本識誤》、張瑛《通鑑校勘記》同，今據改。

【語　譯】六月，右僕射、同中書門下三品楊再思去世。

秋，七月，突騎施娑葛派遣使者請求歸降。二十六日庚辰，朝廷封娑葛為歸化可汗，賜名為守忠。

八月初一乙酉，中宗任命李嶠為同中書門下三品，韋安石為侍中，蕭至忠為中書令。

蕭至忠的女兒嫁給了韋皇后舅父的兒子崔無詖，在結婚的那一天，中宗做蕭氏的主婚人，韋皇后做崔氏的主婚人，當時的人把此事說成是「天子嫁閨女，皇后娶媳婦。」

中宗將要南郊祭天。八月十三日丁酉，國子祭酒祝欽明、國子司業郭山惲提出建議說：「古代舉行大祭禮的時候，王后使用瑤爵獻酒灌祭，應該讓韋皇后輔助陛下祭祀天地。」太常博士唐紹、蔣欽緒對此予以駁斥，認為「鄭玄注釋《周禮・內司服》，只講過王后輔助帝王祭祀先王先公，沒有輔助帝王祭祀天地的文字。皇后不應當輔助陛下南郊祭天。」國子司業鹽官縣人褚無量提出建議，認為「祭天的儀式中只是以始祖為主，不用始祖母配享，因此皇后不應參與祭天。」韋巨源主持制定祭天的禮節，他請求按祝欽明的建議去辦。中宗同意了他的意見，決定由韋皇后擔任第二次獻祭，還用宰相之女擔任齋娘，幫助擺放豆籩。祝欽明還打算由安樂公主來擔任最後的獻祭，由於唐紹和蔣欽緒堅決爭辯，只好作罷。任命韋巨源代理太尉，執行最後的獻祭。蔣欽緒，是膠水縣人。

八月二十一日乙巳，中宗駕臨定昆池，命令侍從官員作詩。黃門侍郎李日知詩中說：「所願暫思居者逸，勿使時稱作者勞。」等到睿宗即位，對李日知說：「在那個時候，我也不敢像你那樣說。」

九月十五日戊辰，中宗任命蘇瓌為尚書右僕射、同中書門下三品。

太平公主和安樂公主各自結黨，彼此互相誣陷誹謗，中宗為此而憂慮。冬，十一月十一日癸亥，中宗對修文館直學士武平一說：「近來聽說朝廷內外的親戚顯貴多不和睦，用什麼方法讓他們和睦呢？」武平一認為「這是由於讒佞諂媚的人暗中挑撥離間，陛下應當深加訓誨曉諭，摒退那些奸佞險惡的小人。如果事態還是沒完沒了，臣敬請陛下捨棄眼前，圖謀久遠，抑制慈愛之心，保留嚴肅之意，明示他們知道法禁，不要使他們交惡日深。」中宗賞賜武平一絹帛，卻對他的建議不加採納。

中宗徵召前修文館學士崔湜、鄭愔進京陪同參加祭天大禮。十一月十三日乙丑，中宗到南郊祭天，大赦天下，犯有十惡重罪的要犯也一律赦免；被判處流刑的人全部放還原籍；已有丈夫的齋娘，丈夫都改任新的官職。

十一月二十二日甲戌，開府儀同三司、平章軍國重事豆盧欽望去世。○二十三日乙亥，吐蕃贊普派遣他的大臣尚贊咄等一千餘人迎娶金城公主。

河南道巡察使、監察御史宋務光認為「在今日食實封的總計一百四十餘家，應當為他們出封戶的州共計五十四個，割取的都是上等的膏腴之地，有的一個食封貴族分食數州。而太平公主和安樂公主又佔取資財充實、人丁眾多的封戶，盤剝過於苛刻，應命充作封戶的人家比向朝廷納賦服役的人家的負擔還要沉重。滑州地區生產綾縑，人們紛紛趕到那裡趨財射利，所受到的弊害尤為深重，百姓大多流離亡命，請將食封貴族所佔有的封戶數額稍加分散調配到其餘的州裡去。另外，徵收封戶租稅的使者騷擾州縣政府和黎民百姓，希望把應收取的租稅附入租庸之中，每年由官府送交。」中宗沒有接受這一建議。

當時被流放的人都已放回，惟獨均州刺史譙王李重福沒能返回京城，他便上表為自己申述說：「陛下焚燒木柴舉行典禮，郊祭上天，芸芸眾生全都得以赦罪免刑，惟獨把兒子加以摒棄，上天對子民公平施恩的原則，原本就是這樣的嗎！天下之人知道此事的都在為臣流淚。何況陛下心懷仁慈，為什麼不能憐憫一下窘迫無路的子臣呢！」李重福的奏表呈進以後，中宗沒有答覆。

前任尚書右僕射已退休的唐休璟，年紀已有八十多歲了，進取之心卻更加強烈，為他的兒子娶了賀婁尚宮的養女作為妻子。十二月初十日壬辰，中宗任命唐休璟為太子少師、同中書門下三品。

十二月十二日甲午，中宗駕臨驪山溫泉。十八日庚子，中宗駕臨韋嗣立的莊園。由於韋嗣立與北周名士韋夐同族，賜爵為逍遙公。韋嗣立，是韋皇后的遠房親屬，因此受到的照顧和賞賜尤為厚重。二十三日乙巳，中宗返回宮中。

這一年，關中發生饑荒，米每斗價值一百錢。朝廷從山東、江、淮等地區運送穀物到京師，運糧的牛死去十分之八、九。群臣中很多人請求中宗再次駕臨東都洛陽，韋后家原本在杜陵，不樂意東遷，便指使巫覡彭君卿等勸中宗說：「今年不利於東行。」後來還有一些大臣建議中宗到東都去，中宗生氣地說：「哪有到處找飯吃的天子啊！」東遷之事這才作罷。

睿宗玄真大聖大興孝皇帝❶上

景雲元年❷（庚戌　西元七一〇年）

春，正月丙寅夜❸，中宗與韋后微行觀燈於市里❹，又縱宮女數千人出遊，多不歸者。

上命紀處訥送金城公主適吐蕃❺，處訥辭，又命趙彥昭，彥昭亦辭。丁丑❻，命左驍衛大將軍楊矩❼送之。己卯❽，上自送公主至始平❾。二月癸未❿，還宮。公主至吐蕃，贊普為之別築城以居之。

庚戌⓫，上御梨園⓬毬場，命文武三品以上拋毬⓭及分朋拔河，韋巨源、唐休璟衰老，隨絙踣⓮地，久之不能興⓯。上及皇后、妃、主臨觀，大笑。

夏，四月丙戌⓰，上遊芳林園⓱，命公卿馬上摘櫻桃⓲。

初，則天之世，長安城東隅民王純家井溢⓳，浸成大池數十頃，號隆慶池⓴。相王子五王㉑列第於其北，望氣者言：「常鬱鬱㉒有帝王氣，比日㉓尤盛。」乙未㉔，上幸隆慶池，結綵為樓，宴侍臣，泛舟戲象[1]以厭㉕之。

定州人郎岌㉖上言：「韋后、宗楚客將為逆亂。」韋后白上㉗杖殺之。

五月丁卯㉘，許州司兵參軍㉙偃師燕欽融㉚復上言：「皇后淫亂，干預國政，宗族彊盛，安樂公主、武延秀、宗楚客圖危宗社。」上召欽融面詰之。欽融頓首抗言，神色不橈，上默然。宗楚客矯制令飛騎撲殺㉛之，投於殿庭石上，折頸而死，楚客大呼稱快。上雖不窮問，意頗怏怏㉜不悅，由是韋后及其黨始憂懼。

己卯㉝，上宴近臣，國子祭酒祝欽明自請作八風舞，搖頭轉目，備諸醜態，上笑。欽明素以儒學著名，吏部侍郎盧藏用私謂諸學士㉞曰：「祝公五經掃地㉟盡矣！」

散騎常侍馬秦客以醫術，光祿少卿楊均㊱以善烹調㊲，皆出入宮掖，得幸於韋后，恐事泄被誅；安樂公主欲韋后臨朝，自為皇太女；乃相與合謀，於餅餤中進毒，六月壬午㊳，中宗崩於神龍殿㊴。

韋后祕不發喪，自總庶政㊵。癸未㊶，召諸宰相入禁中，徵諸府㊷兵五萬人屯京城，使駙馬都尉韋捷㊸、韋灌㊹、衛尉卿韋璿㊺、左千牛中郎將韋錡㊻、長安令韋播、郎將高嵩等[2]分領之。璿，溫之族弟；播，從子；嵩，其甥也。中書舍人韋元徼巡㊼六街㊽。又命左監門大將軍兼內侍薛思簡㊾等將兵五百人馳驛戍均州，以備譙王重福。以刑部尚書裴談、工部尚書張錫並同中書門下三品，仍充東都留守。吏部尚書張嘉福、中書侍郎岑羲、吏部侍郎崔湜並同平章事。羲，長倩之從子也。

太平公主與上官昭容謀草遺制，立溫王重茂㊿為皇太子，皇后知政事，相王旦參謀政事。宗楚客密謂韋溫曰：「相王輔政，於理非宜。且於皇后，嫂叔不通問[51]，聽朝之際，何以為禮！」遂帥諸宰相表請皇后臨朝，罷相王政事[52]。蘇瓌曰：「遺詔[53]豈可改邪！」溫、楚客怒，瓌懼而從之，乃以相王為太子太師。

甲申[54]，梓宮[55]遷御太極殿[56]，集百官發喪，皇后臨朝攝政，赦天下，改元唐隆。進相王旦為[3]太尉，雍王守禮為豳王，壽春王成器為宋王，以從人望。命韋溫總知內外守捉兵馬事[57]。

丁亥[58]，殤帝即位，時年十六。尊皇后為皇太后，立妃陸氏為皇后。壬辰[59]，命紀處訥持節巡撫關內道，岑羲河南道，張嘉福河北道。

【章旨】以上為第十一段，寫韋皇后發難，毒死中宗。

【注釋】❶睿宗玄真大聖大興孝皇帝　即唐睿宗李旦（西元六六二—七一六年）。初名旭輪，封殷王，後徙封豫王、冀王，改名為輪。上元三年（西元六七六年）正月封相王。永隆二年又封豫王，改名為旦。嗣聖元年（西元六八四年）二月七日即位。天授元年（西元六九〇年）九月九日降為皇嗣，仍名輪。聖曆元年（西元六九八年）封相王，復名為旦。神龍二年（西元七〇六年）二月改封安國相王。唐隆元年（西元七一〇年）六月二十四日即位。延和元年（西元七一二年）八月二十五日傳位於唐玄宗。開元四年（西元七一六年）五月二十日死，葬橋陵。謚大聖玄真皇帝。天寶十二載（西元七五三年）二月，加尊為睿宗玄真大聖大興孝皇帝。事見《舊唐書》卷七、《新唐書》卷五〈睿宗紀〉。❷景雲元年　唐中宗景龍四年六月初二日壬午，中宗被韋后毒殺，溫王李重茂即位，改元唐隆，七月睿宗即位，改元景雲。即景雲元年包有景龍四年、唐隆元年。❸丙寅夜　正月十四日晚上。❹市里　市肆閭里。❺適吐蕃　嫁吐蕃贊普。❻丁丑　正月二十五日。❼楊矩　事見《舊唐書》

卷七〈中宗紀〉、卷九十二〈趙彥昭傳〉、卷一百九十六上〈吐蕃傳上〉，《新唐書》卷一百二十三〈趙彥昭傳〉、卷二百十六上〈吐蕃傳上〉。❽己卯　正月二十七日。❾始平　縣名，縣治在今陝西興平。史載中宗送金城公主至此，改縣名為金城。❿癸未　二月二日。⓫庚戌　二月二十九日。⓬梨園　教場樂園。在光化門北禁苑之中，約當今陝西西安火車站西北。⓭拋毬　拋蹴毬。唐人拋毬是先用數丈高的竹竿網成球門，然後分兩隊進行比賽，以進毬多少決定勝負，類似今天的足球比賽。⓮絙踣　被粗繩絆倒。絙，粗繩；大索。踣，倒。⓯興　起。⓰丙戌　四月初五日。⓱芳林園　在長安宮城西北，芳林門外。西即梨園，北有桃園亭。⓲櫻桃　又名含桃。即今常見的櫻桃。《爾雅》稱之為楔荊桃。⓳井溢　井水外溢。⓴隆慶池　故址在今陝西西安興慶公園內。因地處隆慶坊而得名。關於此地的成因，《唐六典》、《唐會要》所載與本書略同，即由井溢所致。《長安志》則說是垂拱以後因雨水聚積為小池，後又引龍首渠水注入，形成彌亙數頃，深至數丈的大池。玄宗即位後，改隆慶為「興慶」。又稱此池為龍池。㉑相王子五王　即相王李旦之子五人皆封王，為壽春王李成器、臨淄王李隆基、衡陽王李成義、巴陵王李隆範、彭城王李隆業。㉒鬱鬱　氣盛的樣子。㉓比日　近來。㉔乙未　四月十四日。㉕厭　壓。㉖郎岌　睿宗即位後，追贈諫議大夫。傳見《舊唐書》卷一百八十七上。㉗白上　告訴皇上。㉘丁卯　五月十七日。㉙司兵參軍　官名，從七品下，掌武官選舉、兵甲器仗、門戶管鑰、烽候傳驛之事。㉚燕欽融　（？—西元七一〇年）洛州偃師（今河南偃師東南）人。傳見《舊唐書》卷一百八十七上。㉛撲殺　擊殺。㉜怏怏　因不滿而鬱鬱不樂的樣子。㉝己卯　五月二十九日。㉞諸學士　指修文館學士及直學士。㉟五經掃地　猶言「斯文掃地」。比喻喪盡大儒體面。㊱楊均　事見《舊唐書》卷七〈睿宗紀〉、卷五十一〈中宗韋庶人傳〉，《新唐書》卷五〈睿宗紀〉、卷七十一下〈宰相世系表一下〉及卷七十六〈中宗庶人韋氏傳〉。㊲烹調　猶烹飪。㊳壬午　六月初二日。㊴中宗崩於神龍殿　韋皇后毒殺唐中宗，犯了致命的大錯。沒了中宗，她就沒有了權力保護傘。韋皇后又沒有兒子，因為兒子是繼存父皇權力的象徵。武則天不謀殺高宗，雖然殺了兩個兒子，還有兩個兒子，最終保護她不做刀下鬼。神龍殿，在長安宮城東北部，東為淩煙閣，西為甘露殿，南為大吉殿，北為凝香閣。㊵庶政　各種政務。㊶癸未　六月初三日。㊷諸府　各折衝府。㊸韋捷　尚中宗女成安公主。㊹韋灌　尚定安公主。據《唐會要》卷六、《新唐書》卷八十三、《舊唐書》卷一百八十三，「灌」當為「濯」之誤。㊺韋璿　官至職方郎中。見《元和姓纂》卷二、《新唐書》卷七十四上。㊻韋錡　宗正少卿韋令儀之子。㊼徼巡　徼遮巡察。㊽六街　長安城中左右六條大街。六街巡衛本由左右金吾將所掌，此非常態，中書舍人韋元掌控巡衛。㊾薛思簡　《舊唐書》卷七〈中宗紀〉作「薛簡」，卷五十一〈韋庶人傳〉作「薛崇簡」。待考。㊿溫王重茂　（？—西元七一四年）唐中宗第四子。後在位十七日，追謚殤皇帝。傳見《舊唐書》卷八十六。

51 嫂叔不通問　語出《禮記・曲禮》。通問，互相問候；互通音訊。52 罷相王政事　罷黜相王參與朝政的權力。53 遺詔　皇帝臨死時所發的詔書。54 甲申　六月初四日。55 梓宮　用梓木為皇帝或皇后做成的棺材。此處指中宗靈柩。56 太極殿　宮城正殿。57 知內外守捉兵馬事　即掌握全國兵權。58 丁亥　六月初七日。59 壬辰　六月十二日。

【校　記】1 象　嚴衍《通鑑補》改作「緣」。2 等　原無此字。據章鈺校，十二行本、乙十一行本、孔天胤本皆有此字，張敦仁《通鑑刊本識誤》同，今據補。3 為　原無此字。據章鈺校，十二行本、乙十一行本、孔天胤本皆有此字，今據補。按，下句中雍王守禮、壽春王成器加封時皆有「為」字，此句不當無之。

【語　譯】睿宗玄真大聖大興孝皇帝上

景雲元年（庚戌　西元七一〇年）

春，正月十四日丙寅夜晚，中宗與韋后身著便服到街市里巷觀賞花燈，還放出幾千名宮女到宮外遊玩，有很多人沒有回宮。

中宗命令紀處訥護送金城公主前往吐蕃與贊普成婚，紀處訥推辭不去，中宗又命令趙彥昭前往，趙彥昭也推辭不去。正月二十五日丁丑，中宗命令左驍衛大將軍楊矩去送金城公主。二十七日己卯，中宗親自把金城公主送到始平。二月初二日癸未，中宗返回宮中。金城公主抵達吐蕃後，贊普為她另外建造了一座城來讓她居住。

二月二十九日庚戌，中宗來到梨園毬場，命令三品以上文武官員拋毬並分隊拔河，韋巨源和唐休璟年邁體衰，隨著拔河用的粗繩子摔倒在地，長時間爬不起來。中宗和韋皇后、妃子、公主都到場觀看，大笑起來。

夏，四月初五日丙戌，中宗到芳林園遊玩，命令公卿大臣騎在馬上採摘櫻桃。

當初，在武則天時期，長安城東頭的居民王純家中的水井往外溢水，逐漸形成幾十頃的大池塘，稱為隆慶池。相王李旦五個封王的兒子把府第並排建造在隆慶池的北岸，善於望氣的人說：「這裡常有濃厚的帝王之氣，近來尤為興盛。」四月十四日乙未，中宗駕臨隆慶池，結綵為樓，宴請侍臣，在池中泛舟戲象，來壓制這裡的帝王之氣。

定州人郎岌上書說：「韋后、宗楚客將要謀反作亂。」韋皇后稟告中宗，用棍杖打死了他。

五月十七日丁卯，許州司兵參軍偃師人燕欽融又進言：「皇后淫亂，干預國政，宗族勢力強大，安樂公主、武延秀、宗楚客圖謀危害宗廟社稷。」中宗召見燕欽融當面追問他。燕欽融一邊磕頭一邊高聲陳詞，神色毫不屈服，中宗默然無語。宗楚客假傳中宗制命，命令飛騎擊殺了燕欽融，摔到宮殿庭前石上，燕欽融折斷了脖子死去。宗楚客見狀大叫痛快。中宗雖然不加深究，但是心裡怏怏不樂，從此以後，韋皇后和她的黨羽開始感到擔憂害怕。

五月二十九日己卯，中宗宴請近臣，國子祭酒祝欽明自己請求表演〈八風舞〉，他搖頭晃腦、眼珠亂轉，醜態百出，中宗發笑。祝欽明向來以通曉儒學聞名，吏部侍郎盧藏用私下裡對修文館各位學士說：「祝公擅長《五經》，如今斯文掃地了！」

散騎常侍馬秦客依賴醫術，光祿少卿楊均依賴善於烹調，都出入後宮，得到韋皇后的寵幸，他們擔心事情洩露出去會被處死；安樂公主希望韋皇后臨朝聽政，自己成為皇太女。於是，他們一起合謀，在餅裡投放了毒藥送給中宗吃。六月初二日壬午，中宗在神龍殿駕崩。

韋后保密，不發布中宗的死訊，自己總攬了朝廷的各項政務。六月初三日癸未，韋后把各位宰相召入宮中，徵調各折衝府士兵五萬人屯駐在京城長安，指派駙馬都尉韋捷、韋濯、衛尉卿韋璿、左千牛中郎將韋錡、長安令韋播、郎將高嵩等分別統領這些軍隊。韋璿，是韋溫的堂弟；韋播，是韋溫的姪子；高嵩，是韋溫的外甥。韋后下令由中書舍人韋元糾察巡視城中六街，又命令左監門大將軍兼內侍薛思簡等人率領五百名士兵乘驛馬迅速前往均州戍守，以防備譙王李重福。任命刑部尚書裴談、工部尚書張錫為同中書門下三品，仍然充任東都留守；任命吏部尚書張嘉福、中書侍郎岑羲、吏部侍郎崔湜為同平章事。岑羲，是岑長倩的姪子。

太平公主與上官昭容商議草擬中宗的遺詔，立溫王李重茂為太子，由韋皇后掌理政事，相王李旦參謀政事。宗楚客祕密地對韋溫說：「相王輔政，從道理上講不太合適。再說相王對於韋皇后，是叔嫂關係，不能互通音訊，聽朝理政時，用什麼樣的禮儀呢！」於是宗楚客率領宰相們上表，請求韋皇后臨朝聽政，罷免相王李旦參與朝政的職務。蘇瓌質說：「先帝的遺詔怎麼可以更改呢！」韋溫和宗楚客很生氣，蘇瓌十分害怕，順從了他們，於是任命相王李旦擔任太子太師。

六月初四日甲申，韋皇后將中宗的靈柩遷移到太極殿，召集文武百官發布了中宗的死訊，韋皇后臨朝攝政，赦免天下罪囚，把年號改為唐隆。提升相王李旦為太尉，雍王李守禮為豳王，壽春王李成器為宋王，以此來順從人們的願望。命令韋溫全面執掌內外守捉兵馬事務。

六月初七日丁亥，殤帝即位，時年十六歲。殤帝把韋皇后尊為皇太后，把妃子陸氏立為皇后。十二日壬辰，朝廷命令紀處訥持節巡撫關內道，岑羲巡撫河南道，張嘉福巡撫河北道。

宗楚客與太常卿武延秀、司農卿趙履溫、國子祭酒葉靜能及諸韋共勸韋后遵武后故事❶，南北衛軍❷、臺閣要司❸皆以韋氏子弟領之，廣聚黨眾，中外連結。楚客又密上書稱引圖讖❹，謂韋氏宜革唐命。謀害殤帝，深忌相王及太平公主，密與韋溫、安樂公主謀去之。

相王子臨淄王隆基❺，先罷潞州❻別駕❼，在京師，陰聚才勇之士，謀匡復社稷。初，太宗選官戶及蕃口❽驍勇者，著虎文衣❾，跨豹文韉❿，從遊獵，於馬前射禽獸，謂之「百騎」；則天時稍增為「千騎」，隸左右羽林；中宗謂之「萬騎」，置使以領之。隆基皆厚結其豪傑。

兵部侍郎崔日用⓫素附韋、武，與宗楚客善，知楚客謀，恐禍及己，遣寶昌寺⑫僧普潤密詣隆基告之，勸其速發。隆基乃與太平公主及公主子衛尉卿薛崇簡[1]，苑總監⑬贛人鍾紹京⑭，尚衣奉御王崇曄⑮、前朝邑尉劉幽求⑯、利仁府折衝麻嗣宗⑰謀先事誅之。韋播、高嵩數榜捶⑱萬騎，欲以立威，萬騎皆怨。果毅葛福順⑲、陳玄禮⑳見隆基訴之，隆基諷以誅諸韋，皆踴躍請以死自效。萬騎果毅李仙鳧㉑亦預其謀。或謂隆基當啓㉒相王，隆基曰：「我曹㉓為此以徇社稷，事成福歸於王，不成以身死之，不以累王也。今啓而見從，則王預危事。不從，將敗大計。」遂不啓。

庚子㉔，晡時㉕，隆基微服與幽求等入苑中㉖，會鍾紹京廨舍㉗。紹京悔，欲拒之，其妻許氏曰：「忘身徇國，神必助之。且同謀素定㉘，今雖不行，庸㉙得免乎！」紹京乃趨出拜謁㉚，隆基執其手與坐㉛。時羽林將士皆屯玄武門，逮夜㉜，葛福順、李仙鳧皆至隆基所，請號而行㉝。向二鼓㉞，天星散落如雪，劉幽求曰：「天意如此，時不可失！」福順拔劍直入羽林營，斬韋璿、韋播、高嵩以徇，曰：「韋后酖殺先帝，謀危社稷，今夕當共誅諸韋，馬鞭以上皆斬之㉟，立相王以安天下。敢有懷兩端助逆黨者，罪及三族。」羽林之士皆欣然聽命。乃送璿等首於隆基，隆基取火視之，遂與幽求等出苑南門㊱，紹京帥丁匠㊲二百餘人，執斧鋸㊳

以從，使福順將左萬騎攻玄德門[39]，仙鳧將右萬騎攻白獸門[40]，約會於凌煙閣[41]前，即大譟[42]，福順等共殺守門將，斬關而入。隆基勒兵玄武門外，三鼓[43]，聞譟聲，帥總監及羽林兵而入，諸衛兵在太極殿宿衛梓宮者，聞譟聲，皆被甲應之。韋后惶惑走入飛騎營，有飛騎斬其首獻於隆基。安樂公主方照鏡畫眉，軍士斬之。斬武延秀於肅章門外，斬內將軍[44]賀婁氏於太極殿西。

初，上官昭容引其從母[45]之子王昱[46]為左拾遺，昱說昭容母鄭氏曰：「武氏，天之所廢，不可興也。今婕妤附於三思，此滅族之道也，願姨思之！」鄭氏以戒昭容，昭容弗聽。及太子重俊起兵[47]誅[2]三思，索昭容，昭容始懼，思昱言。自是心附帝室，與安樂公主各樹朋黨。及中宗崩，昭容草遺制立溫王，以相王輔政，宗、韋[48]改之。及隆基入宮，昭容執燭帥宮人迎之，以制草示劉幽求。幽求為之言，隆基不許，斬於旗下。

時少帝[49]在太極殿，劉幽求曰：「眾約今夕共立相王，何不早定！」隆基遽止之，捕索諸韋在宮中及守諸門，并素為韋后所親信者皆斬之。比曉[50]，內外皆定。辛巳[51]，隆基出見相王，叩頭謝不先啟之罪。相王抱之泣曰：「社稷宗廟不墜於地，汝之力也。」遂迎相王入輔少帝。

閉宮門及京城門[52]，分遣萬騎收捕諸韋親黨。斬太子少保、同中書門下三品韋溫於東市[53]之北。中書令宗楚客衣斬衰[54]、乘青驢[55]逃出，至通化門[56]，門者曰：「公，宗尚書也。」去布帽，執而斬之，并斬其弟晉卿。相王奉少帝御安福門[57]，慰諭百姓。初，趙履溫[58]傾國資以奉安樂公主，為之起第舍，築臺穿池無休已，擫[59]紫衫[60]，以項挽公主犢車[61]。公主死，履溫馳詣安福樓[62]下舞蹈稱萬歲，聲未絕，相王令萬騎斬之。百姓怨其勞役，爭割其肉立盡。祕書監汴王邕[63]娶韋后妹崇國夫人，與御史大夫竇從一各手斬[64]其妻首以獻。邕，鳳之孫也。左僕射、同中書門下三品韋巨源聞亂，家人勸之逃匿，巨源曰：「吾位大臣，豈可聞難不赴！」出至都街，為亂兵所殺，時年八十。於是梟馬秦客、楊均、葉靜能等首，尸韋后於市。崔日用將兵誅諸韋於杜曲[65]，襁褓兒[66]無免者，諸杜濫死[67]非一。

是日，赦天下，云：「逆賊魁首已誅，自餘支黨一無所問。」以臨淄王隆基為平王，兼知內外閑廄[68]，押[69]左右廂萬騎[70]。薛崇簡賜爵立節王。以鍾紹京守中書侍郎，劉幽求守中書舍人，並參知機務。麻嗣宗行右[3]金吾衛中郎將。武氏宗屬，誅死流竄殆盡。侍中紀處訥行至華州[71]，吏部尚書同平章事張嘉福行至懷州[72]，皆收斬之。

壬寅[73]，劉幽求在太極殿，有宮人與宦官令幽求作制書立太后，幽求曰：「國有大難，人情不安，山陵未畢[74]，遽立太后，不可！」平王隆基曰：「此勿輕言。」

○遣十道使齎璽書宣撫，及詣均州宣慰譙王重福。貶竇從一為濠州[75]司馬。罷諸公主府官[76]。

【章　旨】以上為第十二段，寫平王李隆基誅除韋皇后，安定唐室。

【注　釋】❶勸韋后遵武后故事　即勸韋后像武則天一樣進行改朝換代。❷南北衛軍　南軍，十六衛軍。北軍，羽林軍及萬騎軍。❸臺閣要司　尚書省的重要機關。❹圖讖　圖，《河圖》。讖，讖書。載錄帝王受命徵兆的隱語。❺臨淄王隆基　相王第三子。垂拱元年（西元六八五年）八月五日生於東都別殿。三年正月封楚王。長壽二年（西元六九三年）降封為臨淄郡王。時年二十五歲。❻潞州　州名，治所在今山西長治。❼別駕　官名，為刺史的佐吏。上州別駕從四品下，中州別駕正五品下，下州別駕從五品上。❽蕃口　蕃人。❾虎文衣　畫有虎紋的服裝。❿豹文韉　畫有豹紋、襯托馬鞍的墊子。⓫崔日用　（約西元六七三－七二二年）滑州靈昌（今河南延津東北）人，進士及第。曾任芮城尉、新豐尉、監察御史，官至宰相。傳見《舊唐書》卷九十九、《新唐書》卷一百二十一。⓬寶昌寺　在長安外郭城西北部居德坊東南隅，離金光門較近。⓭苑總監　官名，唐兩京禁苑各置一總監，從五品下，掌宮苑內館、園池之事，凡禽魚草木皆其所掌。⓮鍾紹京　虔州贛縣（今江西贛州）人，擅長書法。官至中書令。傳見《舊唐書》卷九十七、《新唐書》卷一百二十一、《書小史》卷九。⓯王崇曄　生平不詳。其名又見於《新唐書》卷五〈玄宗紀〉。⓰劉幽求　（西元六五五－七一五年）冀州武強（今河北武強西南）人，誅韋皇后的中堅人物。後官至宰相。賜鐵券，免十死。傳見《舊唐書》卷九十七、《新唐書》卷一百二十一。⓱麻嗣宗　事見《舊唐書》卷一百六、《新唐書》卷一百二十一〈王琚傳〉等。後賜姓李，名延昌，封涼國公。詳見岑仲勉《元和姓纂四校記》卷五、《唐史餘瀋》卷一。⓲榜捶　捶打。⓳葛福順　以討韋氏之功，官至龍武將軍，封耿國公。事見《舊唐書》卷一百九十中、《新唐書》卷一百二十八〈齊浣傳〉等。⓴陳玄禮　開元年間長期宿衛宮禁。後發動馬嵬兵變，跟隨唐玄宗入蜀。封蔡國公。事見《舊唐書》卷一百六、《新唐書》卷一百二十一〈王毛仲傳〉。㉑李仙鳧　其名又見於《舊唐書》卷八〈玄宗紀上〉、《新唐書》卷五〈玄宗紀〉。事跡不詳。㉒啓　稟告；請示。㉓我曹　我們。㉔庚子　六月二十日。㉕晡時　有二意。一指申時，即下午三至五點。二指傍晚或晚間。此處指黃昏時分。㉖入苑中　進入禁苑中。唐禁苑在宮城之北，東抵灞水，西連漢長安故城，北至渭河。東西二十七里，南北三十里。內有離宮亭觀二十四所。㉗廨舍　官吏辦事及居住的處所。時鍾紹京任苑總監，此處廨舍即指苑總監公廨。㉘素定　早已確定。㉙庸　豈。㉚紹京乃趨出拜謁　鍾紹京快步跑出拜謁李隆基，表示尊奉為主。㉛隆基執其手與坐　表示不敢當，以平禮待之，向鍾紹京交心。㉜逮夜　到了晚上。㉝請號而行　即請令而行。㉞向二鼓　近二更的時候。㉟馬鞭以上皆斬之　比馬鞭高的皆予以處決。㊱苑南門　即禁苑南門。其南為宮城之玄武門。㊲丁匠　在官府服役的工匠。兩《唐書・鍾紹京傳》作「戶奴及丁夫」。二者所載有所不同。㊳斧鋸　斧頭鋼鋸。㊴玄德門　宮城北面東端諸門之一。其南為承恩殿。㊵白獸門　即白虎門，避李虎諱改。又稱白獸闥。亦為宮城北面諸門之一。㊶淩煙閣　表彰功臣的高閣。位於宮城東北。㊷大譟　大聲鼓噪吶喊。㊸三鼓　三更。夜十一時至一時。㊹內將軍　韋后所置女官。㊺從母　即姨母。指母親的姐妹。㊻王昱　事見《新唐書》卷七十六〈上官昭容傳〉。㊼太子重俊起兵　時在景龍元年七月。㊽宗韋　宗楚客、韋后。㊾少帝　即李重茂。㊿比曉　到天亮時。51辛巳　六月初一日。按，《新唐書》卷五、卷七均作「辛丑」。辛丑，二十一日，在「庚子」（二十日）之後，從事態發展來看，當以「辛丑」為是。52閉宮門及京城門　宮門，指宮城諸門。京城門，指外郭城四面諸門。53東市　故址在今陝西西安樂居場與西安交通大學之間。南北長一千餘公尺，東西寬九百二十四公尺，是唐代最繁華的商業區之一。54斬衰　喪服五服中最重之服。斬，衣裳邊不縫。衰，上衣。55青驢　黑色的驢子。56通化門　京城東面北端大門。57安福門　皇城西面二門之一。《唐六典》卷七，皇城西面二門，北曰安福，南曰順義。安福門西與開遠門相對。58趙履溫　官至司農卿。曾主持修建定昆池。事見《新唐書》卷五〈睿宗紀〉、卷八十三〈安樂公主傳〉、卷一百二十九〈裴守真傳〉、卷二百六〈武三思傳〉、《元和姓纂》卷七、《唐郎官石柱題名考》卷十一等。59擫　同「擪」。用手指按捺。60紫衫　三品以上官服。時趙履溫任司農卿。司農卿從三品，服紫。61犢車　即牛車。62安福樓　安福門樓。63汴王邕　虢王鳳之孫。事見《新唐書》卷七十九〈虢王鳳傳〉。64手斬　親自斬殺。65杜曲　地名，在今陝西長安東南。唐時為大族杜氏聚居之處。66襁褓兒　襁褓中的嬰兒。67濫死　枉濫而死。68內外閑廄　閑、廄，均為養馬的地方。因分內外兩部分，故李隆基兼知內外閑廄。時有十二閑，即左右飛黃、左右吉良、左右龍媒、左右騊駼、左右駃騠、左右天苑。分為二廄，即祥驎廄、鳳苑廄。見《唐六典》卷十一。69押　猶主管、統領。70左右廂萬騎　即前邊提到的左萬騎、右萬騎。71華州州名，治所在今陝西華縣。72懷州　州名，治所在今河南沁陽。73王寅　六月二十二日。74山陵未畢　中宗尚未下葬。75濠州　州名，治所在今安徽鳳陽東。76罷諸公主府官　中宗時，太平、安樂等七公主皆開府置官。

【校　記】1薛崇簡　原作「薛崇暕」。嚴衍《通鑑補》改作「薛崇簡」，今從改。下同。按，《舊唐書・睿宗紀》、〈玄宗紀〉、《新唐書・諸帝公主・太平公主傳》皆作「薛崇簡」。2誅　原作「討」。據章鈺校，十二行本、乙十一行本、孔天胤本皆作「誅」，張敦仁《通鑑刊本識誤》同，今據改。3右　據章鈺校，十二行本、乙十一行本皆作「左」。

【語　譯】宗楚客與太常卿武延秀、司農卿趙履溫、國子祭酒葉靜能以及韋氏家族諸多成員一同勸說皇太后韋氏沿襲武則天的先例登基稱帝，當時南北禁衛軍和尚書省的重要部門，都用韋氏子弟掌管，廣聚黨徒，在朝廷內外互相勾結。宗楚客又祕密地上書徵引圖讖，聲稱韋氏應當廢除唐室。宗楚客策劃害死殤帝，只是極為顧忌相王李旦與太平公主，於是暗中與韋溫、安樂公主謀劃除掉他們。

相王李旦的兒子臨淄王李隆基，先前已被罷免了潞州別駕的職務，人在京師，他暗地招集智勇之士，圖謀匡復李唐社稷。當初，太宗選拔官戶和蕃民中驍勇善戰的人員，讓他們身著飾有虎皮花紋的衣服，騎在配有豹皮花紋馬鞍的駿馬上，隨從遊獵，在太宗馬前射獵飛禽走獸，把這些人稱作「百騎」；武則天時期逐漸擴充為「千騎」，隸屬於左右羽林軍；中宗把他們稱為「萬騎」，設使統領他們。李隆基與萬騎兵中豪傑之士全都深加交結。

兵部侍郎崔日用一向依附韋氏和武氏家族，與宗楚客的關係友善，知道宗楚客的謀劃。他擔心自己遭遇禍殃，便派遣寶昌寺僧侶普潤祕密地去向李隆基告發，勸李隆基趕快舉事。李隆基便與太平公主及公主的兒子衛尉卿薛崇簡，西京苑總監贛縣人鍾紹京，尚衣奉御王崇曄、前任朝邑縣尉劉幽求、利仁府折衝麻嗣宗商議搶先起兵誅殺韋氏家族。韋播、高嵩多次拷打萬騎兵，想藉此建立自己的威信，萬騎兵全都心懷怨恨。萬騎果毅葛福順、陳玄禮去見李隆基，向他訴說此事，李隆基暗示他們誅除韋氏諸人，兩人聽後都踴躍地表示願效死力。萬騎果毅李仙鳧也參與了這一計畫。有人建議李隆基應當把這件事稟報相王李旦，李隆基說：「我們這些人是為大唐的江山社稷而獻身的，事成則福分歸於相王，不成則自己身死，不必因此而連累了相王。

如今告訴了相王而他同意了，那麼相王也參與了這件危險的事。相王不同意，將會壞了大事。」於是李隆基沒有把這件事告訴相王李旦。

六月二十日庚子，傍晚，李隆基身穿便裝與劉幽求等人進入宮苑之中，到鍾紹京住的官舍裡會合。這時鍾紹京後悔了，打算把李隆基等拒之門外，他的妻子許氏說：「忘卻自身安危，獻身國家大事，神必相助。再說你平素就與他們共同商定了這件事，今天即使你不去做，怎麼能夠脫免呢！」於是鍾紹京快步走出門拜謁李隆基，李隆基握著他的手與他一同坐下。當時左右羽林軍將士都駐紮在玄武門，到了夜裡，葛福順、李仙鳧都來到李隆基處，請令而行。將近二鼓時分，天空的星辰散落如雪，劉幽求說：「天意如此，機不可失！」葛福順拔劍逕直衝進羽林軍營，將韋璿、韋播、高嵩三人斬首示眾，說道：「韋后毒死先帝，圖謀危害國家，今晚應該一起誅殺韋氏家族之人，凡是身高馬鞭以上的人全部殺掉，擁立相王為帝以安天下。倘若有膽敢抱首鼠兩端的態度幫助逆黨的，他的親屬三族將牽連獲罪。」羽林軍將士全都欣然從命。於是葛福順把韋璿等人的首級送交李隆基，李隆基取燭火看過之後，便與劉幽求一同出了禁苑南門，鍾紹京帶領著園丁工匠二百餘人，手持斧頭鋸子跟隨在後面。李隆基派遣葛福順率領左萬騎攻打玄德門，派遣李仙鳧率領右萬騎攻打白獸門，約定在凌煙閣前會合，隨即大聲鼓噪。葛福順等人一同殺掉守門的將領，破關攻入宮中。李隆基在玄武門外統率兵馬，三鼓時分，聽到宮中鼓噪之聲，便率領總監及羽林兵進入宮中，在太極殿守衛中宗靈柩的南牙衛兵聽到鼓噪聲，全都披上盔甲響應李隆基。韋后在惶惑之中逃入飛騎營，有一個飛騎兵把韋后斬首，向李隆基獻上首級。安樂公主正在對著鏡子畫眉，士兵殺死了她。武延秀被斬於肅章門外，內將軍尚宮賀婁氏被斬於太極殿西。

當初，上官昭容舉薦她的姨母之子王昱為左拾遺，王昱勸上官昭容的母親鄭氏說：「武氏是被上天廢棄的，不可能再復興了，現在婕妤依附武三思，這是通向滅族的途徑，希望姨母考慮一下！」鄭氏拿這些話來告誡上官昭容，上官昭容沒有聽從。等到太子李重俊起兵誅殺武三思時，搜索上官昭容，上官昭容這才感到恐懼，想起了王昱說的話。從此以後，上官昭容便依附中宗，與安樂公主各自收羅黨羽。等到中宗駕崩時，上官昭容起草遺詔把溫王李重茂立為太子，命令相王李旦輔政，宗楚客、韋皇后把遺詔內容改掉了。等到李隆基率軍進入宮中時，上官昭容秉燭率領宮人迎接李隆基，把她起草的中宗遺詔底稿出示給劉幽求。劉幽求替她向李隆基說情，李隆基沒有答應，上官昭容被斬於旗下。

當時少帝在太極殿，劉幽求說道：「大家約好今晚共同擁立相王為帝，為什麼不早一點兒定下來呢！」李隆基趕忙制止了他。將士們搜捕宮中及把守宮中各門的韋氏諸人，連同平時被韋后信任重用的人全都斬首。天將拂曉，宮內外局勢均已平定。六月初一日辛巳，李隆基出宮拜見相王李旦，為舉事未能先稟告而磕頭謝罪。相王李旦抱住李隆基，流著眼淚說：「大唐宗廟社稷沒有墜落於地，是你的力量啊！」李隆基便把相王李旦迎入宮中輔佐少帝。

李隆基下令把宮禁和京城各門關閉，分頭派遣萬騎兵搜捕韋后的親屬黨羽。將太子少保、同中書門下三品韋溫在東市之北斬首。中書令宗楚客穿著喪服，騎著一頭黑驢逃出，到了通化門，守門的士兵說：「您就是宗尚書。」去掉他的布帽子，把他抓起來斬首，一併斬首的還有他的弟弟宗晉卿。相王李旦陪同少帝來到安福門，安撫和曉示百姓。起初，趙履溫竭盡國庫資財以供給安樂公主，為安樂公主興建宅第，築造臺榭，穿池引水，永無休止，他用手按住紫色官服，用脖子挽著公主坐的牛車。安樂公主被殺後，趙履溫馳馬來到安福樓下舞蹈行禮，呼喊萬歲，聲音還未停歇，相王李旦就命令萬騎兵把他殺掉了。百姓怨恨趙履溫多次增派勞役，爭相割他的肉，轉眼間割得一點不剩。祕書監汴王李邕娶了韋后的妹妹崇國夫人，他與御史大夫竇從一分別割下妻子的首級進獻給相王李旦。李邕，是李鳳的孫子。左僕射、同中書門下三品韋巨源聽到變亂的消息，家人勸他外逃躲避。韋巨源說：「我位居朝廷大臣，怎麼能聽到朝廷有難而不赴難！」出家門來到京都大街上，被亂兵殺死，時年八十歲。此時已將馬秦客、楊均、葉靜能等梟首示眾，把韋后暴屍街頭。崔日用率兵在杜曲誅殺韋氏家族的其他成員，襁褓中的嬰兒也不能幸免，杜氏家族的一些人被濫殺。

在這一天，赦免天下罪囚，少帝詔書說：「叛逆賊黨的罪魁禍首已經伏誅，其餘的支黨一概不予追究。」封臨淄王李隆基為平王，兼掌內外閑廄，統領左右廂萬騎兵。賜予薛崇簡立節王的爵位。任命鍾紹京兼任中書侍郎，劉幽求兼任中書舍人，二人均參與商討軍國大事。任命麻嗣宗代理右金吾衛中郎將。武氏家族成員，誅殺流放殆盡。侍中紀處訥逃到華州，吏部尚書、同平章事張嘉福逃到懷州，都被逮捕處死。

六月二十二日壬寅，劉幽求在太極殿，有些宮女和宦官讓他起草立皇太后的詔書，他說：「國家有大難，民心不穩定，先帝的葬禮還沒有舉行，急急忙忙地冊立太后，是不可以的！」平王李隆基說：「不要輕易議論這件事。」〇朝廷派出十道使者攜帶加蓋皇帝璽印的詔書進行宣慰安撫，以及前往均州宣慰譙王李重福。將賓從一貶謫為濠州司馬。罷免各公主府所設置的官屬。

癸卯❶，太平公主傳少帝命，請讓位於相王，相王固辭。以平王隆基為殿中監、同中書門下三品，以宋王成器❷為左衛大將軍，衡陽王成義❸為右衛大將軍，巴陵王隆範❹為左羽林大將軍，彭城王隆業❺為右羽林大將軍，光祿少卿嗣道王微❻檢校右金吾衛大將軍。微，元慶❼之孫也。以黃門侍郎李日知、中書侍郎鍾紹京並同中書門下三品。太平公主之子薛崇訓為右千牛衛將軍。隆基有二奴，王毛仲❽、李守德❾，皆趫勇善騎射，常侍衛左右。隆基之入苑中也，毛仲避匿不從，事定數日方歸，隆基不之責，仍超拜將軍。毛仲，本高麗也。汴王邕貶沁州❿刺史，左散騎常侍、駙馬都尉楊慎交貶巴州⓫刺史，中書令蕭至忠貶許州⓬刺史，兵部尚書、同中書門下三品韋嗣立貶宋州⓭刺史，中書侍郎、同平章事趙彥昭貶絳州⑭刺史，吏部侍郎、同平章事崔湜貶華州刺史。

劉幽求言於宋王成器、平王隆基曰：「相王疇昔已居宸極⑮，羣望所屬。今人心未安，家國事重，相王豈得尚守小節，不早即位以鎮⑯天下乎！」隆基曰：「王性恬淡⑰，不以代事⑱嬰懷⑲。雖有天下，猶讓於人⑳，況親兄之子，安肯代之乎！」幽求曰：「眾心不可違，王雖欲高居獨善㉑，其如社稷何！」成器、隆基入見相王，極言其事，相王乃許之。甲辰㉒，少帝在太極殿東隅西向，相王立於梓宮旁，太平公主曰：「皇帝欲以此位讓叔父，可乎？」幽求跪曰：「國家多難，皇帝仁孝，追蹤㉓堯、舜，誠合至公㉔。相王代之任重，慈愛尤厚矣。」乃以少帝制傳位相王。時少帝猶在御座，太平公主進曰：「天下之心已歸相王，此非兒座！」遂提之下。睿宗即位，御承天門㉕，赦天下。復以少帝為溫王。

【章旨】以上為第十三段，寫相王李旦即位，是為睿宗。

【注釋】❶癸卯　六月二十三日。❷宋王成器　（西元六七九—七四一年）相王（睿宗）長子。曾被立為皇太子、皇孫。長壽二年，改封壽春郡王。中宗即位，遷中正員外卿。唐隆元年進封宗王。後進封太尉兼揚州大都督，避昭成皇后尊號，改名憲。死後追謚為讓皇帝。❸衡陽王成義　（？—西元七二四年）相王第二子。後官至司徒，改名撝。死後追謚為惠莊太子。❹巴陵王隆範　（？—西元七二六年）相王第四子。後避玄宗諱，改名範。封岐王，官至太子太傅。好學工書，雅愛文士。死後追謚為惠文太子。❺彭城王隆業　（？—西元七三四年）相王第五子。後避諱改名業，位至司徒。追謚惠宣太子。以上四人同傳，見《舊唐書》卷九十五、《新唐書》卷八十一。❻嗣道王微　官至宗正卿。事見《舊唐書》卷六十四、《新唐書》卷七十九〈道王元慶傳〉。❼元慶　李元慶，唐高祖第十六子，劉婕妤所生。太宗、高宗時屢任州刺史。傳見《舊唐書》卷六十四、《新唐書》卷七十九。❽王毛仲　高麗人，自幼隨玄宗。善騎射。後官至輔國大將軍，檢校內外閑廄，知監牧使。傳見《舊唐書》卷一百六、《新唐書》卷一百二十一。❾李守德　本名宜德。事見兩《唐書・王毛仲傳》。❿沁州　州名，治所在今山西沁源。⓫巴州　州名，治所在今四川巴中。⓬許州　州名，治所在今河南許昌。⓭宋州　州名，治所在今河南商丘。⓮絳州　州名，治所在今山西新絳。⓯相王疇昔已居宸極　疇昔，從前。宸極，本指北極星，此處比喻帝位。嗣聖元年（西元六八四年）武則天曾立相王為皇帝。⓰鎮　鎮撫。⓱恬淡　恬靜淡泊。⓲代事　即世事。避太宗名諱，改「世」稱「代」。⓳嬰懷　羈絆胸懷；掛在心上。⓴雖有天下二句　先將天下讓給其母武則天，後又讓於其兄中宗李顯。㉑獨善　獨善其身。㉒甲辰　六月二十四日。㉓追蹤　效法。㉔至公　至公之道。㉕承天門　京城太極宮（西內）正門。

【語　譯】六月二十三日癸卯，太平公主傳達少帝的命令，請求把皇位讓給相王李旦，相王堅決推辭。少帝任命平王李隆基擔任殿中監、同中書門下三品，任命宋王李成器擔任左衛大將軍，衡陽王李成義擔任右衛大將軍，巴陵王李隆範擔任左羽林大將軍，彭城王李隆業擔任右羽林大將軍，光祿少卿嗣道王李微擔任檢校右金吾衛大將軍。李微是李元慶的孫子。任命黃門侍郎李日知、中書侍郎鍾紹京一同擔任同中書門下三品。任命太平公主之子薛崇訓擔任右千牛衛將軍。李隆基有兩個奴僕，名叫王毛仲和李守德，都輕捷勇猛，善於騎射，常常侍衛左右。李隆基起兵進入禁苑的時候，王毛仲躲藏起來沒有跟隨他，在局勢平定後好幾天才返回，李隆基沒有責罰他，仍把他破格任命為將軍。王毛仲原來是高麗人。少帝又把汴王李邕貶謫為沁州刺史，把左散騎常侍、駙馬都尉楊慎交貶謫為巴州刺史，把中書令蕭至忠貶謫為許州刺史，把兵部尚書、同中書門下三品韋嗣立貶謫為宋州刺史，把中書侍郎、同平章事趙彥昭貶謫為絳州刺史，把吏部侍郎、同平章事崔湜貶謫為華州刺史。

劉幽求對宋王李成器、平王李隆基說：「相王過去已居帝位，眾望所歸。現今人心不安，家事國事繁重，相王怎能還在拘守小節，不早日登基稱帝以安定天下呢！」李隆基說：「相王生性恬靜淡泊，不把世事掛在心上。雖然他曾擁有天下，還是把帝位讓給了別人，何況當今天子是相王親哥哥的兒子，怎麼肯取代他呢！」劉幽求說：「民眾的心願不可違背，雖然相王想超脫世事獨善其身，但他將把大唐的宗廟社稷怎樣處置呢！」李成器和李隆基入宮拜見相王李旦，極力向他陳說其中道理，相王這才答應了。六月二十四日甲辰，少帝在太極殿的東邊面向西坐著，相王李旦站在中宗的靈柩旁邊，太平公主說：「皇帝想將帝位讓給他的叔父，可以嗎？」劉幽求跪著說：「國家多災多難，皇帝為人仁義孝道，仿效堯、舜，實在是合於至公無私的行為規範。相王取代少帝肩負起治理天下的重任，他的慈愛尤為深厚啊。」於是便根據少帝的詔書把帝位傳給相王李旦。當時少帝還坐在皇帝的坐席上，太平公主上前對他說：「天下人心已經歸向相王，這裡已經不再是你這小兒的坐席了！」於是便把他從御座上拉下來。睿宗登上皇帝位，駕臨承天門，大赦天下。又封少帝李重茂為溫王。

以鍾紹京為中書令。鍾紹京少❶為司農錄事❷，既典❸朝政，縱情❹賞罰，眾皆惡之。太常少卿薛稷勸其上表禮讓，紹京從之。稷入言於上曰：「紹京雖有勳勞，素無才德，出自胥徒❺，一日超居元宰❻，恐失聖朝具瞻❼之美。」上以為然。丙午❽，改除戶部尚書，尋出為蜀州❾刺史。

上將立太子，以宋王成器嫡長❿，而平王隆基有大功，疑不能決。成器辭曰：「國家安則先嫡長，國家危則先有功，苟⓫違其宜⓬，四海失望。臣死⓭不敢居平王之上。」涕泣固請者累日。大臣亦多言平王功大宜立。劉幽求曰：「臣聞除天下之禍者，當享天下之福。平王拯社稷之危，救君親之難，論功莫大，語德[14]最賢，無可疑者。」上從之。丁未[15]，立平王隆基為太子。隆基復表讓成器，不許。

則天大聖皇后復舊號為天后[16]，追謚雍王賢曰章懷太子[17]。○戊申[18]，以宋王成器為雍州牧、揚州大都督、太子太師。○置溫王重茂於內宅[19]。○以太常少卿薛稷為黃門侍郎，參知機務。稷以工書[20]，事上於藩邸[21]，其子伯陽尚仙源公主[22]，故為相。○追削武三思、武崇訓爵謚[23]，斲棺暴尸[24]，平其墳墓。

以許州刺史姚元之為兵部尚書、同中書門下三品，宋州刺史韋嗣立、許州刺史蕭至忠為中書令，絳州刺史趙彥昭為中書侍郎，華州刺史崔湜為吏部侍郎，並同平章事。○越州長史宋之問、饒州刺史冉祖雍，坐諂附韋、武，皆流嶺表。

己酉[25]，立衡陽王成義為申王，巴陵王隆範為岐王，彭城王隆業為薛王，加太平公主實封滿萬戶。

太平公主沈敏[26]多權略[27]，武后以為類己[28]，故於諸子中獨愛幸[29]，頗得預密謀，然尚畏武后之嚴[30]，未敢招權勢[31]；及誅張易之[32]，公主有力焉。中宗之世，韋后、安樂公主皆畏之，又與太子共誅韋氏。既屢立大功，益尊重[33]，上常與之圖議大政，每入奏事，坐語移時[34]，或時不朝謁[35]，則宰相就第咨之[36]。每宰相奏事，上輒問：「嘗與太平議否？」又問：「與三郎㊲議否？」然後可㊳之。三郎，謂太子也。公主所欲，上無不聽，自宰相以下，進退繫其一言，其餘薦士驟歷清顯者不可勝數，權傾人主，趨附其門者如市㊴。子薛崇行、崇敏、崇簡㊵皆封王，田園遍於近甸㊶，收市㊷營造諸器玩，遠至嶺、蜀，輸送者相屬於路，居處奉養，擬於宮掖㊸。

【章旨】以上為第十四段，寫平王李隆基因功立為皇太子，並與太平公主共掌國政，睿宗垂拱而已。

【注釋】❶少　年輕時。❷司農錄事　司農寺及下屬各署監多設錄事，為低級辦事吏員，秩九品，屬流外官。❸典　執掌。❹縱情　隨心所欲；任意。❺胥徒　胥吏。❻元宰　首輔。❼具瞻　共同瞻仰。❽丙午　六月二十六日。❾蜀州　州名，治所晉原，在今四川崇州。❿嫡長　正妻所生的長子。⓫苟　若。⓬宜　當。⓭死　至死；雖死。⓮語德　論德；就德性而言。⓯丁未　六月二十七日。⓰則天大聖皇后復舊號為天后　武則天上元元年（西元六七四年）八月十五日稱天后。⓱追謚雍王賢曰章懷太子　雍王李賢光宅元年（西元六八四年）三月在丘神勣逼迫下自殺。⓲戊申　六月二十八日。⓳內宅　宮內住宅。⓴工書　擅長書法。㉑藩邸　親王府邸。㉒仙源公主　胡三省注：「仙源公主，帝女也，後封荊山公主。」帝，指睿宗。按，《新唐書》卷八十三〈諸帝公主傳〉載：「涼國公主字華莊，始封仙源，下嫁薛伯陽。」是睿宗第六女。㉓追削武三思武崇訓爵謚　武三思被殺後贈太尉，復封梁王，謚曰宣。武崇訓被殺後追封魯王，謚曰忠。㉔斲棺暴尸　砍毀棺槨，暴露屍體。㉕己酉　六月二十九日。㉖沈敏　沉穩聰敏。㉗權略　權謀智略。㉘類己　和自己相似。㉙於諸子中獨愛幸　在兒女中唯獨寵愛太平公主。武則天與唐高宗生四男一女：李弘（孝敬皇帝）、李賢（章懷太子）、李顯（唐中宗）、李旦（唐睿宗）、太平公主。㉚嚴　嚴明。㉛招權勢　招攬權勢。㉜誅張易之　時在神龍元年正月。㉝益尊重　更加尊貴重要。㉞移時　歷時；經時。指談話時間較長。㉟時不朝謁　有時候未去朝謁。㊱就第咨之　到其宅第諮問。㊲三郎　指太子李隆基。李隆基在睿宗諸子中排行第三，故稱之為三郎。㊳可　贊同；批准施行。㊴如市　人數像市場上一樣多。㊵子薛崇行崇敏崇簡　崇行、崇敏、崇簡皆公主之子，但不都姓薛。太平公主先嫁薛紹，後嫁武攸暨。據《元和姓纂》及《新唐書・宰相世系表》，崇行、崇敏係太平公主與武攸暨所生，當姓武。㊶近甸　近郊。㊷收市　收購。㊸宮掖　宮廷。

【語譯】睿宗任命鍾紹京擔任中書令。鍾紹京年輕時做過司農錄事，執掌朝政後，任意賞罰，大家都厭惡他。太常寺少卿薛稷勸他上表禮讓，鍾紹京聽從了他的意見。薛稷入朝對睿宗說：「鍾紹京雖然有功勳，但一向無才無德，出身於小吏，一朝被破格提拔到宰相的高位上，恐怕失去聖朝令人共同瞻仰之美。」睿宗認為他說得很有道理。六月二十六日丙午，睿宗把鍾紹京改任為戶部尚書，不久又把他調離京城去擔任蜀州刺史。

睿宗打算立太子，因為宋王李成器是嫡長子，而平王李隆基有大功勳，所以他遲疑不決。李成器推辭說：「國家安寧就應先立嫡長子，國家危難就應先把有功的人立為太子，如果違背適宜的方案，就會天下失望。臣寧死也不敢位居於平王之上。」接連幾天他都流著眼淚向睿宗堅持自己的請求。大臣們大多數也認為李隆基立有大功，應當立為太子。劉幽求說：「臣聽說剷除天下禍患的人，應當享有天下之福。平王拯救了宗廟社稷的傾危，救助君親於災難之中，論功勞沒有哪個比他的功勞更大些，論德行最為賢明，是無可懷疑的。」睿宗聽從了劉幽求的建議。六月二十七日丁未，睿宗冊立平王李隆基為太子。李隆基又上表請求把太子之位讓給李成器，睿宗沒有同意。

恢復則天大聖皇后武則天的舊號為天后，追加雍王李賢的謚號為章懷太子。〇六月二十八日戊申，睿宗命令宋王李成器擔任雍州牧、揚州大都督、太子太師。〇睿宗把溫王李重茂安置在內宅。〇睿宗任命太常少卿薛稷為黃門侍郎，參與討論軍國要務。薛稷因擅長書法，曾在相王府侍奉過睿宗，他的兒子薛伯陽娶了仙源公主為妻，因此他便被任命為宰相。〇追削武三思、武崇訓的爵位和謚號，劈棺暴屍，鏟平了他們的墳墓。

睿宗任命許州刺史姚元之為兵部尚書、同中書門下三品，宋州刺史韋嗣立、許州刺史蕭至忠為中書令，絳州刺史趙彥昭為中書侍郎，華州刺史崔湜為吏部侍郎，均為同平章事。〇越州長史宋之問、饒州刺史冉祖雍因阿附韋氏、武氏獲罪，都流放到嶺南。

六月二十九日己酉，睿宗把衡陽王李成義封為申王，巴陵王李隆範封為岐王，彭城王李隆業封為薛王，還把太平公主所食的實際封戶增添為一萬戶。

太平公主沉穩機敏，富於權謀，武則天認為她很像自己，因而在眾多的子女中唯獨偏愛她，經常要她參與祕密謀劃，然而她還是懼怕武則天的威嚴，不敢招攬自己的權勢；等到誅殺張易之時，太平公主起到了很大的作用。中宗時期，韋皇后和安樂公主都懼怕她，後來她又和太子李隆基一道誅除了韋氏家族。在屢立大功後，太平公主的地位更加尊貴，睿宗常常同她商議國家大政，她每次入朝奏事，都要和睿宗坐在一起談論很長時間。有時她沒能上朝謁見，宰相就到她家中諮問。每當宰相們奏事時，睿宗往往詢問：「此事曾和太平公主商議過嗎？」還問：「與三郎商議過嗎？」然後才批准他們的意見。三郎，說的是皇太子。太平公主打算幹的事，睿宗沒有不贊同的，朝中百官自宰相以下，進退全在她的一句話，其餘經過她的舉薦迅速擔任要職的士人更是難以計數，權傾人主，趨炎附勢奔走於她門下的人，如同市場上的人一樣多。太平公主的兒子薛崇行、薛崇敏、薛崇簡均封為王。太平公主的田畝園林遍布於長安近郊各處，收買或打造各種珍寶器物，足跡遠至嶺南及巴蜀地區，運送這些物品的人不絕於路。太平公主的衣食住行，模仿宮廷的規格。

追贈郎岌、燕欽融❶諫議大夫。

秋，七月庚戌朔❷，贈韋月將宣州刺史❸。○癸丑❹，以兵部侍郎崔日用為黃門侍郎，參知機務。

追復故太子重俊位號❺，雪敬暉、桓彥範、崔玄暐、張柬之、袁恕己、成王千里、李多祚等罪❻，復其官爵。

丁巳❼，以洛州長史宋璟檢校吏部尚書、同中書門下三品，岑羲罷為右散騎常侍，兼刑部尚書。璟與姚元之協心❽革中宗弊政，進忠良，退不肖，賞罰盡❾公，請託不行，綱紀修舉，當時翕然❿以為復有貞觀、永徽之風。

壬戌⓫，崔湜罷為尚書左丞，張錫為絳州刺史，蕭至忠為晉州⓬刺史，韋嗣立為許州刺史，趙彥昭為宋州刺史。丙寅⓭，姚元之兼中書令，兵部尚書、同中書門下三品李嶠貶懷州刺史。

丁卯⓮，太子少師、同中書門下三品唐休璟致仕，右武衛大將軍、同中書門下三品張仁愿罷為左衛大將軍。

黃門侍郎、參知機務崔日用與中書侍郎、參知機務薛稷爭於上前，稷曰：「日用傾側⓯，曏附武三思，非忠臣；賣友邀功，非義士。」日用曰：「臣往雖有過，今立大功⓰。稷外託國姻⓱，內附張易之、宗楚客，非傾側而何！」上由是兩罷之。戊辰⓲，以日用為雍州長史，稷為左散騎常侍。

己巳⓳，赦天下，改元⓴。凡韋氏餘黨未施行者㉑，咸赦之。◯乙亥㉒，廢武氏崇恩廟及昊陵、順陵㉓，追廢㉔韋后為庶人，安樂公主為悖逆庶人。

韋后之臨朝也，吏部侍郎鄭愔貶江州司馬，潛過均州，與刺史譙王重福及洛陽人張靈均謀舉兵誅韋氏，未發而韋氏敗。重福遷集州㉕刺史，未行，靈均說重福曰：「大王地居嫡長，當為天子。相王雖有功，不當繼統。東都士庶，皆願王來。若[1]潛入洛陽，發左右屯營兵㉖，襲殺留守，據東都，如從天而下也。然後西取陝州㉗，東取河南北，天下指麾㉘可定。」重福從之。

靈均乃密與愔結謀，聚徒數十人。時愔自祕書少監左遷沅州㉙刺史，遲留㉚洛陽以俟重福㉛，為重福[2]草制，立重福為帝，改元為中元克復。尊上為皇季叔㉜，以溫王為皇太弟，愔為左丞相知內外文事，靈均為右丞相、天柱大將軍知武事，右散騎常侍嚴善思為禮部尚書知吏部事。重福與靈均詐乘驛詣[3]東都，愔先供張㉝駙馬都尉裴巽第㉞以待重福。洛陽縣官微聞其謀㉟。

【章旨】以上為第十五段，寫睿宗平反五王冤獄。韋皇后餘黨引誘譙王李重福陰謀反叛。

【注釋】❶追贈郎岌燕欽融　郎岌、燕欽融因言韋后、宗楚客為亂而被殺。❷庚戌朔　七月初一日。❸贈韋月將宣州刺史　韋月將死於中宗神龍二年。❹癸丑　七月初四日。❺追復故太子重俊位號　李重俊景龍元年（西元七○七年）七月起兵被殺。《唐會要》卷四：「唐隆元年（西元七一○年）六月二十五日贈太子。景雲元年（西元七一○年）七月諡節愍，十一月陪葬定陵。」❻雪敬暉句　平反昭雪敬暉等人的罪行。敬暉、桓彥範、崔玄暐、張柬之、袁恕己等神龍二年以與王同皎通謀等罪被貶、被殺。成王千里、李多祚與李重俊起兵被殺，亦同時平反。❼丁巳　七月初八日。❽協心　同心協力。❾盡　皆。❿翕然　統一協調的樣子。⓫壬戌　七月十三日。⓬晉州　州名，治所在今山西臨汾。⓭丙寅　七月十七日。⓮丁卯　七月十八日。⓯傾側　此指人品不端正。⓰今立大功　指遣寶昌寺僧普潤向李隆基告發韋后祕謀之事。⓱外託國姻　表面上依托國親。

薛稷子伯陽尚仙源公主，故有此說。⑱戊辰　七月十九日。⑲己巳　七月二十日。⑳改元　改元景雲。㉑未施行者　指還沒有處決或流放的人。㉒乙亥　七月二十六日。㉓廢武氏崇恩廟及昊陵順陵　中宗景龍元年（西元七〇七年）二月十七日復武氏陵廟，置令、丞、守戶如昭陵。至是均加廢除。㉔追廢　廢除死人的官爵。㉕集州　州名，治所在今四川南江縣。㉖左右屯營兵　時東都置有左右屯營，以戍衛宮城。㉗陜州　州名，治所在今河南三門峽市西。㉘指麾　同「指揮」。引申為發令調遣。㉙沅州　州名，天授二年（西元六九一年）由巫州改名而來。治所在今湖南懷化西南。㉚遲留　逗留。㉛俟重福　等待李重福。㉜季叔　小叔。古人以伯、仲、叔、季排行時，季為最小。㉝供張　陳設帷帳等用具，以供宴會或行旅所需。㉞駙馬都尉裴巽第　在東都寬政坊，與河南縣廨為鄰。裴巽尚中宗女宜城公主。事見《新唐書》卷七十一上〈宰相世系表一上〉、卷八十一〈譙王重福傳〉、卷八十三〈薛國公主傳〉。㉟微聞其謀　暗中略知其謀。

【校　記】①若　據章鈺校，十二行本、乙十一行本「若」上皆有「王」字。②為重福　原無此三字。據章鈺校，十二行本、乙十一行本、孔天胤本皆有此三字，張敦仁《通鑑刊本識誤》同，今據補。③詣　據章鈺校，十二行本、乙十一行本皆無此字。

【語　譯】朝廷追贈郎岌和燕欽融為諫議大夫。

秋，七月初一日庚戌，朝廷追贈韋月將為宣州刺史。〇初四日癸丑，睿宗任命兵部侍郎崔日用為黃門侍郎，參與主持軍國大事。

朝廷追復已故太子李重俊的爵位和名號，昭雪敬暉、桓彥範、崔玄暐、張柬之、袁恕己、成王李千里及李多祚等人的罪名，恢復他們生前的官職和爵位。

七月初八日丁巳，睿宗任命洛州長史宋璟為檢校吏部尚書、同中書門下三品，岑羲被罷免為右散騎常侍兼刑部尚書。宋璟和姚元之同心協力地革除中宗的各種弊政，進用忠正賢良之士，斥退奸邪不肖之徒，賞罰完全依據公道，拜託說情不得施行，各項法度得以整飭，當時朝廷內外全都認為又恢復了貞觀、永徽時期的社會風尚。

七月十三日壬戌，崔湜被免官改任尚書左丞，張錫被貶為絳州刺史，蕭至忠被貶為晉州刺史，韋嗣立被貶為許州刺史，趙彥昭被貶為宋州刺史。十七日丙寅，姚元之兼任中書令，兵部尚書、同中書門下三品李嶠被貶為懷州刺史。

七月十八日丁卯，太子少師、同中書門下三品唐休璟退休，右武衛大將軍、同中書門下三品張仁愿被免官改任左衛大將軍。

黃門侍郎、參知機務崔日用與中書侍郎、參知機務薛稷在皇帝面前爭執，薛稷說：「崔日用人品不端正，過去依附武三思，並非忠臣；出賣朋友宗楚客，邀功請賞，不是義士。」崔日用說：「臣過去雖然有過錯，今天立了大功。薛稷表面上以陛下的親家為依托，暗中投靠張易之、宗楚客，這不是為人不正又是什麼！」睿宗因此罷免了他們兩人的職務。七月十九日戊辰，任命崔日用為雍州長史，薛稷為左散騎常侍。

七月二十日己巳，赦免天下罪囚，改換年號。凡是韋氏殘餘黨徒尚未執行懲罰的，全部予以赦免。○二十六日乙亥，廢除武氏的崇恩廟及昊陵、順陵，追廢韋后為庶人，安樂公主為悖逆庶人。

韋皇后臨朝聽政的時候，吏部侍郎鄭愔被貶謫為江州司馬，鄭愔曾暗地裡前往均州，與均州刺史譙王李重福及洛陽人張靈均密謀起兵誅除韋氏家族，未等他們發難，韋氏家族已經敗亡。其後李重福被提升為集州刺史，尚未赴任，張靈均勸他說：「大王您處於先帝嫡長子的地位，應為天子。相王雖然有功，卻不應當繼承大統。東都的士人百姓，都希望您能夠到洛陽來。倘若您潛入洛陽城，調動左、右屯營兵，襲殺東都留守，佔據洛陽，如同從天而降。然後西取陝州，東取黃河南北兩岸地區，天下指揮可定。」李重福聽從了他的建議。

於是張靈均私下與鄭愔勾結策劃，聚集徒眾幾十人。當時鄭愔從祕書少監被降職為沅州刺史，他逗留洛陽等待李重福，他為李重福起草了詔書，立李重福為帝，把年號改為中元克復。把睿宗尊為皇季叔，把溫王李重茂封為皇太弟，鄭愔自己擔任左丞相職務，執掌朝廷內外文官事務，命令張靈均擔任右丞相、天柱大將軍，執掌武官事務，命令右散騎常侍嚴善思擔任禮部尚書，執掌吏部事務。李重福與張靈均喬裝打扮乘驛馬前往東都，鄭愔預先布置好駙馬都尉裴巽的府第以接待李重福。洛陽縣的官吏對他們的圖謀略有所聞。

【研　析】本卷研析韋后之亂與睿宗登基。

太子李重俊兵敗被誅，韋皇后躲過一劫，但她不思悔改，重新集結勢力，變本加厲圖謀皇權。韋皇后依靠的勢力，一是韋氏子弟，二是諸武餘孽。韋皇后堂兄韋溫，中宗即位後任禮部尚書。武三思死後，韋溫入相為同中書門下三品。武崇訓死後，安樂公主下嫁武崇訓堂弟武延秀。武氏黨羽宗楚客，轉身投靠韋皇后，任夏官侍郎，入相為同鳳臺鸞閣平章事。這樣韋氏外戚與武氏外戚再次合流，結成危害唐皇室的政治集團。中宗完全被掌控在韋皇后集團中成為一個被戲耍的傀儡。

韋皇后導引中宗為樂，以迷其心。景雲元年（西元七一〇年）正月十四日夜，中宗與韋皇后微行觀燈於街市，又縱宮女數千人出遊，許多宮女趁機失蹤不回皇宮。二月二十九日庚戌，中宗駕臨禁苑梨園毬場，命文武百官三品以上拋毬作樂，又命分為兩隊拔河。中宗與韋皇后、嬪妃、公主臨觀大笑。

韋皇后外誘中宗逸樂，而暗地裡加緊了奪權的活動。當神龍三年（西元七〇七年）太子李重俊死後，宗楚客率領百官上表，加韋皇后為順天翊聖皇后。景龍二年（西元七〇八年）春，宮中傳出韋皇后衣箱中有五色雲出，中宗居然相信這一騙局，讓畫匠畫出圖形，向百官展示，下詔大赦天下。接著右驍衛將軍、知太史事迦葉志忠上表說：「從前我大唐高祖神堯皇帝未受令時，天下歌〈桃李子〉，太宗文武皇帝還沒有登基時，天下傳頌〈秦王破陣樂〉，高宗天皇大帝繼位之前，天下歌唱〈堂堂〉，則天皇后即位前，天下歌〈娬媚娘〉，應天皇帝陛下您登基前，天下歌唱〈英王石州〉，順天韋皇后還沒有受命，當今天下歌〈桑條韋〉，這表明上天要接受順天韋皇后為國母，主蠶桑之事，臣製作〈桑韋歌〉十二篇，獻上陛下，請求編入樂府，當皇后主持祭祀蠶種時演奏。」這樣明目張膽替韋皇后問鼎皇權編造祥瑞的事，中宗竟然興高采烈，重賞迦葉志忠。

景龍三年八月，中宗將到南郊祭天，國子祭酒祝欽明等上奏，皇后助祭。這一違禮行為，也是效法武則天所為，遭到眾多大臣反對，中宗最後仍然依從了韋皇后的意願，以皇后為亞獻。

中宗的昏庸與放縱，朝政大權完全被韋皇后、宗楚客等人掌控，滿朝文武噤若寒蟬。但韋皇后的淫行與政治活動，惡名傳揚全國，地方的熱血之士，冒死上奏。景雲元年四月，定州人郎岌上奏，指陳「韋后、宗楚客將為逆亂」，韋皇后報告中宗，活活打死了郎岌。接著五月十七日丁卯，許州司兵參軍燕欽融再次上奏，說：「皇后淫亂，干預國政，宗族強盛；安樂公主、武延秀、宗楚客圖危宗社。」矛頭直指韋皇后政變集團。這一次中宗居然召見燕欽融，當面詢問，燕欽融直言罵奸，面不改色。中宗沉默不語。宗楚客假傳詔令在朝堂上打殺燕欽融，中宗雖然不加追究，但很不高興。中宗的反常行為，使韋皇后惶恐不安。散騎常侍馬秦客以醫術，光祿少卿楊均以善烹調，皆出入宮廷，與韋皇后私通，害怕事洩被誅，安樂公主急於做皇太女，慫恿韋皇后臨朝稱制。於是，幾個人合謀，在六月初二日壬午，在食物中下毒，謀殺了中宗。韋皇后祕不發喪，六月初三日癸未，召宰相入皇宮，進行政變部署。京師戒嚴，徵召五萬士兵屯入京師，用韋氏子弟掌握禁軍。宰相韋溫總知內外兵馬，守衛宮掖，韋皇后堂弟駙馬都尉韋捷、韋濯、衛尉卿韋璿、左千牛中郎將韋錡、堂兄長安令韋播、外甥高嵩分領禁軍，中書舍人韋元巡行六街。六月初四日甲申，韋皇后在太極殿會集百官發喪，臨朝稱制，立李重茂為皇太子，進相王李旦為太尉。六月初七日丁亥，皇太子即帝位，時年十六歲，尊韋皇后為皇太后。至此，韋皇后完成了毒殺中宗的政變。

韋皇后不滿足於臨朝稱制，她要急於做皇帝。安樂公主不甘心公主之位，她要急於做皇太女。宗楚客不滿足於宰輔地位，他要急於做開國元勳。以宗楚客與安樂公主丈夫武延秀為首，與諸韋子弟共勸韋皇后遵武后故事，革命稱帝，策劃謀害少帝李重茂。安樂公主與太平公主早有嫌隙，韋皇后深忌相王李旦。韋皇后政變集團密謀將相王李旦，以及太平公主一起誅除。這一陰謀波及的範圍實在太大，政變集團的兵部侍郎崔日用，本是韋武集團的核心人物之一，一貫依附韋武集團，深感事態嚴重，害怕事敗滅族，他倒戈反擊，暗中派寶昌寺和尚普潤向相王之子臨淄王李隆基告密。六月二十日庚子，李隆基搶先發難，誅滅了韋武集團。韋皇后、安樂公主為亂兵所殺，韋武兩姓被滅族。六月初二日中宗被害，六月二十日李隆基誅滅韋武集團，二十天之內，唐王室發生了兩場宮廷政變。韋皇后想效法武則天，臨朝稱制半個月就被誅殺。為何事變如此之速，它帶給人們什麼思考，這是研析韋后之亂的重心。

如果說武則天是一個傑出的政治家，那麼韋皇后只是一個跳樑小丑，兩者不可同日而語，因此一個成功，一個失敗。比較兩人的行事，高下之分，不用評說而有天壤之別。第一，武則天動心忍性，長期經營，她謀皇后、謀干政、謀革命，都是一步一步進行，而韋皇后急於求成，謀害中宗已犯大忌，臨朝才十幾天，腳跟還沒站穩，就想做皇帝。武則天垂簾近三十年，高宗死後，又臨朝稱制七年，直到天授二年才革命稱帝。如此，武則天多麼有心機，韋皇后相比，是多麼的粗俗。第二，武則天不冒天下之大不韙，她利用唐王室旗號漸謀革命。武則天可以殺掉女兒和親生兒子，但她沒有謀殺高宗。韋皇后謀害中宗，犯了大忌，人神共憤，怎能不敗。第三，武則天上政事十二策，不時褒獎賢臣，獵取聲名。稱帝後才公然養蓄男寵，是皇帝所為，臣僚不敢攻訐。韋皇后不守婦道，中宗在世，就敢與武三思、馬秦客、楊均等多人淫亂，醜聲聞於天下，不孚眾望。第四，武則天用賢，得人才輔佐，韋皇后信用武三思、宗秦客，韋氏子弟，一幫紈袴子弟與蠢豬，不是李隆基的對手。第五，武則天拉一派打一派，韋皇后不懂策謀，不與太平公主結盟，反而敵視太平公主，安樂公主與之爭長論短，把太平公主推到了李隆基一邊。第六，武則天兩手策略，軟硬兼施。她用酷吏打擊政敵，又用官祿收買人士，民怨沸騰時候就誅殺酷吏，收買民心。武則天嚴於控制親信，如太平公主、武三思、男寵薛懷義等，不敢過分犯法。韋皇后十分輕浮。殺太子李重俊後，飄飄然不知所以，肆無忌憚，大賣官爵，安樂公主搶奪民田，修建苑囿，不得民心。武則天用權謀，韋皇后用暴力，她用重兵戒嚴京師，人人惶恐，韋氏子弟鞭打禁兵立威，四面樹敵。李隆基倡義，士兵譁變。韋皇后失敗之速，創造了歷史的空前。最後，從大勢上說，武則天剛退下舞臺，人心思唐，人心思安，韋皇后立即來重演武皇后故事，不合時宜。韋皇后的失敗，是命中註定了。

唐睿宗即相王李旦登基，完全是歷史的偶然。李旦比中宗李顯還要懦弱、昏庸，他從來就沒有做皇帝的想法和勇氣。中宗被廢，武則天後來決定傳子，立李旦為皇太子，李旦堅決讓給了中宗李顯。這樣一個平庸的好人，韋皇后也容不得。如果韋皇后與李旦聯手，辦事從容不迫，就不會有臨淄王李隆基的發難。李隆基是李旦的第三子，有謀略，辦事果決。他首任潞州別駕，在潞州募集一批勇士。景龍四年，韋皇后政變前夕，李隆基朝於京師，於是滯留京師。他暗地招集勇士，特別在號稱「萬騎」的羽林禁軍中結識雄豪，等待時機救亂。韋皇后弒中宗，矯詔稱制，李隆基便與太平公主、前朝邑尉劉幽求、萬騎果毅李仙鳧、陳玄禮等人密謀。崔日用告密，李隆基立即發動羽林軍攻入宮中。這一行動，李隆基沒有請示父親相王李旦。李隆基認為，政變大事，是保衛國家，事成歸功於相王，事敗，自己承擔責任，不牽累相王。如果謀及相王，就把相王拖入了政變危事中，設若相王不同意，就要敗壞大事。依相王的懦弱性格，肯定是不同意，一定是敗壞大事。李隆基的果敢行動，表現了他有政治權謀與政治遠見。李隆基入宮殺了韋皇后、安樂公主、武延秀等。接著大殺韋武集團中人，韋家子弟，連幼兒都殺了，全部族滅，武氏子弟基本殺滅。武則天的餘黨，只剩下太平公主了。

李隆基誅滅韋武集團，立了大功。李旦即帝位後，是為睿宗。睿宗立李隆基為皇太子，太平公主干政，猜忌李隆基，因此二人水火不容，一場新的鬥爭又開始了。

韋后之亂，帶來了睿宗即位，給李隆基建功創造了機會。可以說韋后之亂為唐開元之治掃清了道路。歷史的變局就是這樣難以使人意料。

卷第二百十

唐紀二十六

起上章閹茂（庚戌　西元七一〇年）八月，盡昭陽赤奮若（癸丑　西元七一三年），凡三年有奇。

【題　解】本卷記事起於西元七一〇年八月，迄於西元七一三年，凡三年又五個月。當唐睿宗景雲元年到唐玄宗開元元年。睿宗平庸仁厚，本無帝王之心，因其第三子臨淄王李隆基與太平公主共謀，發動兵變誅殺韋皇后，陰差陽錯被推上皇帝寶座，李隆基也因此被立為皇太子。太平公主與其母武則天同類型，貪戀權位，野心勃發。睿宗即位，大權就旁落在太平公主之手。太平公主忌刻李隆基英武，於是欲謀廢立太子，太子自保，各立朋黨，朝中大臣中分，正人君子保太子，奸邪小人附太平公主，兩派勢力明爭暗鬥，長達三年之久。睿宗騎牆，欲兩全之，令太子監國，外出太平公主。隨後睿宗召還太平公主，傳位太子，欲以平衡雙方勢力，以求共存。太平公主野心不改，依然擅權用事，宰相七人，五出其門，文武之臣，大半附之。太平公主公然謀廢立，唐玄宗於是在先天二年七月用兵誅滅太平公主及其同黨，睿宗還政，唐玄宗全權掌控政權，改元開元。本卷記事重心即為李隆基登基。睿宗也辦了幾件好事：罷斥斜封官，平反裴炎冤獄，停建寺觀。割河西九曲地與吐蕃，留下隱患，是睿宗的一大失策。

睿宗玄真大聖大興孝皇帝下

景雲元年（庚戌　西元七一〇年）

八月庚寅❶，往巽第按問❷。重福奄至❸，縣官馳出，白留守❹。羣官皆逃匿，洛州長史崔日知❺獨帥眾討之。

留臺❻侍御史李邕遇重福於天津橋❼，從者已數百人。馳至屯營❽，告之曰：「譙王得罪先帝❾，今無故入都，此必為亂，君等宜立功取富貴。」又告皇城使❿閉諸門。重福先趣左、右屯營，營中射之，矢如雨下。乃還趣左掖門⓫，欲取⓬留守兵，見門閉，大怒，命焚之。火未及然⓭，左屯營兵出逼之，重福窘迫，策馬⓮出上東⓯，逃匿山谷。明日，留守大出兵搜捕，重福赴漕渠⓰溺死。日知，日用之從父兄也，以功拜東都留守。

鄭愔貌醜多須⓱，既敗，梳髻⓲，著婦人服，匿車中。擒獲，被鞫，股慄⓳不能對。張靈均神氣自若，顧愔曰：「吾與此人舉事，宜其敗也！」與愔皆斬於東都市。初，愔附來俊臣得進；俊臣誅，附張易之；易之誅，附韋氏；韋氏敗，又附譙王重福，竟坐族誅。嚴善思免死，流靜州⓴。

【章旨】以上為第一段，寫中宗第二子譙王李重福反叛被誅。

【注釋】❶庚寅　八月十二日。❷往巽第按問　洛陽縣官前往裴巽宅第查問。上卷末載「洛陽縣官微聞其謀」，此句即承上句而言。❸奄至　忽然到達。❹白留守　告訴東都留守。白，告知。❺崔日知　字子駿，宰相崔日用堂兄，官至京兆尹。傳見《舊唐書》卷九十九、《新唐書》卷一百二十一。❻留臺　留在洛陽御史臺。❼天津橋　在東都皇城正南洛水上，位於今河南洛陽舊城西南。❽屯營　即戍守洛陽的左右屯營。❾先帝　指中宗。❿皇城使　掌皇城啟閉、警衛之事。東都皇城在東都西北隅。⓫左掖門　皇城南面三門之一。皇城南面三門，中曰端門，左曰左掖門，右曰右掖門。⓬取　收取。⓭然　通「燃」。⓮策馬　鞭馬。⓯上東　東都東面三門之一，位於北端。《唐六典》卷七載：東都城東面三門，中曰建春，南曰永通，北曰上東。⓰漕渠　為漕運而修建的水渠。⓱須　鬍鬚。⓲髻　總髮，挽髮而結之於頭頂。⓳慄　戰慄。⓴靜州　州名，治所在今四川阿壩羌族自治州西北。

【語　譯】睿宗玄真大聖大興孝皇帝下

景雲元年（庚戌　西元七一〇年）

八月十二日庚寅，洛陽縣官吏前往裴巽宅第進行查問，李重福突然到達，縣官吏上馬跑出來，把事情原委告訴了東都留守。成群的官員都逃走躲藏起來，只有洛州長史崔日知率領部眾討伐李重福。

留臺侍御史李邕在天津橋與李重福相遇，隨從李重福的已經有幾百人。李邕策馬趕到東都左、右屯營，告訴他們說：「譙王李重福得罪於先帝，現在無故進入東都，他這麼做一定是叛亂，你們應當為朝廷建立功勳，獲取榮華富貴。」他又通知東都皇城使關閉所有的城門。李重福先奔赴左、右屯營，營中將士朝他放箭，箭如雨下。李重福便回頭奔向左掖門，想取得留守部隊，見城門關閉，大怒，命令放火焚燒城門。還沒有等到將火點燃，左屯營的士兵出來向他逼近。李重福困窘無路，策馬跑出上東門，逃入山谷藏匿起來。第二天，東都留守派遣大批軍隊進行搜捕，李重福投入漕渠淹死。崔日知是崔日用的堂兄，因功被授予東都留守。

鄭愔貌醜多鬚，舉事失敗後，梳起了髮髻，穿著婦女的服裝，躲藏在車中。被捕獲後，受審訊，兩腿發抖，不能回答問題。張靈均神態自如，他回頭看著鄭愔說：「我和這種人一起舉事，失敗是理所當然的！」

張靈均和鄭愔都在東都洛陽街市被斬殺。當初，鄭愔因投靠來俊臣而得以升遷；來俊臣被殺後，攀附張易之；張易之伏誅後，依附韋后；韋后敗亡後，又歸附譙王李重福，最終坐罪滅族。嚴善思免於死罪，流放到靜州。

萬騎恃討諸韋之功，多暴橫❶，長安中❷苦之，詔並除外官❸。又停以戶奴為萬騎❹，更置飛騎，隸左、右羽林。

姚元之、宋璟及御史大夫畢構上言：「先朝斜封官❺悉宜停廢。」上從之。癸巳❻，罷斜封官凡數千人。

刑部尚書、同中書門下三品裴談貶蒲州刺史。○贈蘇安恆諫議大夫❼。九月辛未❽，以太子少師致仕唐休璟為朔方道大總管。

冬，十月甲申❾，禮儀使❿姚元之、宋璟奏：「大行皇帝神主，應祔太廟，請遷義宗神主於東都⓫，別立廟。」從之。

乙未⓬，追復天后尊號為大聖天后⓭。○丁酉⓮，以幽州鎮守經略節度大使薛訥⓯為左武衛大將軍兼幽州都督。節度使之名自訥始⓰。

太平公主以太子年少⓱，意頗易之⓲，既而憚其英武，欲更擇闇弱⓳者立之以久其權⓴。數為流言，云「太子非長㉑，不當立。」己亥㉒，制戒諭中外，以息浮議㉓。公主每覘伺㉔太子所為，纖介㉕必聞於上，太子左右，亦往往為公主耳目，太子深不自安。

【章旨】以上為第二段，寫睿宗裁除先朝斜封官。太平公主猜忌太子李隆基。

【注釋】❶暴橫 殘暴專橫。❷長安中 長安城中的百姓。❸外官 京外官；地方官。❹以戶奴為萬騎 戶奴，即官奴。為官戶奴婢之簡稱。胡三省注：「戶奴為萬騎，蓋必起於永昌之後。」待考。❺先朝斜封官 中宗時的斜封官。中宗時，安樂公主、長寧公主等受賄賣官，只要付錢三十萬，便可另降墨敕除官，斜封付中書，時人謂之「斜封官」。❻癸巳 八月十五日。❼贈蘇安恆諫議大夫 蘇安恆於景龍元年（西元七〇七年）十月被殺，時任習藝館內教。❽辛未 九月二十三日。❾甲申 十月初七日。❿禮儀使 官名。唐代凡有國喪，皆以宰相為禮儀使，掌管喪儀、祔廟等大事。⓫遷義宗神主於東都 義宗即孝敬皇帝（太子弘）廟號。中宗神龍元年（西元七〇五年）六月十九日祔孝敬神主於太廟。⓬乙未 十月十八日。⓭大聖天后 六月二十七日始追復「天后」稱號，至此，又加「大聖」二字。⓮丁酉 十月二十日。⓯薛訥 （西元六四九－七二〇年）絳州萬泉（今山西萬榮西南）人，名將薛仁貴之子。長期鎮守邊疆，頗有戰功。官至左羽林大將軍。傳見《舊唐書》卷九十三、《新唐書》卷一百十一。⓰節度使之名自訥始 關於節度使名號的起源，諸書記載不一。《統紀》、《唐會要》稱：景雲二年四月，以賀拔延嗣為涼州都督，充河西節度使，始有節度之號。司馬光認為，薛訥已先為節度大使，則節度之名不始於延嗣。見《考異》卷十二。岑仲勉在《通鑑隋唐紀比事質疑》一書中說：節度初時只有指揮調度之意。終唐之世，都非職官，故無品階。節度使是否始自薛訥，因當日制敕存者無多，殊難斷定。看來尚需進一步研究。⓱以太子年少 當時太子不足二十五歲。⓲意頗易之 心裡頗輕視太子，認為容易控制。易，輕易。⓳闇弱 暗昧軟弱。⓴以久其權 以便使自己長期掌握大權。㉑非長 不是嫡長子。㉒己亥 十月二十二日。㉓浮議 流傳而沒有根據的議論。此處指「太子非長，不當立」的流言。㉔覘伺 覘，窺看。伺，偵候。㉕纖介 亦作「纖芥」。細微。此處指細微小事。

【語譯】萬騎兵倚仗討平韋氏家族的功勞，大多殘暴專橫，長安城中的百姓為其所害，皇帝頒詔把萬騎兵全部調任地方官。又下令停止從官戶奴隸中選拔萬騎兵，另外設置飛騎，隸屬於左、右羽林軍。

姚元之、宋璟和御史大夫畢構向睿宗進言：「先朝的斜封官應當全部予以廢止。」睿宗聽從了他們的意見。八月十五日癸巳，一共廢止了數千名斜封官。

刑部尚書、同中書門下三品裴談被貶謫為蒲州刺史。〇朝廷追贈蘇安恆為諫議大夫。

九月二十三日辛未，睿宗命令已經退休的太子少師唐休璟擔任朔方道大總管。

冬，十月初七日甲申，禮儀使姚元之、宋璟上奏說：「大行皇帝的神主應當安放在太廟中祔祭，請把義宗皇帝的神主遷往東都，另外立廟祭祀。」睿宗聽從了他們的建議。

十月十八日乙未，睿宗下詔恢復天后的尊號為大聖天后。〇二十日丁酉，睿宗任命幽州鎮守經略節度大使薛訥擔任左武衛大將軍兼幽州都督。節度使的名稱從薛訥開始。

太平公主認為太子李隆基很年輕，心裡頗輕視太子，不久又懼怕太子的英武，打算另找一位昏庸懦弱的人立為太子，以便使自己能夠長期掌握大權。太平公主多次散布流言，聲稱「太子不是皇帝的嫡長子，不應該立為太子。」十月二十二日己亥，睿宗頒布詔書告誡朝廷內外，以平息各種流言蜚語。太平公主還常常窺視太子李隆基的所作所為，微細小事也一定稟告睿宗。太子身邊的人，往往是太平公主的耳目，太子深感不安。

諡故太子重俊曰節愍❶。太府少卿萬年韋湊❷上書，以為「賞罰所不加者，則考行立諡以褒貶之。故太子重俊，與李多祚等稱兵❸入宮，中宗登玄武門以避之，太子據鞍督兵自若❹。及其徒倒戈，多祚等死，太子方逃竄。曏使宿衛不守，其為禍也胡可忍言❺！明日，中宗雨泣❻，謂供奉官❼曰：『幾不與卿等相見。』

其危如此。今聖朝禮葬❽，謚為節愍，臣竊惑❾之。夫臣子之禮，過廟必下，過位必趨。漢成帝之為太子，不敢絕馳道❿。而重俊稱兵宮內，跨馬御前，無禮甚矣。若以其誅武三思父子而嘉之，則興兵以誅姦臣而尊君父可也；今欲自取之，是與三思競為逆也，又足嘉乎⓫！若以其欲廢韋氏而嘉之，則韋氏於時逆狀未彰，大義未絕，苟無中宗之命而廢之，是脅⓬父廢母也，庸⓭可乎！漢戾太子困於江充之讒⓮，發忿殺充，雖興兵交戰，非圍逼君父也。兵敗而死，及其孫為天子，始得改葬，猶謚曰戾。況重俊可謚之曰節愍乎！臣恐後之亂臣賊子，得引以為比，開悖逆之原，非所以彰善癉惡⓯也，請改其謚。多祚等從重俊興兵，不為無罪。陛下今宥之可也，名之為雪，亦所未安。」上甚然其言，而執政以為制命已行，不為追改⓰，但停多祚等贈官而已。

十一月戊申朔⓱，以姚元之為中書令。○己酉⓲，葬孝和皇帝⓳于定陵⓴，廟號中宗。朝議以韋后有罪，不應祔葬。追謚故英王妃趙氏㉑曰和思順聖皇后，求其瘞㉒，莫有知者，乃以褘衣㉓招魂㉔，覆以夷衾㉕，祔葬定陵。○壬子㉖，侍中韋安石罷為太子少保，左僕射、同中書門下三品蘇瓌罷為少傅。○甲寅㉗，追復裴炎官爵㉘。

初，裴伷先自嶺南逃歸，復杖一百，徙北庭㉙。至徙所，殖貨任俠㉚，常遣客詗㉛都下㉜事。武后之誅流人㉝也，伷先先知之，逃奔胡中，北庭都護追獲，囚之以聞。使者至，流人盡死，伷先以待報未殺。既而武后下制安撫流人，有未死者悉放還，伷先由是得歸。至是求炎後，獨伷先在，拜詹事丞㉞。

【章旨】以上為第三段，寫諡中宗太子李重俊曰「節愍」，下葬中宗。平反裴炎冤獄。

【注釋】❶節愍　《諡法》：「好廉自克曰節，在國逢艱曰愍。」沒有貶斥之意，故韋湊上奏要求改諡。❷韋湊　（西元六五八－七二二年）京兆萬年（今陝西西安）人，曾任婺州參軍、司農少卿等職，多次上書論時政得失。官至太原尹兼節度支度營田大使。傳見《舊唐書》卷一百一、《新唐書》卷一百十八。❸稱兵　舉兵。❹自若　自如，無敬畏之心。❺胡可忍言　豈可忍言。❻雨泣　淚如雨下。❼供奉官　在皇帝身邊供職的官員。❽禮葬　以禮安葬。❾惑　疑惑。❿漢成帝之為太子二句　漢成帝當太子的時候，居住在桂宮。一次元帝有事急召太子，太子不敢穿越馳道，繞道而行，去的晚了。元帝問其原因，太子以實相對。於是元帝乃著令，太子得絕馳道。絕，有穿越、越度之意。⓫又足嘉乎　意即又豈足嘉乎。⓬脅　脅迫。⓭庸　豈。⓮漢戾太子困於江充之讒　戾太子即武帝太子劉據。江充與劉據有矛盾，誣告劉據有巫蠱之事。據恐，舉兵殺充。後兵敗自殺。⓯彰善癉惡　語出《尚書・畢命》。表彰為善之人，憎恨作惡者。癉，痛。⓰追改　追加改易。即按照韋湊的主張行事。⓱戊申朔　十一月初一日。⓲己酉　十一月初二日。⓳孝和皇帝　即唐中宗李顯。中宗死後諡為孝和皇帝。⓴定陵　位於陝西富平宮里鄉鳳凰山上，距縣城約十三公里。現為中國省級重點文物保護單位。㉑故英王妃趙氏　高祖駙馬趙瓌之女，京兆長安（今陝西西安）人，唐中宗為英王時，納為妃。不為武后所愛，幽閉而死。㉒瘞　埋葬。此處指葬所。㉓褘衣　皇后受冊、助祭、朝會時穿的禮服。㉔招魂　招回死者的靈魂。古人迷信，認為將死者的衣服整好，北面三呼，即可招回死者之魂。㉕夷衾　古代舉行喪禮時覆屍或覆柩的被子。㉖壬子　十一月初五日。㉗甲寅　十一月初七日。㉘追復裴炎官爵　裴炎官至中書令，封河東縣侯。文明元年（西元六八四年）十月十八日被殺。事跡見兩《唐書・裴炎傳》。㉙北庭都護府名，治所在今新疆吉木薩爾北破城子。㉚殖貨任俠　經營商業，以俠義自任。㉛詗　偵察；刺探。㉜都下　都中。此處指京師長安。㉝武后之誅流人　其事發生在長壽二年（西元六九三年）。㉞詹事丞　東宮官屬，正六品上，掌判詹事府事務。

【語　譯】朝廷賜予故太子李重俊以節愍的諡號。太府少卿萬年縣人韋湊上書，認為「對於那些沒有得到賞賜或者處罰的人，就要考察他生前的行為確定諡號加以褒貶。故太子李重俊與李多祚等人起兵進入宮禁，中宗登上玄武門來躲避他們，太子騎在馬上神態自若地督兵作戰。等到他的徒眾倒戈，李多祚等人被殺死，太子才逃竄。假使當時把守宮門的侍衛抵擋不住，那麼李重俊造成的禍患豈可忍言！第二天，中宗淚如雨下，對身邊供職的官員說：『我差一點就不能與諸位相見了。』當時的情況竟然達到如此危急。現在朝廷禮葬李重俊，諡為節愍，臣私下感到迷惑不解。依據臣子侍奉君主的禮節，臣子經過太廟必須下馬，經過君主的御座必須恭恭敬敬地小步疾走。漢成帝作太子時，不敢橫穿馳道。然而李重俊在宮禁內舉兵造反，跨馬在中宗面前，無禮到極點了。若因為他誅殺武三思父子而嘉獎他，那麼起兵剷除奸臣和尊崇君父是可以的；但是，當時他是想自取帝位，是與武三思競相為逆，這樣的人又怎麼值得嘉獎呢！若因為他是想廢掉韋后而嘉獎他，那麼在當時韋后謀反的形跡還未彰顯，母子君臣大義尚未斷絕，假如沒有中宗的命令就廢掉她，就是脅迫君父廢黜母后，這怎麼可以呢！漢武帝時戾太子因被江充等人的誣陷之詞所逼迫，發怒殺死江充，雖然起兵交戰，不是圍困逼迫他的父親漢武帝。戾太子兵敗而死，等到他的孫子為天子時，才得以改葬，但諡號仍稱為戾。何況李重俊這樣的人，怎麼能諡之為節愍呢！臣擔心後代的亂臣賊子，會援引李重俊之事為先例，為違忤逆亂行為開啟源頭，這不是用來彰善懲惡的方法，請求改變李重俊的諡號。李多祚等人追隨李重俊起兵，不能認為沒有罪過，陛下現在可以寬恕他們的罪行，但是稱之為昭雪，也是不妥當的。」睿宗十分贊同他的意見，然而執行大臣認為睿宗的詔命已經頒行，就沒有追回改易，只是停止了向李多祚等人追贈官爵而已。

十一月初一日戊申，睿宗命令姚元之擔任中書令。○初二日己酉，把孝和皇帝安葬在定陵，廟號中宗。朝廷評議認為韋皇后有罪，不應祔葬。追諡英王妃趙氏為和思順聖皇后，派人尋找她埋葬的地方，但沒有人知道，便用禕衣為她招魂，覆蓋上裹屍的被子，祔葬於定陵。○初五日壬子，侍中韋安石免官，改任太子少保；左僕射、同中書門下三品蘇瓌免官，改任少傅。○初七日甲寅，朝廷追復裴炎的官職爵位。

當初，裴伷先從嶺南逃回，又處杖刑一百，流放到北庭。裴伷先抵達流放地，經營商業，以俠義自任，經常派賓客到長安打探消息。武后誅殺流徙的犯人，裴伷先先知道了消息，便逃往胡人地域，後被北庭都護追捕擒獲，關押起來並上報武后。使者來到北庭，流放人犯全部被殺，裴伷先因等待武則天的批覆而沒有被處死。過了不久武后頒布詔書安撫流放之人，有未處死的全部放回原籍，裴伷先因此得以回到長安。直到此時，睿宗下令尋找裴炎的後代，只有裴伷先在世，授予他詹事丞之職。

壬戌[1]，追復王同皎官爵[2]。○庚午[3]，許文貞公蘇瓌薨。制起復[4]其子頲為工部侍郎，頲固辭。上使李日知諭旨[5]，日知終坐不言而還，奏曰：「臣見其哀毀，不忍發言，恐其隕絕[6]。」上乃聽其終制[7]。

十二月癸未[8]，上以二女西城、隆昌公主[9]為女官[10]，以資天皇太后之福[11]，仍欲於京〔1〕城西造觀。諫議大夫甯原悌[12]上言，以為「先朝悖逆庶人[13]以愛女驕盈[14]而及禍，新都、宜城[15]〔2〕以庶孽[16]抑損[17]而獲全[18]。又釋、道二家皆以清淨為本，不當廣營寺觀，勞人費財。梁武帝致敗於前，先帝取災於後，殷鑒不遠。今二公主入道，將為之置觀，不宜過為崇麗[19]，取謗[20]四方。又，先朝所親狎[21]諸僧，尚在左右，宜加屏斥[22]。」上覽而善之。

宦者閻興貴㉓以事屬㉔長安令李朝隱，朝隱繫於獄。上聞之，召見朝隱，勞之曰：「卿為赤縣㉕令，能如此，朕復何憂！」因御承天門，集百官及諸州朝集使，宣示以朝隱所為。且下制，稱「宦官遇寬柔之代㉖，必弄威權。朕覽前載㉗，每所歎息。能副朕意，實在斯人，可加一階為太中大夫㉘，賜中上考㉙及絹百匹。」

壬辰㉚，奚、霫犯塞，掠漁陽、雍奴㉛，出盧龍塞㉜而去。幽州都督薛訥追擊之，弗克㉝。

舊制：三品以上官冊授㉞，五品以上制授㉟，六品以下敕授㊱，皆委尚書省奏擬㊲，文㊳屬吏部，武㊴屬兵部，尚書曰中銓㊵，侍郎曰東西銓㊶。中宗之末，嬖倖㊷用事，選舉混淆，無復綱紀。至是，以宋璟為吏部尚書，李乂、盧從愿㊸為侍郎，皆不畏彊禦㊹，請謁路絕。集者萬餘人，留者三銓不過二千㊺，人服其公。以姚元之為兵部尚書，陸象先㊻、盧懷慎㊼為侍郎，武選亦治。從愿，承慶㊽之族子；象先，元方㊾之子也。

侍御史藁城倪若水㊿，奏彈國子祭酒祝欽明、司業郭山惲亂常改作(51)，希旨病君(52)。於是左授欽明饒州(53)刺史，山惲括州(54)長史。

侍御史楊孚(55)，彈糾不避權貴，權貴毀(56)之，上曰：「鷹搏狡兔，須急救之，不爾[57]必反為所噬。御史繩姦慝亦然。苟非人主保衛之，則亦為姦慝所噬矣。」乎，隋文帝[58]之姪孫也。

置河西節度、支度、營田等使[59]，領涼、甘、肅、伊、瓜、沙、西七州[60]，治涼州[61]。

姚州羣蠻，先附吐蕃，攝監察御史李知古[62]請發兵擊之；既降，又請築城，列置州縣，重稅之。黃門侍郎徐堅[63]以為不可，不從。知古發劍南兵築城，因欲誅其豪傑，掠子女為奴婢。羣蠻怨怒，蠻酋傍名引吐蕃攻知古，殺之，以其尸祭天，由是姚、嶲[64]路絕，連年不通。

安西都護張玄表[65]侵掠吐蕃北境，吐蕃雖怨而未絕和親，乃賂鄯州都督楊矩[66]，請河西九曲[67]之地以為公主湯沐邑。矩奏與之。

【章　旨】以上為第四段，寫睿宗整頓綱紀，抑制宦官，規範選舉。唐割河西九曲地與吐蕃是一大失策。

【注　釋】❶壬戌　十一月十五日。❷追復王同皎官爵　王同皎神龍二年三月七日被殺。生前拜駙馬都尉，遷光祿卿，封琅邪郡公。❸庚午　十一月二十三日。❹起復　起於家而復為官。封建時代，官吏家中有喪，丁憂未滿而復起用，稱作「起復」。❺諭旨　曉諭皇上的旨意。❻隕絕　休克或死亡。❼終制　終其喪制。❽癸未　十二月初七日。❾西城隆昌公主　西城公主即金仙公主，唐睿宗第八女。始封西城縣主，太極元年（西元七一二年），與玉真公主皆為道士。隆昌當作「昌隆」。昌隆公主即玉真公主、持盈公主，睿宗第九女。始封崇昌縣主，為道士，進號上清玄都大洞三景師。兩公主傳見《新唐書》卷八十三。⑩女官　又作女冠，即女道士。⑪以資天皇太后之福　為天皇、太后祈求冥福。天皇，唐高宗。太后，武則天。⑫甯原悌　事見《唐會要》卷五十。原悌，《唐會要》作「悌原」，待考。⑬悖逆庶人　即中宗之女安樂公主。安樂公主被殺後，追貶為悖逆庶人。⑭驕盈　驕傲盈滿。⑮新都宜城　皆唐中宗之女，新都公主下嫁武延暉，宜城公主下嫁裴巽。⑯庶孽　對妾生子女的統稱。⑰抑損　抑制減損。⑱獲全　得以保全性命。⑲崇麗　高大華麗。⑳取謗　招致誹謗。㉑親狎　親昵狎習。㉒屏斥　屏棄斥逐。㉓閻興貴　事見《舊唐書》卷一百〈王丘傳〉、《新唐書》卷一百二十九〈李朝隱傳〉。㉔屬　請託。㉕赤縣　設在京師的縣。唐制，縣有赤、畿、望、緊、上、中、下七等之差。凡縣治設在京師以內的稱作赤縣。唐代赤縣有四，即：長安、萬年、河南、洛陽。㉖寬柔之代　寬容柔和之世。㉗前載　從前的載籍，即史書之類。㉘加一階為太中大夫　長安令正五品上，太中大夫從四品上，故自長安令加一階即至太中大夫階品。太中大夫，文散官名，在文散官中被列為第八等。㉙賜中上考　唐代官員考第分為九等，即：上上、上中、上下、中上、中中、中下、下上、下中、下下。每個等級都有一定的考課標準和獎懲辦法。中上考為第四等，說明政績較好。㉚壬辰　十二月十六日。㉛雍奴　縣名，縣治在今天津市武清西北。㉜盧龍塞　古塞道，為今河北平原通向東北方的交通要道，在今河北盧龍附近。㉝弗克　不克。㉞冊授　由皇帝當面冊封。㉟制授　發制書授官。㊱敕授　下敕授官。㊲奏擬　奏聞注擬。㊳文　文官。㊴武　武官。㊵尚書曰中銓　尚書一人，主持六、七品選，稱為中銓或尚書銓。㊶侍郎曰東西銓　侍郎二人，分為兩組，主持八、九品選，稱為東西銓。東西銓與中銓合稱三銓。㊷嬖倖　被寵愛的人。㊸盧從愿　（?—西元七三七年）相州臨漳（今河北臨漳西南）人，曾任右拾遺、中書舍人等職。典選六年，以平允著稱。官至吏部尚書。傳見《舊唐書》卷一百、《新唐書》卷一百二十九。㊹彊禦　強暴；威勢。㊺留者三銓不過二千　經過三銓留下來的不過二千人。㊻陸象先　（西元六六五—七三六年）本名景初，睿宗賜名象先，蘇州吳縣（今江蘇蘇州）人，舉制科高第。官至宰相，監修國史。傳見《舊唐書》卷八十八、《新唐書》卷一百十六。㊼盧懷慎　（?—西元七一六年）滑州靈昌（今河南延津東北）人，舉進士，官至宰相，勤於公事，以清儉著稱。傳見《舊唐書》卷九十八、《新唐書》卷一百二十六。㊽承慶　盧承慶，高宗朝宰相。傳見《舊唐書》卷八十一、《新唐書》卷一百六。㊾元方　陸元方，則天朝兩度為相。傳見《舊唐書》卷八十八、《新唐書》卷一百十六。㊿倪若水　（?—西元七一九年）恆州藁城（今河北藁城）人，進士及第。官至尚書右丞。傳見《舊唐書》卷一百八十五下、《新唐書》卷一百二十八。(51)亂常改作　打亂常規，胡亂改革。指郊祀以韋皇后亞獻。(52)希旨病君　迎合皇后旨意，危害君王。希，迎合。(53)饒州　州名，治所在今江西鄱陽。(54)括州　州名，治所在今浙江麗水市東南。(55)楊孚　事見《唐御史臺精舍題名考》卷一、《舊唐書》卷九十八〈杜暹傳〉

等。56毀　毀謗。57不爾　不然；不這樣的話。58隋文帝　即楊堅（西元五四一－六〇四年），隋王朝的建立者。西元五八一－六〇四年在位。有本紀，見《隋書》卷一、《北史》卷十一。59置河西節度支度營田等使　據胡三省注，唐代邊軍，皆有支度使，以計軍資糧仗之用。節度使不兼支度者，支度自為一司。凡邊防鎮守，轉運不給，則開置屯田以益軍儲，於是有營田使。60涼甘肅伊瓜沙西七州　地當今甘肅西部、新疆東部一帶，包括整個河西走廊和吐魯番盆地。61涼州　州名，治所在今甘肅武威。62李知古　事見《舊唐書》卷一百二、《新唐書》卷一百九十六〈吐蕃傳上〉等。63徐堅　（？－西元七二九年）湖州長城（今浙江長興）人。傳見《舊唐書》卷一百二、《新唐書》卷一百九十九。64姚嶲　姚州，治所在今雲南姚安。嶲州，治所在今四川西昌。65張玄表　事見《舊唐書》卷一百九十六上、《新唐書》卷二百十六上〈吐蕃傳上〉。66楊矩　事見《舊唐書》卷七〈中宗紀〉、卷九十二〈趙彥昭傳〉、卷一百九十六上〈吐蕃傳上〉及〈唐方鎮年表〉等。67河西九曲　據胡三省注，即漢大小榆谷之地，去積石軍三百里，水甘草良，宜畜牧。吐蕃得到河西九曲之地後，修築洪濟、大漠門等城為害唐西疆。後來楊矩後悔而自殺。

【校　記】1京　原無此字。據章鈺校，十二行本、乙十一行本皆有此字，今據補。2新都宜城　原作「新城宜都」。據章鈺校，十二行本、乙十一行本皆作「新都宜城」，嚴衍《通鑑補》亦同改作，今據改。按，胡三省注認為二位公主皆為中宗女，《新唐書．諸帝公主傳》載中宗女有「新都」、「宜城」，新城公主為太宗之女，宜都公主則為德宗之女。

【語　譯】十二月十五日壬戌，朝廷追復王同皎的官職與爵位。〇二十三日庚午，許文貞公蘇瓌去世。睿宗頒發詔書，命令蘇瓌的兒子蘇頲丁憂期間起家復官為工部侍郎，蘇頲堅決推辭。睿宗派遣李日知去傳達自己的旨意，李日知在蘇頲家始終坐著不說話，之後便返回了。他上奏說：「臣見到蘇頲悲摧的樣子，不忍心把要說的話講出來，擔心他沒了性命。」於是睿宗便允許蘇頲為其父服滿三年喪期。

十二月初七日癸未，睿宗讓他的兩個女兒西城公主和隆昌公主作女道士，以助天皇太后武則天的冥福，還想在京城西建造道觀。諫議大夫甯原悌進言，認為「先朝悖逆庶人作為中宗的愛女而驕縱太甚，因而遭到殺身之禍；新都公主和宜城公主作為中宗庶女而謙卑自抑，因而得以保全。而且佛教和道教都以清淨為本，不應廣為建造佛寺道觀，勞苦民眾，耗費財力。梁武帝佞佛導致敗亡於前，先帝中宗廣建佛寺道觀獲災於後，教訓距今不遠。現在西城公主和隆昌公主作了女道士，陛下將為她們修建道觀，不應過於高大華麗，招致天下誹謗。還有，先朝皇帝所親昵的僧侶，尚在陛下身旁，應當加以斥退。」睿宗看了他的奏章，認為他說得很好。

宦官閭興貴請託長安令李朝隱為他辦私事，李朝隱把他逮捕下獄。睿宗聽說了這件事，召見李朝隱，慰問他說：「您擔任京畿縣的縣令，能夠這樣，我還有什麼憂慮呢！」因而駕臨承天門，召集文武百官和各州的朝集使，向他們公布李朝隱的所作所為。並且頒布詔書，說：「宦官遇到寬容柔和之世，必定會濫用權力。我閱覽前代記載，常常感歎。能夠符合我的心意的，就是像李朝隱這樣的人，可以給他加官一階為太中大夫，賜予他的考核成績為中上，並且賞給絹一百匹。」

十二月十六日壬辰，奚族人和霫族人進犯邊境，搶掠漁陽、雍奴二縣後，由盧龍塞出境離去。幽州都督薛訥領兵追擊他們，未能取勝。

舊制規定：任命三品以上官員由皇帝當面冊封，任命五品以上官員由皇帝頒布制書授官，任命六品以下官員由皇帝頒布敕書委任，這些職官的任命都委任尚書省奏聞注擬，文官的委任由吏部擬定，武官的委任由兵部擬定，尚書稱作中銓，左右侍郎稱作東西銓。中宗末年，得到皇帝寵幸的奸佞之徒主政，選舉混亂，沒有綱紀可言。直到此時，朝廷命令宋璟擔任吏部尚書，李乂、盧從愿為侍郎，皆不畏懼強暴，請託拜謁之路斷絕。來候選的有萬餘人，三銓過後留下的不過二千人，人們認可銓選公正。朝廷以姚元之為兵部尚書，陸象先、盧懷慎為侍郎，武職人員選拔也得到整治。盧從愿，是盧承慶的堂姪；陸象先，是陸元方的兒子。

侍御史藁城人倪若水呈奏彈劾國子祭酒祝欽明、國子司業郭山惲打亂常規，胡亂改革，迎合韋后的旨意，危害君王。於是把祝欽明貶職為饒州刺史，把郭山惲貶職為括州長史。

侍御史楊孚彈劾糾舉違法之事時不避權貴，權貴們誹謗他。睿宗說：「老鷹搏擊狡兔，必須趕緊幫助老鷹，不然的話，牠反會被狡兔咬噬。御史繩治奸邪也是這樣。如果沒有君主保護他，那麼也會被奸邪之徒所咬噬。」楊孚，是隋文帝楊堅的姪孫。

朝廷設置河西節度使、支度使和營田使，統轄涼、甘、肅、伊、瓜、沙、西七州，治所在涼州。

姚州的各個蠻族部落，起初依附吐蕃，代理監察御史職務的李知古請求發兵進擊；各蠻族部落歸降後，李知古又請求在姚州建築城郭，設置州縣建制，向他們徵斂重稅。黃門侍郎徐堅認為不能夠這樣做，但是睿宗沒有聽從他的意見。李知古徵調劍南道兵卒修築城池，想趁機殺死蠻族各部的首領，把他們的子女搶來作奴婢。蠻族各部深為憤恨，蠻族酋長傍名引導吐蕃進攻李知古，把他殺掉了，用他的屍體祭祀上天，從此姚州、巂州通往中原的道路斷絕，連續多年不得通行。

安西都護張玄表侵擾搶掠吐蕃北部邊境，吐蕃雖然對此非常怨恨，但是沒有斷絕與唐朝的姻親關係；他們就賄賂鄯州都督楊矩，請求朝廷把河西九曲之地作為金城公主的湯沐邑。楊矩上奏請求將河西九曲之地送給吐蕃。

二年（辛亥　西元七一一年）

春，正月癸丑❶，突厥可汗默啜遣使請和，許之。○己未❷，以太僕卿郭元振、中書侍郎張說並同平章事。○以溫王重茂為襄王❸，充集州❹刺史，遣中郎將將兵五百就防之❺。

乙丑❻，追立妃劉氏曰肅明皇后❼，陵曰惠陵；德妃竇氏❽曰昭成皇后，陵曰靖陵。皆招魂葬於東都城南，立廟京師，號儀坤廟❾。竇氏，太子之母也。

太平公主與益州長史竇懷貞等結為朋黨，欲以危太子，使其壻唐晙❿邀韋安石至其第，安石固辭不往。上嘗密召安石，謂曰：「聞朝廷皆傾心東宮⓫，卿宜察之。」對曰：「陛下安得亡國之言！此必太平之謀耳。太子有功於社稷，仁明孝友，天下所知，願陛下無惑讒言⓬。」上瞿然⓭曰：「朕知之矣，卿勿言。」時公主在簾下⓮竊聽之，以飛語⓯陷安石，欲收按之，賴郭元振救之，得免。

公主又嘗乘輦邀宰相於光範門⓰內，諷以易置東宮⓱，眾皆失色。宋璟抗言⓲曰：「東宮有大功於天下，真宗廟社稷之主，公主柰何忽有此議！」

璟與姚元之密言於上曰：「宋王陛下之元子⓳，豳王⓴高宗之長孫，太平公主交構㉑其間，將使東宮不安。請出宋王及豳王皆為刺史，罷岐、薛二王左、右羽林㉒，使為左、右率㉓以事太子。太平公主請與武攸暨皆於東都安置。」上曰：「朕更無兄弟，惟太平一妹，豈可遠置東都！諸王惟卿所處。」乃先下制云：「諸王、駙馬自今毋得典禁兵，見任者皆改它官。」

頃之，上謂侍臣曰：「術者㉔言五日中當有急兵入宮，卿等為朕備之。」張說曰：「此必讒人欲離間東宮。願陛下使太子監國，則流言自息矣。」姚元之曰：「張說所言，社稷之至計㉕也。」上說㉖。

二月丙子朔㉗，以宋王成器為同州㉘刺史，豳王守禮為豳州㉙刺史，左羽林大將軍岐王隆範為左衛率，右羽林大將軍薛王隆業為右衛率，太平公主蒲州㉚安置。丁丑㉛，命太子監國，六品以下除官㉜及徒罪以下㉝，並取太子處分㉞。

【章　旨】以上為第五段，寫太平公主加緊謀劃重立太子。睿宗用張說、姚元之計以太子監國來抑制太平公主，並外出太平公主於蒲州安置，欲兩全之。

【注　釋】❶癸丑　正月初七日。❷己未　正月十三日。❸以溫王重茂為襄王　據兩《唐書・睿宗紀》，時在正月甲子，即正月十八日。❹集州　州名，治所在今四川南江縣。❺就防之　前往集州防範李重茂作亂。❻乙丑　正月十九日。❼追立妃劉氏曰肅明皇后　劉氏係劉德威之孫。唐睿宗在藩時納為孺人，生寧王及壽昌、代國公主。長壽二年（西元六九三年）被祕密處死。❽德妃竇氏　生玄宗及金仙、玉真二公主，與劉氏同日被殺。二人同傳，見《新唐書》卷七十六。❾儀坤廟　在長安親仁坊。❿唐晙　民部尚書唐儉曾孫。娶太平公主女，官至太常少卿。傳見《舊唐書》卷五十八、《新唐書》卷八十九。⓫朝廷皆傾心東宮　朝臣之心皆倒向太子。⓬無惑讒言　不要為讒言所迷惑。⓭瞿然　驚視的樣子。⓮簾下　即簾中。⓯飛語　流言。⓰光範門　在大明宮含元殿之西。⓱易置東宮　更換太子。⓲抗言　大聲說；高聲而言。⓳元子　嫡長子。宋王李成器，睿宗長子，李隆基之兄。⓴豳王　名守禮，章懷太子李賢之子。㉑交構　交相構陷；虛構事端，擴大事態。㉒罷岐薛二王左右羽林　平定韋氏後，岐王隆範、薛王隆業分別擔任左、右羽林大將軍之職。㉓左右率　各一員，正四品上，掌東宮兵仗羽衛之政令，總諸曹之事務。㉔術者　術士。㉕至計　最重要的計策。㉖說　通「悅」。㉗丙子朔　二月初一日。㉘同州　州名，治所在今陝西大荔。㉙豳州　州名，治所在今陝西彬縣。㉚蒲州　州名，治所在今山西永濟西。㉛丁丑　二月初二日。㉜除官　授官。㉝徒罪以下　包括笞、杖、徒三種刑名。㉞處分　處置。

【語　譯】二年（辛亥　西元七一一年）

春，正月初七日癸丑，突厥可汗默啜派遣使者前來求和，朝廷同意了默啜的請求。○十三日己未，睿宗任命太僕卿郭元振、中書侍郎張說二人一同擔任同平章事的職務。○睿宗把溫王李重茂封為襄王，充任集州刺史，派遣中郎將率領五百士兵前往集州防範他。

正月十九日乙丑，睿宗把妃子劉氏追立為肅明皇后，她的墓地稱為惠陵；把德妃竇氏追立為昭成皇后，她的墓地稱為靖陵。都在招魂後安葬在東都洛陽城南，立廟京師，稱為儀坤廟。竇氏，是太子李隆基的生母。

太平公主與益州長史竇懷貞等人結成朋黨，想危害太子李隆基。太平公主指使她的女婿唐晙邀請韋安石來到自己的府第，韋安石堅決推辭不去。睿宗曾經祕密召見韋安石，對他說：「聽說朝廷百官全都傾心太子，您應當對此加以觀察。」韋安石回答說：「陛下從哪裡獲悉這種亡國的言辭呢！這一定是太平公主的計謀而已。太子對宗廟社稷有功，仁德明智，孝順父母，友愛兄弟，這是天下人都知道的，希望陛下不要被讒言所迷惑。」睿宗驚異地說：「我知道了，您不要再言及這件事。」當時太平公主在簾子後面偷聽了君臣二人的談話，利用流言蜚語陷害韋安石，打算把他逮捕下獄進行審訊，幸虧郭元振從中救助，韋安石才得以免罪。

太平公主還曾乘輦車在光範門內攔住宰相們，暗示他們改立皇太子，宰相們全都大驚失色。宋璟大聲地說：「太子對天下立下了巨大的功勞，真正是宗廟社稷的主人，公主為什麼突然有這樣的建議呢！」

宋璟與姚元之祕密地向睿宗進言說：「宋王李成器是陛下的嫡長子，豳王李守禮是高宗皇帝的長孫，太平公主在他倆與太子之間交構事端，將會造成東宮地位不穩。請陛下將宋王和豳王兩人外放為刺史；罷免岐王李隆範和薛王李隆業所擔任的左、右羽林大將軍職務，讓他們擔任左、右衛率以侍奉太子。請求將太平公主與武攸暨均安置在東都洛陽居住。」睿宗說：「我又沒有兄弟，只有太平公主這一個妹妹，怎麼可以把她遠遠地安置到東都呢！只有諸王可以聽憑你們處置。」於是先行頒下詔書說：「從今以後諸王、駙馬不得掌領禁兵，現在任職的都改調為其他官職。」

不久，睿宗對身邊的侍臣說：「方術之士說五天之內會有突如其來的軍隊闖入宮中，你們要為我加強戒備。」張說說：「這一定是讒邪小人想要離間陛下與太子關係。希望陛下讓太子監臨國政，那麼流言蜚語也就自然銷聲匿跡了。」姚元之說：「張說所說的，是宗廟社稷的至上之策。」睿宗聽了十分高興。

二月初一日丙子，睿宗任命宋王李成器擔任同州刺史，豳王李守禮擔任豳州刺史，左羽林大將軍岐王李隆範擔任左衛率，右羽林大將軍薛王李隆業擔任右衛率，把太平公主安置在蒲州。初二日丁丑，睿宗命令太子李隆基監理國政，六品以下官員的任命以及對犯徒罪以下罪犯的批覆等事務，均交給太子處理。

殿中侍御史崔涖❶、太子中允❷薛昭素言於上曰：「斜封官皆先帝所除，恩命❸已布，姚元之等建議，一朝盡奪之，彰先帝之過，為陛下招怨。今眾口沸騰，偏於海內，恐生非常之變。」太平公主亦言之，上以為然。戊寅❹，制：「諸緣斜封別敕授官，先停任者，並量材敘用。」

太平公主聞姚元之、宋璟之謀，大怒，以讓❺太子。太子懼，奏元之、璟離間姑、兄❻，請從極法❼。甲申❽，貶元之為申州❾刺史，璟為楚州❿刺史。丙戌⓫，宋王、豳王亦寢⓬刺史之命。

中書舍人、參知機務劉幽求罷為戶部尚書；以太子少保韋安石為侍中。安石與李日知代姚、宋為政，自是綱紀紊亂，復如景龍⓭之世矣。前右率府鎧曹參軍柳澤⓮上疏，以為「斜封官皆因僕妾汲引⓯，豈出孝和⓰之意！陛下一切黜⓱之，天下莫不稱明。一旦忽盡收敘，善惡不定，反覆相攻⓲，何陛下政令之不一也！議者咸稱太平公主令胡僧慧範曲引此曹⓳，誑⓴誤陛下。臣恐積小成大，為禍不細㉑。」上弗聽。澤，亨之孫也㉒。○左、右萬騎與左、右羽林為北門四軍，使葛福順等將之。

三月，以宋王成器女為金山公主㉓，許嫁突厥默啜。

夏，四月甲申㉔，宋王成器讓司徒，許之，以為太子賓客。以韋安石為中書令。

上召羣臣三品以上，謂曰：「朕素懷澹泊㉕，不以萬乘㉖為貴，曩為皇嗣，又[1]為皇[2]太弟，皆辭不處㉗。今欲傳位太子，何如？」羣臣莫對。太子使右庶子李景伯㉘固辭，不許。殿中侍御史和逢堯㉙附太平公主，言於上曰：「陛下春秋未高㉚，方為四海所依仰，豈得遽爾㉛！」上乃止。

戊子㉜，制：「凡政事皆取太子處分。其軍旅死刑及五品已上除授，皆先與太子議之，然後以聞。」○辛卯㉝，以李日知守侍中。○壬寅㉞，赦天下。

五月，太子請讓位於宋王成器，不許；請召太平公主還京師㉟，許之。○庚戌㊱，制：「則天皇后父母墳仍舊為昊陵、順陵㊲，量置官屬。」太平公主為武攸暨請之也㊳。

【章　旨】以上為第六段，寫睿宗裁除斜封官而又重新啟用；欲讓位太子卻又召還太平公主，夾在兩者之間左右搖擺。

【注　釋】❶崔涖　官至吏部員外郎。事見《新唐書》卷七十二下〈宰相世系表二下〉、《唐御史臺精舍題名考》卷一。❷太子中允　東宮官屬，協助左庶子掌侍從贊相，駁正啟奏。❸恩命　帶有恩澤的詔令。❹戊寅　二月初三日。❺讓　斥責。❻姑兄　太平公主為太子之姑，宋王、豳王為太子之兄。❼極法　極刑；死刑。❽甲申　二月初九日。❾申州　州名，治所在今河南信陽。❿楚州　州名，治所在今江蘇淮安。⓫丙戌　二月十一日。⓬寢　止。⓭景龍　唐中宗年號（西元七〇七—七一〇年）。⓮柳澤　蒲州解縣（今山西運城西南）人，曾多次上書進諫。官至太子右庶子。傳見《舊唐書》卷七十七、《新唐書》卷一百十二。⓯汲引　提攜拔引。⓰孝和　中宗諡號。⓱黜　罷黜。⓲反覆相攻　自相矛盾。⓳此曹　指斜封官。⓴誑　欺。㉑細　小。㉒澤二句　柳澤是柳亨的孫子。柳亨歷事高祖、太宗二朝，官至檢校岐州刺史。《新唐書》卷七十三上〈宰相世系表〉及卷一百十二〈柳澤傳〉以柳澤為柳亨曾孫。待考。㉓以宋王成器女為金山公主　唐制，皇帝女稱公主，太子女稱郡主，親王女稱縣主。宋王女本為縣主，因為與突厥和親，視同皇女，故稱公主。㉔甲申　四月初九日。㉕澹泊　恬靜寡欲。㉖萬乘　喻帝位。㉗曩為皇嗣三句　曩，從前。不處，不處其位。辭皇嗣在則天天授元年。辭皇太弟在中宗神龍元年。㉘李景伯　則天朝宰相李懷遠之子。曾任諫議大夫，官至右散騎常侍。傳見《舊唐書》卷九十、《新唐書》卷一百十六。㉙和逢堯　岐州岐山（今陝西岐山縣）人，則天時負鼎謁闕，被流莊州。十餘年後中進士，累遷監察御史。性詼詭，善外交。官至戶部侍郎。傳見《舊唐書》卷一百八十五下、《新唐書》卷一百二十三。㉚陛下春秋未高　時睿宗五十歲。㉛豈得遽爾　怎麼能馬上這樣。即豈能立刻傳位於太子。㉜戊子　四月十三日。㉝辛卯　四月十六日。㉞壬寅　四月二十七日。㉟請召太平公主還京師　太平公主二月一日被安置於蒲州。㊱庚戌　五月初六日。㊲則天皇后父母墳仍舊為昊陵順陵　景雲元年（西元七一〇年）七月二十六日廢昊陵、順陵名號。㊳太平公主為武攸暨請之也　武攸暨為太平公主之夫。

【校　記】①又　張敦仁《通鑑刊本識誤》作「及」。②皇　據章鈺校，十二行本、乙十一行本皆無此字。

【語　譯】殿中侍御史崔涖、太子中允薛昭素對睿宗說：「斜封官都是先帝所委任的，這一恩命早已頒布，因為姚元之等人的建議，一下子完全予以削奪，彰顯先帝的過錯，給陛下招來很多抱怨。現在大家怨聲洶洶，遍於天下，恐怕發生意外變故。」太平公主也這樣勸說，睿宗認為他們說的正確。二月初三日戊寅，頒布詔書：「先前因為是斜封別敕所授官職而被停任的官員，一律量材錄用。」

太平公主獲悉姚元之與宋璟的計謀，大怒，藉以責備太子。太子感到害怕，奏稱姚元之和宋璟挑撥離間自己與姑母和兄長的關係，請求處以極刑。二月初九日甲申，睿宗把姚元之貶謫為申州刺史，把宋璟貶謫為楚州刺史。十一日丙戌，對宋王李成器和豳王李守禮的刺史任命也被擱置起來。

睿宗將中書舍人、參知機務劉幽求罷免，改任戶部尚書；任命太子少保韋安石擔任侍中。韋安石與李日知取代姚元之、宋璟，執掌朝政，從此朝廷綱紀紊亂，又如同景龍年間。前任右率府鎧曹參軍柳澤上奏疏，認為「斜封官都是借助中宗身邊的奴僕侍妾的提攜引進，哪裡是出自中宗的本意！陛下把他們全都廢黜，天下之人無不稱道明智，現在一下子把他們全部招回敘用，善惡不分，自相矛盾，陛下的政令怎麼會如此前後不一呢！討論此事的人都說這是太平公主指使胡僧慧範胡亂利用這些人，誑騙陛下。臣擔心積小成大，造成的災禍不輕。」睿宗沒有聽從他的意見。柳澤，是柳亨的孫子。○由左、右萬騎軍和左、右羽林軍組成北門四軍，睿宗命令葛福順等人統率這些禁衛軍。

三月，睿宗封宋王李成器之女為金山公主，同意把她嫁給突厥可汗默啜。

夏，四月初九日甲申，宋王李成器請求辭去司徒的職務，睿宗同意了他的請求，任命他擔任太子賓客。任命韋安石擔任中書令。

睿宗召集三品以上的官員，對他們說：「我一向心懷澹泊，不把萬乘之尊視為高貴，當初立皇嗣，又做皇太弟，都推辭不居其位。我現在打算傳位給皇太子，你們認為怎麼樣？」大臣們沒有人回答。太子李隆基讓右庶子李景伯代表自己堅決推辭，睿宗沒有同意。殿中侍御史和逢堯阿附太平公主，便對睿宗說：「陛下的年紀還不是太老，正被天下所仰賴，怎麼能立即這樣禪位於皇太子呢！」睿宗這才作罷。

四月十三日戊子，睿宗頒布詔書：「大凡朝廷政務，都聽取皇太子的處理。其中軍事決策、死刑覆核以及對五品以上官的任命，均須先與皇太子商議，然後再上奏。」○十六日辛卯，睿宗任命李日知署理門下省侍中的職事。○二十七日壬寅，大赦天下罪囚。

五月，太子李隆基請求把太子的名位讓給宋王李成器，睿宗沒有答應；太子又請求將太平公主召回京師，睿宗答應了。○初六日庚戌，睿宗頒布詔書：「將則天皇后父母的墳墓名稱依舊為昊陵、順陵，酌量設置官員。」這是太平公主替武攸暨向睿宗提出的請求。

辛酉❶，更以西城❷為金仙公主，隆昌❸為玉真公主，各為之造觀❹，逼奪民居❺甚多，用功數百萬。右散騎常侍魏知古、黃門侍郎李乂諫，皆[1]不聽。○壬戌❻，殿中監竇懷貞為御史大夫、同平章事。

僧慧範恃太平公主勢，逼奪民產❼，御史大夫薛謙光與殿中侍御史慕容珣❽奏彈之。公主訴於上❾，出謙光為岐州❿刺史。

時遣使按察十道⓫，議者以山南所部闊遠⓬，乃分為東西道；又分隴右為河西道。六月壬午⓭，又分天下置汴、齊、兗、魏、冀、并、蒲、鄜、涇、秦、益、綿、遂、荊、岐、通、梁、襄、揚、安、閩、越、洪、潭二十四都督，各糾察所部刺史以下善惡，惟洛⓮及近畿州⓯不隸都督府。太子右庶子李景伯、舍人盧俌⓰等上言：「都督專殺生之柄⓱，權任太重，或用非其人⓲，為害不細。今御史秩卑望重，以時巡察，姦宄自禁。」其後竟罷都督，但置十道按察使而已。

秋，七月癸巳⓳，追復上官昭容⓴，諡曰惠文。

八月[2]乙卯㉑，以高祖故宅枯柿復生㉒，赦天下。○己巳㉓，以右御史大夫解琬㉔為朔方大總管。琬考按㉕三城㉖戍兵，奏減十萬人。○庚午㉗，以中書令韋安石為左僕射兼太子賓客、同中書門下三品。太平公主以安石不附己，故崇以虛名，實去其權也㉘。

九月庚辰㉙，以竇懷貞為侍中。懷貞每退朝，必詣太平公主第㉚。時修金仙、玉真二觀，羣臣多諫，懷貞獨勸成之，身自督役㉛。時人謂懷貞前為皇后阿䞣㉜，今為公主邑司㉝。

冬，十月甲辰㉞，上御承天門，引韋安石、郭元振、竇懷貞、李日知、張說宣制，責以「政教多闕，水旱為災，府庫益竭㉟，僚吏日滋㊱。雖朕之薄德，亦輔佐非才。安石可左僕射、東都留守，元振可吏部尚書，懷貞可左御史大夫，日知可戶部尚書，說可左丞，並罷政事。」以吏部尚書劉幽求為侍中，右散騎常侍魏知古為左散騎常侍，太子詹事崔湜為中書侍郎，並同中書門下三品；中書侍郎陸象先同平章事。皆太平公主之志㊲也。

象先清淨寡欲，言論高遠，為時人所重。湜私侍太平公主，公主欲引以為相，湜請與象先同升㊳，公主不可㊴，湜曰：「然則湜亦不敢當。」公主乃為之并言㊵於上，上不欲用湜，公主涕泣以請，乃從之㊶。

【章　旨】以上為第七段，寫睿宗置十道按察使。太平公主返回京師干預朝政，結納朋黨，勢力日盛。

【注　釋】❶辛酉　五月十七日。❷西城　西城縣主，為金仙公主始封之號。❸隆昌　當為「崇昌」，即崇昌縣主，為玉真公主始封之號，見《新唐書》本傳。❹各為之造觀　金仙觀又稱金仙女冠觀，在長安輔興坊東南隅。玉真觀亦名玉真女冠觀，本工部尚書竇誕宅，則天時為崇先府，景雲元年建而為觀，在輔興坊西南隅，與金仙觀相對。金仙、玉真兩公主，皆睿宗之女，玄宗之妹。兩公主皆為道士，故築觀京中，以觀名為公主之號。❺民居　民宅。❻壬戌　五月十八日。❼民產　平民田宅財產。❽慕容珣　事見《元和姓纂》卷八及《唐郎官石柱題名考》卷三、卷五、卷六等。❾公主訴於上　太平公主向睿宗告狀，說薛謙光與慕容珣離間骨肉，二人遭貶官外放。❿岐州　州名，治所在今陝西鳳翔東南。⓫遣使按察十道　胡三省注：「太宗貞觀十八年，遣十七道巡察；武后垂拱初，亦嘗遣九道巡察，天授二年又遣十道存撫使；至是分為十道按察使，以廉按州郡，二週年一替。」⓬闊遠　遼闊遙遠。⓭壬午　六月初八日。⓮洛　洛陽，為都畿。⓯近畿州　靠近京師諸州，即雍、華、同、商等州。⓰盧俌　初為右補闕，官至祕書少監。傳見《新唐書》卷二百。⓱柄　權柄。⓲或用非其人　假若用人不當。⓳癸巳　七月二十日。⓴追復上官昭容　上官昭容景雲元年六月二十日被殺。今平反追復昭容之職，並加謚號。㉑乙卯　八月十三日。㉒高祖故宅枯柿復生　唐高祖故宅在通義坊西南隅，又稱「高祖龍潛舊宅」。武德元年改為道義宮，貞觀元年立為興聖尼寺。宅中有柿子樹，天授年間枯死，至此復生。㉓己巳　八月二十七日。㉔解琬　（？—西元七一八年）魏州元城（今河北大名東北）人，官至同州刺史。熟悉邊事，在軍二十餘年，務農習戰，頗有政績。傳見《舊唐書》卷一百、《新唐書》卷一百三十。㉕考按　審查。㉖三城　即三受降城。㉗庚午　八月二十八日。㉘崇以虛名二句　韋安石先為中書令，正三品，掌軍國之政令。現為左僕射兼太子賓客，同中書門下三品。雖仍是宰相，品秩亦增至從二品，但實際權力大為下降。㉙庚辰　九月初八日。㉚太平公主第　在長安興道坊西南隅。㉛身自督役　親自監督修觀之役。㉜前為皇后阿奢　景龍二年，中宗使韋后乳媪王氏與竇懷貞成婚。俗稱媪婿為阿奢，故懷貞上奏常自稱「皇后阿奢」。事見本書上卷景龍二年十二月。㉝公主邑司　唐制，公主有邑司令丞，掌家財出入、田園徵封之事。今為公主邑司，係時人對竇懷貞的譏諷，並非實任其職。㉞甲辰　十月三日。㉟竭　耗竭。㊱滋　多。㊲志　意。㊳同升　同時晉升為宰相。㊴公主不可　太平公主不同意。㊵并言　一起講。㊶公主涕泣以請二句　關於崔湜入相的原因，有不同的說法。《考異》引《朝野僉載》云：「湜妻美，並二女皆得幸於太子。時人牓之曰：『託庸才於主第，進豔婦於春宮。』」

【校　記】[1]皆　原無此字。據章鈺校，十二行本、乙十一行本、孔天胤本皆有此字，張敦仁《通鑑刊本識誤》同，今據補。[2]八月　原無此二字。嚴衍《通鑑補》有此二字，今從補。按，七月甲戌朔，無乙卯，補「八月」義長。

【語　譯】五月十七日辛酉，睿宗把西城公主改封為金仙公主，把隆昌公主改封為玉真公主，各自為她們營造道觀，強佔了大量的居民住宅，工程費有幾百萬錢。右散騎常侍魏知古和黃門侍郎李乂勸諫，睿宗均不採納。○十八日壬戌，睿宗任命殿中監竇懷貞擔任御史大夫、同平章事。

胡僧慧範倚仗太平公主的權勢，強奪平民百姓的財產，御史大夫薛謙光和殿中侍御史慕容珣上奏彈劾他。太平公主向睿宗申訴，睿宗便把薛謙光調出外任為岐州刺史。

這時朝廷派遣使者赴十道巡視考察，討論此事的人認為山南道所轄區域廣闊遙遠，於是把山南道分為東西兩道；又從隴右道中分出河西道。六月初八日壬午，又把全國加以劃分，置汴、齊、兗、魏、冀、并、蒲、鄜、涇、秦、益、緜、遂、荊、岐、通、梁、襄、揚、安、閩、越、洪、潭二十四州都督，各負責糾舉查處所轄區域內刺史以下官吏善惡，只有洛陽以及京畿附近各州不隸屬於都督府。太子右庶子李景伯、舍人盧俌等向睿宗進言說：「都督專擅生殺的權柄，權任太重，如果用人不當，為害不淺。當今御史的秩位卑微，但是聲望很高，如果按時巡察，奸邪之徒自然會被禁絕。」後來最終罷免了二十四州都督，僅僅設置了十道按察使而已。

秋，七月二十日癸巳，朝廷追復上官昭容的職位，追贈謚號為惠文。

八月十三日乙卯，因為高祖李淵故居中枯死的柿子樹重新發芽的緣故，大赦天下罪囚。○二十七日己巳，睿宗任命右御史大夫解琬擔任朔方道大總管。解琬考察三受降城的戍守軍隊，奏請減少戍卒十萬人。○二十八日庚午，睿宗任命中書令韋安石擔任左僕射兼太子賓客、同中書門下三品。太平公主因為韋安石不願趨附自己，所以崇以虛銜，實際上削奪了他的實權。

九月初八日庚辰，睿宗任命竇懷貞擔任侍中。竇懷貞每次退朝後，一定要前往太平公主的府第。當時正在營建金仙、玉真二觀，群臣大多諫阻，只有竇懷貞勸說睿宗建成二觀，並且親自監督工程。當時的人們都說竇懷貞先前為皇后阿奢，今天又當了公主的邑司令丞。

冬，十月初三日甲辰，睿宗駕臨承天門，對召至而來的韋安石、郭元振、竇懷貞、李日知、張說等大臣宣布詔書，責備他們說：「朝廷的政令與教化存在許多缺失，水旱成災，國庫積貯日漸枯竭，官員屬吏不斷增多。雖然我德行淺薄，但也是輔佐大臣沒有才能。韋安石可任尚書左僕射、東都留守，郭元振可任吏部尚書，竇懷貞可任左御史大夫，李日知可任戶部尚書，張說可任尚書左丞，一律罷免宰相職務。」任命吏部尚書劉幽求擔任侍中，右散騎常侍魏知古擔任左散騎常侍，太子詹事崔湜擔任中書侍郎，均為同中書門下三品；任命中書侍郎陸象先為同平章事。這都是太平公主的意思。

陸象先為人清靜寡欲，言辭議論高妙玄遠，為時人所推重。崔湜私下侍奉太平公主，公主打算推薦他擔任宰相，崔湜卻請求與陸象先同時晉升為宰相，太平公主沒有同意。崔湜說：「如果陸象先不能作宰相，那麼我崔湜也不敢當這個宰相了。」太平公主就為他們兩人向睿宗說情。睿宗不想任用崔湜，太平公主流著眼淚為他求情，睿宗才同意了。

右補闕辛替否上疏，以為「自古失道破國亡家者，口說不如身逢❶，耳聞不如目覩，臣請以陛下所目覩者言之。太宗皇帝，陛下之祖也，撥亂返正，開基立極；官不虛授，財無枉費；不多造寺觀而有福，不多度僧尼而無災。天地垂祐❷，風雨時若❸，粟帛充溢，蠻夷率服❹，享國久長，名高萬古。陛下何不取而法之！中宗皇帝，陛下之兄，棄祖宗之業，徇女子之意❺；無能而祿者數千人❻，無功而封者百餘家⑦；造寺不止，費財貨者數百億，度人無窮，免租庸者數十萬⑧，所出日滋，所入日寡；奪百姓口中之食以養貪殘⑨，剝萬人體上之衣以塗土木⑩。於是人怨神怒，眾叛親離，水旱並臻⑪，公私俱罄⑫，享國不永⑬，禍及其身。陛下何不懲⑭而改之！自頃以來，水旱相繼，兼以霜蝗⑮，人無所食，未聞賑恤⑯，而為二女⑰造觀，用錢百餘萬緡。陛下豈可不計當今府庫之蓄積有幾⑱，中外之經費有幾，而輕用百餘萬緡，以供無用之役乎！陛下族⑲韋氏⑳之家而不去韋氏之惡，忍棄太宗之法，不忍棄中宗之政乎！且陛下與太子當韋氏用事之時，日夕憂危，切齒㉑於羣兇㉒；今幸而除之，乃不改其所為，臣恐復有切齒於陛下者也。然則陛下又何惡於羣凶而誅之！昔先帝㉓之憐悖逆㉔也，宗晉卿為之造第㉕，趙履溫為之葺園㉖，殫㉗國財，竭人力，第成不暇居，園成不暇遊，而身為戮沒㉘。今之造觀崇侈者，必非陛下、公主之本意，殆有宗、趙之徒從而勸之，不可不察也。陛下不停斯㉙役，臣恐人之愁怨，不減前[1]朝之時。人人知其禍敗而口不敢言，言則刑戮隨之矣[2]。韋月將、燕欽融之徒，先朝誅之，陛下賞之，豈非陛下知直言之有益於國乎！臣今所言，亦先朝之直也㉚，惟陛下察之。」上雖不能從，而嘉其切直。

御史中丞和逢堯攝鴻臚卿㉛，使于突厥，說默啜曰：「處密㉜、堅昆㉝聞可汗結昏於唐，皆當歸附。可汗何不襲㉞唐冠帶㉟，使諸胡知之，豈不美哉！」默啜許諾，明日，襆頭、衣紫衫㊱，南向再拜，稱臣，遣其子楊我支及國相隨逢堯入朝；十一月戊寅㊲，至京師。逢堯以奉使功，遷戶部侍郎。○壬辰㊳，令天下百姓二十五入軍，五十五免㊴。

十二月癸卯㊵，以興昔亡可汗阿史那獻為招慰十姓使。

上召天台山㊶道士司馬承禎㊷，問以陰陽數術㊸，對曰：「道者，損之又損，以至於無為㊹，安肯勞心以學數術[3]乎！」上曰：「理身無為則高矣，如理國何㊺？」對曰：「國猶身也，順物自然而心無所私，則天下理矣。」上歎曰：「廣成㊻之言，無以過也。」承禎固請還山，上許之。

尚書左丞盧藏用指終南山㊼謂承禎曰：「此中大有佳處，何必天台！」承禎曰：「以愚㊽觀之，此乃仕宦之捷[4]徑㊾耳！」藏用嘗隱終南，則天時徵為左拾遺，故承禎言之。

【章　旨】以上為第八段，寫右補闕辛替否上奏睿宗停建寺觀。唐與突厥和親。

【注釋】❶身逢　親身經歷；親遇。❷垂祐　降福保佑。❸時若　及時、順調。❹率服　相率歸服。❺徇女子之意　順從韋后、安樂公主之意。❻無能而祿者數千人　無能而食俸的人有幾千。此指斜封官。❼無功而封者百餘家　指擴大食封實戶的貴族。❽數十萬　數十萬人。❾貪殘　貪婪殘酷之輩。❿土木　土木偶像。⓫並臻　皆至。⓬俱罄　皆竭盡無餘。⓭不永　不長。⓮懲　懲戒。⓯霜蝗　霜災、蝗災。⓰賑恤　賑濟救恤。⓱二女　指金仙、玉真兩公主。睿宗為兩公主造觀，日役工萬人，耗費資財一百餘萬緡，府庫為之一空。⓲有幾　有多少。⓳族　族誅。⓴韋氏　韋后。㉑切齒　咬牙切齒，表示憤恨至極。㉒羣兇　指韋溫、宗楚客之流。㉓先帝　指中宗皇帝。㉔悖逆　即悖逆庶人。唐中宗最寵之安樂公主被誅後，追廢為悖逆庶人。㉕宗晉卿為之造第　該宅第在金城坊東南隅。後改為太清觀。㉖葺園　修葺園林。㉗殫　盡。㉘身為戮沒　指安樂公主被殺。㉙斯　此。㉚亦先朝之直也　也與先朝韋月將等人的直諫一樣。㉛鴻臚卿　官名，鴻臚寺最高長官，從三品，掌賓客及凶儀之事。㉜處密　西突厥別部，在今新疆烏魯木齊西北。㉝堅昆　古部落名，即黠戛斯，生活在今葉尼塞河上游一帶。㉞襲　著；穿。㉟冠帶　帽子和腰帶。此指官服。㊱襆頭衣紫衫　戴襆頭，穿著紫色的衣衫。此為三品以上官服。襆頭，又作幞頭。㊲戊寅　十一月初八日。㊳壬辰　十一月二十二日。㊴令天下百姓二十五入軍二句　唐制，府兵二十一歲服役，六十歲免役。㊵癸卯　十二月初三日。㊶天台山　位於浙江天台城北二公里處，由赤城、瀑布、佛隴、香爐、華頂、桐柏等山組成。其中華頂最高，海拔一千一百三十六公尺；赤城山玉京洞為十大洞天之一；桐柏山為七十二福地之一。㊷司馬承禎　（西元六四七—七三五年）字子微，法號道隱，河內溫縣（今河南溫縣）人，二十一歲入道，隨潘師正學符籙及辟穀、導引、服餌之術。後隱於天台山，曾被武則天、唐睿宗及玄宗召入宮中問道。著有《修真祕旨》、《坐忘論》、《道體論》等書。傳見《舊唐書》卷一百九十二、《新唐書》卷一百九十六、《嘉定赤城志》卷三十五等。㊸陰陽數術　關於天文、曆法、占卜等方面的學問。㊹損之又損二句　語出《莊子・知北遊》。指不斷去其華偽，以歸於純樸無為。㊺如理國何　怎麼能治理國家呢。㊻廣成　即廣成子。相傳為上古仙人，居崆峒山上，黃帝曾向他問道。㊼終南山　道教名山之一，位於陝西西安南。西起秦隴，東抵潼關，橫亙數百里。有南山湫、金華洞、玉泉洞、日月巖等名勝古跡。㊽愚　自稱的謙詞。㊾仕宦之捷徑　入仕為官的捷徑。「終南捷徑」一詞即源於此。

【校　記】[1]前　據章鈺校，十二行本、乙十一行本皆作「先」。[2]矣　據章鈺校，十二行本、乙十一行本、孔天胤本皆作「如」。[3]數術　原作「術數」。據章鈺校，十二行本、乙十一行本二字皆互乙，今據改。按，上句言「陰陽數術」，則二字不應互乙。④捷　據章鈺校，十二行本、乙十一行本皆作「疾」。

【語　譯】右補闕辛替否上疏認為「自古以來，君王無道而導致國破家亡的教訓，口說不如親身經歷，耳聞不如目睹，請允許臣依據陛下所目睹的情況來加以說明。太宗皇帝，是陛下的祖父，撥亂返正，開闢了唐朝基業，建立起法度準則；官職不白白地授予人，財物不枉然浪費；沒有大量營建寺觀而享有福分，沒有過多地剃度僧尼而無災禍。皇天后土降福保佑，四季風調雨順，五穀絲帛充裕，蠻夷相率歸附。他在位的時間長久，名聲高過千秋萬代，陛下為什麼不效法呢！中宗皇帝，是陛下的兄長，放棄了祖宗的基業，順從婦道人家的心意；沒有才能而享有俸祿者有數千人，沒有功勞而封有實戶者有一百餘家；無止境地營造寺廟，靡費資財幾百億，剃度僧尼無數，免納租庸的人有數十萬，國庫支出日益增多，財政收入逐日減少；剝奪百姓口中之食來供養貪婪殘忍之徒，扒掉萬民身上之衣用來修飾寺廟土木偶像。於是人怨神怒，眾叛親離，水旱並至，公私財用均告罄竭，享有國祚時間不長，禍患及身。陛下為什麼不引以為戒加以改變！自從最近一段時期以來，水旱災害相繼，加上霜災蝗災，百姓已無食物，但未曾聽說開倉賑濟撫恤，陛下卻為兩個女兒修建道觀，用錢一百多萬緡。陛下怎能不計算現在國庫裡的積蓄有多少，朝廷和地方的經費有多少，而輕率地取用一百多萬緡錢財，來供給毫無用處的工程呢！陛下誅滅了韋氏的家族，卻沒有除掉韋氏的惡行；陛下忍心捨棄太宗的法度，而不忍心丟棄中宗的弊政嗎！再說陛下與太子在韋氏專擅朝政之際，日夜憂慮危難，對一幫兇惡之徒切齒痛恨；而今有幸剷除了他們，還是不能改變他們的所作所為，臣擔心又會出現令陛下切齒痛恨的人。那麼，陛下當初又何必痛恨群兇而誅殺他們呢！過去中宗皇帝憐愛悖逆庶人，宗晉卿為她營造宅第，趙履溫為她整修園林，耗光了國庫的資財，用盡了百姓的勞力，宅第建成還沒有來得及居住，園林修好還沒有來得及遊玩，而悖逆庶人就被殺死了。當今營造道觀，追求奢侈豪華的做法，一定不會是陛下和金仙、玉真二位公主的本意，大概有像宗晉卿和趙履溫這樣的人順勢加以鼓動，陛下對此不可不留意省察。如果陛下不停止這項工程，臣擔心百姓的愁苦和怨恨，不會比前朝有所減少。每個人都知道禍敗所在，而口不敢說，一旦說出來，隨之而來的便是殺身之禍。韋月將、燕欽融這樣的人，先朝誅殺了他們，而陛下向他們追賜了獎賞，這難道不是因為陛下知道直言進諫對國家有利嗎！臣現在所講的，也是前朝的直言，希望陛下能夠體察臣的心意。」睿宗雖然沒有聽從，卻讚賞他的懇切直率。

御史中丞和逢堯兼理鴻臚卿，出使突厥，他勸阿史那默啜說：「處密、堅昆部落聽說可汗與大唐公主結婚，都會歸附你的。可汗為什麼不穿戴大唐的官服，讓各個部落的胡人都知道這件事，難道這不是很美妙的嗎！」阿史那默啜表示贊成。第二天，阿史那默啜便頭戴襆頭，身穿紫色朝服，面朝南方拜了兩拜，向唐朝稱臣，派遣他的兒子楊我支及國相跟隨著和逢堯入京朝見；十一月初八日戊寅，這一行人抵達京師。和逢堯由於奉命出使有功，升遷為戶部侍郎。○二十二日壬辰，朝廷命令天下百姓二十五歲服兵役，五十五歲免除兵役。

十二月初三日癸卯，睿宗任命興昔亡可汗阿史那獻擔任招慰十姓使。

睿宗召見天台山道士司馬承禎，向他詢問關於陰陽數術方面的學問，司馬承禎回答說：「所謂『道』，就是不斷地減損下去，以至於無為境界，我怎麼願意費心勞神去學習陰陽數術呢！」睿宗說：「修身養性，清靜無為，那是最高的境界，怎麼能治理國家呢？」司馬承禎回答說：「國家如同身體，順應萬物的自然狀態，而內心沒有私心雜念，那麼國家就得以治理了。」睿宗感慨地說：「廣成子所說的話，也不會超過你。」司馬承禎堅決請求返回天台山，睿宗答應了他的請求。

尚書左丞盧藏用指著終南山對司馬承禎說道：「此山裡面大有妙處，何必一定要返回天台山！」司馬承禎說：「照我看來，這終南山是入仕為官的捷徑而已！」盧藏用曾在終南山裡隱居，武則天時期被徵辟為左拾遺，所以司馬承禎說了這番話。

玄宗至道大聖大明孝皇帝❶上之上

先天元年❷（壬子　西元七一二年）

春，正月辛巳❸，睿宗祀南郊，初因[1]諫議大夫賈曾❹議合祭天地❺。曾，言忠❻之子也。○戊子❼，幸滻❽東，耕藉田❾。○己丑❿，赦天下，改元太極。○乙未⑪，上御安福門，宴突厥楊我支⑫，以金山公主許之。既而⑬會⑭上傳位，昏竟不成。○以左御史大夫竇懷貞、戶部尚書岑羲並同中書門下三品。

二月辛酉⑮，廢右御史臺⑯。○晉州[2]刺史蕭至忠自託於太平公主，公主引為刑部尚書。華州長[3]史蔣欽緒，其⑰妹夫也，謂之曰：「如子⑱之才，何憂不達⑲！勿為非分妄求。」至忠不應。欽緒退，歎曰：「九代⑳卿族㉑，一舉滅之，可哀也哉！」至忠素有雅望㉒，嘗自公主第門出，遇宋璟，璟曰：「非所望於蕭君也。」至忠笑曰：「善乎宋生㉓之言！」遽策馬而去。

【章旨】以上為第九段，寫蕭至忠等素有雅望的地方官，也黨附太平公主而得為刑部尚書。

【注釋】❶玄宗至道大聖大明孝皇帝　名隆基，睿宗第三子，昭成順聖皇后竇氏所生。垂拱元年（西元六八五年）八月五日生於東都。三年封楚王。長壽二年（西元六九三年）十二月降為臨淄郡王。唐隆元年（西元七一〇年）進封平王。七月二十六日冊為皇太子。延和元年（西元七一二年）七月五日即位。至德元年（西元七五六年）七月十二日傳位，被肅宗冊為太上皇。寶應元年（西元七六二年）四月五日死於神龍殿，次年三月十八日葬於泰陵。廟號玄宗，諡為至道大聖大明孝皇帝。在位四十五年，開創了開元天寶盛世，又釀成了安史之亂。事見《舊唐書》卷八、卷九，以及《新唐書》卷五〈玄宗紀〉。❷先

天元年　唐玄宗第一個年號（西元七一二—七一三年）。睿宗景雲二年（西元七一二年）正月己丑改元太極，五月改元延和，八月唐玄宗改元先天。即先天元年包有太極元年、延和元年。❸辛巳　正月十一日。❹賈曾　（？—西元七二七年）河南洛陽（今河南洛陽）人，官至中書舍人，與蘇晉同掌制誥，以文辭稱。傳見《舊唐書》卷一百九十中、《新唐書》卷一百十九。❺合祭天地　把祭天祭地的活動合在一起進行。古代祭天於圜丘，祭地於澤中方丘。武則天天冊萬歲元年（西元六九五年）始合祭天地。睿宗將有事於南郊，賈曾重申合祭天地之宜。詳見《新唐書・禮樂志三》。❻言忠　賈言忠曾任監察御史，出使遼東，累轉吏部員外郎，貶邵州司馬、建州司戶參軍。與賈曾同傳。❼戊子　正月十八日。❽滻　即滻河。關中八水之一。源出今陝西藍天縣西南秦嶺山中，北流至西安匯入灞水。❾耤田　亦作「籍田」。古代天子、諸侯舉行勸農儀式的耕地叫耤田。耕耤田是帝王每年必須進行的重大活動，意在重農。❿己丑　正月十九日。⓫乙未　正月二十五日。⓬宴突厥楊我支　楊我支係默啜之子，景雲二年（西元七一一年）十一月八日奉使至長安。⓭既而　不久。⓮會　適逢；恰巧。⓯辛酉　二月二十二日。⓰廢右御史臺　唐初御史臺無左右之分。武則天光宅元年（西元六八四年）改御史臺為左肅政臺，專察在京百官並按察軍旅；另設右肅政臺以按察京畿內外及州縣官吏。神龍元年（西元七〇五年）改左右肅政臺為左右御史臺。至此，廢右御史臺，左臺亦去「左」字。⓱其　代詞，指蕭至忠。⓲子　對男子的美稱或尊稱。此處指蕭至忠。⓳達　顯達。⓴九代　九世。㉑卿族　卿大夫之家。㉒雅望　美好的聲望。㉓宋生　猶「宋先生」。

【校　記】[1]因　據章鈺校，十二行本、乙十一行本、孔天胤本皆作「用」。[2]晉州　原作「蒲州」。嚴衍《通鑑補》改作「晉州」，今據以校正。按，《通鑑考異》言《舊唐書・蕭至忠傳》、《隋唐佳話》皆云蕭志忠由晉州刺史入為尚書，而《太上皇睿宗錄》則為蒲州刺史。[3]長　原作「刺」。據章鈺校，十二行本、乙十一行本皆作「長」，張敦仁《通鑑刊本識誤》同，今據改。按，《新唐書・蕭欽緒傳》亦言其時為華州長史。

【語　譯】玄宗至道大聖大明孝皇帝上之上

先天元年（壬子　西元七一二年）

春，正月十一日辛巳，睿宗前往南郊祭祀天地，初次根據諫議大夫賈曾合祭天地的建議。賈曾，是賈言忠的兒子。〇十八日戊子，睿宗駕臨滻水東岸，親耕耤田。〇十九日己丑，大赦天下罪囚，把年號改為太極。〇二十五日乙未，睿宗駕臨安福門，設宴招待突厥楊我支，把金山公主引出來給他看了看。不久趕上睿宗傳位太子，婚事最終沒有辦成。○睿宗任命左御史大夫竇懷貞、戶部尚書岑羲一同擔任同中書門下三品。

二月二十二日辛酉，朝廷撤銷右御史臺。○晉州刺史蕭至忠自願投靠太平公主，太平公主引薦他擔任了刑部尚書。華州長史蔣欽緒，是蕭至忠的妹夫，對他說：「像你這樣的才學，何愁不顯達！不要作本分之外不正當的追求。」蕭至忠沒有應聲。蔣欽緒回去後，歎息說：「蕭至忠九世卿大夫之家，一舉滅門，太可悲了喲！」蕭至忠素來具有美好的聲譽，他曾經有一次從太平公主府第大門出來，遇到宋璟，宋璟說：「這可不是我對您所希望的。」蕭至忠笑著說：「宋先生說得太好了！」說著便急忙地鞭馬離去。

幽州大都督薛訥鎮幽州二十餘年，吏民安之，未嘗舉兵出塞，虜亦不敢犯。與燕州❶刺史李璡有隙❷，璡毀之於劉幽求，幽求薦左羽林將軍孫佺代之❸。三月丁丑❹，以佺為幽州大都督，徙訥為并州長史。

夏，五月，益州獠反。○戊寅❺，上祭北郊❻。○辛巳❼，赦天下，改元延和。

六月丁未❽，右散騎常侍武攸暨卒，追封定王。○上以節愍太子之亂，岑羲有保護之功❾，癸丑❿，以義為侍中。○庚申⓫，幽州大都督孫佺與奚酋李大酺⓬戰于冷陘⓭，全軍覆沒。

是時，佺帥左驍衛將軍李楷洛、左威衛將軍周以悌發兵二萬、騎八千，分為三軍，以襲奚、契丹。將軍烏可利⓮諫曰：「道險而天熱，懸軍⓯遠襲，往必敗。」

佺曰：「薛訥在邊積年，竟不能為國家復營州⑯。今乘其無備，往必有功。」使楷洛將騎四千前驅，遇奚騎八千，楷洛戰不利。佺怯懦⑰，不敢救，引兵欲還，虜乘之，唐兵大敗。佺阻山⑱為方陳以自固，大酺使謂佺曰⑲：「朝廷既與我和親，今大軍何為而來？」佺曰：「吾奉敕來招慰耳。楷洛不稟節度，輒與汝戰，請斬以謝。」大酺曰：「若然，國信安在？」佺悉斂軍中帛，得萬餘段，并紫袍、金帶、魚袋⑳以贈之。大酺曰：「請將軍南還，勿相驚擾。」將士懼，無復部伍㉑，虜追擊之，士卒皆潰。佺、以悌為虜所擒，獻於突厥，默啜皆殺之；楷洛、可利脫歸。

【章旨】以上為第十段，寫孫佺代薛訥為幽州大都督，輕啟邊釁，唐軍大敗。

【注釋】❶燕州　武德六年（西元六二三年）寄治於幽州城內。❷有隙　有矛盾。❸孫佺代之　岑仲勉據《考異》所引《太上皇實錄》及《新唐書．裴懷古傳》等，認為在二月以前，薛訥已徙官并州，孫佺所代者為裴懷古。見《通鑑隋唐紀比事質疑》。孫佺，高宗朝宰相孫處約之子。傳見《舊唐書》卷八十一、《新唐書》卷一百六。❹丁丑　三月初八日。❺戊寅　五月初十日。❻祭北郊　在北郊方澤祭地。❼辛巳　五月十三日。❽丁未　六月初九日。❾節愍太子之亂二句　節愍太子起兵被殺後，冉祖雍誣相王（即後來的睿宗皇帝）及太平公主與太子通謀，賴岑羲與蕭至忠保護得免。❿癸丑　六月十五日。⓫庚申　六月二十二日。⓬李大酺　一作「李大輔」。奚族酋長。因貞觀二十二年（西元六四八年）可度者被賜姓李，遂沿而姓李。事見《舊唐書》卷一百九十九下、《新唐書》卷二百十九〈奚傳〉。⓭冷陘　《舊唐書．北狄傳》作「冷硎」。在今內蒙古巴林左旗西北。⓮烏可利　人名，僅見於此，事跡不詳。⓯懸軍　孤軍。⓰不能為國家復營州　萬歲通天元年（西元六九六年）

五月十二日，營州為契丹首領李盡忠、孫萬榮所陷。見《新唐書》卷四。⑰怯懦　膽怯懦弱。⑱阻山　依山；以山為險阻。⑲使謂佺曰　遣使對孫佺說。⑳魚袋　魚符。垂拱二年（西元六八六年）正月以後，諸州都督刺史準京官例佩魚袋。魚符形狀像魚，上題寫官爵姓名，盛於袋中，故名。三品以上魚袋飾金，五品以上飾銀。㉑部伍　部曲行伍；隊形。

【語　譯】幽州大都督薛訥鎮守幽州二十餘年，吏民安居，薛訥未曾發兵出塞，胡人也不敢進犯幽州。薛訥與燕州刺史李璡有矛盾，李璡向劉幽求詆毀薛訥，劉幽求便舉薦左羽林將軍孫佺取代了薛訥。三月初八日丁丑，睿宗任命孫佺擔任幽州大都督，把薛訥徙任并州長史。

夏，五月，益州獠人部落反叛。○初十日戊寅，睿宗在北郊祭天。○十三日辛巳，大赦天下罪囚，把年號改為延和。

六月初九日丁未，右散騎常侍武攸暨去世，追封為定王。○睿宗因為節愍太子李重俊作亂時，岑羲保護自己立下功勞，十五日癸丑，任命岑羲為門下省侍中。○二十二日庚申，幽州大都督孫佺在冷陘與奚族酋長李大酺交戰，全軍覆沒。

當時，孫佺率領左驍衛將軍李楷洛、左威衛將軍周以悌出動步兵二萬、騎兵八千，分成三軍，去襲擊奚族部落和契丹。將軍烏可利勸他說：「道路險惡而天氣炎熱，孤軍遠襲，軍隊前往必敗。」孫佺說：「薛訥在邊塞多年，竟然未能為朝廷收復營州。現在我們趁敵人沒有防備，率兵前往，必定獲得成功。」孫佺派遣李楷洛帶領四千騎兵打前鋒，遭遇奚族部落八千騎兵，李楷洛出戰失利，孫佺膽怯懦弱，不敢援救，打算帶兵返回，敵軍趁勢攻擊，唐軍大敗。孫佺依山布成方陣，以求固守。李大酺派遣使者對孫佺說：「朝廷既然與我和親，現在大軍為什麼到這裡來？」孫佺說：「我是奉敕前來招撫慰問而已。李楷洛不聽從我的調遣，便與你們交戰，請讓我把他斬首，向你們賠罪。」李大酺說：「如果是這樣，朝廷的憑信又在什麼地方？」孫佺把軍中的所有絹帛搜集到一起，共得萬餘段，連同紫袍、金帶、魚袋，全部送給了李大酺。李大酺說：「請將軍返回南邊去，不要相互驚擾。」唐軍將士很害怕，不再有隊形，敵軍追擊唐軍，士卒全部潰散。孫佺和周以悌被敵人擒獲，獻給了突厥，突厥可汗默啜把兩人都殺死了。李楷洛和烏可利脫身逃歸。

秋，七月，彗星出西方❶，經軒轅❷入太微❸，至于大角❹。有相者謂同中書門下三品竇懷貞曰：「公❺有刑厄❻。」懷貞懼，請解官❼為安國寺❽奴，敕聽解官。乙亥❾，復以懷貞為左僕射兼御史大夫、平章軍國重事。

太平公主使術者言於上曰：「彗所以除舊布新❿，又帝座及心前星⓫皆有變⓬，皇太子當為天子。」上曰：「傳德避災⓭，吾志決矣。」太平公主及其黨皆力諫，以為不可，上曰：「中宗之時，羣姦用事，天變屢臻。朕時請中宗擇賢子立之以應災異，中宗不悅，朕憂恐數日不食。豈可在彼則能勸之，在己則不能邪！」太子聞之，馳入見，自投於地，叩頭請曰：「臣以微功，不次為嗣⓮，懼不克堪⓯，未審陛下遽以大位傳之，何也？」上曰：「社稷所以再安，吾之所以得天下，皆汝力也。今帝座有災，故以授汝，轉禍為福，汝何疑邪！」太子固辭。上曰：「汝為孝子，何必待柩前然後即位邪⓰！」太子流涕而出。

壬辰⓱，制傳位於太子，太子上表固辭。太平公主勸上雖傳位，猶宜自總大政。上乃謂太子曰：「汝以天下事重，欲朕兼理之邪？昔舜禪禹，猶親巡狩⓲，朕雖傳位，豈忘家國！其軍國大事，當兼省⓳之。」

八月庚子⓴，玄宗即位，尊睿宗為太上皇。上皇自稱曰朕，命曰誥，五日一受朝於太極殿。皇帝自稱曰予，命曰制、敕，日受朝㉑於武德殿㉒。三品以上除授及大刑政決於上皇，餘皆決於皇帝。

壬寅㉓，上大聖天后尊號曰聖帝天后㉔。○甲辰㉕，赦天下，改元㉖。○乙巳㉗，於鄭州㉘[1]北置渤海軍，恆、定州境置恆陽軍㉙，媯、蔚州境置懷柔軍㉚，屯兵五萬。○丙午㉛，立妃王氏為皇后㉜；以后父仁皎㉝為太僕卿。仁皎，下邽人也。○戊申㉞，立皇子許昌王嗣直㉟為郯王，真定王嗣謙㊱為郢王。○以劉幽求為右僕射、同中書門下三品，魏知古為侍中，崔湜為檢校中書令。

【章旨】以上為第十一段，寫睿宗傳位太子李隆基，仍兼掌朝政。

【注釋】❶彗星出西方　據《舊唐書・天文志下》及《新唐書・睿宗紀》，時在七月辛未，即七月四日。彗星，亦稱孛星，俗名掃帚星。古人視為妖星，光芒所及則為災。❷軒轅　星官名，《史記・天官書・正義》：「軒轅十七星，在七星北。黃龍之體。主雷雨之神，後宮之象也。」❸太微　即太微垣。❹大角　星名，屬亢宿，在攝提間，即牧夫座第一星。《史記・天官書》：「大角者，天王帝廷。」❺公　對男子的尊稱。❻刑厄　刑獄之禍。❼解官　解除官職。❽安國寺　在長安朱雀街東第四街之長樂坊。本睿宗舊宅，景雲元年捨為寺院。❾乙亥　七月初八日。❿彗所以除舊布新　《左傳》昭公十七年載申須曰：「彗所以除舊布新也。」劉向《洪範傳》亦云：「彗者，去穢布新者也。」彗星類帚，主掃除；又彗音穢，意為除穢。所以把彗星的出現附會為除舊布新。⓫帝座及心前星　胡三省注：「帝座在中宮華蓋之下。心三星，中星為明堂，天子位。前星為太子。」⓬皆有變　指心三星象徵帝座及太子的前星都發生了變化，兆示太子奪位。太平公主以此挑撥睿宗與太子的關係，激使睿宗廢除太子。⓭傳德避災　傳位於有德之人以避災難。睿宗不貪戀權位，欲趁此星變傳位太子，使太平公主大失所望。⓮不次為嗣　越級成為嗣君。⓯懼不克堪　害怕不能勝任。⓰何必待柩前然後即位邪　何必要等到我死後才即位呢。

⑰壬辰　七月二十五日。⑱昔舜禪禹二句　相傳舜禪位給禹以後，前往南方巡狩，死於蒼梧之野。見《禮記·檀弓》。⑲省省察。⑳庚子　八月初三日。㉑日受朝　每日受理朝政。㉒武德殿　在宮城東部淩煙閣南。㉓壬寅　八月初五日。㉔上大聖天后尊號曰聖帝天后　景雲元年（西元七一〇年）十月十八日始改武則天尊號為大聖天后。「聖帝天后」合帝、后之號為一，反映出唐當時統治者的矛盾心理。㉕甲辰　八月初七日。㉖改元　改元先天。㉗乙巳　八月初八日。㉘鄚州　景雲二年分瀛州置。治所鄚縣，在今河北任丘北鄚州鎮。㉙恆陽軍　位於恆州城東，即今河北正定東部。㉚媯蔚州境置懷柔軍　媯州治所在今河北懷來，蔚州治所在今河北蔚縣，懷柔軍當在今河北懷來、蔚縣一帶。㉛丙午　八月初九日。㉜立妃王氏為皇后　王氏為同州下邽（今陝西渭南市東北）人，玄宗為臨淄王時聘為妃，參與平定韋氏的活動。無子，後被廢為庶人。傳見《舊唐書》卷五十一、《新唐書》卷七十六。㉝仁晈　王仁晈，字鳴鶴，官至將作大匠，累進開府儀同三司，封祁國公。傳見《舊唐書》卷一百八十三、《新唐書》卷二百六。㉞戊申　八月十一日。㉟許昌王嗣直　（？—西元七五一年）玄宗長子，劉華妃所生。開元十三年改名為琮，官至河東節度使。肅宗時追謚為奉天皇帝。㊱真定王嗣謙　玄宗次子，趙麗妃所生。開元三年立為太子，改名瑛，二十五年被廢。與嗣直同傳，見《舊唐書》卷一百七、《新唐書》卷八十二。

【校　記】[1]鄚州　據章鈺校，十二行本、乙十一行本、孔天胤本皆作「漠州」。

【語　譯】秋，七月，彗星出現在西方，經過軒轅星座進入太微垣，到達大角星。有個看相的術士對同中書門下三品竇懷貞說：「您有刑獄之禍。」竇懷貞心中害怕，上表請求解除官職，到安國寺為奴，睿宗降敕同意他解職。七月初八日乙亥，睿宗又命令竇懷貞擔任尚書左僕射兼御史大夫、平章軍國重事。

太平公主指使術士向睿宗進言說：「天上出現彗星，象徵著除舊布新，而且位於天市垣內的帝座以及象徵太子的心前星都發生了變化，皇太子應當為天子。」睿宗說：「把帝位傳給賢德的人，以避免災異變故，我的主意已定。」太平公主和她的黨羽全都竭力諫阻，認為不能這樣做。睿宗說：「中宗時期，一群奸邪之徒主政，上天變異屢次出現。我當時請求中宗選擇賢能的兒子立為皇嗣以應對災變，中宗不高興，我又擔憂又恐懼，幾天不吃飯。我怎麼在中宗時能勸他禪位，臨到自己頭上就不行了呢！」太子李隆基獲悉這個情況後，馳馬入宮拜見，投身於地，磕頭請求說：「臣由於尺寸之功，越次冊立為皇嗣，懼怕自己難以勝任，不清楚陛下突然要把帝位傳讓於臣，這是為了什麼呢？」睿宗說：「宗廟社稷之所以再次獲得安定穩固，我之所以能夠君臨天下，都是你的力量。現在帝座星發生了災異，因此我把皇位授與你，轉禍為福，你還有什麼可疑慮的呢！」太子李隆基堅決推辭。睿宗說：「你是一個孝子，為什麼等到站在我的靈柩前面，然後即皇帝之位呢！」太子流著眼淚走了出來。

七月二十五日壬辰，睿宗頒布詔命，將皇位傳給太子，太子上表堅決推辭。太平公主勸說睿宗，即使傳讓了皇位，還應當親自總攬國家大政。於是睿宗對太子說：「你是不是認為國家事務繁重，打算要我兼管一些事務呢？過去舜把帝位禪讓給禹，還要親自到四方去巡狩，現在我雖然將帝位傳給了你，怎麼能夠忘卻家國大事！那些軍國大事，我會省察的。」

八月初三日庚子，玄宗即皇帝位，把睿宗尊奉為太上皇。太上皇自稱為朕，所頒布的命令稱為誥，每隔五天在太極殿接受一次群臣朝見。玄宗自稱為予，所頒布的命令稱為制、敕，每天在武德殿接受群臣朝見。三品以上官員的任命以及重大的刑獄和政務由太上皇裁決，餘下的事務都由玄宗處置。

八月初五日壬寅，朝廷為大聖天后武則天上尊號為聖帝天后。〇初七日甲辰，大赦天下，改換年號。〇初八日乙巳，朝廷在鄭州以北設置渤海軍，在恆州、定州境內設置恆陽軍，在嬀州、蔚州境內設置懷柔軍，屯駐五萬軍隊。〇初九日丙午，玄宗立妃子王氏為皇后；命令皇后之父王仁皎擔任太僕卿。王仁皎是下邽縣人。〇十一日戊申，封皇子許昌王李嗣直為郯王，真定王李嗣謙為郢王。〇玄宗任命劉幽求為尚書右僕射、同中書門下三品，魏知古為門下省侍中，崔湜為檢校中書令。

初，河內人王琚❶預於王同皎之謀❷，亡命❸，傭書❹於江都。上之為太子也，琚還長安，選補諸暨❺主簿，過謝太子❻。琚至廷中，故徐行高視❼，宦者曰：「殿下在簾內。」琚曰：「何謂殿下？當今獨有太平公主耳！」太子遽召見，與語，琚曰：「韋庶人弒逆❽，人心不服，誅之易耳。太平公主，武后之子❾，凶猾❿無比，大臣多為之用，琚竊憂之。」太子引與同榻⓫坐，泣曰：「主上⓬同氣⓭，唯有太平，言之恐傷主上之意，不言為患日深，為之柰何？」琚曰：「天子之孝，異於匹夫，當以安宗廟社稷為事。蓋主，漢昭帝之姊，自幼供養，有罪猶誅之⓮。為天下者⓯，豈顧小節！」太子悅曰：「君有何藝，可以與寡人遊？」琚曰：「能飛煉⓰、詼嘲⓱。」太子乃奏為詹事府司直⓲，日與遊處，累遷太子中舍人⓳。及即位，以為中書侍郎⓴。

是時，宰相多太平公主之黨，劉幽求與右羽林將軍張暐㉑謀以羽林兵誅之，使暐密言於上曰：「竇懷貞、崔湜、岑羲皆因公主得進，日夜為謀不輕。若不早圖，一日事起，太上皇何以得安！請速誅之。臣已與幽求定計，惟俟陛下之命。」上深以為然。暐洩其謀於侍御史鄧光賓㉒，上大懼，遽列上其狀。丙辰㉓，幽求下獄。有司奏：「幽求等離間骨肉，罪當死。」上為言幽求有大功㉔，不可殺。癸亥㉕，流幽求于封州㉖，張暐于峯州㉗，光賓于繡州㉘。

初，崔湜為襄州刺史，密與譙王重福通書，重福遺之金帶。重福敗，湜當死，張說、劉幽求營護㉙得免。既而湜附太平公主，與公主謀罷說政事，以左丞分司東都㉚。及幽求流封州，湜諷廣州都督周利貞㉛，使殺之。桂州都督景城[1]王晙㉜知其謀，留幽求不遣。利貞屢移牒索之，晙不應，利貞以聞。湜屢逼晙，使遣幽求，幽求謂晙曰：「公拒執政㉝而保流人㉞，勢不能全，徒仰累㉟耳。」固請詣廣州，晙曰：「公所坐非可絕於朋友者也。晙因公獲罪，無所恨。」竟逗遛不遣。幽求由是得免。

【章　旨】以上為第十二段，寫劉幽求謀誅太平公主，因密洩而失敗。

【注　釋】❶王琚　（?—西元七四六年）懷州河內（今河南沁陽）人，參與剷除太平公主之役，深受玄宗寵信，時人稱之為「內宰相」。官至戶部尚書，封趙國公。傳見《舊唐書》卷一百六、《新唐書》卷一百二十一。❷預於王同皎之謀　即參與王同皎謀殺武三思的活動。時在唐中宗神龍二年（西元七〇六年）。❸亡命　逃亡在外。❹傭書　受雇為人抄書。❺諸暨　縣名，縣治在今浙江諸暨。❻過謝太子　至太子宮中謝恩。❼徐行高視　慢慢行走，向高處張望。❽弒逆　弒君為逆。❾子女　古代子有子、女兩層含義。❿凶猾　兇險狡猾。⓫榻　長而低的坐臥用具。⓬主上　臣下對帝王的稱呼。此處指睿宗。⓭同氣　同胞。⓮蓋主四句　蓋主係漢昭帝的大姐。昭帝幼時，蓋主養之於宮。後蓋主與燕王旦、上官桀等謀害大司馬霍光，昭帝恐危及劉氏統治，站在霍光一邊，誅殺上官桀等，蓋主、燕王旦自殺。蓋主又稱鄂邑蓋長公主，食邑於鄂，下嫁蓋侯。⓯為天下者　治理天下的人。即做皇上的人。⓰飛煉　飛丹砂以煉丹藥。⓱詼嘲　詼諧嘲詠。此乃優人之行。⓲詹事府司直　官名，正九品上，掌彈劾官僚，糾舉職事。⓳太子中舍人　太子右春坊官，正五品上，職擬中書侍郎。⓴及即位二句　關於王琚與太子相識累遷至中書侍郎的情節，《考異》所引鄭綮《開天傳信記》及《新唐書・王琚傳》所載與此不同。《傳信記》說：玄宗在藩邸時，常遊獵於城南韋曲、杜曲之間。一日在大樹下休息，被王琚邀至家中作客。後玄宗每遊韋、杜，必過王家。王琚所言甚合其意，關係日益親密。王琚獻計誅韋氏，以功累至中書侍郎。待考。㉑張暐（西元六五七—七四六年）官至左金吾大將軍。傳見《舊唐書》卷一百六、《新唐書》卷一百二十一。㉒鄧光賓 事見《舊唐書》卷九十七、《新唐書》卷一百二十一〈劉幽求傳〉。㉓丙辰 八月十九日。㉔幽求有大功 指參與誅殺韋后，出謀劃策，並執掌敕令。見兩《唐書》本傳。㉕癸亥 八月二十六日。㉖封州 州名，治所在今廣東封開東南封川鎮。㉗峯州 州名，治所在今越南河西省山西西北。㉘繡州 州名，治所在今廣西桂平南。㉙營護 營救保護。㉚分司東都 東都亦設有相同的機構，故稱分司。㉛廣州都督周利貞 封州為廣州都督轄地。周利貞，崔晙妻兄。為酷吏。傳見《舊唐書》卷一百八十六下、《新唐書》卷二百九。㉜王晙 滄州景城（今河北滄州西）人，多次率兵與吐蕃、突厥作戰，頗有戰功。官至兵部尚書、同中書門下三品。傳見《舊唐書》卷九十三、《新唐書》卷一百十一。㉝拒執政 拒絕執行宰相命令。㉞保流人 保護被流放的人。㉟仰累 牽累。

【校　記】①景城 原無此二字。據章鈺校，十二行本、乙十一行本、孔天胤本皆有此二字，張敦仁《通鑑刊本識誤》同，今據補。

【語　譯】當初，河內人王琚參與了王同皎等人殺害武三思的謀劃，亡命出逃，在江都受雇為人抄書。李隆基被立為太子後，王琚返回長安，經選拔補任諸暨縣主簿，前往東宮拜謝太子。王琚來到廷堂上，故意慢慢走，往高處看，宦官說：「殿下還在簾子後面。」王琚說：「什麼人稱為殿下？當今朝廷惟獨有太平公主而已！」太子立刻召見了他，和他交談，王琚說：「以前韋庶人弒帝作亂，人心不服，誅除她是件容易的事。太平公主是武后的女兒，兇險狡猾無比，大臣大多聽她使喚，我對此私下感到擔憂。」太子將他帶到榻前與自己坐在一起，流著淚說：「現在父皇的親兄弟姐妹，活著的只有太平公主，把這些事講給父皇聽，恐怕會傷害他的心情，不講的話，為患日深，那該怎麼辦呢？」王琚說：「天子的孝道，不同於平民百姓，應該把安定宗廟社稷當做大事。蓋主是漢昭帝的姐姐，她把昭帝從小撫養成人，有了罪還是被處死了。治理天下的人，怎麼能顧及小節呢！」太子高興地說：「您有什麼特長，可以和我在一起相處呢？」王琚說：「我能飛丹砂煉丹藥，詼諧嘲詠。」於是太子奏請朝廷任命王琚為詹事府司直，每天和他交往相處，多次升遷後提拔為太子中舍人。等到太子即皇帝位之後，命令他擔任中書侍郎。

這時，宰相們大多數是太平公主的黨羽，劉幽求與右羽林將軍張暐謀劃利用羽林兵誅殺他們，讓張暐暗地裡對玄宗說：「竇懷貞、崔湜、岑羲等人都是通過太平公主的關係得以進位宰相，他們日日夜夜都在策劃重大舉動。如果不早些考慮解決他們，一旦事變發生，太上皇怎能求得安寧呢！請迅速將他們誅除。臣已經與劉幽求商定了計策，只等陛下發布命令了。」玄宗深為贊成。張暐把這一密謀洩露給了侍御史鄧光賓，玄宗大為恐懼，趕忙把劉幽求等人的罪狀羅列出來呈奏太上皇。八月十九日丙辰，劉幽求被捕入獄。擔任審訊此案的官署進奏說：「劉幽求等人離間陛下的骨肉，罪當處死。」玄宗替劉幽求等人向太上皇求情，說劉幽求立有大功，不可殺掉他。二十六日癸亥，朝廷把劉幽求流放到封州，把張暐流放到峯州，把鄧光賓流放到繡州。

當初，崔湜擔任襄州刺史，祕密地與譙王李重福通信，李重福把金帶贈送給他。李重福舉事失敗後，崔湜應當處死，經過張說和劉幽求的多方營救得以免死。不久崔湜攀附太平公主，與太平公主共同策劃罷免了張說的宰相職務，任命為尚書左丞，分管東都洛陽事務。等到劉幽求被流放到封州，崔湜暗示廣州都督周利貞，讓他殺掉劉幽求。桂州都督景城王晙獲悉這一圖謀後，便把劉幽求截留，不遣送廣州。周利貞多次發出公文索要劉幽求，王晙不予理睬，周利貞便把此事上奏朝廷。崔湜屢次威脅王晙，讓他發遣劉幽求。劉幽求對王晙說：「您抵制當權宰相的命令而保護流放之人，勢必無法保全我劉幽求，您會白白地受我的牽累。」堅決請求前往廣州，王晙說：「您所獲的罪名還不能使朋友們與您絕交。我王晙因您而獲罪的話，也沒有什麼可遺憾的。」最終還是把劉幽求滯留桂州，沒有遣送廣州。劉幽求因此得以幸免於難。

九月丁卯朔❶，日有食之。○辛卯❷，立皇子嗣昇❸為陝王。嗣昇母楊氏，士達❹之曾孫也。王后無子，母養之❺。

冬，十月庚子❻，上謁太廟，赦天下。○癸卯❼，上幸新豐❽，獵於驪山❾之下。○辛酉❿，沙陀⓫金山⓬遣使入貢。沙陀者，處月之別種也，姓朱邪氏⓭。

十一月乙酉⓮，奚、契丹二萬騎寇漁陽⓯，幽州都督宋璟閉城不出，虜大掠而去。○上皇誥⓰遣皇帝巡邊，西自河、隴⓱，東及燕、薊⓲，選將練卒。甲午⓳，以幽州都督宋璟為左軍大總管，并州長史薛訥為中軍大總管，朔方大總管、兵部尚書郭元振為右軍大總管。

十二月，刑部尚書李日知請致仕。日知在官，不行捶撻⓴而事集㉑。刑部有令史㉒，受敕三日㉓，忘不行㉔。日知怒，索杖，集羣吏欲捶之，既而謂曰：「我欲捶汝，天下人必謂汝能撩李日知嗔，受李日知杖，不得比於人㉕，妻子亦將棄汝矣。」遂釋之。吏皆感悅，無敢犯者，脫有稽失㉖，眾共謫㉗之。

【章旨】以上為第十三段，寫唐玄宗任用宋璟、薛訥、郭元振等良將禦邊。

【注釋】❶丁卯朔　九月初一日。❷辛卯　九月二十五日。❸皇子嗣昇　玄宗第三子，即後來的唐肅宗。❹士達　楊士達仕隋，官至納言。❺母養之　以母親的身分加以撫養。❻庚子　十月初四日。❼癸卯　十月初七日。❽新豐　縣名，縣治在今陝西臨潼。❾驪山　在今陝西臨潼東南。唐時為避暑勝地之一。❿辛酉　十月二十五日。⓫沙陀　古部族名，西突厥別部，本稱處月。貞觀年間居蒲類海以東，該地有大磧，名沙陀，遂號沙陀。⓬金山　沙陀部在金娑山之陽。金山之名當本此。⓭姓朱邪氏　朱邪，又作「朱耶」。本西突厥處月別部名。後處月別部改名沙陀，族人遂以朱邪為複姓。見《新唐書》卷二百十八

〈沙陀傳〉、《文獻通考》卷三百四十八等。⑭乙酉 十一月二十日。⑮漁陽 縣名，縣治在今天津市薊縣。⑯誥 睿宗為太上皇後，所下命令稱誥。⑰河隴 河西、隴右。⑱燕薊 燕州、薊州。⑲甲午 十一月二十九日。⑳捶撻 用棍子、鞭子痛打。㉑事集 事成。㉒令史 官名，為三省六部及御史臺的低級事務人員。據《唐六典》卷六，刑部令史十九人。㉓受敕三日 接到敕書已經三天。㉔忘不行 遺忘而未施行。㉕不得比於人 意即為人所不齒。㉖脫有稽失 萬一發生稽緩誤失。㉗譴 譴責；責備。

【語譯】九月初一日丁卯，發生日蝕。〇二十五日辛卯，玄宗把皇子李嗣昇冊立為陝王。李嗣昇的母親楊氏，是楊士達的曾孫女。由於王皇后沒有生育兒子，便以母親身分撫養他。

冬，十月初四日庚子，玄宗到太廟謁拜列祖列宗，大赦天下罪囚。〇初七日癸卯，玄宗駕臨新豐，在驪山腳下狩獵。〇二十五日辛酉，沙陀金山派遣使者入京朝貢。沙陀是處月部落的別支，姓朱邪氏。

十一月二十日乙酉，奚族部落與契丹的騎兵二萬人侵擾漁陽，幽州都督宋璟關閉城門，不出城迎戰，敵人大肆擄掠之後離去。〇太上皇頒布誥命，派遣玄宗出巡邊塞，西自河、隴，東到燕、薊，選拔將領，訓練士卒。二十九日甲午，玄宗命令幽州都督宋璟擔任左軍大總管，并州長史薛訥擔任中軍大總管，朔方大總管、兵部尚書郭元振擔任右軍大總管。

十二月，刑部尚書李日知請求退休。李日知在擔任刑部尚書時，不施刑杖而事集功成。刑部的有一位令史，接到皇帝敕令三天，忘記了執行。李日知很生氣，要來刑杖，召集了大批的官吏，準備行杖。過了一會兒對他說：「我想要打你，天下人一定會說你能惹得我李日知生氣，受到李日知的杖責，不能再與別人比肩，老婆孩子也會把你拋棄了。」於是便把他釋放了。在場的官吏都非常感動悅服，再也沒有人敢於違反規章，萬一有稽延失誤，大家都會一起責備他。

開元元年❶（癸丑 西元七一三年）

春，正月乙亥❷，詔：「衛士自今二十五入軍，五十免，羽林飛騎並以衛士簡補❸。」○以吏部尚書蕭至忠為中書令。○皇帝巡邊改期，所募兵各散遣❹，約八月復集❺，竟不成行。

二月庚子❻夜，開門然燈❼，又追作去年大酺❽，大合伎樂❾。上皇與上御門樓❿臨觀，或以夜繼晝，凡月餘。左拾遺華陰嚴挺之⓫上疏諫，以為「酺者因人所利，合醵⓬為歡。今乃損萬人之力，營百戲⓭之資，非所以光⓮聖德美風化⓯也。」乃止。

初，高麗既亡⓰，其別種大祚榮⓱徙居營州。及李盡忠反⓲，祚榮與靺鞨乞四北羽⓳聚眾東走，阻險自固⓴，盡忠死，武后使將軍李楷固討其餘黨。楷固擊乞四北羽，斬之，引兵踰天門嶺㉑，逼祚榮。祚榮逆戰㉒，楷固大敗，僅以身免。祚榮遂帥其眾東據東牟山㉓，築城居之。祚榮驍勇善戰，高麗、靺鞨之人稍稍歸之，地方二千里，戶十餘萬，勝兵數萬人，自稱振國王，附于突厥。時奚、契丹皆叛，道路阻絕，武后不能討。中宗即位，遣侍御史張行岌㉔招慰之，祚榮遣子入侍。至是，以祚榮為左驍衛大將軍、勃海郡王，以其所部為忽汗州㉕，令祚榮兼都督。

庚申㉖，敕以嚴挺之忠直宣示百官，厚賞之。

三月辛巳㉗，皇后親蠶㉘。

晉陵尉楊相如㉙上疏言時政，其略曰：「煬帝自恃其彊，不憂時政，雖制敕交行㉚，而聲實舛謬㉛，言同堯、舜，迹如桀、紂，舉天下之大，一擲而棄之。」又曰：「隋氏縱欲而亡，太宗抑欲而昌，願陛下詳擇之！」又曰：「人主莫不好忠正而惡佞邪，然忠正者常疏，佞邪者常親，以至於覆國危身而不寤㉜者，何哉？誠由忠正者多忤意㉝，佞邪者多順指㉞，積忤生憎，積順生愛，此親疏之所以分也。明主則不然。愛其忤以收忠賢，惡其順以去佞邪，則太宗太平之業，將何遠哉！」又曰：「夫法貴簡㉟而能禁㊱，罰貴輕而必行㊲。陛下方興崇至德㊳，大布新政，請一切㊴除去碎密㊵，不察小過。小過不察則無煩苛，大罪不漏則止姦慝，使簡而難犯，寬而能制，則善矣。」上覽而善之。

【章旨】以上為第十四段，寫唐玄宗撫定高麗，虛己納諫，晉陵尉上疏言時政。

【注釋】❶開元元年　唐玄宗於先天二年十二月朔改元開元。即開元元年包有先天二年。❷乙亥　正月十一日。❸簡補　簡選補充。❹散遣　疏散遣歸。❺約八月復集　約定八月分再次集中。❻庚子　二月初七日。❼開門然燈　此事由胡僧婆陁發起，在正月十五日夜千家萬戶開門懸掛燈籠。見《舊唐書・嚴挺之傳》。❽追作去年大酺　去年玄宗接受內禪，沒有來得及賜酺，於今年正月十五日補酺。酺，由皇帝發詔令，全天下大規模歡樂聚飲。❾伎樂　歌舞音樂。❿門樓　此處指安福門樓。

⑪嚴挺之　（約西元六七三—七四二年）名浚，以字行，華州華陰（今陝西華陰）人，舉進士。歷任二十五官，位至絳郡太守。傳見《舊唐書》卷九十九、《新唐書》卷一百二十九。⑫醵　湊錢飲酒。⑬百戲　古代散樂雜技的總稱。⑭光　大。⑮風化　風俗教化。⑯高麗既亡　高麗亡於高宗總章元年（西元六六八年）九月。⑰大祚榮　（？—西元七一九年）靺鞨首領金舍利乞乞仲象之子。官至左驍衛大將軍，封渤海郡王。事見《舊唐書》卷一百九十九下〈渤海靺鞨傳〉、《新唐書》卷二百十九〈渤海傳〉。⑱李盡忠反　時在武后萬歲通天元年（西元六九六年）。⑲乞四北羽　靺鞨首領之一。曾拒絕接受武則天賜給的許國公的封號。⑳阻險自固　依險固守。㉑天門嶺　在今吉林敦化西北。㉒逆戰　迎戰。㉓東牟山　在今吉林敦化北，地勢險要，易守難攻。㉔張行岌　事見《舊唐書》卷一百九十九下〈渤海靺鞨傳〉、《新唐書》卷二百十九〈渤海傳〉、《唐御史臺精舍題名考》卷一。㉕忽汗州　因境內有忽汗河（牡丹江）而得名。治所即今吉林敦化。忽汗州設置後，大祚榮去靺鞨之號，稱其部為渤海。㉖庚申　二月二十七日。㉗辛巳　三月十八日。㉘皇后親蠶　古有皇后季春祀先蠶之禮。唐制，皇后親蠶穿用黃羅做成的鞠衣。武則天當皇后時曾多次親蠶。嗣聖（西元六八四年）以後，其禮遂闕，至此重行。㉙楊相如　著有《君臣政理論》三卷。見《舊唐書》卷一百五、《新唐書》卷五十九、《全唐文》卷三百三。㉚交行　交替頒行。㉛聲實舛謬　言行乖違背謬。舛謬，錯亂謬誤。㉜寤　醒悟。㉝忤意　即忤旨。㉞順指　即順旨。㉟簡　簡約。㊱禁　禁止。㊲行　施行。㊳至德　至高之德。㊴一切　全部。㊵碎密　煩碎瑣密的小事。

【語　譯】開元元年（癸丑　西元七一三年）

春，正月十一日乙亥，太上皇發布誥命：「從今以後衛士在二十五歲時加入軍籍，五十歲時免除，羽林軍和飛騎軍的兵士都從衛士中選拔補充。」〇朝廷任命吏部尚書蕭至忠為中書令。〇玄宗巡視邊界改期，所招募的士兵各自遣散，約定八月分重新集結，最後玄宗未能成行。

二月初七日庚子夜晚，各家打開門戶，燃起燈籠，又補辦去年禪位時應舉行的全國盛大的聚眾宴飲，大規模地合演歌舞音樂。太上皇與玄宗親臨安福門樓上觀賞，有時夜以繼日，共持續了一個多月。左拾遺華陰人嚴挺之上奏規勸，認為「宴飲是趁人們便利，大家湊錢飲酒作樂。而今糜費上萬人的財力，提供演出百戲的費用，這不是用來光大聖德和美化風俗的方法。」於是中止了這一慶典。

當初，高麗滅亡以後，它的一支旁系的酋長大祚榮徙居營州。到李盡忠反叛朝廷時，大祚榮和靺鞨酋長乞四北羽聚眾東逃，據險固守。李盡忠死後，武后派遣將軍李楷固進討李盡忠的殘部。李楷固攻打乞四北羽，把他斬首，率軍翻越天門嶺，進逼大祚榮。大祚榮迎戰，李楷固大敗，僅隻身逃脫。於是大祚榮率領部眾東行，佔據了東牟山，築城而居。大祚榮驍勇善戰，高麗人和靺鞨人逐漸地歸附於他，擁有方圓二千里的區域，民戶十多萬，能披甲作戰的兵卒數萬人。大祚榮自稱振國王，依附於突厥。當時奚族、契丹都背叛了唐朝，唐朝與這一地區的交通斷絕，武后無法征討。中宗即位，派遣侍御史張行岌招撫它們，大祚榮便派遣他的兒子入朝侍奉。到這時，朝廷任命大祚榮為左驍衛大將軍、勃海郡王，把他的所轄區域設置為忽汗州，任命大祚榮兼任忽汗州都督。

二月二十七日庚申，玄宗頒布敕書，把左拾遺嚴挺之忠良正直的表現向百官公布，給予他豐厚的獎賞。

三月十八日辛巳，王皇后參加祭祀先蠶典禮。

晉陵縣尉楊相如上奏談論時政，奏文大體說：「隋煬帝自恃其國力強大，不思慮時政，雖然他頒發詔書敕命交相頒發，但是言行之間乖違背謬，言詞如同堯、舜，行跡卻像桀、紂，把偌大的天下，舉手拋棄。」他又說：「隋朝皇室放縱自己的欲望以至於國破家亡，太宗皇帝遏制自己的欲望而使國運昌盛，希望陛下詳加審查，從中選擇！」他還說：「帝王沒有人不喜歡忠誠正直之士，而憎恨奸佞邪惡之徒。但是，忠誠正直的人常被疏遠，奸佞邪惡的人常被親近，以至於國亡身危而不醒悟，這是為什麼呢？確實是由於忠誠正直之士大多違背帝王的心意，奸佞邪惡之徒大多曲意順承帝王的旨意；違背帝王的言行積累多了，便產生憎惡，順從帝王的言行積累多了，便會得到帝王愛幸，這就是親疏所以有別的原因。聖明的帝王便不像這樣，喜愛臣子的違忤，來收納忠誠賢能之士，憎惡臣子的曲意順從，來去除奸佞邪惡之徒，如此，太宗皇帝那樣的太平功業，還會很遙遠嗎！」他又說：「法律條文貴在簡明扼要而能禁止奸邪，施行懲罰貴在輕緩而能執行堅決。陛下正在提倡和尊崇最高的德教，大張旗鼓地推行新政，希望陛下能把所有細文苛法全部革除，不查究細小的過失。對細小的過失不加查究，就會沒有煩苛的法律，對重大的犯罪沒有疏漏，就會遏止邪惡，使法律簡約而難以觸犯，使懲罰寬緩而能制止犯罪，那麼就可以說是善政了。」玄宗閱讀後大加稱讚。

先是，修❶大明宮未畢，夏，五月庚寅❷，敕以農務方勤❸，罷之以待閒月❹。

○六月丙辰❺，以兵部尚書郭元振同中書門下三品。

太平公主依上皇之勢，擅權用事，與上有隙，宰相七人，五出其門❻。文[1]武之臣，太半❼附之，與竇懷貞、岑羲、蕭至忠、崔湜及太子少保薛稷、雍州長史新興王晉❽、左羽林大將軍常元楷、知右羽林將軍事李慈、左金吾將軍李欽、中書舍人李猷、右散騎常侍賈膺福❾、鴻臚卿唐晙及僧慧範等謀廢立，又與宮人元氏謀於赤箭粉❿中置毒進於上。晉，德良⓫之孫也。元楷、慈數往來主第，相與結謀。

王琚言於上曰：「事迫矣，不可不速發。」左丞張說自東都遣人遺上佩刀，意欲上斷割⓬。荊州長史崔日用入奏事，言於上曰：「太平謀逆有日⓭，陛下往在東宮，猶為臣子，若欲討之，須用謀力⓮。今既光臨大寶⓯，但下一制書，誰敢不從？萬一姦宄得志，悔之何及！」上曰：「誠如卿言，直⓰恐驚動上皇。」日用曰：「天子之孝在於安四海⓱。若姦人得志，則社稷為墟⓲，安在其為孝乎！

請先定北軍⑲，後收逆黨，則不驚動上皇矣。」上以為然，以日用為吏部侍郎。

秋，七月，魏知古告公主欲以是月⑳四日作亂，令元楷、慈以羽林兵突入㉑武德殿㉒，懷貞、至忠、羲等於南牙㉓舉兵應之。上乃與岐王範、薛王業、郭元振及龍武將軍㉔王毛仲、殿中少監姜皎、太僕少卿李令問㉕、尚乘奉御王守一㉖、內給事㉗高力士㉘、果毅李守德等定計誅之。皎，謩㉙之曾孫。令問，靖弟客師之孫。守一，仁皎之子。力士，潘州人也。

甲子㉚，上因㉛王毛仲取閑廄馬及兵三百餘人，與同謀十餘人[2]自武德殿入虔化門㉜，召元楷、慈，先斬之，擒膺福、猷於內客省㉝以出，執至忠、羲於朝堂㉞，皆斬之㉟。懷貞逃入溝中，自縊死，戮㊱其尸，改姓曰毒。上皇聞變，登承天門樓。郭元振奏，皇帝前奉誥誅竇懷貞等㊲，無它㊳也。上尋㊴至樓㊵上，上皇乃下誥罪狀懷貞等，因赦天下，惟逆人親黨不赦；薛稷賜死於萬年獄㊶。

乙丑㊷，上皇誥：「自今軍國政刑，一皆㊸取皇帝處分。朕方無為養志，以遂素心㊹。」是日，徙居百福殿㊺。

太平公主逃入山寺㊻，三日乃出，賜死于家㊼，公主諸子及黨與死者數十人。薛崇簡以數諫其母被撻㊽，特免死，賜姓李，官爵如故。籍公主家，財貨山積，珍物侔[49]於御府[50]，廄牧羊馬、田園息錢[51]，收之數年不盡；慧範家產[3]亦數十萬緡。改新興王晉之姓曰厲。

初，上謀誅竇懷貞等，召崔湜，將託以心腹，湜弟滌[52]謂湜曰：「主上有問，勿有所隱。」湜不從。懷貞等既誅，湜與右丞盧藏用俱坐私侍太平公主，湜流竇州[53]，藏用流瀧州[54]。新興王晉臨刑歎曰：「本為此謀者崔湜，今吾死湜生，不亦冤乎！」會有司鞫宮人元氏，元氏引湜同謀進毒，乃追賜死於荊州[55]。薛稷之子伯陽以尚主免死[56]，流嶺南，於道自殺。

初，太平公主與其黨謀廢立，竇懷貞、蕭至忠、岑羲、崔湜皆以為然，陸象先獨以為不可。公主曰：「廢長立少[57]，已為不順，且又失德，若之何不去！」象先曰：「既以功立，當以罪廢。今實無罪，象先終不敢從。」公主怒而去。上既誅懷貞等，召象先謂曰：「歲寒知松柏[58]，信哉！」時窮治公主枝黨[59]，當坐者眾，象先密為申理[60]，所全甚多，然未嘗自言，當時無知者。百官素為公主所善及惡之者，或黜或陟[61]，終歲不盡。

【章　旨】以上為第十五段，寫太平公主擅權用事，宰相七人，五出其門，欲謀廢立，唐玄宗於是誅滅太平公主及其黨羽。太上皇睿宗退出政壇。

【注釋】❶修　修葺。❷庚寅　五月二十八日。❸勤　忙。❹閒月　農閒之月。❺丙辰　六月二十四日。❻宰相七人二句　當時宰相七人為：竇懷貞、蕭至忠、岑羲、崔湜、陸象先、郭元振、魏知古。前五人均是太平公主向睿宗推薦而得宰相，故云「五出其門」。但陸象先並不阿附太平公主。❼太半　大半；多半。❽新興王晉　新興郡王德良之孫，坐預太平公主謀被誅，改氏「厲」。傳見《舊唐書》卷六十、《新唐書》卷七十八。❾賈膺福　循吏賈敦頤之子。善書法。傳見《舊唐書》卷一百八十五上、《書小史》卷九。❿赤箭粉　補藥名，赤箭屬靈芝一類草藥，莖赤如箭桿，故名。把赤箭根研成粉，長期服用，可以補氣增力，輕身延年。見《本草綱目》卷十二。⓫德良　李德良唐初封新興郡王。⓬遺上佩刀二句　張說贈佩刀給唐玄宗，示意玄宗要割斷私情，起兵誅殺太平公主及其黨羽。遺，贈。胡三省注：「君臣之禮，當言獻佩刀。此因舊史成文，失於改定耳。」⓭有日　有日子了；為時已久。⓮謀力　智謀及兵力。⓯大寶　大位。指皇帝寶座。⓰直　只。⓱四海　猶天下。⓲墟　廢墟。⓳北軍　指左右羽林軍、左右萬騎。⓴是月　此月。㉑突入　突然攻入。㉒武德殿　當時玄宗受朝的地方。㉓南牙　胡三省注：「西內以太極殿為正牙，自北門言之曰南牙。」㉔龍武將軍　從三品。玄宗以萬騎平定韋氏，改為左右龍武軍。見《新唐書・兵志》。㉕李令問　唐初名將李靖弟李客師之孫。官至散騎常侍、知尚書事，封宋國公。傳見《舊唐書》卷六十七、《新唐書》卷九十三。㉖王守一　王仁皎之子，與玄宗皇后王氏孿生。尚清陽公主，官至太子少保，封晉國公。傳見《舊唐書》卷一百八十三、《新唐書》卷二百六。㉗內給事　官名，屬內侍省，從五品下，掌判省事。㉘高力士　（西元六八四—七六二年）本姓馮，因被宦官高延福收養為子，改姓高，高州良德（今廣東高州東北）人，一作潘州（即今高州）人，長期生活在唐玄宗身邊，成為唐朝最有名的宦官之一。權勢顯赫，封渤海郡公。傳見《舊唐書》卷一百八十四、《新唐書》卷二百七。㉙暮　姜暮，姜皎曾祖。傳見《舊唐書》卷五十九、《新唐書》卷九十一。㉚甲子　七月初三日。㉛因　通過。㉜虔化門　在武德殿西南。㉝內客省　在右延明門外。位於中書省內。㉞朝堂　有東、西之分，在承天門內。㉟皆斬之　全部斬殺。這段材料是司馬光根據《玄宗實錄》、《太上皇實錄》、《朝野僉載》及兩《唐書》有關紀傳寫成的。詳見《考異》卷十二。㊱戮　斬辱。㊲前奉誥誅竇懷貞等　從前奉誥書，現依誥書誅殺竇懷貞等人。㊳無它　沒有其他的事情。㊴尋　一會兒；不久。㊵樓　指承天門樓。㊶萬年獄　萬年縣監獄。㊷乙丑　七月初四日。㊸一皆　全部。㊹素心　夙願。㊺百福殿　在宮城太極殿西北。㊻山寺　山中寺院。㊼賜死于家　《考異》引《太上皇實錄》載：「公主聞難作，遁入山寺，數日方出，禁錮終身，諸子皆伏誅。」㊽薛崇簡以數諫其母被撻　崇簡知其母太平公主廢立皇帝之謀，多次苦諫，遭到毒打。㊾侔　等。㊿御府　天子府庫。(51)息錢　利息。(52)湜弟滌　崔湜之弟崔滌，後改名澄。年輕時與唐玄宗友善。官至金紫光祿大夫。傳見《舊唐書》卷七十四、《新唐書》卷九十九。53竇州 州名，治所在今廣東信宜南。54瀧州 州名，治所在今廣東羅定南。55荊州 州名，治所在今湖北江陵荊州鎮。56伯陽以尚主免死 薛伯陽娶睿宗女仙源公主為妻。57廢長立少 長指睿宗長子宋王成器，少指唐玄宗。58歲寒知松柏 語出《論語・子罕》。因松柏隆冬不凋，故常用以比喻在逆境中能保持節操的人。59枝黨 枝屬黨羽。60申理 申辯理論。61或黜或陟 有的罷免，有的晉升。

【校記】1文 張敦仁《通鑑刊本識誤》此上有「凡」字。2與同謀十餘人 原無此六字。據章鈺校，十二行本、乙十一行本、孔天胤本皆有此六字，張敦仁《通鑑刊本識誤》、張瑛《通鑑校勘記》同，今據補。按，《舊唐書・玄宗紀》云：「親信十數人。」3產 原無此字。據章鈺校，十二行本、乙十一行本、孔天胤本皆有此字，張敦仁《通鑑刊本識誤》同，今據補。

【語譯】在此之前，修繕大明宮尚未竣工，夏，五月二十八日庚寅，頒下敕令，因為農事正忙，這項工程停止，等到農閒時候再開工。○六月二十四日丙辰，朝廷任命兵部尚書郭元振擔任同中書門下三品。

太平公主倚仗太上皇的權勢，專擅朝政，與玄宗有矛盾，宰相七人，有五人出自她的門下。文武大臣有半數以上的人依附她。太平公主與竇懷貞、岑羲、蕭至忠、崔湜，以及太子少保薛稷、雍州長史新興王李晉、左羽林大將軍常元楷、知右羽林將軍事李慈、左金吾將軍李欽、中書舍人李猷、右散騎常侍賈膺福、鴻臚寺卿唐晙和胡僧慧範等，圖謀廢掉玄宗另立他人。太平公主還和宮女元氏圖謀在赤箭粉中投毒，進獻給玄宗。李晉，是李德良的孫子。常元楷和李慈多次來往於太平公主的私宅，與她結黨密謀。

王琚對玄宗進言說：「事態緊迫了，陛下不可不迅速行動。」尚書左丞相張說從東都洛陽派人送給玄宗一把佩刀，意思是想讓玄宗割斷私情。荊州長史崔日用入朝奏事，對玄宗說：「太平公主策劃叛逆有很長時間了。陛下往日在東宮做太子，名分上還是臣子，如果那時想清除太平公主，需要利用智謀與兵力。現在既然光臨帝位，只需頒布一道詔書，哪個敢不服從？萬一奸邪之徒的意圖得逞，陛下後悔也來不及了！」玄宗說：「確實如你所說，只是擔心驚動太上皇。」崔日用說：「天子之孝在於使天下安寧。倘若奸佞之人得志，那麼社稷宗廟將化為廢墟，陛下的孝行又在哪裡呢！請陛下先行控制左右羽林軍和左右萬騎軍，然後搜捕逆黨，這就不會驚動太上皇了。」玄宗認為他說得很對，任命崔日用擔任吏部侍郎。

秋，七月，魏知古告發太平公主打算在本月初四日發動叛亂，指令常元楷、李慈率領羽林軍突入武德殿，竇懷貞、蕭至忠、岑羲等人在南牙起兵響應。於是玄宗與岐王李範、薛王李業、郭元振，以及龍武將軍王毛仲、殿中少監姜皎、太僕少卿李令問、尚乘奉御王守一、內給事高力士、果毅李守德等人定計誅殺太平公主一黨。姜皎，是姜謩的曾孫。李令問，是李靖之弟李客師的孫子。王守一，是王仁皎的兒子。高力士，是潘州人。

七月初三日甲子，玄宗通過王毛仲調來閑廄中的馬匹以及士兵三百餘人，與所同謀的十幾人從武德殿進入虔化門，召來常元楷和李慈，先把他們斬殺了；在內客省擒獲了賈膺福和李猷，把他們帶出，在朝堂之上拘捕了蕭至忠和岑羲，把他們四人全都斬殺了。竇懷貞逃入溝中，自縊而死，斬辱他的屍體，把他改姓「毒」。太上皇獲悉發生事變，登上承天門的門樓。郭元振進奏說，皇帝遵照先前太上皇誥命誅殺竇懷貞等人，沒有其他的事情。稍後，玄宗來到門樓之上，太上皇於是頒布誥命羅列竇懷貞等人的罪狀，接著大赦天下，只有反叛者的親族朋黨不予赦免；將薛稷賜死在萬年縣獄中。

七月初四日乙丑，太上皇頒布誥命：「從現在起，所有軍國政令與刑罰，全都由皇帝處理。我正清靜無為，頤養心志，以遂平生夙願。」這一天，太上皇遷往百福殿居住。

太平公主逃進山中寺廟，三天後才出來，賜死於家，她的兒子以及黨羽被處死的有數十人。因薛崇簡屢向其母進諫而受到責打，被特令免死，賜姓李，官職及爵位依舊。籍沒太平公主家的所有財產，財貨堆積如山，珍玩寶物與皇家府庫所藏相等同，廄中牧養的羊馬和出租的田地園圃的利息，沒收後幾年內都清點不完；胡僧慧範的家產也擁有財產數十萬緡。玄宗把新興王李晉的姓氏改為厲。

當初，玄宗籌劃誅殺竇懷貞等人，召見崔湜，打算把他當做心腹。崔湜的弟弟崔滌對他說：「皇帝無論問到什麼，不要有所隱瞞。」崔湜沒有聽從。竇懷貞等人被處死後，崔湜與尚書右丞盧藏用都因私自效命於太平公主而獲罪，崔湜被流放到竇州，盧藏用被流放到瀧州。新興王李晉臨刑時哀歎說：「本來作此謀劃的是崔湜，現在我被處死，崔湜活著，不也是太冤枉了嗎！」適逢有關官署審訊宮女元氏，她供出了崔湜與自己同謀進毒，玄宗便追加詔命，把崔湜賜死在荊州。薛稷的兒子薛伯陽由於娶了公主為妻的緣故，免除死罪，流放嶺南，在途中自殺。

當初，太平公主和她的黨羽策劃廢黜玄宗另立他人時，竇懷貞、蕭至忠、岑羲、崔湜等人都表示贊成，只有陸象先認為不能這樣做。太平公主說：「廢長立少，已是次序不順，況且皇帝又喪失道德，為什麼不廢黜他呢！」陸象先說：「既然皇帝因功立為太子，那麼應當以獲罪為由把他廢黜。現在他實際上沒有罪過，我陸象先終究不敢相從。」太平公主生著氣離去。玄宗誅除竇懷貞等人以後，召見陸象先，對他說：「天寒才知松柏是最後凋零，這話真實不虛！」當時徹底追究太平公主的黨羽，牽連獲罪的人眾多，陸象先私下為這些人申辯理論，保全了很多人的性命，但他未曾言及，當時也無人知道。朝廷百官中平時被太平公主善待或者憎惡的人，有的被降職，有的被提拔，到年底還沒有結束。

丁卯❶，上御承天門樓，赦天下。○己巳❷，賞功臣郭元振等官爵、第舍、金帛有差。以高力士為右監門將軍，知內侍省事。

初，太宗定制，內侍省不置三品官❸，黃衣廩食❹，守門傳命而已。天后雖女主，宦官亦不用事。中宗時，嬖倖猥多❺，宦官七品以上至千餘人，然衣緋者尚寡❻。上在藩邸，力士傾心奉之❼，及為太子，奏為內給事，至是以誅蕭、岑功賞之。是後宦官稍增❽至三千餘人，除三品將軍者浸❾多，衣緋、紫至千餘人❿，宦官之盛自此始。

壬申⑪，遣益州長史畢構⑫等六人宣撫十道。○乙亥⑬，以左丞張說為中書令。

庚辰⑭，中書侍郎、同平章事陸象先罷為益州長史、劍南按察使。八月癸巳⑮，以封州流人劉幽求⑯為左僕射、平章軍國大事。○丙辰⑰，突厥可汗默啜遣其子楊我支來求昏。丁巳⑱，許以蜀王女南和縣主⑲妻之。

中宗之崩⑳也，同中書門下三品李嶠密表韋后，請出相王諸子於外。上即位，於禁中得其表，以示侍臣。嶠時以特進致仕，或請誅之，張說曰：「嶠雖不識逆順，然為當時之謀則忠矣。」上然之。九月壬戌㉑，以嶠子率更令㉒暢為虔州㉓刺史，令嶠隨暢之官㉔。

庚午㉕，以劉幽求同中書門下三品。○丙戌㉖，復置右御史臺㉗，督察諸州；罷諸道按察使㉘。

冬，十月辛卯㉙，引見京畿縣令㉚，戒以歲饑惠養黎元㉛之意。○己亥㉜，上幸新豐；癸卯㉝，講武於驪山之下，徵兵二十萬，旌旗連亙五十餘里。以軍容不整，坐兵部尚書郭元振於纛㉞下，將斬之。劉幽求、張說跪於馬前諫曰：「元振有大功於社稷，不可殺。」乃流新州㉟。斬給事中、知禮儀事唐紹，以其制軍禮不肅故也。上始欲立威，亦無殺紹之意，金吾衛將軍李邈㊱遽宣敕斬之。上尋罷邈官，廢棄終身。時二大臣得罪，諸軍多震慴失次㊲。惟左軍節度薛訥、朔方道大總管解琬二軍不動，上遣輕騎召之，皆不得入其陳㊳。上深歎美，慰勉之。

【章　旨】以上為第十六段，寫唐玄宗英年氣盛，明察善斷，立威而不濫誅的明主形象。

【注　釋】❶丁卯　七月初六日。❷己巳　七月初八日。❸內侍省不置三品官　內侍省其最高長官為內侍，從四品上。❹黃衣廩食　穿黃色衣服，由官府供給食品。❺猥多　繁多。❻衣緋者尚寡　即五品以上的還不多。唐制，文武三品以上服紫，四品服深緋，五品服淺緋。❼上在藩邸二句　高力士本馮盎曾孫，聖曆年間被嶺南討擊使李千里進於宮中，成為宦官。長大後為宮闈丞，與李隆基傾心相結。❽稍增　漸增。❾浸　漸。❿衣緋紫至千餘人　即五品以上的達一千餘人。⓫壬申　七月十一日。⓬畢構　河南偃師（今河南偃師東）人，歷官潤州刺史、益州長史、左御史大夫、廣州都督、河南尹、戶部尚書，為官清正，有古人之風。傳見《舊唐書》卷一百、《新唐書》卷一百二十八。⓭乙亥　七月十四日。⓮庚辰　七月十九日。⓯癸巳　八月初二日。⓰封州流人劉幽求　劉幽求先天元年（西元七一二年）任宰相，八月二十六日流封州。⓱丙辰　八月二十五日。⓲丁巳　八月二十六日。⓳南和縣主　似為嗣蜀王李榆之女。待考。唐制，親王之女封縣主。⓴中宗之崩　時在景龍四年六月初二日。㉑壬戌　九月二日。㉒率更令　太子官屬，從四品上，掌宗族次序、禮樂刑罰，及漏刻之政令。㉓虔州　州名，治所在今江西贛州。㉔隨暢之官　跟隨李暢前往虔州赴職。㉕庚午　九月初十日。㉖丙戌　九月二十六日。㉗復置右御史臺　先天元年（西元七一二年）二月二十二日廢右御史臺，至此復置。㉘罷諸道按察使　中宗景龍三年八月置十道按察使，至此廢除。㉙辛卯　十月初一日。㉚京畿縣令　京師內兩赤縣為京縣，畿輔各縣並稱畿縣。京縣令正五品上，畿縣令正六品下。㉛黎元　百姓。㉜己亥　十月初九日。㉝癸卯　十月十三日。㉞纛　軍隊大旗。㉟新州　州名，治所在今廣東新興。㊱李邈　中宗時為通事舍人，玄宗時為金吾將軍。事見《舊唐書》卷八十五〈唐紹傳〉、《新唐書》卷一百十三〈唐紹傳〉、卷一百九十六〈武攸緒傳〉。㊲震慴失次　震驚恐怖，失去部伍。㊳陳　通「陣」。

【語　譯】七月初六日丁卯，玄宗駕臨承天門樓，大赦天下。〇初八日己巳，玄宗賞賜功臣郭元振等人級別不等的官職、爵位、府第、金錢、絹帛，任命高力士擔任右監門將軍，掌管內侍省事務。

當初，太宗訂立制度，內侍省不設置三品官，內侍身著黃色朝服，朝廷供給食品，把守宮門、傳達詔命而已。武后雖然是女性君主，宦官也沒有執掌朝政。中宗皇帝時期，受到他親近寵幸的侍臣猥雜眾多，宦官在七品以上的達到一千餘人，但是身穿緋色朝服的宦官尚少。玄宗在藩王府中的時候，高力士全心全意地侍奉他；到他被立為太子，便奏請睿宗任命高力士為內給事；直到此時，因誅除蕭至忠、岑羲有功，玄宗又賞賜高力士。此後，宦官逐漸增加到三千餘人，被授予三品將軍的人漸漸多起來，穿著緋、紫朝服的達到一千餘人，宦官勢力的興盛便從此時發端。

七月十一日壬申，朝廷派遣益州長史畢構等六人宣慰安撫十道。〇十四日乙亥，玄宗任命尚書左丞張說擔任中書令。

七月十九日庚辰，罷免中書侍郎、同平章事陸象先，改任益州長史、劍南按察使。八月初二日癸巳，任命被流放之人劉幽求為尚書左僕射、平章軍國大事。〇二十五日丙辰，突厥可汗阿史那默啜派遣他的兒子楊我支前來求婚。二十六日丁巳，玄宗把蜀王之女南和縣主許配給他為妻。

中宗駕崩時，同中書門下三品李嶠暗地裡向韋皇后上表，請求把相王李旦的兒子們調往外地。玄宗即位之後，在宮禁中得到了李嶠的奏表，將它出示給侍臣。李嶠當時已經以特進的身分退休，有人請求玄宗處死李嶠。張說說：「李嶠雖然不能分清逆順之理，然而他當時為韋后出謀劃策則是效忠的表現。」玄宗認為他的看法正確。九月初二日壬戌，玄宗任命李嶠之子率更令李暢擔任虔州刺史，讓李嶠隨同其子赴任。

九月初十日庚午，玄宗任命劉幽求擔任同中書門下三品。〇二十六日丙戌，朝廷恢復右御史臺，執掌對各州的督察；廢除各道按察使。

冬，十月初一日辛卯，玄宗召見京畿各縣的縣令，告誡他們年成饑荒時施惠養育黎民百姓之意。〇初九日己亥，玄宗駕臨新豐。十三日癸卯，在驪山腳下講習武事，徵調了士卒二十萬，旌旗連綿五十餘里。由於軍容不整，玄宗加罪於兵部尚書郭元振，把他逮至軍旗之下，準備把他斬首。劉幽求、張說跪在玄宗的馬前勸諫說：「元振有大功於國家，不能夠殺他。」玄宗便把郭元振流放到新州。命令把給事中、知禮儀事唐紹斬首，這是由於他所制定的軍禮不整肅的緣故。玄宗原本是想藉此樹立自己的威勢，也沒有處死唐紹的意思，但是金吾衛將軍李邈急忙宣布敕命斬殺了唐紹。玄宗不久便罷免了李邈的官職，終身廢棄不用。當時兩位大臣獲罪，各路軍馬大多震驚恐懼，失去部伍，只有左軍節度薛訥和朔方道大總管解琬二人統領的部隊沒有騷動，玄宗派遣輕騎兵前去召他們，都無法進入他們的陣中。玄宗對他們二人深加歎美，慰勞勉勵了他們。

甲辰❶，獵于渭川❷。上欲以同州刺史姚元之為相，張說疾之，使御史大夫趙彥昭彈之，上不納。又使殿中監姜皎言於上曰：「陛下常欲擇河東總管而難其人❸，臣今得之矣。」上問為誰，皎曰：「姚元之文武全才，真其人也。」上曰：「此張說之意也，汝何得面欺❹，罪當死！」皎叩頭首服❺，上即遣中使召元之詣行在。既至，上方獵❻，引見，即拜兵部尚書、同中書門下三品❼。元之吏事明敏❽，三為宰相❾，皆兼兵部尚書，緣邊屯戍斥候❿，士馬儲械，無不默記。上初即位，勵精為治，每事訪於元之，元之應答如響⓫，同僚皆[1]唯諾而已，故上專委任之。元之請抑權倖，愛爵賞，納諫諍，卻貢獻，不與羣臣褻狎⓬，上皆納之。○乙巳⓭，車駕還京師。

姚元之嘗奏請序進郎吏⓮，上仰視殿屋，元之再三言之，終不應。元之懼，趨出。罷朝，高力士諫曰：「陛下新總萬機，宰臣奏事，當面加可否⓯，柰何一不省察⑯？」上曰：「朕任元之以庶政⑰，大事當奏聞共議之，郎吏卑秩，乃一一以煩朕邪！」會力士宣事至省中⑱，為元之道⑲上語，元之乃喜。聞者皆服上識君人[2]之體⑳。

左拾遺曲江張九齡㉑，以元之有重望，為上所信任，奏記勸其遠諂躁，進純厚，其略曰：「任人當才，為政大體，與之共理，無出此途。而鄉之用才，非無知人之鑒，其所以失溺，在緣情㉒之舉。」又曰：「自君侯㉓職相國之重，持用人之權，而淺中弱植之徒㉔，已延頸企踵而至，諂親戚以求譽，媚賓客以取容，其間豈不有才，所失在於無耻。」元之嘉納其言。

新興王晉之誅也㉕，僚吏皆奔散，惟司功㉖李撝㉗步從，不失在官之禮，仍哭其尸。姚元之聞之，曰：「欒布之儔㉘也！」及為相，擢為尚書郎。

己酉㉙，以刑部尚書趙彥昭為朔方道大總管。

十一月乙丑㉚，劉幽求兼侍中。〇辛巳㉛，羣臣上表請加尊號為開元神武皇帝；從之。戊子㉜，受冊。

中書侍郎王琚為上所親厚，羣臣莫及。每進見，侍笑語，逮㉝夜方出。或時休沐㉞，往往遣中使召之。或言於上曰：「王琚權譎㉟縱橫之才，可與之定禍亂，難與之守承平㊱。」上由是浸疏之。是月，命琚兼御史大夫，按行北邊諸軍。

十二月庚寅㊲，赦天下，改元㊳。尚書左、右僕射為左、右丞相；中書省為紫微省；門下省為黃門省，侍中為監；雍州為京兆府，洛州為河南府，長史為尹，司馬為少尹㊴。

甲午㊵，吐蕃遣其大臣來求和。○壬寅㊶，以姚元之兼紫微令㊷。元之避開元尊號，復名崇㊸。○敕：「都督、刺史、都護將之官，皆引面辭畢，側門㊹取進止。」

姚崇既為相，紫微令張說懼，乃潛詣岐王申款㊺。它日，崇對於便殿，行微蹇㊻。上問：「有足疾乎？」對曰：「臣有腹心之疾，非足疾也。」上問其故。對曰：「岐王陛下愛弟，張說為輔臣，而密乘車入王家，恐為所誤，故憂之。」癸丑㊼，說左遷相州刺史㊽。右僕射、同中書門下三品劉幽求亦罷為太子少保㊾。甲寅㊿，以黃門侍郎盧懷慎同紫微黃門(51)平章事。

【章　旨】以上為第十七段，寫姚元之為相，避開元年號諱，復名崇，深得唐玄宗信任。

【注　釋】❶甲辰　十月十四日。❷渭川　渭河。此處指新豐（今陝西臨潼）縣境內的一段渭濱。❸難其人　難得其人，指找不到合適的人選。❹面欺　當面欺詐。❺首服　自首服罪。❻上方獵　皇上正在打獵。❼即拜兵部尚書同中書門下三品

《開元升平源》載，姚元之至渭濱，與玄宗同獵。玄宗大悅，表示要升他為宰相。元之遂上〈十事要說〉：一、行政以仁義為先。二、數十年不求邊功。三、中宮不預公事。四、不許國親擔任臺省之官，罷斜封、待闕、員外等官。五、處置違法近密佞臣。六、除租庸賦稅之外，罷除一切貢獻。七、停止修建寺觀宮殿。八、以禮對待臣下。九、虛懷納諫，鼓勵臣子犯顏進諫。十、不許外戚專權。此事十分重要，而正史未予記載。司馬光認為《升平源》難以盡信，故未採用。見《考異》卷十二。岑仲勉曾對姚元之十事進行過辨析。詳見《唐史餘瀋》卷二。❽吏事明敏　即明敏於吏事，精通為政之道。❾三為宰相　三度擔任宰相之職。姚元之始相武后，後相睿宗，今相玄宗，是三度為宰相，執政凡十年有餘。❿斥候　崗哨。⓫應答如響　應答之快，如響之應聲。⓬褻狎　放縱狎昵。⓭乙巳　十月十五日。⓮郎吏　《考異》云：「此出李德裕《次柳氏舊聞》。不知郎吏為何官。若郎中、員外郎則是清要官，不得云秩卑；恐是郎將，又不敢必，故仍用舊文。」⓯面加可否　當面立即表態，可或不可。⓰省察　考慮、審察。⓱庶政　各種政務。⓲宣事至省中　宣事，傳旨。省，此處指尚書省。胡三省注：「唐世，凡機事皆使內臣宣旨於宰相。」⓳道　說。⓴君人之體　為君之要領。㉑張九齡　（西元六七八—七四〇年）字子壽，韶州曲江（今廣東韶關市西南）人，人稱「張曲江」。進士及第，官至宰相，主張破格用人。善寫詩。著有《曲江集》、《千秋金鑑錄》等。傳見《舊唐書》卷九十九、《新唐書》卷一百二十六、《國秀集》卷上。㉒緣情　因緣情面；依順私人情面。㉓君侯　對達官的尊稱。㉔淺中弱植之徒　心胸狹淺、軟弱不能自立之流。弱植，軟弱不能扶立。植，立。㉕新興王晉之誅也　時在七月上旬。㉖司功　官名，州刺史功曹，從七品下，掌考課、假使、祭祀、禮樂、學校、表疏、書啟、祿食、祥異、醫藥、卜筮、陳設、喪葬等事。㉗李撝　事見《舊唐書》卷六、《新唐書》卷七十八〈新興郡王德良傳〉。㉘欒布之儔　欒布哭彭越，李撝猶欒布之輩。儔，伴侶；同輩。㉙己酉　十月十九日。㉚乙丑　十一月初五日。㉛辛巳　十一月二十一日。㉜戊子　十一月二十八日。㉝逮　至。㉞休沐　休息沐浴。指官吏休例假。㉟權譎　權變詭譎。㊱承平　太平。㊲庚寅　十二月一日。㊳改元　改元開元。㊴長史為尹二句　指京兆府、洛州府的長官長史改為尹，從三品；司馬改為少尹，從四品下。歷代京師地位高於地方，長官之名亦有別。隋朝西京置牧，唐因之，政務由長史、司馬掌理。今西京改為府，政務長官為府尹，次官為少尹。㊵甲午　十二月五日。㊶壬寅　十二月十三日。㊷紫微令　即中書令。㊸元之避開元尊號二句　元之本名元崇。武則天長安四年（西元七〇四年）令以字行，稱元之。現恢復舊名而省「元」字，單稱為「崇」。見《舊唐書・姚崇傳》。㊹側門　東內有左右側門。㊺申款　申述誠款。㊻蹇　跛。㊼癸丑　十二月二十四日。㊽說左遷相州刺史　關於張說罷相之事，《松窗雜錄》有不同說法，司馬光未予採用。見《考異》卷十二。相州，州名，治所在今河南安陽。㊾太子少保　官名，正二品，與少師、少傅合稱「太子三少」。掌奉皇太子觀三師道德，隨時教導皇太子。㊿甲寅　十二月二十五日。51紫微黃門即中書門下。

【校　記】1皆　原無此字。據章鈺校，十二行本、乙十一行本皆有此字，今據補。2君人　據章鈺校，十二行本、乙十一行本二字皆互乙。

【語　譯】十月十四日甲辰，玄宗在渭川狩獵。玄宗打算任命同州刺史姚元之為宰相，張說卻嫉恨姚元之，指使御史大夫趙彥昭彈劾他，玄宗沒有接受。張說又指使殿中監姜皎向玄宗進言說：「陛下經常想挑選一名河東總管，卻很難找到合適的人選，臣現在得到了。」玄宗問他是誰，姜皎說：「姚元之文武全才，真是擔任河東總管的合適人選。」玄宗說：「這是張說的意思，你怎敢當面欺君罔上，論罪應當處以死刑！」姜皎磕頭自首認罪。玄宗當即派遣中使把姚元之徵召到宿留處。姚元之抵達後，玄宗正在狩獵，馬上接見了他，立即授予他兵部尚書、同中書門下三品。

姚元之處理政務精明利索，三次出任宰相，每次都兼任兵部尚書，他對於邊境地區的屯戍和哨所，士兵馬匹，倉儲裝備，無不默記在心。玄宗剛剛即位，勵精圖治，每當有事徵詢姚元之的意見，姚元之應聲對答，他的同僚都只能說是的是的而已，因此玄宗就把重任專門委託給他。姚元之請求玄宗抑制權貴寵幸之家，珍惜爵祿賞賜，採納臣子的勸誡規諫，拒絕接受進獻的貢品，不與群臣過分放縱狎昵。玄宗對他的建議全都採納。〇十月十五日乙巳，玄宗返回京城。

姚元之曾經奏請依據資歷順序提拔任用郎吏，玄宗卻仰視宮殿屋頂，姚元之一再說這件事，玄宗始終不回答。姚元之感到恐懼，小步快速退出。散朝以後，高力士規勸說：「陛下剛剛總攬萬機，宰相上奏言事，應該當面決定是否可行，怎麼您對姚元之的建議一概不予考慮呢？」玄宗說：「我把朝廷各項政務委任給姚元之，軍國大事應該奏報後共同商議，郎吏是卑職小官，也拿來一一煩擾我啊！」適逢高力士前往尚書省宣旨，把玄宗的話轉述給姚元之，姚元之這才高興起來。聽到這件事的人無不佩服玄宗深明君臨天下的要領。

左拾遺曲江縣人張九齡，鑑於姚元之負有極高聲望，又被玄宗所信任，便寫給他一封書信，勸說他疏遠諂諛淺躁之徒，提拔任用純真厚道之士，書信的大意是：「用人當依真才實學為據，乃是治理國事的基本原則，與有識之士齊心理政，也超出不了這一途徑。但過去在任用人才時，掌權者並非不具備知人善任的鑑別能力，之所以他們未能盡職，是由於存在著依順私人情面的薦舉。」信中還說：「自從您擔負宰相重任以來，親手執掌選任職官的權力，那些心中狹淺、軟弱不能自立之徒，已經伸長脖子、踮起腳跟，來到您的面前，他們討好您的親戚來獲得聲譽，迎合您的賓客以便在官場存身。他們中間不乏具有才學的人，然而他們的缺點在於厚顏無恥。」姚元之讚賞並採納了他的主張。

當新興王李晉被判處斬時，他的屬官全都逃散，只有司功李撝一人徒步相隨，不失居官之禮，還在李晉的屍體旁哭泣。姚元之聽說了這件事，說道：「此人是欒布之輩啊！」等到姚元之擔任了宰相，提拔李撝擔任尚書郎。

十月十九日己酉，玄宗任命刑部尚書趙彥昭擔任朔方道大總管。

十一月初五日乙丑，劉幽求兼任侍中。〇二十一日辛巳，群臣進呈表章請求玄宗加上開元神武皇帝的尊號，玄宗同意了群臣的要求。二十八日戊子，玄宗接受增加尊號的冊書。

中書侍郎王琚受到玄宗的親信和厚待，群臣沒有哪一個人能趕上他。每次進宮朝見，王琚都陪侍玄宗談笑，直到夜裡才離去。有時王琚休假，玄宗常常派遣中使把他召來。有人向玄宗進言說：「王琚是權變詭譎的縱橫之才，陛下可以與他平定禍亂，難以和他共守太平之世。」玄宗因此逐漸疏遠了王琚。當月，玄宗任命王琚兼任御史大夫，巡行北部邊境諸軍。

十二月初一日庚寅，大赦天下，更改年號。將尚書左、右僕射改為左、右丞相；將中書省改為紫微省；將門下省改為黃門省，門下侍中改為黃門監；將雍州改為京兆府，洛州改為河南府；將州的長史改稱為尹，州的司馬改稱為少尹。

十二月初五日甲午，吐蕃派遣大臣前來求和。〇十三日壬寅，玄宗命令姚元之兼任紫微令。姚元之為避開元神武皇帝尊號之諱，恢復自己的原名姚崇。〇玄宗頒布敕命：「都督、刺史、都護將要赴任時，都必須引入朝廷，當面向皇上辭別以後，在左右側門聽取皇帝的旨意。」

姚崇擔任宰相後，紫微令張說感到恐懼，便暗地裡到岐王李範那裡表述自己的誠意。有一天，姚崇在便殿回答玄宗的問訊時，走路略微有點瘸，玄宗問他：「有腳病嗎？」姚崇回答說：「臣有心腹之病，不是腳病。」玄宗問他究竟是怎麼回事。姚崇回答說：「岐王是陛下的愛弟，張說是陛下的輔政之臣，張說卻祕密地乘車前往岐王家中，臣擔心岐王會被張說所誤，所以心裡擔憂此事。」十二月二十四日癸丑，玄宗把張說貶謫為相州刺史。右僕射、同中書門下三品劉幽求也被罷免，改任太子少保。二十五日甲寅，玄宗任命黃門侍郎盧懷慎擔任同紫微黃門平章事。

【研析】睿宗是一個平庸而窩囊的皇帝，他夾在親妹太平公主與兒子皇太子之間，左右搖擺。姑姪爭權，他哪邊都傷不得。宋璟、姚崇建議在東都安置太平公主，睿宗說，我的親人，同輩中只剩一個妹妹了，怎麼捨得讓她遠離。武則天誅殺李唐宗室，親生兒子也難幸免，睿宗心驚膽戰走過來，於理於義都不忍向親妹妹太平公主開刀。太平公主結納朋黨，睿宗裝聾作啞，為了平衡權力，睿宗權力下放太子，下制書說：「凡政事皆取太子處分。其軍旅死刑及五品已上除授，皆先與太子議之，然後以聞。」鑽營小人竇懷貞，每退朝後都要到太平公主府第問候，於是青雲直上，從一個殿中監入相為御史大夫同平章事，隨即又遷侍中。於是崔湜、蕭至忠、岑義輩爭相比附以取相，以致宰相七人，五出公主之門。陸象先亦太平公主所薦，只是陸象先不阿黨比附。文武之臣，大半依附。太平公主權勢日盛，睿宗讓國太子以求平衡，苦心希求親妹太平公主與太子姑姪兩存之。睿宗的好心腸喚不醒太平公主的權力痴迷。她生性悍戾，「耳習於牝雞之晨，目習於傾城之哲」（王夫之語），總想效法武則天，登上最高權力的巔峰。太平公主是武則天之餘黨，武黨不除，禍亂不止。皇太子李隆基即位，太平公主不但不收斂，反而加緊步伐謀廢立，計劃在先天二年（西元七一三年）七月初四日作亂。宰相魏知古知其謀，七月初三日甲子，唐玄宗搶先一日發難，誅殺了竇懷貞等，撲滅了政變集團。

太平公主逃入山中，三天後返回，賜死於家。至此，武則天餘黨被收拾乾淨。第二天，七月初四日，睿宗太上皇立即做出反應，讓出兼掌朝政的權力。睿宗下誥書說：「自今軍國政刑，一皆取皇帝處分。」徹底退出政壇，當天徙居百福殿。這場政變，是唐宗室又一次的內訌。太平公主不免於死，唐玄宗不能全其孝，唐睿宗黯然謝幕。但這場政變，群奸被誅除，迎來了開元盛世的春天。先天二年十二月朔，改元開元。

睿宗優柔寡斷，對政治一竅不通。但他有一個優點，不戀權位，他放手太子，在其任上做了一些好事。睿宗平反了裴炎的冤獄，罷斥了中宗時代的斜封官，任用宋璟、薛訥、郭元振等良將禦邊。這些善政雖然是在太子參與下做出，睿宗的支持也是有貢獻的。

專制政體下的政治鬥爭，被捲入漩渦的個人，往往一念之差的站隊，將改變人生的命運。崔湜是一個勢利小人。他時時刻刻都在鑽營投靠，見風使舵，賣友求榮。他任襄州刺史，暗中與中宗長子譙王李重福通書，李重福送給崔湜金帶。李重福興兵敗死，崔湜當死，張說、劉幽求兩人營救免死。不久崔湜依附太平公主入相，反過來迫害張說、劉幽求，對劉幽求必欲置之死地。唐玄宗謀誅竇懷貞等，召見崔湜，將託以心腹。崔湜弟弟崔滌勸崔湜站隊在玄宗皇上一邊，崔湜沒有聽從，仍站在太平公主一邊，結果全盤皆輸。一生鑽營的崔湜，這一回押錯了寶，丟了性命。設若崔湜選擇了唐玄宗，立了功，這個一生幹盡卑鄙齷齪勾當的政客，不只是保有富貴，而且還會流芳百世。

卷第二百十一

唐紀二十七

起閼逢攝提格（甲寅　西元七一四年），盡強圉大荒落（丁巳　西元七一七年），凡四年。

【題　解】本卷記事起西元七一四年，迄西元七一七年，凡四年。當唐玄宗開元二年到開元五年。這一時期是唐玄宗全權執政的最初四年，勵精圖治，給唐朝中興帶來了新氣象。首先君臣和洽，賢相輩出。姚崇與盧懷慎，宋璟與蘇頲相繼為相，和衷共濟，司馬光給予高度評價。第二，君明臣賢，政見一致，雷厲風行。唐玄宗懲治違法親故，杜絕請謁，不濫授官，慎選舉，罷冗官。沙汰天下僧尼，得到很好的執行。第三，唐玄宗納諫改過，放飛珍禽，倡導節儉，友愛兄弟，清除韋皇后餘黨，不興大獄。毀武則天所建天樞，毀韋皇后所建石臺，平穩進行去武氏、韋氏運動。重立太廟，朝儀恢復貞觀遺風。這一切顯示了唐玄宗的英主風采。第四，整武備，強化邊防，唐玄宗在東方復置營州，又置幽州節度使，以防奚、契丹等族異動。西破吐蕃和突騎施，又置隴右節度使以防衛西域。北方置重兵於并州，以防突厥。四年之間，風氣大變，為開元之治打下了良好的基礎。此外，唐玄宗精音律，置左右教坊和宮苑梨園，被後世尊為梨園之祖。

玄宗至道大聖大明孝皇帝上之中

開元二年（甲寅　西元七一四年）

春，正月壬申❶，制：「選京官❷有才識者除都督、刺史，都督、刺史有政迹者除京官，使出入❸常均，永為恆式❹。」○己卯❺，以盧懷慎檢校黃門監❻。

舊制，雅俗之樂❼，皆隸太常❽。上精曉音律，以太常禮樂之司，不應典倡優雜伎。乃更置左右教坊❾以教俗樂❿，命右驍衛將軍范及為之使⓫。又選樂工數百人，自教法曲⓬於梨園⓭，謂之「皇帝梨園弟子」。又教宮中[1]使習之。又選伎女，置宜春院⓮，給賜其家。禮部侍郎張廷珪、酸棗尉袁楚客皆上疏，以為上春秋鼎盛，宜崇經術，邇端士⓯，尚樸素。深以悅鄭聲⓰、好遊獵為戒。上雖不能用，欲開言路[2]咸嘉賞之。

中宗以來，貴戚爭營佛寺，奏度人為僧，兼以偽妄⓱。富戶彊丁多削髮以避傜役⓲，所在充滿。姚崇上言：「佛圖澄不能存趙⓳，鳩摩羅什不能存秦⓴，齊襄、梁武，未免禍殃㉑。但使蒼生安樂，即是福[3]身，何用妄度姦人，使壞正法！」上從之。丙寅㉒，命有司沙汰㉓天下僧尼，以偽妄還俗者萬二千餘人㉔。

【章旨】以上為第一段，寫唐玄宗精曉音律，置左右教坊和禁中梨園，沙汰天下僧尼。

【注　釋】❶壬申　正月十三日。❷京官　在京城任職的官員，又稱作「朝官」。❸出入　指京官出任都督、刺史，都督、刺史入為京官。❹恆式　長久格式。❺己卯　正月二十日。❻黃門監　即侍中。開元元年（西元七一三年）十二月改門下省為黃門省，侍中為黃門監。❼雅俗之樂　雅樂和俗樂。❽太常　即太常寺。其長官俗稱樂卿，掌禮樂、郊廟、社稷之事。率太樂官屬，負責祭祀、宴享的音樂。❾左右教坊　掌管女樂的兩個官署。左教坊在朱雀門街東第四街之長樂坊，右教坊在朱雀門街東第三街之光宅坊。崔令欽《教坊記》稱：右教坊善歌，左教坊工舞。❿俗樂　民間音樂。⓫范及為之使　以范及為左右教坊教授俗樂使。⓬法曲　道觀演奏的樂曲，音清而近雅。玄宗沉迷道教，酷好法曲，選坐部伎子弟三百人教於梨園，聲有誤處，玄宗便予以指正。⓭梨園　在禁苑中。⓮宜春院　胡三省認為宜春院當在西內宜春門內。⓯邇端士　親近正直之士。⓰鄭聲　春秋時期鄭國的俗樂。比喻靡靡之音。⓱偽妄　詐偽虛妄。⓲削髮以避傜役　削髮為僧，僧尼不服傜役。⓳佛圖澄不能存趙　佛圖澄生於龜茲（今新疆庫車）。晉懷帝永嘉四年（西元三一〇年）來到洛陽，以鬼神方術深得後趙皇帝石勒、石虎的信任，常參議軍政大事，被尊為「大和尚」。建武十四年（西元三四八年），佛圖澄死於鄴宮寺。三年以後，後趙為冉魏所滅。⓴鳩摩羅什不能存秦　鳩摩羅什本西域高僧。後秦弘始三年（西元四〇一年）被姚興迎入長安，奉為國師。在羅什的倡導下，後秦佛教勢力大增。永和二年（西元四一七年），後秦被東晉劉裕所滅。㉑齊襄梁武二句　北齊文襄帝高澄，在東魏時以大將軍、勃海王的身分執政，虔信佛教。武定七年（西元五四九年）在鄴城被膳奴刺殺。梁武帝蕭衍大興寺院，三次捨身同泰寺為奴。侯景之亂後被軟禁在臺城文德殿內，飢病而死。㉒丙寅　正月初七日。㉓沙汰　淘汰。㉔萬二千餘人　《唐會要》卷四十七作「三萬餘人」。待考。

【校　記】[1]中　據章鈺校，十二行本、乙十一行本、孔天胤本皆作「女」。[2]欲開言路　原無此四字。據章鈺校，十二行本、乙十一行本、孔天胤本皆有此四字，張瑛《通鑑校勘記》同，今據補。[3]福　據章鈺校，十二行本、乙十一行本、孔天胤本皆作「佛」。

【語　譯】玄宗至道大聖大明孝皇帝上之中

開元二年（甲寅　西元七一四年）

春，正月十三日壬申，玄宗頒布詔令：「選拔在京的官員中有才識的人擔任都督、刺史，都督、刺史中有政績的擔任京官，使官員的調出調入經常保持均衡，以此作為永久性的條例。」〇二十日己卯，玄宗任命盧懷慎擔任檢校黃門監。

按舊制規定，雅樂和俗樂，都由太常寺管理。玄宗精通音律，認為太常寺本是負責祭祀、宴享禮樂的機構，不應當負責倡優雜伎之類的俗樂。於是另外設置了左右教坊來教授俗樂，命令右驍衛將軍范及擔任主管官。又選擇了幾百名樂工，親自在梨園教他們道教樂曲，這些樂師被稱作「皇帝梨園弟子」。還在宮中教習，使宮人學習樂曲。玄宗又挑選了一些歌伎和舞女，為她們設立了宜春院，賜給她們各家用品。禮部侍郎張廷珪、酸棗縣尉袁楚客都呈上奏疏，認為皇帝年紀正當鼎盛之時，應當崇尚經學儒術，親近品行正直之士，注重儉樸。對欣賞靡靡之音和喜好巡遊狩獵深加勸戒。玄宗雖然未能採納他們的建議，但打算廣開直諫之路，對他們都很讚賞。

中宗即位以來，皇親國戚競相建造佛寺，奏請剃度俗人為僧侶，其中兼有詐偽虛妄之事。富裕人家的成年壯丁很多削髮為僧，逃避徭役，這種人充斥於全國各地。姚崇進言說：「佛圖澄未能使後趙國運長存，鳩摩羅什無法使後秦保全，北齊文襄帝、梁武帝，沒有免除災禍。只要讓百姓安居樂業，就是保佑他們的生命，怎麼用得著妄度奸邪之徒為僧，破壞佛祖正法！」玄宗採納了他的建議。正月初七日丙寅，命令有關官署淘汰天下的僧尼，因偽詐虛妄而還俗的僧尼有一萬二千多名。

初，營州都督治柳城以鎮撫奚、契丹，則天之世，都督趙文翽失政，奚、契丹攻陷之❶，是後寄治於[1]幽州東漁陽城❷。或言：「靺鞨、奚、霫大欲降唐❸，正以唐不建營州，無所依投，為默啜所侵擾，故且附之。若唐復建營州，則相帥歸化矣。」并州長史、和戎、大武等軍州節度大使薛訥信之，奏請擊契丹，復置營州。上亦以冷陘之役❹，欲討契丹。羣臣姚崇等多諫。甲申❺，以訥同紫微黃門三品，將兵擊契丹，羣臣乃不敢言。

薛王業之舅王仙童❻，侵暴百姓，御史彈奏；業為之請，敕紫微、黃門覆按。姚崇、盧懷慎等奏：「仙童罪狀明白❼，御史所言無所枉❽，不可縱捨。」上從之。由是貴戚束手❾。

二月庚寅朔❿，太史奏太陽應虧不虧⓫，姚崇表賀，請書之史冊；從之。

乙未⓬，突厥可汗默啜遣其子同俄特勒⓭及妹夫火拔頡利發石阿失畢⓮將兵圍北庭都護府，都護郭虔瓘擊破之。同俄單騎逼城下，虔瓘伏壯士於道側，突起斬之。突厥請悉軍中資糧以贖同俄，聞其已死，慟哭而去。

丁未⓯，敕：「自今所在⓰毋得⓱創建佛寺，舊寺頹壞應葺者，詣有司陳牒⓲檢視⓳，然後聽之。」

閏月⓴，以鴻臚少卿、朔方軍副大總管王晙兼安北大都護、朔方道行軍大總管，令豐安、定遠㉑、三受降城㉒及旁側諸軍皆受晙節度；徙大都護府於中受降城，置兵屯田。○丁卯㉓，復置十道按察使㉔，以益州長史陸象先等為之。

上思徐有功用法平直，乙亥㉕，以其子大理司直㉖惀為恭陵㉗令。竇孝諶之子光祿卿豳公希瑊等請以己官爵讓倫以報其德㉘，由是倫累遷申王府司馬㉙。

丙子㉚，申王成義㉛請以其府錄事閻楚珪為其府參軍㉜，上許之。姚崇、盧懷慎上言：「先嘗得旨，云王公、駙馬有所奏請，非墨敕皆勿行。臣竊以量材授官，當歸有司。若緣親故之恩，得以官爵為惠，踵習近事㉝，實紊紀綱。」事遂寢。由是請謁不行。

突厥石阿失畢既失同俄，不敢歸。癸未㉞，與其妻來奔，以為右衛大將軍㉟，封燕北郡王，命其妻曰金山公主。

或告太子少保劉幽求、太子詹事鍾紹京有怨望語，下紫微省按問，幽求等不服。姚崇、盧懷慎、薛訥言於上曰：「幽求等皆功臣，乍㊱就閒職㊲，微有沮喪，人情或然。功業既大，榮寵亦深，一朝下獄，恐驚遠聽。」戊子㊳，貶幽求為睦州㊴刺史，紹京為果州㊵刺史。紫微侍郎王琚行邊軍未還㊶，亦坐幽求黨貶澤州㊷刺史。

敕：「涪州刺史周利貞等十三人㊸，皆天后時酷吏，比周興等情狀差輕㊹，宜放歸草澤㊺，終身勿齒㊻。」

西突厥十姓酋長都擔㊼叛。三月己亥㊽，磧西節度使阿史那獻克碎葉等鎮，擒斬都擔，降其部落二萬餘帳。

【章旨】以上為第二段，寫唐玄宗強化邊防，整治犯法的親故以及功臣，杜絕請謁，勵精圖治。

【注釋】❶奚契丹攻陷之　契丹李盡忠等攻陷營州，時在則天后萬歲通天元年（西元六九六年）。❷漁陽城　故址在今天津市薊縣。❸大欲降唐　很想歸降唐朝。❹冷陘之役　發生在先天元年（西元七一二年）六月。❺甲申　正月二十五日。❻王仙童　睿宗王德妃兄弟。❼明白　昭著；清楚。❽枉　冤枉。❾束手　縮手不敢為惡。❿庚寅朔　兩《唐書》不載。按，正月庚申朔，三月戊子朔，二月當為己丑朔。庚寅，二月初二日。⓫太陽應虧不虧　即該發生日蝕而未發生。⓬乙未　二月初七日。⓭同俄特勒　一作「同俄特勤」。事見《舊唐書》卷一百三〈郭虔瓘傳〉、卷一百九十四上〈突厥傳上〉等。⓮火拔頡利發石阿失畢　人名，又稱「火拔石阿失畢」。他本有在「發」與「石」之間斷句者，將其分為二人，誤。⓯丁未　二月十九日。⓰所在　處處；無論什麼地方。⓱毋得　不得。⓲陳牒　遞交書面申請。⓳檢視　察看。⓴閏月　閏二月。㉑豐安定遠　軍鎮名，胡三省注引杜佑認為豐安軍在靈武西黃河外一百八十餘里，定遠軍在靈武東北二百里黃河外。㉒三受降城　即朔方道大總管張仁愿所築中、西、東三座受降城，在河套黃河北岸。見本書卷二百九中宗景龍二年（西元七〇八年）。安北大都護治所中受降城，故址在今內蒙古包頭西南黃河北岸。㉓丁卯　閏二月初九日。㉔復置十道按察使　開元元年（西元七一三年）九月二十六日罷諸道按察使。㉕乙亥　閏二月十七日。㉖大理司直　大理寺屬官，從六品上。㉗恭陵　孝敬皇帝墓。在今河南偃師南。孝敬皇帝，唐高宗第五子李弘，顯慶元年（西元六五六年）立為皇太子，上元二年（西元六七四年）薨，追尊為孝敬皇帝。㉘以報其德　以報答徐有功的恩德。竇孝諶妻龐氏為奴所誣，給事中薛季昶處以極刑。其子希瑊訟冤，徐有功明其無罪。薛季昶劾有功黨護惡逆。後龐氏減死，有功免為民。事詳見《舊唐書》卷一百八十三〈竇孝諶傳〉、《新唐書》卷一百十三〈徐有功傳〉。㉙申王府司馬　親王府司馬從四品下。㉚丙子　閏二月十八日。㉛申王成義　即惠莊太子撝。睿宗第二子，玄宗之兄。㉜為其府參軍　即為申王府參軍。據《舊唐書・職官志三》，親王府功、倉、戶、兵、騎、法、士等七曹皆有參軍，正七品上。㉝踵習近事　效法中宗朝濫官之弊。㉞癸未　閏二月二十五日。㉟右衛大將軍　《舊唐書・突厥傳》、《通典》卷一百九十八均作「左衛大將軍」。《新唐書・突厥傳》作「左武衛大將軍」。㊱乍　忽然。㊲閒職　閒散之職。㊳戊子　閏二月二十九天，至於丁亥，無戊子。戊子為三月初一日。㊴睦州　州名，治所在今浙江淳安西。㊵果州　州名，治所在今四川南充北。41王琚行邊軍未還　開元元年（西元七一三年）十一月，王琚奉命按行北邊諸軍。42澤州　州名，治所在今山西晉城。43涪州刺史周利貞等十三人　此十三人指周利貞、裴談、張栖正、張思敬、王承本、劉暉、楊允、康暐、封珣行、張知默、衛遂忠、公孫琰、鍾思廉。44差輕　較輕。45草澤　荒野。46勿齒　即「不齒」。不予錄用。47都擔　見《新唐書》卷五〈玄宗紀〉、卷二百十五下〈突厥傳下〉。48己亥　三月十二日。

【校　記】1於　原無此字。據章鈺校，十二行本、乙十一行本皆有此字，張敦仁《通鑑刊本識誤》同，今據補。

【語　譯】當初，營州都督治所設在柳城以鎮撫奚、契丹；武則天時期，營州都督趙文翽政事失誤，奚、契丹攻陷營州，此後營州治所寄居在幽州東部的漁陽城。有四人說：「靺鞨、奚、霫等很想歸降唐室，只是由於唐在此地沒有設置營州，他們無處投靠，又被默啜所侵擾，所以只好暫時依附於默啜。如果唐重新修建營州治所，那麼這些部落就會一個接一個地歸順。」并州長史兼和戎、大武等軍州節度大使薛訥相信了這些傳聞，上奏請求進攻契丹，重建營州治所。玄宗也因為冷陘戰爭失敗的緣故，打算出兵討伐契丹。姚崇等大臣們多有諫阻。正月二十五日甲申，玄宗任命薛訥為同紫微黃門三品，率兵出擊契丹，大臣們就不敢說話了。

薛王李業的舅父王仙童侵暴百姓，御史上奏彈劾他；李業替他求情，玄宗敕令紫微、黃門省審理此案。姚崇、盧懷慎等人上奏說：「王仙童的罪狀清楚明白，御史所說的沒有冤枉之處，不能對他放縱寬容。」玄宗同意了他們的意見。從此皇親國戚有所收斂。

二月庚寅朔，太史上奏說太陽應當虧缺卻沒有虧缺。姚崇上表祝賀，請求把這件事載入史冊，玄宗同意了。

二月初七日乙未，突厥可汗默啜派遣他的兒子同俄特勒以及他的妹夫火拔頡利發石阿失畢率兵圍攻北庭都護府，都護郭虔瓘打敗了突厥兵。同俄特勒單槍匹馬地逼近城下，郭虔瓘埋伏在道路旁邊的勇士突然躍起把他殺死。突厥人請求用軍中全部的物資糧食來贖回同俄特勒，得知他已經被殺死，痛哭離去。

二月十九日丁未，玄宗頒布敕命：「從今以後各地不許新建佛寺，原有的佛寺頹壞應該修葺的，到有關官署申報，經察看然後允許修繕。」

閏二月，任命鴻臚寺少卿、朔方軍副大總管王晙兼任安北大都護、朔方道行軍大總管職務，下令豐安、定遠、三受降城以及附近各軍全部接受王晙的節制調度；把大都護府官署遷到中受降城，部署兵力，推行屯田。○初九日丁卯，恢復建置十道按察使，派益州長史陸象先等人出任按察使。

玄宗考慮到徐有功執法公平正直，十七日乙亥，把他的兒子大理司直徐惀任命為恭陵令。竇孝諶的兒子光祿卿豳公竇希瑊等人請求把自己的官爵讓給徐惀來報答徐有功的恩德，因此徐惀受到多次提拔後升遷到申王府司馬。

閏二月十八日丙子，申王李成義請求把自己的王府錄事閻楚珪任命為本王府參軍，玄宗同意了他的請求。姚崇和盧懷慎向玄宗進言說：「臣等先前曾得到陛下的旨意，說凡是王公、駙馬有所奏請，如果沒有陛下的親筆墨敕，都不能生效。臣私下認為根據才能授予官職的事，應當歸有關官署來管。倘若因為親朋故舊的恩德緣故，就能得到封官賜爵的恩惠，那就是沿襲了中宗皇帝的近事，實際上是紊亂了朝廷的綱紀。」這件事便被擱置下來。從此請託之風不再流行。

突厥石阿失畢損失了同俄特勒之後，不敢回到突厥。閏二月二十五日癸未，石阿失畢和他的妻子前來投奔朝廷，任命為右衛大將軍，封為燕北郡王，他的妻子封為金山公主。

有人舉報太子少保劉幽求、太子詹事鍾紹京對玄宗有不滿的言辭，玄宗下令把二人交紫微省審訊，劉幽求等人不肯服罪。姚崇、盧懷慎、薛訥對玄宗說：「劉幽求等人都是功臣，突然就任閒職，稍有沮喪，人之常情或許就是這樣的。既然這些人的功勳很大，受到的恩寵也深，一旦把他們逮捕下獄，恐怕很遠的人聽到後也會感到震驚。」三月初一日戊子，劉幽求被貶為睦州刺史，鍾紹京被貶為果州刺史。紫微侍郎王琚巡視邊境軍務沒有回朝，也因為劉幽求案子的牽連，被貶為澤州刺史。

玄宗頒布敕命：「涪州刺史周利貞等十三人，都是則天皇后時期的酷吏，比周興等人的罪狀稍微輕一些，應當把他們放歸民間，終身不得錄用。」

西突厥十姓酋長都擔反叛。三月十二日己亥，磧西節度使阿史那獻攻克碎葉等鎮，活捉都擔後殺了他，招降了他的部落二萬餘帳。

御史中丞姜晦以宗楚客等改中宗遺詔❶，青州刺史韋安石、太子賓客韋嗣立、刑部尚書趙彥昭、特進致仕李嶠，於時❷同為宰相，不能匡正❸，令監察御史郭震❹彈之，且言彥昭拜巫趙氏為姑，蒙婦人服，與妻乘車詣其家。甲辰❺，貶安石為沔州❻別駕，嗣立為岳州❼別駕，彥昭為袁州❽別駕，嶠為滁州❾別駕。安石至沔州，晦又奏安石嘗檢校定陵❿，盜隱官物，下州⓫徵贓⓬。安石歎曰：「此祗應須我死耳。」憤恚⓭而卒。晦，皎之弟也。

毀天樞⓮，發匠鎔其銅鐵[1]，歷月不盡。先是，韋后亦於天街⓯作石臺，高數丈，以頌功德，至是并毀之。

夏，四月辛巳⓰，突厥可汗默啜復遣使求昏⓱，自稱「乾和永清太駙馬、天上得果報天男、突厥聖天骨咄祿可汗」。

五月己丑⓲，以歲饑，悉罷員外、試、檢校官，自今非有戰功及別敕，毋得注擬⓳。

【章　旨】以上為第三段，寫唐玄宗整肅韋皇后餘黨，拆毀頌揚武則天功德的天樞，以及韋皇后的石臺，罷冗官，大得人心。

【注釋】❶宗楚客等改中宗遺詔 事在睿宗景雲元年（西元七一〇年）。太平公主與上官昭容草遺詔，立中宗第四子溫王李重茂即位，相王輔政，宗楚客改遺詔以相王為太子太師，排斥其輔政地位。❷於時 在那時。❸匡正 扶正。❹郭震 事見《舊唐書》卷九十二〈韋安石傳〉、《唐御史臺精舍題名考》卷一、卷二等。❺甲辰 三月十七日。❻沔州 州名，治所在今湖北武漢漢陽。❼岳州 州名，治所在今湖南岳陽。❽袁州 州名，治所在今江西宜春。❾滁州 州名，治所在今安徽滁州。❿檢校定陵 主持定陵的修建。⓫下州 下敕符至沔州。⓬徵贓 追徵贓物。⓭憤恚 痛恨。恚，忿怒。⓮毀天樞 天樞造於武則天延載元年（西元六九四年）八月。《舊唐書》卷八〈玄宗紀〉：「去年九月有詔毀天樞，至今春始。」《十七史商榷》卷七十二云：「始下脫毀字」。⓯天街 即長安朱雀大街。⓰辛巳 四月二十五日。⓱默啜復遣使求昏 開元元年（西元七一三年）八月二十五日，默啜曾遣其子楊我支來求婚。⓲己丑 五月三日。⓳毋得注擬 意即自今以後，所罷員外、試、檢校官非有戰功或特詔，有關部門不得錄用。

【校記】①銅鐵 原作「鐵錢」。據章鈺校，十二行本、乙十一行本、孔天胤本皆作「銅鐵」，張敦仁《通鑑刊本識誤》同，今據改。

【語譯】御史中丞姜晦認為宗楚客等人篡改中宗皇帝的遺詔時，青州刺史韋安石、太子賓客韋嗣立、刑部尚書趙彥昭、以特進資格退休的李嶠四人同時在朝廷任宰相，未能對這件事加以匡正，便讓監察御史郭震彈劾他們，並且說趙彥昭拜女巫趙氏為姑，披著婦女的服裝，和妻子乘車到趙氏家裡。三月十七日甲辰，玄宗把韋安石貶為沔州別駕，把韋嗣立貶為岳州別駕，把趙彥昭貶為袁州別駕，把李嶠貶為滁州別駕。韋安石到了沔州，姜晦又上奏說韋安石曾經檢校定陵，盜竊藏匿官府物品，下到沔州追徵贓物。韋安石感歎地說：「這只是讓我死去罷了。」他憤懣而死。姜晦，是姜皎的弟弟。

玄宗命令搗毀天樞，徵調工匠把它熔化為銅料、鐵料，歷時一個月沒有熔化完。此前，韋皇后也在長安天街營造石臺高數丈，用來歌頌自己的功德，到這時也一併搗毀了。

夏，四月二十五日辛巳，突厥可汗默啜又派遣使者前來請求通婚，他自稱為「乾和永清太駙馬、天上得果報天男、突厥聖天骨咄祿可汗」。

五月初三日己丑，因為發生饑荒，朝廷把所有的員外官、試官、檢校官都罷免了，並規定從今以後，不是立有戰功或者是玄宗特別下詔，一律不准錄用罷掉的三種官。

己酉❶，吐蕃相坌達延遺宰相書，請先遣解琬至河源正二國封疆❷，然後結盟。琬嘗為朔方大總管，故吐蕃請之。前此琬以金紫光祿大夫致仕，復召拜左散騎常侍而遣之。又命宰相復坌達延書，招懷之。琬上言，吐蕃必陰懷叛計，請預屯兵十萬於秦、渭等州以備之。

黃門監魏知古，本起小吏，因姚崇引薦，以至同為相❸。崇意輕之，請知古攝吏部尚書、知東都選事，遣吏部尚書宋璟於門下過官❹，知古銜❺之。

崇二子分司東都，恃其父有德於知古，頗招權請託❻，知古歸，悉以聞。它日，上從容問崇：「卿子才性何如？今何官也？」崇揣知上意，對曰：「臣有三子，兩在東都，為人多欲而不謹，是必以事干魏知古，臣未及問之耳。」上始以崇必為其子隱，及聞崇奏，喜問：「卿安從知之？」對曰：「知古微時，臣卵而翼之❼。臣子愚，以為知古必德臣，容其為非，故敢干之耳。」上於是以崇為無私，而薄知古負崇，欲斥之。崇固請曰：「臣子無狀❽，撓❾陛下法，陛下赦其罪，已幸矣。苟因臣逐知古，天下必以陛下為私於臣，累聖政矣。」上久乃許之。

辛亥❿，知古罷為工部尚書⓫。

【章　旨】以上為第四段，寫姚崇機智，唐玄宗明斷，負恩者魏知古遭罷黜。

【注　釋】❶己酉　五月二十三日。❷封疆　疆界。❸同為相　同時擔任宰相之職。❹於門下過官　在門下省審查新選官員。唐制，凡文武職事官六品以下，吏部、兵部擬注，必過門下省，按其資歷和才能，重新進行審定。若擬職不當，即予以調整。此即所謂「過官」。❺銜　恨。❻招權請託　依權請託。❼卵而翼之　喻曾予以撫育。❽無狀　無禮。❾撓　阻撓；擾亂。❿辛亥　五月二十五日。⓫罷為工部尚書　《舊唐書・魏知古傳》說知古罷相是姚崇「陰加讒毀」的結果。此處係據《柳氏舊聞》寫成，見司馬光《考異》卷十二。

【語　譯】五月二十三日己酉，吐蕃宰相坌達延寫信給唐宰相，請求朝廷先派遣解琬到河源劃定兩國的疆界，然後締結盟約。解琬曾經擔任朔方道大總管，所以吐蕃有這一請求。在這之前解琬以金紫光祿大夫的身分退休，玄宗又把他召回任命為左散騎常侍，派他前去河源。玄宗還命令宰相回信給坌達延，對他進行招撫懷柔。解琬向玄宗進言，認為吐蕃一定暗中懷有反叛的打算，請預先在秦、渭等州屯兵十萬，用來防備吐蕃。

黃門監魏知古本來出身小吏，因為姚崇的引薦，以致兩人一起擔任宰相。姚崇心裡看不起魏知古，讓他代理吏部尚書，負責東都洛陽選授官吏的事務，派遣吏部尚書宋璟在門下省負責審定新選拔的官員，魏知古因此對姚崇懷恨在心。

姚崇的兩個兒子分別擔任東都官職，依仗自己父親對魏知古有恩，頗為依權請託，魏知古返回長安時，把這些事全都報告了玄宗。有一天，玄宗閒暇時問姚崇：「您的兒子才學品行怎麼樣？現在擔任什麼官職呀？」姚崇揣摸到了玄宗的意思，回答說：「臣有三個兒子，兩個人在東都，為人欲望很多，行為不檢點，這樣他們一定有求於魏知古，臣還沒來得及過問這些罷了。」玄宗開始認為姚崇一定為自己的兒子遮掩，聽了他的這番回答，高興地問道：「您是從哪裡知道這些情況的？」姚崇回答說：「魏知古地位卑微時，臣曾經多方照顧他。臣的兒子愚笨，認為魏知古一定會感激我，容忍他們為非作歹，所以敢向他請託干求。」於是玄宗認為姚崇無私心，而魏知古有負於姚崇，打算斥逐他。姚崇堅決地請求說：「是臣的兩個兒子無禮，敗害了陛下的法度，陛下赦免了他們的罪過，已經幸運了。如果是因為臣的緣故而斥逐魏知古，天下的人們一定認為陛下是在偏袒臣，這樣會影響聖上的德政。」玄宗過了好久才答應了他。五月二十五日辛亥，魏知古被罷相，擔任工部尚書。

宋王成器、申王成義，於上兄也；岐王範、薛王業，上之弟也；豳王守禮，上之從兄❶也。上素友愛，近世帝王莫能及。初即位，為長枕大被，與兄弟同寢。諸王每日朝於側門❷，退則相從宴飲，鬪雞，擊毬，或獵於近郊，遊賞別墅，中使❸存問相望於道。上聽朝罷，多從諸王遊，在禁中，拜跪如家人禮，飲食起居，相與同之。於殿中設五幄❹，與諸王更❺處其中，謂之「五王帳」[1]。或講論賦詩，間以飲酒、博弈❻、遊獵，或自執絲竹❼；成器善笛，範善琵琶，與上更奏之。諸王或有疾，上為之終日不食，終夜不寢。業嘗疾，上方臨朝，須臾之間❽，使者十返❾。上親為業煮藥，回飆❿吹火，誤爇⓫上須⓬，左右驚救之。上曰：「但使王飲此藥而愈，須何足惜⓭？」成器尤恭慎，未嘗議及時政，與人交結，上愈信重之，故讒間之言無自而入。然專以衣食[2]聲色畜養娛樂之⑭，不任以職事⑮。羣臣以成器等地逼⑯，請循故事出刺外州⑰。六月丁巳⑱，以宋王成器兼岐州刺史，申王成義兼豳州刺史，豳王守禮兼虢州⑲刺史，令到官但領大綱⑳，自餘州務，皆委上佐㉑主之。是後諸王為都護、都督、刺史者並準此。

丙寅㉒，吐蕃使其宰相尚欽藏來獻盟書。◯上以風俗奢靡㉓，秋，七月乙未㉔，制：「乘輿服御㉕、金銀器玩，宜令有司銷毀，以供軍國之用；其珠玉、錦繡，焚於殿前；后妃以下，皆毋得服珠玉錦繡。」戊戌㉖，敕：「百官所服帶及酒器、馬銜、鐙㉗，三品以上，聽㉘飾以玉，四品以金，五品以銀，自餘皆禁之，婦人服飾從其夫、子。其舊成錦繡，聽染為皂㉙。自今天下更毋得采珠玉，織錦繡等物，違者杖一百，工人減一等㉚。」罷兩京織錦坊。

臣光曰：「明皇之始欲為治，能自刻厲節儉如此，晚節㉛猶以奢敗㉜。甚哉奢靡之易以溺人也！詩云：『靡不有初，鮮克有終㉝。』可不慎哉！」

【章　旨】以上為第五段，寫唐玄宗友愛兄弟，倡導節儉。

【注　釋】❶從兄　同祖兄，即堂兄。唐玄宗與豳王守禮皆為唐高宗之孫，玄宗父與豳王父為兄弟，故玄宗與豳王為從兄弟關係。❷朝於側門　此處側門指太極門北面的左虔化門及右肅章門。❸中使　宮中宦官充任的使者。❹幄　篷帳。❺更　輪流更替。❻博弈　賭博下棋。博，六博。弈，圍棋。❼絲竹　絃樂器和竹管樂器。❽須臾之間　一會兒功夫。❾十返　往返十次。❿飆　疾風。⓫爇　燒；焚。⓬須　鬍鬚。⓭須何足惜　這些鬍鬚有什麼可惜的。⓮專以衣食聲色畜養娛樂之　衣食，好穿好吃。聲色，音樂女色。畜養，供養；養活。⓯職事　職官政事。⓰地逼　地位逼近天子。⓱出刺外州　出任外州刺史。⓲丁巳　六月初二日。⓳虢州　治所盧氏，在今河南盧氏。⓴大綱　要點；重要綱領。㉑上佐　對州郡長官僚屬的統稱。凡別駕、長史、司馬，通稱為上佐。㉒丙寅　六月十一日。㉓奢靡　奢侈浪費。㉔乙未　七月初十日。㉕乘輿服御　皇帝乘坐的車子、穿戴的衣物和使用的東西。㉖戊戌　七月十三日。㉗馬銜鐙　馬勒、馬鐙。㉘聽　准許；聽任。㉙皂　黑色。㉚減一等　減一個等級，即杖八十。㉛晚節　晚年。㉜以奢敗　以奢侈導致朝政敗壞。㉝靡不有初二句　語出《詩經・蕩》。意思是說只有好的開端，但很少有人能堅持下去，以善道自終。靡，無。鮮，少。

【校　記】①謂之五王帳　原無此五字。據章鈺校，十二行本、乙十一行本、孔天胤本皆有此五字，今據補。②衣食　原無此二字。據章鈺校，十二行本、乙十一行本皆有此二字，今據補。

【語　譯】宋王李成器、申王李成義是玄宗的兄長，岐王李範、薛王李業是玄宗的弟弟，豳王李守禮是玄宗的堂兄。玄宗向來為人友善仁愛，近世帝王沒有能趕上他的。玄宗剛即位時，製做了長枕頭和大被子，和兄弟們同床共寢。諸王每天早晨在側門朝見，退朝以後就相從宴飲，鬥雞擊毬，或者近郊射獵，在別墅裡遊覽觀賞，以致前來問候的中使在路上絡繹不絕。玄宗上朝結束，大多偕同諸王遊玩，在宮中，跪拜禮儀如同家裡人一樣，飲食起居，也與諸王在一起。玄宗在宮中設置了五座帷帳，與諸王輪換住在裡面，將其稱為「五王帳」。他們有時講論詩賦，間或飲酒，賭博下棋，外出打獵；有時各自手持絲竹樂器吹拉彈唱；李成器善於吹奏笛子，李範善於彈奏琵琶，和玄宗在一起輪流演奏。諸王中有誰生了病，玄宗會為此終日不吃飯，整夜不睡覺。薛王李業生了病，玄宗正在臨朝聽政，一會兒功夫就十次派遣使者去探視。玄宗還親自為李業煎藥，扇風吹火，燒著了玄宗的鬍鬚，左右侍從驚恐，趕忙上去救他。玄宗說：「只要讓薛王服下此藥疾病能夠痊癒，我的鬍鬚又有什麼可惜呢？」宋王李成器尤其恭敬謹慎，從不談論有關朝政的事，也不與人交結，玄宗更加信任和尊重他，所以離間他們的讒言無從入耳。然而玄宗也只是專門用錦衣玉食、聲色犬馬來供他們娛樂，不讓他們擔當任何職務。群臣認為宋王李成器等人地位逼近玄宗，便請求按照過去的慣例調他們出去擔任外州刺史。六月初二日丁巳，玄宗命令宋王李成器兼任岐州刺史，申王李成義兼任豳州刺史，豳王李守禮兼任虢州刺史，命令他們到任後只管方針大計，其餘州中事務都委託上層佐吏負責處置。從此以後，諸王出任都護、都督、刺史的都照此辦理。

六月十一日丙寅，吐蕃派遣他的宰相尚欽藏前來進獻兩國的盟書。〇玄宗認為風俗日益奢侈浪費，秋，七月初十日乙未，頒布詔令：「車乘服飾、金銀器玩，應當讓有關部門負責銷毀，用來供軍事、行政的需要；那些珠寶玉器、錦繡織物，在殿前燒毀；自后妃以下，都不許穿珠玉錦繡服飾。」十三日戊戌，玄宗又頒布詔令：「文武百官束腰的帶子和酒具、馬嚼子、馬鐙，三品以上的官員，允許用玉來裝飾；四品以上的官員，允許用金來裝飾；五品以上的官員，允許用銀來裝飾；其餘的職官一律禁止使用金銀珠玉飾物，婦女的飾物應該隨從她的丈夫、兒子的品級。那些原來製成的錦繡服飾，允許染成黑色繼續使用。從今以後全國各地不許再採集珠寶玉石、紡織錦繡衣物。違反命令的杖刑一百，工匠違禁的降一等處罰。」玄宗還命令裁撤了設在東西兩京的織錦坊。

司馬光說：「唐明皇即位之初想勵精圖治，能如此節儉刻苦，但晚年還是因為奢侈腐化導致朝政敗壞。奢靡之風容易使人沉淪不能自拔，實在是太厲害了！《詩經》說：『凡事莫不有開始，很少能堅持到底。』對此怎麼可以不謹慎呢！」

薛訥與左監門衛將軍杜賓客❶、定州刺史崔宣道❷等將兵六萬出檀州擊契丹。賓客以為「士卒盛夏負戈甲❸，齎資糧❹，深入寇境，難以成功。」訥曰：「盛夏草肥，羔犢❺孳息❻，因糧於敵，正得天時，一舉滅虜，不可失也。」行至灤水❼山峽中，契丹伏兵遮❽其前後，從山上擊之，唐兵大敗，死者什八九。訥與數十騎突圍，得免，虜中嗤之，謂之「薛婆」❾。崔宣道[1]將後軍，聞訥敗，亦走。訥歸罪於宣道及胡將李思敬等八人，制悉斬之於幽州。庚子❿，赦免訥死，削除其官爵，獨赦杜賓客之罪。

壬寅⓫，以北庭都護郭虔瓘為涼州刺史、河西諸軍州節度使。○果州刺史鍾紹京心怨望，數上疏妄陳休咎⓬；乙巳⓭，貶溱州⓮刺史。○丁未⓯，房州刺史襄王重茂薨，輟朝三日，追諡曰殤皇帝⓰。○戊申⓱，禁百官家毋得與僧、尼、道士往還⓲。壬子⓳，禁人間鑄佛、寫經⓴。

宋王成器等請獻興慶坊宅為離宮。甲寅㉑，制許之，始作興慶宮㉒，仍各賜成器等宅，環於宮側㉓。又於宮西南置樓，題其西曰「花萼相輝之樓㉔」，南曰「勤政務本之樓㉕」。上或登樓，聞王奏樂，則召升樓同宴，或幸其所居盡歡，賞賚優渥㉖。○乙卯㉗，以岐王範兼絳州刺史，薛王業兼同州刺史。仍敕宋王以下每季二人入朝，周而復始。

民間訛言㉘，上采擇女子以充掖庭，上聞之，八月乙丑㉙，令有司具車牛㉚於崇明門㉛，自選後宮無用者載還其家，敕曰：「燕寢之內㉜，尚令罷遣；閭閻㉝之間，足可知悉㉞。」

乙亥㉟，吐蕃將坌達延、乞力徐帥眾十萬寇臨洮，軍蘭州，至于渭源㊱，掠取牧馬。命薛訥白衣攝左羽林將軍㊲，為隴右防禦使，以右驍衛將軍常樂郭知運㊳為副使，與太僕少卿王晙帥兵擊之。辛巳㊴，大募勇士，詣河、隴就訥教習。初，鄯州都督楊矩以九曲之地與吐蕃㊵，其地肥饒，吐蕃就之畜牧，因以入寇。矩悔懼自殺。

乙酉㊶[2]，太子賓客薛謙光獻武后所製豫州鼎銘㊷，其末云：「上玄㊸降鑒，方建隆基㊹。」以為上受命之符㊺。姚崇表賀，且請宣示史官，頒告中外。

臣光曰：「日食不驗㊻，太史之過㊼也；而君臣相賀，是誣天也。采偶然之文㊽以為符命，小臣之諂㊾也；而宰相因而實之㊿，是侮其君也。上誣於天，下侮其君，以明皇之明，姚崇之賢，猶不免於是，豈不惜哉！」

九月戊申(51)，上幸驪山溫湯。○赦以歲稔傷農(52)，令諸州修常平倉法(53)；江、嶺、淮、浙、劍南地下濕(54)，不堪貯積，不在此例。○突厥可汗默啜衰老，昏虐(55)愈甚。壬子(56)，葛邏祿等部落詣涼州降。

冬，十月，吐蕃復寇渭源。丙辰(57)，上下詔欲親征，發兵十餘萬人，馬四萬匹。○戊午(58)，上還宮。

甲子(59)，薛訥與吐蕃戰於武街(60)，大破之。時太僕少卿、隴右羣牧使王晙帥所部二千人與訥會擊吐蕃。坌達延將吐蕃兵十萬屯大來谷(61)，晙選勇士七百，衣胡服，夜襲之，多置鼓角(62)於其後五里，前軍遇敵大呼，後人鳴鼓角以應之。虜以為大軍至，驚懼，自相殺傷，死者萬計。訥時在武街，去大來谷二十里，虜軍塞其中間(63)。晙復夜出兵[3]襲之，虜大潰，始得與訥軍合。同[4]追奔至洮水(64)，復戰於長城堡(65)，又敗之，前後殺獲數萬人。豐安軍使王海賓(66)戰死。乙丑(67)，敕罷親征[5]。

戊辰(68)，姚崇、盧懷慎等奏：「頃者吐蕃以河為境(69)，神龍中尚公主(70)，遂踰河築城，置獨山、九曲兩軍，去積石三百里，又於河上造橋。今吐蕃既叛，宜毀橋拔城(71)。」從之。○以王海賓之子忠嗣為朝散大夫、尚輦奉御，養之宮中。

己巳(72)，突厥可汗默啜又遣使求昏，上許以來歲迎公主。○突厥十姓胡祿屋等諸部詣北庭(73)請降，命都護郭虔瓘撫存之。

乙酉(74)，命左驍衛郎將尉遲瓌(75)使于吐蕃，宣慰金城公主。吐蕃遣其大臣宗俄因子[6]至洮水請和，用敵國禮(76)，上不許。自是連歲犯邊。

【章　旨】以上為第六段，寫薛訥東征契丹兵敗於輕敵，西禦吐蕃建功。

【注　釋】❶杜賓客　曾多次率兵與契丹、吐蕃作戰，官至隴右節度使。見《舊唐書》卷八〈玄宗紀上〉、卷一百九十六上〈吐蕃傳上〉，《新唐書》卷二百十五上〈突厥傳上〉、卷二百十六上〈吐蕃傳上〉。❷崔宣道　（？—西元七一四年）曾為并州長史。見《舊唐書》卷一百八十五下〈裴懷古傳〉、《新唐書》卷一百九十七〈裴懷古傳〉、《唐郎官石柱題名考》卷十七等。❸戈甲　泛指兵器。❹齎資糧　攜帶軍需糧米。❺羔犢　小羊小牛。❻孳息　繁息。❼灤水　即今灤河，在河北東北部。❽遮斷；攔截。❾謂之薛婆　意思是說薛訥像個老婦人。❿庚子　七月十五日。⓫壬寅　七月十七日。⓬休咎　吉凶禍福。⓭乙巳　七月二十日。⓮溱州　州名，治所在今重慶市綦江區南。⓯丁未　七月二十二日。⓰追謚曰殤皇帝　殤皇帝李重茂係唐中宗第四子，曾被韋后立為皇帝，故追謚為帝。⓱戊申　七月二十三日。⓲禁百官家毋得與僧尼道士往還　原因是僧尼道士常詭託禪觀，妄陳禍福，易滋生事端。見《唐會要》卷四十九。⓳壬子　七月二十七日。⓴禁人間鑄佛寫經　當時民間有人專門以鑄佛寫經為業，故下令予以禁止。人間，即民間。鑄佛，鑄佛像。寫經，抄寫佛經。㉑甲寅　七月二十九日。㉒興慶宮　在今陝西西安興慶公園一帶。東西寬一千零八十公尺，南北長一千二百五十公尺，面積約一・三五平方公里。為唐代三大內之一，稱作「南內」。開元年間，唐玄宗常聽政於此。㉓各賜成器等宅二句　寧王、岐王宅在安興坊，薛王宅在勝業坊。二坊相連，皆在興慶宮西。㉔花萼相輝之樓　位於興慶宮西南隅，與成器等宅相望。建於開元八年（西元七二〇年），後又有所增廣，極為華麗高大。樓名取詩人棠棣之義。玄宗常與諸王飲宴於此。㉕勤政務本之樓　亦建於開元八年。在宮城西南近南牆處，是興慶宮最重要的建築之一。樓名取勤於政事，重視邦本之意。改元、大赦、受降及聽政多在此進行。㉖優渥　優厚。㉗乙卯　七月三十日。㉘訛言　謠言。㉙乙丑　八月初十日。㉚車牛　用牛駕的車子。唐代多以牛挽車。《唐六典》卷五：「諸司皆置車牛，以備遞運之事。」㉛崇明門　在大明宮正殿東南。《唐六典》卷七載：紫宸殿即內朝正殿，殿之南面有紫宸門。紫宸門左為崇明門，右為光順門。㉜燕寢之內　意為掖庭宮女。㉝閭閻　里巷之門。借指里巷。㉞足可知悉　足可知道無選美之事。㉟乙亥　八月二十日。㊱渭源　縣名，縣治在今甘肅渭源。㊲命薛訥白衣攝左羽林將軍　薛訥率兵擊契丹，敗於灤河，七月十五日被削去官爵，故現以白衣攝官出征。白衣，平民之服，猶「布衣」。㊳郭知運　（西元六六七—七二一年）字逢時，瓜州常樂（今甘肅玉門西北）人，多次與吐蕃作戰，以功拜左武衛大將軍。與王君㚟功名略等。傳見《舊唐書》卷一百三、《新唐書》卷一百三十三。㊴辛巳　八月二十六日。㊵楊矩以九曲之地與吐蕃　事在睿宗景雲元年十二月。㊶乙

西　八月丙辰朔，據長曆推，凡二十九天。陳垣《二十史朔閏表》作九月一日。(42)豫州鼎銘　豫州鼎為武則天神功元年（西元六九七年）所鑄九鼎之一。其銘文係武則天親製。見《舊唐書》卷二十二〈禮儀志〉二、《全唐詩》卷五。(43)上玄　上蒼。(44)隆基　隆盛的基業。(45)符　符命；符瑞。(46)不驗　不靈驗。(47)太史之過　太史令掌觀察天文，稽定曆數。故對「日食不驗」有一定責任。(48)采偶然之文　指薛謙光獻〈豫州鼎銘〉之事。(49)諂　諂媚。(50)實之　使之成為事實。(51)戊申　九月二十四日。(52)歲稔傷農　本年度獲得大豐收，糧價便宜，損害農民利益。(53)令諸州修常平倉法　即設置常平倉，在糧賤時用較高的價格糴入，糧貴時減價糶出。(54)下濕　低下潮溼。(55)昏虐　昏眊暴虐。(56)壬子　九月二十八日。(57)丙辰　十月初二日。(58)戊午　十月初四日。(59)甲子　十月初十日。(60)武街　驛站名，又作「武階」。地近大來谷，在今甘肅臨洮東。(61)大來谷　在武街東南。(62)鼓角　戰鼓和號角。用以傳號令，壯軍威。(63)虜軍塞其中間　謂吐蕃兵插在武街與大來谷之間，將王晙與薛訥所部分割開來。(64)洮水　即洮河。黃河上游支流，在甘肅西南。此處指臨洮附近一段。(65)長城堡　在今甘肅臨洮西北洮河東岸。秦長城西起於此。(66)王海賓　（？—西元七一四年）華州鄭縣（今陝西華縣）人，名將王忠嗣之父。事見《舊唐書》卷九十三〈薛訥傳〉、卷一百三〈王忠嗣傳〉，《新唐書》卷一百三十三〈王忠嗣傳〉、卷二百十六上〈吐蕃傳上〉。(67)乙丑　十月十一日。(68)戊辰　十月十四日。(69)以河為境　以黃河為界。(70)神龍中尚公主　神龍三年（西元七〇七年）吐蕃大臣悉薰熱前來求婚。四月十四日，許以嗣雍王守禮女為金城公主，出嫁吐蕃贊普。景龍四年（西元七一〇年）正月二十五日，命左驍衛大將軍、河源軍使楊矩護送金城公主。二十七日，金城公主離開長安前往吐蕃。見《唐會要》卷六，《舊唐書》卷七〈中宗紀〉、卷一百九十六上〈吐蕃傳上〉。(71)毀橋拔城　毀掉黃河上的橋樑，拔去獨山、九曲二城。(72)己巳　十月十五日。(73)北庭　即北庭都護府。據《冊府元龜》卷九百七十四及《考異》卷十二所引《實錄》，胡祿屋等詣北庭請降的時間為十月庚辰，即十月二十六日。(74)乙酉　十月乙卯朔，無乙酉。乙酉為十一月初一日。(75)尉遲瓌　見《新唐書》卷二百十六上〈吐蕃傳上〉。(76)用敵國禮　即用對等國的禮儀。

【校　記】[1]崔宣道　章鈺校云：「十二行本『薛』作『崔』，乙十一行本同，張校同。」是章鈺所據胡克家本作「薛」，與校者所見不同。[2]乙酉　張敦仁《通鑑刊本識誤》作「己酉」。按，是年八月丙辰朔，無己酉。[3]兵　原無此字。據章鈺校，十二行本、乙十一行本、孔天胤本皆有此字，今據補。[4]同　原無此字。據章鈺校，十二行本、乙十一行本皆有此字，張敦仁《通鑑刊本識誤》同，今據補。[5]乙丑敕罷親征　原無此六字。據章鈺校，十二行本、乙十一行本、孔天胤本皆有此六字，張敦仁《通鑑刊本識誤》、張瑛《通鑑校勘記》同，今據補。⑥子　原作「矛」。嚴衍《通鑑補》改作「子」，今從改。按，兩《唐書．吐蕃傳》皆作「宗俄因子」。

【語譯】薛訥與左監門衛將軍杜賓客、定州刺史崔宣道等人領兵六萬由檀州出發攻擊契丹。杜賓客認為「士兵在盛夏身負兵器，攜帶軍需糧米，深入敵境，恐怕難以成功。」薛訥說：「盛夏時節牧草茂盛，牛羊正在繁殖生長，可乘機到敵方奪取糧食，正得天時，可以一舉消滅敵人，機不可失呀。」當唐軍走到灤河的峽谷中時，契丹的伏兵從前後堵截，他們又從山上發起攻擊，唐軍大敗，死的人有十分之八、九。薛訥同幾十名騎兵衝出包圍，得免於難，契丹兵嘲笑他，稱他為「薛婆」。崔宣道率領後續部隊，聽說薛訥戰敗，也逃走了。薛訥把此次失敗的責任推卸給崔宣道和胡將李思敬等八人，玄宗下詔在幽州把這八人全部斬首。七月十五日庚子，玄宗頒布敕命，免除薛訥的死罪，削除他的官爵，只有杜賓客一人獲得赦免。

七月十七日壬寅，玄宗任命北庭都護郭虔瓘為涼州刺史、河西諸軍州節度使。〇果州刺史鍾紹京心懷怨恨，多次上疏胡說吉凶之兆；二十日乙巳，玄宗把鍾紹京貶為溱州刺史。〇二十二日丁未，房州刺史襄王李重茂去世，玄宗為此中止臨朝三天，追諡他為殤皇帝。〇二十三日戊申，玄宗命令禁止官員及其家屬與和尚、尼姑、道士互相來往。二十七日壬子，又下令禁止民間鑄造佛像和抄寫佛經。

宋王李成器等人請求獻出興慶坊宅第作為離宮。七月二十九日甲寅，玄宗頒詔批准了他們的請求，開始修建興慶宮，還分別賜給李成器等人宅第，環繞在興慶宮的周圍。又在興慶宮的西、南營建了兩座樓，西樓題名為「花萼相輝之樓」，南樓題名為「勤政務本之樓」。有時玄宗登臨樓上，聽見諸王在演奏樂曲，就把他們召到樓上與自己一起進餐，有時玄宗也去諸王家中與大家盡興歡樂，對諸王的賞賜非常優厚。〇三十日乙卯，任命岐王李範兼為絳州刺史，薛王李業兼任同州刺史；還敕令自宋王李成器以下各親王每季度兩人輪換入朝，周而復始。

民間謠傳玄宗挑選美女來充實後宮，玄宗聽到了這些傳聞，八月初十日乙丑，下令有關官署在崇明門門口準備好車和牛，親自選擇宮中多餘的宮女把她們送回家，並且頒布敕命說：「後宮內的宮女尚且要遣返回家，對於民間女子會怎麼樣，完全可以想知。」

八月二十日乙亥，吐蕃將領坌達延、乞力徐率領十萬部眾侵犯臨洮，駐紮在蘭州，進入渭源縣，掠取牧馬。玄宗命令薛訥以平民身分代理左羽林將軍職務，出任隴右防禦使，任用右驍衛將軍、常樂縣人郭知運擔任隴右防禦副使，與太僕寺少卿王晙一起率兵迎擊吐蕃部眾。二十六日辛巳，朝廷大量招募勇士，派遣他們到河、隴地區接受薛訥的訓練。起初，鄯州都督楊矩把河西九曲之地給了吐蕃，這片土地肥沃豐饒，吐蕃在這裡放養牛馬，以此為依托進犯寇掠。楊矩既後悔又害怕，自殺身亡。

乙酉日，太子賓客薛謙光向玄宗進獻武則天所撰寫的〈豫州鼎銘〉，銘文的末尾說：「上玄降鑒，方建隆基。」薛謙光認為這就是玄宗受命於天的符瑞。姚崇上表祝賀，並且請求把這段銘文向史官宣示，頒告中外。

司馬光說：「預測日蝕沒有應驗，是太史的過失；而君臣彼此稱賀，則是誣罔上天。採用偶然出現的文辭作為符瑞，是低下小臣的阿諛奉迎；宰相趁機把它當成事實看待，則是褻瀆了他的君王。對上欺罔上天，對下褻瀆君王，以唐明皇的聖明、姚崇的賢德，仍然不免出現這樣的現象，豈不惋惜嗎！」

九月二十四日戊申，玄宗巡幸驪山溫泉。○發布敕命，因為今年糧食豐收，穀價下跌損傷農民利益，命令各州完善常平倉法；而江、嶺、淮、浙、劍南等地因地勢低窪潮溼，不適於儲藏糧食，不在此例之中。○突厥可汗默啜年老體衰，昏聵暴虐日益厲害。二十八日壬子，葛邏祿等部落來到涼州投降。

冬，十月，吐蕃軍隊再次侵擾渭源縣。初二日丙辰，玄宗頒詔想要親自率兵征討，派出軍士十餘萬人，戰馬四萬匹。○初四日戊午，玄宗返回宮中。

十月初十日甲子，薛訥與吐蕃軍隊在武街交戰，大敗吐蕃軍隊。當時太僕少卿、隴右羣牧使王晙率領所部二千人與薛訥合兵攻打吐蕃軍隊。坌達延率領十萬部眾駐紮在大來谷。王晙挑選了七百名勇士，身穿胡人的服裝，乘夜襲擊吐蕃軍隊，又在勇士的後面五里之遙安排了許多戰鼓和號角。先頭部隊遇到敵軍後便大聲呼喊，後面的人擂鼓吹角與他們呼應，吐蕃部眾誤以為唐軍大部隊將到，驚慌恐懼，自相殘殺，死者有一萬多人。薛訥這時還駐紮在武街，離大來谷有二十里，吐蕃兵夾在兩軍之間。王晙又乘夜色出兵擊吐蕃兵，吐蕃兵大敗，王晙才得以與薛訥的軍隊會合。薛訥與王晙一同率兵追擊吐蕃兵一直到洮水，又在臨洮的長城堡交戰，再次擊敗了吐蕃軍隊，前後斬殺和俘獲吐蕃兵數萬人。豐安軍使王海賓在戰爭中死去。十一日乙丑，玄宗發布敕命，取消親征。

十月十四日戊辰，姚崇、盧懷慎等上奏說：「以前吐蕃以黃河為界；神龍年間娶了大唐公主，才越過黃河修築城池，設置了獨山、九曲兩軍，離積石三百里，又在黃河之上架起了橋樑。現在吐蕃已經背叛，應當拆毀那些橋樑和城牆。」玄宗聽從了他們的建議。○玄宗命令王海賓之子王忠嗣擔任朝散大夫、尚輦奉御，把他養在宮中。

十月十五日己巳，突厥可汗阿史那默啜又派使者來求婚，玄宗答應他來年迎娶公主。○突厥十姓胡祿屋等部落前往北庭都護府請求歸降，朝廷命令北庭都護郭虔瓘撫慰他們。

乙酉日，命令左驍衛郎將尉遲瓌出使吐蕃，代表玄宗慰問金城公主。吐蕃派遣他們的大臣宗俄因子到洮水求和，要求用對等的禮節，玄宗沒有同意。從此吐蕃連年侵犯邊境。

十一月辛卯❶，葬殤皇帝❷。○丙申❸，遣左散騎常侍解琬詣北庭宣慰❹突厥降者，隨便宜區處❺。

十二月壬戌❻，沙陀金山入朝❼。○甲子❽，置隴右節度大使，領[1]鄯、秦[2]、河、渭、蘭、臨、武、洮、岷、廓[3]、疊、宕十二州，以隴右防禦副使郭知運為之。○乙丑❾，立皇子嗣真❿為鄫王，嗣初⓫為鄂王，嗣玄⓬[4]為鄄王。辛巳，立郢王嗣謙⑬為皇太子。嗣真，上之長子⑭，母曰劉華妃⑮。嗣謙，次子也，母曰趙麗妃，麗妃以倡⑯進，有寵於上，故立之⑰。

是歲，置幽州節度、經略、鎮守大使，領幽、易、平、檀、嬀、燕六州⑱。突騎施可汗守忠⑲之弟遮弩恨所分部落少於其兄，遂叛入突厥，請為鄉導，以伐守忠。默啜遣兵二萬擊守忠，虜之而還。謂遮弩曰：「汝叛其兄⑳，何有於我㉑！」遂并殺之。

【章旨】以上為第七段，寫唐玄宗違禮立皇太子。東置幽州節度使，西置隴右節度使以禦邊。

【注釋】①辛卯　十一月初七日。②葬殤皇帝　殤帝死於七月二十二日，至此，葬於陝西武功之西原。③丙申　十一月十二日。④宣慰　宣撫慰問。⑤區處　猶「處分」。區分處置。⑥壬戌　十二月九日。⑦沙陀金山入朝　據《新唐書》卷二百十八，沙陀金山開元以前已亡。待考。⑧甲子　十二月十一日。⑨乙丑　十二月十二日。⑩嗣真　玄宗第四子，初名嗣真。開元二年封鄫王。開元十二年改封棣王，改名洽。開元二十四年改名琰。⑪嗣初　玄宗第五子，初名嗣初。開元二年封鄂王。開元十二年改名涓。開元二十三年改名瑤。⑫嗣玄　唐玄宗第六子，初名嗣玄。開元二年封為鄄王。開元十二年改名滉，封為榮王。開元二十五年改名琬。⑬嗣謙　唐玄宗第二子，初名嗣謙。先天元年封郢王。至是立為皇太子。開元十三年改名鴻。開元二十五年改名瑛，被廢為庶人，不久又被賜死。玄宗諸子，兩《唐書》同為一傳，見《舊唐書》卷一百七、《新唐書》卷八十二。⑭嗣真二句　據《唐會要》卷二及兩《唐書・玄宗諸子傳》，唐玄宗長子是嗣直而非嗣真。嗣直初封郯王，後改名為李潭、李琮。天寶十年死，謚靖德太子。肅宗即位，追謚為奉天皇帝。嗣真實為玄宗第四子，錢妃所生。初封鄫王，後改封棣王。⑮華妃　內職名，《舊唐書・后妃傳序》：「開元中，於皇后之下立惠妃、麗妃、華妃等三位，以代三夫人，為正一品。」⑯倡　歌舞藝人。⑰故立之　故立其子嗣謙為太子。⑱幽易平檀嬀燕六州　地當今河北張家口與秦皇島一帶。⑲守忠　即突騎施首領娑葛。景龍三年（西元七〇九年）七月，娑葛遣使請降。二十六日，拜欽化可汗，賜名守忠。⑳其兄　意為你的兄長。用法不合漢語規範。其，代詞。㉑何有於我　怎能忠誠於我。

【校　記】①領　原誤作「須嗣」。胡三省注云：「『須』當作『領』，『嗣』字衍。」嚴衍《通鑑補》改作「領」，今據以校正。②秦　原誤作「奉」。胡三省注云：「『奉』當作『秦』。」嚴衍《通鑑補》改作「秦」，今據以校正。③廓　原作「郭」。胡三省注云：「『郭』當作『廓』。」嚴衍《通鑑補》改作「廓」，今據以校正。④嗣玄　原作「嗣主」。胡三省注云：「『嗣主』當作『嗣玄』。」據章鈺校，乙十一行本作「嗣玄」，嚴衍《通鑑補》亦改作「嗣玄」，今據以校正。按，兩《唐書．玄宗諸子．靖恭太子琬傳》皆作「嗣玄」。

【語　譯】十一月初七日辛卯，安葬殤皇帝。〇十二日丙申，朝廷派遣左散騎常侍解琬前往北庭都護府撫慰突厥投降的人，隨情勢用適宜的方式安置他們。

十二月初九日壬戌，沙陀金山來朝。〇十一日甲子，設置隴右節度大使，管轄鄯、秦、河、渭、蘭、臨、武、洮、岷、廓、疊、宕十二州，任命隴右防禦副使郭知運為隴右節度使。〇十二日乙丑，冊立皇子李嗣真為鄫王，李嗣初為鄂王，李嗣玄為鄄王。二十八日辛巳，立郢王李嗣謙為皇太子。李嗣真是玄宗的長子，母親叫劉華妃。李嗣謙是玄宗的次子，母親叫趙麗妃，趙麗妃是以歌舞伎的身分進入後宮，被玄宗所寵愛，所以李嗣謙被立為皇太子。

這一年，朝廷設置了幽州節度大使、幽州經略大使和幽州鎮守大使，管轄幽、易、平、檀、媯、燕六州。

突騎施可汗守忠的弟弟遮弩怨恨分給自己的部落少於他的哥哥，便叛變逃入突厥，請求作為嚮導，來討伐守忠。默啜派遣二萬士兵攻擊守忠，把他俘獲之後回到突厥。默啜對遮弩說：「你背叛了自己的兄長，怎麼能忠誠於我！」於是把兄弟二人一併殺死。

三年（乙卯　西元七一五年）

春，正月癸卯❶，以盧懷慎檢校吏部尚書兼黃門監❷。懷慎清謹儉素，不營資產，雖貴為卿相，所得俸賜，隨散親舊，妻子不免飢寒，所居不蔽風雨。

姚崇嘗有子喪，謁告❸十餘日，政事委積，懷慎不能決，惶恐，入謝❹於上。上曰：「朕以天下事委姚崇，以卿坐鎮❺雅俗❻耳。」崇既出，須臾，裁決俱盡，頗有得色❼，顧謂紫微舍人❽齊澣❾曰：「余❿為相，可比何人？」澣未對。崇曰：「何如管、晏⓫？」澣曰：「管、晏之法雖不能施於後，猶能沒身⓬。公所為法，隨復更之⓭，似不及也。」崇曰：「然則竟⓮如何？」澣曰：「公可謂救時之相耳。」崇喜，投筆曰：「救時之相，豈易得乎！」懷慎與崇同為相，自以才不及崇，每事推⓯之，時人謂之「伴食宰相⓰」。

臣光曰：「昔鮑叔⓱之於管仲，子皮⓲之於子產，皆位居其上，能知其賢而下之⓳，授以國政，孔子美之⓴。曹參㉑自謂不及蕭何㉒，一遵其法，無所變更㉓，漢業以成。夫不肖㉔用事，為其僚者，愛身保祿而從之，不顧國家之安危，是誠㉕罪人也。賢智用事，為其僚者，愚惑以亂㉖其治，專固㉗以分其權，媢嫉㉘以毀其功，愎戾㉙以竊其名，是亦罪人也。崇，唐之賢相，懷慎與之同心戮力㉚，以濟明皇㉛太平之政，夫㉜何罪哉！秦誓㉝曰：『如有一介臣㉞，斷斷㉟猗㊱，無它技，其心休休㊲焉，其如有容㊳。人之有技，若己有之，人之彥㊴聖，其心好之，不啻㊵如自其口出，是能容之，以保我子孫黎民，亦職㊶有利哉。』懷慎之謂矣。」

【章旨】以上為第八段，寫姚崇與盧懷慎為相，和睦共事，司馬光高度評價盧懷慎的謙讓與雅量。

【注釋】❶癸卯　正月二十日。❷兼黃門監　即兼侍中。❸謁告　請假。❹謝　謝罪。❺坐鎮　安坐而起鎮定作用。❻雅俗　風雅之士和流俗之人。❼得色　得意的神態。❽紫微舍人　即中書舍人。❾齊澣　（約西元六七五—七四六年）字洗心，定州義豐（今河北安國）人，曾任監察御史等職，官至吏部侍郎。傳見《舊唐書》卷一百九十中、《新唐書》卷一百二十八。❿余　第一人稱代詞，我。⓫何如管晏　與管仲、晏嬰相比如何。管仲（？—西元前六四五年），名夷吾，以字行，春秋初期政治家，被齊桓公任命為卿，協助桓公進行了一系列改革，使齊成為春秋首霸。傳見《史記》卷六十二。晏嬰（？—西元前五〇〇年），字平仲，春秋時齊國大夫。擔任卿職，歷事靈公、莊公、景公三世。力行節儉，名顯諸侯。與管仲同傳。⓬猶能沒身　尚能堅持到身死之時。⓭隨復更之　隨時又變化更改。⓮竟　究竟。⓯推　推讓。⓰伴食宰相　專門陪伴別人吃飯的宰相。譏其身為宰輔，無所作為。⓱鮑叔　即鮑叔牙。春秋時齊國大夫，以知人而著稱。曾幫助齊桓公取得君位，桓公命他為宰，鮑叔牙保舉了管仲。齊桓公得管仲而稱霸。管、鮑兩人傳見《史記》卷六十二。⓲子皮　春秋時鄭國大夫。執政期間發現子產有政治才能，即授子產以政，鄭國大治。子產傳見《史記》卷一百十九。⓳下之　自處其下。⓴孔子美之　孔子加以讚美。㉑曹參　（？—西元前一九〇年）漢初大臣。曾任齊相九年，協助劉邦平定英布等異姓王。惠帝時，繼蕭何為相。傳見《史記》卷五十四、《漢書》卷三十九。㉒蕭何　（？—西元前一九三年）秦末隨劉邦起事，對西漢的建立功列第一。漢初為相，曾制定了一套律令制度。傳見《史記》卷五十三、《漢書》卷三十九。㉓一遵其法二句　即所謂「蕭規曹隨」。㉔不肖　不賢；不正派的人。㉕誠　確實。㉖亂　紊亂。㉗專固　專擅固執。㉘媢嫉　又作「冒疾」。意為妒忌。㉙愎戾　剛愎暴戾。㉚戮力　合力。㉛明皇　即唐玄宗。玄宗死後遺諡「至道大聖大明孝皇帝」，人稱「唐明皇」。㉜夫　第三人稱代詞。他。㉝秦誓　《尚書》篇名。㉞介臣　直臣。㉟斷斷　專誠守一。㊱猗　語氣助詞。相當於「兮」，用在句中舒緩語氣。㊲休休　寬厚自得的樣子。㊳容　受。㊴彥　美士。㊵不啻　無異於。㊶職　主。

【語譯】三年（乙卯　西元七一五年）

春，正月二十日癸卯，任命盧懷慎為檢校吏部尚書兼黃門監。盧懷慎清廉謹慎，節儉樸素，不置產業。雖然貴為卿相，所得到的俸祿和賞賜，隨時分送給親朋故舊，而自己的妻子兒女不免忍受飢寒，所住的房子不能遮蔽風雨。

姚崇曾有一個兒子死了，請了十幾天的假，政務積壓下來，盧懷慎不能解決，感到惶恐，入朝向玄宗謝罪。玄宗說：「我把天下之事託付給姚崇，讓你坐鎮風雅之士和流俗之人而已。」姚崇假滿復出，一會兒功夫就把積壓的政事裁決完畢，臉上頗有得意之色，回頭對紫微舍人齊澣說：「我擔任宰相，可以與哪些人相比？」齊澣沒有回答。姚崇說：「我比管仲、晏嬰怎麼樣？」齊澣說：「管仲、晏嬰的法令雖然不能施行於後世，但還能貫徹終身。您所制定的法令，隨時又改變，似乎比不上他們。」姚崇說：「那麼我究竟是什麼樣的宰相呢？」齊澣回答說：「您可以說是一位匡救時下的宰相罷了。」姚崇聽了感到高興，扔下手中的筆說：「匡救時下的宰相，難道容易找到嗎！」盧懷慎與姚崇同時擔任宰相，自己認為才能不及姚崇，每件事情都推給姚崇，當時的人稱他為「伴食宰相」。

司馬光說：「從前鮑叔牙對於管仲，子皮對於子產，都是職位高於後者，因為能夠瞭解後者的賢能而自居其下，把國家政事交給他們，孔子讚美這種做法。曹參自認為才幹比不上蕭何，就完全沿用他的法度，無所更改，漢室的大業得以成功。那些不賢的人掌權，充當他僚屬的人，為愛惜自身，保有祿位，就順從上司的旨意，不顧國家的安危，這種人確實是國家的罪人。如果是賢明智慧的人掌權，做他僚屬的人，愚弄蠱惑，擾亂他的治理，專權固執，分割他的權力，用嫉妒的心理來詆毀他的功業，用剛愎暴戾的手段來竊取他的名望，這種人也是罪人。姚崇是唐朝的賢相，盧懷慎和他同心協力，成就了唐明皇太平盛世的大政，有什麼怪罪他的呢！《尚書・秦誓》說：『如果有這樣一位直臣，專誠守一，沒有其他的技能，他心地寬厚，有容人的器量。別人有了本領，就像自己有了本領一樣；別人有才有德，心裡就喜歡這個人，不只是口頭上對這個人表示稱道，這就是能容人，能保護我的子孫和臣民，也有利於子孫臣民啊。』這些話說的就是盧懷慎這樣的人。」

御史大夫宋璟坐監朝堂杖人杖輕❶，貶睦州刺史。

突厥十姓降者前後萬餘帳。高麗莫離支文簡❷，十姓之壻❸也，二月，與䟤跌都督思泰等亦自突厥帥眾來降。制皆以河南地❹處之。

三月，胡祿屋酋長支匐忌等入朝❺。上以十姓降者浸❻多，夏，四月庚申❼，以右羽林大將軍薛訥為涼州鎮大總管，赤水等軍❽並受節度，居涼州；左衛大將軍郭虔瓘為朔州[1]鎮大總管，和戎等軍並受節度，居并州，勒兵❾以備默啜。

默啜發兵擊葛邏祿❿、胡祿屋⓫、鼠尼施⓬等，屢破之；敕北庭都護湯嘉惠⓭、左散騎常侍解琬等發兵救之。五月壬辰⓮，敕嘉惠等與葛邏祿、胡祿屋、鼠尼施及定邊道大總管阿史那獻互相應援。

山東大蝗⓯，民或於田旁焚香膜拜⓰設祭而不敢殺，姚崇奏遣御史督州縣捕而瘞⓱之。議者以為蝗眾多，除不可盡，上亦疑之。崇曰：「今蝗滿山東，河南、北⓲之人，流亡殆盡，豈可坐視食苗⓳，曾不救乎⓴！借使㉑除之不盡，猶勝養以成災。」上乃從之。盧懷慎以為殺蝗太多，恐傷和氣。崇曰：「昔楚莊吞蛭而愈疾[22]，孫叔殺蛇而致福[23]，柰何不忍於蝗[24]而忍人之飢死乎！若使殺蝗有禍，崇請當之[25]。」

秋，七月庚辰朔[26]，日有食之。○上謂宰相曰：「朕每讀書有所疑滯[27]，無從質問，可選儒學之士，日使入內侍讀。」盧懷慎薦太常卿馬懷素[28]，九月戊寅[29]，以懷素為左散騎常侍，使與右散騎常侍褚無量[30]更日[31]侍讀。每至閤門，令乘肩輿[32]以進；或在別館道遠，聽於宮中乘馬。親送迎之，待以師傅之禮。以無量羸老[33]，特為之造腰輿[34]，在內殿令內侍舁[35]之。

九姓[36]思結都督磨散等來降；己未[37]，悉除官遣還。○西南蠻寇邊[38]，遣右驍衛將軍李玄道發戎、瀘、夔、巴、梁、鳳等州兵三萬人并舊屯兵討之。○壬戌[39]，以涼州大總管薛訥為朔方道行軍大總管，太僕卿呂延祚、靈州刺史杜賓客副之，以討突厥。

甲子[40]，上幸鳳泉湯[41]；十一月乙卯[42]，還京師。○劉幽求自杭州刺史徙郴州[43]刺史，憤恚，甲申[44]，卒于道。

【章旨】以上為第九段，寫北方邊境騷動，突厥時叛時降。姚崇滅蝗。玄宗禮儒。

【注　釋】❶杖輕　指行杖過輕。❷文簡　即高文簡。❸十姓之壻　《新唐書・突厥傳》載：「默啜屢擊葛邏祿等，詔在所都護總管掎角應援。虜勢寖削，其婿高麗莫離支高文簡與跌跌都督思太、高麗大酋高拱毅合萬餘帳，相踵款邊。」據此，高文簡為默啜之婿。壻，通「婿」。❹河南地　指黃河以南河套地區。❺支匐忌等入朝　據《冊府元龜》卷九百七十四，時在三月初七日。❻浸　漸。❼庚申　四月初九日。❽赤水等軍　赤水軍位於今甘肅武威西。據《唐會要》卷七十八，赤水軍是唐代軍鎮中最大的一個。❾勒兵　統率軍隊。❿葛邏祿　突厥的一支。居新疆準噶爾盆地，有謀落、熾俟、踏實力三部落。⓫胡祿屋　在今新疆烏蘇一帶。⓬鼠尼施　在今新疆焉耆西裕勒都斯河流域以南。⓭湯嘉惠　事見《新唐書》卷二百十五下〈突厥傳下〉、卷二百二十一上〈焉耆傳〉。⓮壬辰　五月十二日。⓯大蝗　遭受特大蝗蟲災害。⓰膜拜　合掌加額，伏地跪拜。⓱瘞　埋。⓲河南北　黃河南北。⓳坐視食苗　眼看著蝗蟲吃禾苗。⓴曾不救乎　怎能不予以援救呢。曾，乃；而。㉑借使　假使。㉒楚莊吞蛭而愈疾　楚莊，即楚莊王熊侶。蛭，環節類動物。有水蛭、山蛭、魚蛭之分。相傳楚莊王吃寒葅時發現了一條蛭，為了不使監食的人獲罪致死，便悄悄把蛭吞了下去，結果腹有疾而不能食。令尹知道這件事後說：「天道無親，唯德是輔，王有仁德，疾不為傷。」不久莊王的病果然好了。㉓孫叔殺蛇而致福　據《說苑》記載，孫叔敖小的時候出去玩，見到一條兩頭蛇，便將蛇殺掉埋了。回家後哭泣，母親問他原因，他說見到了兩頭蛇，自己恐怕要死了。母親問蛇在何處，他說聽說見兩頭蛇者必死，怕別人再見到此蛇，已將牠殺掉埋了。其母說：「不要怕，你不會死了。我聽說有陰德的人，天必報以福。」㉔不忍於蝗　不忍心捕蝗。㉕當之　擔當其禍。㉖庚辰朔　七月初一日。㉗疑滯　疑惑不解。㉘馬懷素　字惟白，潤州丹徒（今江蘇鎮江市）人，博通經史，善於作文。傳見《舊唐書》卷一百二、《新唐書》卷一百九十九。㉙戊寅　九月己卯朔，無戊寅。據《舊唐書》卷八〈玄宗紀上〉，戊寅應為冬十月甲寅之誤。甲寅，十月初六日。㉚褚無量　字弘度，杭州鹽官（今浙江海寧西南）人，精通經史。玄宗為太子時，官國子司業兼侍讀。玄宗即位，遷左散騎常侍兼國子祭酒。傳見《舊唐書》卷一百二、《新唐書》卷二百。㉛更日　隔日，即每人每隔一天輪流侍讀。㉜肩輿　用人力抬扛的代步工具。類似轎子。㉝羸老　瘦弱衰老。㉞腰輿　用手挽的便輿，高與腰等。㉟舁　抬。㊱九姓　鐵勒族的九個部族，即回紇、僕固、渾、拔野古、同羅、思結、契苾、阿布思、骨崙屋骨。㊲己未　十月十一日。㊳西南蠻寇邊　據《新唐書・玄宗紀》，時在十月辛酉，即十月十三日。㊴壬戌　十月十四日。㊵甲子　十月十六日。㊶鳳泉湯　據《新唐書・地理志一》，鳳泉湯在眉縣境內。㊷乙卯　十一月無乙卯。《新唐書》卷五作己卯，即十一月初一日。㊸郴州　州名，治所在今湖南郴州。㊹甲申　十一月初六日。

【校　記】1朔州　胡三省注云：「『朔州』蜀本作『朔川』，〈新紀〉亦然。」據章鈺校，十二行本、乙十一行本皆作「朔川」。

【語　譯】御史大夫宋璟因在朝堂上監督杖刑時施杖過輕而獲罪，被貶為睦州刺史。

突厥十姓中歸降的前後有一萬餘帳。高麗莫離支高文簡是突厥十姓的女婿。二月，高文簡和跌跌都督思泰等人也從突厥率眾前來歸降。玄宗詔令都在黃河以南的地區安置他們。

三月，胡祿屋酋長支匐忌等來朝。玄宗因突厥十姓中歸降朝廷的逐漸增多，夏，四月初九日庚申，任命右羽林大將軍薛訥為涼州鎮大總管，赤水等軍都受他節制調度，駐節涼州；任命左衛大將軍郭虔瓘為朔州鎮大總管，和戎等軍都受他節制調度，駐節并州，二人統領軍隊來防禦默啜。

默啜發兵攻打葛邏祿、胡祿屋、鼠尼施等部落，多次擊敗他們。玄宗命令北庭都護湯嘉惠、左散騎常侍解琬等出兵救援。五月十二日壬辰，玄宗又命令湯嘉惠等人與葛邏祿、胡祿屋、鼠尼施以及定邊道大總管阿史那獻等互相呼應支援。

山東發生嚴重蝗災，有的災民在田地的旁邊設祭焚香膜拜，不敢動手捕殺蝗蟲。姚崇奏請派遣御史督促各州縣捕殺並埋掉蝗蟲。討論這事的人認為蝗蟲數量太多，無法除盡，玄宗也表示懷疑。姚崇說：「現在山東滿地是蝗蟲，黃河南北兩岸的人幾乎逃荒走光了，怎能坐視蝗蟲吞噬禾苗，竟不救災呢！即使不能把蝗蟲全部滅除，也比養蝗成災要好。」玄宗於是聽從了他的意見。盧懷慎認為消滅的蝗蟲太多了，恐怕有傷和諧之氣。姚崇說：「從前楚莊王吞吃水蛭而他的病就痊癒了；孫叔敖殺死兩頭蛇而上天賜福給他。怎能不忍心消滅蝗蟲而忍心看著百姓受飢餓呢！如果因為殺死蝗蟲而引起災禍，我姚崇請求一人擔當。」

秋，七月初一日庚辰，出現日蝕。○玄宗對宰相們說：「我每當讀書遇到疑惑不解的地方，無從質問，可以選拔儒學之士，每天讓他入宮侍讀。」盧懷慎舉薦了太常寺卿馬懷素。九月戊寅日，玄宗任命馬懷素為左散騎常侍，讓他與右散騎常侍褚無量隔日輪換入宮侍讀。每次到達宮門時，玄宗讓他們坐轎進去；有時玄宗在其他宮舍而道遠，允許他們在宮裡騎馬。玄宗親自迎送他們，用對待師傅的禮節相待。因為諸無量體弱年老，玄宗特意為他製了一個腰輿，在內殿侍讀時，玄宗命令內侍用腰輿抬著他。

九姓思結都督磨散等人前來歸降，十月十一日己未，朝廷全部委任了他們官職，把他們遣還原地。〇西南蠻族侵犯邊境，朝廷派遣右驍衛將軍李玄道調發戎、瀘、夔、巴、梁、鳳等州三萬人，加上該地原來的屯兵前往征討。〇十四日壬戌，玄宗任命涼州大總管薛訥為朔方道行軍大總管，任命太僕寺卿呂延祚、靈州刺史杜賓客為副總管，前去征討突厥。

十月十六日甲子，玄宗幸臨鳳泉湯；十一月乙卯日，返回京師。〇劉幽求從杭州刺史調任郴州刺史，心中憤憤不平。初六日甲申，死在赴任的路上。

丁酉❶，以左羽林大將軍郭虔瓘兼安西大都護、四鎮經略大使。虔瓘請募[1]關中兵萬人詣安西討擊，皆給遞馱❷及熟食，敕許之。將作大匠韋湊上疏以為「今西域服從，雖或時小有[2]盜竊，舊鎮兵足以制之。關中常宜充實，以彊幹弱枝。自頃西北二虜寇邊，凡在丁壯❸，征行略盡❹，豈宜更募驍勇，遠資荒服❺！又，一萬征人行六千餘里，咸給遞馱熟食，道次❻州縣，將何以供！秦、隴之西，戶口漸少，涼州已往❼，沙磧悠然❽，遣彼居人，如何取濟？縱令必克，其獲幾何？儻稽天誅，無乃甚損！請計所用、所得，校其多少，則知利害❾。昔唐堯之代❿，兼愛夷、夏，中外乂安。漢武⓫窮兵遠征，雖多克獲，而中國疲耗。今論帝王之盛德者，皆歸唐堯，不歸漢武，況邀⑫功不成者，復何足比議乎！」時姚崇亦以虔瓘之策為不然。既而虔瓘卒無功。

初，監察御史張孝嵩⑬奉使廓州⑭還，陳磧西利害，請往察其形勢，上許之，聽以便宜從事。

拔汗那⑮者，古烏孫⑯也，內附歲久。吐蕃與大食共立阿了達⑰為王，發兵攻之，拔汗那王兵敗，奔安西求救。孝嵩謂都護呂休璟⑱曰：「不救則無以號令西域。」遂帥旁側戎落兵萬餘人，出龜茲西數千里，下數百城，長驅⑲而進。是月，攻阿了達于連城。孝嵩自擐甲⑳督士卒急攻，自巳至酉㉑，屠其三城，俘斬千餘級，阿了達與數騎逃入山谷。孝嵩傳檄諸國，威振西域，大食㉒、康居㉓、大宛㉔、罽賓㉕等八國皆遣使請降，勒石紀功而還[3]。會有言其贓污者，坐繫涼州獄，貶靈州兵曹參軍㉖。

【章旨】以上為第十段，寫唐玄宗懲貪嚴厲，張孝嵩立功西域，因有人舉報贓汙而貶官。

【注釋】❶丁酉　十一月十九日。❷給遞馱　供給馱運軍需物資的畜力或相應的費用。《唐六典》卷三載：馱運腳值每馱一百斤，一百里一百文，山阪處一百二十文。險峻的地方不得過一百五十文，平坦的地方不得少於八十文。❸凡在丁壯　凡在籍的丁壯。丁壯，少壯男子。❹略盡　幾盡；差不多完了。❺荒服　古五服之一。指離王畿二千五百里的地區。此處泛指邊遠地區。❻道次　途經。❼涼州已往　涼州以西。❽悠然　悠遠。❾則知利害　便知道是有利還是有害。❿唐堯之代　唐堯之世。⓫漢武　漢武帝。⓬邀　求。⓭張孝嵩　進士及第，慷慨好兵。為安西副都護，勸農習兵，府庫充盈，官至太原尹。傳見《新唐書》卷一百三十三。⓮廓州　州名，治所在今青海化隆西黃河北岸。⓯拔汗那　西域古國名，又稱破洛那，在塔吉克斯坦費爾干納盆地。⓰烏孫　漢西域古國，在今新疆伊犁河和伊塞克湖一帶。據考，拔汗那非古烏孫。⓱阿了達　據岑仲勉考證，阿了達應為「阿了達干」。見《通鑑隋唐紀比事質疑》。⓲呂休璟　事見《元和姓纂》卷六、《唐方鎮表》卷八。⓳長驅　驅馳迅速，沒有阻攔。指軍隊以不可阻擋之勢向遠方挺進。⓴擐甲　套甲。㉑自巳至酉　從九點到十九點。㉒大食　阿拉伯帝國。㉓康居　西域國名，在烏茲別克斯坦撒馬爾罕。㉔大宛　在塔吉克斯坦費爾干納盆地。㉕罽賓　在今阿富汗東北一帶。㉖靈州兵曹參軍　從七品下。

【校　記】①募　原作「自募」。據章鈺校，十二行本、乙十一行本、孔天胤本皆無「自」字，今據刪。按，兩《唐書·郭虔瓘傳》皆無「自募」一說。②小有　原作「有小」。據章鈺校，十二行本、乙十一行本、孔天胤本二字皆互乙，今據改。③勒石紀功而還　原無此六字。據章鈺校，十二行本、乙十一行本、孔天胤本皆有此六字，張敦仁《通鑑刊本識誤》、張瑛《通鑑校勘記》同，今據補。

【語　譯】十一月十九日丁酉，玄宗任命左羽林大將軍郭虔瓘兼任安西大都護、四鎮經略大使。郭虔瓘請求在關中招募一萬名士卒前往安西征討胡人，每人都供給他們馱運軍需物資的畜力和熟食，玄宗頒敕答應了他的請求。將作大匠韋湊上奏認為「現在西域各部都已臣服，雖然有時也有一些小的盜竊行為，原來的守軍足以制服它們。關中倒是應該經常充實力量，以達到強幹弱枝的目的。自從近來西北吐蕃、契丹入侵邊境，凡現有的壯丁，幾乎徵發光了，怎麼能再次招募驍勇之士，派遣到荒遠的地方去增援呢！再說，一萬名出征將士跋涉六千餘里，都由官府供給運輸畜力和熟食，途經的各州縣又拿什麼來供給呢！秦、隴以西，戶口逐漸減少，涼州以西，漫無邊際的沙漠，派遣這麼多人到那裡駐守，又從哪裡去籌措補給呢？縱使此次一定能取得勝利，獲取的東西又能有多少呢？如果遇到上天的誅伐，豈不損失極大！請計算一下此舉的所用與所得，比較得失多少，就可以知道其中的利害了。過去唐堯之世，兼愛華夏、夷狄，四海內外平安無事；漢武帝窮兵遠征，雖然多有取勝俘獲，但中原卻也因此民疲財盡。如今論說帝王盛德的人，都歸譽唐堯，不歸譽漢武帝，何況那些邀功不成的帝王，又怎麼值得相提並論呢！」當時姚崇也對郭虔瓘的計畫不以為然，後來郭虔瓘最終也沒有成功。

當初，監察御史張孝嵩奉命出使廓州回來，陳述沙漠以西地區的利害，請求前往考察該地形勢；玄宗同意了他的請求，准許他隨宜處理事務。

拔汗那部落是古代的烏孫國，歸附內地的年月已經很久了。吐蕃和大食一起擁立阿了達為王，出兵進攻拔汗那；拔汗那王兵敗，逃往安西都護府求救。張孝嵩對都護呂休璟說：「如果不援救，就沒辦法指揮西域諸國了。」於是率領附近部落士卒一萬多人，從龜茲出發西行數千里，攻下數百座城邑，長驅直入敵境。這個月，張孝嵩在連城攻打阿了達。張孝嵩親自披甲督促士卒猛攻，從巳時直至酉時，屠滅阿了達三城，俘虜和斬殺敵軍千餘人，阿了達和幾個騎兵逃到山谷中。張孝嵩傳檄諸國，威震西域，大食、康居、大宛、罽賓等八國都派遣使者請求投降，張孝嵩在破敵處刻石立銘以彰顯功績，隨後撤兵回朝。適逢有告發張孝嵩受賄貪汙的，張孝嵩獲罪囚禁在涼州獄中，被貶為靈州兵曹參軍。

京兆尹崔日知貪暴不法❶，御史大夫李傑❷將糾之，日知反構❸傑罪。十二月，侍御史楊瑒❹廷奏曰：「若糾彈之司❺，使姦人得而恐愒❻，則御史臺可廢矣。」上遽命傑視事如故，貶日知為歙縣❼丞。

或上言：「按察使徒煩擾公私，請精簡刺史、縣令，停按察使。」上命召尚書省官議之。姚崇以為「今止❽擇十使，猶患未盡得人，況天下三百餘州，縣多數倍，安得刺史、縣令皆稱其職乎！」乃止。

尚書左丞韋玢⑨奏：「郎官多不舉職⑩，請沙汰，改授他官。」玢尋出為刺史，宰相奏擬冀州，敕改小州。姚崇奏言：「臺郎⑪寬怠及不稱職，玢請沙汰，乃是奉公。臺郎甫爾⑫改官，玢即貶黜於外，議者皆謂郎官謗傷。臣恐後來左右丞指以為戒⑬，則省事⑭何從而舉矣！伏望聖慈⑮詳察，使當官者無所疑懼。」乃除冀州刺史。

突騎施守忠既死，默啜兵還，守忠部將蘇祿⑯鳩集餘眾，為之酋長。蘇祿頗善綏撫，十姓部落稍稍歸之，有眾二十萬，遂據有西方，尋遣使入見。是歲，以蘇祿為左羽林大將軍、金方道經略大使。

皇后妹夫尚衣奉御⑰長孫昕⑱以細故⑲與御史大夫李傑不協⑳。

【章旨】以上為第十一段，寫姚崇當政，唐玄宗能貫徹懲貪與沙汰冗官。

【注釋】❶貪暴不法　貪婪殘暴，不守法律。❷李傑　本名務光，相州滏陽（今河北磁縣）人。官河南尹，入代宋璟為御史大夫。傳見《舊唐書》卷一百、《新唐書》卷一百二十八。❸構　構訴。❹楊瑒　（西元六五八—七三五年）字瑤光，華州華陰（今陝西華陰）人，曾任麟遊令。官至左散騎常侍。在官清白，以剛正著稱。傳見《舊唐書》卷一百八十五下、《新唐書》卷一百三十。❺糾彈之司　指御史臺。❻恐愒　恐嚇。❼歙縣　縣名，縣治在今安徽歙縣。❽止　只。❾韋玢　事見《元和姓纂》卷二、《新唐書》卷七十四〈宰相世系表四上〉。❿舉職　行使職權，勝任其事。⓫臺郎　臺省郎官。⓬甫爾　剛剛。⓭指以為戒　以此事為戒。⓮省事　尚書省之事。⓯聖慈　對天子的美稱。⓰蘇祿　又稱車鼻施啜蘇祿。守忠死後自立為可汗。開元年間授右武衛大將軍、突騎施都督，進號忠順可汗。傳見《新唐書》卷二百十五下、《舊唐書》卷一百九十四下。⓱尚

衣奉御　官名，殿中省有尚食、尚藥、尚衣、尚舍、尚乘、尚輦六局，掌皇帝日常生活起居，每局各有奉御二人，正五品下。尚衣奉御掌供天子衣服，詳其制度，辯其名數，供天子進御。⑱長孫昕　見《舊唐書》卷八〈玄宗紀上〉、卷一百〈李傑傳〉等。⑲細故　小事故。⑳不協　不和。

【語譯】京兆尹崔日知貪婪暴虐，不守法度，御史大夫李傑將要彈劾他，崔日知便反誣李傑有罪。十二月，侍御史楊瑒當廷上奏說：「如果檢舉彈劾的官署，讓奸邪之人可以恐嚇威脅，那麼御史臺就可以廢除掉了。」玄宗急忙命令李傑照常處理事務，把崔日知貶為歙縣縣丞。

有人進言說：「按察使只會煩擾公私，請精簡刺史、縣令，停止派遣按察使。」玄宗命令召集尚書省官員討論這件事。姚崇認為「現在只選派了十個按察使，還擔心未必都是合適的人選，何況天下有三百多個州，縣的數量又多出好幾倍，怎麼能使每一位刺史、縣令都稱職呢！」於是停止了這場討論。

尚書左丞韋玢上奏說：「郎官大多不稱職，請求裁汰郎官，改任別的職務。」不久韋玢就被外放為州刺史，宰相上奏打算任命韋玢為冀州刺史，玄宗頒敕改命韋玢為小州刺史。姚崇奏言說：「郎官懈怠不稱職，韋玢請求裁汰，這是奉公的表現。郎官剛剛改任他職，韋玢就被貶黜到外地，議論此事的人們都說這是郎官誹謗中傷所致。臣擔心以後尚書左右丞以此為戒，那麼尚書省的事務何從辦理呢！臣希望陛下詳加考察，使當官的人沒有什麼疑懼。」於是任命韋玢為冀州刺史。

突騎施守忠死了以後，默啜的部隊撤回，守忠的部將蘇祿糾集殘餘部眾，自己當上了酋長。蘇祿很善於安撫部眾，十姓部落便漸漸歸附了他，擁有部眾二十萬，於是佔據了西域。不久派遣使者入朝謁見。這一年，任命蘇祿為左羽林大將軍，金方道為經略大使。

四年（丙辰　西元七一六年）

王皇后的妹夫尚衣奉御長孫昕因為小事情與御史大夫李傑不和睦。

春，正月，昕與其妹夫楊仙玉於里巷伺傑而毆❶之。傑上表自訴曰：「髮膚❷見毀，雖則痛身❸，冠冕被陵，誠為辱國。」上大怒，命於朝堂杖殺❹，以謝百僚。仍以敕書慰傑曰：「昕等朕之密戚❺，不能訓導，使陵犯衣冠，雖寘以極刑，未足謝罪。卿宜以剛腸疾惡❻，勿以凶人介意❼。」

丁亥❽，宋王成器更名❾憲，申王成義更名撝。○乙酉❿，隴右節度使郭虔瓘⓫奏，奴石良才等八人皆有戰功，請除游擊將軍⓬。敕下，盧懷慎等奏曰：「郭虔瓘恃其微效⓭，輒侮彝章⓮，為奴請五品，實亂綱紀，不可許。」上從之。

丙午⓯，以郯王嗣直[1]為安北大都護、安撫河東、關內、隴右諸蕃大使，以安北大都護張知運⓰為之副。陝王嗣昇為安西大都護、安撫河西四鎮諸蕃大使，以安西都護郭虔瓘為之副。二王皆不出閤⓱。諸王遙領節度自此始。

二月丙辰⓲，上幸驪山溫湯。○吐蕃圍松州⓳。○丁卯⓴，上還宮。○辛未㉑，以尚書右丞倪若水㉒為汴州刺史兼河南采訪使。

上雖欲重都督、刺史㉓，選京官才望者㉔為之，然當時士大夫猶輕㉕外任。楊州采訪使班景倩㉖入為大理少卿，過大梁㉗，若水餞之行㉘，立望其行塵，久之乃返，謂官屬曰：「班生此行，何異登仙！」

癸酉㉙，松州都督孫仁獻襲擊吐蕃於城下，大破之。

上嘗遣宦官詣江南取鵁鶄㉚、鸂鶒㉛等，欲置苑中，使者所至煩擾。道過汴州，倪若水上言：「今農桑方急，而羅捕禽鳥以供園池之翫㉜，遠自江、嶺㉝，水陸傳送，食以粱肉。道路觀者，豈不以陛下賤人而貴鳥乎！陛下方當以鳳凰為凡鳥，麒麟為凡獸，況鵁鶄、鸂鶒，曷㉞足貴也！」上手敕㉟謝若水，賜帛四十段，縱散其鳥。

山東蝗復大起㊱，姚崇又命捕之。倪若水謂：「蝗乃天災，非人力所及，宜修德以禳之。劉聰㊲時，常捕埋之，為害益甚。」拒御史，不從其命。崇牒㊳若水曰：「劉聰偽主，德不勝妖；今日聖朝，妖不勝德。古之良守，蝗不入境。若其修德可免，彼豈無德致然！」若水乃不敢違。夏，五月甲辰㊴，敕委使者詳察州縣捕蝗勤惰者，各以名聞。由是連歲蝗災，不至大饑。

或言於上曰：「今歲選敘㊵大濫，縣令非才。」及入謝，上悉召縣令於宣政殿㊶庭，試以理人策。惟鄄城㊷令韋濟㊸詞理第一，擢為醴泉㊹令。餘二百餘人不入第㊺，且令之官㊻，四十五人放歸學問㊼。吏部侍郎盧從愿左遷豫州刺史，李朝隱左遷滑州刺史。從愿典選六年，與朝隱皆名稱職㊽。初，高宗之世，馬載、裴行儉在吏部最有名，時人稱吏部前有馬、裴，後有盧、李。濟，嗣立[49]之子也。

有胡人上言海南[50]多珠翠[51]奇寶[52]，可往營致[53]，因言市舶[54]之利。又欲往師子國[55]求靈藥[56]及善醫之嫗[57]，寘之宮掖。上命監察御史楊範臣[58]與胡人偕往求之，範臣從容奏曰：「陛下前年焚珠玉、錦繡，示不復用。今所求者何以異於所焚者乎！彼市舶與商賈爭利，殆非王者之體。胡藥之性，中國多不能知，況於胡嫗，豈宜寘之宮掖！夫御史，天子耳目之官，必有軍國大事，臣雖觸冒炎瘴[59]，死不敢辭。此特胡人眩惑求媚，無益聖德，竊恐非陛下之意，願熟思之。」上遽自引咎，慰諭而罷之。

【章旨】以上為第十二段，寫唐玄宗識大體，不護短親戚，不濫施官爵，嚴肅選舉，納諫改過，放飛珍禽，贊同姚相滅蝗。

【注釋】❶毆　毆打。❷髮膚　頭髮皮膚。❸痛身　使身體痛苦。❹杖殺　杖殺長孫昕、楊仙玉。❺密戚　近密姻親。❻疾惡　疾恨惡人惡事。❼勿以凶人介意　不要因為受了兇人陵辱，就有介於懷，而不再糾彈奸佞之人。❽丁亥　正月初十日。❾成器更名　李成器改名。因「成」字犯昭成皇后謚號，故宋王成器與申王成義皆改名。❿乙酉　正月初八。應在「丁亥」之前。⓫隴右節度使郭虔瓘　據《唐會要》、《冊府元龜》及兩《唐書》，郭虔瓘未任隴右節度使，隴右節度使為郭知運。若隴右節度使不誤，則郭虔瓘應是郭知運之訛；若郭虔瓘之名不誤，則隴右節度使官號與實際情況不合。待考。⓬游擊將軍　武散官第十四階，從五品下。⓭微效　微功。⓮彝章　常典。⓯丙午　正月二十九日。⓰張知運　事見《舊唐書》卷一百三〈郭知運傳〉、卷一百九十四上〈突厥傳上〉，《新唐書》卷五〈玄宗紀〉、卷一百三十三〈郭知運傳〉、卷二百十五下〈突厥傳下〉。

⑰不出閤　不出內殿。⑱丙辰　二月初九日。⑲吐蕃圍松州　時在二月辛酉，即二月十四日。見《新唐書・玄宗紀》。⑳丁卯　二月二十日。㉑辛未　二月二十四日。㉒倪若水　字子泉，恆州藁城（今河北藁城）人，進士及第，曾任右臺監察御史。官至尚書右丞，提倡儒學。傳見《舊唐書》卷一百八十五下、《新唐書》卷一百二十八。㉓重都督刺史　重視都督、刺史之任。㉔才望者　有才能和威望的人。㉕輕　輕視。㉖班景倩　見《舊唐書》卷二十四〈禮儀志四〉、卷一百二十三〈班宏傳〉，《新唐書》卷一百四十九〈班宏傳〉等。㉗大梁　指唐代汴州治所浚儀縣，即古代大梁之地，在今河南開封。㉘餞之行　為之餞行。㉙癸酉　二月二十六日。㉚鵁鶄　水鳥名，形狀像鳧，大腳，高毛冠，能入水捕魚。㉛鸂鶒　亦為水鳥。常在水上偶游，大於鴛鴦，色澤多紫，人稱紫鴛鴦。㉜翫　「玩」的異體字。㉝江嶺　江南、嶺外。㉞曷　豈。㉟手敕　親手作敕書。㊱山東蝗復大起　去年五月，山東大蝗，至此，山東又發生大蝗災。㊲劉聰　（？—西元三一八年）十六國時期漢國國君，匈奴人。西元三一〇—三一八年在位。傳見《晉書》卷一百二、《魏書》卷九十五。㊳牒　公文的一種。多用於下級對上級或同等機關之間。㊴甲辰　五月二十九日。㊵選敘　銓選敘錄。㊶宣政殿　在大明宮含元殿之北。㊷鄄城　縣名，縣治在今山東鄄城北之舊城集。㊸韋濟　宰相韋嗣立之子。官至馮翊太守，有政績。傳見《舊唐書》卷八十八、《新唐書》卷一百十六。㊹醴泉　在今陝西禮泉。當時為赤縣，縣令級別較高。㊺二百餘人不入第　據《舊唐書・玄宗紀》等，二百當為「二十」之誤。㊻之官　赴任。此處指還舊官。㊼放歸學問　放歸故鄉，重新習讀。㊽皆名稱職　皆以稱職著名。㊾嗣立　韋嗣立於長安四年（西元七〇四年）正月二十六日至十二月五日擔任宰相。㊿海南　指林邑、扶南、真臘諸國，即今老撾、柬埔寨一帶。(51)珠翠　珍珠翡翠。(52)奇寶　奇玩寶貨。(53)營致　營求獲得。(54)市舶　本指往來貿易的中外船舶。引申為中外貿易。(55)師子國　即今斯里蘭卡共和國。其國因馴養獅子而得名。師，通「獅」。(56)靈藥　仙藥。(57)嫗　老婦人。(58)楊範臣　事見《唐郎官石柱題名考》卷三。(59)炎瘴　炎氣瘴癘。

【校　記】[1]郯王嗣直　原作「鄫王嗣真」。胡三省注據兩《唐書・玄宗諸子傳》認為當作「郯王嗣直」，嚴衍《通鑑補》改作「郯王嗣直」，今從改。

【語　譯】四年（丙辰　西元七一六年）

春，正月，長孫昕和他的妹夫楊仙玉在街巷裡伺機揍了李傑。李傑自己上表控訴說：「鬢髮皮膚被毀傷，雖然只是身上疼痛，但朝服衣冠受到了侵陵，這確實是對國家的侮辱。」玄宗大怒，命令在朝堂上把長孫昕和楊仙玉用杖刑處死，以此向臣僚謝罪。玄宗還下敕書安慰李傑說：「長孫昕等人是我的近親，我未能訓導，使他們冒犯朝廷大臣。雖已處以極刑，仍不足以謝罪，您應該秉持剛正忠腸，嫉惡如仇，不要把兇徒放在心上。」

正月初十日丁亥，宋王李成器改名為李憲，申王李成義改名為李撝。〇初八日乙酉，隴右節度使郭虔瓘奏報，奴僕石良才等八人都有戰功，請求任命他們為游擊將軍。敕書下發後，盧懷慎等人上奏說：「郭虔瓘倚仗他的小功，經常違反常規，為奴僕請求五品之職，實際上是淆亂了綱紀，陛下不能同意。」玄宗聽從了盧懷慎的意見。

正月二十九日丙午，任命郯王李嗣直為安北大都護和安撫河東、關內、隴右諸蕃大使，任命安北大都護張知運為他的副手。任命陝王李嗣昇為安西大都護、安撫河西四鎮諸蕃大使，任命安西都護郭虔瓘為他的副手。鄫王和陝王都不離開府第。諸王遙領節度使從這次開始。

二月初九日丙辰，玄宗巡幸驪山溫泉。〇吐蕃軍隊包圍了松州。〇二十日丁卯，玄宗返回宮中。〇二十四日辛未，任命尚書右丞倪若水為汴州刺史兼河南采訪使。

玄宗雖然打算重視都督、刺史，選拔京官中德才兼備的人擔任這些職務，然而當時的士大夫還是看不起出任地方官。楊州采訪使班景倩入朝任大理寺少卿，經過大梁時，倪若水為他餞行，站在那裡望著他的車馬遠行的塵土，很久才返回，並對他的屬官們說：「班生這次入朝，跟登仙有什麼差別呢！」

二月二十六日癸酉，松州都督孫仁獻在城下襲擊了吐蕃的軍隊，把他們打得大敗。

玄宗曾派遣宦官到江南收取鵁鶄、鸂鶒等水鳥，打算放在苑囿之中，使者所到之處搞得雞犬不寧。路過汴州的時候，倪若水上言說：「現在正是農忙時節，而陛下派人捕捉飛禽供園林玩賞，從江南、嶺表遠處由水陸遞運，用粱肉來飼養牠們。路途中看到的人們怎能不認為陛下把人看得輕賤而把鳥看得貴重呢！陛下把鳳凰看作普通的飛禽，把麒麟看作普通的走獸，何況鵁鶄、鸂鶒這樣的水鳥，又何足珍貴呢！」玄宗親筆敕書向倪若水致謝，賜給他絹帛四十段，放飛捉來的鳥。

山東又發生嚴重的蝗蟲，姚崇再次下令捕殺蝗蟲。倪若水說：「發生蝗蟲乃是天災，不是人力可以改變的，應當用修德來消除蝗災。劉聰時就常常捕殺蝗蟲，把牠們埋掉，但災害卻更為嚴重。」倪若水還拒絕了御史，不執行他的命令。姚崇發出公文告訴他說：「劉聰是僭越為王，德不勝妖；今日聖君臨朝，妖不勝德。古時的賢良郡守，蝗蟲不入他的轄區。如果修德就可以免除蝗災，難道說汴州的蝗災是由於您無德所致的嗎！」倪若水這才不敢違抗捕殺蝗蟲的命令。夏，五月二十九日甲辰，玄宗頒布敕命，委派使者仔細考察州縣捕殺蝗蟲勤勉和懶惰的，把姓名報送朝廷。因此，連年發生蝗災，沒有造成嚴重的饑荒。

有人對玄宗說：「今年選官太濫，任命的縣令不稱職。」到入朝拜謝時，玄宗把所有的縣令召集到宣政殿堂上，用治理百姓的策論來考試。只有鄄城縣令韋濟詞理最佳，提拔他為醴泉縣令。其餘二百多人都不合格，暫且讓他們到任，還有四十五人放回家繼續學習。吏部侍郎盧從愿被降職為豫州刺史，李朝隱被降職為滑州刺史。盧從愿主持選官事務已有六年，與李朝隱都被認為是稱職的官員。當初在高宗朝，馬載和裴行儉在吏部最有名，當時人們都稱吏部前有馬、裴，後有盧、李。韋濟，是韋嗣立的兒子。

有個胡人向玄宗上言說海南盛產珠翠奇寶，可以派人去採購販回，趁機大談海上貿易的利益。還想去師子國尋訪靈丹妙藥和精於醫術的老婦，帶回安置在宮中。玄宗命令監察御史楊範臣和胡人一道前去尋訪，楊範臣閒談時向玄宗奏言：「陛下前年焚毀了珠寶玉器和錦繡織物，表示不再使用這些東西；現在所求的東西與前年焚毀的東西有什麼不同呢？海上貿易與商賈爭利，恐怕不是帝王的體統。胡藥的藥性，中國人大多不能瞭解，況且胡人的老婦，怎麼能安置在後宮呢！監察御史是天子的耳目之官，如果一定有軍國大事，臣即使冒酷暑瘴氣，丟掉性命也不敢推辭。這只不過是胡人淆亂聖聽、獻媚取寵，無益於聖德，我私下猜想這並非陛下的本意，希望對此事深思熟慮。」玄宗承認了自己的錯誤，勸慰楊範臣，撤銷了這一命令。

六月癸亥❶，上皇崩于百福殿❷。己巳❸，以上女萬安公主❹為女官，欲以追福。

癸酉❺，拔曳固❻斬突厥可汗默啜首來獻。時默啜北擊拔曳固，大破之於獨樂水❼，恃勝輕歸，不復設備，遇拔曳固迸卒❽頡質略❾，自柳林突出，斬之。時大武軍❿子將⓫郝靈荃⓬奉使在突厥，頡質略以其首歸之，與偕詣闕，懸其首於廣街。拔曳固、回紇、同羅、霫、僕固五部皆來降，置於大武軍北。

默啜之子小可汗立，骨咄祿之子闕特勒⓭擊殺之，及默啜諸子、親信略盡；立其兄左賢王默棘連⓮，是為毗伽可汗，國人謂之「小殺」。毗伽以國固讓闕特勒，闕特勒不受，乃以為左賢王，專典兵馬。

秋，七月壬辰⓯，太常博士陳貞節⓰、蘇獻以太廟七室已滿，請遷中宗神主於別廟，奉睿宗神主祔太廟，從之。又奏遷昭成皇后祔睿宗室，肅明皇后留祀於儀坤廟⓱。八月乙巳⓲，立中宗廟於太廟之西。

辛未⓳，契丹李失活⓴、奚李大酺帥所部來降。制以失活為松漠郡王、行左[1]金吾大將軍兼松漠都督，因其八部㉑落酋長，拜為刺史；又以將軍薛泰㉒督軍鎮撫之。大酺為饒樂郡王、行右[2]金吾大將軍兼饒樂都督。失活，盡忠㉓之從父弟也。

吐蕃復請和，上許之。○突厥默啜既死，奚、契丹、拔曳固等諸部皆內附，突騎施蘇祿復自立為可汗。突厥部落多離散，毗伽可汗患之，乃召默啜時牙官暾欲谷㉔，以為謀主。暾欲谷年七十餘，多智略，國人信服之。突厥降戶處河曲㉕者，聞毗伽立，多復叛歸之。

并州長史王晙上言：「此屬徒以其國喪亂，故相帥來降，若彼安寧，必復叛去。今置之河曲，此屬桀黠㉖，實難制御，往往不受軍州㉗約束，興兵剽掠。聞其逃者已多與虜聲問往來，通傳委曲㉘。乃是畜養此屬使為間諜，日月滋久，姦詐逾深，窺伺邊隙，將成大患。虜騎南牧㉙，必為內應，來逼軍州，表裏㉚受敵，雖有韓、彭㉛，不能取勝矣。願以秋、冬之交，大集兵眾，諭以利害，給其資糧，徙之內地。二十年外㉜，漸變舊俗，皆成勁兵，雖一時暫勞，然永久安靖。比者守邊將吏及出境使人，多為諛辭，皆非事實，或云北虜破滅，或云降戶妥帖㉝，皆欲自衒其功，非能盡忠徇國。願察斯利口㉞，忽忘遠慮。議者必曰：『國家鄉時已嘗寘降戶於河曲㉟，皆獲安寧，今何所疑！』此則事同時異，不可不察。鄉者，頡利既亡，降者無復異心，故得久安無變。今北虜尚存㊱，此屬或畏其威，或懷其惠，或其親屬，豈樂南來！較之彼時㊲，固不侔矣。以臣愚慮，徙之內地，上也。多屯士馬，大為之備，華、夷相參，人勞費廣，次也。正如今日，下也。願審茲三策，擇利而行，縱使因徙逃亡，得者皆為唐有。若留至河冰㊳，恐必有變。」

疏奏，未報，降戶跌跌思泰㊴、阿悉爛等果叛。冬，十月甲辰㊵，命朔方大總管薛訥發兵追討之。王晙引并州兵西濟河，晝夜兼行，追擊叛者，破之，斬獲三千級。

先是，單于副都護張知運悉收降戶兵仗㊶，令度河而南，降戶怨怒。御史中丞姜晦為巡邊使，降戶訴無弓矢，不得射獵，晦悉還之，降戶得之，遂叛。張知運不設備，與之戰於青剛嶺㊷，為虜所擒，欲送突厥。至綏州㊸境，將軍郭知運以朔方兵邀擊之，大破其眾於黑山呼延谷㊹，虜釋張知運而去。上以張知運喪師，斬之以徇。

毗伽可汗既得思泰等，欲南入為寇。暾欲谷曰：「唐主英武，民和年豐，未有間隙，不可動也。我眾新集，力尚疲羸㊺，且當息養㊻數年，始可觀變而舉。」毗伽又欲築城，并立寺觀，暾欲谷曰：「不可。突厥人徒㊼稀少，不及唐家百分之一，所以能與為敵者，正以隨[3]逐水草，居處無常㊽，射獵為業，人皆習武，彊則進兵抄掠，弱則竄伏山林，唐兵雖多，無所施用㊾。若築城而居，變更舊俗，一朝失利，必為所滅。釋、老㊿之法，教人仁弱，非用武爭勝之術，不可崇也。」毗伽乃止。

庚午(51)，葬大聖皇帝于橋陵(52)，廟號睿宗。御史大夫李傑護橋陵作，判官王旭(53)犯贓，傑按之，反為所構，左遷衢州(54)刺史。

【章　旨】以上為第十三段，寫睿宗之崩葬，以及北方突厥、奚、契丹、拔曳固諸部內附。

【注　釋】❶癸亥　六月十九日。❷百福殿　在長安宮城（西內）太極殿西北。❸己巳　六月二十五日。❹萬安公主　唐玄宗第七女。事見《唐會要》卷六、《新唐書》卷八十三。❺癸酉　六月二十九日。❻拔曳固　即拔野固、拔野古、拔也固。見《新唐書》卷二百十七下〈回鶻傳下〉。❼獨樂水　即今蒙古共和國首都烏蘭巴托西面之土拉河。❽迸卒　迸散的士卒。❾頡質略　後官至拔曳固都督。見《冊府元龜》卷九百九十二。❿大武軍　在朔州城，即今山西朔州。置於大同軍北，即安置在今山西平魯、山陰、右玉、左雲一帶。⓫子將　小將。⓬郝靈荃　事見《舊唐書》卷一百四十七〈杜佑傳〉、卷一百九十四上〈突厥傳上〉，《新唐書》卷五〈玄宗紀〉、卷一百二十四〈宋璟傳〉、卷一百六十六〈杜佑傳〉、卷二百十五上〈突厥傳上〉。⓭闕特勒　事見《舊唐書》卷一百九十四上〈突厥傳〉、《新唐書》卷二百十五〈突厥傳上〉及〈闕特勤碑〉。特勒，應為「特勤」之誤。⓮默棘連　骨咄祿（即骨篤祿）之子。傳見《舊唐書》卷一百九十四上、《新唐書》卷二百十五下。⓯壬辰　七月十八日。⓰陳貞節　潁川（今河南許昌）人，開元初為右拾遺，遷太常博士。傳見《新唐書》卷二百。⓱遷昭成皇后祔睿宗室二句　肅明皇后本睿宗元妃，曾立為皇后；昭成皇后為次妃，追謚皇后。因昭成皇后生玄宗，故特升祔睿宗。儀坤廟，祀二妃，在京師親仁里。睿宗景雲二年立。⓲乙巳　八月初二日。⓳辛未　八月二十八日。⓴李失活　開元二年率部落歸唐，玄宗賜丹書鐵券。至此，又與奚長李大酺歸唐。傳見《舊唐書》卷一百九十九下、《新唐書》卷二百十九。㉑八部　即達稽部、紇便部、獨活部、芬門部、突便部、芮奚部、墜斤部及伏部。見《新唐書・契丹傳》。㉒薛泰　當時薛泰為押蕃落使，督軍鎮撫契丹。開元十年為安東都護。事見《舊唐書》卷一百九十九下〈契丹傳〉、《新唐書》卷二百十九〈契丹傳〉。㉓盡忠　李盡忠萬歲通天元年（西元六九六年）反唐。㉔暾欲谷　突厥人名，賢者，有智略，漢化程度較高。傳見《舊唐書》卷一百九十四上。㉕河曲　黃河之曲。此處特指黃河以南突厥故地。㉖桀黠　桀驁狡黠。㉗軍州　軍與州。此處泛指地方行政機構。㉘委曲　事情的底細。㉙南牧　南侵。㉚表裏　內外。㉛韓彭　韓信、彭越。㉜外　後。㉝妥帖　穩當、安樂。㉞利口　巧言。㉟國家曩時已嘗賓降戶於河曲　指貞觀四年東突厥滅亡後，唐太宗將歸降的突厥人安置在自幽州至靈州之間的順、祐、化、長四州都督府。㊱今北虜尚存　指默啜雖死，默棘連又立，後突厥政權繼續存在。㊲彼時　指貞觀之時。㊳留至河冰　留到黃河結冰的時候。㊴䟤跌思泰　《新唐書・突厥傳》及《舊唐書》卷一百三作「䟤跌思太」。「太」與「泰」同。㊵甲辰　十月初二日。㊶兵仗　兵器的總稱。㊷青剛嶺　在慶州之北、靈州之南，即今甘肅環縣北部一帶。㊸綏州　州名，治所在今陝西綏德。㊹黑山呼延谷　地名，在今陝西榆林西南。㊺疲羸　疲憊羸弱。㊻息養　休養生息。㊼人徒　人眾。㊽無常　不定。㊾施用　施展運用。㊿釋老　佛教、道教。(51)庚午　十月二十八日。(52)橋陵　唐睿宗陵，在今陝西蒲城西北的金熾山上。(53)王旭　貞觀宰相王珪之孫。開元初酷吏。傳見《舊唐書》卷一百八十六下、《新唐書》卷二百九。(54)衢州　州名，治所在今浙江衢州。

【校記】①左　原無此字。據章鈺校，十二行本、乙十一行本、孔天胤本皆有此字，張敦仁《通鑑刊本識誤》同，今據補。②右　原無此字。據章鈺校，十二行本、乙十一行本、孔天胤本皆有此字，張敦仁《通鑑刊本識誤》同，今據補。③隨　原無此字。據章鈺校，十二行本、乙十一行本、孔天胤本皆有此字，張敦仁《通鑑刊本識誤》同，今據補。

【語譯】六月十九日癸亥，太上皇在百福殿去世。二十五日己巳，把玄宗的女兒萬安公主度為女道士，想以此來為太上皇祈求冥福。

六月二十九日癸酉，拔曳固斬殺了突厥可汗阿史那默啜，並前來奉獻首級。當時阿史那默啜北進攻打拔曳固部落，在獨樂水大敗拔曳固部眾，默啜恃勝輕心返回，不再防範，遇上拔曳固逃散的士卒頡質略，在柳林突然殺出，斬殺了默啜。當時大武軍子將郝靈荃正奉命出使在突厥，頡質略就把默啜的首級交給他，並與他一起回到朝中，把默啜的首級懸掛在大街上。拔曳固、回紇、同羅、霫、僕固五個部族都來歸降，把他們安置在大武軍以北地區。

默啜的兒子小可汗繼位，骨咄祿的兒子闕特勒攻擊並殺死了他，又把默啜的其他兒子和親信誅殺殆盡。闕特勒擁立其兄左賢王默棘連，這就是毗伽可汗，國人都把他稱為「小殺」。毗伽可汗堅決要把汗位讓給闕特勒，闕特勒不接受，毗伽可汗便任命闕特勒為左賢王，專門統領軍隊。

秋，七月十八日壬辰，太常博士陳貞節、蘇獻認為太廟裡供奉神主的七間屋子已滿，請求把中宗皇帝的神主遷移到別的宗廟裡，供奉睿宗皇帝的神主入太廟祔祭，玄宗聽從了他的意見。陳貞節和蘇獻又上奏請求把昭成皇后的神主遷入供奉睿宗皇帝神主的太廟祔祭，而把肅明皇后的神主留在儀坤廟祀奉。八月初二日乙巳，在太廟的西面建起了中宗廟。

八月二十八日辛未，契丹李失活和奚族李大酺率領所部前來歸降。玄宗頒布詔命，封李失活為松漠郡王、代理左金吾大將軍兼松漠都督，沿用他的八個部落酋長，拜為刺史，又派將軍薛泰督軍鎮撫這一地區。李大酺為饒樂郡王、代理右金吾大將軍兼饒樂都督。李失活，是李盡忠的堂弟。

吐蕃再次請求與唐朝和解，玄宗答應了這一請求。○突厥可汗默啜被殺死之後，奚、契丹、拔曳固等部落都來歸附唐朝，突騎施蘇祿再次自立為可汗。由於突厥各部落大多四分五裂，毗伽可汗心中憂慮，就召默啜時的牙官暾欲谷任用為謀主。暾欲谷已有七十多歲，足智多謀，突厥部眾都信服他。突厥降戶被安置在河曲之地的人，聽到毗伽即位的消息，大多數又背叛了唐朝，歸附於毗伽可汗。

并州長史王晙上奏說：「這些人只是因為他們自己的國家發生喪亂，所以才相率前來降附，如果他們的部落穩固安定了，一定會再次反叛逃離。現在把他們安置在河曲地區，這些人兇暴狡黠，難以制服，往往不接受當地軍、州官府的約束，發動士兵剽劫搶掠。聽說逃亡過來的人大多與其本部落的人問訊往來，傳送情報。這是畜養這些人使他們成為間諜，時間越長，奸詐越深，觀察到邊防出現漏洞，必將成為巨大的禍患。突厥軍隊南下時，這些人必然會充當內應，前來進逼軍州，唐軍裡外受敵，即使有韓信、彭越，也不能取勝了。希望在秋、冬之交，大規模調集軍隊，向這些人曉以利害，供給他們資財和糧草，把他們遷到內地。二十年後，他們的舊俗就會逐漸改變，都變成戰鬥力強的士兵，雖然一時辛勞，然而能永久地獲得安定。近來守邊將吏和出入邊境的使者，大多是說些阿諛奉承之辭，都不是事實。有的說北部敵人已經破滅，有的說歸降的人已經穩定，都是想藉此炫耀自己的功勞，而不能夠盡忠為國。希望能洞察這些花言巧語，不要忘記長遠的考慮。議論這事的人一定會說：『從前國家已經把降服的人安置在河曲，都獲得了安寧，而今又有什麼可懷疑的呢！』此次變動則在於事情相同而時勢發生了變化，陛下不可不加以洞察。從前，頡利可汗已經滅亡，歸降的人沒有再生異心，所以局勢得以長期安定，沒有發生事變。如今北方毗伽可汗尚存，這些歸降的人有人畏懼他的威勢，有人懷念他的恩惠，有人是他的親屬，他們哪裡會心甘情願地南下歸降朝廷呢！與從前相比較，根本不能相提並論。依臣愚見，把他們遷徙到內地，這是上策。在此多駐兵馬，加強防備，讓漢人和胡人相互雜居，人員疲敝，耗資巨大，這是中策。如像現在這樣，這是下策。希望陛下審察這三種策略，選擇有利的方案來執行，即便因為遷徙而有人逃亡，但得到的人畢竟都會為唐朝所有。倘若事情拖延到黃河結冰時，恐怕一定會發生事變。」

這篇奏疏呈進之後，玄宗沒有作出答覆，歸降的胡人跌跌思泰、阿悉爛等人果然叛逃。冬，十月初二日甲辰，玄宗命令朔方道大總管薛訥發兵追討叛逃的胡人。王晙率領并州的官軍西渡黃河，晝夜兼程，追擊叛胡，打敗了他們，斬獲敵人首級三千。

在此之前，單于副都護張知運全部收繳了降胡的兵器，命令他們渡黃河南下，降胡對此又怨恨又生氣，御史中丞姜晦正擔任巡邊使，降胡便向姜晦訴說因沒有弓箭而無法狩獵，姜晦把武器全部歸還他們，降胡得到武器之後就叛變了。張知運事先沒有防備，在青剛嶺與叛胡交戰，被他們擒獲。他們打算把張知運交給突厥。到了綏州境內時，將軍郭知運帶領朔方軍截擊叛胡，在黑山呼延谷把他們打得大敗，他們釋放了張知運後逃離。玄宗認為張知運損兵折將，將他斬首示眾。

毗伽可汗得到跌跌思泰等人之後，打算南下入侵唐朝。暾欲谷說：「唐朝皇帝英勇神武，民眾和睦，糧食豐收，沒有可乘之機，不可輕舉妄動。我們的部眾剛剛聚集到一起，力量還很微弱，尚需休養生息幾年，才可窺伺變化而舉兵南進。」毗伽可汗又打算修建城池，並且還要營造寺廟道觀，暾欲谷說：「不可以。突厥人口稀少，不到唐朝的百分之一，我們之所以能夠與他們為敵，正是因為我們跟隨追逐水草而遷徙，居無常所，以狩獵為業，人們都諳習武藝，勢力強大了就進兵劫掠，勢力減弱了就逃竄潛伏在山林之中，唐兵雖然人多，卻無用武之地。如果我們築城而居，改變原有的習俗，一旦失利，必然會被消滅。佛、道的教義，都是教誨人們仁德柔弱，不是教人用武力爭勝的方法，不可尊崇佛、道。」毗伽這才作罷。

十月二十八日庚午，把大聖皇帝安葬在橋陵，廟號為睿宗。御史大夫李傑總領橋陵的營建事宜，判官王旭貪汙了工程款，李傑審查此案，反被王旭所誣陷，被降職為衢州刺史。

十一月己卯❶，黃門監盧懷慎疾亟，上表薦宋璟、李傑、李朝隱、盧從愿並明時重器❷，所坐者小，所棄者大❸，望垂矜錄❹，上深納之。乙未❺，薨。家無餘蓄，惟一老蒼頭❻，請自鬻以辦喪事。◯丙申❼，以尚書左丞源乾曜❽為黃門侍郎、同平章事。

姚崇無居第，寓居❾罔極寺❿，以病痁⓫謁告⓬，上遣使問飲食起居狀，日數十輩。源乾曜奏事或稱旨，上輒曰：「此必姚崇之謀也。」或不稱旨，輒曰：「何不與姚崇議之！」乾曜常謝實然⓭。每有大事，上常令乾曜就寺問崇。癸卯⓮，乾曜請遷崇於四方館⓯，仍聽家人入侍疾，上許之。崇以四方館有簿書⓰，非病者所宜處，固辭。上曰：「設四方館，為官吏也；使卿居之，為社稷也。恨不可使卿居禁中⑰耳，此何足辭！」

崇子光祿少卿彝、宗正少卿昇，廣通⑱賓客，頗受饋遺，為時所譏。主書⑲趙誨為崇所親信，受胡人賂，事覺，上親鞫問，下獄當死⑳，崇復營救，上由是不悅。會曲赦㉑京城，敕特標誨名㉒，杖之一百，流嶺南。崇由是憂懼，數請避相位，薦廣州都督宋璟自代。

十二月，上將幸東都，以璟為刑部尚書、西京留守，令馳驛詣闕，遣內侍㉓、將軍楊思勗㉔迎之。璟風度凝遠㉕，人莫測其際㉖，在塗竟不與思勗交言。思勗素貴幸，歸，訴於上，上嗟歎良久，益重璟。○丙辰㉗，上幸驪山溫湯。乙丑㉘，還宮。

閏月㉙己亥㉚，姚崇罷為開府儀同三司，源乾曜罷為京兆尹、西京留守，以刑部尚書宋璟守吏部尚書兼黃門監，紫微侍郎蘇頲同平章事。

璟為相，務在擇人，隨材授任，使百官各稱其職，刑賞無私，敢犯顏直諫。上甚敬憚之，雖不合意，亦曲從之。

突厥默啜自則天世為中國患，朝廷㉛旰食㉜，傾天下之力不能克；郝靈荃得其首，自謂不世之功㉝。璟以天子好武功，恐好事者競生心徼倖㉞，痛抑其賞㉟，逾年始授郎將(36)，靈荃慟哭而死。

璟與蘇頲相得甚厚，頲遇事多讓於璟，璟每論事則頲為之助。璟嘗謂人曰：「吾與蘇氏父子皆同居相府，僕射(37)寬厚，誠為國器(38)，然獻可替否(39)，吏事精敏(40)，則黃門(41)過其父矣。」

姚、宋相繼為相，崇善應變成務，璟善守法持正。二人志操(42)不同，然協心輔佐，使賦役寬平，刑罰清省(43)，百姓富庶。唐世賢相，前稱房、杜(44)，後稱姚、宋，它人莫得比焉。二人每進見，上輒為之起，去則臨軒(45)送之。及李林甫為相(46)，雖寵任過於姚、宋，然禮遇(47)殊卑薄矣。紫微舍人高仲舒(48)博通典籍，齊澣練習時務，姚、宋每坐二人以質所疑，既而歎曰：「欲知古，問高君，欲知今，問齊君，可以無闕政(49)矣！」

辛丑(50)，罷十道按察使(51)。

舊制，六品以下官皆委尚書省奏擬，是歲，始制員外郎、御史、起居、遺、補不擬(52)。

【章　旨】以上為第十四段，寫開元初賢相風采，姚崇與盧懷慎，宋璟與蘇頲相繼為相，和衷共濟。

【注釋】❶己卯　十一月初七日。❷明時重器　指宋璟等四人是清平時代的傑出人才。明時，政治清明的朝代，指本朝。重器，即大器，指寶貴的人才。❸所坐者小二句　宋璟坐小事出為睦州刺史，轉廣州都督；李傑為王旭所誣，左遷衢州刺史；盧從愿、李朝隱因敘縣令非才分別貶為豫州刺史、滑州刺史。此謂宋璟等人因小過而棄置不用，是朝廷的重大損失。❹矜錄　矜憐錄用。❺乙未　十一月二十三日。❻蒼頭　奴僕。❼丙申　十一月二十四日。❽源乾曜　（？—西元七三一年）相州臨漳（今河北臨漳西南）人，進士及第，為相十餘年，以清慎恪敏著名。傳見《舊唐書》卷九十八、《新唐書》卷一百二十七。❾寓居　寄居。❿罔極寺　神龍元年（西元七〇五年）太平公主為武則天所立，在長安朱雀街東大寧坊東南隅，即今西安東關炮房街一帶。開元二十年改名興唐寺。⓫痁　瘧疾。⓬謁告　請假。⓭實然　確實如此。⓮癸卯　十一月癸酉朔。癸卯係十二月一日。⓯四方館　官衙名，屬中書省，主管各少數民族往來與貿易等事宜。⓰簿書　帳簿文書。⓱禁中　即宮中。宮門有禁，非侍衛及通籍之臣不得入內。⓲廣通　廣泛交通。⓳主書　官名，屬中書省，員四人，從七品上。⓴當死　罪當死刑。㉑曲赦　因特殊情況而赦免。㉒特標誨名　特別標記趙誨姓名。㉓內侍　《舊唐書．宦官傳》作內常侍。內侍為內侍省之長，從四品上。內常侍則為內侍之副，正五品下。掌在內侍奉、出入宮掖宣傳之事。㉔楊思勗　（？—西元七四〇年）羅州石城（今廣東廉江市東北）人，玄宗朝著名宦官。常率兵出征，累遷驃騎大將軍，封虢國公。傳見《舊唐書》卷一百八十四、《新唐書》卷二百七。㉕凝遠　凝重深遠。㉖際　涯。㉗丙辰　十二月十四日。㉘乙丑　十二月二十三日。㉙閏月　閏十二月。㉚己亥　閏十二月二十七日。㉛朝廷　指皇帝。㉜旰食　因心憂事繁而晚食。㉝不世之功　罕見的奇功。㉞徼倖　徼幸以求邊功。㉟痛抑其賞　狠狠地壓抑對郝靈荃的獎賞。岑仲勉《通鑑隋唐紀比事質疑》認為此事不可盡信。㊱郎將　十二衛大將軍府官屬，正五品上。㊲僕射　指蘇頲父蘇瓌。㊳國器　有治國才能的人。㊴獻可替否　進獻可行之策，除去不當之政。有諍言進諫之意。㊵精敏　精練敏捷。㊶黃門　指蘇頲。㊷志操　志向操守。㊸清省　清明簡約。㊹房杜　房玄齡、杜如晦。㊺臨軒　走到殿前。㊻李林甫為相　從開元二十二年（西元七三四年）五月二十八日至天寶十一年（西元七五二年）十一月十二日。㊼禮遇　以禮相待。㊽高仲舒　京兆萬年人。傳見《舊唐書》卷一百八十七上、《新唐書》卷一百九十一。㊾闕政　闕失的政事。㊿辛丑　閏十二月二十九日。(51)罷十道按察使　開元二年（西元七一四年）閏二月九日復置十道按察使。見《舊唐書》卷八。(52)始制員外郎御史起居遺補不擬　唐制，尚書省諸司員外郎從六品上，侍御史從六品下，監察御史正八品上，起居郎從六品上，左右拾遺從八品上，左右補闕從七品上。雖然這些官職皆為六品以下官，但皆為臺省要職，故由尚書省奏擬改為由皇帝親自除授。

【語　譯】十一月初七日己卯，黃門監盧懷慎病情危重，上表章舉薦宋璟、李傑、李朝隱、盧從愿四人，並稱這四個人都是政治清明時期的傑出人才，所犯之罪很小，棄置不用損失很大，希望對他們垂憐錄用，玄宗對這一建議深加採納。二十三日乙未，盧懷慎去世，家中沒有多餘的積蓄，只有一位老奴僕，他請求把自己賣掉來為盧懷慎辦喪事。〇二十四日丙申，任命尚書左丞源乾曜為黃門侍郎、同平章事。

姚崇沒有宅第，寓居在罔極寺，因身患瘧疾而向玄宗請假，玄宗派使者去詢問他的飲食起居情況，每天有數十次。源乾曜上奏言事符合玄宗旨意時，玄宗就會說：「這一定是姚崇的主意吧。」有時不符合玄宗的旨意，玄宗就會說：「你怎麼不與姚崇商議一下呢！」源乾曜也常向玄宗謝罪，並承認確實如此。每當遇到大事，玄宗經常命令源乾曜到罔極寺詢問姚崇。癸卯日，源乾曜請求把姚崇搬到四方館，還請准許他的家屬入館侍候他的疾病，玄宗允許了這一請求。姚崇認為四方館內存有官府文書，不是病人合適居住的地方，便堅決推辭。玄宗說：「設置四方館就是供官員使用的，我讓您去居住，為的是江山社稷。我恨不能請您到宮禁裡居住，這又有什麼可推辭的呢！」

姚崇的兒子光祿少卿姚彝和宗正少卿姚异，廣交賓客，接受了很多饋贈，被當時人們譏諷。主書趙誨是姚崇的親信，他收受胡人的賄賂，事情被發覺，玄宗親自審訊，關押獄中，應當處以死刑，姚崇多次營救，玄宗因此很不高興。恰巧趕上特殊情況京城赦免罪犯，玄宗在赦書中特意標記趙誨的名字，命令處以杖刑一百，流放到嶺南。姚崇因此而感到擔心和恐懼，多次請求免去自己的宰相職位，推薦廣州都督宋璟來代替自己。

十二月，玄宗將巡幸東都洛陽，任命宋璟擔任刑部尚書、西京留守，命令他乘坐驛馬速到京城，派遣內侍、將軍楊思勗去迎接他。宋璟的風度凝重深遠，人們難測其高深，在途中竟然不與楊思勗交談。楊思勗平素深受玄宗寵幸，返回朝廷後，向玄宗訴說，玄宗感歎了好久，更加敬重宋璟。〇十四日丙辰，玄宗巡幸驪山溫泉。二十三日乙丑，返回宮中。

閏十二月二十七日己亥，姚崇罷官改任開府儀同三司；源乾曜罷官改任京兆尹、西京留守。任命刑部尚書宋璟代理吏部尚書兼黃門監，紫微侍郎蘇頲擔任同平章事。

宋璟擔任宰相時，致力於選拔人才，依據才能授予官位，使文武百官各稱其職，施行賞罰不徇私情，敢於犯顏直諫。玄宗很敬畏他，雖然有些奏對不合己意，也往往委屈自己而聽從他的意見。

突厥可汗默啜自從武則天時期以來為患中原，皇帝為此忙得吃不上飯，竭盡了全國之力而不能獲勝；郝靈荃獲得默啜的首級，自以為立下了蓋世之功。宋璟認為皇帝喜好武功，擔心好事之徒會萌生僥倖之心，就狠狠地壓低了對郝靈荃的獎賞，過了一年才授予他郎將職位，郝靈荃極度傷心，痛哭而死。

宋璟與蘇頲相互投合，關係深厚，蘇頲遇事多讓宋璟拿主意，宋璟每次發表意見，蘇頲便為他提供幫助。宋璟曾對人說：「我與蘇氏父子都同居相府，僕射蘇瓌為人寬厚，確實是治國的人才，但是政事上的獻可替否，吏事上的精練敏捷，黃門蘇頲卻超過了他的父親。」

姚崇和宋璟相繼擔任宰相，姚崇擅長於應付變故、完成政務，宋璟則擅長於嚴格執法、主持公道。二人的志向操守不同，然而能夠同心協力地輔佐玄宗，使得賦役寬平，刑罰清簡，百姓富庶。在唐代的賢相中，前面可稱許的有房玄齡和杜如晦，後面可稱許的有姚崇和宋璟，其他人難以和他們相比。姚崇與宋璟二人每次進見時，玄宗常常為他們站起來；離開時，玄宗就到殿前相送。到李林甫做宰相時，雖然恩寵和任用超過了姚崇和宋璟，然而他所得到的禮遇卻特別卑薄。紫微舍人高仲舒博通典籍，齊澣則熟習時務，姚崇和宋璟每有疑難問題都要請高仲舒和齊澣坐下徵詢意見，得到答覆後便感歎道：「想知道古代，就向高君請教；想知道當今，就向齊君請教，這樣就可以使政事沒有缺失了！」

閏十二月二十九日辛丑，廢除十道按察使。

舊制規定：六品以下職事官的任命，均由尚書省擬定呈奏皇帝，這一年，玄宗開始下詔，六品以下的員外郎、御史、起居、拾遺、補闕等官不再由尚書省奏擬。

五年（丁巳　西元七一七年）

春，正月癸卯❶，太廟四室壞，上素服❷避正殿。時上將幸東都，以問宋璟、蘇頲，對曰：「陛下三年之制未終❸，遽爾行幸，恐未契❹天心，災異為戒，願且停車駕❺。」又問姚崇，對曰：「太廟屋材，皆苻堅❻時物，歲久朽腐而壞，適與行期相會，何足異也❼！且王者以四海為家，陛下以關中不稔幸東都，百司供擬已備，不可失信。但應遷神主❽於太極殿，更修太廟，如期自行耳。」上大喜，從之。賜崇絹二百匹。己酉❾，上行享禮❿於太極殿，命姚崇五日一朝，仍入閤供奉⓫，恩禮更厚，有大政輒訪焉。右散騎常侍褚無量上言：「隋文帝富有天下，遷都之日，豈取苻氏舊材以立太廟乎！此特諛臣之言耳。願陛下克謹⓬天戒⓭，納忠諫，遠諂諛⓮。」上弗聽。

辛亥⓯，行幸東都。過崤谷⓰，道隘不治⓱，上欲免河南尹及知頓使⓲官，宋璟諫曰：「陛下方事巡幸，今以此罪二臣，臣恐將來民受其弊⓳。」上遽命釋之。璟曰：「陛下罪之，以臣言而免之，是臣代陛下受德也，請令待罪朝堂而後赦之。」上從之。

二月甲戌⓴，至東都，赦天下。

奚、契丹既內附，貝州刺史宋慶禮㉑建議，請復營州。三月庚戌㉒，制復置營州都督於柳城㉓，兼平盧軍使，管內州縣、鎮戍皆如其舊㉔。以太子詹事姜師度為營田、支度使，與慶禮等築之，三旬而畢。慶禮清勤嚴肅，開屯田八十餘所，招安流散，數年之間，倉廩充實，市里浸繁。

夏，四月甲戌㉕，賜奚王李大酺妃辛氏號固安公主㉖。○己丑㉗，皇子嗣一卒㉘，追立為夏王，謚曰悼。嗣一母武惠妃㉙，攸止之女也。

突騎施酋長左羽林大將軍蘇祿部眾浸彊，雖職貢㉚不乏，陰㉛有窺邊之志。五月，十姓可汗阿史那獻欲發葛邏祿兵擊之，上不許。

初，上微時㉜，與太常卿姜皎親善，及誅竇懷貞㉝等，皎預㉞有功，由是寵遇羣臣莫及，常出入臥內，與后妃連榻宴飲，賞賜不可勝紀。弟晦，亦以皎故累遷吏部侍郎。宋璟言皎兄弟權寵太盛，非所以安之，上亦以為然。秋，七月庚子㉟，以晦為宗正卿，因下制曰：「西漢諸將，以權貴不全㊱；南陽故人，以優閒自保㊲。皎宜放歸田園，散官、勳、封皆如故。」○壬寅㊳，隴右節度使郭知運大破吐蕃於九曲。

安西副大都護湯嘉惠奏突騎施引大食、吐蕃，謀取四鎮，圍鉢換㊴及大石城㊵，已發三姓葛邏祿兵與阿史那獻擊之。

并州長史張嘉貞上言：「突厥九姓新降者，散居太原以北，請宿㊶重兵以鎮之。」辛酉㊷，置天兵軍於并州，集兵八萬，以嘉貞為天兵軍大使。

【章旨】以上為第十五段，寫關西歉收，唐玄宗就食東都，其時唐朝國力盛強，玄宗加固邊防，在東北復置營州，西破吐蕃與突騎施，又置重兵於并州北防突厥。

【注釋】❶癸卯　正月初二日。❷素服　喪服。❸三年之制未終　意即服喪未滿。睿宗去年六月十九日死，至此還不到半年時間。❹契　合。❺停車駕　意即停幸東都。❻苻堅　（西元三三八—三八五年）字永固，略陽臨渭（今甘肅秦安東南）人，氐族，十六國時期的前秦皇帝。西元三五七—三八五年在位。傳見《晉書》卷一百十三、《魏書》卷九十五。❼何足異也　有什麼值得奇怪的。胡三省則釋為「言不足以為災異」。❽神主　宗廟內所立已死君王的牌位。❾己酉　正月初八日。❿享禮　祭祀祖先神靈之禮。⓫入閤供奉　謂內殿朝參立於供奉班中。姚崇為舊相，立於供奉班首。⓬克謹　謹慎。⓭天戒　上天的告誡。⓮諂諛　諂媚奉承。⓯辛亥　正月初十日。⓰崤谷　據《舊唐書・宋璟傳》，崤谷在河南府永寧縣界，即今河南洛寧一帶。⓱道隘不治　道路狹隘，未曾修治。⓲知頓使　唐制，天子出巡，先遣知頓使負責前站事務。⓳今以此罪二臣二句　若以「道隘不治」為理由，處罰河南尹和知頓使，那麼以後官吏遇到類似情況，必然廣費民力修整道路，這樣老百姓就會深受其弊。⓴甲戌　二月初三日。㉑宋慶禮　洺州永年（今河南永年東南）人，歷任大理評事、貝州刺史、檢校營州都督等職，為政清嚴。傳見《舊唐書》卷一百八十五下、《新唐書》卷一百三十。㉒庚戌　三月初十日。㉓柳城　在今遼寧朝陽。㉔皆如其舊　即皆如萬歲通天元年營州失陷以前的情形。㉕甲戌　四月初五日。㉖賜奚王李大酺妃辛氏號固安公主　辛氏本辛景初之女，開元五年三月十七日封為固安縣主，嫁於奚王李大酺。至此，又進封為公主。㉗己丑　四月二十日。㉘嗣一卒　李嗣一為玄宗第八子。孩提而夭，葬於龍門東邊小而高的山崗上。見《唐會要》卷五、《新唐書》卷八十二。㉙武惠妃　恆安王武攸止之女。王皇后被廢後進冊惠妃，禮秩與皇后無異。死後追謚為貞順皇后。傳見《舊唐書》卷五十一、《新唐書》卷七十六。㉚職貢　職方的貢物。㉛陰　暗。㉜上微時　皇上（玄宗）沒有顯達的時候。㉝誅竇懷貞　時在開元元年（西元七一三年）七月初三日。㉞預　參與。㉟庚子　七月三日。㊱西漢諸將二句　漢高祖時彭越、韓信、英布等諸王因權重而相繼被殺。㊲南陽故人二句　東漢初，光武帝劉秀給功臣以優厚的經濟待遇，元從功臣多退出政壇，得以享盡天年。㊳壬寅　七月初五日。㊴鉢換　即撥換城。故址在今新疆阿克蘇。㊵大石城　即溫肅州治所，在今新疆烏什。㊶宿　屯。㊷辛酉　七月二十四日。

【語譯】五年（丁巳　西元七一七年）

春，正月初二日癸卯，太廟中有四室損壞，玄宗身著喪服，迴避正殿。當時玄宗將要巡幸東都洛陽，以此事詢問宋璟和蘇頲，兩人回答說：「陛下三年守喪還未結束，就急忙巡幸，恐怕不合天意，出現災異就是作為警戒，希望陛下暫時停止巡幸。」玄宗又詢問姚崇，姚崇回答說：「太廟房屋的木材，都是苻堅時的東西，年久腐朽而損壞，正好與陛下的行期相合，有什麼值得奇怪的！況且稱王天下的以四海為家，陛下因關中歉收而幸臨東都，有關官署把應該供給的已經備好了，陛下不可失信。只是應該把祖宗神主遷到太極殿，重新修整太廟，陛下自己可以如期東行。」玄宗聽了非常高興，聽從了姚崇的意見，賞賜他二百匹絹帛。初八日己酉，玄宗在太極殿舉行祭祀大禮，命令姚崇五日朝見一次，仍然內殿朝參立於供奉班中，對姚崇的恩禮更加深厚，有重大政務就向他諮詢。右散騎常侍褚無量進言說：「隋文帝富有天下，遷都的時候，難道是用苻堅的舊材料修建太廟嗎！這種說法只不過是阿諛之臣的言詞而已。希望陛下慎重對待上天的警戒，聽取忠誠的規勸，疏遠諂諛小人。」玄宗沒有聽從。

正月初十日辛亥，玄宗巡幸東都，經過崤谷，道路狹隘，沒有整治，玄宗打算免掉河南尹和知頓使的官職。宋璟勸諫說：「陛下正在巡幸，現在拿此事加罪這兩位官員，臣擔心將來百姓要承受由此帶來的弊端。」玄宗趕快命令釋罪不問。宋璟說：「陛下加罪於他們，因為臣的話而免除了他們的罪過，這是讓臣代替陛下領受他們的感激之情，臣請求陛下命令他們到朝堂來聽候治罪，然後再予以赦免。」玄宗聽從了這一建議。

二月初三日甲戌，玄宗抵達東都，大赦天下。

奚、契丹二族已經歸附朝廷，貝州刺史宋慶禮建議恢復營州建置。三月初十日庚戌，玄宗頒下制書在柳城重新設置營州都督，兼平盧軍使，所轄境內州縣、鎮戍都一如舊制。任命太子詹事姜師度為營田、支度使，與宋慶禮等修築營州城，三十天竣工。宋慶禮清廉勤勉，嚴整恭敬，開墾屯田八十多處，招撫安置流散百姓，幾年之間，倉儲充盈，街市里巷逐漸繁榮。

夏，四月初五日甲戌，朝廷賜號奚王李大酺之妃辛氏為固安公主。〇二十日己丑，皇子李嗣一去世，追封為夏王，諡號為悼。李嗣一的母親武惠妃，是武攸止的女兒。

突騎施酋長左羽林大將軍蘇祿的部眾逐漸強大，雖然對朝廷的進貢沒有缺少，但是暗有窺伺唐朝邊境的意圖。五月，十姓可汗阿史那獻打算調發葛邏祿的軍隊攻打蘇祿，玄宗沒有允許。

當初，玄宗地處下位時，與太常卿姜皎親善，到誅殺竇懷貞等人時，姜皎參與此事立有功勞，因此所受恩寵，群臣望塵莫及，他經常出入玄宗的臥室，與后妃同席宴飲，獲得的賞賜不可勝數。弟弟姜晦，也因為姜皎的緣故，經多次提拔後升為吏部侍郎。宋璟說姜皎兄弟的權勢太大，這不是使他們安全的方法，玄宗也認同這一看法。秋，七月初三日庚子，玄宗任命姜晦為宗正卿，藉此頒布詔命說：「西漢的各位將領，由於權重位高而沒能保全身家性命；光武帝的南陽故舊，因為悠閒無爭而能自保富貴福祿。姜皎應放歸田園，他原有的散官、勳階和封號一切照舊。」〇初五日壬寅，隴右節度使郭知運在九曲大敗吐蕃軍隊。

安西都護府副大都護湯嘉惠奏報突騎施引領大食、吐蕃，圖謀奪取安西四鎮，包圍了鉢換和大石城，現已徵調三姓葛邏祿的軍隊與阿史那獻抗擊他們。

并州長史張嘉貞上奏說：「突厥九姓新近降附的部眾，散居在太原以北，請求在此地駐紮重兵來鎮撫他們。」七月二十四日辛酉，在并州設置天兵軍，集中了八萬士卒，任命張嘉貞為天兵軍大使。

太常少卿王仁惠等[1]奏則天立明堂不合古制❶；又，明堂尚質❷，而窮極奢侈，密邇宮掖，人神雜擾❸。甲子❹，制復以明堂為乾元殿❺，冬至、元日受朝賀，季秋大享，復就圜丘。

九月，中書、門下省及侍中皆復舊名⑥。○貞觀之制：中書、門下及三品官入奏事，必使諫官⑦、史官⑧隨之，有失則匡正，美惡必記之；諸司皆於正牙⑨奏事，御史彈百官，服豸冠⑩，對仗讀彈文。故大臣不得專君而小臣不得為讒慝。及許敬宗、李義府用事⑪，政多私僻⑫，奏事官多俟仗下，於御坐前屏左右密奏，監奏御史⑬及待制官⑭遠立以俟其退；諫官、史官[2]皆隨仗出，仗下後事⑮，不復預聞。武后以法制羣下，諫官、御史得以風聞言事，自御史大夫至監察⑯得互相彈奏，率以險詖⑰相傾覆。及宋璟為相，欲復貞觀之政，戊申⑱，制：「自今事非的須⑲祕密者，皆令對仗奏聞，史官自依故事⑳。」

冬，十月癸酉㉑，伊闕人孫平子㉒上言：「春秋譏魯躋僖公㉓，今遷中宗於別廟而祀睿宗，正與魯同。兄臣於弟㉔，猶不可躋，況弟臣於兄㉕，可躋之於兄上乎！若以兄弟同昭㉖，則不應出兄置於別廟。願下羣臣博議，遷中宗入廟。」事下禮官，太常博士陳貞節、馮宗、蘇獻議，以為「七代之廟，不數兄弟㉗。殷代或兄弟四人㉘相繼為君，若數以為代，則無祖禰㉙之祭矣。今睿宗之室當亞高宗，故為中宗特立別廟。中宗既升新廟，睿宗乃祔高宗，何嘗躋居中宗之上？而平子引蹟僖公為證，誣罔聖朝，漸不可長。」時論多是平子，上亦以為然，故議久不決。蘇獻，頲之從祖兄㉚也，故頲右㉛之。卒從禮官議，平子論之不已，謫為康州都城㉜尉。○新廟㉝成。戊寅㉞，神主祔廟。

上命宋璟、蘇頲為諸皇子制名及國邑之號，又令別制一佳名及佳號進之。璟等上言：「七子均養，著於國風㉟。今臣等所制名號各三十餘，輒混同以進，以彰陛下覆燾㊱無偏之德。」上甚善之。

十一月丙申㊲，契丹王李失活入朝。十二月壬午㊳，以東平王㊴外孫楊氏為永樂公主，妻之。

祕書監馬懷素奏：「省中書㊵散亂訛缺㊶，請選學術之士二十人整比校補。」從之。於是搜訪逸書，選吏繕寫，命國子博士尹知章㊷、桑泉尉韋述㊸等二十人同刊正，以左散騎常侍褚無量為之使，於乾元殿㊹前編校羣書。

【章旨】以上為第十六段，寫唐玄宗重建太廟，朝議制度恢復貞觀遺風。

【注釋】❶不合古制　不符合古代制度。❷質　質樸。❸雜擾　夾雜煩擾。❹甲子　七月二十七日。❺復以明堂為乾元殿　垂拱四年（西元六八八年）毀乾元殿，作明堂。❻中書門下省及侍中皆復舊名　據《新唐書》卷五〈玄宗紀〉，時在九月六日。開元元年十二月一日改中書省為紫微省，門下省為黃門省，侍中為黃門監。至此，恢復其舊稱。❼諫官　專以進諫為職的官員。唐代左右散騎常侍、諫議大夫、左右拾遺、左右補闕皆為諫官。❽史官　此處特指記注官。所謂記注官即隨時記錄皇帝言行的官員。唐代起居郎（左史）、起居舍人（右史）皆為史官。❾牙 同「衙」。❿服豸冠 戴獬豸冠。獬豸冠為法冠名稱，又稱柱後。高五寸，以鐵為柱卷，取不屈不撓之意。執法者服之。⓫許敬宗李義府用事 時在唐高宗顯慶至總章年間。⓬私僻 行私邪僻。⓭監奏御史 即殿中侍御史。⓮待制官 等待皇帝顧問的官員。唐高宗永徽年間，命弘文館學士一人，每日待制於武德殿西門。文明元年，武則天詔京官五品以上清官，每日一人，待制於章善門。先天末，玄宗又令朝集使六品以上二人隨仗待制。⓯仗下後事 散朝以後之事。⓰監察 即監察御史。⓱險詖 險詐偏頗。詖，通「頗」。⓲戊申 九月十二日。⓳的須 確須。⓴史官自依故事 唐制，天子御正殿，左右史俯階而聽。有命令，則退而書之。若仗在紫宸內閤，則夾香案分立殿下。㉑癸酉 十月初七日。㉒孫平子 伊闕（今河南洛陽南）人。事見《舊唐書》卷二十五〈禮儀志五〉、《新唐書》卷二百〈陳貞節傳〉。㉓春秋譏魯躋僖公 見《春秋》文公二年八月。躋，升。《左傳》認為魯躋僖公為「逆祀」，是失禮的行為。㉔兄臣於弟 指魯僖公曾臣於閔公。㉕弟臣於兄 指睿宗曾臣於中宗。㉖同昭 同列。此係就昭穆而言。㉗不數兄弟 兄弟不在數內。㉘兄弟四人 指陽甲、盤庚、小辛、小乙。㉙祖禰 祖父。禰，父親死後在宗廟中立主，稱作禰。㉚從祖兄 同曾祖而不同祖父的兄長。㉛右 祖護。㉜都城 縣名，故治在今廣東德慶東。㉝新廟 新建之太廟。㉞戊寅 十月十二日。㉟七子均養二句 《詩經．鳲鳩》云：「鳲鳩在桑，其子七兮。淑人君子，其儀一兮。」鳲鳩即布穀鳥。該詩的意思是說布穀鳥對待自己的七隻小鳥都同樣哺餵，平均如一。㊱覆燾 遮蓋。㊲丙申 十一月無丙申。司馬光在《考異》中說：「《長曆》，十一月丁酉朔，丙申，十月晦也，與《實錄》差一日。《舊紀》、《唐曆》皆云『十一月己亥，契丹李失活來朝。』今從《實錄》。」據此，則司馬光已知十一月無丙申，但仍照舊書之，令人費解。丙申，十月二十九日。己亥，十一月初三日。㊳壬午 十二月十七日。㊴東平王 名續，太宗之孫，紀王慎之子。㊵省中書 祕書省所藏之書。㊶訛缺 錯訛缺失。㊷尹知章 （？—西元七一八年）絳州翼城（今山西翼城）人，博通經義，尤精《周易》、《老子》、《莊子》。官至國子博士。傳見《舊唐書》卷一百八十九下、《新唐書》卷一百九十九。㊸韋述 （？—西元七五七年）京兆萬年人，唐代史學家。博覽群書，記憶過人。居史職二十年，著述甚豐。所撰《唐職儀》（三十卷）、《高宗實錄》（三十卷）、《御史臺記》（十卷）、《兩京新記》（五卷）等都有較大的影響。傳見《舊唐書》卷一百二、《新唐書》卷一百三十二。㊹乾元殿 開元五年七月二十七日，改明堂為乾元殿。

【校 記】[1]等 原無此字。據章鈺校，十二行本、乙十一行本、孔天胤本皆有此字，張敦仁《通鑑刊本識誤》同，今據補。

按，據《舊唐書・禮儀志》，此次一同上奏的尚有馮宗、陳貞節等人，且《舊唐書》作「王仁忠」。②史官 原作「御史」。據章鈺校，十二行本、乙十一行本、孔天胤本皆作「史官」，今據改。

【語　譯】太常寺少卿王仁惠等人上奏說武則天所立明堂不符合古制，還有，明堂崇尚質樸，現在卻是窮奢極侈，又靠近宮禁，人神雜擾。七月二十七日甲子，頒布詔命，再次把明堂改為乾元殿，每年冬至和正月初一玄宗在此接受群臣朝賀，每年季秋再到圜丘去舉行大享禮。

九月，中書省、門下省及門下省侍中都恢復了原有的名稱。○貞觀時的制度：中書省、門下省以及三品官入朝奏事時，必須指派諫官、史官隨同，有過失則予以匡正，無論善惡一定記錄下來；各官署都在正衙奏事，御史劾奏百官時，頭戴獬豸冠，對著儀仗宣讀彈劾的奏文。因此大臣無法獨自面對君王，小臣不能為讒使壞。到了許敬宗、李義府主政時，為政大多行私邪僻，奏事官員大多是等待儀仗撤下之後，在皇帝御座之前屏退左右，祕密陳奏，監奏御史和待制官在遠處侍立等待奏事的大臣退下；諫官和史官都隨同儀仗退出，儀仗撤離以後的事，不再參與聽取。武則天以法度駕御臣下，諫官和御史能憑傳聞奏事，從御史大夫到監察御史可以互相劾奏，大略都是以險詐偏頗之辭相互傾軋。到宋璟擔任宰相時，想恢復貞觀時的制度。九月十二日戊申，玄宗下詔說：「從今以後，凡事不是必須密奏的，都要對仗奏聞，史官要依照過去的規定履行職責。」

冬，十月初七日癸酉，伊闕人孫平子上奏說：「《春秋》譏諷魯文公把其父魯僖公之位升到閔公之上為非禮，而今把中宗神主遷往別廟，在太廟中祀奉睿宗，與魯國的做法完全相同。哥哥是弟弟的臣子尚且不能如此，何況弟弟是哥哥的臣子，又怎能居於哥哥之上呢！如果是兄弟二人均係昭位的緣故，就不應當把兄長的神位遷往別廟。希望能把此事交給群臣廣泛議論，把中宗的神主遷回太廟。」玄宗把此事交付給禮官商議，太常博士陳貞節、馮宗、蘇獻經過議論後認為「在共有七代君主神位的太廟裡，不是以兄弟來計算世代的。商朝有時是兄弟四人相繼為君，如果以兄弟的數目來計算世代，就沒有祖父之祭和父親之祭了。如今睿宗神位應當次於高宗神位，因此為中宗神主專門設立別廟祀奉。中宗神主已經升入新廟，睿宗神主才遷入太廟祔於高宗，何嘗是升到中宗之上呢？而孫平子引用《春秋》提升魯僖公之位為口實，誣罔聖朝，這種苗頭不能讓它發展。」當時人們的意見多數肯定孫平子，玄宗也認為是這樣，所以爭論長期未能決斷。蘇獻是蘇頲的從祖兄長，所以蘇頲袒護蘇獻。最終還是接受了禮官的意見，孫平子議論不止，被貶為康州都城尉。○新的太廟落成。十二日戊寅，把睿宗的神主遷入太廟受享。

玄宗命令宋璟和蘇頲為各位皇子及其所受封的國邑取名定號，又命令他們另外再取一個佳名和佳號進呈。宋璟等人上言說：「七個兒子平等供養，見載於《詩經．國風》。現在臣等取定的名號各有三十餘個，便一概混同進呈，以彰顯陛下均加覆蓋、不偏不倚的恩德。」玄宗非常讚賞這一意見。

十一月丙申日，契丹王李失活入朝。十二月十七日壬午，封東平王李續的外孫女楊氏為永樂公主，李失活娶她為妻。

祕書監馬懷素上奏說：「祕書省所藏圖書散亂訛缺，請求選擇二十位有學術的人進行整理、編排、校訂、補輯。」玄宗聽從了他的意見。於是下令搜訪散佚的典籍，挑選官吏一一繕寫，命令國子博士尹知章、桑泉尉韋述等二十人共同刊正，任命左散騎常侍褚無量為主持此事的專使，在乾元殿殿前編纂校定群書。

【研析】唐玄宗是中國歷史上屈指可數的明君之一，他帶來了開元盛世。唐玄宗執政四十四年，本卷所載是開元初四年史事，他勵精圖治，開了一個好頭，四年間扭轉了社會風氣，奠定了開元盛世的基礎。本卷研析，從明君、賢臣、史家評論三個方面研析唐玄宗執政初期的政績。

明君。唐玄宗李隆基，先天元年（西元七一二年），二十八歲登基為皇帝。這正是一個有志青年奮發之時，唐玄宗即帝位，可以說是受命於危難之際，他是在韋皇后亂政，在連續的宮廷政變中，被歷史推上了政治舞臺。他的權力來之不易。唐王朝在武則天革命，中宗、睿宗繼之昏庸，武家班、韋家班，還有一個太平公主，相繼亂政之中接掌政權，如何振興李唐王朝，任務十分艱巨。唐玄宗幹得很出色，在短短的四年中，唐政權恢復了貞觀遺風，政治走上了軌道，出現了開元新氣象。唐玄宗勵精圖治，表現出明君的風采，在開元初做出了以下八個方面的貢獻。其一，任用賢相。初任首輔為姚崇，盧懷慎佐之；繼任宋璟，蘇頲佐之。唐制，宰相多位，唐玄宗主要倚重的是姚崇、宋璟。姚崇與盧懷慎，宋璟與蘇頲，和睦共事，政令統一，得到很好的執行。其二，納諫。能否納諫，是一個明君最重要的標誌。唐玄宗精通音律，愛好流行歌曲，設置左右教坊，親自教授曲律於梨園，組建了幾百人的一個樂隊，號稱「皇帝梨園弟子」。唐玄宗被後世奉為梨園之祖，即始於此。流行歌曲被稱為靡靡之音，與傳統國家太常所掌雅樂不相容。禮部侍郎張廷珪、酸棗尉袁楚客等上疏勸諫，認為皇帝不應悅鄭音，好遊獵。唐玄宗沒有採納，但嘉獎他們直言。凡軍國大政，大臣所言得當，唐玄宗皆一一採納。其三，明法，懲治親貴。薛王李業，唐玄宗之弟，其舅王仙童侵暴百姓，受到御史的彈劾。李業出面說情，唐玄宗不許，王仙童受到懲治，從此，貴戚們有所收斂。唐玄宗王皇后的妹夫尚衣奉御長孫昕，以私怨敢於毆打御史大夫李傑，李傑上訴，唐玄宗在朝堂上杖殺長孫昕，向百官道歉。唐玄宗之兄申王李成義，替自己的下屬親王府錄事閻楚珪要官，升為府參軍，可以說是一件小事。唐玄宗已經允許了，宰相姚崇、盧懷慎上疏諫，不能開請託之門，敗壞綱紀，唐玄宗收回成命，由此，請謁不行。其四，倡導節儉。開元二年七月初十日，唐玄宗下詔，倡導節儉，說：「乘輿服御、金銀器玩，宜令有司銷毀，以供軍國之用」，又令：「后妃以下，皆毋得服珠玉錦繡。」同時裁撤了兩京的織錦坊。唐玄宗還納諫改過，放飛了禁苑中的珍禽，停止了到師子國，即今斯里蘭卡共和國購買海珠、醫藥、胡醫。其五，停建寺觀，沙汰偽妄的天下僧尼一萬二千多人還俗。其六，整肅武、韋餘黨，消除武、韋遺留的影響。唐玄宗禁錮了武后的酷吏周利貞等十三人，罷了他們的官，終身不用。銷毀為武則天頌功德的天樞、頌韋皇后功德的石臺。重建太廟，恢復貞觀遺風。其七，強化邊防。東置幽州節度使，西置隴右節度使以禦邊。發兵大破吐蕃與突騎施。又置重兵於并州北防突厥。邊防鞏固，為開元之治的發展創造了和平的環境。其八，唐玄宗禮儒。宰相盧懷慎薦太常卿馬懷素、右散騎常侍褚無量，更日進宮為唐玄宗侍讀。玄宗待以師傅之禮，親自送師。此時的唐玄宗重現唐太宗的明君風采，是開元中興的根本保證。

賢臣。明君望治，賢臣輩出。開元初姚崇、盧懷慎、宋璟、蘇頲四相，清廉抗直，守正敢為，為開元盛世的賢臣做出了榜樣。首先諸賢和衷共濟，為君股肱，政令得以有效的貫徹執行。盧懷慎的虛懷與雅量，得到了司馬光的高度評價。盧懷慎清謹儉素，不營資產，雖貴為卿相，妻子不免飢寒，居室不蔽風雨。他的俸祿，大部分發放給親故。盧懷慎死後，家無餘財，只有一個家奴老翁，願意自賣用做喪葬費。盧懷慎以品德厚重被唐玄宗任用為相，他缺乏行政才能，不能獨立辦公，時人戲稱他為「伴食宰相」。盧懷慎貴有自知之明，盡力輔助姚崇，甘當副手。其次，姚、宋當政，敢於堅持原則，犯顏直諫，嚴格執法，杜絕請謁，懲貪與沙汰冗官，不避貴戚，毫不手軟。再次，姚、宋不從落後時俗，關懷民生。開元初，山東、河南連年鬧蝗災，姚崇嚴令地方官組織民眾捕殺。當時習俗，認為蝗蟲是上天譴責人間的災害，不可捕殺。汴州刺史倪若水就拒不執行，說什麼：「蝗乃天災，宜脩德以禳之。」姚崇針鋒相對回答說：「如果修德可免，說明你沒有德政。」倪若水才不敢違抗。多數人認為：蝗蟲太多，沒法殺滅。甚至宰相盧懷慎也說：「殺蝗蟲太多，要傷和氣。」姚崇駁斥說：「不忍殺蝗，難道讓人餓死是不傷和氣嗎？若果殺蝗有禍，我姚崇一人承當。」唐玄宗支持姚崇，於是一場全民殺蝗的運動開展起來。儘管連年蝗災，沒有釀成大災，百姓賴以存活。姚崇殺蝗，也是一場移風易俗的運動。賢相心裡裝著百姓，關心民生，社會自然和諧，天下也必然大治。

史論。本卷有三條臣光曰的史論，值得研析。第一條是對唐玄宗刻厲節儉的評論。司馬光感歎唐玄宗晚節不保，崇尚奢靡。號召做好事的人，要牢記《詩經》的教導：「靡不有初，鮮克有終。」特別是領袖人物要有始有終。縱觀中國的皇帝，以至當代的許多人和事，大多是只有好的開頭，沒有好的結尾。根本原因是道德的力量很有限，一個人只靠自律，很難保持有始有終。一個民主不健全的國家，以反貪上臺的民選總統，上臺後更加貪婪，當今世界就有許多例證。要讓領袖做到兌現承諾，做事有始有終，唯一的辦法，只有人民監督，完善民生制度，用法律約束。這一點，唐太宗時代是做不到的，司馬光也開不出藥方。但我不入地獄誰入地獄的感歎與號召，具有道德的力量，用心是好的，也是可取的。

司馬光的第二條評論是批評唐玄宗與姚崇的。開元二年（西元七一四年），太子賓客薛謙光獻武后所製〈豫州鼎銘〉，內有「上玄降鑒，方建隆基」兩句話。文中的「隆基」與唐玄宗名隆基，應該是偶然的巧合，姚崇特為之上表慶賀，說成是唐玄宗得到受命的祥瑞和符應。姚崇還請求宣示史官，載入史冊，頒告中外。司馬光對此提出批評，說唐玄宗與姚崇君臣相賀是在誣天，而姚崇更是上誣於天，下侮其君，很是痛惜一個明君，一個賢相，有這樣的舉動。司馬光的批評是中肯的，唐玄宗與姚崇都有我不入地獄誰入地獄歷史局限性。明君與賢臣都不是完人。

司馬光的第三條評論是讚美盧懷慎甘當副手的謙虛與雅量。有人認為，盧懷慎只是一個飯桶，陪宰相吃飯的呆子，有什麼值得讚美的。盧懷慎把俸祿分給親故，讓自己的老婆孩子餓肚子，是一個不負責任的丈夫和父親，甚至是一個沽名釣譽者，隱藏更大私心的小人。批評司馬光沒有是非，大概是為自己無能改革的保守主義辯護吧！我們不能贊同這一觀點。如果是借題發揮，用他山之石攻玉，可以理解，但用以批評盧懷慎與司馬光，那就過了頭。唐玄宗說得很清楚，用姚崇的才能辦事，用盧懷慎的品德壓陣，要他助成姚崇治政。盧懷慎讓妻兒挨餓，是有些過分，但他絕不是做給人看的。因他死無餘財，連喪葬費都沒有，說明他一輩子都甘居清廉。年輕時作秀給別人看是為了爬升，直到老死都在堅持，作秀給誰看呢！說他是「伴食宰相」，帶有善意的嘲諷，只是說他沒主見，並無尸位素餐之意。盧懷慎堅持原則，是非分明，時常上表唐玄宗，提批評，提建議，並不是一個飯桶。唐玄宗和司馬光對他的評價是中肯的。盧懷慎的行為品德，在當時貪贓與奢侈風氣下，是正直清廉的一個榜樣，是人們的一面鏡子，不應當否定。

卷第二百十二

唐紀二十八

起著雍敦牂（戊午 西元七一八年），盡旃蒙赤奮若（乙丑 西元七二五年），凡八年。

【題解】本卷記事起西元七一八年，迄西元七二五年，凡八年。當唐玄宗開元六年到開元十三年。此時期沿襲開元初君臣精心治國的政治。宋璟、張嘉貞、源乾曜、張說相繼為相，堅持用人為賢，玄宗與眾相慎選舉，絕不濫任官職，杜絕奸巧仕進。開元十三年（西元七二五年）唐玄宗疑心吏部選舉不公，親任主考。吳兢上奏，皇帝親任主考，不合制度，第二年取消了，但表明此時唐玄宗求賢的決心。唐玄宗檢括戶口，加強對流民的管制。唐玄宗敬畏天變，不妄殺，不擅改禮儀。宋璟治反獄，只誅首惡。唐玄宗懲治貪官，從重從速。宰相張嘉貞因其弟貪贓受株連而罷相。玄宗嚴禁諸王與百官交結。駙馬裴虛己尚睿宗女霍國公主，開元八年裴虛己與岐王李範遊宴，被流放新州，迫使公主離婚。開元十年下敕重申宗室、外戚、駙馬沒有至親關係不得交往。開元十三年，唐玄宗敕令禁錮武周時期酷吏子孫。是年上泰山封禪，祭天稱成功。此時期仍有邊患，突厥、契丹大敗唐軍，蘭池州夷人叛亂。

玄宗至道大聖大明孝皇帝上之下

開元六年（戊午　西元七一八年）

春，正月辛丑❶，突厥毗伽可汗來請和，許之。

廣州吏民為宋璟立遺愛碑❷。璟上言：「臣在州無它異迹❸，今以臣光寵❹，成彼諂諛。欲革此風，望自臣始，請敕下禁止。」上從之。於是它州❺皆不敢立。

辛酉❻，敕禁惡錢❼，重二銖四分以上乃得行❽。斂人間惡錢鎔之，更鑄如式錢❾。於是京城紛然，賣買殆絕❿。宋璟、蘇頲請出太府錢⓫二萬緡置南北市⓬，以平價買百姓不售之物可充官用者，及聽兩京百官豫假⓭俸錢，庶使良錢流布人間，從之。

二月戊子⓮，移蔚州橫野軍於山北⓯，屯兵三萬，為九姓之援。以拔曳固都督頡質略、同羅都督毗伽末啜、霫都督比言、回紇都督夷健頡利發、僕固都督曳勒歌等各出騎兵為前、後、左、右軍討擊大使，皆受天兵軍⓰節度。有所討捕，量宜追集⓱；無事各歸部落營生⓲，仍常加存撫。

三月乙巳⓳，徵嵩山處士盧鴻⓴入見，拜諫議大夫，鴻固辭。

天兵軍使張嘉貞入朝，有告其在軍奢僭㉑及贓賄㉒者，按驗無狀㉓。上欲反坐㉔告者，嘉貞奏曰：「今若罪之，恐塞言路，使天下之事無由上達，願特赦之。」

其人遂得滅死。上由是以嘉貞為忠，有大用之意。

有薦山人㉕范知璿文學者㉖，并獻其所為文，宋璟判之曰：「觀其良宰論㉗，頗涉佞諛。山人當極言讜議㉘，豈宜偷合苟容㉙！文章若高，自宜從選舉求試㉚，不可別奏。」

夏，四月戊子㉛，河南參軍鄭銑、朱陽㉜丞郭仙舟投匭㉝獻詩，敕曰：「觀其文理㉞，乃崇道法㉟；至於時用，不切事情㊱。宜各從所好。」並罷官，度為道士。

五月辛亥㊲，以突騎施都督蘇祿為左羽林大將軍、順國公，充金方道經略大使。○契丹王李失活卒，癸巳㊳，以其弟娑固㊴代之。

秋，八月，頒鄉飲酒禮㊵於州縣，令每歲十二月行之。

唐初，州縣官俸，皆令富戶掌錢，出息㊶以給之；息至倍稱㊷，多破產者。祕書少監崔沔上言，請計州縣官所得俸，於百姓常賦之外，微有所加以給之㊸。從之。

冬，十一月辛卯㊹，車駕至西京。○戊辰㊺，吐蕃奉表請和，乞舅甥㊻親署誓文；又令彼此宰相皆著名於其上。

宋璟奏：「括州員外司馬李邕、儀州㊼司馬鄭勉，並有才略文詞，但性多異端㊽，好是非改變㊾。若全引進，則咎悔㊿必至，若長棄捐(51)，則才用可惜，請除渝、硤二州(52)刺史。」又奏：「大理卿元行沖(53)素稱才行，初用之時，實允僉議(54)。當事之後，頗非稱職，請復以為左散騎常侍，以李朝隱代之。陸象先閑(55)於政體，寬不容非(56)，請以為河南尹。」從之。

【章　旨】以上為第一段，寫張嘉貞、宋璟公忠體國的風采。張嘉貞不報私恨，宋璟薦賢才而杜絕奸巧仕進。

【注　釋】❶辛丑　正月初六日。❷廣州吏民為宋璟立遺愛碑　宋璟開元四年（西元七一六年）自廣州都督入為刑部尚書，不久入相。在廣州期間，曾教當地居民用磚瓦蓋房。遺愛碑，頌德碑。❸異迹　優異的政績。❹光寵　光耀；顯耀。❺它州　其他州縣。❻辛酉　正月二十六日。❼敕禁惡錢　下敕禁止流通質量粗劣的銅錢。惡錢皆因私鑄所致。唐自乾封之後，私鑄現象日益嚴重。開元初，兩京惡錢氾濫，故玄宗特下令予以禁止。❽重二銖四分以上乃得行　意即達到開元通寶的重量才能使用。開元通寶武德四年（西元六二一年）造，重二銖四分，為唐代法定貨幣。❾如式錢　如標準錢，即開元通寶。❿殆絕　幾乎中止。⓫出太府錢　太府主管國家財貨，總領京師四市、平準、左右藏、常平八署。⓬南北市　在京師長安，具體地望不詳。⓭豫假　預借。⓮戊子　二月二十三日。⓯移蔚州橫野軍於山北　橫野軍初置在蔚州飛狐縣，即今河北淶源。至此，移於古代郡大安城，即今河北蔚縣。⓰天兵軍　聖曆二年（西元六九九年）四月初置，其後廢置不定。開元五年（西元七一七年）張嘉貞奏請復置。在并州城中，即今山西太原內。⓱量宜追集　根據情況調集。⓲營生　謀生。⓳乙巳　三月初十日。⓴盧鴻　《舊唐書・隱逸傳》作「盧鴻一」。精通書畫，長期隱居嵩山。傳見《舊唐書》卷一百九十二、《新唐書》卷一百九十六、《宣和畫譜》卷十、《書小史》卷九。㉑奢僭　奢侈僭越。㉒贓賄　貪贓納賄。㉓無狀　沒有事狀。㉔反坐　坐被告人所得之罪。《唐律疏議》卷二十三規定：「諸誣告人者，各反坐。」㉕山人　山野之人，即隱士。㉖范知璿文學者　范知璿是一個有文學才能的人。㉗良宰論　范知璿撰著論賢宰相之文，欲以此干祿仕進。㉘讜議　直議。指正直無私的議論。㉙苟容苟且取容。㉚從選舉求試　通過科舉考試謀求官職。㉛戊子　四月二十四日。㉜朱陽　縣名，縣治在今河南靈寶西南。㉝匭　匣子。此指接受臣民建言的箱匣。㉞文理　文辭義理。㉟道法　道家之法。㊱事情　事務的情理。㊲辛亥　五月十八日。㊳癸巳　五月甲午朔，無癸巳。按，李失活卒於五月初二日。若癸巳無誤，則為七月初一日。㊴其弟娑固　《舊唐書》卷一百九十九下、《唐會要》卷九十六皆作「其從父弟娑固」。弟與從父弟不同，待考。㊵鄉飲酒禮　古禮名稱。周代鄉學諸生業成，薦賢者、能者於君。屆時由鄉大夫做主人，為之設宴送行，待以賓禮，飲酒酬酢，皆有儀式，稱為鄉飲酒禮。唐代鄉飲酒禮州以刺史為主人，縣以縣令為主人。詳見《新唐書·禮樂志九》。㊶息　利息。㊷倍稱　多於所借本錢的一倍。㊸於百姓常賦之外二句　即稍增百姓賦稅，以為州縣官俸，取代讓富戶掌錢出息的辦法。㊹辛卯　十一月初一日。㊺戊辰　十一月辛卯朔，無戊辰。十二月有之，為十二月初八日。待考。㊻舅甥　吐蕃尚文成公主，故與唐以甥舅相稱。㊼儀州　本名箕州，先天元年（西元七一二年）避玄宗名諱而改名。治所在今山西左權。㊽異端　不合於正統。古代儒家稱其他持不同見解的學派為異端。㊾好是非改變　即喜歡顛倒是非。㊿咎悔　災禍悔恨。51棄捐　廢棄不用。52渝硤二州　硤當為「峽」誤。渝州治所在今重慶市，峽州治所在今湖北宜昌。53元行沖（西元六五三—七二九年）本名澹，以字顯，博學多識，尤通故訓。官至太子賓客、弘文館學士。傳見《舊唐書》卷一百二、《新唐書》卷二百。54僉議　眾議。55閑　熟習。56寬不容非　為政寬緩而不容忍為非作歹。

【語　譯】玄宗至道大聖大明孝皇帝上之下

開元六年（戊午　西元七一八年）

春，正月初六日辛丑，突厥毗伽可汗來求和，玄宗允許了他的請求。

廣州的吏民為宋璟建立遺愛碑。宋璟上奏說：「臣在廣州並無其他優異的政績，現在因為臣地位顯耀受到寵信，造成那些人如此獻媚。要革除這種風氣，希望從臣開始，請求頒敕禁止。」玄宗聽從了他的意見。於是其他各州都不敢再為宰相樹碑立石。

正月二十六日辛酉，敕令禁止私鑄劣錢，重量在二銖四分以上的錢幣才可以流通。又命令收繳民間的劣質錢熔煉，重新鑄成符合標準的錢幣。於是京師紛然，各種交易幾乎中止。宋璟、蘇頲請求撥出二萬太府錢來開設南北兩市，用於平價收購百姓的可供官府之用的滯銷物品，以及允許東西兩京百官預借官俸，使優質的錢幣在民間流通。玄宗聽從了他們的建議。

二月二十三日戊子，把蔚州橫野軍駐地移往山北，屯兵三萬，作為鐵勒九姓的後援。任命拔曳固都督頡質略、同羅都督毗伽末啜、霫都督比言、回紇都督夷健頡利發、僕固都督曳勒歌等各自統率所部騎兵為前、後、左、右軍討擊大使，都受天兵軍調度。如有討伐追捕之事，便根據情況調集；無事時，就各自回到部落謀生，官府對他們要常加存問撫慰。

三月初十日乙巳，玄宗徵召嵩山處士盧鴻入朝，任命他為諫議大夫，盧鴻堅決推辭。

天兵軍大使張嘉貞入朝參見玄宗，有人告發他在軍中有奢侈僭越以及貪汙受賄的行為，但經過調查之後並沒有證據。玄宗打算將誣告者反坐治罪，張嘉貞上奏說：「現在如果把告狀的人治罪，恐怕會堵塞進言的途徑，使得天下的事情無從上達，希望特別赦免了他。」於是這個人得以減罪免除死刑。玄宗因此認為張嘉貞是忠於朝廷的，有重用他的想法。

有人推薦隱士范知璿有文學才能，並且進獻了他所寫的文章。宋璟對他的文章評論說：「看了他所作的〈良宰論〉，頗有佞諛之嫌。隱士應當極力發表正直無私的議論，怎麼可以苟且取容！他的文章如果真是很高明，自然應該通過科舉謀求官職，不可以採用另外的途徑奏進。」

夏，四月二十四日戊子，河南府參軍鄭銑、朱陽縣丞郭仙舟把詩章投在建議箱子中，玄宗下敕說：「看他們的文辭義理，是推崇道家；至於拿來經世致用，又不切合事物的情理。應該讓他們各從所好。」一起罷免了二人的官職，度為道士。

五月十八日辛亥，任命突騎施都督蘇祿為左羽林大將軍，封為順國公，派他充任金方道經略大使。○契丹王李失活去世。癸巳日，用他的弟弟娑固代替他為契丹王。

秋，八月，在各州縣頒布鄉飲酒禮，下令在每年十二月舉行鄉飲酒禮。

唐初，州縣官的俸祿都是當地富戶掌握本金用利息來支付給他們，利息高出本金一倍，有許多人破產。

祕書少監崔沔上言，請求總計州縣官吏所得俸祿的數量，在百姓正常賦稅之外，稍微增加一些來供給州縣官員。玄宗聽從了他的意見。

冬，十一月初一日辛卯，玄宗車駕抵達西京。○戊辰日，吐蕃進表請求和解，乞求按舅甥的名分來簽署誓文，還要讓彼此宰相在誓約上署名。

宋璟上奏說：「括州員外司馬李邕和儀州司馬鄭勉二人都有才略文詞，但他們的性情多有異端，喜歡顛倒是非。如果全都舉進，必定招致災難和懊悔，如果長期廢棄不用，他們的才能就可惜了。請求任命他們為渝、硤二州刺史。」宋璟還上奏說：「大理寺卿元行沖平素以才能品行被人稱道，初上任時確實符合眾望。主持事務之後，很不稱職，請求還是任命他為左散騎常侍，由李朝隱代他擔任大理寺卿。陸象先對政務很熟悉，為政寬緩而不容忍為非作歹，請任命他為河南尹。」玄宗聽從了他的意見。

七年（己未　西元七一九年）

春，二月，俱密❶王那羅延、康❷王烏勒伽、安❸王篤薩波提皆上表言為大食❹所侵掠，乞兵救援。○敕太府及府縣❺出粟十萬石糶❻之，以斂人間惡錢，送少府❼銷毀。

三月乙卯❽，以左武衛大將軍、檢校內外閑廄使、苑內營田使王毛仲行太僕卿❾。毛仲嚴察有幹力❿，萬騎功臣、閑廄官吏皆憚之，苑內所收常豐溢。上以為能，故有寵。雖有外第⓫，常居閑廄側⓬內宅，上或時⓭不見，則悄然⓮若有所失。宦官楊思勗、高力士皆畏避之。○勃海王大祚榮卒⑮。丙辰⑯，命其子武藝⑰襲位。

夏，四月壬午⑱，開府儀同三司祁公王仁皎薨。其子駙馬都尉守一⑲請用竇孝諶⑳例，築墳高五丈一[1]尺，上許之。宋璟、蘇頲固爭，以為「準令㉑，一品墳高一丈九尺，其陪陵㉒者高出三丈而已。竇太尉墳，議者頗譏其高大，當時無人極言其失，豈可今日復踵㉓而為之！昔太宗嫁女，資送過於長公主㉔，魏徵進諫，太宗既用其言，文德皇后亦賞之㉕，豈若韋庶人崇其父墳，號曰酆陵㉖，以自速其禍乎！夫以后父之尊，欲高大其墳，何足為難！而臣等再三進言者，蓋欲成中宮㉗之美耳。況今日所為，當傳無窮，永以為法，可不慎乎！」上悅曰：「朕每欲正身率下㉘，況於妻子，何敢私之！然此乃人所難言，卿能固守典禮，以成朕美，垂法將來，誠所望也。」賜璟、頲帛四百匹。

五月己丑㉙朔，日有食之。上素服以俟變㉚，徹樂減膳㉛，命中書、門下察繫囚，賑飢乏，勸農功。辛卯㉜，宋璟等奏曰：「陛下勤恤人隱㉝，此誠蒼生之福。然臣聞日食修德，月食修刑。親君子，遠小人，絕女謁㉞，除讒慝㉟，所謂修德也。君子恥言浮於行㊱，苟推至誠而行之，不必數下制書也。」

六月戊辰㊲，吐蕃復遣使請上親署誓文；上不許，曰：「昔歲㊳誓約已定，苟信不由衷㊴，亟誓㊵何益！」

秋，閏七月，右補闕盧履冰㊶上言：「禮，父在為母服周年，則天皇后改服齊衰三年㊷，請復其舊。」上下其議。左散騎常侍褚無量以履冰議為是，諸人爭論，連年不決。八月辛卯㊸，敕自今五服㊹並依喪服傳文，然士大夫議論猶不息，行之各從其意。無量歎曰：「聖人豈不知母恩之厚乎？厭降之禮，所以明尊卑、異戎狄也。俗情膚淺，不知聖人之心，一紊㊺其制，誰能正之！」

九月甲寅㊻，徙宋王憲㊼為寧王。上嘗從複道㊽中見衛士食畢，棄餘食於竇㊾中，怒，欲杖殺之；左右莫敢言。憲從容諫曰：「陛下從複道中窺人過失而殺之，臣恐人人不自安。且陛下惡棄食於地者，為食可以養人也；今以餘食殺人，無乃失其本乎！」上大悟，蹶然㊿起曰：「微兄(51)，幾至濫刑。」遽釋衛士。是日，上宴飲極歡，自解紅玉帶，并所乘馬以賜憲。

【章旨】以上為第二段，寫唐玄宗銷毀惡錢，敬畏災變，不妄殺，不擅改禮儀制度。

【注釋】❶俱密　國名，故地在今中亞噴赤河上游。❷康　國名，故地在今烏茲別克斯坦撒馬爾罕一帶。❸安　國名，在今烏茲別克斯坦布哈拉一帶。❹大食　國名，即阿拉伯帝國。❺府縣　此處特指京兆府及京畿諸縣。❻糶　賣出糧食。❼少

府　官署名，即少府監，掌百工技巧之事。❽乙卯　三月二十六日。❾太僕卿　太僕寺最高長官，從三品，掌邦國廄牧車輿之政令。❿幹力　猶「幹勁」。⓫外第　別宅。王毛仲外第在長安興寧坊西南隅。⓬側　旁。⓭或時　有時。⓮悄然　憂愁的樣子。⓯勃海王大祚榮卒　先天二年（西元七一三年），唐政府遣郎將崔訢冊封大祚榮為勃海郡王。⓰丙辰　三月二十七日。⓱武藝　大祚榮嫡長子。西元七一九—七三七年為勃海郡王。事詳見《舊唐書》卷一百九十九下〈渤海靺鞨傳〉、《新唐書》卷二百十九〈渤海傳〉。⓲壬午　四月二十四日。⓳駙馬都尉守一　王守一尚玄宗女清陽公主。傳見《舊唐書》卷一百八十三、《新唐書》卷二百六。⓴竇孝諶　玄宗外祖父。傳見《舊唐書》卷一百八十三。㉑準令　根據喪葬令。㉒陪陵　陪葬墓。㉓踵繼。㉔昔太宗嫁女二句　貞觀六年（西元六三二年），長樂公主下嫁長孫沖。太宗以公主係長孫皇后所生，敕有司備嫁妝為長公主的一倍。㉕文德皇后亦賞之　文德皇后即太宗皇后長孫氏。太宗採納了魏徵的諫言，文德皇后亦對魏徵表示讚賞。㉖韋庶人崇其父墳二句　事見本書卷二百八中宗景龍元年。㉗中宮　皇后。㉘率下　為臣下之表率。㉙己丑　五月初一日。㉚俟變　等待災變。㉛徹樂減膳　撤除音樂，減省飯食。徹，通「撤」。膳，飯食。㉜辛卯　五月初三日。㉝人隱　民眾疾苦。㉞女謁　通過婦人進行干求請託。㉟讒慝　讒人奸慝。㊱君子恥言浮於行　《論語・憲問》：孔子曰：「君子恥其言而過其行。」意思是說得多，做得少，君子以為恥。浮，超過。㊲戊辰　六月十一日。㊳昔歲　往年。㊴衷　本心；內心。㊵亟誓　多次發誓。亟，多。㊶盧履冰　幽州范陽（今北京市西南）人。傳見《新唐書》卷二百。㊷則天皇后改服齊衰三年　事在高宗上元元年。㊸辛卯　八月初六日。㊹五服　對喪服的統稱。古時喪服以親疏關係分為五等，即：斬衰、齊衰、大功、小功、緦麻。㊺紊　亂。㊻甲寅　九月丙辰朔，無甲寅。《新唐書・玄宗紀》作「甲戌」，即九月十九日。陳垣《二十史朔閏表》作九月十九日。㊼宋王憲　宋王成器開元四年正月初十改名為憲。㊽複道　高樓間架空的通道，俗稱天橋。㊾竇　地穴。㊿蹶然　急遽的樣子。(51)微兄　要不是兄長在此。微，無；非。

【校　記】〔1〕一　原作「二」。據章鈺校，十二行本、乙十一行本皆作「一」，今據改。按，兩《唐書・宋璟傳》皆作「一尺」。

【語　譯】七年（己未　西元七一九年）

春，二月，西域的俱密王那羅延、康王烏勒伽、安王篤薩波提都上表說被大食軍隊侵掠，請求派兵救援。

○玄宗敕命太府和京兆府京縣、畿縣拿出十萬石粟出售，用來回收民間的劣質錢，送到少府銷毀。

三月二十六日乙卯，玄宗任命左武衛大將軍、檢校內外閑廄使、苑內營田使王毛仲兼任太僕寺卿。王毛仲嚴厲精明，有幹勁，萬騎軍裡的功臣和閑廄官吏都畏懼他，因此苑囿的收入經常豐裕。玄宗認為他有才幹，因此受到寵愛。王毛仲雖然在外有宅第，但常常住在閑廄旁邊的內宅中，玄宗有時見不到他，就會憂愁而若有所失。宦官楊思勗和高力士都畏懼而迴避他。○勃海王大祚榮去世。二十七日丙辰，朝廷任命他的兒子武藝承襲王位。

夏，四月二十四日壬午，開府儀同三司祈公王仁皎去世。他的兒子駙馬都尉王守一請求按照竇孝諶的先例，營建五丈一尺高的墳墓，玄宗同意了他的請求。宋璟、蘇頲堅決反對，他們認為「根據喪葬令，一品官的墳墓高度為一丈九尺，在皇帝陵墓附近作為陪葬墓也不過高出三丈而已。竇太尉的墳墓，有人就譏刺它高大，但當時無人徹底談到它的失當，現在怎麼能跟著再犯同樣的錯誤呢！過去太宗出嫁女兒，嫁妝超過了長公主，魏徵進諫，太宗就採納了他的建議，文德皇后也對魏徵表示讚賞，哪裡像韋庶人加高其父的墳墓，號稱為酆陵，以至於很快自招災禍呢！皇后的父親地位尊崇，想增高他的墳墓，有什麼困難呢！而臣等再三進言的原因，是想成就皇后的美名而已。況且陛下今日所為，會世世代代傳給子孫，成為常法，怎麼可以不謹慎呢！」玄宗聽罷高興地說：「我經常想端正自身來為下面的人作出表率，何況對於妻子兒女，哪敢有所偏愛呢！然而這件事是人們難以說出口的，您們能夠堅守禮制，成就我的美德，垂範未來，確實是我所期望的。」賞賜宋璟、蘇頲絹帛四百匹。

五月初一日己丑，發生日蝕。玄宗身著素服等待災變，撤去音樂，減少膳食，命令中書、門下省察看在押囚犯，賑濟饑民，勉勵農事。初三日辛卯，宋璟等上奏說：「陛下經常體恤民眾疾苦，這實在是百姓的福分。然而臣聽說發生日蝕時應當修養德行，發生月蝕時則應當整飭刑罰。親近君子，疏遠小人，杜絕婦人的請託，斥退讒人奸慝，這就是所謂的修德。君子把只說不做看作羞恥，如果推心至誠去修德，就不必反覆下詔了。」

六月十一日戊辰，吐蕃再次派遣使者請求玄宗親筆簽署兩國的誓文，玄宗沒有答應，說：「在去年盟約就已經簽署了，假如言不由衷，多次簽訂誓約有什麼裨益呢！」

秋，閏七月，右補闕盧履冰上言說：「按禮制，父在，子為亡母服一年喪，則天皇后改為服喪三年，請求恢復原來的規定。」玄宗把他的建議交給群臣討論。左散騎常侍褚無量認為盧履冰的主張是正確的，大家對這一問題的爭議，連續幾年都未有定論。八月初六日辛卯，玄宗敕令從今以後五服喪期均以〈喪服傳〉的內容為準，然而士大夫對這個問題的爭論還是不能停止，在執行時還是各行其意。褚無量感慨地說：「聖人難道不知道慈母恩情的深厚嗎？之所以降低服喪的禮制，是為了分明尊卑，與戎狄區別開來，世俗的感情膚淺，不瞭解聖人制禮的用心，一旦紊亂，誰能糾正呢！」

九月甲寅日，改封宋王李憲為寧王。玄宗在複道中看到衛士吃完飯後把剩餘的飯菜倒入坑穴中，很生氣，打算用杖刑處死他。玄宗左右的人沒有敢說話的。李憲閒談時規勸說：「陛下從複道中看見衛士的過失而將他處死，臣擔心人人不能自安。陛下憎惡把飯菜丟棄在地上的人，是因為飯菜能夠用來養人，現在因為剩飯菜就要殺人，恐怕失去了陛下的本意吧！」玄宗恍然大悟，急忙起身說：「要不是兄長，幾乎要濫用刑罰了。」趕忙釋放了衛士。這一天，玄宗在宴席上極為高興，親自解下紅玉帶，連同所乘的馬，一同賞賜給李憲。

冬，十月辛卯❶，上幸驪山溫湯。癸卯❷，還宮。○壬子❸，冊拜突騎施蘇祿為忠順可汗。

十一月壬申❹，契丹王李娑固與公主入朝[1]。○上以岐山❺令王仁琛，藩邸故吏，墨敕❻令與五品官。宋璟奏：「故舊恩私❼，則有大例❽，除官資歷，非無公道。仁琛曏緣舊恩，已獲優改❾，今若再蒙超獎❿，遂於[2]諸人不類⓫。又是后族⓬，須杜輿⓭言。乞下吏部檢勘⓮，苟無負犯⓯，於格應留，請依資稍優注擬。」從之。

選人⑯宋元超於吏部自言侍中璟之叔父，冀得優假⑰。璟聞之，牒吏部云：「元超，璟之三從叔⑱，常在洛城，不多參見。既不敢緣尊輒隱⑲，又不願以私害公。向者無言，自依大例，既有聲聽，事須矯枉⑳，請放㉑。」

寧王憲奏選人薛嗣先㉒請授微官㉓，事下中書、門下。璟奏：「嗣先兩選齋郎㉔，雖非灼然應留，以懿親㉕之故，固應微假官資。在景龍年[3]中，常有墨敕處分，謂之斜封。自大明㉖臨御，茲事杜絕，行一賞，命一官，必是緣功與才，皆歷㉗中書、門下。至公之道，唯聖能行。嗣先幸預姻戚，不為屈法，許臣等商量，望付吏部知，不出正敕。」從之。

先是，朝集使往往齎貨入京師㉘，及春將還，多遷官。宋璟奏一切勒還㉙以革其弊。

是歲，置劍南節度使㉚，領益、彭等二十五州。

【章旨】以上為第三段，寫唐玄宗與宰相宋璟君臣皆不為親故濫封官職。

【注釋】❶辛卯　十月初七日。❷癸卯　十月十九日。❸壬子　十月二十八日。❹壬申　十一月十八日。❺岐山　縣名，故治在今陝西岐山縣。❻墨敕　皇帝親筆書寫，不經外廷直接下達的制敕。❼恩私　指皇帝的私情恩寵。❽大例　法定條例。❾優改　從優改遷。意即晉升。❿超獎　破格獎拔。⓫不類　不同。⓬后族　皇后一族。王仁琛與王皇后有親屬關係。⓭輿　眾。⓮檢勘　檢核勘驗。⓯負犯　負罪犯法。⓰選人　候選、候補的官員。⓱優假　寬待；照顧。⓲三從叔　三從，三輩同祖，是遠身叔父，即出自同一高祖的叔父。⑲緣尊輒隱　因緣尊長而加以隱諱。⑳矯枉　矯枉要過正。意謂宋元超是遠親，不應避嫌，但宋元超既然打了叔父的旗號求官，那就要矯枉過正，不予錄用。㉑請放　請放歸，不予錄用。㉒薛嗣先　陝州司馬薛侃之子，官至衛尉少卿。見《新唐書》卷七十三下〈宰相世系表三下〉。㉓微官　小官。㉔兩選齋郎　兩次被選為辦理祭祀事務的小吏。㉕懿親　謂皇室宗親。㉖大明　大明之君。代指玄宗。㉗歷　經。㉘齎貨入京師　攜帶財物入京，以為行賄之用。㉙一切勒還　全部勒命還州。㉚是歲二句　《唐會要》卷七十八載：開元五年二月，齊景胄除劍南節度使，始出現劍南節度使之號。

【校　記】①契丹王李娑固與公主入朝　原無此十一字。據章鈺校，十二行本、乙十一行本、孔天胤本皆有此十一字，唯乙十一行本「娑固」作「婆固」，張敦仁《通鑑刊本識誤》同，唯「固」作「圉」，張瑛《通鑑校勘記》同，亦作「娑固」，今據乙十一行本補。按，前文已提及李失活死後以李娑固為契丹王一事，且兩《唐書・北狄契丹傳》皆作「娑固」。②於　據章鈺校，孔天胤本作「以」，張敦仁《通鑑刊本識誤》同。③年　原無此字。據章鈺校，十二行本、乙十一行本、孔天胤本皆有此字，張敦仁《通鑑刊本識誤》同，今據補。

【語　譯】冬，十月初七日辛卯，玄宗幸臨驪山溫泉。十九日癸卯，返回宮中。〇二十八日壬子，冊封突騎施蘇祿為忠順可汗。

十一月十八日壬申，契丹王李娑固與公主入朝。〇玄宗因為岐山縣令王仁琛曾經是自己做藩王時的故吏，便墨敕授予他五品官。宋璟上奏說：「對於故舊私情恩寵，有法定的條例；對這些人任官的資歷，並不是沒有標準。從前王仁琛因為舊恩的緣故，已經從優晉升，現在如果再次破格提拔，就與眾人不同了。王仁琛又是皇后的家族，必須杜絕公眾的議論。臣請求交給吏部核查勘驗，如果王仁琛沒有負罪犯法，按條例應該任命，請按照資歷略加優待，授予官職。」玄宗聽從了他的意見。

候選官員宋元超在吏部自己說他是侍中宋璟的叔父，希望得到照顧。宋璟聽說此事後，給吏部寫信說：「宋元超是我的遠身叔父，他常在洛城，很少去參見。我既不敢因他是長輩就隱諱真情，又不願因私害公。從前他沒有說明這層關係，自然應當照條例辦事，現在既然有了這方面的傳聞，就必須矯枉過正，我請求不予錄用。」

寧王李憲奏稱候補官薛嗣先請求授任一個小官，玄宗把此事交給中書省和門下省辦理。宋璟上奏說：「薛嗣先曾兩次被選任齋郎，雖然他並非明顯應當留任，但因為是皇室宗親的緣故，本來應當給他一個小的官職。在景龍年間，皇帝常有墨敕委任官職的事，被稱作斜封官。自從聖上即位以來，這類事情已被杜絕，朝廷每頒賜一次封賞，每委任一名官吏，一定是因為這些人有功勞，或者是有才能，都經過中書、門下二省除授。這樣極其公正的辦法，惟有聖明君王才能施行。薛嗣先有幸與陛下有姻親，陛下不因為他而違法，請允許臣等商量此事，希望把此事交付吏部處理，不要頒下正式敕書任命他。」玄宗聽從了他的意見。

此前，朝集使往往攜帶很多東西進京，等到來年開春即將返回時，大多數人得到升遷。宋璟奏請將這些人全部勒令還州，以便革除這一弊端。

這一年，朝廷設置劍南節度使，管轄益州、彭州等二十五州。

八年（庚申　西元七二〇年）

春，正月丙辰❶，左散騎常侍褚無量卒。辛酉❷，命右散騎常侍元行沖整比❸羣書。

侍中宋璟疾❹負罪而妄訴不已者，悉付御史臺治之。謂中丞李謹度❺曰：「服不更訴❻者出之，尚訴未已者且繫❼。」由是人多怨者。會天旱有魃❽，優人作魃狀戲於上前，問魃：「何為出？」對曰：「奉相公處分。」又問：「何故？」魃曰：「負冤者三百餘人，相公悉以繫獄抑之，故魃不得不出❾。」上心以為然。

時璟與中書侍郎、同平章事蘇頲建議嚴禁惡錢，江、淮間惡錢尤甚，璟以監察御史蕭隱之⑩充使括⑪惡錢。隱之嚴急煩擾，怨嗟盈路，上於是貶隱之官。辛巳⑫，罷璟為開府儀同三司，頲為禮部尚書。以京兆尹源乾曜為黃門侍郎，并州長史張嘉貞為中書侍郎，並同平章事。於是弛錢禁⑬，惡錢復行矣。

二月戊戌⑭，皇子敏卒⑮，追立為懷王，諡曰哀。○壬子⑯，敕以役莫重於軍府，一為衛士，六十乃免⑰，宜促其歲限⑱，使百姓更迭⑲為之。

【章旨】以上為第四段，寫宋璟理政剛正，禁惡錢嚴急，被政敵中傷而罷相。

【注釋】❶丙辰 正月初三日。❷辛酉 正月初八日。❸整比 猶整理。❹疾 痛恨。❺李謹度 事見《唐郎官石柱題名考》卷八、《唐御史臺精舍題名考》卷二。❻服不更訴 服罪不再上訴。❼且繫 暫且關押。❽魃 傳說中的旱神。《神異經・南荒經》載：「南方有人，長二三尺，袒身而目在頂上，走行如風，名曰魃，所見之國大旱。」❾不得不出 意即不得不出來造成旱災示警。❿蕭隱之 事見《新唐書》卷七十一下〈宰相世系表一下〉、《唐御史臺精舍題名考》卷二。⓫括 搜刮。⓬辛巳 正月二十八日。⓭弛錢禁 鬆弛對惡錢的禁令。⓮戊戌 二月十五日。⓯皇子敏卒 李敏為玄宗第十五子，武惠妃所生，美麗如畫，百日而亡。見《新唐書》卷八十二。⓰壬子 二月二十九日。⓱一為衛士二句 一旦成為衛士，到六十歲才能免役。⓲促其歲限 縮短兵役的年限。⓳更迭 更替；輪流。

【語譯】八年（庚申 西元七二〇年）

春，正月初三日丙辰，左散騎常侍褚無量去世。初八日辛酉，朝廷任命右散騎常侍元行沖整理群書。

侍中宋璟痛恨犯有罪過而不停地妄自上訴的人，他把這些人全部交給御史臺處理。他對御史中丞李謹度說：「那些認罪服法不再上訴的人可以釋放了，那些還在不停申訴的人暫且關押起來。」因此很多人怨恨他。

正趕上天旱有魃作怪，俳優裝扮成魃的樣子在皇帝面前戲耍，玄宗問魃說：「你為什麼降臨人間呢？」魃回答說：「是奉宰相的安排。」玄宗又問：「這是什麼緣故？」魃回答說：「有三百多名蒙冤者，宰相全都把他們關進監獄，壓制他們，所以我不得不出來示警。」玄宗心中認為是對的。

此時宋璟與中書侍郎、同平章事蘇頲建議嚴禁劣質錢流通，而江、淮之間劣質錢尤為嚴重，宋璟派遣監察御史蕭隱之充當使者去收繳劣質錢。蕭隱之執法嚴厲，煩擾百姓，人們怨聲載道，於是皇帝貶了蕭隱之的官。正月二十八日辛巳，貶宋璟為開府儀同三司，貶蘇頲為禮部尚書，任命京兆尹源乾曜為黃門侍郎，任命并州長史張嘉貞為中書侍郎，二人均為同平章事。從此朝廷放鬆了對劣質錢的禁令，劣質錢又流通起來。

二月十五日戊戌，皇子李敏去世，追立他為懷王，諡號為哀。○二十九日壬子，玄宗頒布敕令，認為在各種徭役中，沒有比軍府之役更為沉重，一旦被徵為衛士，到六十歲才能解除，應當縮短兵役年限，讓百姓輪流當兵。

夏，四月丙午❶，遣使賜烏長王、骨咄王、俱位王❷冊命。三國皆在大食之西❸。大食欲誘之叛唐，三國不從，故褒之。

五月辛酉❹，復置十道按察使❺。○丁卯❻，以源乾曜為侍中，張嘉貞為中書令。

乾曜上言：「形要❼之家多任京官，使俊乂❽之士沈廢於外。臣三子皆在京❾，請出其二人❿。」上從之。因下制稱乾曜之公，命文武官效之，於是出者百餘人。

張嘉貞吏事彊敏，而剛躁⓫自用。中書舍人苗延嗣⓬、呂太一⓭、考功員外郎員嘉靜⑭、殿中侍御史崔訓⑮皆嘉貞所引進，常與之議政事。四人頗招權，時人語曰：「令公四俊，苗、呂、崔、員。」

六月，瀍、穀漲溢，漂溺幾二千人。

突厥降戶僕固都督勺磨及跌跌部落散居受降城側，朔方大使王晙言其陰引突厥，謀陷軍城，密奏請誅之。誘勺磨等宴於受降城，伏兵悉殺之，河曲降戶殆盡。拔曳固、同羅諸部在大同、橫野軍⑯之側者，聞之皆惱懼⑰。秋，并州長史、天兵節度大使張說引二十騎，持節即其部落慰撫之，因宿其帳下。副使李憲⑱以虜情難信，馳書止之。說復書曰：「吾肉非黃羊⑲，必不畏食；血非野馬⑳，必不畏刺。士見危致命㉑，此吾效死之秋㉒也。」拔曳固、同羅由是遂安。

冬，十月辛巳㉓，上行幸長春宮㉔。壬午㉕，畋于下邽㉖。

上禁約諸王，不使與羣臣交結。光祿少卿駙馬都尉裴虛己㉗與岐王範遊宴，仍私挾㉘讖緯。戊子㉙，流虛己於新州，離其公主㉚。萬年尉劉庭琦、太祝㉛張諤數與範飲酒賦詩，貶庭琦雅州㉜司戶，諤山茌㉝丞。然待範如故，謂左右曰：「吾兄弟自無間㉞，但趨競之徒㉟彊相託附耳。吾終不以此責兄弟也。」上嘗不豫，薛王業妃弟內直郎㊱韋賓㊲與殿中監皇甫恂㊳私議休咎㊴。事覺，賓杖死，恂貶錦州㊵刺史。業與妃惶懼待罪，上降階執業手曰：「吾若有心猜兄弟者，天地實殛㊶之。」即與之宴飲，仍慰諭妃，令復位。

【章　旨】以上為第五段，寫源乾曜、張嘉貞拜相。張說以誠撫定突厥拔曳固、同羅部。玄宗禁約諸王與群臣交結。

【注　釋】❶丙午　四月二十四日。❷烏長王骨咄王俱位王　烏長，在今巴基斯坦伊斯蘭堡之北。骨咄，在今中亞法扎巴德之北。俱位，在帕米爾高原之南。❸三國皆在大食之西　《冊府元龜》卷九百六十四載：「三國在安西之西，與大食鄰境。」❹辛酉　五月初九日。❺復置十道按察使　開元五年罷按察使。❻丁卯　五月十五日。❼形要　權勢。❽俊乂　賢能的人。❾在京　意即擔任京官。❿出其二人　讓其中的二個人出任地方官。據《新唐書》卷一百二十七，所出二人為河南參軍源弼和太祝源潔。⓫剛躁　剛愎暴躁。⓬苗延嗣　潞州長子（今山西長子）人，官至太原少尹。事見《舊唐書》卷九十九〈張嘉貞傳〉、《新唐書》卷七十五上〈宰相世系表五上〉、《唐御史臺精舍題名考》卷二。⓭呂太一　相州洹水（今河北魏縣西南）人。事見《新唐書》卷一百二十六〈魏知古傳〉、《元和姓纂》卷六、《唐登科記考》卷二十七。⓮員嘉靜　事見《舊唐書》卷九十九〈張嘉貞傳〉、《唐郎官石柱題名考》卷三、卷八、卷十等。⓯崔訓　事見《新唐書》卷七十二下〈宰相世系表二下〉、《唐御史臺精舍題名考》卷二。⓰橫野軍　在今河北蔚縣。⓱恟懼　恐懼。⓲李憲　事見《舊唐書》卷九十七〈張說傳〉、《新唐書》卷一百二十五〈張說傳〉。⓳黃羊　即黃獐。形狀像鹿，但比鹿小。無角。善跳躍，能游泳。肉可食，皮可製革。⓴野馬　沒有馴化，自生自滅的馬匹。㉑士見危致命　語出《論語・子張》。致命，授命。㉒秋　時。㉓辛巳　十月初二日。㉔長春宮　在今陝西大荔西北。㉕壬午　十月初三日。㉖下邽　縣名，故治在今陝西渭南市東北。㉗裴虛己　官光祿少卿。娶睿宗女霍國公主。事見《舊唐書》卷九十五〈惠文太子範傳〉、《新唐書》卷七十一上〈宰相世系表一上〉及卷八十三〈霍國公主傳〉。㉘挾　挾帶。㉙戊子　十月初九日。㉚離其公主　使公主與他離婚。㉛太祝　太常寺屬官，有太祝六人，正九品上。㉜雅州　州名，治所在今四川雅安西。㉝山茌　縣名，縣治在今山東長清東北。㉞無間　無隙。㉟趨競之徒　趨炎附勢的人。㊱內直郎　東宮內直局官，從六品下，掌符璽、傘扇、几案、衣服之事。㊲韋賓　事見《舊唐書》卷九十五〈惠宣太子業傳〉、《新唐書》卷八十一〈惠宣太子業傳〉。㊳皇甫恂　事見《新唐書》卷七十五下〈宰相世系表五下〉、《元和姓纂》卷五。㊴休咎　吉凶禍福。㊵錦州　治所在今湖南懷化西北。㊶殛　誅戮。

【語　譯】夏，四月二十四日丙午，朝廷派遣使者向烏長王、骨咄王、俱位王頒賜冊命。這三個國家都在大食以西。大食想引誘它們背叛唐朝，三國都不聽從，因此朝廷褒獎他們。

五月初九日辛酉，朝廷又設置十道按察使。〇十五日丁卯，玄宗任命源乾曜為侍中，任命張嘉貞為中書令。

源乾曜上奏說：「權勢之家大多擔任京官，賢能之士沉滯於外地。臣的三個兒子都在京城做官，請求把其中兩個調出京師。」玄宗聽從了他的要求。並藉此頒布詔命稱讚源乾曜的公正無私，命令文武官員效仿他，於是調離京師的有一百多人。

張嘉貞處理政務精明強幹，但剛愎暴躁，自以為是。中書舍人苗延嗣、呂太一、考功員外郎員嘉靜和殿中侍御史崔訓都是張嘉貞推薦任用的，張嘉貞經常與他們商議朝政大事。這四個人很能招攬權勢，當時的人評論說：「中書令張公有四位俊才，他們是苗延嗣、呂太一、崔訓和員嘉靜。」

六月，瀍河和穀河洪水氾濫，淹死將近二千人。

突厥歸降的僕固都督勺磨以及䟿跌部落散居在受降城旁邊，朔方大使王晙說他們暗地裡勾結突厥，策劃攻佔受降城，他密奏朝廷，請求誅滅他們。王晙誘騙勺磨等人來受降城赴宴，埋伏士兵把他們全部殺掉，河曲的突厥降戶幾乎被殺盡。在大同、橫野軍附近的突厥拔曳固、同羅等部落，聽到此消息後都十分恐懼。秋天，并州長史、天兵節度大使張說率領二十名騎兵，手執符節到拔曳固等部落慰問安撫他們，便留宿在他們的營帳中。天兵節度副使李憲認為胡人的情況難以相信，便派人馳馬送信阻止他們。張說在回信中說：「我的肉不是黃羊肉，絕不怕他們吃了我；我的血也不是野馬的血，絕不怕被他們刺傷。士大夫臨危不顧惜生命，這正是我獻身的時候。」拔曳固、同羅等部落由此才安定下來。

冬，十月初二日辛巳，玄宗巡幸長春宮。初三日壬午，在下邽狩獵。

玄宗約束諸王，不讓和群臣交結。光祿少卿駙馬都尉裴虛己與岐王李範出遊宴飲，還私自攜帶讖緯書。十月初九日戊子，裴虛己被流放到新州，並讓霍國公主與他離婚。萬年縣尉劉庭琦和太常寺太祝張諤多次與李範飲酒賦詩，劉庭琦被貶為雅州司戶，張諤被貶為山茌縣丞。然而對待李範還和原來一樣，他對左右侍臣說：「我們兄弟親密無間，只是那些趨炎附勢的人極力巴結而已。我終究不會因此責怪我的兄弟。」玄宗曾經生病，薛王李業妃子的弟弟內直郎韋賓和殿中監皇甫恂私下議論吉凶禍福之事。事發後，韋賓被杖刑處死，皇甫恂被貶為錦州刺史。李業與其妃子非常惶恐，等待治罪，玄宗走下臺階握著李業的手說：「我如果有猜忌兄弟的心，天地定會殺死我的。」隨即與他宴飲，還勸慰李業的妃子，讓她回到座位上去。

十一月乙卯❶，上還京師。○辛未❷，突厥寇甘、涼等州，敗河西節度使楊敬述❸，掠契苾部落❹而去。

先是，朔方大總管王晙奏請西發拔悉密❺，東發奚、契丹，期以今秋掩❻毗伽牙帳於稽落水❼上。毗伽聞之，大懼。暾欲谷曰：「不足畏也。拔悉密在北庭，與奚、契丹相去絕遠❽，勢不相及❾，朔方兵計亦不能來此。若必能來，俟其垂至❿，徙牙帳北行三日，唐兵食盡自去矣。且拔悉密輕而好利，得王晙之約，必喜而先至。晙與張嘉貞不相悅⓫，奏請多不相應⓬，必不敢出兵。晙兵不出，拔悉密獨至，擊而取之，勢甚易耳。」

既而拔悉密果發兵逼突厥牙帳，而朔方及奚、契丹兵不至，拔悉密懼，引退。毗伽欲擊之，暾欲谷曰：「此屬⑬去家千里，將死戰，未可擊也。不如以兵躡之。」去北庭二百里，暾欲谷分兵間道先圍北庭，因縱兵擊拔悉密，大破之。拔悉密眾潰走，趨北庭，不得入，盡為突厥所虜。

暾欲谷引兵還，出赤亭⑭，掠涼州羊馬，楊敬述遣裨將盧公利、判官元澄將兵邀擊⑮之。暾欲谷謂其眾曰：「吾乘勝而來，敬述出兵，破之必矣。」公利等至刪丹⑯，與暾欲谷遇，唐兵大敗，公利、澄脫身走⑰。毗伽⑱由是大振，盡有默啜之眾。

契丹牙官可突干⑲驍勇得眾心，李娑固猜畏，欲去之。是歲，可突干舉兵擊娑固，娑固敗奔營州。營州都督許欽澹⑳遣安東都護薛泰帥驍勇五百與奚王李大酺奉娑固以討之；戰敗，娑固、李大酺皆為可突干所殺，生擒薛泰，營州震恐。許欽澹移軍入渝關㉑，可突干立娑固從父弟鬱干為主，遣使請罪。上赦可突干之罪，以鬱干為松漠都督，以李大酺之弟魯蘇為饒樂都督。

【章　旨】以上為第六段，寫唐邊將輕啟邊釁，唐軍大敗於突厥和契丹。

【注　釋】❶乙卯　十一月初七日。❷辛未　十一月二十三日。❸楊敬述　事見《舊唐書》卷八〈玄宗紀上〉、卷一百九十四上〈突厥傳上〉、《新唐書》卷二百十五下〈突厥傳下〉。❹契苾部落　貞觀年間，契苾降唐，部落被安置在涼州一帶。❺拔悉密　突厥別部，酋長亦姓阿史那氏，居住在今蒙古共和國烏蘭固木一帶。❻掩　掩襲；襲擊。❼稽落水　源於稽落山。在貝加爾湖以南。❽絕遠　極遠。❾勢不相及　指拔悉密與奚、契丹之兵不能相呼應。相及，相合。❿垂至　將至；快到的時候。⓫不相悅　彼此不喜歡對方。意即關係不和。⓬不相應　得不到贊同，即得不到回答。⓭此屬　這些人。⓮赤亭　守捉（邊地駐軍單位）名，在今新疆鄯善東北。⓯邀擊　截擊。⓰刪丹　縣名，縣治在今甘肅山丹。⓱公利澄脫身走　兩《唐書・突厥傳》及《通典》卷一百九十八均作元澄脫身，不言盧公利結局。⓲毗伽　毗伽可汗。⓳可突干　（？—西元七三四年）初任靜析軍副使，歸唐後拜左羽林衛將軍。後又叛降突厥。傳見《舊唐書》卷一百九十九下、《新唐書》卷二百十九。兩《唐書》本傳均作「可突于」。⓴許欽澹　事見《舊唐書》卷一百九十九下〈契丹傳〉、《新唐書》卷七十三上〈宰相世系表三上〉等。㉑渝關　東北軍事重鎮之一。又作「榆關」、「臨渝關」等，故址即今河北秦皇島市東之山海關。

【語　譯】十一月初七日乙卯，玄宗返回京師。〇二十三日辛未，突厥侵犯甘、涼等州，打敗了唐河西節度使楊敬述，擄掠契苾部落之後離去。

在此之前，朔方道大總管王晙奏請從西面調發拔悉密的兵馬，從東面調發奚、契丹的兵馬，約定在這一年的秋季襲擊突厥毗伽可汗設在稽落水邊的牙帳。毗伽可汗聽到此消息後，非常恐懼。暾欲谷說：「不值得害怕。拔悉密在北庭，與奚、契丹相距很遙遠，雙方兵力無法呼應，估計朔方的兵馬也不能來到這裡。如果唐軍真的來了，等他們快要到達時，我們只要遷徙牙帳向北行進三天，唐軍就會因為吃的沒了自己退兵。況且拔悉密向來貪圖小利而輕舉妄動，又得到了王晙的邀約，一定會高興地先來此地。王晙與張嘉貞的關係不和，他的奏請很多得不到回應，他一定不敢出兵。王晙不出兵，拔悉密獨自率軍前來，出擊戰勝他，勢必很容易。」

不久拔悉密果然發兵進逼突厥毗伽的牙帳，而朔方以及奚、契丹兵馬沒有到達，拔悉密感到畏懼，就率軍撤退了。毗伽可汗打算出擊拔悉密，暾欲谷說：「這些人離家千里，將會拚死戰鬥，不能攻擊他們。不如派兵跟隨他們。」在拔悉密離開北庭二百里時，暾欲谷分兵從小路先圍困了北庭，趁勢縱兵攻擊拔悉密，把他們打得大敗。拔悉密的部眾潰散逃向北庭，因為無法進城，全部被突厥俘獲。

暾欲谷率兵撤回，由赤亭出發，搶掠涼州的牲畜，楊敬述派遣裨將盧公利和判官元澄率兵截擊突厥。暾欲谷對他的部眾說：「我們乘勝來到這裡，楊敬述如果出兵挑戰，必然能擊敗他們。」盧公利等人到了刪丹縣，與暾欲谷相遇，唐軍大敗，盧公利和元澄脫身逃走。毗伽的勢力因此大振，全部擁有了阿史那默啜可汗的部眾。

契丹牙官可突干勇敢善戰，深得眾心，李娑固猜忌提防他，想把他除掉。這一年，可突干率兵進攻李娑固，李娑固戰敗奔赴營州。營州都督許欽澹派遣安東都護薛泰率領五百勇士與奚王李大酺輔助李娑固征討可突干；被可突干打敗，李娑固、李大酺都被可突干殺掉，活捉了薛泰，營州軍民驚恐。許欽澹轉移軍隊，進入渝關，可突干立李娑固的堂弟李鬱干為君王，派遣使者入朝請罪。玄宗赦免了可突干的罪行，任命李鬱干為松漠都督，任命李大酺的弟弟李魯蘇為饒樂都督。

九年（辛酉　西元七二一年）

春，正月，制削楊敬述官爵，以白衣檢校涼州都督，仍充諸使❶。○丙辰❷，改蒲州❸為河中府，置中都，官僚一準京兆、河南❹。○丙寅❺，上幸驪山溫湯。乙亥❻，還宮。

監察御史宇文融❼上言，天下戶口逃移❽，巧偽甚眾，請加檢括❾。融，弼❿之玄孫也，源乾曜素愛其才，贊成之。二月乙酉⓫，敕有司議招集流移、按詰巧偽之法以聞。

丙戌⑫，突厥毗伽復使來求和。上賜書，諭以「曩昔國家與突厥和親⑬，華、夷安逸，甲兵休息。國家買突厥羊馬，突厥受國家繒帛，彼此豐給。自數十年來，不復如舊，正由默啜無信，口和心叛⑭，數出盜兵，寇抄邊鄙⑮，人怨神怒，隕身喪元⑯，吉凶之驗，皆可汗所見。今復蹈前迹，掩襲甘、涼，隨遣使人，更來求好。國家如天之覆，如海之容⑰，但取來情，不追往咎。可汗果有誠心，則共保遐福⑱，不然，無煩使者徒爾往來。若其⑲侵邊，亦有以待，可汗其審⑳圖之！」

丁亥㉑，制：「州縣逃亡戶口聽百日自首，或於所在附籍㉒，或牒歸故鄉，各從所欲。過期不首，即加檢括，謫徙㉓邊州㉔。公私㉕敢容庇㉖者抵罪。」以宇文融充使，括逃移戶口及籍外田㉗，所獲巧偽甚眾；遷兵部員外郎兼侍御史。融奏置勸農判官十人㉘，並攝御史，分行天下。其新附客戶，免六年賦調。使者競為刻急，州縣承風勞擾，百姓苦之。陽翟㉙尉皇甫憬㉚上疏言其狀，上方任融，貶憬盈川尉。州縣希旨，務於獲多，虛張其數，或以實戶為客，凡得戶八十餘萬，田亦稱是㉛。

【章　旨】以上為第七段，寫唐玄宗檢括戶口，凡得戶八十餘萬戶，田亦稱是。

【注　釋】❶仍充諸使　依舊充任節度、支度、營田等使。❷丙辰　正月初九日。❸蒲州　治所在今山西永濟西南。❹置中都二句　有標點作「置中都官僚，一準京兆、河南」者，疑誤。按，此云以河中府為中都，河中府官僚數額、品秩待遇等與京兆府、河南府官員完全相同。是年六月己卯，即「罷中都，復為蒲州」。京兆、河南，指兩京。此以蒲州為中都，置官與兩京府等同。❺丙寅　正月十九日。❻乙亥　正月二十八日。❼宇文融　（？—約西元七三〇年）京兆萬年人，長於吏治，以奏請搜刮逃戶而著名。官至宰相，被貶而死。傳見《舊唐書》卷一百五、《新唐書》卷一百三十四。❽逃移　逃亡遷移。❾檢括　考查搜求。❿弢　宇文弢，仕北周、隋兩朝，博學多才。傳見《隋書》卷五十六、《北史》卷七十五。弢，「弼」的古字。⓫乙酉　二月初八日。⓬丙戌　二月初九日。⓭曩昔國家與突厥和親　曩昔，以往；從前。唐代前期，突厥多次遣使求婚，唐王朝也曾許婚，但由於種種原因，未能成婚。玄宗即位不久，默啜子楊我支特勒入朝，始以蜀王女南和縣主妻之。⓮口和心叛　嘴上說要和好，心裡卻在想著叛離。⓯邊鄙　靠近邊界的地方。⓰喪元　丟掉腦袋。默啜於開元四年（西元七一六年）六月二十九日被殺。⓱如天之覆二句　比喻度量極大，無所不包。⓲遐福　永久之福。⓳其　還是。⓴審　慎重。㉑丁亥　二月初十日。㉒附籍　附入戶籍。㉓謫徙　流徙。㉔邊州　邊遠之州。㉕公私　官府或私人。㉖容庇　容納包庇逃戶。㉗籍外田　戶籍以外的田地。㉘置勸農判官十人　《舊唐書·宇文融傳》所載與此相同。《通典》及《新唐書》本傳並作二十九人。按，《唐會要》卷八十五載，開元九年，宇文融所奏勸農判官凡十九人，即：華州錄事參軍慕容琦、長安縣尉王冰、太原司錄張均、太原兵曹宋希玉、大理評事宋珣、長安主簿韋利涉、汾州錄事參軍韋洽、汜水縣尉薛侃、三原縣尉喬夢松、大理寺丞王誘、右拾遺徐楚璧、告成縣尉徐鍔、長安縣尉裴寬、萬年縣尉岑希逸、同州司法邊仲寂、大理評事班景倩、榆次縣尉郭庭倩、河南府法曹元將茂、洛陽縣尉劉日貞。至開元十二年又奏加十人，即：長安縣尉王燾、河南縣尉于孺卿、左拾遺王忠翼、奉天縣尉何千里、伊闕縣尉梁勛、富平縣尉盧怡、咸陽縣尉庫狄履溫、渭南縣尉賈晉、長安縣尉李登、前大理評事盛廙。據此，則「十人」有誤，「二十九人」係兩次奏請人數的總和。㉙陽翟　縣名，縣治在今河南禹州。㉚皇甫憬　事見《新唐書》卷七十五下〈宰相世系表五下〉、《全唐文》卷三百九十七。㉛田亦稱是　所得田地也相當於此。

【語　譯】九年（辛酉　西元七二一年）

春，正月，玄宗下詔削除楊敬述的官爵，讓他以平民身分檢校涼州都督，仍舊充任節度使、支度使和營田使。○初九日丙辰，改蒲州為河中府，設置中都，官僚一律依照京兆府和河南府。○十九日丙寅，玄宗駕臨驪山溫泉。二十八日乙亥，返回宮中。

監察御史宇文融上奏說，全國的居戶丁口脫逃遷移，詐偽很多，請求加以核查。宇文融是宇文弼的玄孫，源乾曜一向愛惜他的才學，因此贊成他的主張。二月初八日乙酉，玄宗敕令有關官署商討招集流散人口以及懲治奸詐虛偽的辦法，並將結果呈報朝廷。

二月初九日丙戌，突厥可汗毗伽又派遣使者前來求和。玄宗賜給毗伽一封信，信中曉諭說，「從前我唐朝與突厥和親，華夏人和突厥人都安居樂業，軍隊也休戰養息。我唐朝買進突厥的羊馬，突厥購得唐朝的絲織品，彼此豐足。從近幾十年以來，兩國關係不再如過去那樣了，這正是由於默啜可汗不講信用，口上講要和好，心裡想的是叛離，多次出兵，劫掠邊疆，人怨神怒，身亡頭落。吉凶禍福的證驗，可汗都親眼所見。如今可汗重蹈前轍，偷襲甘、涼二州，隨後遣使者前來求好。我唐朝像天一樣庇佑萬物，似海一樣容納百川，只看來意的真實，既往不咎。可汗你果真有誠意，就能共同保持永久的幸福，否則就不要麻煩使者白白地往來了。如果你們還是侵擾邊塞，我們也有準備，可汗要慎重考慮！」

二月初十日丁亥，玄宗下詔：「州縣逃亡的人戶丁口，允許在百日內向官府自首，或者在當地落戶籍，或者隨公文回到故鄉，各自隨自己的心願辦理。凡過期不自首，官府立即核查，流徙邊遠州縣。官府和私人敢容納包庇者予以判罪。」任命宇文融為朝廷的使者，搜求逃亡流徙人戶丁口和清查未登記的田地，所查獲的奸詐虛偽的情況很多；宇文融被提拔為兵部員外兼侍御史。宇文融上奏請求設置了十名勸農判官，並代行御史職務，分頭前往全國各地。那些新附籍的客戶，免除六年的賦調。這些使者競相嚴苛峻急，州縣的官吏迎合煩擾，百姓深受其苦。陽翟縣尉皇甫憬上疏反映這一情況，玄宗正在重用宇文融，皇甫憬反被降職為盈川尉。州縣官吏紛紛迎合皇上的旨意，一意追求查獲更多的逃亡人口，虛報數量，有的把實戶也當做客戶，查獲戶口共有八十餘萬，查獲隱瞞的土地數目也與戶口數目相當。

蘭池州❶胡康待賓❷誘諸降戶同反，夏，四月，攻陷六胡州❸，有眾七萬，進逼夏州❹。命朔方大總管王晙、隴右節度使郭知運共討之。

戊戌❺，敕：「京官五品以上，外官刺史、四府❻上佐❼，各舉縣令一人，視其政善惡，為舉者賞罰❽。」

以太僕卿王毛仲為朔方道防禦討擊大使，與王晙及天兵軍節度大使張說相知討康待賓。

六月己卯❾，罷中都，復為蒲州❿。○蒲州刺史陸象先政尚寬簡，吏民有罪，多曉諭遣之。州錄事⓫言於象先曰：「明公不施箠撻⓬，何以示威！」象先曰：「人情不遠，此屬豈不解⓭吾言邪！必欲箠撻以示威，當從汝始！」錄事慚而退。象先嘗謂人曰：「天下本無事，但庸人擾之耳。苟清其源，何憂不治！」

秋，七月己酉⓮，王晙大破康待賓，生擒之，殺叛胡萬五千人。辛酉⓯，集四夷酋長，腰斬康待賓於西市。

先是，叛胡潛與党項⓰通謀，攻銀城⓱、連谷⓲，據其倉庾⓳，張說將步騎萬人出合河關⓴掩擊，大破之。追至駱駝堰㉑，党項乃更與胡戰，胡眾潰，西走入鐵建山。說安集党項，使復其居業。討擊使阿史那獻以党項翻覆㉒，請并誅之，說曰：「王者之師，當伐叛柔服㉓，豈可殺已降邪！」因奏置麟州㉔，以鎮撫党項餘眾。

九月乙巳㉕朔，日有食之。◯康待賓之反也，詔郭知運與王晙相知㉖討之，晙上言，朔方兵自有餘力，請敕知運還本軍。未報，知運已至，由是與晙不協㉗。晙所招降者，知運復縱兵擊之，虜以晙為賣己，由是復叛。上以晙不能遂定㉘羣胡，丙午㉙，貶晙為梓州㉚刺史。

丁未㉛，梁文獻公姚崇薨，遺令：「佛以清淨慈悲為本，而愚者寫經造像，冀以求福。昔周、齊㉜分據天下，周則毀經像㉝而修㉞甲兵，齊則崇塔廟㉟而弛㊱刑政，一朝合戰，齊滅周興。近者諸武、諸韋，造寺度人，不可勝紀，無救族誅㊲。汝曹勿效兒女子㊳終身不寤，追薦冥福㊴！道士見僧獲利，效其所為，尤不可延㊵之於家。當永為後法！」

癸亥㊶，以張說為兵部尚書、同中書門下三品。

冬，十月，河西、隴右節度大使郭知運卒㊷。知運與同郡㊸[1]右衛副率王君㚟，皆以驍勇善騎射著名西陲㊹，為虜所憚㊺。時人謂之王、郭。㚟遂自知運麾下代為河西、隴右節度使，判涼州都督。

十一月丙辰[46]，國子祭酒元行沖上羣書四錄[47]，凡書四萬八千一百六十九卷[48]。○庚午[49]，赦天下。

十二月乙酉[50]，上幸驪山溫湯；壬辰[51]，還宮。

是歲，諸王為都督、刺史者，悉召還京師[52]。○新作蒲津橋[53]，鎔鐵為牛以繫組[54]。○安州[55]別駕[56]劉子玄卒。子玄即知幾也，避上嫌名[57]，以字行。

著作郎吳兢撰則天實錄[58]，言宋璟激張說使證魏元忠事[59]。說修史見之，知兢所為，謬曰[60]：「劉五[61]殊不相借！」兢起對曰：「此乃兢所為，史草具在[62]，不可使明公枉怨死者。」同僚皆失色。其後說陰祈[63]兢改數字，兢終不許，曰：「若徇[64]公請，則此史不為直筆，何以取信於後！」

太史上言，麟德曆[65]浸疏[66]，日食屢不效[67]。上命僧一行[68]更造新曆[69]，率府兵曹[70]梁令瓚[71]造黃道遊儀[72]以測候七政[73]。

置朔方節度使，領單于都護府，夏、鹽等六州[74]，定遠、豐安二軍[75]，三受降城[76]。

【章旨】以上為第八段，寫朔方大總管王晙大破蘭池州叛胡，誅其首領康待賓。賢相姚崇薨。僧一行測日影造新曆。

【注釋】❶蘭池州　羈縻府州，故治在今寧夏靈武一帶。❷康待賓（？—西元七二一年）蘭池州雜胡大首領，叛唐被誅。事見《舊唐書》卷八〈玄宗紀〉上、卷三十八〈地理志一〉、卷九十七〈張說傳〉等。❸六胡州　調露元年（西元六七九年）在宥州南境以突厥降部置魯州、麗州、塞州、含州、依州、契州，合稱六胡州，在今內蒙古鄂托克旗南部一帶。❹夏州　州名，治所在今陝西靖邊東北白城子。❺戊戌　四月二十二日。❻四府　指京兆府、河南府、河中府、太原府。❼上佐　此處指少尹等。❽為舉者賞罰　對薦舉的人進行獎賞或處罰。❾己卯　六月初三日。❿罷中都二句　正月初置中都，以蒲州為河中府。⓫錄事　官名，據《唐六典》卷三十，上州錄事三人，從九品上，中、下州錄事各一人，從九品下，為一般低級吏員。⓬箠撻　指杖刑。⓭解　理解。⓮己酉　七月初四日。⓯辛酉　七月十六日。⓰党項　西北少數民族之一。原居青海、甘肅、四川交界地帶，後遷至今寧夏、陝北一帶。⓱銀城　縣名，縣治在今陝西神木南。⓲連谷　縣名，故治在今陝西神木西北。⓳倉庾　糧庫。⓴合河關　在今山西興縣西北黃河東岸。隔黃河與銀城遙遙相對。㉑駱駝堰　在連谷縣西北。㉒翻覆　反覆無常。㉓柔服　懷柔安撫歸服之人。㉔因奏置麟州　此時只是奏請設置，尚未付諸實施。據《唐會要》卷七十及《新唐書》卷三十七，麟州置於開元十二年閏十二月二十九日，治所在今陝西神木北。㉕乙巳　九月初一日。㉖相知　相互照應。㉗協　協和。㉘遂定　最終安定。㉙丙午　九月初二日。㉚梓州　州名，治所在今四川三臺。㉛丁未　九月初三日。㉜周齊　北周、北齊。㉝經像　佛經佛像。㉞修　治；訓練。㉟塔廟　佛塔佛寺。㊱弛　廢弛。㊲無救族誅　不能挽救家族誅滅的命運。㊳兒女子　指見識短淺的人。㊴冥福　陰間的福祿。㊵延　請。㊶癸亥　九月十九日。㊷郭知運卒　時在十月二十二日。㊸同郡　同郡人。郭知運，瓜州晉昌人；王君㚟，瓜州常樂人。㊹西陲　西邊。㊺憚　懼怕。㊻丙辰　十一月十三日。㊼羣書四錄　書名，《舊唐書・玄宗紀》作「群書目錄」。《唐會要》卷三十六作「群書四部錄」。名稱有所差異，但實指一書。凡二百卷，為當時的圖書總目。㊽凡書四萬八千一百六十九卷　據《唐會要》卷三十六，這些圖書由二千六百五十五部組成，分為經史子集四部。經部由殷踐猷、王恢編，史部由韋述、余欽編，子部由毋照、劉彥直編，集部由王灣、劉仲編。此後歷代藏書，大抵皆以四部分類。經過這次整理，國家藏書迅速增加。所著錄的圖書達到五萬三千九百一十五卷。其中唐人著作凡二萬八千四百六十九卷。㊾庚午　十一月二十七日。㊿乙酉　十二月十三日。(51)壬辰　十二月二十日。(52)諸王為都督刺史者二句　開元二年（西元七一四年）六月，根據有司的請求，令諸王出任外州都督、刺史。今令全部回京師。(53)蒲津橋　連接秦晉的黃河大橋。因位於黃河渡口蒲津而得名。橋東為河東道蒲州，西為關內道同州。(54)鎔鐵為牛以繫絙　為保證浮橋的穩定，用鐵鑄成八頭大牛置於兩岸，繫上大索。後鐵牛皆沉入河中。目前已有所發現。絙，大索。(55)安州　治所在今湖北安陸。(56)別

駕　官名，為州之上佐，佐助刺史紀綱眾務，通判列曹，正五品下。57 避上嫌名　玄宗名隆基，「幾」與「基」音同，故需迴避，而以字行。58 則天實錄　即《則天皇后實錄》，二十卷。本魏元忠、武三思、祝欽明、徐彥伯、柳沖、韋承慶、崔融、岑羲、徐堅撰，後由劉知幾、吳兢刪正。59 宋璟激張說使證魏元忠事　發生在長安三年。60 謬曰　故意錯說。61 劉五　即劉知幾。劉知幾排行第五。唐人習慣以排行敬稱。62 史草具在　史書的草稿都保存著。63 祈　請。64 徇　順。65 麟德曆　李淳風造，麟德二年（西元六六五年）五月頒行。66 浸疏　逐漸疏誤。67 不效　不驗。68 僧一行　（西元六八三－七二七年）俗姓張，名遂，魏州昌樂（今河南南樂）人，自幼博覽經史，尤精天文曆法。二十一歲出家。著述甚豐，死後被謚為大意禪師。傳見《舊唐書》卷一百九十一、《宋高僧傳》卷五、《佛祖歷代通載》卷十三等。69 新曆　即後來的《大衍曆》。70 率府兵曹　東宮官屬。兵曹，即兵曹參軍事。71 梁令瓚　盛唐天文學家。事見《舊唐書》卷三十二〈曆志一〉、卷三十五〈天文志上〉、卷一百九十一〈一行傳〉等。72 黃道遊儀　一種用來測量太陽、月亮等天體變化的天文儀器。73 七政　又稱七曜。指日、月及水、火、木、金、土五星。74 夏鹽等六州　《唐會要》卷七十八作豐（治所在今內蒙古五原南）、勝（治所在今內蒙古托克托南）、靈（治所在今寧夏靈武西南）、夏（治所在今陝西橫山縣西北）、鹽（治所在今陝西定邊）、銀（治所在今陝西榆林南）、匡、長（匡、長二州即宥州，治所在今陝西定邊東北）、安樂（治所在今寧夏中衛）等州。75 定遠豐安二軍　《唐會要》作經略（在今內蒙古鄂托克旗附近）、定遠（在今寧夏平羅西南）、豐安（在今內蒙古五原東南）三軍。待考。76 三受降城　即東受降城（在今內蒙古托克托南）、西受降城（在今內蒙古杭錦旗北）和中受降城（在今內蒙古包頭西南）。

【校　記】1 郡　原作「縣」。胡三省注云：「郭知運，瓜州晉昌人，王君㚟，瓜州常樂人。」嚴衍《通鑑補》改作「同郡」，今從改。按，二人本非同縣，據《舊唐書・地理志》晉昌、常樂均屬燉煌郡。

【語　譯】蘭池州的胡人康待賓誘使歸降的民戶一同反叛。夏，四月，康待賓攻陷了六個胡州，擁有七萬部眾，進逼夏州。朝廷命令朔方道大總管王晙和隴右節度使郭知運共同討伐康待賓。

四月二十二日戊戌，玄宗敕命：「五品以上的京官，外地的刺史及京兆、河南、河中、太原四府的上層佐吏，各自舉薦一名縣令，根據他們的政績好壞，作為舉薦者的賞罰。」

玄宗任命太僕寺卿王毛仲為朔方道防禦討擊大使，與王晙及天兵軍節度大使張說共同征討康待賓。

六月初三日己卯，廢除了中都，又恢復為蒲州。〇蒲州刺史陸象先為政崇尚寬緩簡約，官吏和百姓如果犯了罪，多是以禮曉諭，將人遣還。蒲州錄事對陸象先說：「明公不使用鞭刑，用什麼來顯示威勢呢！」陸象先說：「人的性情相去不遠，難道這些人不理解我的話嗎？如果一定要用鞭刑來顯示威勢，就從你開始！」錄事慚愧退下。陸象先曾經對人說過：「天下本來無事，只是庸人自擾而已。倘若能夠正本清源，何愁得不到治理！」

秋，七月初四日己酉，王晙把康待賓打得大敗，活捉了康待賓，殺死反叛的胡人一萬五千名。十六日辛酉，朝廷集中了四夷各部酋長，在西市將康待賓腰斬。

在此之前，反叛的胡人偷偷地與党項族合謀，攻打銀城、連谷縣，佔據了該地的糧倉，張說率領一萬名步兵和騎兵出合河關，向叛軍發起襲擊，大敗叛軍。張說追擊到駱駝堰，党項反倒與叛胡交戰，胡人潰不成軍，向西逃進了鐵建山。張說安撫招集党項人，讓他們恢復正常的生活與生產。討擊使阿史那獻認為党項人反覆無常，請求一併殺掉他們，張說說：「朝廷的軍隊應當討伐叛軍，懷柔降服之眾，怎麼可以殺死已歸順的人呢！」因而上奏設置麟州，以便鎮撫党項餘眾。

九月初一日乙巳，發生日蝕。〇康待賓叛亂時，玄宗下詔命令郭知運與王晙相互照應，共同征討康待賓，王晙上書說，朔方的軍隊自身有多餘的兵力，請玄宗敕令郭知運率部撤回隴右本軍。尚未接到答覆，郭知運已經來到，由此兩人關係不和。王晙所招降的胡人，郭知運又縱兵攻擊他們，胡人以為王晙出賣了自己，因此重新反叛。玄宗認為王晙不能最終平定胡人各部，九月初二日丙午，貶王晙為梓州刺史。

九月初三日丁未，梁文獻公姚崇去世，有遺囑說：「佛家以清靜慈悲為本，而愚昧的人抄寫經卷、修造佛像，希望求得福佑。過去北周與北齊兩國分據天下，北周是毀棄佛經佛像而訓練士卒，北齊卻大量修造佛塔佛寺而廢弛刑罰與政令，一場戰爭以後，北齊滅亡，北周興起。近來武氏和韋氏家族，造寺度人，不可勝紀，卻未能挽救家族的誅滅。你們不要仿效那些男女小兒之輩終生不寤，祈禱死後的冥福！道士看見僧侶由此獲利，也效法他們的做法，尤其不可把他們請進家門。這應當永遠成為家法！」

九月十九日癸亥，玄宗任命張說為兵部尚書、同中書門下三品。

冬，十月，河西、隴右節度大使郭知運去世。郭知運與同郡人右衛副率王君㚟，兩人都是因為驍勇擅長騎射而聞名於西部邊陲，為西域胡人所忌憚，當時人稱他倆為王、郭。郭知運死後，王君㚟以郭知運的部將代理為河西、隴右節度使，並充任涼州都督。

十一月十三日丙辰，國子祭酒元行沖進呈《羣書四錄》，這部書共有四萬八千一百六十九卷。〇二十七日庚午，大赦天下。

十二月十三日乙酉，玄宗幸臨驪山溫泉；二十日壬辰，返回宮中。

這一年，玄宗把擔任都督、刺史的李氏諸王全部召回京師。〇新修建了蒲津浮橋，熔鑄了鐵牛來拴繫橋的粗大繩索。〇安州別駕劉子玄去世。劉子玄就是劉知幾，為避皇帝名諱而以字行於世。

著作郎吳兢撰寫了《則天實錄》，書中談到宋璟激勵張說為魏元忠作證的事實。張說在修史時看到了有關記載，他知道是吳兢所寫，故意往錯了說：「劉知幾很不幫我的忙！」吳兢起身回答說：「這些都是我吳兢撰寫的，草稿都還在，我不能讓您錯怪亡故的劉子玄。」同僚們聽到這些話後全都驚慌失色。後來張說私下求吳兢把這段記載改寫幾個字，吳兢最終沒有答應，他說：「如果順從您的請求，那麼《則天實錄》就不算是秉筆直書，我將用什麼取信於後人呢！」

太史上奏說，《麟德曆》逐漸疏誤，對日蝕的預測多次未能證驗。玄宗命令僧人一行重新編製新的曆法，率府兵曹梁令瓚製造了黃道遊儀來觀測日、月、水、火、木、金、土七星的運行情況。

朝廷設置朔方節度使，兼領單于都護府，夏、鹽等六州以及定遠、豐安二軍和三受降城。

十年（壬戌　西元七二二年）

春，正月丁巳❶，上行幸東都，以刑部尚書王志愔❷為西京留守。〇癸亥❸，命有司收公廨錢❹，以稅錢❺充百官俸。◯乙丑❻，收職田❼。畝率❽給倉粟❾二斗。

二月戊寅❿，上至東都。

夏，四月己亥⓫，以張說兼知朔方軍節度使。

五月，伊、汝水溢⓬，漂溺數千家。

閏月壬申⓭，張說如朔方巡邊。◯己丑⓮，以餘姚縣主⓯女慕容氏為燕郡公主，妻契丹王鬱干⓰。

六月丁巳⓱，博州⓲河決，命按察使蕭嵩⓳等治之。嵩，梁明帝⓴之孫也。◯己巳㉑，制增太廟為九室，遷中宗主還太廟㉒。

秋，八月癸卯㉓，武彊㉔令裴景仙㉕，坐贓五千匹，事覺㉖，亡命㉗。上怒，命集眾斬之。大理卿李朝隱奏景仙贓皆乞取㉘，罪不至死。又，其曾祖寂㉙有建義㉚大功，載初㉛中以非罪破家㉜，惟景仙獨存，今為承嫡㉝，宜宥㉞其死，投之荒遠。其辭略曰：「十代宥賢㉟，功實宜錄；一門絕祀，情或可哀。」制令杖殺。朝隱又奏曰：「生殺之柄，人主得專，輕重有條㊱，臣下當守。今若乞取得罪，便處斬刑，後有枉法當科㊲，欲加何辟㊳？所以為國惜法，期守律文，非敢以法隨人，曲矜仙命。」又曰：「若寂勳都棄，仙罪特加，則叔向㊴之賢，何足稱者；

若敖之鬼，不其餒而㊵！」上乃許之。杖景仙一百，流嶺南惡處。

安南賊帥梅叔鸞[1]等攻圍州縣，遣驃騎將軍兼內侍楊思勗討之。思勗募羣蠻子弟，得兵十餘萬，襲擊，大破之，斬叔鸞，積尸為京觀㊶而還。

初，上之誅韋氏㊷也，王皇后頗預密謀，及即位數年，色衰愛弛㊸。武惠妃㊹有寵，陰懷傾奪之志，后心不平，時對上有不遜語。上愈不悅，密與祕書監姜皎謀以后無子廢之，皎泄其言。嗣濮王[2]嶠㊺，后之妹夫也，奏之。上怒，張嘉貞希旨構成其罪，云：「皎妄談休咎。」甲戌㊻，杖皎六十，流欽州，弟吏部侍郎晦貶春州㊼司馬。親黨坐流、死者數人，皎卒於道。乙亥㊽[3]，敕：「宗室、外戚、駙馬，非至親毋得往還；其卜相占候之人，皆不得出入百官之家。」

【章旨】以上為第九段，寫唐玄宗治貪與洩禁中語極為嚴厲，又禁宗室、外戚、駙馬非至親不得交往，卜巫之人不得登百官之門。

【注釋】❶丁巳　正月十五日。❷王志愔　（？—西元七二二年）博州聊城（今山東聊城東北）人，進士及第。曾任左臺侍御史、大理少卿、齊州刺史等職。為政嚴厲，令行禁止，人稱「皂鵰」。傳見《舊唐書》卷一百、《新唐書》卷一百二十八。❸癸亥　正月二十一日。❹公廨錢　即公廨本錢。自唐初以來，政府撥給內外官署公廨本錢，令府史胥士等掌管，放貸取利，以充官吏俸料。❺稅錢　指稅戶所納之錢。《唐會要》載，收繳公廨錢以後，官吏俸料由富戶稅錢支付。❻乙丑　正月二十三日。❼職田　即職分田。唐內外官皆給職分田，名義上稱公田，交農民耕種，由官署收租，作為官吏俸祿的一部分。據《唐會要》卷九十二、《通典》卷三十五及《冊府元龜》卷五百五記載，職分田的數量因品秩的高低而有所差異。京官一品十二頃，二品十頃，三品九頃，四品七頃，五品六頃，六品四頃，七品三頃五十畝，八品二頃五十畝，九品二頃。雍州及外州官，二品十二頃，三品十頃，四品八頃，五品七頃，六品五頃，七品四頃，八品三頃，九品二頃五十畝。鎮戍關津嶽瀆及在外監官，五品五頃，六品三頃五十畝，七品三頃，八品二頃，九品一頃五十畝。此次收職田是為了給還逃戶及貧下戶欠丁田。❽率　一律。❾倉粟　正倉之粟。❿戊寅　二月初七日。⓫己亥　四月二十九日。⓬伊汝水溢　伊水源出河南盧氏東南，東北流經嵩縣、伊川、洛陽，至偃師，入洛河。汝水源於河南魯山大盂山中，流經寶豐、襄城、上蔡、汝南，注入淮河。據《新唐書・玄宗紀》，伊、汝水溢在五月辛酉，即五月二十一日。⓭壬申　閏五月初二日。⓮己丑　閏五月十九日。⓯餘姚縣主　唐玄宗之堂妹，下嫁慕容嘉賓。⓰鬱干　《新唐書》卷二百十九、《舊唐書》卷一百九十九下及《冊府元龜》卷九百七十九皆作「鬱于」，《唐會要》卷九十六作「鬱於」。恐「干」字有誤。⓱丁巳　六月十八日。⓲博州　治所聊城，在今山東聊城東北。⓳蕭嵩　（？—西元七四九年）唐初名臣蕭瑀曾姪孫。長期擔任朔方、河西節度使之職，頗有政績。後官至宰相。著有《開元禮義鏡》一百卷。傳見《舊唐書》卷九十九、《新唐書》卷一百一。⓴梁明帝　即後梁主蕭巋。傳見《周書》卷四十八、《隋書》卷七十九、《北史》卷九十三。㉑己巳　六月三十日。㉒遷中宗主還太廟　主，即神主。開元五年徙中宗神主於別廟。㉓癸卯　八月初四日。㉔武彊　縣名，縣治在今河北武強西南。㉕裴景仙　唐初宰相裴寂曾孫。事見《舊唐書》卷一百〈李朝隱傳〉、《新唐書》卷七十一上〈宰相世系表一上〉。㉖事覺　事情敗露。㉗亡命　逃亡在外。㉘乞取　因乞求而取得。㉙寂　即唐初宰相裴寂。㉚建義　樹立義旗。裴寂隋末任晉陽宮副監，曾以晉陽宮所藏米糧、鎧甲等物支持李淵起兵。㉛載初　武則天年號（西元六八九年）。㉜以非罪破家　指裴寂孫承先為酷吏所殺。㉝承嫡　承繼血統；嫡傳繼承人。㉞宥　赦。㉟十代宥賢　賢者的十代子孫應當寬宥。㊱條　條格。㊲科　科罪。㊳辟　刑罰。㊴叔向　春秋時晉國大夫。㊵若敖之鬼二句　《左傳》宣公四年載：楚國司馬子良生子越椒，有豺狼之聲。子文說應該殺死子越椒，如果不殺死，必滅若敖氏。子文臨死時泣曰：「鬼猶求食，若敖氏之鬼，不其餒而！」若敖氏，楚武王之祖。此二句意謂若敖氏之鬼不是要挨餓了嗎？即楚先王若敖氏無子孫奉祀。㊶京觀　用屍體堆成的高冢。古代戰爭，勝利者收集敵人屍體，堆積成丘，用土封實，稱作「京觀」，藉以炫耀武功。㊷上之誅韋氏　時在唐隆元年（西元七一〇年）六月二十日。㊸色衰愛弛　姿色衰退，失去寵愛。㊹武惠妃　恆安王武攸止之女。深得玄宗寵幸。死後追諡為貞順皇后，葬於敬陵。傳見《舊唐書》卷五十一、《新唐書》卷七十六。㊺嗣濮王嶠　濮王李嶠，唐太宗子魏王李泰之孫。李泰得罪，貶封濮王。㊻甲戌　八月庚子朔，無甲戌。《舊唐書・玄宗紀》繫之於九月。九月甲戌，即九月初六日。㊼春州　治所在今廣東陽春。㊽乙亥　九月七日。

【校　記】①梅叔鸞　原作「梅叔焉」。嚴衍《通鑑補》改作「梅叔鸞」，今從改。按，兩《唐書・玄宗紀》皆作「梅叔鸞」。②嗣濮王　原作「嗣滕王」。胡三省注據《新唐書・玄宗諸子傳》、〈姜皎傳〉、〈太宗諸子傳〉認為當作「嗣濮王」，嚴衍《通鑑補》改作「嗣濮王」，今從改。③乙亥　原作「己亥」。嚴衍《通鑑補》改作「乙亥」，今從改。按，是年九月己巳朔，無己亥。

【語　譯】十年（壬戌　西元七二二年）

春，正月十五日丁巳，玄宗幸臨東都洛陽，任命刑部尚書王志愔為西京留守。〇二十一日癸亥，朝廷命令有關官署徵收公廨錢，用稅收來充百官的俸祿。〇二十三日乙丑，朝廷收繳百官的職分田，每畝一律給太倉粟米二斗作為補償。

二月初七日戊寅，玄宗到達東都。

夏，四月二十九日己亥，任命張說兼任朔方軍節度使。

五月，伊水和汝水氾濫，淹沒數千家民戶。

閏五月初二日壬申，張說到朔方巡視邊情。〇十九日己丑，玄宗封餘姚縣主之女慕容氏為燕郡公主，把她嫁給契丹王鬱干為妻。

六月十八日丁巳，博州境內的黃河決堤，朝廷命令按察使蕭嵩等官員治理河堤。蕭嵩，是後梁明帝蕭巋的孫子。〇三十日己巳，玄宗下詔把太廟供奉祖宗神主之室增加到九室，把中宗皇帝的神主遷回太廟。

秋，八月初四日癸卯，武彊縣縣令裴景仙犯了貪贓五千匹布帛之罪，事情敗露，棄官逃亡。玄宗很生氣，命令聚眾將他斬首。大理寺卿李朝隱上奏，認為裴景仙所得贓物都是乞求獲取，罪不至死。另外，裴景仙的曾祖裴寂有首舉義旗之功，載初年間裴承先死於非罪而家破人亡，只有裴景仙獨自存活，如今他作為裴氏的嫡傳繼承人，應當赦免他的死刑，把他流放到荒遠的地方。李朝隱的奏章大概說：「賢者的十代子孫應當寬宥，賢者的功績確實應予記取；一個家族斷絕祭祀，在情理上或許有可憐之處。」玄宗還是下詔將裴景仙用杖刑處死。李朝隱又向玄宗上奏說：「生殺大權，操在君主一人的手中，量刑輕重有法條，臣下應當謹守。現在如果因為乞取贓物獲罪，便判處斬刑，今後假若有枉法需要論罪判刑的人，欲施加什麼刑罰呢？臣為了國家而顧惜法度，期望律令能得到遵守，臣不敢因人施法，只是憐憫裴景仙的性命。」李朝隱又說：「如果裴寂的功勳全部捐棄，而裴景仙之罪又特別加重量刑，那麼叔向的賢明，又有什麼值得稱道的；若敖氏祖先的鬼魂也就會因斷子絕孫無人祀奉而陷於飢餓了！」玄宗於是同意了李朝隱的意見，裴景仙被杖刑一百，流放到嶺南惡地。

安南盜賊首領梅叔鸞等圍攻州縣，朝廷派遣驃騎將軍兼內侍楊思勗討伐他們。楊思勗招募各部蠻族子弟從軍，募得兵員十餘萬人，楊思勗襲擊梅叔鸞等人，把他們打得大敗，斬殺了梅叔鸞，積屍為京觀，然後返回京城。

當初，玄宗誅殺韋后時，王皇后參與了許多密謀，玄宗即位數年以後，王皇后因姿色漸衰而失去了寵愛。此時武惠妃很受玄宗寵幸，暗有奪取皇后位置的意圖，王皇后因此心懷不平，常常對玄宗出言不遜。玄宗更加不高興，祕密與祕書監姜皎商議，謀劃以皇后無子為理由把她廢黜，姜皎洩露了玄宗的這些話。嗣濮王李嶠是王皇后的妹夫，向玄宗上奏了此事。玄宗很生氣，宰相張嘉貞為了迎合玄宗的旨意，羅織姜皎的罪名，聲稱：「姜皎妄談禍福吉凶之事。」甲戌日，姜皎被處以杖刑六十，流放到欽州，他的弟弟吏部侍郎姜晦被貶為春州司馬。姜氏的親屬黨羽中有幾個人被判處流刑或死刑，姜皎死在去欽州的路上。九月初七日乙亥，玄宗下詔：「宗室、外戚、駙馬不是骨肉至親的，一律不得往來拜訪；那些問卜看相占候的人，都不許出入百官之家。」

己卯❶夜，左領軍兵曹❷權楚璧❸與其黨李齊損❹等作亂，立楚璧兄子梁山為光帝，詐稱襄王❺之子，擁左屯營兵數百人入宮城，求留守王志愔，不獲。比曉❻，屯營兵自潰，斬楚璧等，傳首東都。志悟驚怖而薨。楚璧，懷恩❼之姪；齊損，迥秀❽之子也。壬午❾，遣河南尹王怡❿如京師，按問宣慰。

癸未⓫，吐蕃圍小勃律⓬王沒謹忙，謹忙求救于北庭節度使張嵩⓭曰：「勃律，唐之西門，勃律亡則西域皆為吐蕃矣。」嵩乃遣疏勒副使張思禮將蕃、漢步騎四千人[1]救之，晝夜倍道⓮，與謹忙合擊吐蕃，大破之，斬獲數萬。自是累歲，吐蕃不敢犯邊。

王怡治權楚璧獄，連逮⓯甚眾，久之不決⓰。上乃以開府儀同三司宋璟為西京留守。璟至，止誅同謀數人，餘皆奏原⓱之。

康待賓餘黨康願子反⓲，自稱可汗；張說發兵追討擒之，其黨悉平。徙河曲六州殘胡五萬餘口於許、汝、唐、鄧、仙、豫等州⓳，空河南、朔方千里之地⓴。

【章旨】以上為第十段，寫唐軍大敗犯邊西域的吐蕃。宋璟治反獄，只誅元惡。

【注釋】❶己卯　九月十一日。❷左領軍兵曹　官名，即左領軍衛兵曹參軍。❸權楚璧　萬年（今陝西西安西北）人，傳見《舊唐書》卷一百八十五上、《新唐書》卷一百。❹李齊損　京兆涇陽（今陝西涇陽）人，傳見《舊唐書》卷六十二、《新唐書》卷九十九。❺襄王　即中宗子李重茂。景雲二年，改封重茂為襄王。❻比曉　到天亮的時候。❼懷恩　權懷恩曾任萬年令，官至益州大都督府長史，為政清嚴，威名赫然。傳見《舊唐書》卷一百八十五上、《新唐書》卷一百。❽迥秀　李迥秀於則天朝官至宰相。傳見《舊唐書》卷六十二、《新唐書》卷九十九。❾壬午　九月十四日。❿王怡　事見《舊唐書》卷九十六〈宋璟傳〉、《新唐書》卷一百二十四〈宋璟傳〉。⓫癸未　九月十五日。⓬小勃律　古西域國名，在今克什米爾巴爾提斯坦。⓭張嵩　《新唐書》作「張孝嵩」。進士及第，姿儀甚偉。在安西有政績，官至太原尹。事見《舊唐書》卷一百三、《新唐書》卷一百三十三。⓮晝夜倍道　晝夜兼程。倍道，意即一日行兩日的路程。⓯連逮　牽連逮捕。⓰決　斷決。⓱原　原宥；赦免。⓲康願子反　據《新唐書·玄宗紀》，康願子反於開元九年九月。王晙平叛不力，被貶。至此，復遣張說討之。⓳許汝唐鄧仙豫等州　地當今河南汝州、許昌、汝南、鄧州、泌陽一帶。⓴空河南朔方千里之地　意即將河套以南至朔方（今陝西橫山縣西白城子）地區的胡人全部遷往中原。

【校記】[1]人　原無此字。據章鈺校，十二行本、乙十一行本皆有此字，張敦仁《通鑑刊本識誤》同，今據補。

【語譯】九月十一日己卯夜，左領軍兵曹權楚璧和他的黨羽李齊損等人發動叛亂，擁立權楚璧哥哥的兒子權梁山為光帝，謊稱他是襄王李重茂之子，聚集了左屯營數百名士兵闖入皇宮禁城，尋求西京留守王志愔，但沒有找到。天快亮的時候，屯營兵自行潰散，斬殺了權楚璧等人，把他們的首級傳送到東都洛陽。王志愔在驚慌恐懼中去世。權楚璧，是權懷恩的姪兒；李齊損，是李迥秀的兒子。十四日壬午，朝廷派遣河南尹王怡前往京師，查問此事，安撫人心。

九月十五日癸未，吐蕃軍隊圍攻小勃律王沒謹忙，沒謹忙求救於北庭節度使張嵩，說：「勃律是大唐西面的門戶，勃律如果被滅亡，那麼西域就都歸吐蕃所有了。」張嵩於是派遣疏勒副使張思禮率領四千名漢、胡步騎兵前去救援沒謹忙。張思禮晝夜兼程，與沒謹忙夾擊吐蕃，大敗吐蕃軍隊，斬殺及俘獲敵人數萬。此後的幾年裡，吐蕃不敢進犯邊塞。

王怡審理權楚璧的案子，有很多人被牽連入獄，案子久而不決。玄宗於是任命開府儀同三司宋璟為西京留守。宋璟赴任後，只誅殺權楚璧的幾個同謀，其餘都向玄宗上奏後赦免了他們。

康待賓的餘黨康願子發動叛亂，自稱為可汗；張說出兵追擊討伐，抓獲了康願子，他的黨徒全部被平定。遷徙河曲六州殘存的五萬餘口胡人到許、汝、唐、鄧、仙、豫等州，黃河以南及朔方千里區域成為空曠之地。

先是，緣邊戍兵常六十餘萬，說以時無彊寇，奏罷二十餘萬使還農。上以為疑，說曰：「臣久在疆場，具知其情，將帥苟❶以自衛及役使營私而已。若禦敵制勝，不必多擁冗卒❷以妨農務。陛下若以為疑，臣請以闔門❸百口❹保之。」上乃從之。

初，諸衛❺府兵，自成丁❻從軍，六十而免，其家又不免雜傜❼，浸以貧弱，逃亡略盡，百姓苦之。張說建議，請召募壯士充宿衛，不問色役❽，優為之制，逋逃者❾必爭出應募，上從之。旬日，得精兵十三萬，分隸諸衛，更番上下❿。兵農之分，從此始矣⓫。

冬，十月癸丑⓬，復以乾元殿為明堂⓭。○甲寅⓮，上幸壽安⓯興泰宮⓰，獵於上宜川。庚申⓱，還宮。○上欲耀兵⓲北邊，丁卯⓳，以秦州都督張守潔⓴等為諸衛將軍。

十一月乙未㉑，初令宰相共食實封三百戶㉒。

前廣州都督裴伷先下獄，上與宰相議其罪。張嘉貞請杖之，張說曰：「臣聞刑不上大夫㉓，為其近於君，且所以養廉恥㉔也。故士可殺不可辱㉕。臣曏巡北邊，聞杖姜皎於朝堂。皎官登三品，亦有微功，有罪應死則死，應流則流，柰何輕加笞辱㉖，以皁隸㉗待之！姜皎事往，不可復追，伷先據狀當流，豈可復蹈前失！」上深㉘然之。嘉貞不悅，退謂說曰：「何論事之深也！」說曰：「宰相，時㉙來則為之。若國之大臣皆可笞辱，但恐行及吾輩。吾此言非為伷先，乃為天下士君子㉚也。」嘉貞無以應。

十二月庚子㉛，以十姓可汗阿史那懷道女為交河公主㉜，嫁突騎施可汗蘇祿。

上將幸晉陽，因還長安。張說言於上曰：「汾陰㉝脽㉞上有漢家后土祠㉟，其禮久廢，陛下宜因巡幸修之，為農祈穀。」上從之。

上女永穆公主將下嫁㊱，敕資送㊲如太平公主故事。僧一行諫曰：「武后惟太平一女，故資送特厚，卒以驕敗，柰何為法㊳！」上遽止之。

【章旨】以上為第十一段，寫張說主張裁減邊兵，反對廷杖辱大臣。

【注釋】❶苟　苟且。❷冗卒　閒散的兵卒。❸闔門　全家。❹百口　泛指全家之人，並非指實。❺諸衛　指左右衛、左右驍衛、左右武衛、左右威衛、左右領軍衛、左右金吾衛。❻成丁　唐制，男子十八成丁。❼雜傜　正傜以外的各種傜役。❽不問色役　免除勞役。色役，即各種各樣的勞役。❾逋逃者　此指逃避兵役的人。❿更番上下　輪流宿值。⓫兵農之分二句　從此兵與農分離，成為專職人員。岑仲勉認為這是沿襲唐人誤說。詳見《府兵制度研究》。⓬癸丑　十月十五日。⓭復以乾元殿為明堂　開元五年（西元七一七年）七月二十七日改明堂為乾元殿。⓮甲寅　十月十六日。⓯壽安　縣名，縣治在今河南宜陽。⓰興泰宮　長安四年（西元七〇四年）正月造。在壽安萬安山上。⓱庚申　十月二十二日。⓲耀兵　炫耀兵威。⓳丁卯　十月二十九日。⓴張守潔　事見《唐御史臺精舍題名考》卷一、《唐方鎮年表》卷六。㉑乙未　十一月二十八日。

㉒初令宰相共食實封三百戶　在此之前，宰相無固定的食封。得實封者皆係因功因事所賜。至此，始共食實封三百戶，並形成一種制度。共，總；凡。㉓刑不上大夫　語出《禮記・曲禮》。大夫，泛指官僚。㉔養廉恥　培養廉恥之心。㉕士可殺不可辱　《禮記・儒行》之言。士，此處為對官吏的通稱。㉖笞辱　笞杖之辱。㉗皁隸　本指奴隸。轉指衙門的差役。㉘深極；很。㉙時　時運。㉚士君子　有志操、有學問的官僚。㉛庚子　十二月初三日。㉜交河公主　據《舊唐書》卷一百九十四下、《通典》卷一百九十九、《冊府元龜》卷九百七十九等，「交河」當為「金河」。詳見岑仲勉《唐史餘瀋》卷二。㉝汾陰縣名，故治在今山西萬榮西南。㉞脽　小土山。㉟漢家后土祠　建於漢武帝元鼎四年（西元前一一三年）。㊱永穆公主將下嫁　永穆公主為玄宗長女，將下嫁於王繇。㊲資送　猶嫁妝。㊳柰何為法　怎麼能作為通例。

【語　譯】在此之前，沿邊境戍守的士卒通常有六十餘萬，張說認為當時沒有強敵入侵，上奏請求裁減二十餘萬士兵，讓這些人回鄉務農。玄宗對此表示懷疑，張說說：「臣久在邊疆，詳知這裡面的情況，將帥苟且利用自衛和役使士兵謀取私利罷了。如果是為了禦敵制勝，不必要擁有這麼多的冗兵而妨礙了農事。陛下如果對臣的主張有懷疑，臣請求用全家百口的性命來擔保。」玄宗這才聽從了他的意見。

唐初，各衛的府兵，從成丁之年開始從軍，六十歲免除兵役，府兵家中還不能免除各種雜役，因此逐漸貧弱，各衛的府兵幾乎全部逃亡，百姓也深受兵役之苦。張說建議，請招募壯士充當宿衛，他們不再承擔各種傜役，制定優厚的條例，逃避兵役的人一定會爭相應募，玄宗聽從了他的意見。十天時間，募得精兵十三萬，分屬於各衛，輪流值勤。士兵、農夫的分離，從這時開始了。

冬，十月十五日癸丑，又將乾元殿改為明堂。〇十六日甲寅，玄宗幸臨壽安興泰宮，在上宜川狩獵。二十二日庚申，返回宮中。〇玄宗打算在北部邊境炫耀軍威。二十九日丁卯，任命秦州都督張守潔等人為各衛將軍。

十一月二十八日乙未，朝廷初次規定宰相的實封為三百戶。

前任廣州都督裴伷先被捕入獄，玄宗與宰相們商議對他如何定罪。張嘉貞請求對他處以杖刑，張說說：「臣聽說刑不上大夫，因為卿大夫靠近君主，可以培養他們的廉恥之心。因此說士可殺不可辱。從前臣巡視北部邊境時，聽說在朝廷上對姜皎使用了杖刑。姜皎官居三品，也曾立有微功，有罪應死就處以死刑，應該流放就流放，怎麼隨便施用笞杖之刑來羞辱他，把他作為衙門差役來對待呢！姜皎的事情已經過去，不可再追回，根據裴伷先的罪狀應當判處流刑，陛下怎麼可以重蹈前面的失誤呢！」玄宗深深認為他的看法是正確的。張嘉貞很不高興，退朝後對張說說：「您何必把事情說得那麼嚴重呀！」張說說：「宰相之職，時運到來就可以擔任。如果國家的大臣都可以處以笞杖之辱，只恐怕也會施行到我們這些人的頭上。我今天的話並不是為裴伷先一人，而是為了全國所有的士大夫說的。」張嘉貞無言對答。

十二月初三日庚子，朝廷把十姓可汗阿史那懷道的女兒封為交河公主，嫁給突騎施可汗蘇祿。

玄宗即將幸臨晉陽，順路返回長安。張說對玄宗說：「汾陰小土丘上有漢朝時的后土祠，祭禮廢弛了很久，陛下應當趁巡幸之機重修此禮，以便為農事祈禱豐收。」玄宗聽從了他的意見。

玄宗之女永穆公主將要出嫁，玄宗敕令嫁妝如同太平公主出嫁時的規格。僧人一行進諫說：「武后只有太平公主一個女兒，因而陪嫁的特別豐厚，但最終還是因為驕橫而敗亡，怎麼能作為通例！」玄宗急忙停止了這種做法。

十一年（癸亥　西元七二三年）

春，正月己巳❶，車駕自東都北巡。庚辰❷，至潞州，給復五年❸。辛卯❹，至并州，置北都，以并州為太原府，刺史為尹。二月戊申❺，還至晉州❻。

張說與張嘉貞不平❼，會嘉貞弟金吾將軍嘉祐贓發，說勸嘉貞素服待罪於外。己酉❽，左遷嘉貞幽州刺史。

壬子[9]，祭后土[10]於汾陰。乙卯[11]，貶平遙[12]令王同慶為贛[13]尉，坐廣為儲偫[14]，煩擾百姓也。○癸亥[15]，以張說兼中書令。己巳[16]，罷天兵、大武等軍[17]，以大同軍[18]為太原以北節度使，領太原、遼、石、嵐、汾、代、忻、朔、蔚、雲十州[19]。

三月庚午[20]，車駕至京師。

夏，四月甲子[21]，以吏部尚書王晙為兵部尚書、同中書門下三品。

五月己丑[22]，以王晙兼朔方軍節度大使，巡河西、隴右、河東、河北諸軍。

上置麗正書院[23]，聚文學之士祕書監徐堅、太常博士會稽賀知章[24]、監察御史鼓城趙冬曦[25]等，或修書，或侍講，以張說為修書使以總之。有司供給優厚。中書舍人洛陽陸堅[26]以為此屬無益於國，徒為糜費[27]，欲悉奏罷之。張說曰：「自古帝王於國家無事之時，莫不崇宮室[28]，廣聲色[29]。今天子獨延禮[30]文儒，發揮[31]典籍，所益者大，所損者微。陸子之言，何不達[32]也！」上聞之，重說而薄堅。

秋，八月癸卯[33]，敕：「前令檢括逃人，慮成煩擾，天下大同，宜各從所樂，令所在州縣安集[34]，遂其生業。」○戊申[35]，尊[1]宣皇帝[36]廟號獻祖，光皇帝[37]廟號懿祖，祔于太廟九室。

先是，吐谷渾畏吐蕃之彊，附之者數年。九月壬申(38)，帥眾詣沙州(39)降，河西節度使張敬忠(40)撫納之。

冬，十月丁酉(41)，上幸驪山，作溫泉宮(42)。甲寅(43)，還宮。

十一月，禮儀使張說等奏，以高祖配昊天上帝，罷三祖(44)並配之禮。戊寅(45)，上祀南郊，赦天下。

戊子(46)，命尚書左丞蕭嵩與京兆、蒲、同、岐、華州長官選府兵及白丁一十二萬，謂之「長從(47)宿衛」，一年兩番(48)，州縣毋得雜役使。

十二月甲午(49)，上幸鳳泉湯(50)。戊申(51)，還宮。○庚申(52)，兵部尚書、同中書門下三品王晙坐黨引疏族，貶蘄州(53)刺史。

是歲，張說奏改政事堂曰中書門下(54)，列五房(55)於其後，分掌庶政。

初，監察御史濮陽杜暹(56)因按事至突騎施，突騎施饋(57)之金，暹固辭。左右曰：「君寄身異域(58)，不宜逆(59)其情。」乃受之，埋於幕下，出境，移牒令取之。虜大驚，度磧追之，不及。及安西都護闕(60)，或薦暹往使安西，人服其清慎(61)。時暹自給事中居母憂。

【章　旨】以上為第十二段，寫張嘉貞因弟貪贓受牽連被罷相。唐玄宗裁減邊兵，置麗正書院優撫文人學士。

【注　釋】❶己巳　正月初三日。❷庚辰　正月十四日。❸給復五年　免除五年的徭役。玄宗曾任潞州別駕，故對潞州特別開恩。❹辛卯　正月二十五日。❺戊申　二月十二日。❻晉州　治所在今山西臨汾。❼不平　不和睦。❽己酉　二月十三日。❾壬子　二月十六日。❿后土　土地神。⓫乙卯　二月十九日。⓬平遙　縣名，故治在今山西平遙。⓭贛　縣名，縣治在今江西贛州。⓮偫　儲備。⓯癸亥　二月二十七日。⓰己巳　二月無「己巳」。三月有之，為三月初四日。⓱罷天兵大武等軍　天兵軍於聖曆二年四月初置，後又兩廢兩置。大武軍即大同軍。見《唐會要》卷七十八。⓲大同軍　由大武軍改名而來。在今山西朔州東北。⓳太原遼石嵐汾代忻朔蔚雲十州　地當今山西靈丘、大同、朔州、岢嵐、離石、汾陽、太原及代縣一帶。遼州治所遼山，在今山西左權。⓴庚午　三月初五日。㉑甲子　四月三十日。㉒己丑　五月二十五日。㉓麗正書院　本名乾元院。聚集碩學宏儒，講經、著述、整理典籍。開元六年改名為麗正修書院，簡稱麗正書院。置使及檢校官，改修書官為麗正殿學士。八年，加修撰、校理、刊正、校勘官。十一年，又置麗正院修書學士。至十三年，改為集賢殿書院，規模進一步擴大。㉔賀知章　（西元六五九－七四四年）會稽永興（今浙江杭州蕭山區）人，盛唐詩人。官至祕書監。傳見《舊唐書》卷一百九十中、《新唐書》卷一百九十六。㉕趙冬曦　定州鼓城（今河北晉州）人，官至國子祭酒。著有《王政》三卷。傳見《新唐書》卷二百。㉖陸堅　河南洛陽（今河南洛陽）人，善書法。官至祕書監。傳見《新唐書》卷二百。㉗糜費　浪費。㉘崇宮室　崇建宮室。㉙廣聲色　擴充聲樂，廣招美色。㉚延禮　延請禮遇。㉛發揮　弘揚；闡發。㉜不達　不達事理。㉝癸卯　八月初十日。㉞安集　猶「安輯」，安頓撫恤。㉟戊申　八月十五日。㊱宣皇帝　即李淵高祖李熙。武德元年追尊宣簡公。上元元年八月，追尊為宣皇帝。㊲光皇帝　即李熙長子李天賜。武德元年贈懿王。上元元年追尊為光皇帝。㊳壬申　九月初十日。㊴沙州　治所在今甘肅敦煌西。㊵張敬忠　曾任監察御史、吏部郎中、平盧節度使等職。事見《新唐書》卷一百十一本傳、《國秀集》卷上、《唐方鎮年表》卷六、卷八。㊶丁酉　十月初五日。㊷溫泉宮　在陝西臨潼驪山腳下，該地早有溫泉。貞觀十八年作湯泉宮。咸亨二年更名溫泉宮。至此重建。㊸甲寅　十月二十二日。㊹三祖　高祖、太宗、高宗。三祖並配之禮，形成於垂拱元年（西元六八五年）。見《新唐書》卷十三。㊺戊寅　十一月十六日。㊻戊子　十一月二十六日。㊼長從　長期隨從。㊽兩番　兩番宿值。㊾甲午　十二月初三日。㊿鳳泉湯　在眉縣太白山麓。(51)戊申　十二月十七日。(52)庚申十二月二十九日。53蘄州　治所在今湖北蘄春蘄州鎮西北。54改政事堂曰中書門下　政事堂為宰相議政之處，唐初設在門下省。永淳元年（西元六八二年）裴炎以中書令的身分執政，遂移政事堂於中書省。至此，改政事堂之名。政事印亦改為中書門下之印。55五房　吏房、樞機房、兵房、戶房、刑禮房。56杜暹　（？—西元七四〇年）濮州濮陽（今河南濮陽西南）人，官至宰相，以孝友清正著稱。傳見《舊唐書》卷九十八、《新唐書》卷一百二十六。57饋　贈。58異域　他鄉。59逆　違。60闕　空缺。61清慎　清廉謹慎。

【校記】1尊　原作「追尊」。據章鈺校，十二行本、乙十一行本、孔天胤本皆無「追」字，今據刪。按，宣皇帝、光皇帝之禰已為李唐所追之帝號，此處不應復言追贈。

【語譯】十一年（癸亥　西元七二三年）

春，正月初三日己巳，玄宗從東都洛陽北上巡行。十四日庚辰，到達潞州，免除當地百姓五年的賦役。二十五日辛卯，到達并州，設置北都，把并州改為太原府，刺史改稱府尹。二月十二日戊申，返回晉州。

張說與張嘉貞不和，恰好遇上張嘉貞的弟弟金吾將軍張嘉祐貪贓的事情敗露，張說勸張嘉貞在朝廷外素服待罪。二月十三日己酉，貶張嘉貞為幽州刺史。

二月十六日壬子，玄宗在汾陰祭祀土神。十九日乙卯，貶平遙縣縣令王同慶為贛縣縣尉，犯了大量儲備器物，煩擾百姓的罪過。〇二十七日癸亥，玄宗任命張說兼任中書令。

己巳日，撤銷天兵、大武等軍，把大同軍改為太原以北節度使，管轄太原、遼、石、嵐、汾、代、忻、朔、蔚、雲十個州。

三月初五日庚午，玄宗到達京師。

夏，四月三十日甲子，玄宗任命吏部尚書王晙為兵部尚書、同中書門下三品。

五月二十五日己丑，玄宗任命王晙兼任朔方軍節度大使，巡視河西、隴右、河東、河北各軍。

玄宗設置麗正書院，聚集了祕書監徐堅、太常博士會稽人賀知章、監察御史鼓城人趙冬曦等文學之士，他們有的著書立說，有的給皇帝講論經史，玄宗命令張說為修書使來總領其事，有關官署對他們供給優厚。

中書舍人洛陽人陸堅認為這些人無益於國家，白白地浪費錢財，打算奏請全部罷黜這些人。張說說：「自古以來帝王在國家安定時期，無不崇建宮室，擴充聲樂，廣招美色，如今的天子只延請和禮遇文學儒術之士，弘揚文獻典籍，這樣做益處很大，耗費微少。陸子的話，多麼不達事理啊！」玄宗聽說此事之後，看重張說而藐視陸堅。

秋，八月初十日癸卯，玄宗頒布敕命：「先前曾下令清查逃亡人口，擔心對百姓造成煩擾。現在天下大同，百姓應當各從所好，命令所在州縣安頓撫恤，使他們安居樂業。」○十五日戊申，尊宣皇帝的廟號為獻祖，追尊光皇帝的廟號為懿祖，附祭於太廟九室。

在此之前，吐谷渾畏懼吐蕃的強大，降附吐蕃已數年之久。九月初十日壬申，吐谷渾酋長率領部眾來到沙州請求歸降朝廷，河西節度使張敬忠安撫並接納了他們。

冬，十月初五日丁酉，玄宗幸臨驪山，修建溫泉宮。二十二日甲寅，返回宮中。

十一月，禮儀使張說等人上奏，請求將唐高祖配享昊天上帝，廢止了高祖、太宗、高宗三祖一起配享的禮制。十六日戊寅，玄宗在南郊祭天，大赦天下。

十一月二十六日戊子，玄宗命令尚書左丞蕭嵩與京兆、蒲、同、岐、華州長官選拔府兵及平民壯丁共一十二萬人，稱為「長從宿衛」，每年兩番宿值，州縣不得對這些人再派其他雜役。

十二月初三日甲午，玄宗幸臨鳳泉溫泉。十七日戊申，返回宮中。○二十九日庚申，兵部尚書、同中書門下三品王晙犯了與遠親結為同黨罪，被貶為蘄州刺史。

這一年，張說奏請把政事堂改名為中書門下，在中書門下之後設置吏房、樞機房、兵房、戶房、刑禮房等五房，分別掌理各類政務。

當初，監察御史濮陽人杜暹到突騎施查辦事務，突騎施向他饋贈黃金，杜暹執意推辭。左右人員說：「您現在身處異域，不應違背他們的心意。」杜暹於是接受了饋贈，把黃金埋在自己所住的帷帳下面。杜暹出境後，遞送公文，讓他們取出來。突騎施很驚異，穿越沙漠追趕他，沒有追上。到安西都護一職空缺時，有人推薦杜暹前往出使安西，人們歎服他的清廉謹慎。此時杜暹正擔任給事中，在家為母服喪。

十二年（甲子　西元七二四年）

春，三月甲子❶，起暹為安西副大都護、磧西節度等使。

神龍初，追復澤王上金官爵❷，求得庶子義珣於嶺南，紹❸其故封。許王素節之子瓘，利其爵邑❹，與弟璆謀，使人告義珣非上金子，妄冒襲封，復流嶺南，以璆繼上金後為嗣澤王。至是，玉真公主❺表義珣實上金子，為瓘兄弟所擯❻。夏，四月庚子❼，復立義珣為嗣澤王，削璆爵，貶瓘鄂州❽別駕。壬寅❾，敕宗室旁繼為嗣王者並令歸宗❿。

壬子⓫，命太史監⓬南宮說⓭等於河南、北平地測日晷⓮及極星⓯，夏至⓰日中立八尺之表⓱，同時候之。陽城⓲晷長一尺四寸八分弱，夜視北極⓳出地高三十四度十分度之四；浚儀⓴岳臺晷長一尺五寸微強，極高三十四度八分；南至朗州㉑晷長七寸七分，極高二十九度半；北至蔚州㉒，晷長二尺二寸九分，極高四十度。南北相距三千六百八十八里九十步，晷差一尺五寸三[1]分，極差十度半。又南至交州㉓，晷出表南三寸三分。八月，海中南望老人星㉔下，眾星粲然，皆古所未名㉕，大率去南極二十度以上星皆見。

五月丁亥㉖，停諸道按察使㉗。

六月壬辰㉘，制聽逃戶自首，闢所在閒田，隨宜收稅，毋得差科征役，租庸一皆蠲免㉙。仍以兵部員外郎兼侍御史宇文融為勸農使，巡行州縣，與吏民議定賦役。

上以山東旱，命臺閣㉚名臣以補刺史；壬午㉛，以黃門侍郎王丘㉜、中書侍郎長安崔沔㉝、禮部侍郎、知制誥韓休㉞等五人出為刺史。丘，同皎㉟之從父兄子。休，大敏之弟子[2]也。

初，張說引崔沔為中書侍郎，故事：承宣制㊱皆出宰相，侍郎署位㊲而已。沔曰：「設官分職，上下相維㊳，各申所見，事乃無失。侍郎，令之貳也㊴，豈得拱默㊵而已！」由是遇事多所異同㊶，說不悅，故因是出之。

秋，七月，突厥可汗遣其臣哥解頡利發來求昏㊷。

溪州蠻㊸覃行璋反，以監門衛大將軍楊思勗為黔中道招討使，將兵擊之。癸亥㊹，思勗生擒行璋，斬首三萬級而歸。加思勗輔國大將軍，俸祿、防閤㊺皆依品給。赦行璋以為洵水府㊻別駕㊼。

姜皎既得罪，王皇后愈憂畏不安，然待下有恩，故無隨而譖(48)之者，上猶豫不決者累歲(49)。后兄太子少保守一，以后無子，使僧明悟為后祭南北斗(50)，剖霹靂木(51)，書天地字及上名，合而佩之，祝曰：「佩此有子，當如則天皇后。」事覺，己卯(52)，廢為庶人，移別室安置。貶守一潭州(53)別駕，中路賜死。戶部尚書張嘉貞坐與守一交通，貶台州(54)刺史。

八月丙申(55)，突厥哥解頡利發還其國，以其使者輕(56)，禮數不備，未許昏。己亥(57)，以宇文融為御史中丞。融乘驛(58)周流(59)天下，事無大小，諸州先牒上勸農使，後申中書；省司亦待融指撝(60)，然後處決。時上將大攘四夷，急於用度(61)，州縣畏融，多張虛數[3]。歲終，增緡錢數百萬，悉進入宮，由是有寵。議者多言煩擾，不利百姓，上令[4]集百寮於尚書省議之。公卿已下，畏融恩勢，皆[5]不敢立異。惟戶部侍郎楊瑒(62)獨抗議，以為「括客免稅，不利居人。徵籍外田稅，使百姓困弊，所得不補所失。」未幾，瑒出為華州刺史。

壬寅(63)，以開府儀同三司宋璟為西京留守。

冬，十月丁酉(64)，謝颶(65)王特勒遣使入奏，稱「去年五月，金城公主遣使詣箇失密國(66)，云欲走歸汝。箇失密王從臣國王借兵，共拒吐蕃，王遣臣入取進止(67)。」

上以為然，賜帛遣之。○廢后王氏卒，後宮(68)思慕(69)后不已，上亦悔之。

十一月庚午(70)，上幸東都。戊寅(71)，至東都。○辛巳(72)，司徒申王撝薨，贈謚惠莊太子。

羣臣屢上表請封禪，閏月(73)丁卯(74)，制以明年十一月十日有事于泰山(75)。時張說首建封禪之議，而源乾曜不欲為之，由是與說不平。

是歲，契丹王李鬱干卒，弟吐干襲位。

【章　旨】以上為第十三段，寫唐玄宗廢王皇后，檢括戶口。張說為相。

【注　釋】❶甲子　三月初五日。❷追復澤王上金官爵　澤王上金於天授元年（西元六九〇年）七月十三日被殺。❸紹繼　承。❹爵邑　爵位和封邑。❺玉真公主　睿宗第十女。❻擯　排斥。❼庚子　四月十一日。❽鄂州　治所在今湖北武漢武昌。❾王寅　四月十三日。❿歸宗　回歸本宗。⓫壬子　四月二十三日。⓬太史監　官名，從三品，掌觀察天文，稽定曆數。⓭南宮說　人名。事見《舊唐書》卷三十二〈曆志一〉、卷三十三〈曆志二〉、卷三十五〈天文志上〉、《元和姓纂》卷五等。⓮日晷　日影。⓯極星　北極星。⓰夏至　二十四節氣之一。西曆六月二十一或二十二日。此日太陽直射北回歸線。⓱表　圭表。⓲陽城　縣名，縣治在今河南登封東南告成鎮。⓳北極　北極星。⓴浚儀　古縣名，故治在今河南開封。㉑朗州　州名，治所在今湖南常德。㉒蔚州　州名，治所在今山西靈丘。㉓交州　安南都護府所在地，故治在今越南河內。㉔老人星　即南極星。㉕皆古所未名　都是古代沒有命名的星星。㉖丁亥　五月二十九日。㉗停諸道按察使　開元八年五月九日復置十道按察使。㉘壬辰　六月初五日。㉙蠲免　免除。㉚臺閣　本為尚書省的別稱，此處泛指中央機關。㉛壬午　六月戊子朔，無壬午。待考。㉜王丘　（？—西元七四三年）字仲山，相州安陽（今河南安陽）人，曾任監察御史、考功員外郎、黃門侍郎等職。為政清儉，官至禮部尚書。傳見《舊唐書》卷一百、《新唐書》卷一百二十九。㉝崔沔　（西元六七三—七三九年）字善沖，京兆長安（今陝西西安）人，通《禮經》，清廉孝友，官至祕書監、太子賓客。傳見《舊唐書》卷一百八十八、《新唐書》卷一百二十九。㉞韓休　（西元六七三—七四〇年）京兆長安人，早有詞學，為唐玄宗所重，官至黃門侍郎、同中書門下平章事。傳見《舊唐書》卷九十八、《新唐書》卷一百二十六。㉟同皎　即王同皎，官至光祿卿，曾參與張柬之政變，後為武三思所殺。傳見《舊唐書》卷一百八十七上、《新唐書》卷一百九十一。㊱承宣制　承宣承制。稟承皇帝旨意宣達詔命。㊲署位　此謂中書侍郎在文書上副署，聊以備位。㊳維　維繫。㊴侍郎二句　中書侍郎是中書令的副職。㊵拱默　垂拱緘默，不發表自己的見解。㊶多所異同　常提出不同的觀點。㊷哥解頡利發來求昏　時在七月壬戌，即七月初五日。見《冊府元龜》卷九百七十五。㊸溪州蠻　南方少數民族之一。生活在今湖南龍山縣東南。㊹癸亥　七月初六日。㊺防閤　官名，防衛齋閤。閤，同「閣」。唐京師文武職事官皆有防閤。一品防閤九十六人，二品七十二人，三品四十八人，四品三十二人，五品二十四人。㊻洵水府　唐兵府之一，在商州境內。㊼別駕　唐諸府無別駕之職，各有別將一人，上府正七品下，中府從七品上，下府從七品下。「別駕」當為「別將」之誤。㊽譖　誣毀。㊾累歲　猶數年。㊿南北斗　即南斗六星和北斗七星。(51)霹靂木　經過雷電震劈的樹木。古人迷信，認為此木有雷氣，可以鎮邪。(52)己卯　七月二十二日。(53)潭州　州名，治所在今湖南長沙。(54)台州　州名，治所在今浙江臨海。(55)丙申　八月初九日。(56)其使者輕　其使者地位低下。(57)己亥　八月十二日。(58)乘驛　乘坐驛車（馬）。(59)周流　周行。(60)指撝　指揮。(61)用度　費用；開支。(62)楊瑒　（西元六六八—七三五年）字瑤光，華州華陰（今陝西華陰）人，歷任麟遊縣令、侍御史、戶部侍郎、國子祭酒等職，官至左散騎常侍，被稱為良吏。傳見《舊唐書》卷一百八十五下、《新唐書》卷一百三十。(63)壬寅　八月十五日。(64)丁酉　十月十一日。(65)謝颶　西域國名，高宗時稱訶達羅支，武則天改之為謝颶。在今阿富汗喀布爾南。(66)箇失密國　又稱迦濕彌邏。在今巴基斯坦伊斯蘭堡東北。(67)進止　書札用語。意即所奏之事或進或止，請皇帝處分。(68)後宮　指後宮諸妃而言。(69)思慕　思念愛慕。(70)庚午　十一月十四日。《舊唐書・玄宗紀》作庚申，即十一月初四日。(71)戊寅　十一月二十二日。(72)辛巳　十一月二十五日。(73)閏月　閏十二月。(74)丁卯　閏十二月十二日。(75)有事于泰山　即將在泰山舉行封禪大典。

【校記】[1]三　原作「二」。據章鈺校，十二行本、乙十一行本皆作「三」，今據改。按，兩《唐書・天文志》皆載北至所差為「一尺五寸三分。」[2]弟子　原作「孫」。嚴衍《通鑑補》改作「弟子」，今從改。胡三省注云：「按《舊書・韓休傳》，休伯父大敏，則天初，以雪反者，賜死，休父曰大智。」則韓休為韓大敏之姪。[3]數　此下原有「凡得客戶八十餘萬田亦稱是」十二字，嚴衍《通鑑補》將之併入九年二月條下，今據刪。按，此處所言與本書開元九年二月十日條所載相同，當係複文。④令　原作「亦令」。據章鈺校，十二行本、乙十一行本皆無「亦」字，今據刪。⑤皆　原無此字。據章鈺校，十二行本、乙十一行本皆有此字，張敦仁《通鑑刊本識誤》同，今據補。

【語　譯】十二年（甲子　西元七二四年）

春，三月初五日甲子，徵召杜暹出任安西副大都護和磧西節度等使。

神龍初年，恢復澤王李上金的官爵，在嶺南找到他的庶子李義珣，承襲他過去的爵位。許王李素節的兒子李瓘貪圖李義珣的爵位和封邑，就與他的弟弟李璆謀劃，指使人舉報李義珣不是李上金的兒子，是假冒襲封，於是李義珣又被流放到嶺南，把李璆當做是李上金的後嗣並封其為嗣澤王。至此，玉真公主上表說李義珣確實是李上金的兒子，是受到李瓘兄弟的排擠。夏，四月十一日庚子，又把李義珣立為嗣澤王，削除李璆的爵位，貶李瓘為鄂州別駕。十三日壬寅，敕令宗室旁支承襲為嗣王的一律歸返本宗。

四月二十三日壬子，朝廷命令太史監南宮說等人在黃河南、北兩岸的平地上觀測太陽的影子和北極星的位置，在夏至日中午樹起八尺長的標杆，同時測量這些標杆影子的長度。陽城縣日影的長度為一尺四寸八分弱，夜裡看到的北極星高出地面三十四度十分度之四；浚儀岳臺日影的長度為一尺五寸微強，夜裡北極星高出地面三十四度八分；南部朗州的日影長度為七寸七分，夜裡北極星高出地面二十九度半；北部蔚州的日影長度為二尺二寸九分，夜裡北極星高出地面四十度。南北之間相距三千六百八十八里九十步，兩處的日影長度相差一尺五寸三分，夜裡北極星高出地面的角度相差十度半。再往南至交州，其日影至標杆南面三寸三分處。八月，在海中南望老人星下，群星燦爛，都是古代未曾命名的，大約離南極星二十度角以上的星星都可看到。

五月二十九日丁亥，停設各道按察使。

六月初五日壬辰，詔命允許逃亡的民戶自首，開墾他們所在地的閒置土地，依據實際情況徵斂賦稅，但不得支派差使、徵發徭役，租庸均一律蠲免。仍然任命兵部員外郎兼侍御史宇文融為勸農使，到各州縣巡視，與吏民商定賦稅徭役的具體數額。

玄宗因為山東發生旱災，命令臺閣名臣充任刺史職務。壬午日，任命黃門侍郎王丘、中書侍郎長安人崔沔和禮部侍郎、知制誥韓休等五人外任刺史。王丘，是王同皎堂兄的兒子。韓休，是韓大敏的兄弟之子。

當初，張說推薦崔沔為中書侍郎，按照慣例：稟承皇帝旨意宣達詔命都是由宰相執行，中書侍郎僅在文書上副署而已。崔沔說：「朝廷設官分職，是為了上下聯繫，能各抒己見，政事就不會失誤。中書侍郎，是中書令的副手，怎麼能拱手不語呢！」由此遇事多有不同意見，張說很不高興，所以藉此機會把他調出擔任刺史。

秋，七月，突厥可汗派其大臣哥解頡利發前來求婚。

溪州蠻族人覃行璋反叛，朝廷任命監門衛大將軍楊思勗為黔中道招討使，率軍征討他。七月初六日癸亥，楊思勗活捉了覃行璋，斬殺三萬敵人還師。玄宗給楊思勗加授輔國大將軍銜，他的俸祿、防閣都按品級提供。赦免了覃行璋之罪，任命他為洵水府別駕。

姜皎獲罪之後，王皇后更加憂懼不安，但她對待手下人有恩，所以沒有隨即就到玄宗那裡誣陷她的人，玄宗是否廢掉皇后幾年猶豫不決。王皇后的哥哥太子少保王守一認為皇后沒有兒子，就讓僧人明悟為皇后祭祀南斗六星和北斗七星，剖開霹靂木，在上面寫下「天地」二字和皇帝的姓名，把兩片合在一起，佩戴在皇后身上，祈禱說：「佩戴了這個東西就會有兒子，應當像則天皇后那樣。」此事敗露了，七月二十二日己卯，玄宗把王皇后廢為庶人，遷到別室安置。貶王守一為潭州別駕，在赴任的途中賜他自殺。戶部尚書張嘉貞因與王守一結交獲罪，被貶為台州刺史。

八月初九日丙申，突厥使者哥解頡利發回國，因為這名使者地位低下，禮數也不完備，因此朝廷沒有允許與突厥通婚。

八月十二日己亥，任命宇文融為御史中丞。宇文融乘坐驛車周行天下，無論事情大小，諸州都要先用公文向勸農使彙報，然後再申報給中書省；尚書諸省左右司主管官也都是等待宇文融的指揮，然後對具體問題做出處理。當時玄宗正準備對四夷大肆征討，急需費用，州縣官員都畏懼宇文融，大多虛報括田及括戶的數額。年終時，增加財政收入幾百萬緡，全部繳納宮中，因此得到玄宗的寵信。議論者大多認為他煩擾民間，不利百姓，玄宗命令把文武百官召集到尚書省來議論這件事。但公卿以下的官員畏懼宇文融所得恩寵和權勢，都不敢提出不同的意見。只有戶部侍郎楊瑒抗辯，他認為「清查寄居的戶口，允許自首的人免稅，不利於當地居民。加徵田籍之外民田的租稅，會使百姓貧窮困苦，所得補償不了所失。」沒多久，楊瑒被外放為華州刺史。

八月十五日壬寅，玄宗任命開府儀同三司宋璟為西京留守。

冬，十月十一日丁酉，謝颶國國王特勒派使者來朝上奏，說「去年五月，金城公主派使者前往箇失密國，說是要出走歸附箇失密。箇失密國王向我們的國王借兵，要共同抵禦吐蕃，國王派臣前來聽取皇帝處分。」玄宗認為他們的做法很正確，賜給他絹帛，遣送他回國。○被廢黜的王皇后去世，後宮的人思念愛慕不已，玄宗也後悔了。

十一月十四日庚午，玄宗幸臨東都。二十二日戊寅，到達東都。○二十五日辛巳，司徒申王李撝去世，贈諡號為惠莊太子。

大臣們多次向玄宗上表請求舉行封禪典禮，閏十二月十二日丁卯，玄宗頒布詔命，明年十一月十日在泰山舉行封禪典禮。當時張說首先建議封禪，而源乾曜不想實施，因此與張說不和。

這一年，契丹王李鬱干去世，他的弟弟李吐干繼承王位。

十三年（乙丑　西元七二五年）

春，二月庚申❶，以御史中丞宇文融兼戶部侍郎。制以所得客戶稅錢均充所在常平倉本❷；又委使司❸與州縣議作勸農社，使貧富相恤❹，耕耘以時❺。○乙亥❻，更命長從宿衛之士曰「彍騎❼」，分隸十二衛❽，總十二萬人為六番❾。

上自選諸司長官❿有聲望者大理卿源光裕⓫、尚書左丞楊承令⓬、兵部侍郎寇泚⓭等十一人為刺史，命宰相、諸王及諸司長官、臺郎、御史餞於洛濱⓮，供張甚盛。賜以御膳⓯，太常具樂⓰，內坊⓱歌妓。上自書十韻詩，命將軍高力士[1]賜之。光裕，乾曜⓲之從孫也。

三月甲午⓳，太子嗣謙更名鴻；徙郯王嗣真⓴為慶王，更名潭；陝王嗣昇為忠王，更名浚；鄫王嗣真為棣王，更名洽；鄂王嗣初更名涓；鄄王㉑嗣玄為榮王，更名滉。又立子涺[2]為光王，濰為儀王，澐為潁王，澤為永王，清為壽王，洄為延王，沭為盛王，溢為濟王。

丙申㉒，御史大夫程行湛㉓奏：「周朝酷吏來俊臣等二十三人㉔，情狀尤重，子孫請皆禁錮㉕。傅遊藝等四人㉖差輕㉗，子孫不聽近任㉘。」從之。

汾州刺史楊承令不欲外補㉙，意怏怏，自言「吾出守有由。」上聞之，怒，壬寅㉚。貶睦州別駕。

張說草封禪儀獻之。夏，四月丙辰㉛，上與中書門下及禮官、學士宴於集仙殿㉜。上曰：「仙者憑虛㉝之論，朕所不取。賢者濟理㉞之具，朕今與卿曹合宴，宜更名曰集賢殿。」其書院官五品以上為學士，六品以下為直學士，以張說知院事㉟，右散騎常侍徐堅副之。上欲以說為大學士，說固辭而止。

【章旨】以上為第十四段，寫唐玄宗外放京官任刺史，禁錮武周朝酷吏子孫。張說草封禪儀。

【注釋】❶庚申　二月初六日。❷常平倉本　即常平倉本錢。❸使司　指勸農使司。❹恤　救濟。❺耕耘以時　按時耕耘。❻乙亥　二月二十一日。❼彍騎　禁軍名號。開元十二年，唐玄宗置長從宿衛兵，至是改名彍騎，取義為拉滿弓之箭，精銳無比。彍，拉滿弓。取《孫子・兵勢》「勢如彍弩」之意。❽十二衛　即統領府兵的左右衛、左右驍衛、左右武衛、左右威衛、左右領軍衛、左右金吾衛。❾為六番　分六番宿值。❿諸司長官　指省、寺、監的長官。⓫源光裕　宰相源乾曜族孫，官至鄭州刺史，被稱作良吏。傳見《舊唐書》卷九十八、《新唐書》卷一百二十七。⓬楊承令　事見《新唐書》卷七十一下〈宰相世系表一下〉、《嚴州圖經》卷一。⓭寇泚　人名。見《舊唐書》卷九十三〈張仁愿傳〉、《新唐書》卷一百十一〈張仁愿傳〉、卷一百二十八〈許景先傳〉及《唐郎官石柱題名考》卷十二等。⓮洛濱　洛水之濱。⓯御膳　皇帝所用常膳。⓰太常具樂　太常寺置辦樂舞。⓱內坊　即內教坊。⓲乾曜　源乾曜，相州臨漳（今屬河北）人，開元四年後兩度為相。傳見《舊唐書》卷九十八、《新唐書》卷一百二十七。⓳甲午　三月初十日。⓴郯王嗣真　據《舊唐書・玄宗紀》等，「嗣真」當作「嗣直」。㉑鄄王　《舊唐書・玄宗諸子傳》作「甄王」，恐誤。㉒丙申　三月十二日。㉓程行湛　事見《唐御史臺精舍題名考》卷二。㉔周朝酷吏來俊臣等二十三人　據《舊唐書》卷一百八十六上〈酷吏傳上〉，此二十三人為：來子珣、萬國俊、王弘義、侯思止、郭霸、焦仁亶、張知默、李敬仁、唐奉一、來俊臣、周興、丘神勣、索元禮、曹仁哲、王景昭、裴籍、李秦授、劉光業、王德壽、屈貞筠、鮑思恭、劉景陽、王處貞。㉕禁錮　禁止封閉，不許做官。㉖傳遊藝等四人　指傳遊藝、陳嘉言、魚承曄、皇甫文備。㉗差輕　稍輕。㉘不聽近任　不許在近處為官。即不允許在京畿地區任職。㉙不欲外補　不願補任外州刺史。㉚王寅　三月十八日。㉛丙辰　四月初三日。㉜集仙殿　在東都宮城西南崇賢門內。㉝憑虛　憑空。㉞濟理　濟世治民。㉟知院事　知掌集賢殿書院之事。

【校　記】1命將軍高力士　原無此六字。據章鈺校，十二行本、乙十一行本、孔天胤本皆有此六字，張敦仁《通鑑刊本識誤》同，今據補。2涺　原作「琚」。嚴衍《通鑑補》改作「涺」，今從改。兩《唐書・玄宗紀》皆作「涺」，《新唐書・玄宗諸子・光王琚傳》載：「初，琚名涺……至二十三年，詔悉改今名。」則李涺改名李琚在開元二十三年。

【語　譯】十三年（乙丑　西元七二五年）

春，二月初六日庚申，玄宗命令御史中丞宇文融兼任戶部侍郎。玄宗詔命，把所徵得的客戶稅錢都充作所在州縣的常平倉本金。又委派勸農使司與各州縣商議籌辦勸農社，使貧人富人互相周濟，按時耕種田地。〇二十一日乙亥，重新把長從宿衛軍改名為「彍騎」，分別隸屬於十二衛，總共有十二萬人，分為六個輪次入值宿衛。

玄宗親自挑選了諸司中有聲望的大理寺卿源光裕、尚書左丞楊承令、兵部侍郎寇泚等十一人擔任刺史，命令宰相、諸王及諸官署長官、臺郎、御史們在洛水岸邊為他們餞行，場面很盛大。賜給他們御膳，由太常置辦樂舞，又召來內教坊中的歌伎表演。玄宗還親筆書寫了十韻詩，命將軍高力士賞賜給他們。源光裕，是源乾曜的姪孫。

三月初十日甲午，太子李嗣謙改名為李鴻；改封郯王李嗣真為慶王，改名為李潭；改封陝王李嗣昇為忠王，改名為李浚；改封鄫王李嗣真為棣王，改名為李洽；鄂王李嗣初改名為李涓；改封鄄王李嗣玄為榮王，改名為李滉。玄宗又立其子李涺為光王，立李濰為儀王，立李澐為潁王，立李澤為永王，立李清為壽王，立李洄為延王，立李沭為盛王，立李溢為濟王。

三月十二日丙申，御史大夫程行湛上奏說：「在武周朝的酷吏之中，來俊臣等二十三人的情節尤為嚴重，請陛下禁止這些人的子孫當官。傅遊藝等四人罪狀稍微輕一些，他們的子孫也不許在京畿地區任官。」玄宗聽從了他的建議。

汾州刺史楊承令不想到外地任職，怏怏不樂，自稱「我被外放，事出有因。」玄宗聽說後很生氣。三月十八日壬寅，把他貶為睦州別駕。

張說起草了封禪禮儀呈送給玄宗。夏，四月初三日丙辰，玄宗與中書門下及禮官、學士們在集仙殿宴飲。玄宗說：「神仙是憑空虛構之論，我並不採用。賢良之士是濟世治民的工具，我今天與諸位一起宴飲，應當把集仙殿改名為集賢殿。」在這個書院任職的官員，五品以上的稱為學士，六品以下的稱為直學士，任命張說為知院事，右散騎常侍徐堅做他的副手。玄宗想任命張說為大學士，張說執意推辭才作罷。

說以大駕東巡，恐突厥乘間入寇，議加兵守邊，召兵部郎中裴光庭❶謀之。光庭曰：「封禪者，告成功也。今將升中于天❷，而戎狄是懼，非所以昭❸盛德也。」說曰：「然則若之何？」光庭曰：「四夷之中，突厥為大，比屢求和親，而朝廷羈縻，未決許❹也。今遣一使，徵其大臣從封泰山，彼必欣然承命。突厥來，則戎狄君長無不皆來。可以偃旗臥鼓❺，高枕有餘矣。」說曰：「善，說所不及。」即奏行之。光庭，行儉❻之子也。

上遣中書直省❼袁振❽攝鴻臚卿，諭旨於突厥，小殺[1]與闕特勒、暾欲谷環坐❾帳中，置酒，謂振曰：「吐蕃，狗種；奚、契丹，本突厥奴也；皆得尚主。突厥前後求昏獨不許，何也？且吾亦知入蕃公主皆非天子女，今豈問真偽！但屢請不獲，愧見諸蕃耳。」振許為之奏請。小殺乃使其大臣阿史德頡利發❿入貢，因扈從東巡。

五月庚寅⑪，妖賊劉定高⑫帥眾夜犯通洛門，悉捕斬之。

秋，八月，張說議封禪儀，請以睿宗配皇地祇，從之。

九月丙戌⑬，上謂宰臣曰：「春秋不書祥瑞，惟記有年⑭。」敕自今州縣毋得更奏祥瑞。

冬，十月癸丑⑮，作水運渾天⑯成，上具列宿⑰，注水激輪⑱，令其自轉，晝夜一周⑲。別置二輪，絡⑳在天外，綴㉑以日月，逆天而行㉒，淹速㉓合度。置木匱㉔為地平，令儀半在地下，又立二木人，每刻㉕擊鼓，每辰㉖擊鐘，機械皆藏匱中。

辛酉㉗，車駕發東都，百官、貴戚、四夷酋長從行。每置頓㉘，數十里中人畜被野㉙，有司輦載㉚供具之物㉛，數百里不絕。

十一月丙戌㉜，至泰山下，己丑㉝，上備法駕，至山足[2]，御馬㉞登山。留從官於谷口，獨與宰相及祠官㉟俱登，儀衛㊱環列於山下百餘里。上問禮部侍郎賀知章曰：「前代玉牒㊲之文，何故祕㊳之？」對曰：「或密求神仙，故不欲人見。」上曰：「吾為蒼生㊴祈福耳。」乃出玉牒，宣示羣臣。庚寅㊵，上祀昊天上帝於山上，羣臣祀五帝百神於山下之壇，其餘倣乾封故事㊶。辛卯㊷，祭皇地祇於社首[43]。壬辰[44]，上御帳殿[45]，受朝覲，赦天下，封泰山神為天齊王，禮秩加三公一等[46]。

張說多引兩省吏[47]及以所親攝官登山。禮畢推恩，往往加階超入五品而不及百官。中書舍人張九齡諫，不聽。又，扈從士卒，但[48]加勳[49]而無賜物，由是中外怨之。

初，隋末國馬[50]皆為盜賊及戎狄所掠，唐初纔得牝牡三千匹於赤岸澤[51]，徙之隴右，命太僕張萬歲[52]掌之。萬歲善於其職，自貞觀至麟德，馬蕃息[53]及[54]七十萬匹，分為八坊、四十八監，各置使以領之[55]。是時天下以一縑易一馬[56]。垂拱[57]以後，馬潛耗[58]太半。上初即位，牧馬有二十四萬匹，以太僕卿王毛仲為內外閑廄使，少卿張景順副之。至是有馬四十三萬匹，牛羊稱是。上之東封，以牧馬數萬匹從，色別為羣[59]，望之如雲錦[60]。上嘉毛仲之功，癸巳[61]，加毛仲開府儀同三司。

甲午[62]，車駕發泰山，丙申[63][3]，幸孔子宅致祭[64]。

上還，至宋州[65]，宴從官於樓上，刺史寇泚預焉[66]。酒酣，上謂張說曰：「曏者屢遣使臣分巡諸道[67]，察吏善惡，今因封禪歷諸州，乃知使臣負我多矣。懷州刺史王丘，餼牽68之外，一無它獻。魏州刺史崔沔，供張無錦繡，示我以儉。濟州刺史裴耀卿，表數百言，莫非規諫。且曰：『人或重擾，則不足以告成。』朕常置之坐隅，且以戒左右。如三人者，不勞人以市恩69，真良吏矣！」顧謂寇泚曰：「比亦屢有以酒饌不豐訴於朕者，知卿不借譽於左右70也。」自舉酒賜之。宰臣帥羣臣起賀，樓上皆稱萬歲。由是以丘為尚書左丞，沔為散騎侍郎，耀卿為宣州[4]刺史。耀卿，叔業71之七世孫也。

十二月乙巳72，還東都。

突厥頡利發73辭歸，上厚賜而遣之，竟不許昏。

【章旨】以上為第十五段，寫唐玄宗上泰山封禪。

【注釋】❶裴光庭　（西元六七六－七三三年）字連城，絳州聞喜（今山西聞喜東北）人，歷任清要之職，勤於公事，官至宰相。傳見《舊唐書》卷八十四、《新唐書》卷一百八。❷升中于天　向上天表達衷情。取《禮記》「因名山升中於天」之語。❸昭　彰。❹未決許　未決定許婚。❺臥鼓　猶息鼓。❻行儉　裴行儉善書法，通兵術，有知人之明，為高宗時名臣。❼中書直省　官名，以他官值中書省，稱作直省。❽袁振　事見《舊唐書》卷一百九十四上〈突厥傳〉、《新唐書》卷二百十五下〈突厥傳下〉等。❾環坐　圍坐。❿阿史德頡利發　事見《舊唐書》卷一百九十四上〈突厥傳〉。⓫庚寅　五月初八日。⓬劉定高　生平不詳。據《舊唐書》卷一百八十五下及《新唐書》卷一百三十，似為河南人。⓭丙戌　九月初六日。⓮有年　豐收之年。⓯癸丑　十月初三日。⓰水運渾天　靠水力轉動的渾天儀，用銅製作。此渾天銅儀是中國西元八世紀二〇年代的重大科技發明，模擬天象，並報時辰，是天象儀與計時儀的合體，又極為精密，可惜史書只寥寥記載，連發明人都沒有做記錄。⑰列宿　各種星宿。⑱激輪　沖激軸輪。⑲晝夜一周　一晝夜旋轉一圈。⑳絡　捆縛。㉑綴　連綴。㉒逆天而行　據《舊唐書・天文志》，天西轉一匝，日東行一度，月行十三度十九分度之七。凡二十九轉有餘，日月相會。三百六十五轉日行一周。㉓淹速　遲速；快慢。㉔匱　同「櫃」。㉕刻　計時單位。古代以銅漏計時，分一晝夜為一百刻。晝與夜刻數因節令而變化。冬至晝四十五刻，夜五十五刻；夏至晝六十五刻，夜三十五刻；春分秋分，晝五十五刻半，夜四十四刻半。㉖辰　亦為計時單位，相當於兩小時。㉗辛酉　十月十一日。㉘置頓　安排頓駐。㉙被野　猶遍野。㉚輦載　用輦車運載。㉛供具之物　擺設酒食的器物。此泛指備辦供給的各種物品。㉜丙戌　十一月初六日。㉝己丑　十一月初九日。㉞御馬　乘馬。《考異》引《開天傳信記》云乘白騾。司馬光認為白騾近怪，遂據《舊唐書・禮儀志》立說。㉟祠官　掌管祭祀事宜的官員。㊱儀衛　儀仗和侍衛。㊲玉牒　封禪所用的玉製文書。㊳祕　祕密。㊴蒼生　百姓。㊵庚寅　十一月初十日。㊶乾封故事　乾封元年（西元六六六年）封禪之事。㊷辛卯　十一月十一日。㊸社首　社首山。㊹壬辰　十一月十二日。㊺帳殿　用帷幄臨時搭起的宮殿。㊻加三公一等　古制，四嶽視三公。泰山禮秩加三公一等，地位即高於其他三嶽。其他三嶽為西嶽華山，北嶽恆山，南嶽衡山。㊼兩省吏　中書、門下官吏。㊽但　只。㊾加勳　增加勳級。㊿國馬　國家的牧馬。(51)赤岸澤　在今陝西大荔西南。(52)張萬歲　事見《舊唐書》卷五十五〈劉武周傳〉、《新唐書》卷五十〈兵志〉、卷八十六〈劉武周傳〉。(53)蕃息　繁殖生息。(54)及　至。(55)分為八坊四十八監二句　八坊指保樂坊、甘露坊、南普閏坊、北普閏坊、岐陽坊、太平坊、宜祿坊、安定坊。四十八監分布於秦、蘭、原、渭四州及河曲之地。唐制，凡馬五千匹為上監，三千匹以上為中監，一千匹以上為下監。置使，指置羣牧使。(56)以一縑易一馬　用一匹縑即可換一匹馬。言馬價甚低。縑，雙絲細絹。(57)垂拱　武則天年號（西元六八五—六八八年）。(58)潛耗　不知不覺中減少。(59)色別為羣　分別以毛色相同的組成一群。(60)雲錦　彩雲錦繡。(61)癸巳　十一月十三日。(62)甲午　十一月十四日。(63)丙申　十一月十六日。(64)幸孔子宅致祭　至曲阜孔宅祭祀孔子。(65)宋州　治所睢陽，在今河南商丘。(66)刺史寇泚預焉　寇泚二月出任宋州刺史。(67)屢遣使臣分巡諸道　多次派遣十道按察使巡視天下。(68)餼牽　對豬、牛、羊等牲畜的稱呼。(69)市恩　邀恩。(70)不借譽於左右　不賄賂君王之左右，以求其在皇帝面前說自己的好話。(71)叔業　裴叔業初仕蕭齊，東昏侯時，叛齊入魏。傳見《南齊書》卷五十一、《魏書》卷七十一、《北史》卷四十五。(72)乙巳　十二月庚戌朔，無乙巳。兩《唐書・玄宗紀》作「己巳」，即十二月二十日。當改「乙」為「己」。(73)頡利發　即阿史德頡利發。

【校　記】 ①小殺　嚴衍《通鑑補》改作「毗伽」。下同。按，《舊唐書・突厥傳》作「小殺」，《新唐書・突厥傳》作「默棘連」。然兩《唐書・突厥傳》皆言毗伽可汗默棘連本謂「小殺」。②己丑上備法駕至山足　原無此九字。據章鈺校，十二行本、乙十一行本、孔天胤本皆有此九字，張敦仁《通鑑刊本識誤》、張瑛《通鑑校勘記》同，今據補。③丙申　原作「庚申」。嚴衍《通鑑補》改作「丙申」，今從改。按，兩《唐書・玄宗紀》皆作「丙申」。④宣州　原作「定州」。嚴衍《通鑑補》改作「宣州」，今從改。按，兩《唐書・裴耀卿傳》皆作「宣州」。

【語譯】張說因為玄宗大駕東巡，擔心突厥乘機入侵，提議增加軍隊守衛邊疆，並召來兵部郎中裴光庭商議此事。裴光庭說：「封禪的事，是皇帝向上天報告事業成功。現在皇帝正要向上天表達衷情，卻懼怕起戎狄來了，這不是彰明聖朝至德的做法。」張說說：「那麼我們該怎麼辦呢？」裴光庭說：「在四夷當中，突厥是最強大的，近來他們屢次請求和親通婚，朝廷採取籠絡控制的政策，還未決定許婚。現在派遣一位使者，徵召突厥大臣隨從皇帝封泰山，他們必定會欣然從命。突厥到來，則戎狄君長無不前來。這樣就可以偃旗息鼓，高枕無憂了。」張說說：「很好，我張說沒有想到。」立即上奏玄宗付諸施行。裴光庭，是裴行儉的兒子。

玄宗派遣中書直省袁振代理鴻臚寺卿職務，向突厥宣諭自己的旨意。突厥可汗小殺與闕特勒、暾欲谷圍坐在帷帳之中，設置酒宴，對袁振說：「吐蕃，是犬戎種族，奚、契丹，本是突厥的奴隸，他們卻都能娶大唐公主為妻。惟獨我們突厥前後多次向朝廷求婚不肯答應，為什麼？況且我們也知道入蕃公主都不是天子的親生女兒，現在誰還探問公主的真假呢！只是由於多次求婚未獲批准，見到諸蕃心懷慚愧而已。」袁振答應為他們向玄宗上奏求婚。小殺可汗便派遣其大臣阿史德頡利發入朝納貢，隨後便侍從玄宗東行封禪。

五月初八日庚寅，妖賊劉定高率眾在夜間進攻通洛門，這些人全部被抓獲處斬。

秋，八月，張說討論封禪禮儀，請求以睿宗配享皇地祇，玄宗採納了這一建議。

九月初六日丙戌，玄宗對宰相們說：「《春秋》不記載祥瑞，只記載豐年。」他頒布敕命，從此各州縣不許再將祥瑞上奏朝廷。

冬，十月初三日癸丑，用水作動力運轉的渾天銅儀造成，銅儀上一一排列著各個星宿，加滿水後沖激著輪子，讓它自轉，每個晝夜運轉一圈。銅儀的外部另外安裝著兩個輪子，分別捆縛在天外，連綴太陽和月亮，逆天而行，運行速度的快慢也與天體本身的運行度數相合。設置了一個木櫃子作為地平面，把銅儀的一半安放在地面以下，再裝上兩個小木人，每一刻敲鼓，每一個時辰撞鐘，銅儀的機械均藏在木櫃內。

十月十一日辛酉，玄宗從東都出發，文武百官、皇親國戚和各族酋長隨行。車隊每次安排頓駐，數十里中人畜遍野，有關衙門車輛運載著備辦供給的物品，數百里絡繹不絕。

十一月初六日丙戌，玄宗到達泰山下，初九日己丑，玄宗預備好天子的法駕儀衛，前行至山腳下，騎馬登上泰山，把隨行官員留在谷口，獨自與宰相以及祠官一道上山，儀仗侍衛環列在山下一百多里。玄宗詢問禮部侍郎賀知章說：「前世帝王封禪所用的玉製文書，為什麼密不示人？」賀知章回答說：「或許是帝王祕密地向神仙祈福，因此不想讓別人見到。」玄宗說：「我是為天下蒼生祈禱幸福。」於是取出玉製封禪文書，向群臣宣諭。初十日庚寅，玄宗在泰山頂上祭祀了昊天上帝，群臣則在山下的祭壇上祭祀了五帝百神，其他儀程一律仿效乾封年間封禪的舊例。十一日辛卯，玄宗在社首山祭祀了皇地祇。十二日壬辰，玄宗親臨連幄而成的宮殿，接受群臣朝覲，大赦天下，冊封泰山之神為天齊王，享用加三公一等的禮數。

張說帶領許多中書省、門下省官吏和自己的直屬官員隨從玄宗登山。封禪典禮結束後玄宗推恩行賞時，這部分人一般都被破格提拔到五品官階，其他文武百官卻與之無緣。中書舍人張九齡規勸張說，張說沒有聽從。另外，扈從玄宗的士卒，只加勳級而不賜實物，因此朝廷內外怨恨張說。

當初，隋朝末年國有馬匹全都被盜賊以及戎狄劫掠，唐朝初年在赤岸澤只獲得雌雄馬匹三千匹，把這些馬匹遷徙到隴右，命令太僕張萬歲掌管養馬之事。張萬歲對此職事很盡職，從貞觀到麟德年間，馬匹繁殖到七十萬匹，分為八坊、四十八監，分別設置群牧使來管轄。此時全國用一匹細絹換到一匹馬。垂拱年間以後，官馬數量不知不覺地減少了大半。玄宗剛即位時，國有牧馬有二十四萬匹，朝廷任命太僕寺卿王毛仲擔任內外閑廄使，太僕寺少卿張景順擔任他的副手。至此，國有馬匹四十三萬匹，官府飼養牛羊的數量大致也有這麼多。玄宗東至泰山封禪時，以牧馬數萬匹隨從，按照馬的毛色分成不同的馬群，一眼望去，如同彩雲錦繡。

玄宗嘉獎王毛仲的功績，十一月十三日癸巳，將王毛仲加官為開府儀同三司。

十一月十四日甲午，玄宗從泰山出發，十六日丙申，到了孔子舊宅致祭。

玄宗在返回京師途中到達宋州，在樓上設宴款侍隨從官員，宋州刺史寇泚參加了宴會。酒興正濃時，玄宗對張說說：「以往一再派遣使臣分巡各道，考察地方官的優劣，這次藉封禪經過各州，才明白使臣欺瞞我的地方太多了。懷州刺史王丘，除了牛羊豬等牲畜之外，沒有貢獻其他任何珍奇之物；魏州刺史崔沔，所供給的陳設之中沒有錦繡，這是向我表示節儉。濟州刺史裴耀卿，向我呈進一篇幾百字的表章，全都是規諫的話，而且說道：『如果百姓被嚴重攪擾的話，那麼陛下封禪就不能報告成功於上天。』我常把此話放在座旁，並且拿它來告誡左右侍臣。像這三位官員，不勞苦百姓來邀恩求進，真是賢良的官吏呀！」玄宗回過頭來對寇泚說：「近來多次有人向我訴說你所供給的酒宴不太豐盛，我明白這是你沒有買通我左右的人為你說好話的緣故。」說完親自舉杯賜酒給寇泚。宰相領著群臣起身稱賀，樓上的人全都高呼萬歲。於是玄宗任命王丘擔任尚書左丞，崔沔擔任散騎侍郎，裴耀卿擔任宣州刺史。裴耀卿，是裴叔業的七世孫。

十二月乙巳日，玄宗返回東都。

突厥使者阿史德頡利發辭別返國，玄宗給予他豐厚的賞賜之後送走了他，最終沒有答應突厥的求婚。

王毛仲有寵於上，百官附之者輻湊[1]。毛仲嫁女，上問何須[2]。毛仲頓首對曰：「臣萬事已備，但未得客。」上曰：「張說、源乾曜輩豈不可呼邪？」對曰：「此則得之。」上曰：「知汝所不能致者一人耳，必宋璟也。」對曰：「然。」上笑曰：「朕明日為汝召客。」明日，上謂宰相：「朕奴毛仲[3]有昏事，卿等宜與諸達官悉詣其第❹。」既而日中，眾客未敢舉筯❺，待璟，久之，方至，先執酒西向拜謝，飲不盡卮❻，遽稱腹痛而歸。璟之剛直，老而彌篤。

先是，契丹王李吐干與可突干復相猜忌❼，攜公主來奔，不敢復還，更封遼陽王，留宿衛；可突干立李盡忠之弟邵固為主。車駕東巡，邵固詣行在，因從至泰山，拜左羽林大將軍、靜折軍❽經略大使。

上疑吏部選試不公，時選期已迫，御史中丞宇文融密奏，請分吏部為十銓。甲戌❾，以禮部尚書蘇頲等十人掌吏部選，試判❿將畢，遽召入禁中決定，吏部尚書、侍郎皆不得預。左庶子吳兢上表，以為「陛下曲受讒言，不信有司，非居上臨人⓫推誠感物⓬之道。昔陳平⓭、邴吉⓮，漢之宰相，尚不對錢穀之數⓯，不問鬬死之人⓰，況大唐萬乘之君，豈得下行銓選之事乎！凡選人書判，並請委之有司，停此十銓。」上雖不即從，明年復故。

是歲，東都斗米十五錢，青、齊五錢⓱，粟三錢。○于闐王尉遲眺陰結⓲突厥及諸胡謀叛，安西副大都護杜暹發兵捕斬之，更為立王。

【章　旨】以上為第十六段，寫唐玄宗尊寵家奴，親任選官主考。

【注　釋】❶輻湊　車輻集中於軸心。比喻歸附者甚眾。❷須　求。❸朕奴毛仲　王毛仲因父犯罪沒官，曾為僮僕服侍玄宗左右，故唐玄宗稱之為奴。❹詣其第　前往其家祝賀。❺筯　同「箸」。❻卮　一種盛酒的器皿，猶酒杯。❼契丹王李吐干與可突干復相猜忌　李吐干，契丹王李鬱于之弟。兩《唐書．契丹傳》作「李吐于」。開元十二年襲契丹王位。猜忌，猜疑妒忌。❽靜折軍　《唐會要》卷九十六、《舊唐書》卷一百九十九下、《新唐書》卷二百十九作「靜析」。待考。❾甲戌　十二月二十五日。❿試判　考試書判。唐制，以身、言、書、判選士。身謂體貌豐偉，言謂言辭辯正，書謂楷法遒美，判謂文理優長。凡試判登科謂之「入等」。⓫臨人　臨民。⓬感物　猶感人。⓭陳平　（？—西元前一七八年）漢初陽武（今河南原陽東南）人，西漢開國功臣之一，在漢朝建立的過程中誅諸呂之變立有大功。後迎立文帝，擔任丞相。傳見《史記》卷五十六、《漢書》卷四十。⓮邴吉　（？—西元前五五年）曾治巫蠱之獄，任宣帝丞相。傳見《史記》卷九十六、《漢書》卷七十四。⓯不對錢穀之數　漢文帝在一次朝會上問右丞相周勃，一年之中全國的錢穀是多少，周勃回答不出，汗流浹背，十分尷尬。漢文帝問左丞相陳平，陳平回答說：「請陛下問主管部門。」漢文帝說，國家政務各有主管部門，丞相職責是什麼？陳平回答說：「丞相上輔天子，下理萬物，外撫四夷，內親百姓，使各個主管部門各任其職。」意謂丞相管大事，不管小事。見本書卷十三漢文帝前元元年。⓰不問鬬死之人　漢宣帝丞相邴吉，一次外出，見到因爭道而打群架死傷了許多人，邴吉像什麼都沒有看到的一樣，不去問人的死傷。邴吉的部屬不理解，邴吉說：「群從鬥毆，死傷了人，是地方長安令應管的事。丞相不管小事，應管的是各級官員是否盡職辦事。」時人稱讚邴吉識大體。事見《漢書》卷七十四〈邴吉傳〉。⓱青齊五錢　青、齊二州斗米五錢。⓲陰結　暗中勾結。

【語　譯】王毛仲獲得玄宗的寵信，百官很多人依附他。王毛仲的女兒出嫁，玄宗問他要什麼。王毛仲磕頭回答說：「臣萬事已備辦好了，只是沒有客人。」玄宗說：「張說、源乾曜這些人難道不能叫來嗎？」答道：「這些是能請到的。」玄宗說：「我知道你請不來的只有一個人而已，他必定是宋璟。」王毛仲說：「是的。」玄宗笑著說：「我明天親自出面替你請客。」第二天，玄宗對宰相們說：「我的奴才王毛仲有婚事，你們應與各位顯要官員全去他家道賀。」那天已到正午時分，所有的來賓都不敢動筷子，等待宋璟，過了好久，宋璟才到來，他先端起酒杯朝西面行禮拜謝君命，然後沒飲盡一杯酒，匆忙說腹中疼痛而回到家中。宋璟的剛直，年老後更加堅定。

在此之前，契丹王李吐干因與可突干相互猜忌，便帶著公主投奔唐朝，不敢重新返回契丹，玄宗把他改封為遼陽王，留在京師宿衛，可突干擁立李盡忠之弟邵固為契丹君王。玄宗東行封泰山時，邵固也來到天子住處，隨從玄宗到了泰山，玄宗命令他擔任左羽林大將軍、靜折軍經略大使。

玄宗懷疑吏部選官考試不公正，當時選官考試的日期已經臨近，御史中丞宇文融祕密地呈奏，請求把吏部選官分為十銓。十二月二十五日甲戌，朝廷派遣禮部尚書蘇頲等十人主持吏部銓選，考試書判就要結束時，玄宗突然把應試者召進宮中親自測試決定，吏部的尚書和侍郎均不得過問。左庶子吳兢向玄宗上表，認為「陛下枉自聽信讒言，不相信執掌銓選的吏部，這不是居上理民推誠感人的途徑。從前陳平、邴吉擔任漢朝的宰相，尚且不去回答錢穀的數額，不去過問鬥毆致死人命的案件，何況大唐萬乘之君，怎麼可以降低身分躬行銓選之事呢！凡是選人書判，都應當交給吏部主管部門，停止實施這項十銓之法。」玄宗雖然沒有馬上聽從，但是到了第二年就恢復了原有的方法。

這一年，東都的米價每斗十五錢，青州、齊州每斗五錢，每斗粟三錢。○于闐王尉遲眺暗地勾結突厥以及各部胡人圖謀反叛，安西副大都護杜暹出兵，生擒了尉遲眺並將他斬首，又另外立了一位于闐王。

【研　析】本卷記事起開元六年到十三年，凡八年史事。此時期，唐玄宗與朝政大臣仍沿襲開元初勵精圖治的政治軌跡向前發展。唐玄宗還保持著清醒的頭腦，納諫用賢，宋璟、源乾曜、張嘉貞、張說相繼為相，諸賢均一時之選。君臣兢兢業業，政治蒸蒸日上，仍保持君明臣賢的政治局面。開元十三年（西元七二五年）十一月，唐玄宗上泰山封禪，確實是實至名歸，唐朝達於鼎盛。封禪是祭天告成功的大典，唐玄宗當之無愧。

宋璟為相，薦賢才以杜絕奸巧仕進，唐玄宗與宋璟都不為親故濫授一官。宋璟的遠房叔父宋元超已被選入，由吏部授官。由於宋元超自稱是宋璟族叔，想得到優待，宋璟知道後反而免了他入選資格，讓他丟了官。宋璟治反獄，只誅元惡，刑法寬平。唐玄宗懲貪，依然雷厲風行。武彊令裴景仙因乞求非法所得絹五千匹，唐玄宗要集眾誅殺。依法裴景仙乞取不到死罪，又是獨子，還是開國功臣裴寂的後代，大理卿李朝隱力爭，才得以免死，流放嶺南最偏遠的地方。宰相張嘉貞，因弟弟貪贓而受株連免相。唐玄宗很重視地方官都督、刺史的任用，選拔京官中有才望的人外放任職，此時期繼續推行。慎選舉、緩刑、懲貪、注重地方官人選，這些是開元盛世清平政治的主流。

這一時期，唐玄宗還加強了中央集權的施政措施與制度建設。最重要的有以下幾個方面。其一，檢括戶口。國家多得八十餘萬戶與相應的田畝。其二，禁惡錢。開元七年二月，唐玄宗下詔由太府以及州縣糧倉出粟十萬賣給百姓，回收劣質錢銷毀。劣質錢是私鑄的惡錢，如同今之偽鈔。惡錢氾濫，影響官錢流通，導致奸民與國爭利，通貨膨脹，百姓受害。國家儲糧積久而腐敗，用來回收惡錢銷毀，表明國家禁絕惡錢的決心，起到動員民眾抵制惡錢的作用。可是這項善政，觸動了既得利益者，遭到權貴的反對，唐玄宗沒有貫徹到底，宋璟還因此丟了官。其三，禁閉諸王。諸王是最有可能奪取帝位的人。唐玄宗本人就是以諸王資格發動禁衛軍誅殺韋皇后而取得太子地位的。開元十年，唐玄宗嚴令宗室、外戚、駙馬，非至親不得往來，更不能與百官交結。光祿少卿駙馬都尉裴虛己與岐王李範遊宴，裴虛己被流放新州，逼迫與公主離婚。萬年尉劉庭琦、太祝張諤與李範飲酒賦詩，兩人均遭貶逐。後來宰相張說也因私入岐王李範宅而被貶官出朝。唐玄宗兄弟封王的有五人，皇子封王的有十六人，諸王被集中安置在宮城旁的諸王小區，每王各一宅，在生活上受到優越待遇，但不得任職事，行動也不自由，有宦官監管。諸王小區稱為十王宅，也稱十六宅。後來皇孫漸多，小區擴大為百孫院，也派宦官監管。皇太子不住東宮，緊隨皇帝住在別院，實際也在宦官的監視之下。唐玄宗如此猜忌諸王和信用宦官，在中唐以後產生了嚴重後果，皇帝的廢立和生命都掌握在宦官手中。唐宦官政權消滅，唐朝也就滅亡，重演了東漢末年的一幕。其四，改兵制。唐初實行府兵制是寓兵於農的一種兵制。府兵制，即徵兵制，類似義務兵役制，兵農合一。平時大部分從事農耕，少部分輪番到京師宿衛或邊關戍守。戰時徵發，戰後士兵歸農，將帥歸朝，將帥不可能擁兵自重。但府兵制到開元時已經敗壞。原因是唐高宗、武則天時不斷用兵，府兵制難以負荷。官場腐敗，貪汙盛行，邊兵將領自肥與向上級和朝官行賄，財源來自刻剝士兵，又把戍兵當做奴僕使用，許多士兵被陵辱致死。作戰立功的士兵，戰後回到原籍，州縣官不予承認，於是府兵逃亡日盛。在高宗後期，作戰兵員已經不足，只好臨時招募。開元十年，朔方節度使張說認為當時邊境無強寇，建言裁減邊兵二十萬歸農。平時戍守，邊兵有六十萬，京師宿衛十餘萬，張說建言用募兵制取代府兵制，招募壯士宿衛京師，唐玄宗採納，用優厚條件招募，十天之內得精兵十三萬，分隸諸衛，稱為長從宿衛。從此，兵農分家，招募兵成了職業兵。開元十三年，更名長從宿衛為「彍騎」，分隸十二衛。到了開元二十五年，邊鎮戍兵也入為招募兵，號長征兵。第二年，招募兵足額，原有士兵一概放還本籍。《新唐書・兵志》說，唐王朝統治二百多年間兵制發生了三變。唐初府兵，府兵廢而有彍騎，彍騎又廢，地方武裝力量興起，即節度使割據武裝。徵兵制改為募兵制，兵農分離，懷有野心的鎮邊將帥與職業兵結合，變國家武裝為私人武裝，中唐以後，節度使往往擁兵自重，割據禍亂不可避免地發生了。這些都是後話，我們不能用後來的發展責備唐玄宗、張說改兵制，因為這是形勢使然。開元時府兵制已完全破壞，如果不改募兵制，全國將陷於無兵的狀態，一旦有事，何以應敵？唐玄宗改兵制是形勢使然，但它潛在的隱憂被開元盛世掩蓋了。

司馬遷寫《史記》，「通古今之變」，提出觀察歷史的分法，要「原始察終，見盛觀衰」。「原始察終」，就是追原其始，察究其終，把握歷史演變的全過程來看它的原因、經過、發展和結果。「見盛觀衰」，就是在興旺的時候，要看到它將轉化的起點。唐玄宗的開元之治是成功的，他受任於國家危難之際，撥亂反正，納諫用賢，把國家治理得井井有條，同時為了防範諸王奪權，信用宦官與禁閉諸王，改兵制，以及後來的增置節度使，卻又埋下了唐中後期的禍患。

卷第二百十三

唐紀二十九

起柔兆攝提格（丙寅 西元七二六年），盡昭陽作噩（癸酉 西元七三三年），凡八年。

【題解】本卷記事起西元七二六年，迄西元七三三年，凡八年。當唐玄宗開元十四年到開元二十一年。這一時期是開元之治的中期，國家制度繼續完善與規範。軍人戍邊，五年一輪換。戶籍與賦稅，三年一次普查，定為九等。開元二十一年（西元七三三年），唐玄宗在全國十道的基礎上分置為十五道。京師繁盛，糧食供應不足，沿河、渭廣置糧倉，以儲江南穀物。唐玄宗志得意滿，政治發生悄悄的變化。大臣之間爭權日益尖銳和公開化，李元紘與杜暹議事多異同，韓休與蕭嵩在玄宗面前也爭論不休。玄宗各打五十大板，統統貶官。此時唐玄宗頗尚武功，立太公廟，以古良將配享為十哲，受到司馬光的批評。縱容邊將輕啟事端，涼州都督王君㚟交惡吐蕃，連年戰爭不斷。北方突厥策應吐蕃擾邊。嶺南獠人叛亂。此時唐國力盛強，邊釁未釀成大禍，吐蕃納貢求和親。但開元之治已從鼎盛悄悄發生轉折。韓休為相，唐玄宗節制縱兵，身為之消瘦，言於左右曰：「吾貌雖瘦，天下必肥。……吾用韓休，為社稷耳，非為身也。」但不足一年即罷退韓休，又寵信家奴與宦官，玄宗已失英主銳氣。

玄宗至道大聖大明孝皇帝中之上

開元十四年（丙寅　西元七二六年）

春，正月癸未❶，更立契丹松漠王李邵固為廣化王，奚饒樂王李魯蘇為奉誠王。以上從甥陳氏為東華公主❷，妻邵固；以成安公主❸之女韋氏為東光公主，妻魯蘇。

張說奏：「今之五禮❹，貞觀、顯慶兩曾修纂❺，前後頗有不同，其中或未折衷❻。望與學士等討論古今，刪改施行。」制從之。

邕州封陵❼獠梁大海等據賓、橫州❽反；二月己酉❾，遣內侍楊思勗發兵討之。

上召河南尹崔隱甫❿，欲用之，中書令張說薄其無文，奏擬金吾大將軍；前殿中監崔日知素與說善，說薦為御史大夫，上不從。丙辰⓫，以日知為左羽林大將軍，丁巳⓬，以隱甫為御史大夫。隱甫由是與說有隙。

說有才智而好賄，百官白事⓭有不合者，好面折⓮之，至於叱罵。惡御史中丞宇文融之為人，且患其權重⓯，融所建白，多抑之。中書舍人張九齡言於說曰：「宇文融承恩用事，辯給多權數，不可不備。」說曰：「鼠輩⓰何能為！」夏，四月壬子⑰，隱甫、融及御史中丞李林甫⑱共奏彈說「引術士占星，徇私僭侈，受納賄賂。」敕源乾曜及刑部尚書韋抗、大理少卿胡珪[1]與隱甫等同於御史臺鞫之。林甫，叔良⑲之曾孫。抗，安石⑳之從父兄子也。

丁巳㉑，以戶部侍郎李元紘為中書侍郎、同平章事。元紘以清儉著，故上用為相。

源乾曜等鞫張說，事頗有狀，上使高力士視說，力士還奏：「說蓬首垢面，席藁㉒，食以瓦器㉓，惶懼待罪。」上意憐之。力士因言說有功於國，上以為然。庚申㉔，但罷說中書令，餘如故。

丁卯㉕，太子太傅岐王範薨，贈謚惠文太子。上為之撤膳累旬㉖，百官上表固請，然後復常。○丁亥㉗，太原尹張孝嵩奏：「有李子嶠者，自稱皇子，云生於潞州，母曰趙妃。」上命杖殺之。○辛丑㉘，於定、恆、莫、易、滄五州置軍㉙以備突厥。

【章　旨】以上為第一段，寫張說好賄而又愛面折於人，為政敵所構下獄，賴高力士護佑得免於刑。

【注　釋】❶癸未　正月初四日。❷東華公主　宗室外甥女。事見《舊唐書》卷八〈玄宗紀上〉、卷一百九十九下〈契丹傳〉。❸成安公主　唐中宗第八女，字委姜，下嫁韋捷。事見《唐會要》卷六〈公主〉、《新唐書》卷八十三〈成安公主傳〉。❹五禮指吉禮、凶禮、軍禮、賓禮和嘉禮。❺貞觀顯慶兩曾修纂　唐太宗貞觀年間，令房玄齡、魏徵等在隋朝舊禮的基礎上修成《貞觀禮》一百卷。唐高宗顯慶時，又令長孫無忌、杜正倫、李義府、李友益、劉祥道、許圉師、許敬宗、韋琨、史道玄、孔志約等重加輯定，增至一百三十卷，稱作《顯慶禮》。❻折衷　調和二者，取其中正，無所偏頗。❼封陵　縣名，故治在今廣西南寧東北。❽賓橫州　賓州治所在今廣西賓陽西南，橫州治所在今廣西橫縣南。❾己酉　二月庚戌朔，無己酉。正月有之，為正月三十日。❿崔隱甫　貝州武城（今山東武城西）人，曾任洛陽令、太原尹、御史大夫等職，頗有威名。傳見《舊唐書》卷一百八十五下、《新唐書》卷一百三十。⓫丙辰　二月初七日。⓬丁巳　二月初八日。⓭白事　陳事。⓮面折　當面折撓。⓯患其權重　時宇文融任御史中丞，兼戶部侍郎。故張說患其權重。⓰鼠輩　猶鼠子。蔑視他人之詞。此處指宇文融而言。⓱壬子　四月初四日。⓲李林甫　（？—西元七五二年）唐宗室成員。善音律。曾任千牛直長、太子中允、國子司業等職。為人口蜜腹劍。在相位十九年，權傾內外，使政事日益敗壞。傳見《舊唐書》卷一百六、《新唐書》卷二百二十三上。⓳叔良　李林甫之曾祖李叔良為高祖從父弟，封長平王。⓴安石　韋安石相武則天及唐中宗，貶死於開元之初。㉑丁巳　四月初九日。㉒席藁　坐在藁草之上。㉓食以瓦器　用粗的陶器盛飯。㉔庚申　四月十二日。㉕丁卯　四月十九日。㉖累旬　數旬。㉗丁亥　四月己酉朔，無丁亥。五月有之，為五月初十日。㉘辛丑　四月無辛丑。《冊府元龜》卷九百九十二作五月辛丑，即五月二十四日。㉙於定恆莫易滄五州置軍　據《唐會要》卷七十八等，其時在定州置北平軍，在恆州置恆陽軍，在莫州置唐興軍，在瀛州置高陽軍，在滄州置橫海軍。開元二十年移高陽軍至易州。《通鑑》云在易州置軍，不確。

【校　記】1胡珪　原作「明珪」。嚴衍《通鑑補》改作「胡珪」，今從改。按，《舊唐書‧張說傳》亦作「胡珪」。

【語　譯】玄宗至道大聖大明孝皇帝中之上

開元十四年（丙寅　西元七二六年）

春，正月初四日癸未，朝廷改立契丹松漠王李邵固為廣化王，改立奚人饒樂王李魯蘇為奉誠王。封玄宗的堂外甥女陳氏為東華公主，許配給李邵固為妻；封成安公主的女兒韋氏為東光公主，許配給李魯蘇為妻。

張說上奏說：「現在的五禮，在貞觀、顯慶年間曾兩度修訂編撰，前後多有不同，其中有些內容未經權衡調節使其適中。希望能與學士們對古今這方面的情況進行探討評論，對五禮作些刪改，然後施行。」玄宗下詔採納了張說的主張。

邕州封陵縣獠人梁大海等佔據賓州、橫州造反。二月己酉日，玄宗派內侍楊思勗發兵討伐他們。

玄宗召見河南尹崔隱甫，打算任用他，中書令張說因崔隱甫沒有文才而瞧不起他，便上奏擬讓他擔任金吾大將軍；前殿中監崔日知一向與張說關係很好，張說便推薦他擔任御史大夫，但是玄宗沒有採納張說的建議。二月初七日丙辰，玄宗任命崔日知為左羽林大將軍；初八日丁巳，任命崔隱甫為御史大夫。崔隱甫從此與張說有了矛盾。

張說具有才學智謀卻貪圖賄賂，百官稟報事情有不合他意思的地方，他喜歡當面批評指責，甚至呵斥責罵。他厭惡御史中丞宇文融的為人，而且擔心宇文融的權力過大，因此對於宇文融的建議，他大多壓住不作處置。中書舍人張九齡對張說說：「宇文融受到皇上恩寵而當權，能言善辯，又擅長權術，您對他不能不作防備。」張說說：「鼠輩能有什麼作為！」夏，四月初四日壬子，崔隱甫、宇文融和御史中丞李林甫共同上奏，彈劾張說「招引術士占驗星相，還曲從私情，僭越奢侈，接受賄賂。」玄宗敕令源乾曜和刑部尚書韋抗、大理少卿明珪與崔隱甫等人一道在御史臺審訊張說。李林甫，是李叔良的曾孫。韋抗，是韋安石堂兄的兒子。

四月初九日丁巳，玄宗任命戶部侍郎李元紘為中書侍郎、同平章事。李元紘以清廉儉樸著稱，所以玄宗啟用他擔任宰相。

源乾曜等人審訊張說，他被彈劾的事還是有些證據。玄宗派高力士去瞭解張說的情況，高力士回宮奏報說：「張說蓬頭垢面，用稻麥莖稈當席子，用粗陋的瓦缽吃飯，惶恐不安地等候治罪。」玄宗心裡很憐憫張說。高力士趁機談到張說曾對國家有功，玄宗覺得他講得很對。四月十二日庚申，玄宗僅免去張說的中書令職務，其餘官職仍與過去一樣。

四月十九日丁卯，太子太傅岐王李範去世，朝廷給他追贈諡號惠文太子。玄宗因為李範的死而減膳幾十天，經百官上表一再請求，玄宗才恢復常規膳食。〇丁亥日，太原尹張孝嵩上奏說：「有一個叫李子嶠的人，自稱是皇子，說出生在潞州，母親是趙妃。」玄宗命令用杖刑將此人處死。〇辛丑日，朝廷在定州、恆州、莫州、易州、滄州五個州分別設置北平軍、恆陽軍、唐興軍、高陽軍、橫海軍，以防備突厥。

上欲以武惠妃為皇后，或上言：「武氏乃不戴天❶之讎，豈可以為國母❷！人間盛言❸張說欲取立后之功，更圖入相之計。且太子非惠妃所生❹，惠妃復自有子❺，若登宸極❻，太子必危。」上乃止。然宮中禮秩❼，一如皇后。

五月癸卯❽，戶部奏今歲戶七百六萬九千五百六十五，口四千一百四十一萬九千七百一十二。

秋，七月，河南、北大水❾，溺死者以千計。

八月丙午❿朔，魏州言河溢⓫。

九月己丑⓬，以安西副大都護、磧西節度使杜暹同平章事。自王孝傑克復四鎮⓭，復於龜茲置安西都護府，以唐兵三萬戍之，百姓苦其役。為都護者，惟田楊名、郭元振、張嵩及暹皆有善政⓮，為人所稱。

冬，十月庚申⓯，上幸汝州廣成湯⓰。己巳⓱[1]，還宮。

十二月丁巳⓲，上幸壽安，獵於方秀川⓳。壬戌⓴，還宮。○楊思勗討反獠㉑，生擒梁大海等三千餘人，斬首二萬級而還。

是歲，黑水靺鞨㉒遣使入見，上以其國為黑水州，仍為置長史㉓以鎮之。勃海靺鞨王武藝曰：「黑水入唐，道由我境。往者請吐屯㉔於突厥，先告我與我偕行；今不告我而請吏於唐，是必與唐合謀，欲腹背攻我也。」遣其母弟門藝與其舅任雅㉕將兵擊黑水。門藝嘗為質子㉖於唐，諫曰：「黑水請吏於唐，而我以其故擊之，是叛唐也。唐，大國也。昔高麗全盛之時，彊兵三十餘萬，不遵唐命，掃地無遺㉗。況我兵不及高麗什之一二，一旦與唐為怨㉘，此亡國之勢也。」武藝不從，彊遣之。門藝至境上，復以書力諫。武藝怒，遣其從兄大壹夏代之將兵，召㉙，欲殺之。門藝棄眾，間道來奔㉚，制以為左驍衛將軍。武藝遣使上表罪狀門藝，請殺之。上密遣門藝詣安西，留其使者，別遣報云，已流門藝於嶺南。武藝知之，上表稱「大國當示人以信，豈得為此欺誑？」固請殺門藝。上以鴻臚少卿㉛李道邃㉜、源復㉝不能督察官屬，致有漏泄，皆坐左遷。暫遣門藝詣嶺南以報之。

臣光曰：「王者所以服四夷㉞，威信㉟而已。門藝以忠獲罪，自歸天子，天子當察其枉直，賞門藝而罰武藝，為政之體也。縱不能討，猶當正㊱以門藝之無罪告之。今明皇威不能服武藝，恩不能庇門藝，顧效小人為欺誑之語以取困於小國，乃罪鴻臚之漏泄，不亦可羞㊲哉！」

杜暹為安西都護，突騎施交河公主㊳遣牙官以馬千匹詣安西互市。使者宣公主教㊴，暹怒曰：「阿史那女㊵何得宣教於我！」杖其使者，留不遣，馬經雪㊶死盡。突騎施可汗蘇祿大怒，發兵寇四鎮。會暹入朝，趙頤貞㊷代為安西都護，嬰城自守㊸。四鎮人畜儲積，皆為蘇祿所掠，安西僅存。既而蘇祿聞暹入相，稍引退，尋遣使入貢。

【章旨】以上為第二段，寫唐玄宗誆騙勃海靺鞨國王，受到司馬光的嚴厲批評。

【注釋】❶不戴天　意即不共戴天。❷國母　帝王之母。❸盛言　猶盛傳。❹太子非惠妃所生　時玄宗第二子李鴻為太子，其母為趙麗妃。❺惠妃復自有子　武惠妃生三子：夏悼王一、懷思王敏、壽王瑁。李一與李敏早夭，瑁養於寧王邸中。見《新唐書》卷八十二。❻若登宸極　如果武惠妃登上皇后寶座。宸極，本指北極星，此處代指皇后之位。❼禮秩　禮儀祿秩。❽癸卯　五月二十六日。❾河南北大水　《舊唐書・玄宗紀》作「瀍水暴漲入漕」，與此有所不同。❿丙午　八月初一日。⓫魏州言河溢　意即黃河在今濮陽至陽穀之間氾濫。⓬己丑　九月十五日。⓭王孝傑克復四鎮　時在長壽元年（西元六九二年）十月。四鎮，指龜茲、疏勒、于闐、焉耆四鎮。⓮田楊名句　《舊唐書》卷一百九十八〈西戎傳〉載龜茲國云：「其安西都護，則天時有田揚名，中宗時有郭元振，開元初則張孝嵩、杜暹，皆有政績，為夷人所伏。」《新唐書》卷二百二十一上亦云龜茲安西都護「以政績稱華狄者，田揚名、郭元振、張孝嵩、杜暹」。田楊名，兩《唐書》均作「田揚名」。張嵩，兩《唐書》均作「張孝嵩」。⓯庚申　十月十六日。⓰廣成湯　以漢廣成苑而得名，在汝州梁縣界，即今河南汝州一帶。⓱己巳　十月二十五日。⓲丁巳　十二月十四日。⓳方秀川　在壽安縣境內，即今河南宜陽一帶。⓴王戌　十二月十九日。㉑楊思勗討反獠　二月出征，至此凱旋。㉒黑水靺鞨　靺鞨諸部之一，生活在今黑龍江流域。㉓長史　胡三省注云：「『長史』恐當作『長史』。」按，《舊唐書》卷一百九十九下、《新唐書》卷二百十九、《唐會要》卷九十六均作以其首領為都督，中國置長史，就其部落監領之。據此，仍當以「長史」為是。㉔吐屯　突厥官名，掌從屬國之事。㉕任雅　兩《唐書．渤海靺鞨傳》皆作「任雅相」。㉖質子　人質。古代派往他國作抵押的人多為王子或世子，故稱之為質子。㉗掃地無遺　意即亡國滅種。㉘為怨為仇。㉙召　召門藝。㉚間道來奔　從小路來投奔唐朝。㉛鴻臚少卿　官名，唐制，鴻臚寺少卿二人，協助鴻臚卿掌賓客及凶儀之事。㉜李道邃　魯王靈夔之孫。傳見《舊唐書》卷六十四、《新唐書》卷七十九。㉝源復　見《新唐書》卷七十五上〈宰相世系表五上〉及卷二百十九〈渤海傳〉。㉞四夷　原指東夷、西戎、南蠻、北狄。這裡是對周邊少數民族的泛稱。㉟威信　威望誠信。㊱正　正面。指嚴正、義正。㊲羞　羞愧，指唐玄宗以不誠外交欺瞞小國，使大唐蒙羞。大氏兄弟內訌，大門藝因忠於唐朝而被大武藝治罪，大門藝歸附唐朝，唐朝大國應當理直氣壯提供保護，唐玄宗卻用欺詐手段搪塞，司馬光的批評是中肯的。㊳交河公主　突騎施別種蘇祿之妻。《舊唐書》卷一百九十四下作「金河公主」，而《新唐書》卷二百十五下作「交河公主」。㊴教　文體的一種，為上對下的告諭。㊵阿史那女　該公主係阿史那懷道之女。㊶經雪　經過雪季。㊷趙頤貞　定州鼓城（今河北晉州）人。事見《新唐書》卷二百〈趙冬曦傳〉、《唐御史臺精舍題名考》卷二、《唐方鎮年表》卷八。㊸嬰城自守　環城自守。

【校　記】①己巳　原作「己酉」。嚴衍《通鑑補》改作「己巳」，今從改。按，兩《唐書．玄宗紀》均作「己巳」。

【語　譯】玄宗打算立武惠妃為皇后，有人進言說：「武氏是不共戴天的仇人，怎麼可以立為國母！民間盛傳張說想藉冊立皇后立功，進而再作入朝為相的打算。況且太子不是武惠妃所生，她又自己有兒子，倘若她登上皇后的寶座，太子必然處境危險。」玄宗這才作罷。然而武惠妃在宮中的禮儀祿秩規格，完全和皇后一樣。

五月二十六日癸卯，戶部奏報，今年全國共有七百零六萬九千五百六十五戶，四千一百四十一萬九千七百一十二口人。

秋，七月，黃河南北發大水，被淹死的人數以千計。

八月初一日丙午，魏州報告黃河氾濫。

九月十五日己丑，玄宗任命安西副大都護、磧西節度使杜暹為同平章事。自從王孝傑收復龜茲、疏勒、于闐、焉耆四鎮，朝廷重新在龜茲設置安西都護府，派三萬唐軍戍守，百姓們深受服役之苦。在歷任安西都護中，惟有田楊名、郭元振、張嵩和杜暹都有好的政績，為人所稱道。

冬，十月十六日庚申，玄宗駕臨汝州廣成溫泉。二十五日己巳，返回皇宮。

十二月十四日丁巳，玄宗駕臨壽安，在方秀川狩獵。十九日壬戌，返回皇宮。○楊思勗討伐反叛的獠人，活捉梁大海等三千餘人，斬下首級兩萬顆後班師。

這一年，黑水靺鞨派使者入京朝見，玄宗下令在黑水靺鞨國設置黑水州，還為它設長史來鎮守。

勃海靺鞨國王大武藝認為：「黑水靺鞨進入唐朝，需從我國境內取道。以往他們到突厥請求派駐吐屯的時候，都要事先向我通報並且和我一起前往；而今他們不向我通報就請求唐朝派駐官吏，這一定是與唐朝合謀，要從腹背兩個方面來攻擊我。」於是派遣他的同母弟大門藝和舅父任雅率軍攻打黑水靺鞨。大門藝曾經作為質子在唐朝生活過，他勸諫說：「黑水靺鞨請求唐朝派駐官吏，而我們卻以這個原因攻打它，這是背叛唐朝。唐朝是個大國。從前高麗國在全盛的時期，有強兵三十多萬，它不遵從唐朝的命令，最終亡國滅種。何況我國的兵力還不及高麗國的十分之一二，一旦與唐朝結了仇怨，那就會形成亡國的態勢了。」大武藝沒有聽從，強使他出征。大門藝到達邊境時，再次以書信極力勸諫。大武藝很生氣，派他的堂兄大壹夏取代大門藝統領軍隊，並召回大門藝，想殺死他。大門藝丟下部眾，走小路前來投奔唐朝，玄宗下詔書任命他為左驍衛將軍。大武藝派使者奏上表章，列舉大門藝的罪狀，請求朝廷殺掉大門藝。玄宗祕密派大門藝前往安西，同時留下了大武藝的使者，另外派人回覆大武藝說已經把大門藝流放到嶺南了。大武藝知道了真實情況，上表說道：「大國應當向人顯示誠信，怎麼能夠做這種欺騙人的事情？」執意請求殺掉大門藝。玄宗認為鴻臚少卿李道邃和源復沒能監管好下屬官員，致使有關大門藝的情況有所洩漏，二人因此都被降職。又派大門藝暫時前往嶺南，以便回覆大武藝。

司馬光說：「帝王之所以能夠讓四方夷狄臣服，靠的是威望和誠信。大門藝因忠於朝廷而被大武藝治罪，自己歸附了唐朝天子，唐朝天子應當明察事情的曲直，獎賞大門藝而處罰大武藝，這是治理國家的原則。縱然不能討伐大武藝，也應該嚴正地告訴他大門藝無罪。如今，唐明皇的威望不能讓大武藝臣服，恩德又不能夠庇護大門藝，反而效法小人編造欺騙人的話，以致在小國面前受窘，卻歸罪於鴻臚寺官員洩漏祕密，這不也是讓人感到羞愧的事嗎！」

杜暹擔任安西都護時，突騎施交河公主派牙官趕著一千匹馬到安西來進行交易，使者向杜暹宣讀交河公主的告諭，杜暹惱怒地說道：「阿史那懷道的女兒，怎麼能向我宣讀告諭！」杜暹用杖刑處罰使者，把使者扣留下來不予遣返，那些馬匹經歷一場大雪後全被凍死了。突騎施可汗蘇祿大怒，發兵侵犯安西四鎮。正趕上杜暹返回朝廷，而由趙頤貞代理安西都護，他據城固守自保。城外的四鎮居民、牲畜和儲存的物品，都被蘇祿搶走，僅有安西城得以保存下來。後來，蘇祿聽說杜暹入朝為相，這才逐漸退了回去，不久又派使者向朝廷納貢。

十五年（丁卯　西元七二七年）

春，正月辛丑❶，涼州都督王君㚟破吐蕃於青海之西。

初，吐蕃自恃其彊，致書用敵國禮❷，辭指❸悖慢，上意常怒之。返自東封❹，張說言於上曰：「吐蕃無禮，誠宜誅夷❺，但連兵十餘年，甘、涼、河、鄯❻，不勝其弊，雖師屢捷，所得不償所亡。聞其悔過求和，願聽其款服❼，以紓❽邊人。」上曰：「俟吾與王君㚟議之。」說退，謂源乾曜曰：「君㚟勇而無謀，常思僥幸❾，若二國和親，何以為功❿！吾言必不用矣。」及君㚟入朝，果請深入討之。

去冬，吐蕃大將悉諾邏寇大斗谷⓫，進攻甘州，焚掠而去。君㚟度其兵疲，勒兵躡其後，會大雪，虜凍死者甚眾，自積石軍⓬西歸。君㚟先遣人間道入虜境，燒道旁草⓭。悉諾邏至大非川，欲休士馬，而野草皆盡，馬死過半。君㚟與秦州⓮都督張景順⓯追之，及於青海之西，乘冰而度。悉諾邏已去，破其後軍，獲其輜重羊馬萬計而還。君㚟以功遷左羽林大將軍，拜其父壽為少府監致仕。上由是益事邊功⓰。

【章　旨】以上為第三段，寫涼州都督王君㚟輕啟邊釁，唐與吐蕃交惡。

【注　釋】❶辛丑　正月二十八日。❷致書用敵國禮　遞交書信用對等國的禮節。敵，對等；匹敵。本書卷二百十一載，玄宗開元二年（西元七一四年），「吐蕃遣其大臣宗俄因矛至洮水請和，用敵國禮。」❸辭指　言辭旨意。❹返自東封　自東封返回後。❺誅夷　誅戮平定。❻甘涼河鄯　皆州名，地當今甘肅張掖、武威、和政及青海西寧、樂都一帶。❼款服　誠服。❽紓　緩解。❾僥幸　偶然獲得意外的利益。❿若二國和親二句　如果兩國和親，還靠什麼建立戰功。⓫大斗谷　即大斗拔谷。在今甘肅民樂東南。⓬積石軍　在今青海貴德西。原為靜邊鎮，儀鳳二年（西元六七七年）為軍，東有黃沙戍。⓭燒道旁草　焚燒道路兩邊的野草。⓮秦州　治所在今甘肅天水市。⓯張景順　事見《舊唐書》卷一百三〈王君㚟傳〉、卷一百九十六上〈吐蕃傳上〉、《新唐書》卷一百三十三〈王君㚟傳〉、卷二百十六〈吐蕃傳上〉。⓰益事邊功　更加致力於邊疆戰事。

【語　譯】十五年（丁卯　西元七二七年）

春，正月二十八日辛丑，涼州都督王君㚟在青海西面擊敗吐蕃。

當初，吐蕃自己仗著力量強大，向唐朝遞送文書採用對等國的禮節，詞意狂悖傲慢，玄宗的內心經常感到憤怒。從東嶽泰山封禪返京後，張說對玄宗說：「吐蕃無禮，確實應當誅戮平定，但是十餘年接連出兵，甘、涼、河、鄯等州已難以承受戰爭帶來的破壞，雖然軍隊屢屢報捷，但依然得不償失。聽說吐蕃打算悔過求和，希望您能准許他們誠心歸服，以解除邊疆百姓的痛苦。」玄宗說：「等我與王君㚟商議之後再作決定。」張說退下，對源乾曜說道：「王君㚟有勇無謀，時常想著能僥倖成功。假如兩國和親，他靠什麼建立功勞呢！我的主張必定不會被採用了。」等到王君㚟來朝，他果然請求率軍深入吐蕃境內征討。

去年冬天，吐蕃大將悉諾邏侵犯大斗谷，進攻甘州，燒殺劫掠後離去。王君㚟估計悉諾邏的軍隊已經疲乏，就率軍悄悄地尾隨在後。適逢天降大雪，吐蕃軍中被凍死的人很多，只好從積石軍向西退回去。王君㚟預先派人從偏僻小道進入敵方境內，燒光了道路兩旁的野草。悉諾邏退到大非川，打算讓士兵戰馬休息，不料這裡的野草都被燒光了，致使戰馬死去一半以上。王君㚟和秦州都督張景順率軍追擊，在青海的西邊追上了吐蕃軍，並利用湖水結冰之機渡過湖去。此時悉諾邏已經離開，他們擊敗了悉諾邏的後軍，繳獲吐蕃數以萬計的輜重和羊、馬後班師。王君㚟因功升任左羽林大將軍，朝廷還授予王君㚟的父親王壽為少府監而讓他退休。從此，玄宗更加致力於邊疆戰事。

初，洛陽人劉宗器上言，請塞汜水舊汴口，更於滎澤引河入汴❶，擢宗器為左衛率府胄曹❷。至是，新渠填塞不通，貶宗器為循州❸安懷戍主❹。命將作大匠范安及❺發河南、懷、鄭、汴、滑、衛三萬人疏舊渠❻，旬日而畢。

御史大夫崔隱甫、中丞宇文融，恐右丞相張說復用，數奏毀之，各為朋黨。

上惡之，二月乙巳❼，制說致仕，隱甫免官侍母，融出為魏州刺史。

乙卯❽，制：「諸州逃戶，先經勸農使括定按比❾後復有逃來者，隨到準❿白丁⓫例輸當年租庸，有征役者先差⓬。」

夏，五月癸酉⓭，上悉以諸子慶王潭等領州牧、刺史、都督、節度大使、大都護、經略使⓮，實不出外。

初，太宗愛晉王⓯，不使出閤，豫王⓰亦以武后少子不出閤，及自皇嗣為相王，始出閤。中宗之世，譙王⓱[1]失愛，謫居外州。溫王⓲年十七，猶居禁中。上即位，附苑城⓳為十王宅⓴，以居皇子，宦官押㉑之，就夾城參起居㉒，自是不復出閤。雖開府置官屬及領藩鎮，惟侍讀㉓時入授書，自餘王府官屬，但歲時通名、起居㉔，其藩鎮官屬，亦不通名。及諸孫浸多，又置百孫院㉕。太子亦不居東宮㉖，常在乘輿㉗所幸之別院。

上命妃嬪以下宮中育蠶，欲使之知女功㉘。丁酉㉙，夏至，賜貴近絲，人一綟㉚。

秋，七月戊寅㉛，冀州河溢。○己卯㉜，禮部尚書許文憲公蘇頲薨。

【章　旨】以上為第四段，寫張說罷相，唐玄宗在禁苑置王孫院安置皇室公子王孫，實質是禁閉宗室。

【注　釋】❶請塞汜水舊汴口二句　《舊唐書》卷四十九〈食貨志下〉載劉宗器所言治水方案，堵塞汜水舊汴河口，於下游滎澤界開梁公堰，置斗門，以通淮、汴。熒澤，當作「滎澤」，縣名，故治在今河南鄭州西北。河，黃河。汴，汴水。❷左衛率府冑曹　東宮官名，從八品下。❸循州　州名，治所在今廣東惠州東北。❹安懷戍主　唐制，兵戍長官稱主。戍主有上中下之分。上戍主正八品下，中戍主從八品下，下戍主正九品下。❺范安及　事見《舊唐書》卷八〈玄宗紀上〉、卷四十九〈食貨志下〉。❻疏舊渠　即把汜水舊汴河口重新疏通。❼乙巳　二月初二日。❽乙卯　二月十二日。❾按比　按驗排比。指審察年齡相貌，編排戶籍。❿準　依。⓫白丁　未隸兵籍的青壯年。⓬差　差遣。⓭癸酉　五月一日。⓮以諸子慶王潭等領州牧句　據《舊唐書》卷八，以慶王潭為涼州都督兼河西諸軍節度大使，忠王浚為單于大都護、朔方節度大使，棣王洽為太原冀北牧、河北諸軍節度大使，鄂王涓為幽州都督、河北節度大使，榮王滉為京兆牧、隴右節度大使，光王琚為廣州都督、五府節度大使，儀王濰為河南牧，潁王澐為安東都護、平盧軍節度大使，永王澤為荊州大都督，壽王清為益州大都督、劍南節度大使，延王洄為安西大都護、磧西節度大使，盛王沐為揚州大都督。⓯晉王　即後來的唐高宗李治，唐太宗第九子。⓰豫王　即後來的睿宗李旦。⓱譙王　唐中宗第二子李重福。⓲溫王　唐中宗第四子李重茂。⓳苑城　在朱雀街東第五街安國寺東側，十王宅即建於此。⓴十王宅　十王指慶王、忠王、棣王、鄂王、榮王、光王、儀王、潁王、永王、濟王。其後盛王、壽王、陳王、豐王、恆王、涼王就封，附入內宅，十王宅改稱作「十六宅」。㉑押　管理。㉒參起居　參拜皇上起居。猶今之請安。㉓侍讀　授課。當時引詞學工書之人入教，稱作「侍讀」。㉔通名起居　通報姓名，問候起居。㉕百孫院　在十王宅附近。華清宮中亦有十王院、百孫院。此乃唐玄宗猜忌諸王，集中監管，蓋華宅廣廈，外示恩寵，其實質是禁閉諸王。見《舊唐書》卷一百七。㉖太子亦不居東宮　唐玄宗不讓太子居東宮，而是居於自己寢宮的別院，親自監管，猜疑心所使也。唐玄宗以諸王資格發動宮廷政變，得到太子之位，又以太子之重逼迫睿宗讓位，所以猜疑心極重。㉗乘輿　皇帝車駕，代指皇帝。㉘女功　指婦女所從事的養蠶、繅絲、紡織、刺繡、縫紉等事。㉙丁酉　五月二十五日。㉚緉　量詞。唐制，絲五兩為絢，麻三斤為緉。不知絲緉關係如何，待考。㉛戊寅　七月初八日。㉜己卯　七月初九日。

【校　記】[1]譙王　據章鈺校，十二行本、乙十一行本、孔天胤本「王」下皆有「以」字。

【語　譯】當初，洛陽人劉宗器進言，請求堵住汜水舊汴口，改從熒澤引黃河水流入汴河，玄宗提升劉宗器為左衛率府冑曹。到這時，新渠淤塞不通，便將劉宗器降職為循州安懷戍主。命令將作大匠范安及調集河南府、懷州、鄭州、汴州、滑州、衛州三萬民工疏浚舊渠，十天時間就完成了工程。

御史大夫崔隱甫、御史中丞宇文融擔心右丞相張說被重新任用，屢次上奏詆毀他，他們各自結成朋黨。玄宗厭惡他們的做法，二月初二日乙巳，下詔讓張說退休，讓崔隱甫免職回家侍奉母親，把宇文融調離朝廷外任魏州刺史。

二月十二日乙卯，玄宗頒布詔令：「各州逃亡來的無戶籍的人，在經過勸農使檢查並審驗登記以後，若再有逃亡來的人，從到來之時便比照對白丁的要求應繳納當年的租庸，如遇徵發徭役則首先差遣他們。」

夏，五月初一日癸酉，玄宗讓自己的兒子慶王李潭等人全部兼任州牧、刺史、都督、節度大使、大都護、經略使各種職務，實際上不出外任職。

當初，唐太宗喜愛晉王李治，不讓他離開宮禁出任藩封，豫王李旦也因為是武后的小兒子而不離開宮禁出任藩封，直到他由皇嗣改封為相王，才開始離開宮禁出任藩封。唐中宗的時候，譙王李重福失寵，才被貶謫居住在外州。溫王李重茂年已十七，仍居住在宮禁之中。玄宗即位後，在貼近內苑城的地方營建十王的府第，讓皇子們居住，由宦官管理，皇子們到夾城來問候起居，從此不再離開宮禁出任藩封。雖然他們名義上建立府署，設置官員並兼任節度使，但只有王府的侍讀才能按時進府教書，其餘的王府官員，也只是在逢年過節時來通報姓名、問候起居，至於他們兼領的藩鎮所屬官員，甚至都不用通報姓名。等到後來皇孫漸漸增多，又設置了百孫院。太子也不在東宮居住，而是常常住在玄宗所駕臨處的別院。

玄宗命令妃嬪以下的宮女在宮中養蠶，想讓她們懂得一些繅絲、紡織、縫紉之類的事。五月二十五日丁酉，夏至，玄宗賞賜近幸貴人每人一綟絲。

秋，七月初八日戊寅，冀州境內黃河氾濫。〇初九日己卯，禮部尚書許文憲公蘇頲去世。

九月丙子❶，吐蕃大將悉諾邏恭祿及燭龍莽布支❷攻陷瓜州，執刺史田元獻❸及河西節度使王君㚟之父❹，進攻玉門軍❺。縱所虜僧使[1]歸涼州，謂君㚟曰：「將軍常以忠勇許國，何不一戰？」君㚟登城西望而泣，竟不敢出兵。

莽布支別攻常樂縣❻，縣令賈師順❼帥眾拒守。及瓜州陷，悉諾邏悉兵會攻❽之。旬餘日❾，吐蕃力盡，不能克，使人說降之，不從。吐蕃曰：「明府❿既不降，宜斂⓫城中財相贈，吾當退。」師順請脫士卒衣，悉諾邏知無財，乃引去，毀瓜州城。師順遽開門，收器械，修守備；虜果復遣精騎還，視城中，知有備，乃去。師順，岐州人也。

初，突厥默啜之彊也，迫奪鐵勒之地，故回紇、契苾、思結、渾四部度磧徙居甘、涼之間以避之。王君㚟微時⓬，往來四部⓭，為其所輕，及為河西節度使，以法繩之。四部耻怨，密遣使詣東都自訴。君㚟遽發驛奏「四部難制，潛有叛計。」上遣中使往察之，諸部竟不得直⓮。於是瀚海大都督回紇承宗⓯流瀼州⓰，渾大德⓱流吉州，賀蘭都督契苾承明流藤州⓲，盧山都督⓳思結歸國流瓊州，以回紇伏帝難為瀚海大都督。己卯⓴，貶右散騎常侍李令問㉑為撫州㉒別駕，坐其子與承宗交游故也。

丙戌㉓，突厥毗伽可汗遣其大臣梅錄啜入貢。吐蕃之寇瓜州也，遺毗伽書，欲與之俱入寇，毗伽并獻其書。上嘉之，聽於西受降城為互市，每歲齎縑帛數十萬匹就市戎馬㉔，以助軍旅，且為監牧之種㉕，由是國馬益壯焉。

閏月㉖庚子㉗，吐蕃贊普與突騎施蘇祿圍安西城，安西副大都護趙頤貞擊破之。

回紇承宗族子瀚海司馬護輸，糾合黨眾為承宗報仇。會吐蕃遣使間道詣突厥，王君㚟帥精騎邀之於肅州㉘。還，至甘州南鞏筆驛㉙，護輸伏兵突起，奪君㚟旌節，先殺其判官宋貞，剖其心曰：「始謀者汝也。」君㚟帥左右數十人力戰，自朝至晡㉚，左右盡死。護輸殺君㚟㉛，載其尸奔吐蕃，涼州兵追及之，護輸棄尸而走。

庚申㉜，車駕發東都。冬，十月[2]己卯㉝，至西京。○辛巳㉞，以左金吾衛大將軍信安王禕㉟為朔方節度等副大使。禕，恪㊱之孫也。以朔方節度使蕭嵩為河西節度等副大使。時王君㚟新敗，河、隴震駭。嵩引刑部員外郎裴寬㊲為判官，與君㚟判官牛仙客㊳俱掌軍政，人心浸安。寬，漼之從弟也㊴。仙客本鶉觚㊵小吏，以才幹軍功累遷至河西節度判官，為君㚟腹心。

嵩又奏以建康軍㊶使河北張守珪㊷為瓜州刺史，帥餘眾築故城。板幹裁立㊸，吐蕃猝至㊹，城中相顧失色㊺，莫有鬬志。守珪曰：「彼眾我寡，又瘡痍之餘，不可以矢刃相持㊻，當以奇計取勝。」乃於城上置酒作樂。虜疑其有備，不敢攻而退。守珪縱兵㊼擊之，虜敗走。守珪乃修復城市，收合流散，皆復舊業。朝廷嘉其功，以瓜州為都督府，以守珪為都督。

悉諾邏威名甚盛，蕭嵩縱反間於吐蕃，云與中國通謀，贊普召而誅之，吐蕃由是少衰。

十二月戊寅㊽，制以吐蕃為邊患，令隴右道及諸軍團兵㊾五萬六千人，河西道及諸軍團兵四萬人，又徵關中兵萬[3]人集臨洮，朔方兵萬人集會州㊿防秋，至冬初，無寇而罷；伺虜入寇，互出兵腹背擊之。○乙亥(51)，上幸驪山溫泉；丙戌(52)，還宮。

【章旨】以上為第五段，寫唐西方、北方邊境不寧，吐蕃與突厥交相侵擾。

【注釋】❶丙子　九月初七日。❷燭龍莽布支　事見《舊唐書》卷九十九〈蕭嵩傳〉、卷一百三〈王君㚟傳〉、卷一百九十六上〈吐蕃傳上〉。❸田元獻　見《新唐書》卷五〈玄宗紀〉、卷一百一〈蕭嵩傳〉、卷一百三十三〈王君㚟傳〉、卷二百十六上〈吐蕃傳上〉等。❹王君㚟之父　名壽，拜少府監，致仕，居於故鄉瓜州。❺玉門軍　在今甘肅玉門西北。❻常樂縣　屬瓜州，在今甘肅安西縣南。❼賈師順　岐州（今陝西鳳翔、岐山縣一帶）人，後官至左領軍將軍。事見《舊唐書》卷一百三

〈王君㚟傳〉、《新唐書》卷一百三十三〈王君㚟傳〉、《唐方鎮年表》卷八。❽悉兵會攻　集中全部兵力圍攻。❾旬餘日　十多天。十天為旬。❿明府　對縣令的稱呼。唐人在習慣上稱縣令為明府，亦將刺史稱為明府。⓫斂　收斂。⓬微時　未顯達的時候。⓭四部　指回紇、契苾、思結、渾。⓮直　申直；申雪。⓯回紇承宗　即回紇首領承宗。回紇，民族名。承宗，人名，回紇首領伏帝匐之子。見《舊唐書》卷一百九十五〈回紇傳〉、《新唐書》卷二百十七上〈回鶻傳上〉。⓰瀼州　治所在今廣西上思西南。⓱渾大德　渾部首領大德。⓲藤州　州名，治所在今廣西藤縣東北、北流江東岸。⓳盧山都督　其府治所在今蒙古人民共和國車車爾勒格西南。⓴己卯　九月初十日。㉑李令問　唐初名將李靖之孫。年輕時與唐玄宗友善。玄宗即位後，拜殿中少監。與誅竇懷貞，封宋國公。生活奢侈，常以遊獵自娛。傳見《舊唐書》卷六十七、《新唐書》卷九十三。㉒撫州　治所在今江西臨川區西。㉓丙戌　九月十七日。㉔戎馬　戰馬。㉕種　馬種。㉖閏月　閏九月。㉗庚子　閏九月初二日。㉘肅州　治所在今甘肅酒泉。㉙至甘州南鞏筆驛　時在閏九月二十二日。鞏筆驛，位於今甘肅張掖西南。㉚晡　申時，當今下午三至五時。㉛護輸殺君㚟　張說〈王君㚟碑〉作「薨於鞏筆亭」，不言被殺，是為諱詞。㉜庚申　閏九月二十二日。㉝己卯　十月十一日。㉞辛巳　十月十三日。㉟信安王禕　（？—西元七四三年）為政清嚴，頗有戰功。官至太子太師。傳見《舊唐書》卷七十六、《新唐書》卷八十。㊱恪　吳王恪，太宗第三子，有文武才幹，高宗時被長孫無忌誣殺。㊲裴寬　（西元六八一—七五五年）絳州聞喜（今山西聞喜東北）人，善騎射、彈棋、投壺，歷任潤州參軍、太常博士、戶部侍郎、蒲州刺史、戶部尚書等職，政尚清簡，為人所愛。傳見《舊唐書》卷一百三、《新唐書》卷一百三十。㊳牛仙客　（西元六七五—七四二年）涇州鶉觚（今甘肅靈臺）人，後任河西節度使，清勤奉公，官至宰相。傳見《舊唐書》卷一百三、《新唐書》卷一百三十三。㊴寬二句　裴寬的堂兄裴漼曾任監察御史、中書舍人、吏部侍郎，善於敷奏，官至太子賓客。㊵鶉觚　縣名，故治在今甘肅靈臺。㊶建康軍　在今甘肅高臺西南。㊷張守珪　（？—西元七三八年）陝州河北（今山西平陸）人，善騎射。歷任鄯州刺史、隴右節度使、河北節度副大使等職，曾大敗契丹，官至輔國大將軍、右羽林大將軍。傳見《舊唐書》卷一百三、《新唐書》卷一百三十三。㊸板幹裁立　築牆的夾板剛樹起來。幹，築牆時立在兩頭的木板。裁，通「才」。㊹猝至　突然到來。㊺失色　因驚恐而改變臉色。㊻相持　對抗；相拒。㊼縱兵　全線出擊。㊽戊寅　十二月十一日。㊾團兵　即團結兵，府兵制度破壞後，政府揀選家境較好、身強力壯的丁男，免除其賦稅傜役，定期進行訓練徵集，作為一種武裝力量，稱之為「團兵」或「團結兵」。㊿會州　治所在今甘肅靖遠。(51)乙亥　十二月初八日。此條應移於「戊寅」條上。(52)丙戌　十二月十九日。

【校 記】①僧使 據章鈺校，乙十一行本作「僧伽」，張敦仁《通鑑刊本識誤》作「俘使」，且云：「無注本作『僧』。」嚴衍《通鑑補》亦改作「俘使」。按，《舊唐書・王君㚟傳》作「僧徒」。②十月 原無此二字。嚴衍《通鑑補》有此二字，今從補。按，九月己亥朔，無己卯，作「十月」義長。③萬 據章鈺校，十二行本、乙十一行本「萬」上皆有「二」字。

【語 譯】九月初七日丙子，吐蕃大將悉諾邏恭祿和燭龍莽布支攻下瓜州，擒獲瓜州刺史田元獻和河西節度使王君㚟的父親，並向玉門軍發起進攻。他們釋放了所俘虜的僧人，讓僧人返回涼州，去對王君㚟說：「將軍常常自詡要以忠勇報效國家，何不前來決戰一場？」王君㚟登上城樓，望著西邊哭了起來，但終究不敢出兵。

燭龍莽布支另外還攻打了常樂縣，常樂縣令賈師順率領部眾防守抵禦。等到瓜州陷落後，悉諾邏恭祿集合全部兵力圍攻常樂城。雙方交戰十多天，吐蕃軍隊用盡全力，依然沒能攻下，於是派人遊說勸降，賈師順沒有答應。吐蕃人說：「你既然不降，就應當搜集一些城中的財物送給我們，那麼我們就會撤退。」賈師順請求脫下士兵的衣服給他們看，悉諾邏明白了城中已沒有財物，於是帶兵離去，同時毀掉了瓜州城。賈師順急忙打開城門，搜集武器，修整防禦設施。敵軍果然再次派出精銳騎兵折返，觀察城中的情況，知道城中已經有了防備，便又離開了。賈師順，是岐州人。

當初，突厥默啜強盛的時候，強奪了鐵勒的地方，所以回紇、契苾、思結、渾四個部落穿越沙漠，移居到甘州和涼州之間以躲避突厥的鋒芒。王君㚟在未顯達時，曾與這四個部落有過來往，被它們所輕視，等他當上河西節度使後，就利用法令懲治它們。這四個部落感到恥辱而心懷怨恨，祕密派使者到東都洛陽上訴。王君㚟急忙通過驛遞上奏說「這四個部落難以控制，暗中已有反叛的計畫。」玄宗派宦官前去調查，這幾個部落最終未能得到申雪。結果，瀚海大都督回紇部首領承宗被流放到瀼州，渾部首領大德被流放到吉州，賀蘭都督契苾部首領承明被流放到藤州，盧山都督思結部首領歸國被流放到瓊州，朝廷任命回紇部的伏帝難為瀚海大都督。九月初十日己卯，把右散騎常侍李令問貶謫為撫州別駕，他是因自己兒子與回紇部的承宗有交往的緣故而獲罪的。

九月十七日丙戌，突厥毗伽可汗派大臣梅錄啜入朝進貢。吐蕃在進犯瓜州時，曾給毗伽送去書信，打算與突厥一道攻打唐朝，毗伽把這封信也一併獻上，玄宗嘉獎了他，並准許突厥在西受降城進行貿易，每年還派人帶著幾十萬匹絲綢到那裡向他們換取戰馬，以增強唐軍軍力，並作為監牧機構的種馬，因此國有馬匹越來越強壯了。

閏九月初二日庚子，吐蕃贊普和突騎施蘇祿率軍圍攻安西城，安西副大都護趙頤貞打敗了他們。回紇部承宗的族子瀚海司馬護輸，糾集黨徒要為承宗報仇。適逢吐蕃派使者抄小道前往突厥，王君㚟率領精銳騎兵在肅州攔截吐蕃使者。王君㚟返回時，到達甘州南的鞏筆驛，護輸的伏兵突然殺出，奪走了王君㚟的節度使旌節，先殺了王君㚟的判官宋貞，挖出他的心說：「一開始出謀劃策的就是你。」王君㚟率領身邊的幾十個人奮力拼殺，從清晨一直戰到午後，他身邊的人全部戰死。護輸殺掉了王君㚟，用車載著他的屍體去投奔吐蕃，涼州的唐軍追上了他，護輸丟下王君㚟的屍體逃走了。

閏九月二十二日庚申，玄宗從東都洛陽出發。冬，十月十一日己卯，到達西京長安。〇十三日辛巳，玄宗任命左金吾衛大將軍信安王李禕為朔方節度等副大使。李禕，是李恪的孫子。任命朔方節度使蕭嵩為河西節度等副大使。當時王君㚟剛剛戰敗，河西、隴右地區感到震驚恐懼。蕭嵩推薦刑部員外郎裴寬擔任判官，與王君㚟的判官牛仙客一同掌管軍政，人心才逐漸安定下來。裴寬，是裴漼的堂弟。牛仙客原來是涇州鶉觚縣的小吏，憑藉才幹和軍功，一次次受提拔當上了河西節度判官，他是王君㚟的心腹。

蕭嵩又上奏玄宗任命建康軍使河北人張守珪為瓜州刺史，帶領瓜州剩下來的人修築舊城。築城的夾板剛樹起來，吐蕃的軍隊突然到來，瓜州城中的人嚇得相視失色，都沒了鬥志。張守珪說：「敵眾我寡，瓜州又處在蒙受戰亂創傷之後，我們不能靠刀箭來和他們對抗，要用奇計取勝。」於是他在城樓上設酒宴作樂。敵人懷疑他已經有了準備，不敢進攻而撤退了。張守珪縱兵追擊，敵人戰敗逃走。於是張守珪修築舊城，恢復集市，搜集流亡的百姓，讓他們都恢復原有的生業。朝廷嘉獎張守珪的功勞，把瓜州設為都督府，任命張守珪為都督。

悉諾邏的聲威很盛，蕭嵩就在吐蕃施行反間計，說悉諾邏正在與朝廷結交合謀，吐蕃贊普便召回悉諾邏並把他殺了，吐蕃的勢力從此稍有衰落。

十二月十一日戊寅，玄宗頒布詔書，因吐蕃已經成為邊境的大患，命令集結隴右道以及各軍團兵五萬六千人，河西道以及各軍團兵四萬人；又徵發關中兵一萬人集結在臨洮，朔方兵一萬人集結在會州，以防備敵人在秋季入侵。到了冬初，若無敵人進犯就罷兵；若發現敵人入侵，就相互出兵配合，從腹背兩面進行攻擊。○初八日乙亥，玄宗駕臨驪山溫泉；十九日丙戌，返回皇宮。

十六年（戊辰　西元七二八年）

春，正月壬寅❶，安西副大都護趙頤貞❷敗吐蕃于曲子城。○甲寅❸，以魏州刺史宇文融為戶部侍郎兼魏州刺史，充河北道宣撫使❹。

乙卯❺，春、瀧等州❻獠陳行範、廣州獠馮璘、何遊魯❼反，陷四十餘城。行範稱帝，遊魯稱定國大將軍，璘稱南越王，欲據[1]嶺表。命內侍楊思勗發桂州及嶺北近道兵討之。

丙寅❽，以魏州刺史宇文融檢校汴州刺史，充河南北溝渠堤堰決九河❾使。融請用禹貢❿九河故道開稻田，并回易陸運錢，官收其利。興役不息，事多不就。

二月壬申⓫，以尚書右丞相致仕張說兼集賢殿學士。說雖罷政事，專文史之任，朝廷每有大事，上常遣中使⓬訪之⓭。○壬辰⓮，改彍騎為左右羽林軍飛騎⓯。

秋，七月，吐蕃大將悉末朗寇瓜州，都督張守珪擊走之。乙巳⑯，河西節度使蕭嵩、隴右節度使張忠亮⑰大破吐蕃於渴波谷⑱；忠亮追之，拔其大莫門城⑲，擒獲甚眾，焚其駱駝橋而還。

八月己巳⑳[2]，特進張說上開元大衍曆㉑，行之。

辛卯㉒，左[3]金吾將軍杜賓客破吐蕃于祁連城㉓下。時吐蕃復入寇，蕭嵩遣賓客將彊弩四千擊之。戰自辰至暮，吐蕃大潰，獲其大將一人。虜散走投山，哭聲四合。

冬，十月己卯㉔，上幸驪山溫泉；己丑㉕，還宮。

十一月癸巳㉖，以河西節度副大使蕭嵩為兵部尚書、同平章事。

十二月丙寅㉗，敕：「長征兵㉘無有還期，人情難堪㉙，宜分五番，歲遣一番還家洗沐㉚，五年酬勳五轉㉛。」

是歲，制戶籍三歲一定㉜，分為九等㉝。

楊思勗討陳行範，至瀧州，破之，擒何遊魯、馮璘。行範逃於雲際、盤遼二洞㉞，思勗追捕，竟生擒，斬之，凡斬首六萬。思勗為人嚴，偏裨㉟白事者不敢仰視，故用兵所向有功。然性忍酷㊱，所得俘虜，或生剝面皮，或以刀剺髮際，掣去頭皮；蠻夷憚之。

【章 旨】以上為第六段，唐軍大敗犯邊之吐蕃，平定嶺南獠人叛亂。唐玄宗實施戍邊軍人五年輪替制度，以及三年普查戶口一次。

【注 釋】❶壬寅 正月初五日。❷安西副大都護趙頤貞 據《舊唐書》卷一百九十四下所載，在趙頤貞之前，杜暹為安西都護。杜暹入知政事，趙頤貞代為安西都護。《新唐書》卷二百十五下亦云杜暹入朝當政，「趙頤貞代為都護」。《舊唐書》卷八、《新唐書》卷五皆云趙頤貞為安西副大都護，與《通鑑》相符。趙頤貞，趙冬曦之弟，擢進士第。❸甲寅 正月十七日。❹宣撫使 使職名稱。唐政府派朝臣巡視經過戰爭或受過災害的地區，稱之為宣撫使。宣撫使之號始於此。❺乙卯 正月十八日。❻春瀧等州 地當今廣東羅定、陽春一帶。❼陳行範廣州獠馮璘何遊魯 皆獠人首領。事見《舊唐書》卷八〈玄宗紀上〉、卷一百八十四〈楊思勗傳〉、《新唐書》卷二百七〈楊思勗傳〉。❽丙寅 正月二十九日。❾九河 黃河自孟津以下的九條支流。據《爾雅・釋水》，九河為徒駭、太史、馬頰、覆釜、胡蘇、簡水、潔水、鉤盤、鬲津。古道湮廢已久，位置不詳。❿禹貢 《尚書》篇名，作者不詳。為我國最早的地理著作，對黃河流域的山川、土壤、物產、貢賦、交通等記述較詳。⓫壬申 二月六日。⓬中使 宮中派出的使者，多由宦官充任。⓭訪之 諮詢於張說。表明唐玄宗十分敬重張說。⓮壬辰 二月二十六日。⓯改彍騎為左右羽林軍飛騎 開元十三年（西元七二五年）改長從宿衛為彍騎，今又改為左右羽林軍飛騎。⓰乙巳 七月十一日。⓱張忠亮 《舊唐書》卷八、卷九十九、《新唐書》卷五、卷一百一、卷二百十六上皆作「張志亮」，惟《舊唐書・吐蕃傳》作「張忠亮」。待考。⓲渴波谷 在青海湖西。⓳大莫門城 在今青海共和東南。⓴己巳 八月初六日。㉑開元大衍曆 即《大衍曆》。曆法名，開元九年，僧人一行奉詔作新曆，十五年曆成，一行病死。至此，張說進上新曆。因一行立法，依據《易》象大衍之數，故名《大衍曆》。又因該曆修於開元年間，所以亦名《開元大衍曆》。㉒辛卯 八月二十八日。㉓祁連城 在今甘肅民樂東南。㉔己卯 十月十七日。㉕己丑 十月二十七日。㉖癸巳 十一月初一日。㉗丙寅 十二月初五日。㉘長征兵 即所謂長征健兒。指長期在軍、守捉、鎮、戍服役的官兵。㉙難堪 難以承受。㉚洗沐 沐浴。這裡指休息、休整。㉛五年酬勳五轉 唐制，勳官十二轉，以轉數多少區分地位的高低。一轉武騎尉，視從七品。二轉雲騎尉，視正七品。三轉飛騎尉，視從六品。四轉驍騎尉，視正六品。五轉騎都尉，視從五品。六轉上騎都尉，視正五品。七轉輕車都尉，視從四品。八轉上輕車都尉，視正四品。九轉護軍，視從三品。十轉上護軍，視正三品。十一轉柱國，視從二品。十二轉上柱國，視正二品。㉜戶籍三歲一定　唐高祖武德六年（西元六二三年）即有此令，但未能很好執行。此後，戶籍管理制度趨於完備。《唐會要》卷八十五載：戶籍三年一造，起正月上旬。縣司責手實計帳，赴州依式勘造。鄉別為卷，總寫三份，其縫皆注某州某縣某年籍。州名用州印，縣名用縣印。三月三十日修畢。裝訂三份，一份送交尚書省，州、縣各留一份。㉝分為九等　在造戶籍之前，根據資產多少將每家每戶分為不同的等級，自上上至下下凡九等。㉞雲際盤遼二洞　在今廣東羅定西南。㉟偏裨　偏將與裨將。泛指將佐。㊱忍酷　兇忍殘酷。

【校記】1據　嚴衍《通鑑補》改作「分」。2己巳　原作「乙巳」。嚴衍《通鑑補》改作「己巳」，今據以校正。按，八月甲子朔，無乙巳。3左　據章鈺校，十二行本、乙十一行本、孔天胤本皆作「右」，張敦仁《通鑑刊本識誤》同。

【語譯】十六年（戊辰　西元七二八年）

春，正月初五日壬寅，安西副大都護趙頤貞在曲子城打敗吐蕃。○十七日甲寅，玄宗任命魏州刺史宇文融為戶部侍郎兼魏州刺史，充任河北道宣撫使。

正月十八日乙卯，春州、瀧州等地的獠人陳行範和廣州獠人馮璘、何遊魯反叛，攻陷四十餘城。陳行範稱皇帝，何遊魯稱定國大將軍，馮璘稱南越王，他們想佔據嶺南地區。玄宗命令內侍楊思勗調發桂州和嶺北附近各道的軍隊討伐他們。

正月二十九日丙寅，玄宗任命魏州刺史宇文融為檢校汴州刺史，充任黃河南北溝渠堤堰決九河使。宇文融請求利用〈禹貢〉所載九條河流的故道開墾稻田，並且折換從陸路運輸的費用，這樣官方可以從中獲得好處。宇文融不停地徵發勞役，但是事情大多沒有做成功。

二月初六日壬申，玄宗任命以尚書右丞相退休的張說兼任集賢殿學士。張說雖然不再參與政務，專門掌理文史之事，但是每當朝廷有了大事，玄宗常常派中使去徵詢他的意見。○二十六日壬辰，朝廷把彍騎改名為左右羽林軍飛騎。

秋，七月，吐蕃大將悉末朗侵犯瓜州，都督張守珪擊退了他們。十一日乙巳，河西節度使蕭嵩和隴右節度使張忠亮在渴波谷大敗吐蕃軍隊，張忠亮乘勝追擊，攻下了吐蕃的大莫門城，抓獲的人數量眾多，唐軍焚毀了那裡的駱駝橋後返回。

八月初六日己巳，特進張說獻上《開元大衍曆》，玄宗命令頒行。

八月二十八日辛卯，左金吾將軍杜賓客在祁連城下打敗了吐蕃軍隊。當時，吐蕃再次進犯，蕭嵩派杜賓客率領四千名強弩手出擊。戰鬥從清晨直至黃昏，吐蕃軍隊大敗，唐軍擒獲吐蕃大將一名。敵人四散逃走而進入山中，哭喊聲從四處傳來。

冬，十月十七日己卯，玄宗駕臨驪山溫泉；二十七日己丑，返回皇宮。

十一月初一日癸巳，玄宗任命河西節度副大使蕭嵩為兵部尚書、同平章事。

十二月初五日丙寅，玄宗頒布敕令：「長期在外服役的士兵沒有返鄉的日期，這是人的感情所難以承受的，應該把這些士兵分成五批，每年派一批回家休整，五年間遷轉勳級五次。」

這一年，下詔命令戶籍三年核定一次，把戶口分成九等。

楊思勗討伐陳行範，進軍至瀧州，擊敗了陳行範，並擒獲何遊魯、馮璘二人。陳行範逃往雲際、盤遼二洞，楊思勗率軍追捕，最終活捉了陳行範，將他斬首。這次征討總共斬首六萬人。楊思勗為人嚴厲，屬下的副將報告事情不敢抬頭看他，因此用兵打仗到哪裡都能立下功績。然而他生性殘忍冷酷，所捉到的俘虜，有的被活生生地剝去臉皮，有的用刀剖開頭髮的邊際，掀去頭皮，蠻夷都畏懼他。

十七年（己巳　西元七二九年）

春，二月丁卯❶，巂州都督張審素❷[1]破西南蠻，拔昆明❸及鹽城❹，殺獲萬人。

三月，瓜州都督張守珪、沙州刺史賈師順擊吐蕃大同軍，大破之。

甲寅❺，朔方節度使信安王禕攻吐蕃石堡城❻，拔之。初，吐蕃陷石堡城，留兵據之，侵擾河右，上命禕與河西、隴右同議攻取。諸將咸以為石堡據險而道遠，攻之不克，將無以自還，且宜按兵觀釁❼。禕不聽，引兵深入，急攻拔之，仍[2]分兵據守要害❽，令虜不得前。自是河隴諸軍遊弈❾，拓境千餘里。上聞，大悅，更命石堡城曰振武軍❿。

丙辰⓫，國子祭酒楊瑒⓬上言，以為「省司奏限天下明經、進士及第，每年不過百人。竊見流外出身⓭，每歲二千餘人，而明經、進士不能居其什一，則是服勤道業⓮之士不如胥史⓯之得仕也。臣恐儒風浸墜，廉恥日衰。若以出身人太多，則應諸色⓰裁損，不應獨抑明經、進士也。」又奏「主[3]司帖試明經⓱，不務求述作大指⓲，專取難知，問以孤經絕句⓳或年月日。請自今並帖平文⓴。」上甚然之。

夏，四月庚午㉑，禘于太廟。唐初，祫則序昭穆，禘則各祀於其室。至是，太常少卿韋縚㉒等奏「如此，禘與常饗不異。請禘祫皆序昭穆。」從之。縚，安石㉓之兄子也。

五月壬辰㉔，復置十道及京、都兩畿按察使㉕。

初，張說、張嘉貞、李元紘、杜暹相繼為相用事，源乾曜以清謹自守，常讓事於說等，唯諾署名而已。元紘、暹議事多異同㉖，遂有隙，更相奏列。上不悅。

六月甲戌㉗，貶黃門侍郎、同平章事杜暹荊州長史，中書侍郎、同平章事李元紘曹州㉘刺史，罷乾曜兼侍中，止為左丞相㉙；以戶部侍郎宇文融為黃門侍郎，兵部侍郎裴光庭為中書侍郎，並同平章事；蕭嵩兼中書令，遙領河西㉚。

開府㉛王毛仲與龍武將軍葛福順為昏。毛仲為上所信任，言無不從，故北門諸將多附之，進退唯其指使。吏部侍郎齊澣乘間言於上曰：「福順典禁兵㉜，不宜與毛仲為昏。毛仲小人，寵過則生姦，不早為之所㉝，恐成後患。」上悅曰：「知卿忠誠，朕徐思其宜。」澣曰：「君不密則失臣㉞，願陛下密之。」會大理丞麻察㉟坐事左遷興州㊱別駕，澣素與察善，出城餞之，因道禁中諫語。察性輕險，遽奏之。上怒，召澣責之曰：「卿疑朕不密，而以語麻察，詎㊲為密邪？且察素無行㊳，卿豈不知邪？」澣頓首謝。秋，七月丁巳㊴，下制：「澣、察交構㊵將相，離間君臣，澣可高州良德㊶丞，察可潯州皇化㊷尉。」

【章旨】以上為第七段，寫齊澣食言，麻察賣友，險詖小人，雙雙遭斥逐。

【注釋】❶丁卯　二月初六日。❷張審素　河中解（今山西運城西南）人，被誣殺。❸昆明　縣名，縣治在今四川鹽源。❹鹽城　在當時昆明境內。其地有鹽有鐵，築城護衛，遂有鹽城之稱。❺甲寅　三月二十四日。❻石堡城　在今青海湟中西。一說在今甘肅卓尼西羊巴城。❼按兵觀釁　按兵不動，觀察戰機。釁，破綻；瑕隙。❽要害　要衝；要地。❾遊弈　四出巡邏。❿更命石堡城曰振武軍　據《唐會要》卷七十八，時在四月，非三月之事。⓫丙辰　三月二十六日。⓬楊瑒　（約西元六六八－七三五年）字瑤光，華州華陰（今陝西華陰）人，曾任麟遊縣令、侍御史、戶部侍郎等職，官至左散騎常侍。傳見《舊唐書》卷一百八十五下、《新唐書》卷一百三十。⓭流外出身　由流外官入流為職事官的稱流外出身。正途入仕有科舉、門蔭、勳官通過納資或番上獲取散官，然後參加銓選授官。佐史、胥史、六品以下中低級官員未入仕的子弟，以至庶民，參加流外銓選取得入仕資格叫流外出身。流外官也有專門機構主持銓選。⓮服勤道業　勤勉研習儒術。⓯胥史　官府中辦理文書的小吏。⓰諸色　各科。⓱帖試明經　唐制，明經考試以帖經為主。所謂帖經，即掩蓋所習經的兩端，中間只留一行，裁紙為帖，每帖三字，隨時增損，根據對答情況評分。⓲大指　指經文的主題、精義。⓳孤經絕句　指孤立的經文、沒有上下文的句子。⓴平文　平常誦讀的經文。平，意即難度適中。此指常見的經文要列為考試內容。㉑庚午　四月初十日。㉒韋縚　宰相韋安石之姪。曾任集賢院修撰、光祿卿，官至太子少師。傳見《新唐書》卷一百二十二。㉓安石　韋安石，韋縚叔父，相武則天、唐中宗、唐睿宗三朝。㉔壬辰　五月初三日。㉕復置十道及京都兩畿按察使　開元十二年停諸道按察使，至今恢復。雍、同、華、商、岐、邠為京畿，洛、汝為都畿。㉖異同　意為意見不一。「同」字在此無實意。㉗甲戌　六月十五日。㉘曹州　州名，治所在今山東曹縣西北。㉙止為左丞相　意即罷去宰相之職，專門管理尚書省事務。左丞相雖有丞相之名，而無丞相之實。止，只；僅。左丞相，即左僕射。開元元年（西元七一三年）十二月一日改尚書左、右僕射為左、右丞相。㉚遙領河西　遙領河西節度使。㉛開府　官名，即開府儀同三司。㉜禁兵　此處禁兵指萬騎而言。㉝不早為之所　不早點做出妥善安置。㉞君不密則失臣　語出《易經．大傳》。意思是說，如果君王不能保守祕密，就會失去進諫的臣子。㉟麻察　河東（今山西永濟一帶）人，曾任殿中侍御史等職。傳見《新唐書》卷一百二十八。㊱興州　州名，治所在今陝西略陽。㊲詎　難道。㊳無行　無善行。㊴丁巳　七月二十九日。㊵交構　播弄是非。㊶良德　縣名，縣治在今廣東高州東北。㊷皇化　縣名，故治在今廣西桂平東北。

【校　記】 ①張審素　原作「張守素」。嚴衍《通鑑補》改作「張審素」，今從改。按，兩《唐書・玄宗紀》、〈孝友・張琇傳〉亦作「張審素」。②仍　原作「乃」。據章鈺校，十二行本、乙十一行本、孔天胤本皆作「仍」，張瑛《通鑑校勘記》同，今據改。③主　原作「諸」。據章鈺校，十二行本、乙十一行本、孔天胤本皆作「主」，張敦仁《通鑑刊本識誤》同，今據改。按，《舊唐書・良吏・楊瑒傳》載：「竊見今之舉明經者，主司不詳其述作之意。」

【語　譯】 十七年（己巳　西元七二九年）

春，二月初六日丁卯，巂州都督張審素擊敗西南蠻，攻下昆明和鹽城，斬殺、俘獲敵人達一萬名。

三月，瓜州都督張守珪、沙州刺史賈師順攻打吐蕃大同軍，把他們打得大敗。

三月二十四日甲寅，朔方節度使信安王李禕攻打吐蕃的石堡城，攻下了此城。當初，吐蕃攻陷石堡城，留下兵馬佔據了它，進犯騷擾黃河以西地區，玄宗命令李禕與河西、隴右的將領一同商討攻取石堡城。各位將領都認為石堡城依憑險要地勢，而且路途遙遠，如果攻不下來，自己將無法返回，應當暫且按兵不動，觀察戰機。李禕沒有聽從他們的意見，率軍深入，發動猛攻，攻下了石堡城，於是分兵據守要害之地，使敵人無法前進。從此，河西、隴右各部唐軍得以四出巡邏，開拓疆域一千餘里。玄宗獲悉這一消息，極為高興，把石堡城改名為振武軍。

三月二十六日丙辰，國子祭酒楊瑒進言，認為「根據省司呈奏，限定全國考中明經、進士科的人數每年不超過一百名。我私下見到，流外出身的官吏，每年有兩千多人，而考中明經、進士的人還不能佔到這一人數的十分之一。這樣下去，勤勉研習儒家經典的士人反而不如辦理文書的小官吏得以進入仕途。我擔心儒學傳統會因此而逐漸喪失，廉恥的觀念會日益衰減。如果因為各種出身為官的人太多，就應當各科人員都予以裁減，而不應當獨獨壓制明經、進士科的人員。」他又上奏說「主考官採用帖經方式考試經義，不是努力去探求經典本身的主題和精義，而是專門選取難以明瞭的內容，用孤立的經文、沒有上下文的句子或年月日來考問人。請求從今以後帖經考問的應是平常誦讀的經文。」玄宗認為他說得很對。

夏，四月初十日庚午，玄宗在太廟禘祭祖先。唐朝初期，皇帝在太廟舉行祫祭時，要按照左昭右穆的次序，舉行禘祭則是在供奉各位祖先的神主室中分別進行。至此，太常少卿韋縚等人上奏「如此祭祀，禘祭與平時的祭祀沒有區別。請求舉行禘祭、祫祭時都要按照左昭右穆的次序。」玄宗採納了他們的建議。韋縚，是韋安石哥哥的兒子。

五月初三日壬辰，朝廷再次設置十道按察使及京、都兩畿按察使。

當初，張說、張嘉貞、李元紘、杜暹相繼擔任宰相當權，源乾曜信守清廉謹慎的原則，遇事常常讓張說等人去決策，他自己只是署個名表示同意罷了。李元紘、杜暹議事時意見經常不同，於是產生了嫌隙，便輪流向玄宗上奏陳述。玄宗對此很不高興。六月十五日甲戌，玄宗把黃門侍郎、同平章事杜暹貶為荊州長史，把中書侍郎、同平章事李元紘貶為曹州刺史，罷免了源乾曜兼任的侍中之職，只讓他擔任左丞相；任命戶部侍郎宇文融為黃門侍郎，兵部侍郎裴光庭為中書侍郎，一起出任同平章事；任命蕭嵩兼任中書令，遙領河西節度使。

開府王毛仲與龍武將軍葛福順結成親家。王毛仲受到玄宗的信任，玄宗對他言無不從，所以北門羽林軍的將領們多攀附他，行動上只聽他的指揮。吏部侍郎齊澣尋找機會向玄宗說：「葛福順掌管禁軍，不適宜與王毛仲結成親家。王毛仲是個小人，對他寵信過分，他就會心生奸邪，如果不及早做出妥善安排，恐怕他會成為後患。」玄宗高興地說：「我知道你是忠誠的，我會慢慢考慮一個合適的辦法。」齊澣說：「君主如果不能保守祕密就會失去進諫的臣子，希望陛下對我講的話保守祕密。」適逢大理丞麻察因事獲罪被貶為興州別駕，齊澣平時與麻察關係很好，出城給他餞行，順便談起在宮中向玄宗進諫的話。麻察生性輕浮險惡，立即上奏此事。玄宗很生氣，召見了齊澣，斥責他說道：「你疑心我不能保密，自己卻把事情對麻察說了，難道這是保密嗎？況且麻察一向沒有善行，你難道就不知道嗎？」齊澣磕頭請罪。秋，七月二十九日丁巳，玄宗頒布詔令：「齊澣、麻察兩人在將相間播弄是非，離間君臣關係。准予把齊澣貶為高州良德縣丞，把麻察貶為潯州皇化縣尉。」

八月癸亥❶，上以生日宴百官於花萼樓❷下。左丞相乾曜、右丞相說帥百官上表，請以每歲八月五日為千秋節❸，布於天下，咸令宴樂。尋又移社就千秋節❹。

庚辰，工部尚書張嘉貞薨❺。嘉貞不營家產，有勸其市❻田宅者，嘉貞曰：「吾貴為將相，何憂寒餒！若其獲罪，雖有田宅，亦無所用。比見朝士廣占良田，身沒之日❼，適❽足為無賴子弟酒色之資❾，吾不取也。」聞者是之❿。

辛巳⓫，敕以人間⓬多盜鑄錢，始禁私賣銅鉛錫⓭及以銅為器皿，其采銅鉛錫者，官為市取。

宇文融性精敏，應對辯給⓮，以治財賦得幸於上，始廣置諸使⓯，競為聚斂，由是百官浸失其職而上心益侈⓰，百姓皆怨苦之。為人疏躁⓱多言，好自矜伐⓲，在相位，謂人曰：「使吾居此數月，則海內無事⓳矣。」信安王禕，以軍功有寵於上⓴，融疾之。禕入朝，融使御史李寅㉑彈之，泄於所親。禕聞之，先以白上㉒。明日，寅奏果入，上怒，九月壬子㉓，融坐貶汝州刺史，凡為相百日㉔而罷。是後言財利以取貴仕㉕者，皆祖於融。

冬，十月戊午㉖朔，日有食之，不盡如鉤。

宇文融既得罪，國用㉗不足，上復思之，謂裴光庭等[1]曰：「卿等皆言融之惡，朕既黜之矣，今國用不足，將若之何！卿等何以佐朕？」光庭等懼不能對。會有飛狀㉘告融贓賄事，又貶平樂㉙尉。至嶺外歲餘，司農少卿蔣岑奏融在汴州隱沒㉚官錢鉅萬㉛計，制窮治其事，融坐流巖州㉜，道卒㉝。

十一月辛卯㉞，上行謁橋、定、獻、昭、乾五陵㉟。戊申㊱，還宮，赦天下，百姓今年地稅㊲悉蠲㊳其半。

十二月辛酉㊴，上幸新豐溫泉㊵。壬申㊶，還宮。

【章旨】以上為第八段，寫宇文融為相，始開聚斂之風。

【注釋】❶癸亥　八月初五日。❷花萼樓　即興慶宮中的花萼相輝樓。❸千秋節　千秋萬歲節，取福壽綿長之意。後改千秋節為天長節。❹移社就千秋節　把社日移到千秋節，即八月初五日。社日是古代祭祀土神的日子。自古以來，皆以立春、立秋後的第五個戊日為社日。❺庚辰二句　庚辰為八月二十二日。關於張嘉貞死的時間，《舊唐書》卷八〈玄宗紀上〉云：「秋七月辛丑，工部尚書張嘉貞卒。」七月辛丑即七月十三日，與《通鑑》所載不同。❻市　購買。❼身沒之日　猶身死之後。❽適　恰巧。❾資　資本；資財。❿聞者是之　聽到這話的人認為他說得對。⓫辛巳　八月二十三日。⓬人間　即民間。⓭禁私賣銅鉛錫　私鑄者以銅、鉛、錫作為鑄錢原料，故禁私賣旨在制止私鑄貨幣的活動。⓮應對辯給　對答敏捷巧妙。辯給，能言善辯。⓯廣置諸使　指宇文融在各道置勸農判官、勸農使，檢括戶口，徵服賦稅。⓰益侈　更加奢侈。⓱疏躁　空疏浮躁。⓲好自矜伐　喜歡自我誇耀。⓳海內無事　天下太平。⓴以軍功有寵於上　所謂軍功，即三月攻取吐蕃石堡城。㉑李寅　兩《唐書・宇文融傳》皆作「李宙」。待考。㉒先以白上　先將宇文融使李寅彈劾他的事報告皇帝。㉓壬子　九月二十五日。㉔凡為相百日　宇文融六月十五日入相，至此歷時九十九日。㉕貴仕　顯貴職位。㉖戊午　十月初一日。㉗國用　國家的經費。㉘飛狀　飛書，猶匿名信。㉙平樂　縣名，縣治在今廣西平樂西平樂溪北岸。㉚隱沒　隱匿吞沒，猶貪汙。㉛鉅萬　萬萬。「鉅」為「巨」的異體字。㉜巖州　唐高宗調露二年（西元六八〇年）分橫、貴二州設置，治所在今廣西貴港市西南。㉝道卒　死於途中。㉞辛卯　十一月初五日。㉟謁橋定獻昭乾五陵　其順序自東向西，以陵墓所在位置為定。又謁五陵並非一日之事。據兩《唐書・玄宗紀》，十一月五日為離開京師的時間。十日拜橋陵。十二日拜定陵。十三日拜獻陵。十六日拜昭陵。十九日拜乾陵。橋陵，唐睿宗陵。定陵，唐中宗陵。獻陵，唐高祖陵。昭陵，唐太宗陵。乾陵，唐高宗陵。㊱戊申　十一月二十二日。㊲地稅　又名義倉稅。始於貞觀二年（西元六二八年），畝稅二升，以備凶年。本為濟荒，後被官府挪用，性質發生變化，成為正稅之一。㊳蠲　免除。㊴辛酉　十二月初五日。㊵新豐溫泉　即驪山溫泉。驪山位於新豐（今陝西臨潼）縣境。㊶壬申　十二月十六日。

【校記】①等　原無此字。據章鈺校，十二行本、乙十一行本皆有此字，張敦仁《通鑑刊本識誤》同，今據補。按，後文言「光庭等懼不能對。」當非裴光庭一人也。

【語譯】八月初五日癸亥，玄宗因是自己的生日，在花萼樓下設宴款待百官。左丞相源乾曜、右丞相張說帶領百官上表，請求把每年的八月五日作為千秋節，布告天下，讓老百姓都設宴作樂。不久，又把祭祀土地神的日子也移到千秋節那天。

八月二十二日庚辰，工部尚書張嘉貞去世。張嘉貞不置辦家產，有人勸他購買田地宅院，他說：「我地位顯貴居於將相之職，何需憂慮飢寒！如果我被判有罪，即使擁有田地宅院，也沒有什麼用處。近來我見朝廷士大夫廣佔良田，但身死之後，這些正好成為無賴子弟的酒肉、聲色的資財，我是不會採取他們的做法的。」聽到這番話的人都認為他說得對。

八月二十三日辛巳，玄宗頒布敕命，由於民間有很多人私自鑄造錢幣，開始禁止私自出售銅鉛錫以及用銅製作器皿，那些採掘的銅鉛錫，由官府收購。

宇文融生性精明機敏，應答敏捷善辯，因治理財政賦稅而得到玄宗的寵信，於是開始在各道廣泛設置各種使臣，競相徵收錢物，從此百官逐漸失職，而玄宗之心也越來越奢侈，百姓都心懷怨恨而深感到困苦。宇文融為人空疏浮躁，多嘴多舌，喜歡自我誇耀，他擔任宰相時，曾對人說：「假使我在這個職位上能待上幾個月，那麼天下就太平無事了。」信安王李禕因為軍功而受到玄宗的寵信，宇文融對他心懷嫉妒。李禕進京朝見，宇文融指使御史李寅彈劾李禕，他還把這件事洩露給了他親近的人。李禕獲悉這一消息，搶先將事情向玄宗稟報。第二天，李寅的奏表果然送入朝廷。玄宗大怒，九月二十五日壬子，宇文融獲罪被貶為汝州刺史，他擔任宰相總共僅一百天就被罷免。此後，通過談論搜刮財利而取得顯貴職位的人，都是效法宇文融的。

冬，十月初一日戊午，發生日蝕，太陽沒有被完全遮住，形狀像一個彎鉤。

宇文融獲罪以後，國家的經費不夠了，玄宗又想起了他，便對裴光庭等人說道：「你們都說宇文融有惡行，我已經貶了他的職；現在國家的經費不夠，這將怎麼辦呢！你們拿什麼辦法來輔佐我？」裴光庭等人心生恐懼不能回答。恰好有匿名狀子告發宇文融貪贓受賄的事情，就又把宇文融貶為平樂縣尉。宇文融抵達嶺外一年多，司農少卿蔣岑上奏，舉報宇文融在汴州隱匿吞沒了億萬的官錢，玄宗下詔徹底追查此事，宇文融因此獲罪被流放巖州，在路上死去。

十一月初五日辛卯，玄宗出行拜謁橋陵、定陵、獻陵、昭陵、乾陵等五陵。二十二日戊申，返回皇宮，大赦天下，下令百姓今年的地稅全部免去一半。

十二月初五日辛酉，玄宗駕臨新豐縣驪山溫泉。十六日壬申，返回皇宮。

十八年（庚午　西元七三〇年）

春，正月辛卯❶，以裴光庭為侍中。

二月癸酉❷，初令百官於春月旬休❸，選勝行樂❹，自宰相至員外郎，凡十二筵❺，各賜錢五千緡。上或御花萼樓邀其歸騎❻留飲，迭使起舞，盡歡而去。

三月丁酉❼，復給京官職田❽。

夏，四月丁卯❾，築西京外郭❿，九旬而畢。

乙丑⓫，以裴光庭兼吏部尚書。先是，選司注⓬官，惟視其人之能否⓭，或不次超遷⓮。或老於下位，有出身⓯二十餘年不得祿⓰者。又，州縣亦無等級⓱，或自大入小，或初近[1]後遠，皆無定制。光庭始奏用循資格⓲，各以罷官若干選而集⓳。官高者選少，卑者選多，無問能否，選滿即[2]注⓴，限年躡級㉑，毋得踰㉒越，非負譴㉓者，皆有升無降。其庸愚沈滯㉔者皆喜，謂之「聖書」㉕，而才俊之士無不怨歎。宋璟爭之不能得。光庭又令流外行署亦過門下省審㉖。

五月，吐蕃遣使致書於境上求和。

初，契丹王李邵固遣可突干入貢，同平章事李元紘不禮焉。左丞相張說謂人曰：「奚、契丹必叛。可突干狡而很㉗，專其國政久矣，人心附之。今失其心，必不來矣。」己酉㉘，可突干弒邵固，帥其國人并脅奚眾叛降突厥，奚王李魯蘇及其妻韋氏、邵固妻陳氏皆來奔㉙。制幽州長史趙含章㉚討之，又命中書舍人裴寬、給事中薛侃等於關內、河東、河南、北分道募勇士。六月丙子㉛，以單于大都護忠王浚㉜領河北道行軍元帥，以御史大夫李朝隱、京兆尹裴伷先副之，帥十八總管以討奚、契丹。命浚與百官相見於光順門㉝。張說退，謂學士㉞孫逖㉟、韋述曰：「吾嘗觀太宗畫像，雅類㊱忠王，此社稷之福也。」可突干寇平盧㊲，先鋒使張掖烏承玼㊳破之於捺祿山。○壬午㊴，洛水溢，溺東都千餘家。

秋，九月丁巳㊵，以忠王浚兼河東道元帥，然竟不行。

吐蕃兵數敗而懼，乃求和親。忠王友㊶皇甫惟明㊷因奏事從容言和親之利。上曰：「贊普嘗遺吾書悖慢㊸，此何可捨？」對曰：「贊普當開元之初，年尚幼穉㊹，安能為此書！殆㊺邊將詐為之，欲以激怒陛下耳。夫邊境有事，則將吏得以因緣盜匿㊻官物㊼，妄述功狀㊽以取勳爵㊾，此皆姦臣之利，非國家之福也。兵連不解，日費千金，河西、隴右由茲㊿困敝。陛下誠命一使往視公主(51)，因與贊普面相約結(52)，使之稽顙(53)稱臣，永息邊患，豈非御夷狄之長策乎！」上悅，命惟明與內侍張元方(54)使于吐蕃。

贊普大喜，悉出貞觀以來所得敕書以示惟明。冬，十月，遣其大臣論名悉獵隨惟明入貢，表稱：「甥世尚公主，義同一家。中間張玄表(55)等先興兵寇鈔，遂使二境交惡。甥深識(56)尊卑，安敢失禮！正為邊將交構，致獲罪於舅。屢遣使者入朝，皆為邊將所遏(57)。今蒙遠降使臣，來視公主，甥不勝喜荷(58)。儻使復修舊好，死無所恨！」自是吐蕃復款附。

庚寅(59)，上幸鳳泉湯，癸卯(60)，還京師。○甲寅(61)，護密(62)王羅真檀入朝，留宿衛。

【章旨】以上為第九段，寫裴光庭為吏部尚書，不重人才，論資排輩升遷官吏。唐邊防穩固，與吐蕃恢復和親，國勢達於鼎盛。

【注釋】❶辛卯　正月初六日。❷癸酉　二月十八日。❸旬休　又稱旬假。唐制，百官每十日一休假。十日為旬，故稱旬休或旬假。旬假之外，又有節令假、定省假和婚喪假。詳見《唐會要》卷八十二、《唐六典》卷二。❹選勝行樂　選擇名勝之地，遊宴行樂。❺凡十二筵　共十二桌酒席。❻歸騎　騎馬出遊歸來的官員。❼丁酉　三月十三日。❽復給京官職田　開元十年（西元七二二年）正月乙丑收職田，至是復給京官職田。❾丁卯　四月十三日。❿築西京外郭　西京長安由皇城、宮城、外郭城三部分組成。外郭城又叫羅郭城，初建於隋。唐高宗永徽五年（西元六五四年）十一月，曾徵京兆百姓四萬餘人進行增築。此次修築亦帶有補葺的性質。⓫乙丑　四月十一日。⓬注　擬注。⓭能否　賢能與否。⓮不次超遷　不依階次，破格提拔。⓯出身　獲得入仕資格。⓰祿　官祿。⓱無等級　沒有一定等級可循。此指州縣官吏而言。⓲用循資格　把資歷作為注官的標準。⓳以罷官若干選而集　按任滿罷官後經過銓選次數的多少排定次序，集中報到吏部。唐制，每歲一選，自一選至十二選，視官品高下而定。⓴選滿即注　待選期滿，即行擬注。㉑躡級　猶升級。躡，有追蹤之意。㉒踰　超越。㉓負譴　有罪受譴。㉔沈滯　沉潛淹滯。㉕謂之聖書　把裴光庭的奏摺稱為聖書。㉖省審　省察審核。㉗很　通「狠」。暴戾；兇狠。㉘己酉　五月二十六日。㉙李魯蘇及其妻韋氏邵固妻陳氏皆來奔　韋氏即東光公主，陳氏即東華公主。二人皆開元十四年出嫁。邵固被殺後，相率投奔平盧軍。㉚趙含章　事見《舊唐書》卷八〈玄宗紀上〉、卷一百三〈張守珪傳〉、卷一百九十九下〈契丹傳〉和〈奚傳〉、《元和姓纂》卷七、《唐方鎮年表》卷四等。㉛丙子　六月二十三日。㉜忠王浚　玄宗第三子，元獻皇后楊氏所生。初名嗣昇，封陝王。開元十五年正月封忠王，改名浚。後即帝位，史稱肅宗。㉝光順門　在大明宮集賢殿書院東北，為百官上書及外命婦朝皇后之所。㉞學士　指集賢書院學士。㉟孫逖　博州武水（今山東聊城西南）人，一作潞州涉縣（今河北涉縣）人，文思敏捷，尤精於詔誥。官至中書舍人。傳見《舊唐書》卷一百九十中、《新唐書》卷二百二。㊱雅類　甚似。㊲平盧　即平盧軍。開元初年，置平盧軍於營州。㊳烏承玼　字德潤，張掖（今甘肅張掖）人，沉著勇敢，頗有戰功。傳見《新唐書》卷一百三十六。㊴壬午　六月二十九日。㊵九月丁巳　九月六日。㊶友　諸王幕賓，從五品上，掌陪侍規諫。㊷皇甫惟明　（?—西元七四六年）官至播川郡太守。事見《舊唐書》卷九〈玄宗紀下〉、卷九十九〈李適之傳〉、卷一百三〈王忠嗣傳〉、卷一百九十六上〈吐蕃傳上〉等。㊸悖慢　指開元二年請用敵國禮之事。㊹贊普當開元之初二句　贊普生於神功元年（西元六九七年），開元二年（西元七一四年）方十七歲。㊺殆　大概；恐怕。㊻盜匿　盜竊匿藏。㊼官物　公物。㊽功狀　立功的事狀。㊾勳爵　功勳官爵。㊿茲　此。(51)往視公主　前去探望金城公主。(52)約結　締結盟約。(53)稽顙　古代的一種跪拜禮。屈膝下拜，以額觸地，表示極度感謝或惶恐。顙，額。(54)張元方　見《舊唐書》卷一百九十六上〈吐蕃傳上〉、《新唐書》卷二百十六上〈吐蕃傳上〉。(55)張玄表　官至安西都護。事見《舊唐書》卷一百九十六上〈吐蕃傳上〉、《新唐書》卷二百十六上〈吐蕃傳上〉。(56)識　知。(57)遏　阻。(58)喜荷　欣喜感荷。(59)庚寅　十月初九日。(60)癸卯　十月二十二日。(61)甲寅　十月壬午朔，無甲寅。十一月有之，為十一月四日。待考。(62)護密　西域國名，東拒小勃律，西臨吐火羅。在今帕米爾高原西南、興都庫什山北麓。

【校　記】①近　原作「久」。據章鈺校，十二行本、乙十一行本、孔天胤本皆作「近」，張敦仁《通鑑刊本識誤》同，嚴衍《通鑑補》亦改作「近」，今據改。②即　據章鈺校，十二行本、乙十一行本皆作「則」。

【語　譯】十八年（庚午　西元七三〇年）

春，正月初六日辛卯，玄宗任命裴光庭為侍中。

二月十八日癸酉，玄宗初次敕令百官在春季每十日一休假，選擇風景勝地遊宴行樂，從宰相到員外郎，總共設下十二桌筵席，並賞賜每人五千緡錢。玄宗有時駕臨花萼樓邀請騎馬遊罷歸來的官員留下來飲酒，讓他們輪番起舞，盡歡離去。

三月十三日丁酉，朝廷又給京官職分田。

夏，四月十三日丁卯，修築西京長安的外城，九十天後完工。

四月十一日乙丑，任命裴光庭兼任吏部尚書。在此之前，負責銓選的官署注擬官員，只看候選人員賢能與否，有的人不按階次越級提拔。也有的人總是處在低級職位上，甚至有取得入仕資格已二十多年了，還得不到領取官方俸祿的正式職位的。另外，州縣也沒有等級可循，有的人從大的地方調任到小的地方，有的人起初在近地為官，後來卻調往遠方，都沒有一定的制度規定。裴光庭開始奏請依照資歷選用官員，分別按任滿罷官後經過銓選次數的多少排定次序，集中報到吏部。官階高的銓選的次數少，官階低的銓選的次數多，不論賢能與否，銓選次數夠了就可以注擬官職，限定年限升級，不許越級提拔，只要不是有罪遭譴的，官職都有升無降。那些平庸愚鈍、沉滯下位升不上去的官員對此都十分高興，稱裴光庭的這道奏摺是「聖書」，但是那些才能出眾的士人沒有一個不埋怨歎息的。宋璟為此作過爭辯，未能達到目的。裴光庭又下令流外官代理官職也要經過門下省審核。

五月，吐蕃派使者送書信到邊境，請求和解。

當初，契丹王李邵固派可突干入朝納貢，同平章事李元紘對他不禮貌。左丞相張說對人說道：「奚族和契丹必定會反叛。可突干狡猾兇狠，獨攬契丹國政已經很久了，契丹的人心都趨附於他。如今使他心裡對我們沒有了好感，他一定不會再次來朝了。」五月二十六日己酉，可突干殺掉了李邵固，帶領契丹人並脅迫奚族民眾反叛朝廷而投降了突厥，奚王李魯蘇和他的妻子韋氏、李邵固的妻子陳氏都前來投奔朝廷。玄宗詔令幽州長史趙含章前去征討，又命令中書舍人裴寬、給事中薛侃等分別到關內道、河東道、河南道、河北道招募勇士。六月二十三日丙子，任命單于大都護忠王李浚兼任河北道行軍元帥，任命御史大夫李朝隱、京兆尹裴伷先當他的副手，率領十八個總管的兵馬去征討奚族和契丹。玄宗命令李浚到光順門與百官見面。張說回來對學士孫逖、韋述說：「我曾經看過太宗的畫像，忠王很像他，這真是國家的福分啊。」可突干侵犯平盧，唐軍先鋒使張掖人烏承玼在捺祿山擊敗了他。〇二十九日壬午，洛水氾濫，淹沒東都洛陽一千多戶人家。

秋，九月初六日丁巳，任命忠王李浚兼任河東道元帥，但最後他沒去赴任。

吐蕃軍隊幾次戰敗而有所畏懼，於是向朝廷請求和親。忠王的幕賓皇甫惟明藉奏事的機會從容論述和親的好處。玄宗說：「吐蕃贊普曾經給我寫信而言詞狂悖傲慢，這次怎麼可以放過他呢？」皇甫惟明回答說：「贊普在開元初年，年齡還小，怎麼能寫出這樣的書信！大概是邊關將領所偽造，想通過它來激怒陛下而已。一般說來，邊境有了戰事，那麼邊將吏員們就可以乘機偷盜隱匿國家的物資，還會謊報立功情況來獲得功勳和官爵，這些都是奸臣的利益所在，而不是國家的福分。戰事不斷，每日都要耗費千金，河西、隴右兩地由此困苦凋敝。陛下如果能派一位使臣前去探望金城公主，乘機與贊普當面訂約結盟，使他俯首稱臣，從此永遠消除邊境的禍患，這難道不是統治夷狄的好辦法嗎！」玄宗聽了很高興，便命令皇甫惟明和內侍張元方出使吐蕃。

吐蕃贊普大喜，把貞觀年間以來所收到的唐朝皇帝的敕書全部拿出來給皇甫惟明看。冬，十月，贊普派大臣論名悉獵隨皇甫惟明一起入朝納貢，並上表說：「外甥之國吐蕃世代娶天朝公主為妻，兩國的情誼如同一家人。在此期間，張玄表等人率先發兵侵擾搶掠，於是使得兩國邊境地區關係惡化。外甥我深知尊卑有別，怎敢失禮！正因邊將播弄是非，致使得罪了舅舅，我多次派使者入朝，均被邊將所阻遏。而今承蒙舅舅從遠方派來使臣探視公主，外甥我不勝欣喜感荷。假使能夠重新恢復舊日的友好，我死而無憾！」從此，吐蕃又誠心歸附朝廷。

十月初九日庚寅，玄宗駕臨鄜縣鳳泉湯；二十二日癸卯，返回京都長安。〇甲寅日，西域護密王羅真檀來朝，留下來充當宿衛。

十一月丁卯❶，上幸驪山溫泉❷，丁丑❸，還宮。

是歲，天下奏死罪止二十四人。

突騎施遣使入貢，上宴之於丹鳳樓❹，突厥使者預焉❺。二使爭長❻，突厥曰：

「突騎施小國，本突厥之臣，不可居我上。」突騎施曰：「今日之宴，為我設也，我不可以居其下。」上乃命設東、西幕，突厥在東，突騎施在西。

開府儀同三司⑦、內外閑廄監牧都使⑧霍國公王毛仲恃寵，驕恣日甚，上每優容⑨之。毛仲與左領軍大將軍葛福順⑩、左監門將軍唐地文⑪、左武衛將軍李守德⑫、右威衛將軍王景耀⑬、高廣濟親善，福順等倚其勢，多為不法。毛仲求兵部尚書不得，怏怏形於辭色⑭，上由是不悅。

是時，上頗寵任宦官，往往為三品將軍，門施棨戟⑮。奉使過諸州，官吏奉之惟恐不及⑯，所得賂遺，少者不減千緡。由是京城第舍[1]，郊畿田園，參半⑰皆宦[2]官矣。楊思勗、高力士尤貴幸，思勗屢將兵征討⑱，力士常居中侍衛。而毛仲視宦官貴近者若無人，甚⑲卑品者，小忤意，輒詈⑳辱如僮僕㉑。力士等皆害㉒其寵而未敢言。

會毛仲妻產子，三日，上命力士賜之酒饌㉓、金帛㉔甚厚，且授其兒五品官。力士還，上問：「毛仲喜乎？」對曰：「毛仲抱其襁中兒示臣曰：『此兒豈不堪作三品邪！』」上大怒曰：「昔誅韋氏，此賊心持兩端，朕不欲言之。今日乃敢以赤子㉕怨我！」力士因言：「北門奴㉖，官太盛㉗，相與一心，不早除之，必生大患。」上恐其黨驚懼為變。

【章　旨】以上為第十段，寫唐玄宗家奴王毛仲恃寵驕恣。

【注　釋】❶丁卯　十一月十七日。❷驪山溫泉　在今陝西西安東臨潼驪山腳下。❸丁丑　十一月二十七日。❹丹鳳樓　即丹鳳門樓，在大明宮正南門上。❺預焉　參加這次宴會。❻爭長　爭奪上座。❼開府儀同三司　唐文散官最高品級，從一品。文散官共二十九等，五品以上稱大夫，五品以下稱為郎。❽都使　猶總使。時內外十二閑、八坊、四十八監及沙苑諸牧皆歸王毛仲管理，故稱都使。❾優容　寬容；寬假。❿葛福順　初為押萬騎果毅，曾隨玄宗誅韋后，有功，升任左領軍大將軍，後貶壁州員外別駕。⓫唐地文　曾封盧龍子，受王毛仲之敗的牽連，貶振州員外別駕。⓬李守德　初名宜德，曾封成紀侯，王毛仲勢敗，被貶為嚴州員外別駕。《舊唐書》卷一百六〈王毛仲傳〉載李守德為右武衛將軍。⓭王景耀　王毛仲勢敗後，被貶為黨州員外別駕。⓮形於辭色　在言辭神色中表現出來。⓯門施棨戟　棨戟為有繒衣或油漆的木戟。唐制，國公及上護軍、護軍、帶職事三品門前皆列戟，以顯示其身分地位。⓰不及　指照顧不到。⓱參半　三分之一或一半。⓲思勗屢將兵征討　開元十年八月討梅叔焉，十一月討覃行璋，十四年二月討梁大海，十六年春又討陳行範等。⓳甚　當作「其」。⓴詈　罵。㉑如僮僕　像對待奴僕一樣。㉒害　忌恨。㉓酒饌　酒食。㉔金帛　金銀布帛。㉕赤子　初生的嬰兒。㉖北門奴　指王毛仲、李守德等人而言。均玄宗家奴。㉗官太盛　權勢太大。

【校　記】[1]第舍　原無此二字。據章鈺校，十二行本、乙十一行本、孔天胤本皆有此二字，張敦仁《通鑑刊本識誤》、張瑛《通鑑校勘記》同，今據補。[2]宦　原作「在」。據章鈺校，十二行本、乙十一行本、孔天胤本皆作「宦」，熊羅宿《胡刻資治通鑑校字記》同，今據改。

【語　譯】十一月十七日丁卯，玄宗駕臨驪山溫泉；二十七日丁丑，返回皇宮。

這一年，全國上奏判死刑的罪犯只有二十四名。

突騎施派使者入朝進貢，玄宗在丹鳳樓設宴款待這位使者，突厥使者也出席了。兩位使者爭奪上座，突厥使者說：「突騎施是小國，原本是突厥的臣屬，位次不能在我之上。」突騎施的使者說道：「今天的宴會是為我而設的，我的位次不能在他之下。」玄宗於是下令設東西兩個帳幕，突厥使者坐在東面，突騎施使者坐在西面。

開府儀同三司、內外閑廄監牧都使霍國公王毛仲依仗玄宗的寵信，日益驕橫放縱，玄宗經常寬容他。王毛仲和左領軍大將軍葛福順、左監門將軍唐地文、左武衛將軍李守德、右威衛將軍王景耀、高廣濟親近友善，葛福順等人倚仗他的權勢，幹了許多不法之事。王毛仲要求擔任兵部尚書沒能如願，在言辭神色中流露出了不痛快，玄宗因此心中很不高興。

此時，玄宗相當寵信重用宦官，往往讓他們擔任三品將軍，門前可設置棨戟作儀仗。他們奉命出使經過各州，官員們都盡力侍奉，惟恐有照顧不到的，他們所得到的別人贈送的財物，少的也不低於一千緡。因此京師的房屋館舍，城郊的田園，三分之一或一半都落到了宦官手裡。楊思勗、高力士尤其地位顯貴並得到玄宗寵信，楊思勗多次率軍出征討伐，高力士經常在禁中侍衛。而王毛仲對那些地位顯貴而且在皇上身邊的宦官視若無人，其中官品卑微的如果稍稍違逆了他的心意，他就像對奴僕一樣地辱罵他們。高力士等人對王毛仲受到玄宗的寵信內心忌恨，但是不敢說出來。

恰好遇上王毛仲的妻子生孩子，第三天，玄宗指派高力士賜給王毛仲佳釀美食、金銀絹帛，賞賜很豐厚，並且把五品官職授予他的兒子。高力士回宮，玄宗問道：「王毛仲高興嗎？」高力士回答說：「王毛仲抱著襁褓中的兒子給我看，說道：『我這兒子難道就不配做三品官嗎！』」玄宗大怒，說：「當年誅除韋氏，此賊就心懷猶豫，我本不想說這些。如今他竟敢拿剛出生的嬰兒來抱怨我！」高力士趁機說：「北門禁衛軍那些奴才，當官後權勢太大，彼此相交同心，如果不早日除掉這夥人，必然會帶來大的禍患。」但玄宗擔心王毛仲的黨羽會由於驚懼而製造變亂。

十九年（辛未　西元七三一年）

春，正月壬戌❶，下制，但述毛仲不忠怨望❷，貶瀼州❸別駕，福順、地文、守德、景耀、廣濟❹皆貶遠州別駕，毛仲四子皆貶遠州參軍❺，連坐者數十人。毛仲行至永州❻，追賜死。

自是宦官勢益盛。高力士尤為上所寵信，嘗曰：「力士上直❼，吾寢則安。」故力士多留禁中，稀至外第。四方表奏，皆先呈力士，然後奏御❽，事[1]小者力士即決之，勢傾內外。金吾大將軍程伯獻❾、少府監馮紹正與力士約❿為兄弟。力士母麥氏卒，伯獻等被髮受弔，擗踴⓫哭泣，過於己親。力士娶瀛州呂玄晤⓬女為妻，擢玄晤為少卿，子弟皆王傅⓭。呂氏卒，朝野爭致祭，自第至墓，車馬不絕。然力士小心恭恪⓮，故上終親任之。

【章　旨】以上為第十一段，寫唐玄宗寵信宦官高力士，唐宦官勢力開始滋盛。

【注　釋】❶壬戌　正月十三日。❷怨望　心懷不滿，猶怨恨。❸瀼州　州名，治所在今廣西上思西南。❹廣濟　王毛仲勢敗，高廣濟貶道州員外別駕。❺毛仲四子皆貶遠州參軍　守貞貶施州司戶參軍，守廉貶溪州司戶參軍，守慶貶鶴州司倉參軍，守道貶涪州參軍。❻永州　州名，治所在今湖南永州。❼上直　猶當值。❽奏御　進奏皇帝。❾程伯獻　濟州東阿（今山東東阿西南）人，唐初左衛大將軍程知節之孫。事見《舊唐書》卷六十八〈程知節傳〉、卷九十八〈韓休傳〉、卷一百八十四〈高力士傳〉等。❿約　結。⓫擗踴　亦作「辟踴」。用手拍胸，以腳頓地，表示極度悲哀。⓬呂玄晤　瀛州（今河北河間一帶）人。事見《舊唐書》卷一百八十四〈高力士傳〉、《新唐書》卷二百七〈高力士傳〉、《元和姓纂》卷六等。⓭王傅　唐制，諸王傅從三品，輔相贊導，匡正過失。⓮恭恪　恭敬謹慎。

【校記】①事 原無此字。據章鈺校，十二行本、乙十一行本、孔天胤本皆有此字，張敦仁《通鑑刊本識誤》同，今據補。

【語譯】十九年（辛未 西元七三一年）

春，正月十三日壬戌，玄宗頒布詔書，只敘述王毛仲對自己不忠並心懷怨恨，因此貶為瀼州別駕，葛福順、唐地文、李守德、王景耀、高廣濟都貶為邊遠各州的別駕，王毛仲的四個兒子都貶為邊遠各州的參軍，受此事牽連獲罪的有幾十人。王毛仲走到永州，玄宗追賜他自盡。

從此，宦官的權勢更大了。高力士尤其受到玄宗的寵信，玄宗曾經說過：「高力士當值，我睡覺才安心。」因此高力士多數時間留在宮中，很少到宮外的宅第居住。各地呈進的奏表，都先送給高力士，再進奏玄宗，小的事情，高力士自己就可以決定如何處理，他的權勢超過了朝廷內外的大臣。金吾大將軍程伯獻、少府監馮紹正與高力士結為兄弟。高力士的母親麥氏去世，程伯獻等人披散著頭髮接受各方的弔唁，他們捶胸頓足地哭泣，悲痛的程度超過自己死了母親。高力士娶瀛州呂玄晤的女兒為妻，把呂玄晤提升為少卿，呂家子弟都擔任了諸王傅。呂氏去世，朝野上下都爭相前去祭奠，從高力士家的宅第到墓地，車馬絡繹不絕。然而高力士做事小心，恭敬謹慎，因此玄宗始終寵信重用他。

辛未❶，遣鴻臚卿崔琳❷使于吐蕃。琳，神慶❸之子也。吐蕃使者稱公主求毛詩❹、春秋、禮記。正字❺于休烈❻上疏，以為「東平王漢之懿親，求史記、諸子，漢猶不與❼。況吐蕃，國之寇讎，今資之以書，使知用兵權略，愈生變詐，非中國之利也。」事下中書門下議之。裴光庭等奏：「吐蕃聾昧頑嚚❽，久叛新服，因其有請，賜以詩、書，庶使之漸陶❾聲教❿，化流無外。休烈徒知書有權略變詐之語，不知忠、信、禮、義，皆從書出也。」上曰：「善！」遂與之。休烈，志寧⓫之玄孫也。◯丙子⓬，上躬耕⓭於興慶宮側，盡三百步。

三月，突厥左賢王闕特勒卒，賜書弔之。

丙申⓮，初令兩京諸州各置太公廟⓯，以張良⓰配享，選古名將，以備十哲⓱；以二、八月上戊⓲致祭，如孔子禮。

臣光曰：「經緯天地之謂文，戡定禍亂之謂武，自古不兼斯二者而稱聖人，未之有也。故黃帝、堯、舜、禹、湯、文、武、伊尹、周公莫不有征伐之功，孔子雖不試，猶能兵萊夷⓳，卻費⓴人，曰『我戰則克』，豈孔子專文而太公專武乎？孔子所以祀於學者，禮有先聖先師故也。自生民㉑以來，未有如孔子者，豈太公得與之抗衡哉！古者有發㉒，則命大司徒教士以車甲，贏股肱㉓，決射御㉔，受成獻馘㉕，莫不在學。所以然者，欲其先禮義而後勇力也。君子有勇而無義為亂，小人有勇而無義為盜。若專訓之以勇力而不使之知禮義，奚㉖所不為矣！自孫、吳㉗以降㉘，皆以勇力相勝，狙詐㉙相高，豈足以數㉚於聖賢之門而謂之武哉！乃復誣引以偶㉛十哲之目㉜，為後世學者之師，使太公有神，必羞與之同食矣。」

五月壬戌㉝，初立五嶽真君祠㉞。

秋，九月辛未㉟，吐蕃遣其相論尚它硉㊱入見，請於赤嶺㊲為互市，許之。

冬，十月丙申㊳，上幸東都。

或告嶲州都督解人張審素㊴贓汙，制遣監察御史楊汪㊵按之。總管董元禮㊶將兵七百圍汪，殺告者，謂汪曰：「善奏審素則生，不然則死。」會救兵至，擊斬之。汪奏審素謀反，十二月癸未㊷[1]，審素坐斬㊸，籍沒其家。○浚苑中洛水，六旬而罷。

【章旨】以上為第十二段，寫唐玄宗立太公廟，選古名將以備十哲，司馬光認為此舉以武勝文，嚴厲批評。

【注釋】❶辛未 正月二十二日。❷崔琳 （？—西元七四三年）曾任中書舍人，明於政事，為宋璟所重。後官至太子少保。傳見《舊唐書》卷七十七、卷一百八十九上、《新唐書》卷一百九。❸神慶 崔神慶進用於武周時期，歷官有佳政。❹毛詩 即《詩經》。❺正字 祕書省官，正九品下。❻于休烈 （西元六九二—七七二年）京兆高陵（今陝西高陵）人，進士及第，善寫文章。官至工部尚書，封東海郡公。恭儉仁愛，篤意經籍。有文集十卷。傳見《舊唐書》卷一百四十九、《新唐書》卷一百四。❼東平王漢之懿親三句 東平王宇為漢成帝之弟，入朝時上疏求諸子及《史記》。成帝問大將軍王鳳，王鳳以為不可，遂不與其書。❽頑嚚 頑愚奸詐。❾陶 薰陶。❿聲教 聲威和教化。⓫志寧 于志寧相高宗。⓬丙子 正月二十七日。⓭躬耕 親自耕地，行藉田之禮。⓮丙申 三月己酉朔，無丙申。兩《唐書．玄宗紀》均繫之於四月。四月丙申即四月十八日。當在「丙」前補「四月」二字。⓯太公廟 即呂尚廟。呂尚姓姜，西周初官太師，輔佐武王滅商有功，封於齊，人稱姜太公。⓰張良 （？—西元前一八六年）字子房，漢初開國大臣，為劉邦重要謀士。傳見《史記》卷五十五、《漢書》卷四十。⓱選古名將二句 十哲本指孔子的十位門徒。孔廟祀典，列顏淵、閔子騫、冉伯牛、仲弓、宰我、子貢、冉有、季路、子游、子夏於側，稱為「十哲」。此次所選名將共九名，即田穰苴、孫武、吳起、樂毅、白起、韓信、諸葛亮、李靖、李勣。合張良為十，以仿「十哲」之制。⑱上戊　上旬之戊日。祀太公自此始。後肅宗上元元年（西元七六〇年），又追封太公為武成王，改太公廟為武成王廟。見《唐會要》卷二十三。⑲萊夷　即古萊國。位於今山東龍口一帶。⑳費　古國名，在今山東費縣一帶。㉑生民　人類產生。㉒古者有發　古時候出兵。㉓贏股肱　捋起衣袖褲管，露出臂脛。贏，即「裸」的異體字。股，大腿。肱，手臂從肘到腕的部分。㉔射御　射箭駕車。㉕受成獻馘　接受已定的謀略，彙報所得戰功。馘，指截耳。古時作戰，割取敵人的左耳，以獻耳多少論功行賞。㉖奚　何。㉗孫吳　孫武、吳起。㉘以降　以後。㉙狙詐　狡猾奸詐。㉚數　列。㉛偶　配。㉜目　稱。㉝壬戌　五月十五日。㉞五嶽真君祠　根據天台山道士司馬承禎的建議而立。見程大昌《演繁露》及《舊唐書·司馬承禎傳》。㉟辛未　九月二十五日。㊱論尚它硉　人名，《舊唐書》卷八作「論尚他律」。㊲赤嶺　在今青海西寧西南。㊳丙申　十月二十一日。㊴張審素　河中解縣（今山西運城西南）人。事見《舊唐書》卷一百八十八〈張琇傳〉、《新唐書》卷一百九十五〈張琇傳〉。㊵楊汪（？—西元七三五年）初官監察御史，奏斬張審素。累轉殿中侍御史，改名萬頃，為張審素子張琇所殺。事見《舊唐書》卷一百八十八〈張琇傳〉、《唐御史臺精舍題名考》卷二。㊶董元禮　《新唐書》卷一百九十五作「董堂禮」。㊷癸未　十二月初八日。㊸坐斬　坐罪被斬。

【校　記】①癸未　原無此二字。據章鈺校，十二行本、乙十一行本皆有此二字，張瑛《通鑑校勘記》同，今據補。

【語　譯】正月二十二日辛未，朝廷派鴻臚寺卿崔琳出使吐蕃。崔琳，是崔神慶的兒子。吐蕃使者聲稱金城公主請求得到《毛詩》、《春秋》、《禮記》。正字于休烈呈上奏疏，認為「東平王劉宇是漢成帝的宗親，他請求得到《史記》、諸子，漢成帝尚且不給他。何況吐蕃，是國家的仇敵，如果現在把這些書提供給他們，使他們知道了用兵的權術謀略，他們就會做出更多機變欺詐的事來，這不是對國家有利的事。」玄宗把此事交給中書門下商議。裴光庭等上奏說：「吐蕃蒙昧、愚妄而奸詐，反叛了很久，新近才歸服；應該趁這次他們提出請求，把《詩經》、《書經》賜給他們，希望能使他們逐漸受到聲威教化的薰陶，讓教化流布，無所不及。于休烈只知道書裡有關於權術謀略、機變欺詐的語句，卻不知道忠、信、禮、義也都來自書裡。」玄宗說：「說得好！」於是把《詩經》等典籍交給吐蕃的使者。于休烈，是于志寧的玄孫。〇二十七日丙子，玄宗親自在興慶宮旁耕地，耕完了三百步。

三月，突厥左賢王闕特勒去世，玄宗賜送書信表示弔唁。

丙申日，首次下令兩京和各州分別設置太公廟，以漢代張良配享；還挑選了一些古代名將，配成十名先哲，在每年二月、八月的第一個戊日舉行祭祀，就像祭祀孔子的禮儀一樣。

司馬光說：「經緯天地稱為文；戡定禍亂稱為武。自古以來，不是兼有這兩方面而被稱為聖人的人，未曾有過。因此黃帝、唐堯、虞舜、夏禹、商湯、周文王、周武王、伊尹、周公無不具有征伐之功，孔子雖然沒有親自率軍征伐，但是仍能夠阻止齊國用萊夷之兵劫持魯定公，還在魯國墮三都中擊退費人，並且說『如果我作戰，就一定能取勝』，難道說孔子只擅長文而姜太公只擅長武嗎？孔子之所以在學宮受祭祀，是因為禮制中規定要祭祀先聖先師的緣故。自有人類以來，還不曾有過像孔子那樣的人，姜太公哪裡能夠與他相提並論呢！古時候，軍隊出兵，就命令大司徒教會士兵乘兵車、穿鎧甲，讓他們露出大腿、胳膊，比賽射箭、駕車，接受已定的謀略，呈獻割下的敵方左耳，這些事無不在學宮進行。之所以這樣做，就是想讓他們先知曉禮義，然後再訓練勇氣和力量。君子有勇力而無禮義會作亂，小人有勇力而無禮義會作賊。如果單單訓練他們勇氣和力量，而不讓他們知曉禮義，那他們什麼事做不出來啊！自孫武、吳起以來，都是靠勇力爭勝，以狡猾奸詐來爭高下，這哪裡足以排在聖賢之列而稱為武啊！竟然還無中生有地用這些人配出十哲之稱，作為後世學者的尊師，假使太公在天有靈，必定會以與這類人一同受祭而感到羞恥。」

五月十五日壬戌，下令開始建造五嶽真君祠。

秋，九月二十五日辛未，吐蕃派丞相論尚它硉入朝晉見玄宗，請求在赤嶺開設集市進行貿易，玄宗答應了他的請求。

冬，十月二十一日丙申，玄宗駕臨東都洛陽。

有人告發巂州都督解縣人張審素貪汙受贓，玄宗下詔派監察御史楊汪去查辦。張審素的總管董元禮率七百士兵包圍了楊汪，殺掉了告發的人，並對楊汪說：「奏報時為張審素說好話，你就可以活命；不然的話，你就會死掉。」恰好救兵趕到，攻殺了董元禮。楊汪奏稱張審素謀反，十二月初八日癸未，張審素被判罪斬首，抄沒了他的家產。○疏浚流經禁苑中的洛水，六十天後竣工。

二十年（壬申　西元七三二年）

春，正月乙卯❶，以朔方節度副大使信安王褘為河東、河北行軍副大總管，將兵擊奚、契丹。壬申❷，以戶部侍郎裴耀卿為副總管。

二月癸酉朔❸，日有食之。

上思右驍衛將軍安金藏忠烈❹，三月，賜爵代國公，仍於東、西嶽❺立碑，以銘❻其功。金藏竟以壽終。

信安王褘帥裴耀卿及幽州節度使趙含章分道擊奚[1]、契丹，含章與虜遇，虜望風遁去。平盧先鋒將烏承玼言於含章曰：「二虜，劇賊❼也。前日遁去，非畏我，乃誘我也，宜按兵以觀其變。」含章不從，與虜戰於白山❽，果大敗。承玼別引兵出其右，擊虜，破之。己巳❾，褘等大破奚、契丹，俘斬甚眾，可突干帥麾下遠遁，餘黨潛竄山谷。奚酋李詩瑣高❿帥五千餘帳來降，褘引兵還。賜李詩爵歸義王，充歸義州⓫都督，徙其部落置⓬幽州境內。

夏，四月乙亥⑬，宴百官於上陽東洲⑭，醉者賜以衾褥⑮，肩輿以歸，相屬于路。

六月丁丑⑯，加信安王禕開府儀同三司。上命裴耀卿齎絹二十萬匹分賜立功奚官⑰，耀卿謂其徒曰：「戎狄貪婪，今齎重貨深入其境，不可不備。」乃命先期⑱而往，分道並進，一日，給之俱畢。突厥、室韋果發兵邀隘道，欲掠之，比至，耀卿已還。◯趙含章坐贓巨萬，杖於朝堂，流瀼州，道死。

秋，七月，蕭嵩奏：「自祠后土⑲以來，屢獲豐年，宜因還京賽祠⑳。」上從之。◯敕裴光庭、蕭嵩分押左、右廂兵㉑。

八月辛未㉒朔，日有食之。

初，上命張說與諸學士刊定五禮。說薨，蕭嵩繼之。起居舍人王仲丘㉓請依明慶禮㉔，祈穀、大雩㉕、明堂，皆祀昊天上帝。嵩又請依上元㉖敕，父在為母齊衰三年㉗，皆從之。以高祖配圜丘、方丘，太宗配雩祀及神州地祇，睿宗配明堂。

九月乙巳㉘，新禮成，上之，號曰開元禮㉙。

勃海靺鞨王武藝遣其將張文休帥海賊寇登州㉚，殺刺史韋俊㉛，上命右領軍將軍葛福順㉜發兵討之。

王子㉝，河西節度使牛仙客加六階㉞。初，蕭嵩在河西，委軍政於仙客，仙客廉勤，善於其職。嵩屢薦之，竟代嵩為節度使。

冬，十月壬午㉟，上發東都。辛卯㊱，幸潞州。辛丑㊲，至北都㊳。十一月庚申㊴，祀后土於汾陰，赦天下。十二月辛未㊵，還西京。

是歲，以幽州節度使兼河北采訪處置使，增領衛、相、洺[2]、貝、冀、魏、深、趙、恆、定、邢、德、博、棣、營、鄭十六州㊶及安東都護府。

天下戶七百八十六萬一千二百三十六，口四千五百四十三萬一千二百六十五。

【章旨】以上為第十三段，寫唐軍大破契丹。張說薨，而說所主持的《開元禮》修成。是歲普查，戶口繁息。

【注釋】❶乙卯　正月十一日。❷壬申　正月二十八日。❸癸酉朔　《新唐書・玄宗紀》作「甲戌朔」。按，正月乙巳朔，癸酉當為正月二十九日。甲戌為二月初一日，應改癸酉為甲戌。❹安金藏忠烈　武則天長壽二年（西元六九三年），有人誣告皇嗣（即玄宗父睿宗）謀反，武則天令來俊臣審訊，安金藏用佩刀自剖，以表明皇嗣無謀反之意。❺東西嶽　即泰山、華山。❻銘　記。❼劇賊　勢力強大的敵寇。❽白山　即長白山。❾己巳　三月二十六日。❿李詩瑣高　人名，又稱李詩、瑣高。⓫歸義州　唐高宗總章年間以新羅降戶置，事見《舊唐書》卷一百九十九下〈奚傳〉及《新唐書》卷二百十九〈奚傳〉等。治所在今河北涿州東北。後廢，至此復置。⓬置　安置。⓭乙亥　四月初三日。⓮上陽東洲　上陽宮南臨洛水，引洛水在宮東造成中洲，稱為上陽東洲。⓯衾褥　被褥。⓰丁丑　六月初六日。⓱奚官　奚族官員。⓲先期　提前。⓳祠后土　事在開元十一年（西元七二三年）。⑳賽祠　祭祀還願，酬神。㉑左右廂兵　指南牙左、右廂兵而言。㉒辛未　八月一日。㉓王仲丘　官至禮部員外郎。曾參與《開元禮》及《群書四錄》兩書的撰寫。傳見《新唐書》卷二百。㉔明慶禮　即《顯慶禮》。顯慶為高宗年號，後避中宗李顯名諱，改作「明慶」。㉕大雩　祈雨。雩，指為祈雨而進行的祭祀。㉖上元　唐高宗年號（西元六七四—六七六年）。㉗父在為母齊衰三年　最初由武則天提出並在上元初發敕實行。武則天退位後一度廢止，至此復行。㉘乙巳　九月初五日。㉙開元禮　全名《大唐開元禮》，凡一百五十卷。分序例及吉禮、賓禮、軍禮、嘉禮、凶禮等類。㉚登州治所牟平，在今山東牟平。㉛殺刺史韋俊　《舊唐書》卷八〈玄宗紀〉上、《新唐書》卷五〈玄宗紀〉皆云勃海靺鞨寇登州，殺刺史韋俊，而《舊唐書》卷一百九十九〈渤海靺鞨傳〉只言「攻登州刺史韋俊」，未言其死。㉜葛福順　《新唐書》卷五作「蓋福慎」。《舊唐書》卷八及《冊府元龜》卷九百八十六作「蓋福順」。待考。㉝壬子　九月十二日。㉞加六階　即晉升六級。㉟壬午　十月十二日。㊱辛卯　十月二十一日。㊲辛丑　十月無辛丑。《新唐書》卷五繫之於十一月。十一月辛丑，即十一月初二日。當移此條於「十一月」三字下。㊳北都　即太原。㊴庚申　十一月二十一日。㊵辛未　十二月初二日。㊶增領衛相句　洺州治所在今河北永年東南。深州治所在今河北饒陽。邢州治所在今河北邢臺。德州治所在今山東德州陵縣。「鄚」當作「莫」。鄚州置於景雲二年六月十四日，開元十三年十二月二日以鄚鄭二字相似，已改為莫。見《舊唐書》卷三十九、《唐會要》卷七十一。

【校記】①奚　原無此字。據章鈺校，十二行本、乙十一行本、孔天胤本皆有此字，張敦仁《通鑑刊本識誤》同，今據補。②洺　原作「洛」。據章鈺校，十二行本、孔天胤本皆作「洺」，熊羅宿《胡刻資治通鑑校字記》同，今據改。按，玄宗開元元年已改洛州為河南郡，屬河南府，且地處河南，不應歸河北采訪使管轄。

【語譯】二十年（壬申　西元七三二年）

春，正月十一日乙卯，任命朔方節度副大使信安王李禕為河東、河北行軍副大總管，率軍攻打奚和契丹。二十八日壬申，任命戶部侍郎裴耀卿為副總管。

二月癸酉朔，發生日蝕。

玄宗思念右驍衛將軍安金藏為人忠烈，三月，賜給他代國公爵位，還在東嶽泰山、西嶽華山立碑，銘刻他的功績。安金藏最後以天年而終。

信安王李禕帶領裴耀卿以及幽州節度使趙含章分路攻打奚、契丹，趙含章與敵人遭遇，敵人望風逃走。平盧的先鋒將烏承玼對趙含章說：「奚和契丹，都是強大的敵寇，前日逃走，並不是畏懼我們，而是在引誘我們，我們應該按兵不動以觀察敵情的變化。」趙含章不聽，追至白山與敵人交戰，果然大敗。烏承玼另外帶領一支部隊從趙含章右翼殺出，攻擊敵人，把他們擊敗。三月二十六日己巳，李禕等人大敗奚、契丹，擒獲並殺死了很多敵人，可突干帶領部下逃往遠方，他的餘黨偷偷逃竄到山谷中。奚族首領李詩瑣高率領本族五千多帳前來投降，李禕率軍返回。玄宗賜給李詩瑣高歸義王的爵位，充任歸義州都督，把他的部落遷徙到幽州境內安置。

夏，四月初三日乙亥，玄宗在上陽宮東洲設宴款待百官，喝醉的官員被賜予被褥，用轎子把他們抬回去，一路上絡繹不絕。

六月初六日丁丑，加封信安王李禕為開府儀同三司。玄宗命裴耀卿攜帶二十萬匹絹，分別賞賜立功的奚族官員，裴耀卿對屬下說：「戎狄很貪婪，如今我們帶著貴重的物品深入他們的境內，不能不加防備。」於是命令他們提前出發，分道一起前進，只花了一天時間，就把物品頒賜完畢。突厥、室韋果然派兵在險要的道路上攔截，打算把物品搶走，可是等到他們趕到，裴耀卿已經回去了。〇趙含章因貪贓數額巨大獲罪，在朝堂上被處杖刑，並被流放到瀼州，死在流放途中。

秋，七月，蕭嵩上奏說：「自從祭祀后土以來，連年獲得豐收，應該因此回京城設祭酬報后土之神。」玄宗聽從了他的意見。〇玄宗敕命裴光庭、蕭嵩分別統轄左、右廂兵。

八月初一日辛未，發生日蝕。

當初，玄宗命張說與眾學士修改審定五禮。張說去世後，由蕭嵩繼續主持。起居舍人王仲丘請依據《明慶禮》，在舉行祈穀、祈雨、祀明堂的典禮時，都祭祀昊天上帝。蕭嵩又請求依據上元年間的敕命，凡父親在世的，兒子要為亡母服齊衰喪三年，玄宗都採納了他們的建議。規定以唐高祖配享圜丘、方丘，以唐太宗配享祈雨及神州土地神，以唐睿宗配享明堂。九月初五日乙巳，新的禮書擬定完成，呈報給玄宗，稱為《開元禮》。

勃海靺鞨王大武藝派他的將領張文休率海賊進犯登州，殺死刺史韋俊，玄宗命令右領軍將軍葛福順發兵討伐他。

九月十二日壬子，河西節度使牛仙客晉升六級官階。當初，蕭嵩在河西道的時候，把軍政事務交給牛仙客辦理，牛仙客廉明勤勉，非常稱職。蕭嵩多次推薦他，他最終代替蕭嵩擔任了河西節度使。

冬，十月十二日壬午，玄宗從東都洛陽出發。二十一日辛卯，駕臨潞州。辛丑日，抵達北都太原。十一月二十一日庚申，在汾陰祭祀后土並大赦天下。十二月初二日辛未，返回西京長安。

這一年，讓幽州節度使兼任河北采訪處置使，管轄的範圍增加了衛州、相州、洺州、貝州、冀州、魏州、深州、趙州、恆州、定州、邢州、德州、博州、棣州、營州、鄚州等十六個州及安東都護府。

全國共計七百八十六萬一千二百三十六戶，人口為四千五百四十三萬一千二百六十五人。

二十一年（癸酉　西元七三三年）

春，正月乙巳❶，祔肅明皇后❷于太廟，毀儀坤廟❸。○丁巳❹，上幸驪山溫泉。

上遣大門藝詣幽州發兵❺，以討勃海王武藝❻。庚申❼，命太僕員外卿金思蘭❽使于新羅，發兵擊其南鄙❾。會大雪丈餘，山路阻隘，士卒死者過半，無功而還。武藝怨門藝不已，密遣客❿刺門藝於天津橋南，不死。上命河南⓫搜捕賊黨，盡殺之。

二月丁酉⑫，金城公主請立碑於赤嶺以分唐與吐蕃之境，許之。

三月乙巳⑬，侍中裴光庭薨。太常博士孫琬議⑭：「光庭用循資格，失勸獎之道，請謚曰克⑮。」其子稹⑯訟之，上賜謚忠獻⑰。

上問蕭嵩可以代光庭者，嵩與右散騎常侍王丘善，將薦之。丘聞之[1]固讓⑱於右丞韓休。嵩言休於上。甲寅⑲，以休為黃門侍郎、同平章事。休為人峭直⑳，不干㉑榮利㉒。及為相，甚允㉓時望。始，嵩以休恬和，謂其易制，故引之。及與共事，休守正不阿，嵩漸惡之。宋璟歎曰：「不意㉔韓休乃能如是！」上或宮中宴樂及後苑遊獵，小有過差㉕，輒謂左右曰：「韓休知否？」言終，諫疏已至。上嘗臨鏡默然不樂，左右曰：「韓休為相，陛下殊瘦於舊㉖，何不逐之！」上歎曰：「吾貌雖瘦，天下必肥。蕭嵩奏事常順指㉗，既退，吾寢不安。韓休常力爭，既退，吾寢乃安。吾用韓休，為社稷耳，非為身㉘也。」

有供奉侏儒㉙名黃㼐㉚，性警黠㉛。上常馮㉜之以行，謂之「肉几㉝」，寵賜甚厚。一日晚入，上怪之。對曰：「臣鄰入宮，道逢捕盜官與臣爭道，臣掀之墜馬，故晚。」因下階叩頭。上曰：「但使外無章奏，汝亦無憂。」有頃，京兆奏其狀。上即叱出，付有司杖殺之。

閏月㉞癸酉㉟，幽州道副總管郭英傑㊱與契丹戰于都山㊲，敗死。時節度[2]薛楚玉㊳遣英傑將精騎一萬及降奚擊契丹，屯於榆關㊴之外。可突干引突厥之眾來合戰，奚持兩端，散走保險㊵，唐兵不利，英傑戰死。餘眾六千餘人猶力戰不已，虜以英傑首示之，竟不降，盡為虜所殺。楚玉，訥㊶之弟也。

【章旨】以上為第十四段，寫唐軍征討契丹失利。韓休為相，唐玄宗為之消瘦。

【注釋】❶乙巳　正月初六日。❷肅明皇后　即睿宗肅明順聖皇后劉氏。❸儀坤廟　位於長安親仁坊西南隅。開元初為祭祀昭成、肅明二皇后而置。睿宗死後，昭成皇后神主遷入太廟，肅明皇后神主仍留於此。至此，復遷肅明皇后於太廟。儀坤廟已無神主，故毀之。❹丁巳　正月十八日。❺遣大門藝詣幽州發兵　大門藝降唐後拜左驍衛將軍，大武藝上書請求將他處死，玄宗密遣門藝前往安西，事洩，復遣往嶺南。見《舊唐書》卷一百九十九下〈渤海靺鞨傳〉。❻討勃海王武藝　因大武藝去年遣張文休侵擾登州之故。❼庚申　正月二十一日。❽金思蘭　新羅王侍子，留京師為官。事見《舊唐書》卷一百九十九〈新羅傳〉、〈渤海靺鞨傳〉，《新唐書》卷一百三十六〈烏承玼傳〉、卷二百十九〈渤海傳〉。❾南鄙　南境。❿客　刺客。⓫河南　指河南府而言。⓬丁酉　二月二十九日。⓭乙巳　三月初七日。⓮孫琬議　孫琬之議，見《舊唐書》卷八十四〈裴光庭傳〉、《新唐書》卷一百八〈裴光庭傳〉。⓯請謚曰克　《新唐書・裴光庭傳》載孫琬所議之謚為「克平」，《舊唐書・裴光庭傳》與《通鑑》同。⓰稹　裴稹後官至祠部員外郎。⓱忠獻　《新唐書・裴光庭傳》作「忠憲」，《舊唐書・裴光庭傳》與《通鑑》同。⓲固讓　堅持推讓。⓳甲寅　三月十六日。⓴峭直　嚴峻剛直。㉑干　求。㉒榮利　名位利祿。㉓允　孚。㉔不意　不料。㉕過差　過失差錯。㉖殊瘦於舊　比過去瘦多了。殊，極；甚。㉗指　通「旨」。㉘身　自身；自己。㉙侏儒　亦作「朱儒」，指身材矮小的人。㉚黃緬　侏儒之人名。㉛警黠　機警狡黠。㉜馮　通「憑」。憑藉；依靠。㉝肉几　肉案。㉞閏月　閏三月。㉟癸酉　閏三月初六日。㊱郭英傑　名將郭知運之子，字孟武，官至左衛將軍。傳見《舊唐書》卷一百三、《新唐書》卷一百三十三。㊲都山　在今河北遷安東北。㊳薛楚玉　傳見《舊唐書》卷九十三、《新唐書》卷一百十一等。㊴榆關　即渝關。故址在今河北秦皇島市東山海關一帶。㊵保險　保守險要之地。㊶訥　薛訥，係薛仁貴之子，善用兵。

【校　記】①丘聞之　原無此三字。據章鈺校，十二行本、乙十一行本、孔天胤本皆有此三字，張敦仁《通鑑刊本識誤》、張瑛《通鑑校勘記》同，今據補。②節度　據章鈺校，十二行本、乙十一行本、孔天胤本「度」下皆有「使」字。按，兩《唐書》〈郭知運傳附子英傑傳〉、〈契丹傳〉皆載薛楚玉為「幽州長史」。

【語　譯】二十一年（癸酉　西元七三三年）

春，正月初六日乙巳，玄宗把肅明皇后放在太廟祔祭，毀棄了儀坤廟。〇十八日丁巳，玄宗駕臨驪山溫泉。

玄宗派大門藝前往幽州發兵，去討伐勃海王大武藝。正月二十一日庚申，命太僕員外卿金思蘭出使到新羅，發兵進攻勃海靺鞨的南部邊境。適逢天降大雪，雪深一丈有餘，山路被堵，更加險要而難以通行，士兵死亡過半，無功而返。大武藝對大門藝怨恨不已，祕密派刺客在洛陽天津橋南刺殺大門藝，大門藝遇刺未死。玄宗命令河南府搜捕大武藝派來的黨徒，把他們全部處死。

二月二十九日丁酉，金城公主請求在赤嶺立碑，用作唐朝與吐蕃邊境的分界線，玄宗答應了她的請求。

三月初七日乙巳，侍中裴光庭去世。太常博士孫琬建議：「裴光庭依據資格用人，失去了勸勉鼓勵人才的正確方式，請把他謚為克。」裴光庭的兒子裴稹爭辯，玄宗賜裴光庭謚號為忠獻。

玄宗向蕭嵩詢問可以替代裴光庭的人選，蕭嵩與右散騎常侍王丘關係很好，準備推薦他。王丘聽說後，執意要推讓給尚書右丞韓休。於是，蕭嵩向玄宗提名韓休。三月十六日甲寅，玄宗任命韓休為黃門侍郎、同平章事。

韓休為人嚴峻剛直，不貪圖名位利祿。他擔任宰相後，很符合當時人們的期望。開始，蕭嵩認為韓休恬淡平和，以為他容易受控制，因此舉薦了他。等到與他共同擔任宰相後，才發現韓休恪守正道，不曲從迎合，於是漸漸地厭惡他了。宋璟歎息道：「沒想到韓休竟能這樣！」玄宗有時在宮中設宴作樂或到後苑出遊打獵，稍有過失差錯，便問左右侍從：「韓休知道嗎？」話音剛落，韓休勸諫的表章就已送來了。玄宗曾經對著鏡子沉默不快，左右侍從說：「韓休擔任宰相後，陛下比以前瘦了很多，為什麼不斥逐他！」玄宗歎息說：「我的面容雖然消瘦了，但天下一定會富足。蕭嵩上奏言事經常順著我的心意，可是退朝後，我連睡覺都不安寧。韓休經常與我竭力爭論，可是退朝後，我睡覺就安穩了。我任用韓休，是為了國家啊，不是為了我自己。」

有個侍奉玄宗的侏儒名叫黃𤬪，本性機警狡黠。玄宗常靠著他行走，稱他為「肉几」，非常寵幸他，賞賜也多。有一天，黃𤬪進宮遲了，玄宗責怪了他，他回答說：「適才我在進宮時，在路上遇到捕盜官與我爭道，我把他掀落馬下，所以來遲了。」接著走下臺階磕頭謝罪。玄宗說：「只要宮外沒有關於此事的奏章，你也就用不著擔憂了。」過了一會兒，京兆尹上奏黃𤬪的案情。玄宗立即把他呵斥出去，交付主管衙門用杖刑打死了他。

閏三月初六日癸酉，幽州道副總管郭英傑與契丹在都山交戰，戰敗身亡。當時，節度薛楚玉派郭英傑率領一萬名精銳騎兵及降附的奚族部眾進攻契丹，屯駐在榆關之外。可突干帶領突厥軍隊前來協同作戰，奚族部眾騎牆觀望，臨陣逃散，去把守險要之處，唐軍失利，郭英傑戰死。六千餘名唐軍餘部依然不停地奮力拼殺，敵人把郭英傑的首級掛起來給唐軍看，但是唐軍始終沒有投降，最後全都被敵人所殺。薛楚玉，是薛訥的弟弟。

夏，六月癸亥❶，制：「自今選人有才業操行，委吏部臨時擢用；流外奏[1]用不復引過門下❷。」雖有此制，而有司以循資格便於己，猶踵行❸之。是時，官自三師❹以下一萬七千六百八十六員，吏自佐史❺以上五萬七千四百一十六員，而入仕之塗甚多，不可勝紀。

秋，七月乙丑❻朔，日有食之。

九月壬午❼，立皇子沔為信王，泚為義王，漼為陳王，澄為豐王，潓為恆王，漎為涼王[2]，滔為汴王。

關中久雨穀貴，上將幸東都，召京兆尹裴耀卿謀之，對曰：「關中帝業所興，當百代不易，但以地狹穀少，故乘輿時幸東都以寬❽之。臣聞貞觀、永徽之際，祿廩❾不多，歲漕關東一二十萬石，足以周贍❿，乘輿得以安居。今用度浸廣，運⓫數倍於前，猶不能給，故使陛下數冒寒暑以恤西人⓬。今若使司農⓭租米悉輸東都，自都轉漕，稍實關中。苟關中有數年之儲，則不憂水旱矣。且吳人⓮不習河漕⓯，所在停留，日月既久，遂生隱盜⓰。臣請於河口⓱置倉，使吳船至彼即輸米而去，官自雇載⓲分入河、洛。又於三門⓳東西各置一倉，至者貯納，水險則止，水通則下，或開山路⓴，車運而過，則無復留滯㉑，省費鉅萬矣。河、渭之濱，皆有漢、隋舊倉，葺之非難也。」上深然其言。

冬，十月庚戌㉒，上幸驪山溫泉。己未㉓，還宮。

【章旨】以上為第十五段，寫官員升遷論資排輩從開元十年（西元七二二年）以來，數年間已成積習。唐沿河、渭置倉以儲江南糧食供京師。

【注　釋】❶癸亥　六月二十八日。❷流外奏用不復引過門下　開元十八年（西元七三〇年）四月，裴光庭奏用循資格，又令流外行署亦過門下省審。❸踵行　繼續推行。❹三師　太師、太傅、太保。❺佐史　地位最低的小吏。❻乙丑　七月初一日。❼壬午　九月十八日。❽寬　緩解。❾祿廩　祿米。❿周贍　周給。⓫運　漕運。⓬西人　以關中為中心的西北百姓。⓭司農　即司農寺。唐制，司農寺主管邦國倉儲委積之事。⓮吳人　泛指東南一帶的人。⓯河漕　黃河漕運。⓰隱盜　隱匿盜竊。⓱河口　汴水與黃河的交匯處。⓲雇載　雇人運載。⓳三門　山名，又名砥柱。在河南三門峽市東北黃河中。相傳禹鑿砥柱，二石落入水中，形成三柱。河水至此分為三股下流，故謂之三門。當時在三門東置集津倉，西置鹽倉。⓴開山路　於三門側鑿山路以避砥柱之險。㉑留滯　停留淹滯。㉒庚戌　十月十七日。㉓己未　十月二十六日。

【校　記】①奏　據章鈺校，十二行本、乙十一行本皆作「甲」。②涼王　原作「梁王」。嚴衍《通鑑補》改作「涼王」，今從改。按，兩《唐書》〈玄宗紀〉、〈玄宗諸子傳〉皆作「涼王」。

【語　譯】夏，六月二十八日癸亥，玄宗頒布詔書：「從今以後候補官員中有才能、學業和品德的人，交付吏部臨時提拔任用；九品以外的官員在奏報任用時，不必再經過門下省。」雖然有了這道詔令，但是有關官署因依據資格用人對自己方便，仍然繼續推行。此時，自太師、太傅、太保以下的官員共計一萬七千六百八十六名，自佐史以上的小吏共計五萬七千四百一十六名，而且做官的途徑很多，難以一一列舉。

秋，七月初一日乙丑，發生日蝕。

九月十八日壬午，玄宗冊封皇子李沔為信王，李泚為義王，李漼為陳王，李澄為豐王，李潓為恆王，李漎為涼王，李滔為汴王。

關中久雨，穀價昂貴，玄宗準備前往東都洛陽，召京兆尹裴耀卿來商議此事，裴耀卿回答說：「關中是帝業興起的地方，應當百代不作變更，只因土地狹小，糧食短缺，所以皇上不時駕臨東都洛陽，以緩解關中的困難。我聽說貞觀、永徽年間，百官祿米不多，每年由水路從關東運來一二十萬石，足可以滿足供給，皇帝也得以安居長安。如今國家的開支越來越大，漕運比以前多上好幾倍，還不能夠滿足供應，致使陛下多次冒著嚴寒酷暑東行來救濟西部百姓。現在如果把司農寺收的租米全部運往東都，再從東都通過陸路水路運到關中，使關中的糧食稍得充實，如果關中有幾年的儲備，那麼就不必為旱澇災害擔憂了。再者吳地人不熟悉黃河水運，沿途到處停留，時間長了，便會發生隱藏盜取的事。我請求在河口設置糧倉，讓吳地的漕船到那裡就交納糧米離去，官府再雇人運載，分別進入黃河、洛水。另外，在三門山的東西各設置一座糧倉，將運到的糧食收儲起來。倘若水路有危險就停止運輸，當水路通暢時就下河運輸，或者開通山路，用車運糧通過險段，那麼就不會再發生滯留的情況了，這樣節省的費用將數以萬計。黃河、渭水岸邊，都有漢代、隋代的舊糧倉，修整並非難事。」玄宗非常同意他的這番話。

冬，十月十七日庚戌，玄宗駕臨驪山溫泉。二十六日己未，返回皇宮。

戊子❶，左丞相宋璟致仕，歸東都。

韓休數與蕭嵩爭論於上前，面折嵩短，上頗不悅。嵩因乞骸骨，上曰：「朕未厭卿，卿何為遽去？」對曰：「臣蒙厚恩，待罪宰相，富貴已極，及陛下未厭臣，故臣得從容引去。若已厭臣，臣首領❷且不保，安能自遂❸！」因泣下。上為之動容，曰：「卿且歸，朕徐思之。」丁巳❹，嵩罷為左丞相，休罷為工部尚書。以京兆尹裴耀卿為黃門侍郎，前中書侍郎張九齡時居母喪，起復中書侍郎，並同平章事。

是歲，分天下為京畿、都畿、關內、河南、河東、河北、隴右、山南東道、山南西道、劍南、淮南、江南東道、江南西道、黔中、嶺南，凡十五道，各置采訪使❺，以六條檢察非法；兩畿以中丞領之，餘皆擇賢刺史領之。非官有遷免❻，則使無廢更❼。惟變革舊章，乃須報可❽，自餘聽便宜從事，先行後聞。

太府卿楊崇禮❾，政道❿之子也，在太府二十餘年，前後為太府者莫能及。時承平日久，財貨山積，嘗經楊卿⓫者，無不精美。每歲句駮省便⓬，出錢數百萬緡。是歲，以戶部尚書致仕，年九十餘矣。上問宰相：「崇禮諸子，誰能繼其父者？」對曰：「崇禮三子，慎餘、慎矜、慎名，皆廉勤有才，而慎矜為優。」上乃擢慎矜自汝陽令為監察御史⓭，知太府出納；慎名攝監察御史，知含嘉倉⓮出給，亦皆稱職，上甚悅之。慎矜奏諸州所輸布帛有漬⓯污穿⓰破者，皆下本州徵折估錢⓱，轉市輕貨，徵調始繁矣。

【章旨】以上為第十六段，寫韓休為相不足一年而罷。唐玄宗開元二十一年（西元七三三年）分天下為十五道。

【注釋】❶戊子　十月甲午朔，無戊子。《舊唐書・玄宗紀》繫之於十一月。十一月戊子即十一月二十五日。當在「戊子」上補「十一月」三字。❷首領　頭頸。引申為性命。❸自遂　自遂其願。❹丁巳　《舊唐書・玄宗紀》作十二月丁未，即十二月十四日。《新唐書》卷五〈玄宗紀〉及卷六十二〈宰相表〉均作十二月丁巳，即十二月二十四日。二書所載日期雖有差異，但皆繫之於十二月，故當補「十二月」三字。❺凡十五道二句　貞觀元年（西元六二七年），分天下為十道。至此，在十道基礎上重新劃分，分山南、江南為東西道，增置黔中道、都畿道及京畿道，置十五道采訪使。據《舊唐書》卷三十八，京畿采訪使治京師，都畿采訪使治東都，關內采訪使由京官兼領，河南采訪使治汴州，河東治蒲州，河北治魏州，隴右治鄯州，山南東道治襄州，山南西道治梁州，劍南治益州，淮南治揚州，江南東道治蘇州，江南西道治洪州，黔中治黔州，嶺南治廣州。❻遷免　升遷或罷免。❼廢更　廢止更換。❽報可　奏請朝廷批准。❾楊崇禮　本名楊隆禮，曾任天官郎中及洛、梁等州刺史，皆以清嚴著稱。後以名犯玄宗諱，改為崇禮。在太府二十年，公清如一，甚有善政。傳見《舊唐書》卷一百五、《新唐書》卷一百三十四。❿政道　楊正道為隋煬帝之孫，齊王暕之子。據兩《唐書》，「政」當為「正」之誤。⓫楊卿　對楊崇禮的愛稱。⓬句駮省便　句，通「勾」。此指考核太府出入多少。駮，此指根據帳簿駁正虛實。省，節省不必要的支出。便，便利販運買賣。⓭慎矜自汝陽令為監察御史　楊慎矜早有能名。官至戶部侍郎，為王鉷、李林甫所害。汝陽縣屬河南道，故治在今河南汝陽。⓮含嘉倉　在今洛陽北岳家村一帶，是隋唐時期東都最重要的糧倉。西元一九七一年考古工作者曾對含嘉倉城進行了詳細的鑽探和發掘，已探出糧窖二百五十九個。⓯漬　沾染。⓰穿　洞孔。⓱徵折估錢　將物折價，徵收不足之錢。

【語譯】戊子日，左丞相宋璟退休，回到東都洛陽。

韓休多次在玄宗面前與蕭嵩發生爭論，還當面批評蕭嵩的短處，玄宗對此頗不高興。蕭嵩於是請求告老退休，玄宗說：「我並沒有嫌棄您，您為什麼要匆匆離開？」蕭嵩回答道：「我蒙受皇上厚恩，很不稱職地擔任了宰相，富貴已到極頂。趁著陛下還沒有嫌棄我，我才能從容地離去。若是陛下已經嫌棄我了，我的頭顱和頸項尚且難保，哪裡還能夠按自己的意願去做！」說著便流下了眼淚。玄宗聽了這番話臉上也顯出了感動的神色，說：「您先回去，讓我慢慢考慮此事。」丁巳日，玄宗把蕭嵩罷免為左丞相，把韓休罷免為工部尚書；任命京兆尹裴耀卿為黃門侍郎，前任中書侍郎張九齡當時正在為母親服喪，守制未滿便徵召他重新擔任中書侍郎，二人均為同平章事。

這一年，朝廷把全國分為京畿道、都畿道、關內道、河南道、河東道、河北道、隴右道、山南東道、山南西道、劍南道、淮南道、江南東道、江南西道、黔中道、嶺南道，共十五道，分別設置采訪使，用六條法規檢察官員的不法行為；兩畿的采訪使由御史中丞兼任，其他都選擇賢能的刺史來兼任。如果不是官職有升遷或罷免，采訪使就不會被廢止或更換。只有變革舊的規章時，才需要奏報朝廷批准，其餘事務允許采訪使根據情況自行處置，先施行再上報。

太府卿楊崇禮，是楊政道的兒子，在太府任職二十多年，在他前後擔任太府卿的官員沒有人能及得上他的。當時天下太平日久，資財貨物堆積如山，曾經經過楊崇禮之手的東西，沒有一件不是精美的。每年他查核帳目、駁正欺弊、節省費用、便利販運買賣，省出的錢有數百萬緡之多。這一年，楊崇禮以戶部尚書的身分退休，年紀已九十多歲了。玄宗問宰相：「楊崇禮的幾個兒子，誰能繼承他父親的職務？」宰相回答說：「楊崇禮有三個兒子，名叫楊慎餘、楊慎矜和楊慎名，都清廉勤勉有才能，而楊慎矜為優。」玄宗於是把楊慎矜從汝陽縣令提拔為監察御史，掌管太府出納事務；楊慎名代理監察御史，掌管含嘉倉支出供給，他們都很稱職，玄宗對此十分高興。楊慎矜上奏建議各州所交納的布匹絲綢，有汙漬破損的都發回本州折價，按價徵錢，用來轉買些輕便貨物。從此徵調開始變得繁雜了。

【研析】本卷記事起開元十四到二十一年，當西元七二六至七三三年，凡八年。此時期是開元之治的中期，國家制度繼續完善與規範。軍人戍邊五年一次輪換，戶口三年一次普查成為制度。唐玄宗完成《開元禮》的制定。國力繼續發展，周邊衝突，唐軍取勝有絕對優勢。京師繁盛，人口大增，唐政府在沿黃河、渭河廣置糧倉儲糧以供京師。大唐是一片太平景象。唐玄宗志得意滿，臣僚不求上進，君臣勵精圖治的意氣逐漸消沉，欣欣向榮的政治悄悄地發生變化，向著驕奢淫逸和怠惰方向發展。具體標誌有以下五個方面。其一，唐玄宗納諫從主動求言轉向勉強忍受。韓休為相，守正不阿，唐玄宗宴樂以及禁苑遊獵，每有小過必諫。唐玄宗照鏡，悶悶不樂。身邊的人說：「韓休為相，陛下消瘦了許多，何不把他趕走！」唐玄宗感歎地說：「我的身體瘦了，天下的人肥了。我用韓休，是為國家，不是為我個人。」唐玄宗話是這樣說，勉強忍受之情溢於言表。不到一年，到底還是趕走了韓休。其二，積極進取、選用人才的吏治風氣轉向論資排輩，成為積習。裴光庭為吏部尚書，不重人才，升遷官吏，論資排輩，數年間成為積習。其三，君臣聚斂，漸染貪賄之風。宇文融為相，廣置諸使，聚斂財貨，史稱「由是百官浸失其職而上心益侈」。宇文融個人也因贓賄事發，貶官流放，死於流放嶺南道中。張說為相，亦因貪賄免官。其四，君臣驕恣，好大喜功。唐玄宗始立太公廟，選古名將以備十哲，與孔子廟並存，表示文武並重。文廟、武廟並存並重，具有重要意義。儒家倡導太平盛世要偃武修文，這是一種偏見，國無武備而不重，唐玄宗文武並重，沒有什麼錯，但他崇武而輕視與周邊各民族的關係，縱容邊將輕啟邊釁，於是四方有警，幸賴當時唐朝國力強大，沒有釀成大禍。但周邊從此不那麼平靜了。其五，唐玄宗從寵信宦官漸至依賴宦官，導致宦官勢力開始滋盛。唐玄宗開元元年（西元七一三年）即帝位伊始，就用高力士為右監門將軍，又使一些親信宦官為三品將軍掌握禁衛軍，還用宦官監管諸王。高力士最受唐玄宗信任，唐玄宗曾經對人說：「只有高力士當值，我才能睡安穩覺。」唐玄宗勤政，未能慎終如始，取得成就後就精疲力盡，日漸滋長的驕侈心代替了求治心。唐玄宗讓高力士留在禁中，四方表奏，都要先送高力士，然後由高力士奏進。於是高力士權傾內外，公卿巴結，車馬不絕。不過高力士也小心自克，終唐玄宗之朝，沒有宦官之禍，但唐玄宗倚重宦官，流毒後世，十分嚴重。君驕臣逸，唐玄宗的家奴王毛仲也恃寵驕恣。

唐朝的盛世在開元，這是唐玄宗勵精圖治成就的中興。開元之治，超過了貞觀之治，因貞觀之治是新建國家，開元之治是撥亂反正，時勢不同，不可同日而語。唐玄宗不及唐太宗，最大的弱點是唐玄宗不能「慎終如始」。唐玄宗在開元初振興的貞觀遺風，只堅守了十幾年，到了開元中期就日漸淡去。唐太宗經常說「守成難」，用在唐玄宗身上是十分恰當的。

古籍今注新譯叢書

【哲學類】

新譯四書讀本　謝冰瑩等編譯
新譯學庸讀本　王澤應注譯
新譯論語新編解義　胡楚生編著
新譯孝經讀本　賴炎元等注譯
新譯易經讀本　郭建勳注譯
新譯周易六十四卦經傳通釋　黃慶萱注譯
新譯乾坤經傳通釋　黃慶萱注譯
新譯易經繫辭傳解義　吳　怡著
新譯禮記讀本　姜義華注譯
新譯儀禮讀本　顧寶田等注譯
新譯孔子家語　羊春秋注譯
新譯老子讀本　余培林注譯
新譯帛書老子　趙　鋒注譯
新譯老子解義　吳　怡著
新譯莊子讀本　黃錦鋐注譯
新譯莊子讀本　張松輝注譯
新譯莊子本義　水渭松注譯
新譯莊子內篇解義　吳　怡著
新譯列子讀本　莊萬壽注譯
新譯管子讀本　湯孝純注譯
新譯墨子讀本　李生龍注譯
新譯公孫龍子　丁成泉注譯
新譯晏子春秋　陶梅生注譯
新譯鄧析子　徐忠良注譯
新譯荀子讀本　王忠林注譯
新譯尹文子　徐忠良注譯
新譯尸子讀本　水渭松注譯
新譯鶡冠子　趙鵬團注譯
新譯鬼谷子　王德華等注譯
新譯韓非子　傅武光等注譯
新譯呂氏春秋　朱永嘉等注譯
新譯韓詩外傳　孫立堯注譯
新譯淮南子　熊禮匯注譯
新譯春秋繁露　朱永嘉等注譯
新譯新書讀本　饒東原注譯
新譯新語讀本　王　毅注譯
新譯潛夫論　彭丙成注譯
新譯論衡讀本　蔡鎮楚注譯
新譯申鑒讀本　林家驪等注譯
新譯人物志　吳家駒注譯
新譯張載文選　張金泉注譯
新譯近思錄　張京華注譯
新譯傳習錄　李生龍注譯
新譯呻吟語摘　鄧子勉注譯
新譯明夷待訪錄　李廣柏注譯

【文學類】

新譯詩經讀本　滕志賢注譯
新譯楚辭讀本　林家驪注譯
新譯楚辭讀本　傅錫壬注譯
新譯文心雕龍　羅立乾注譯
新譯六朝文絜　蔣遠橋注譯
新譯世說新語　劉正浩等注譯
新譯昭明文選　周啟成等注譯
新譯古文觀止　謝冰瑩等注譯
新譯古文辭類纂　黃　鈞等注譯
新譯樂府詩選　溫洪隆注譯
新譯古詩源　馮保善注譯
新譯千家詩　邱燮友等注譯
新譯詩品讀本　成　林等注譯
新譯花間集　朱恒夫注譯
新譯南唐詞　劉慶雲注譯
新譯絕妙好詞　聶安福注譯
新譯唐詩三百首　邱燮友注譯
新譯宋詩三百首　陶文鵬注譯
新譯宋詞三百首　汪　中注譯
新譯宋詞三百首　劉慶雲注譯
新譯元曲三百首　賴橋本等注譯
新譯明詩三百首　趙伯陶注譯
新譯清詩三百首　王英志注譯
新譯清詞三百首　陳水雲等注譯
新譯唐人絕句選　卞孝萱等注譯
新譯唐才子傳　戴揚本注譯
新譯拾遺記　石　磊注譯
新譯搜神記　黃　鈞注譯
新譯唐傳奇選　束　忱等注譯
新譯宋傳奇小說選　束　忱注譯
新譯明傳奇小說選　陳美林等注譯
新譯容齋隨筆選　朱永嘉等注譯
新譯明散文選　周明初注譯
新譯明清小品文選　鄭　婷注譯

新譯人間詞話　馬自毅注譯
新譯白香詞譜　劉慶雲注譯
新譯幽夢影　馮保善注譯
新譯菜根譚　吳家駒注譯
新譯小窗幽記　馬美信注譯
新譯圍爐夜話　吳家駒注譯
新譯郁離子　黃瑞雲注譯
新譯歷代寓言選　林家驪注譯
新譯賈長沙集　林家驪注譯
新譯揚子雲集　葉幼明注譯
新譯曹子建集　曹海東注譯
新譯建安七子詩文集　韓格平注譯
新譯阮籍詩文集　林家驪注譯
新譯嵇中散集　崔富章注譯
新譯陸機詩文集　王德華注譯
新譯陶淵明集　溫洪隆注譯
新譯江淹集　羅立乾等注譯
新譯庾信詩文選　歸　青注譯
新譯初唐四傑詩集　李福標注譯
新譯駱賓王文集　黃清泉注譯
新譯王維詩文集　陳鐵民注譯
新譯孟浩然詩集　楊　軍注譯
新譯李白詩全集　郁賢皓注譯
新譯李白文集　郁賢皓注譯
新譯杜甫詩選　張忠綱等注譯
新譯杜詩菁華　林繼中注譯
新譯高適岑參詩選　孫欽善等注譯
新譯昌黎先生文集　周啟成等注譯
新譯劉禹錫詩文選　閻　琦注譯

新譯柳宗元文選　卞孝萱等注譯
新譯白居易詩文選　陶　敏等注譯
新譯元稹詩文選　郭自虎注譯
新譯李賀詩集　彭國忠注譯
新譯杜牧詩文集　張松輝注譯
新譯李商隱詩選　朱恒夫等注譯
新譯范文正公選集　王興華等注譯
新譯蘇洵文選　羅立剛注譯
新譯蘇軾文選　滕志賢注譯
新譯蘇軾詞選　鄧子勉注譯
新譯蘇軾詩選　鄧子勉注譯
新譯蘇轍文選　朱　剛注譯
新譯曾鞏文選　高克勤注譯
新譯王安石文選　沈松勤注譯
新譯唐宋八大家文選　鄧子勉注譯
新譯柳永詞集　侯孝瓊注譯
新譯李清照集　姜漢椿等注譯
新譯陸游詩文選　韓立平注譯
新譯辛棄疾詞選　聶安福注譯
新譯歸有光文選　鄔國平注譯
新譯唐順之詩文選　馬美信注譯
新譯徐渭詩文選　周　群等注譯
新譯袁宏道詩文選　孫立堯注譯
新譯薑齋文集　平慧善注譯
新譯顧亭林文集　劉九洲注譯
新譯納蘭性德詞　馮　乾注譯
新譯方苞文選　鄔國平等注譯
新譯閒情偶寄　馬美信注譯
新譯鄭板橋集　朱崇才注譯

新譯袁枚詩文選　王英志注譯
新譯李慈銘詩文選　潘靜如注譯
新譯聊齋誌異選　任篤行等注譯
新譯閱微草堂筆記　嚴文儒注譯
新譯浮生六記　馬美信注譯
新譯弘一大師詩詞全編　徐正綸編著

歷史類

新譯史記　韓兆琦注譯
新譯漢書　吳榮曾等注譯
新譯後漢書　魏連科等注譯
新譯三國志　吳樹平等注譯
新譯資治通鑑　韓兆琦等注譯
新譯史記—名篇精選　韓兆琦注譯
新譯尚書讀本　吳　璵注譯
新譯尚書讀本　郭建勳注譯
新譯周禮讀本　賀友齡注譯
新譯逸周書　牛鴻恩注譯
新譯左傳讀本　郁賢皓等注譯
新譯公羊傳　雪　克注譯
新譯穀梁傳　顧寶田注譯
新譯春秋穀梁傳　周　何注譯
新譯戰國策　溫洪隆注譯
新譯國語讀本　易中天注譯
新譯說苑讀本　左松超注譯
新譯說苑讀本　羅少卿注譯
新譯新序讀本　葉幼明注譯
新譯吳越春秋　黃仁生注譯
新譯西京雜記　曹海東注譯

新譯列女傳 黃清泉注譯
新譯越絕書 劉建國注譯
新譯燕丹子 曹海東注譯
新譯東萊博議 李振興等注譯
新譯唐六典 朱永嘉等注譯
新譯唐摭言 姜漢椿注譯

宗教類

新譯金剛經 徐興無注譯
新譯高僧傳 朱恒夫等注譯
新譯碧巖集 吳 平注譯
新譯百喻經 顧寶田注譯
新譯楞嚴經 賴永海等注譯
新譯梵網經 王建光注譯
新譯圓覺經 商海鋒注譯
新譯法句經 劉學軍注譯
新譯六祖壇經 李中華注譯
新譯禪林寶訓 李中華注譯
新譯維摩詰經 陳引馳等注譯
新譯經律異相 顏洽茂注譯
新譯阿彌陀經 蘇樹華注譯
新譯無量壽經 邱高興注譯
新譯無量壽經 蘇樹華注譯
新譯妙法蓮華經 張松輝注譯
新譯景德傳燈錄 顧宏義注譯
新譯大乘起信論 韓廷傑注譯
新譯釋禪波羅蜜 蘇樹華注譯
新譯八識規矩頌 倪梁康注譯
新譯永嘉大師證道歌 蔣九愚注譯

新譯華嚴經入法界品 楊維中注譯
新譯地藏菩薩本願經 李承貴注譯
新譯悟真篇 劉國樑等注譯
新譯无能子 張松輝注譯
新譯坐忘論 張松輝注譯
新譯列仙傳 張金嶺注譯
新譯抱朴子 李中華注譯
新譯神仙傳 周啟成注譯
新譯性命圭旨 傅鳳英注譯
新譯老子想爾注 顧寶田等注譯
新譯周易參同契 劉國樑注譯
新譯道門觀心經 王 卡注譯
新譯養性延命錄 曾召南注譯
新譯樂育堂語錄 戈國龍注譯
新譯冲虛至德真經 張松輝注譯
新譯長春真人西遊記 顧寶田等注譯
新譯黃庭經‧陰符經 劉連朋等注譯

軍事類

新譯司馬法 王雲路注譯
新譯尉繚子 張金泉注譯
新譯三略讀本 傅 傑注譯
新譯六韜讀本 鄔錫非注譯
新譯吳子讀本 王雲路注譯
新譯孫子讀本 吳仁傑注譯
新譯李衛公問對 鄔錫非注譯

教育類

新譯爾雅讀本 陳建初等注譯

新譯顏氏家訓 李振興等注譯
新譯聰訓齋語 馮保善注譯
新譯曾文正公家書 湯孝純注譯
新譯三字經 黃沛榮注譯
新譯百家姓 馬自毅等注譯
新譯幼學瓊林 馬自毅注譯
新譯增廣賢文‧千字文 馬自毅注譯
新譯格言聯璧 馬自毅注譯

政事類

新譯商君書 貝遠辰注譯
新譯鹽鐵論 盧烈紅注譯
新譯貞觀政要 許道勳注譯

地志類

新譯山海經 楊錫彭注譯
新譯水經注 陳橋驛等注譯
新譯佛國記 楊維中注譯
新譯大唐西域記 陳 飛等注譯
新譯洛陽伽藍記 劉九洲注譯
新譯徐霞客遊記 黃 珅注譯
新譯東京夢華錄 嚴文儒注譯

◎新譯顏氏家訓

李振興、黃沛榮、賴明德／注譯

家訓是指父母或祖輩對子孫的一些訓示教導，內容包括待人處世的原則和道德教育等，是我中華民族特有的優良傳統。歷代家訓名著甚多，《顏氏家訓》則是歷史上第一部體系龐大、內容豐富的家訓。作者為南北朝時期北齊的文學家顏之推，他因為身處亂世，見聞既多，感慨亦多，乃就所悟所得，撰成《顏氏家訓》以教家人。其書從居家教子到個人修養規範，內涵廣博，問世後即在民間普遍流傳，影響深遠。